Dirk Kruse-Etzbach

Kapstadt und Garden Route

IWANOWSKI'S REISEBUCHVERLAG

Kapstadt und Garden Route
14., komplett überarbeitete und aktualisierte Auflage 2024

Salm-Reifferscheidt-Allee 37 • 41540 Dormagen
Telefon 0 21 33/26 03 11 • Fax 0 21 33/26 03 34
info@iwanowski.de
www.iwanowski.de

Titelfoto: HP Botha@pixabay.de, Hafen von Kapstadt
Alle anderen Farbabbildungen: s. Bildnachweis S. 11
Layout: Monika Golombek, Iwanowski´s Reisebuchverlag
Karten: Palsa Grafik, Lohmar, Überarbeitung: Klaus-Peter Lawall, Unterensingen
Titelgestaltung: Point of Media, www.pom-online.de
Redaktionelles Copyright, Konzeption und deren ständige Überarbeitung: Michael Iwanowski

Gesamtherstellung: Himmer GmbH, Augsburg
Printed in Germany

ISBN: 978-3-86197-264-8

Alle Karten zum Gratis-Download

So funktioniert's: In diesem Reisehandbuch sind alle Detailpläne mit QR-Codes versehen, die per Smartphone oder Tablet-PC gescannt und bei einer bestehenden Internet-Verbindung auf das eigene Gerät geladen werden können. Alle Karten sind im PDF-Format angelegt, das nahezu jedes Gerät darstellen kann. Für den Stadtbummel oder die Besichtigung unterwegs hat man so die Karte mit besuchenswerten Zielen und Restaurants auf dem Telefon, Tablet-PC, Reader oder als praktischen DIN-A-4-Ausdruck dabei. Mit anderen Worten – der Reiseführer kann im Auto oder im Hotel bleiben und die Basis-Infos sind immer und überall ohne Roaming-Gebühren abrufbar. Sollten wider Erwarten Probleme beim Karten-Download auftreten, wenden Sie sich bitte direkt an den Verlag. Unter info@iwanowski.de erhalten Sie die entsprechende Linkliste zum Herunterladen der Karten.

Überblick

Reiserouten

Reiserouten

Reiserouten

Reiserouten

Reiseruten

info

Weiterführende Informationen zu folgenden Themen

Verzeichnis der Karten und Grafiken

Umschlag:

Bildnachweis

Alle Farbabbildungen Marita Bromberg
außer: S. 44: South African Tourism
S. 422: Maike Stünkel

Legende

- Autobahn/4-spurige Straße
- Nationalstraße
- Asphaltstraße
- Piste
- Wanderweg
- Eisenbahn
- Flüsse
- Strand
- Gute Walbeobachtungspunkte
- Leuchtturm
- Nationalparks/ Game Reserves/Naturparks
- Park
- Weingut
- Ortschaften
- Sehenswürdigkeiten
- Surfen
- Kirche/Moschee
- Polizei
- Aussichtspunkt
- Berge
- Information
- Parkplatz
- Flughafen
- Bahnhof
- Busbahnhof
- Fähre/Bootstour
- Golfplatz
- Theater
- Museum
- Lodge/Guesthouse
- Übernachtung
- Einkaufen
- Campingplatz
- Campingplatz mit Hüttenvermietung
- Picknick-Platz
- Wandergebiet
- Höhle
- Pass/Schlucht
- Schiffswrack
- Tor/Gate

Kapstadt – Perle an der Südspitze Afrikas

Kapstadt wird zu Recht oft in einem Atemzug mit Rio de Janeiro oder Sydney genannt, denn die Symbiose aus Großstadtflair, bezaubernder Lage am Ozean, interessanter Geschichte und dem abwechslungsreichen Hinterland fasziniert. Mit der politischen Wende in den 1990er-Jahren hat sich vieles zum Positiven geändert. Zwar stimmt noch lange nicht alles – Landfrage, Wasserknappheit, Korruption – doch ist man bemüht, auch diese Probleme zu lösen.

Wesentliche Argumente für die Attraktivität des Reisegebiets, um nur die wichtigsten zu nennen, sind: zuallererst die geografische Lage – von zwei Ozeanen eingeschlossen, am Fuße des Table Mountain sich ausbreitend und mit einem von Weinbergen verzierten Hinterland beschenkt. Nicht minder interessant ist die multikulturelle Gesellschaft, die während der vergangenen Jahrhunderte so viel erlitten, erlebt und geschaffen hat. Die landschaftliche Vielfalt weiter entfernt von der Metropole setzt der „Faszination Kapland" das „i-Tüpfelchen" auf. Besonders die Garden Route entlang des Indischen Ozeans ist nahezu jedem ein Begriff. Hier beeindrucken Sandstrände und Naturschönheiten gleichermaßen. Ebenfalls nicht ohne Reiz ist die raue Atlantikküste mit ihren Fischerorten und der artenreichen Vogelwelt. Auch das Inland, das Halbwüsten, kleine Oasen, Nationalparks, atemberaubende Passstraßen, historische Zeugnisse der San und mehr zu bieten hat, lohnt eine mehrwöchige Reise.

Die Tierwelt mag nicht so imposant erscheinen wie im Norden Südafrikas, doch auch sie hat einiges vorzuweisen. Ein Highlight sind die Wale, die sich hier während des Südwinters und -frühlings vor der Küste tummeln. Die Pinguinkolonie bei Simon's Town ist ebenfalls ein beliebtes Ziel. Auch die anderen Tiere, wie Seevögel, Strauße, verschiedene Gazellenarten und Kleintiere der halbariden Gebiete begeistern. Botaniker werden ins Schwärmen kommen, wenn sie sich mit dem Artenreichtum der Capensis befassen. Allein auf der Kaphalbinsel gibt es mehr Pflanzenarten als in ganz Europa!

Vorweg noch ein wichtiger Tipp: Lassen Sie sich Zeit! Dieser Teil Südafrikas bietet so viel Unterschiedliches in Landschaft und Kultur, dass man ihn selbst auf einer dreiwöchigen Reise nur anschneiden kann. Allein die Entfernungen: Direkt von Port Elizabeth (bzw. seit 2021 offiziell: Gqeberha) nach Kapstadt sind es 770 km, über Graaff-Reinet und Beaufort West sogar knappe 1.000 km – Umwege über wunderschöne Bergstrecken nicht eingerechnet. Eine Rundtour entlang der Atlantikküste und durch die Berge nördlich von Kapstadt ist nicht unter vier Tagen zu bewältigen. Das zeigt, dass für eine Erkundung der Kapprovinzen mindestens zwei, besser drei Wochen zu veranschlagen sind, nur um die Highlights zu erkunden. Nicht zu vergessen: die Reservetage.

Abschließend möchte ich all denen meinen Dank aussprechen, die mich bei meiner Arbeit an diesem Buch unterstützt haben. Frau Marita Bromberg hat die meisten Fotos beigesteuert und Frau Heidrun Brockmann sowie Frau Dagmar Schulz waren wesentlich an den ersten Auflagen des Buches beteiligt.

Dirk Kruse-Etzbach

I. LAND UND LEUTE

Südafrika auf einen Blick

Hauptstadt/ Regierungssitz	Pretoria/Tshwane (Exekutive) / Kapstadt (Legislative) / Bloemfontein (Judikative)
Provinzen	Limpopo, Northern Cape, Gauteng, Mpumalanga, Free State, North West, Western Cape, Eastern Cape, KwaZulu-Natal (die Provinzen unterscheiden sich sehr in Größe, Bevölkerungsdichte, Wohlstand und Wirtschaft)
Fläche	1.219.912 km²
Einwohner	62 Mio. Einwohner; 50 Einw. pro km²; Analphabetenquote: ca. 13 % (Angaben: 7–14 %)
Bevölkerungsstruktur/-zunahme	81 % Schwarze (u. a. Zulu, Xhosa, Basotho, Tswana, Tsonga, Swazi, Ndebele, Venda), 8,8 % „Coloureds“, 8,4 % Weiße, 2,5 % Asiaten. Bevölkerungszunahme (jährlich): 1,5 %
Städte (inkl. Randgemeinden)	Über 60 % aller Südafrikaner leben in städtischen Gebieten: Johannesburg 5,8 Mio. (Großraum Gauteng 15 Mio.), Kapstadt 440.000 (Stadt), 4 Mio. (Metro), 4,7 Mio. (Großraum), Durban (eThekweni) 3,7 Mio. (Großraum), Pretoria 2,5 Mio. (Großraum Tshwane 3,3 Mio.), Metro Port Elizabeth (Gqeberha) 967.000 (Großraum Nelson Mandela Bay 1,2 Mio.)
Sprachen	11 offizielle Landessprachen: Englisch, Afrikaans, daneben Zulu, Siswati, Süd-Ndebele, Sesotho, Sepedi, Xitsonga, Setswana, Tshivenda und Xhosa. Die meisten Südafrikaner sprechen mehr als eine dieser Sprachen. Handelssprache: Englisch; in Ämtern und Behörden: Englisch oder Afrikaans.
Religion	(offizielle Zahlen variieren stark) Christen: 80–85 % (Afrikanische Kirchen um 40 % (Zahlen sind nicht eindeutig ermittelbar), Niederländisch-reformierte Kirche 6,5 %, Römisch-katholische Kirche 7,5 %, Evangelisch/Methodisten 8 %, Pfingstler 8%, Anglikaner 5 %, Lutheraner 3 %); weitere Religionsgemeinschaften: traditionelle (süd)afrikanische Religionen zusammen 5,3%, Muslime: 2,5 %, Hindus: 1,1 %, Juden: 0,2 %
Staats- und Regierungsform	Parlamentarische Demokratie (im Commonwealth) seit 1961; Verfassung in Kraft seit 1997; Zweikammersystem: Die National Assembly mit mind. 360 Mitgliedern (gesamt 400 Sitze) wird direkt gewählt. Der National Council of Provinces besteht aus 90 Mitgliedern (je 10 aus 9 Provinzen). Die Wahlen finden alle 5 Jahre statt. Das Staatsoberhaupt wird alle 5 Jahre von der National Assembly gewählt. Wahlrecht haben alle Bürger ab 18 Jahren. Regierung: ANC; Oppositionelle Parteien: Democratic Alliance (DA), Economic Freedom Fighters (EFF), Inkatha Freedom Party (IFP), National Freedom Party (NFP), Freedom Front Plus (FF+), Pan African Congress (PAC) u. a.
Staatsoberhaupt und Regierungschef	Matamela Cyril Ramaphosa (ANC)
Inflation	ca. 7,3 % (Stand 2023) (Energie 8,1 %, Nahrungsmittel 14 %)
Arbeitslosigkeit	offiziell: ca. 32 % (variiert in einzelnen Regionen), real nach Schätzungen ca. 40 %
Export	(Zahlen schwanken stark, je nach Wechselkurs) ca. US-$ 95–110 Mrd.; Gold, Diamanten und Platin 38 %; unedle Metalle 17 %; Mineralstoffe 12 %; Kohle 11,2 % Fahrzeuge 9,2 %; Ferrolegierungen 3,5 %
Hauptexportländer	China, USA, Deutschland, Großbritannien, Indien, Hongkong, Japan, Botswana, Namibia, Niederlande
Import	(Zahlen schwanken stark, je nach Wechselkurs) ca. US-$ 80–100 Mrd.; Maschinen und Apparate 18 %; Mineralprodukte 14 %; Elektronik 8%; chemische Erzeugnisse 10 %; Originalgeräte, Autos, Kfz-Teile 8,5 %; Gold 5,5%; unedle Metalle 4 %
Hauptimportländer	China/Hongkong, Deutschland, USA, Saudi-Arabien, Indien, Japan, Frankreich, Großbritannien, Nigeria
Bodenschätze	Herausragende Vorkommen: Aluminium-Silikate, Chrom, Gold, Magnesium, Platin, Vanadium
Landwirtschaft	Sehr leistungsfähig, sichert zum größten Teil die Eigenversorgung; neben Fleischproduktion v. a. Anbau von Getreide, Zuckerrohr, Obst, Wein, Tabak, Mais etc.

Klima	Südafrika gehört zu den warm-gemäßigten Trockengebieten der Subtropen; Sommerregen von Oktober bis April mit Ausnahme der Küstenregion von Natal, dem immer feuchten, warm-gemäßigten Küstenstrich von Mossel Bay bis Port Elizabeth (Gqeberha) und dem Winterregengebiet des Kaplands (Regen Mai bis Oktober).
Flagge	Die Farben der Flagge finden sich in den Symbolen aller südafrikanischen Parteien wieder, aber die wohl wichtigste Symbolik der Flagge wird in ihrem auf der Seite liegenden „Y" gesehen, das als Zusammenfließen der verschiedenen Gruppen der südafrikanischen Gesellschaft auf dem Weg zur Einheit interpretiert wird.

Die Provinzen des Reisegebietes

Western Cape Province	
Größe	129.370 km² (= 11 % der Fläche Südafrikas), 6 Distrikte; die viertgrößte Provinz Südafrikas; Größe der Agglomeration von Kapstadt (ohne Cape Peninsula, Paarl und Stellenbosch): ca. 900 km² (Vergleich Berlin: 883 km²)
Hauptstadt	Kapstadt/Cape Town
Premier	Alan Winde (DA, die 55.5% der Stimmen bei der letzten Wahl 2019 in der Provinz erhielt)
Einwohner	7,1 Mio.; 49 % „Coloureds", 34 % Schwarze, 16 % Weiße, 1 % Asiaten
Einwohnerdichte	55 Einw./km²
Größte Städte	(neben Kapstadt) George, Somerset West, Knysna, Paarl, Swellendam, Oudtshoorn, Stellenbosch, Mossel Bay
Wirtschaft	Industrie und Handel konzentrieren sich auf den Großraum Kapstadt (wenig Großindustrie, Hafen, Handel, Banken und Versicherungswesen); Landwirtschaft (Sonderkulturen wie Wein und Tafelobst, Gemüse, in den trockeneren Lagen vornehmlich Rinder und Schafweidewirtschaft); Tourismus
Eastern Cape Province	
Größe	169.580 km²; 8 Distrikte; die zweitgrößte Provinz Südafrikas
Hauptstadt	Bhisho
Premier	Oscar Mabuyane (ANC, der 68.74 % der Stimmen bei der letzten Wahl 2019 in der Provinz erhielt)
Einwohner	6,7 Mio.; davon 86 % Schwarze, 8,3 % „Coloureds"; 4,7 % Weiße, 0,4 % Asiaten
Einwohnerdichte	39 Einw./km²
Größte Städte	Port Elizabeth (seit 2021 „Gqeberha", s. S. 357) und East London
Hafenumschlag Port Elizabeth	Port Elizabeth (Gqeberha) (inkl. Port of Ngqura): 40 Mio. Tonnen (Tendenz steigend)
Wirtschaft	Die Industrie konzentriert sich auf die Ballungsräume Port Elizabeth (Gqeberha) und East London (Maschinen- und Fahrzeugbau, chemische Industrie, Schwerindustrie, Hafen); Landwirtschaft: Weideland (Schafe, Rinder), Ackerbau, Obstanbau (Zitrusfrüchte, Äpfel), sonst wenig Sonderkulturen; Fischfang

Geschichtlicher Überblick

Zeittafel

vor 1–3 Mio. Jahren Australopithecus africanus („Afrikanischer Südaffe“) lebte hier – durch Funde belegt.
vor 500.000 Jahren Erste Nutzung von Steinwerkzeugen in Nord- und Osttransvaal – durch Funde belegt.
26.000 v. Chr. Älteste San-Felszeichnungen.
300 n. Chr. Bantu sprechende Stämme besiedeln das östliche Südafrika.
1487 Bartolomeu Diaz segelt um das Kap der Guten Hoffnung.
1497/99 Vasco da Gama umsegelt die Südspitze Afrikas auf dem Weg nach Indien.
1605 Erste Schiffe der East India Company ankern am Kap.
1652 Jan van Riebeeck landet in der Table Bay – Bau der ersten europäischen Siedlung.
1666 Baubeginn des Kapstädter Kastells in Form eines fünfzackigen Sterns.
1679 Simon van der Stel wird neuer Kommandant der Kapkolonie und gründet den nach ihm benannten Ort Stellenbosch sowie den Regierungsbezirk Swellendam.
1688 Khoikhoi siedeln sich am Kap an; Hugenotten treffen in Kapstadt ein.
1779/91 Erste Kriege zwischen Xhosa und den nach Nordosten vordringenden weißen Siedlern.
1795 Die Herrschaft der East India Company wird beendet; die Briten übernehmen die Macht.
1814 Das Land am Kap wird britische Kronkolonie.
1820 In Algoa Bay (Port Elizabeth) treffen 5.000 englische Siedler ein.
1834 Abschaffung der Sklaverei in Südafrika.
1835 Beginn des Großen Burentreks nach Nordosten (Transvaal).
1838 Schlacht am Blood River (Natal), Sieg der Voortrekker über die Zulu.
1844 Natal wird britische Kronkolonie.
1848 Annexion des Gebiets zwischen Vaal und Oranje durch die Briten.
1852/1854 Anerkennung der Burenrepubliken Transvaal und Oranje-Freestate durch die Briten.
1860 Bau eines sturmfesten Hafens in Kapstadt; die ersten Inder kommen als Zuckerrohr-Arbeiter nach Natal.
1867 Erste Diamantenfunde im Norden der Kapprovinz.
1877 Die Briten annektieren die Burenrepublik Transvaal, verlieren jedoch 1880 das Gebiet im Ersten Burenkrieg.
1883/1900 Paul „Ohm“ Kruger regiert als Präsident die Burenrepublik Transvaal.
1886 Die Goldvorkommen am Witwatersrand werden entdeckt.
1899/1902 Zweiter Burenkrieg, bei dem die Briten siegen.
1910 Gründung der Südafrikanischen Union.
1912 Am 8. Jan. gründen 60 Delegierte in Bloemfontein die Widerstandspartei South African Native National Congress (SANNC), später ANC.
1913 Das „Indigenen-Gesetz“ untersagt den Schwarzen, Land außerhalb der Reservate zu erwerben.
1915 Die Südafrikaner besetzen „Deutsch-Südwestafrika“ (heute Namibia).
1925 Afrikaans wird neben Englisch die zweite Amtssprache in Südafrika.
1939 Südafrika erklärt dem Deutschen Reich den Krieg.
1948 Aus den Parlamentswahlen geht die Nationale Partei als Siegerin hervor und baut die Apartheid auf.
1950 Verbot der kommunistischen Partei; Group Area Act (Gesetz über die Gebietseinteilung für die Bevölkerungsgruppen).
1960 Eskalation des nicht weißen Widerstands im Aufstand von Sharpeville. Die Regierung erklärt den Ausnahmezustand und verbietet die Befreiungsbewegungen ANC und PAC.

1961 (Weißer) Volksentscheid für die Unabhängigkeit von Großbritannien und Etablierung der „Republik von Südafrika".

1962 ANC-Führer Nelson Mandela wird verhaftet.

1967 Erste Herztransplantation im Kapstädter Krankenhaus Groote-Schuur durch Prof. Christiaan Barnard.

1976 Blutige Unruhen wegen der Einführung eines nach „Rassen" streng getrennten Schulsystems.

1976–1981 Gründung von „selbstständigen" Homelands mit Selbstverwaltung (international nicht anerkannt): Transkei (1976), Bophuthatswana (1977), Venda (1979) und Ciskei (1981).

1977 Ermordung des Studentenführers Steve Biko durch die Polizei.

1983 Eine neue Verfassung gewährt Indern und „Coloureds", nicht aber der schwarzen Bevölkerung ein stark eingeschränktes Mitspracherecht.

1984 Bischof Desmond Tutu erhält den Friedensnobelpreis.

1985 Boykott schwarzer Arbeiter im November (24 Tote, Jahr der „Halskrausenmorde"); davon sind auch Schwarze betroffen, die als „weißenfreundliche" Verräter gelten.

1986 Eskalation der Gewalt – Präsident Pieter Willem Botha verhängt den Ausnahmezustand. Einige Apartheidgesetze werden (Passgesetze, Zuzugskontrollen, Rassentrennung in Restaurants und Hotels). Die USA, in der Folge die meisten anderen westlichen Staaten, beginnen mit umfangreichen Wirtschaftsboykotts.

1988 1 Mrd. Fernsehzuschauer beim Londoner Popkonzert zum 70. Geburtstag Mandelas.

1989 Frederik Willem de Klerk wird Staatspräsident und deklariert als Ziel seiner Politik das Ende der Apartheid.

1990 Nelson Mandela wird aus der Haft entlassen, Oliver Tambo (ANC) kehrt aus dem Exil zurück. De Klerk kündigt Verhandlungen über eine neue Verfassung an.

1991 Die EG-Staaten sowie die USA heben nahezu alle Wirtschaftssanktionen gegen Südafrika auf. Innerhalb der CODESA (= Kongress für ein demokratisches Südafrika) finden Verhandlungen über die neue Verfassung statt. Kämpfe zwischen Zulu (Inkatha-Bewegung unter Buthelezi) und Xhosa (ANC) nehmen zu.

1992 Im Referendum sprechen sich zwei Drittel der weißen Bevölkerung für den Reformkurs de Klerks aus. Nach dem Massaker von Boipatong im Juni, wo Inkatha-Anhänger im Zusammenspiel mit der Polizei ANC-Mitglieder töten, stellt der ANC die CODESA-Verhandlungen bis Ende 1992 ein.

1993 Nelson Mandela und F. W. de Klerk erhalten für ihr Bemühen um ein „neues", demokratisches Südafrika den Friedensnobelpreis.

1994 Bei den ersten freien Wahlen siegt der ANC klar.

1996 Im Juli beendet die Nationale Partei unter Führung de Klerks ihre Mitarbeit in der Regierung der nationalen Einheit.

1997 Mandela gibt in seiner Regierungserklärung dem Wohnungsbau, der Ausbildung und der Bekämpfung der Kriminalität höchste Priorität; die „endgültige" Verfassung tritt in Kraft.

1998 Mandela tritt den Parteivorsitz an Thabo Mbeki ab. Im Oktober legt die Wahrheitskommission ihren Abschlussbericht vor.

1999 Bei den zweiten freien Wahlen erhält der ANC fast die Zweidrittel-Mehrheit. Thabo Mbeki wird neuer Präsident Südafrikas.

2003 Nach Nadine Gordimer (1991) erhält J. M. Coetzee als zweiter Südafrikaner den Literaturnobelpreis.

2004 Der ANC gewinnt die Parlamentswahlen und regiert jetzt in allen neun Provinzen.

2005 Der ANC-Vorsitzende und Vizepräsident Jacob Zuma wird wegen Korruption und Vergewaltigung angeklagt, von letzterem Vorwurf aber im April 2006 freigesprochen.

2009 Zuma wird trotz aller Vorbehalte (Affären, Korruptionsverdacht) zum Präsidenten gewählt, Wiederwahl 2014.

2010 Südafrika trägt als erstes afrikanisches Land die Fußball-WM aus; die eigene Mannschaft scheidet schon in der Vorrunde aus.

2012 Der ANC feiert sein 100-jähriges Bestehen.

2013 Am 5. Dezember stirbt Nelson Mandela.

2015 Südafrika wird von einer historisch schweren Dürre getroffen, die das Land für Jahre schwer belastet.
Bereits im Jahr 2013 in einer Höhle nahe Johannesburg entdeckte fossile Gebeine können einer bislang unbekannten Frühmenschengattung (Homo Naledi) zugeordnet werden.

Seit 2016 In den letzten Jahren konnte die Zahl schwerer Verbrechen deutlich reduziert werden. Das Land am Kap ist trotz Problemen nach wie vor eine führende Nation Afrikas (zweitgrößte Wirtschaft nach Nigeria). Probleme weiterhin: Korruption, Landfrage, Arbeitslosigkeit, niedrige Rohstoffpreise auf dem Weltmarkt.

2018 Die Wasserversorgung Kapstadts steht aufgrund der Dürre auf Messer Schneide, der „Day Zero“ kann aber vermieden werden.
Aufgrund anhaltender Korruptionsvorwürfe wird Zuma zum Rücktritt gezwungen, der ANC-Vorsitzende (seit Dezember 2017) Cyril Ramaphosa wird im Februar 2018 neuer Staatspräsident.

2019 Der ANC gewinnt die Wahlen trotz großer Verluste mit 57,5 %.

2020 Im März 2020 erreicht die Corona-Pandemie auch Südafrika. Bis April 2022 werden über 3,7 Mio. Infektionen registriert, prominentester Patient ist Präsident Ramaphosa im Dezember 2021.
Im Juli tritt Ex-Präsident Zuma eine 15-monatige Haftstrafe an. Es folgen Proteste in Gauteng und KwaZulu-Natal mit über 300 Toten, Vandalismus und Plünderungen. Im September wird Zuma aus gesundheitlichen Gründen freigelassen.

2021 Im Februar erhalten zahlreiche Gemeinden neue Namen, so wird z. B. Port Elizabeth zu Gqeberha.
Im November stürzt der ANC bei den Kommunalwahlen auf das historisch schlechte Ergebnis von 47 % ab.
Mit F. W. de Klerk († 11.11.) und Desmond Tutu († 26.12.) sterben zwei Friedensnobelpreisträger und zentrale Akteure bei der Überwindung der Apartheid.

2022 Anfang Januar wird das Parlament in Kapstadt bei einem Brand zerstört.
Im April kommen bei Überschwemmungen in der östlichen Provinz KwaZulu-Natal mehr als 400 Menschen ums Leben.
Der ANC bestätigt Cyril Ramaphosa nach seiner Affäre um versteckte Geldscheine mit klarer Mehrheit als Parteichef und ebnet ihm damit den Weg zu einer zweiten Amtszeit als Staatspräsident.

2023 Es gibt massive Probleme bei der Energieversorgung, sogenannte Blackouts mit bis zu zwölf Stunden Stromausfall täglich im ganzen Land. Der staatliche Energieversorger Eskom sowie die gesamte Volkswirtschaft leiden unter veralteter Infrastruktur, Korruption und Sabotage. Seit der europäischen Gaskrise infolge des russischen Angriffskriegs auf die Ukraine wird vermehrt Kohle exportiert.
Der Tourismus in Südafrika erholt sich schneller als erwartet und knüpft an Vor-Corona-Zeiten an.
Ex-Präsident Zuma entgeht wegen überfüllter Gefängnisse einer Haftstrafe.

2024 Parlaments- und Kommunalwahlen in Südafrika

Vorkoloniale Zeit

Frühe Geschichte – San und Khoikhoi

Menschen lebten in Südafrika schon vor 3 Mio. Jahren

Dass sich die Wiege der Menschheit (*cradle of mankind*) in Afrika befindet, ist allgemein bekannt. Ausgrabungen einiger der ältesten paläoanthropologischen Fossilien beweisen, dass es Vor- und Frühformen des Menschen (*Australopithecus africanus* = afrikanischer Südaffe) bereits vor mindestens 3 Mio. Jahren im südlichen Afrika gab. Die vor einigen Jahren gefundenen Überreste des *Australopithecus sediba* versprechen weitere Einsichten in die verschiedenen Linien, die dem Menschen zugrunde liegen könnten. Knochen- und Steinwerkzeugfunde belegen nicht nur das Auftreten des *Homo sapiens* in Südafrika vor 70.000 Jahren, sondern weisen auch darauf hin, dass sich hier vor über 100.000 Jahren Gruppen der Familie *Hominidae* befanden.

Verdrängte San

Das Sammler- und Jägervolk der **San** gilt zwar als eine der ältesten Bevölkerungsgruppen Südafrikas, zur Urbevölkerung Südafrikas gehören sie jedoch nicht. Sie stammen aus den ostafrikanischen Savannen, wo sie anderen Hirten- und Bauernvölkern weichen mussten. Von den nach Süden vorrückenden Bantu und von den sich aus dem Süden ausbreitenden Weißen aus ihren Jagdgebieten verdrängt, leben heute nur noch wenige San im südlichen Afrika, vor allem in der Kalahari (Namibia) und deren Randgebieten. Die San sind für ihre Kunst, die sich teilweise über Jahrtausende erhalten hat, weltbekannt: Sie schufen Felsreliefs und vor allem Felszeichnungen und -malereien.

Während die San bereits vor 15.000 bis 25.000 Jahren im südlichen Afrika ansässig wurden, kamen die nomadischen **Khoikhoi** (Mensch-Menschen = die wahren Menschen) oder **Khoi** erst vor ca. 2.500 Jahren in dieses Gebiet. Sie betrieben Viehzucht (Schafe, Rinder) und besiedelten große Teile der Westhälfte Südafrikas und damit auch die Gegend ums Kap, die dank ihres Wasserreichtums für Viehzucht hervorragend geeignet war. Der Ausdruck **Khoisan** bezieht sich auf beide Bevölkerungsgruppen, die mit- und nebeneinander lebten, auch wenn ihre Betätigungsfelder, Viehzucht und Jagd, sie zu Konkurrenten machten. Durch die Zuordnung zu Wildbeutern oder Viehzüchtern in der westlichen Hälfte Südafrikas wurde gleichzeitig die soziale Stellung festgelegt: Die Viehzucht war mit höherem gesellschaftlichem Ansehen verbunden, demnach konnte es vorkommen, dass ein San für einen Viehzüchter arbeitete, jedoch nicht umgekehrt.

Vergeblicher Widerstand der Khoikhoi

Es waren die Holländer, die im 17. Jh. die Khoikhoi als „Hottentotten" bezeichneten, was auf ein immer wieder gesungenes Wort bei deren Begrüßungstänzen zurückzuführen ist. Von den holländischen Siedlern wurden die San als bosjesmans bezeichnet, d. h. Leute, die hinter den zusammengeflochtenen Zweigen (*bosjes*) wohnen; die Engländer nannten sie bushmen. Als die Europäer am Kap landeten, waren die mit den San verwandten Khoi zahlenmäßig überlegen; heute ist das Verhältnis umgekehrt. Nach anfänglichem Widerstand gegen die vordringenden Europäer zogen sich die San aus dem Gebiet zurück, die Khoi hingegen kämpften bis zuletzt. Pockenepidemien im 18. Jh., gegen die sie keine Abwehrkräfte hatten, und Kriege trugen zum Verschwinden der Khoikhoi bei. Heute leben nur noch wenige ihrer Gruppe als **Nama** in Namibia und Botswana.

Das Kap am Seeweg nach Indien

Die Portugiesen beim Aufstellen eines Padrão (Gemälde von Charles Davidson Bell, 19. Jh.)

Auf der Suche nach einem Seeweg nach Indien, wo das Gold des Mittelalters, die Gewürze, geladen werden sollten, segelten die **Portugiesen** im 15. Jh. immer weiter an der Westküste Afrikas entlang Richtung Süden. Nachdem er in der heutigen Lüderitz-Bucht angelegt hatte, segelte der Portugiese **Bartolomeu Diaz** ohne es zu wissen, um die Kapspitze und die südlichste Spitze Südafrikas, Kap Agulhas. Stürme und schlechte Sicht hatten den Blick auf das Land nicht freigegeben. Er ging in der heutigen Mossel Bay am **3. Februar 1488** an Land; der Bucht gab er den Namen Angra dos Vaqueiros, weil dort riesige Herden von Kühen mit Hirten gesichtet wurden. Diaz und seine Crew waren damit die ersten Europäer, die südafrikanischen Boden betraten und mit den dort ansässigen Khoikhoi Handel trieben.

Erst während seiner Rückfahrt nach Europa konnte Diaz das Kap sichten, ging an Land, errichtete in der Nähe der Kapspitze ein **Padrão** (Kreuz) und nannte die Kapspitze „Kap der Stürme". Später wurde es umbenannt in **Cabo da Boa Esperança** – Kap der Guten Hoffnung. Die von den portugiesischen Seefahrern aufgestellten Kreuze dienten als Landmarke für Seefahrer, dokumentierten das Recht auf Besitzergreifung und waren auch Symbolträger für das Christentum. Neun Jahre nach Diaz segelte Vasco da Gama um das Kap bis zum Keiskamma-Fluss. Die Kreuze, die er bei seinen Reisen in den Jahren 1497–1499 an der Küste aufstellte, sind z. T. heute noch zu sehen. Ab 1500 reisten ständig portugiesische Schiffe in die indischen Kolonien, wobei Mossel Bay als eine der wichtigsten Zwischenstationen zur Proviant- und Frischwasseraufnahme galt.

Die **Table Bay** (dt. „Tafelbucht") wurde 1503 von Europäern erstmals durch den Seefahrer **Antonio da Saldanha** entdeckt, der auch als erster Europäer den Table Mountain (dt. „Tafelberg") bestieg. Trotz der strategisch außergewöhnlichen Lage hatten die Portugiesen nie ernsthaft erwogen, an der südafrikanischen Küste Siedlungen anzulegen. Zum einen hatten sie bis zum Ende des 16. Jh. auf dem Weg nach Indien keine ernsthafte Konkurrenz und auch hatte das Kap wirtschaftlich nicht viel zu bieten. Bevor man nach Indien übersetzte, legte man lieber in Häfen an, wo alles zu haben war, wie z. B. in Mosambik. Und auf den Viehhandel mit den Khoikhoi zur Versorgung der Schiffsmannschaften mit Frischfleisch war nicht immer Verlass, weswegen es auch zu gewaltsamen Auseinandersetzungen kam, die jeden Gedanken an eine Ansiedlung vereitelten.

Erste Kämpfe zwischen Europäern und Khoisan

Mit dem Aufkommen ernst zu nehmender Konkurrenz durch die Holländer und Engländer im ausgehenden 16. Jh. gewann das Kap an strategischer Bedeutung. Als

1611 ein holländischer Kapitän erstmals direkt vom Kap nach Indonesien segelte, anstatt wie bisher entlang der ostafrikanischen Küste, lag das Kap nicht mehr nur geografisch im Mittelpunkt des Handels zwischen Europa und Asien.

Holländische Besiedlung

Die Kolonie der Kompanie (1652–1795) – die ersten europäischen Siedler

Jan van Riebeeck

Fast ein Jahr musste die Besatzung des holländischen Schiffs „Nieeuw Haarlem" der **Vereinigten Ostindischen Handelsgesellschaft** (*Vereenigde Oostindische Compagnie, VOC; auch Holländisch-Ostindische Kompanie/Dutch East India Company*) in der Table Bay verbringen, als das Schiff auf der Rückreise von Indien im März 1647 mit 60 Mann Besatzung am Kap der Guten Hoffnung strandete. Unter der Leitung des Unterkaufmanns Leendert Janszen errichteten die Holländer in der Zeit ihres unfreiwilligen Aufenthalts eine kleine Festung, legten Gärten an und machten beim Tauschhandel mit den Khoikhoi gute Gewinne. Erst im März 1648 konnten die Überlebenden mit einer Flotte von fünf holländischen Schiffen nach Holland heimkehren. Der Bericht von Janszen an die VOC nach seiner Rückkehr über Siedlungseigenschaften fiel äußerst positiv aus und führte zum Entschluss der VOC, eine ständige Versorgungsstation am Kap einzurichten, um Schiffsbesatzungen während der sechs- bis achtmonatigen Fahrten zwischen Europa und Asien mit Lebensmitteln und Trinkwasser zu versorgen.

Eine Festung wird errichtet

Die Aufgabe des Kommandanten der Station am Kap wurde dem Kaufmann **Jan Anthniszoon van Riebeeck** zugesprochen, der sich zwei Jahre zuvor auf einem der Schiffe befand, das die Schiffbrüchigen am Kap aufgenommen hatten. Am 6. April 1652 erreichten van Riebeeck, seine Frau und sein Sohn mit einer Crew von 90 Leuten, darunter acht Frauen, die Table Bay. Van Riebeeck war beauftragt worden, ein Fort zu bauen, das ca. 80 Mann Platz bieten und den Namen *Fort de goede Hoop* tragen sollte. Es war vorgesehen, kleine Äcker anzulegen, Gemüse und Obst anzubauen und mit den Einheimischen Viehhandel zu betreiben. Van Riebeeck errichtete mit seinen Leuten ein viereckiges Fort, das erst mit einem Erdwall, dann mit einem Zaun umgeben wurde, um den Kontakt mit den Khoikhoi möglichst unter Kontrolle zu halten. Ende 1652 war der Ausbau des Forts abgeschlossen. Es bestand aus einem 12 Fuß hohen Viereck aus Erdwällen und hatte eine Seitenlänge von 50 m.

Später übertrug van Riebeeck, mit der Genehmigung der VOC, die Bewirtschaftung des umliegenden Landes freien Bauern und stellte den ersten Freibürgern ein Stück Land, Saatgut und Arbeitsgeräte auf Kredit zur Verfügung. Damit war der erste Schritt auf dem Weg von der Selbstversorgungsstation zur **Siedlungskolonie** vollzogen, die das Gebiet in der Folgezeit als ihre Heimat bezeichneten.

Konfrontationen

Die Ausweitung der Kolonie ging jedoch mit Konfrontationen mit den Khoikhoi einher. Zwischen 1659 und 1671 kam es immer wieder zu Auseinandersetzungen, weil die Europäer den Einheimischen das Weideland nahmen und wegen ihres steigenden Fleischbedarfs versuchten, den Khoikhoi mehr Vieh abzuhandeln, als diese hergeben wollten. Die Kämpfe endeten mit einer vernichtenden Niederlage der Khoikhoi, deren Mehrheit sich ins Landesinnere zurückzog. Diejenigen, die zurückblieben, integrierten sich in die Gemeinschaft der weißen Siedler, was allmählich zur Entstehung einer neuen Bevölkerungsgruppe, der sog. „**Coloureds**" („Farbige"), führte. Hinzu kamen Verbindungen zwischen Weißen bzw. Khoikhoi und **Sklaven**, die ab 1658 aus Ostafrika, Madagaskar, Indien, Ceylon, Malaysia und Indonesien ans Kap gebracht wurden.

Unter der Herrschaft der Holländisch-Ostindischen Kompanie (Dutch East India Company, VOC)

Als **Simon van der Stel** 1679 neuer Kommandant (ab 1691 Gouverneur) der Kapkolonie wurde, war das Kastell vollständig ausgebaut, Kapstadt immerhin schon ein Ort mit vier Straßen und 290 (weißen) Einwohnern. Die Verwaltung lag in den Händen eines politischen Rats, der legislative, exekutive und judikative Befugnisse besaß und der dem Generalgouverneur Holländisch-Ostindiens in Batavia (heutiges Java) unterstellt war. 1666 war der Bau des Kapstädter Kastells in Form eines fünfzackigen Sterns begonnen worden. Es ist heute das älteste erhaltene Bauwerk Südafrikas. Nachdem es 1674 bezogen worden war, brach man die alte Festung ab. Van der Stel gründete im gleichen Jahr den nach ihm benannten Ort und gleichnamigen Regierungsbezirk Stellenbosch. 1687/1688 traf die erste Gruppe von ca. 200 **Hugenotten** (von insgesamt 80.000) am Kap ein, die Frankreich wegen ihres Glaubens verlassen mussten. Sie assimilierten sich schnell und heute erinnern nur noch französischen Nachnamen und Orte wie Franschhoek mit dem Hugenotten-Denkmal an diese Einwanderer.

Französische Einwanderer

Ab 1681 wurden Verbannte aus Indonesien nach Südafrika deportiert. Sie bildeten später die Gruppe der sog. **Kapmalayen**, von denen sich viele als Handwerker betätigten. Neben Kompanie-Angestellten im Ruhestand waren auch zahlreiche **Deutsche** im 17./18. Jh. unter den Einwanderern. Sie wuchsen zu einer etwa gleich großen Gruppe wie die Holländer an. Die eingewanderten Hugenotten und Deutschen lernten sehr bald Holländisch, gaben schließlich rasch ihre eigene Sprache auf und assimilierten sich fast vollständig. Resultat war eine relativ **homogene Bevölkerung**. Seit etwa 1700 waren die meisten der am Kap lebenden Weißen dort geboren, bezeichneten das Land als ihre Heimat und hatten, wenn überhaupt, nur noch lockere Verbindungen zu ihren europäischen Ursprungsländern. Dadurch entwickelte sich unter den Kap-Bewohnern ein eigenes Selbstbewusstsein, das sich im Jahr 1706, in dem erstmals die Eigenbezeichnung „**Afrika(a)ner**" nachweislich benutzt wurde, zum Nationalbewusstsein herausbildete.

Neues Nationalbewusstsein

In Kapstadt und den anderen Orten der Region entwickelte sich im Laufe des 18. Jh. ein immer selbstständiger und selbstbewusster werdendes (weißes) **Bürgertum**.

Daneben war seit etwa 1700 eine vermehrte Abwanderung von weißen Farmern ins Landesinnere zu beobachten, die für ihre Schafe und Rinder neue, größere Weiden benötigten. Diese Viehbauern, die **Trekboer** (*Trekbure/trekking farmer* = Viehbauer, mit seiner weidenden Herde ziehend) lösten sich vom Zugriff der Kapstädter Zentralverwaltung und standen in dauerndem Existenzkampf mit den Khoisan und seit Ende des Jahrhunderts mit dem langsam nach Süden wandernden Xhosa-Volk. Die holländische Kolonialverwaltung versuchte zwar, diese Buren (Bauern) sesshaft zu machen, doch zogen die meisten von ihnen ein ungebundenes Leben in Zelt und Ochsenwagen vor.

Umherziehende Farmer

Die strenggläubigen Calvinisten entwickelten ihre eigene Kultur, ihre eigene Sprache und hatten oftmals als einzige Informationsquelle die Bibel. Auch waren viele des Lesens und Schreibens unkundig und nahmen so an den großen sozialen, politischen und philosophischen Entwicklungen des 18. Jh. nicht teil.

Teilweise bedingt durch die Korruption der Beamten, hatte die VOC am Ende des 18. Jh. einen wirtschaftlichen Niedergang zu verzeichnen. Die Niederlassung am Kap bildete ihren größten Verlustposten, Reformen kamen zu spät und die VOC musste 1794 ihren Bankrott erklären.

Buren und Briten

Vom Einzug der Briten bis zum Auszug der Buren (1795–1836)

Nach dem Ausbruch der französischen Revolution besetzte Frankreich die Niederlande und die neu gegründete Batavische Republik war nicht mehr mit den Briten verbündet. Um zu verhindern, dass sie in französische Hände kam, nutzten die Briten die Situation und besetzten die Kapregion. 1797 wurde das Gebiet zur Kronkolonie erklärt und einem Zivilgouverneur unterstellt. Die Bevölkerung bestand zu dieser Zeit aus rund 18.000 Weißen, 15.000 Khoikhoi und 22.000 Sklaven. Von den Kolonisten lebten etwa 5.000 in Kapstadt, weitere 1.000 in Stellenbosch, der Rest auf dem Land und als umherziehende Viehbauern.

Nach dem **Friedensschluss von Amiens** (1802) musste die Kapkolonie an die Batavische Republik (Niederlande) zurückgegeben werden, aber nur drei Jahre später kam es zur endgültigen Übernahme der Kapkolonie durch die Briten. Nachdem die französische Flotte 1806 bei Trafalgar durch die Briten vernichtend geschlagen worden war, kontrollierte Großbritannien wieder allein die internationalen Gewässer. Die Briten waren in Bloubergstrand, 25 km nördlich von Kapstadt, mit zahlenmäßig weit überlegenen Truppen gelandet. Die Gegenwehr der Holländer und eines zusammengewürfelten „Heeres" war schwach und am 13. August 1814 wurde das Land am Kap dauerhaft zur **britischen Kronkolonie**. Kapstadts Wirtschaft profitierte von der britischen Besitznahme, weil die Briten nun den freien Handel erlaubten, der unter der VOC verboten war.

Niederlage der Holländer

Mit der Übernahme der Verwaltung durch die Briten begannen tiefgreifende Veränderungen in der Kapkolonie, was zu einer Neuordnung des Verhältnisses der unterschiedlichen ethnischen Gruppen führte. Beeinflusst durch die in Großbritannien verstärkte **philanthropische Bewegung**, die sich für die Gleichheit der Menschen und die Unverletzbarkeit der Menschenwürde einsetzte, wurde 1807 der Sklaventransport auf britischen Schiffen verboten. 1816 wurde die Registrierung aller Sklaven angeordnet, um dem illegalen Menschenhandel entgegenzuwirken. Und 1820 wurde den am Kap ankommenden ersten britischen Siedlern die Inanspruchnahme von Sklavenarbeit verboten. Schließlich wurde 1834 die **Sklaverei im Britischen Reich abgeschafft**. An der sozialen Stellung der ehemaligen Sklaven änderte sich jedoch wenig, sie blieben ungelernte, billige Arbeitskräfte in der Landwirtschaft bzw. im städtischen Handwerk.

Zudem wurde die Gesetzgebung für die Khoikhoi und „Coloureds" reformiert. 1809 wurde die sog. „Hottentotten-Gesetzgebung" verabschiedet, die die Einheimischen zu britischen Untertanen erklärte und ihre bisherige Gesellschaftsstruktur beseitigte. Sie wurden den Gesetzen und der Gerichtsbarkeit der Weißen unterstellt und dazu verpflichtet, einen festen Wohnsitz zu haben, einen Pass und eine amtliche Urkunde ihrer Dienstverträge mit Weißen zu tragen. Mit dem **Erlass Nr. 50** schließlich, der „Magna Carta der Hottentotten" (1828), wurden den Khoikhoi und „Coloureds" **Freiheitsrechte** garantiert, die nahezu denen der Weißen entsprachen.

Neue Gesetzgebung

Trekburen auf dem Weg durch die Halbwüste Karoo (um 1830)

Diese Maßnahmen führten zu einer **Frontenbildung zwischen Briten und Buren**, da die Buren aufgrund ihres streng calvinistisch ausgerichteten Glaubens in der Gleichstellung aller Menschen einen eklatanten Verstoß gegen die ihrer Ansicht nach biblische Sozialordnung sahen. Hinzu kam eine zunehmende **Anglisierung** am Kap aufgrund forcierter Einwanderung und der Erhebung des Englischen zur einzigen Amtssprache (1825) und Gerichtssprache (1828). Zudem führten Unruhen an der **Ostgrenze der Kolonie** (wo es 1834 zum sechsten Grenzkrieg mit den Xhosa kam) und eine mangelnde Selbstverwaltung zugunsten einer starken Zentralregierung in Kapstadt dazu, dass die Farmer im Grenzgebiet das Vertrauen in die britische Verwaltung verloren. Dies leitete 1835 schließlich den „**Großen Trek**" ein, die Massenauswanderung von mehr als 10.000 Buren, den sog. „**Voortrekkern**", aus der Kapkolonie ins Landesinnere nach Norden und Nordosten, wo sie wieder „frei" sein wollten.

Folgen sollten noch weitere andere Treks und erst nach mehreren kriegerischen Auseinandersetzungen mit Briten, Matabele und Zulu entstand 1854 zwischen den Flüssen Vaal und Oranje die **erste Burenrepublik**, der „Oranje-Freistaat". Zwei Jahre später wurde in Transvaal, dem heutigen Nordosten Südafrikas, die „**Südafrikanische Republik**" gegründet.

Politische Entwicklung der Kapprovinz in der zweiten Hälfte des 19. Jahrhunderts

Briten dehnen Herrschaftsgebiet aus

Auch in der zweiten Hälfte des 19. Jh. kam es an der **Ostgrenze** der Kapkolonie wiederholt zu Unruhen. Die Kriege mit den Xhosa bedeuteten hohe Verluste und immense Kosten und ließen die britische Grenzpolitik langsam eine Änderung erfahren. Das führte 1846/47 zur endgültigen Annexion der Ciskei, nun „Britisch-Kaffraria" genannt. Ebenso war das 1869 annektierte **Basutoland** (das heutige Lesotho) der Verwaltung in Kapstadt unterstellt worden. Seit 1884 unterstand es dann allerdings wieder direkt dem Kolonialamt in London. 1871 integrierte man das Gebiet um Kimberly (als Griqualand-West), in dem vier Jahre zuvor die ersten Diamanten entdeckt worden waren.

Kurz nach Beendigung des achten Krieges mit den Xhosa (1850–1853) erhielt die Kapkolonie am 1. Juli 1853 durch königliche Verordnung eine Verfassung und damit eine Art **begrenzter Selbstverwaltung**. Das representative government sah ein Zweikammerparlament mit gesetzgebendem Rat (Oberhaus) und Volksrat (Unterhaus) vor. Die Regierung wurde weiterhin von London eingesetzt. Erst 1872 erfolgte der Schritt zum responsible government, in dem nun nach britischem Vorbild die Regierung dem Parlament verantwortlich war. London war von da an nur noch mit einem für ganz Südafrika und hauptsächlich für die Außenbeziehungen zuständigen Hochkommissar in Kapstadt vertreten. Verwaltung und Armee fielen nun ganz in die Verantwortung des Kaps.

1877 kam es zum neunten Grenzkrieg mit den Xhosa, der mit der Annexion Ost-Griqualands und eines Großteils der Transkei endete. Um deutschen Kolonialambitionen zuvorzukommen, erklärte Großbritannien 1885 vorsorglich die gesamte Küste zum Protektorat. Unter **Cecil John Rhodes**, Premierminister der Kapkolonie 1890–1896, erfolgte 1894 der endgültige Anschluss des gesamten Landes zwischen Kei-River und Natal an die Kapkolonie; 1895 wurde Betschuanaland der Kapkolonie eingegliedert und im gleichen Jahr zum „Protektorat Betschuanaland" ausgerufen (heutiges Botswana). Natal wurde 1856 durch königliche Verordnung zu einer eigenständigen, vom Kapland getrennten Kolonie erklärt (eigenverantwortliche Regierung 1893).

Expansion der Kapkolonie

Wirtschaftlich blieb Südafrika aus europäischer Sicht ein unterentwickeltes Gebiet. Einzig die **Wolle** von Merinoschafen erzielte während des Wollbooms (1866–1870) im Außenhandel sehr hohe Preise. Sie brachte vor allem der östlichen Kapkolonie und Kapstadt einen beträchtlichen Wohlstand und trug zur Entwicklung des Landes bei. Die Entdeckung und Ausbeutung von **Diamanten** und Gold im Landesinneren Südafrikas in den 1870er- und 1880er-Jahren führten dazu, dass Kapstadt nicht die dominante Stadt des Landes blieb, doch durch den Haupthafen weiterhin vom Mineralreichtum, der den Grundstein zu einer Industriegesellschaft legte, profitierte.

Burenkriege

So bedeutend der „Große Trek" für die Zukunft Südafrikas war, die Kapkolonie selbst wurde davon zunächst nur in geringem Maße beeinflusst. Die Buren bildeten eigene unabhängige Republiken, die größten waren der **Oranje-Freistaat** und die **Südafrikanische Republik**, auch Transvaal-Republik genannt. Die 1886 entdeckten **Goldfelder am Witwatersrand** zogen in der Südafrikanischen Republik ein ungeahntes Wirtschaftswachstum nach sich und der Goldrausch brachte ebenfalls viele Einwanderer.

Paul „Ohm" Kruger

In den Problemen, die aus der „Überfremdung" des Landes und der verstärkt antibritisch ausgerichteten Politik des Präsidenten der Südafrikanischen Republik, **Paul „Ohm" Kruger**, entstanden, erkannte der damalige Premierminister der Kapkolonie, **Cecil John Rhodes**, eine günstige Gelegenheit, alte Pläne für ein vereintes britisches Südafrika wieder aufleben zu lassen, die Transvaal zu annektieren sowie die 1867 entdeckten Diamantenvorkommen selbst abzubauen. Die Unzufriedenheit der in Transvaal lebenden (zumeist weißen) Einwanderer kam ihm dabei entgegen. Die Folge war 1880 der **Erste Englisch-Burische Krieg**, den die Buren aufgrund ihrer Guerillataktik gewinnen konnten.

Der Gegensatz zwischen Buren und Briten verschärfte sich nach 1897, als Sir Alfred Milner zum Gouverneur der Kapprovinz ernannt wurde. Die wechselseitigen Forderungen und Ultimaten zwischen ihm und Paul Kruger eskalierten zum **Zweiten Englisch-Burischen Krieg** (1899–1902). Den Engländern gelang es jedoch nicht, die zahlenmäßig unterlegenen Buren, die immer wieder in kleinen Guerillakommandos angriffen, rasch zu besiegen. Erst nachdem die Briten die burischen Farmen niederbrannten (**Taktik der „verbrannten Erde**“) und kilometerlange Blockhausketten errichteten, die, durch Stacheldraht miteinander verbunden, ständig vorgeschoben wurden, war der Untergang der burischen Republik besiegelt. Den Buren waren allmählich die Lebensgrundlagen entzogen worden und die heimatlos geworden Frauen und Kinder sperrte man in riesigen Konzentrationslagern zusammen. Schlechte Ernährung, mangelnde Hygiene und unzureichende ärztliche Betreuung führten zu Krankheiten und Epidemien, die bis zum Ende des Krieges rund 25.000 Frauen und Kinder das Leben kostete.

Durch die Niederlage wurden die beiden ehemaligen Burenrepubliken zu **britischen Kronkolonien**, was zugleich bedeutete, dass das gesamte südliche Afrika unter britischer Oberherrschaft stand. Der Sieg der Liberalen Partei in Großbritannien Ende 1905 führte zu einer Politik der Versöhnung und Verständigung zwischen Buren und Briten. Verhandlungen führten schließlich dazu, dass 1906 Transvaal und 1907 die Oranje-Kolonie die innere Selbstverwaltung erhielten. Neben den **vier Kolonien** (Kapkolonie, Natal, Transvaal, Oranje-Freistaat) gab es zu Beginn des 20. Jh. die **Hochkommissariate** Basutoland, Betschuanaland (das heutige Botswana) und Swasiland (das heutige Kingdom of Eswatini), außerdem Südrhodesien (das heutige Simbabwe).

Von der Südafrikanischen Union zur Republik Südafrika

Um u. a. wirtschaftliche Aspekte wie Zoll und Handel zu vereinheitlichen und um den verschärften Spannungen zwischen Großbritannien und dem Deutschen Reich entgegenzuwirken, strebten die Briten die **Vereinigung der vier südafrikanischen Kolonien zu einer Union** an. Am 12. Oktober 1908 trat zum ersten Mal eine **Nationalversammlung** in Durban zusammen, um sich über diesen Zusammenschluss zu verständigen. Nach dreivierteljährigen Beratungen in Durban, Kapstadt und Bloemfontein wurde der Entwurf des **Südafrikagesetzes**, der vorgesehenen Verfassung der Südafrikanischen Union, von allen Abgeordneten unterzeichnet. Es trat am 31. Mai 1910, dem Jahrestag des Friedens des Zweiten Britisch-Burischen Krieges, in Kraft. Die Buren setzten dabei in einer Zusatzklausel die volle Gleichberechtigung des Afrikaans als Landessprache durch, das sich bis ca. 1775 unter geringem Einfluss anderer Sprachen hauptsächlich aus dem Niederländisch-Flämischen herausgebildet hatte.

Afrikaans als Landessprache

Bei der besonders umstrittenen Wahlrechtsregelung setzten sich die Delegierten des Kaps für die Ausweitung des Zensuswahlrechts auf die ganze Union ein. Transvaal und Oranje lehnten dies jedoch ab, Natal fürchtete eine Regelung, die der schwarzen Bevölkerung irgendeine Teilhabe an der Macht gewährt hätte. Das Ergebnis war, dass jede Provinz ihr bisheriges Wahlrecht beibehielt, wodurch Nichtweißen das generelle

Wahlrecht vorenthalten blieb und nur im Kapland weiterhin einige Nichtweiße wählen durften. Diese Wahlrechtsregelung führte zu Protestkundgebungen unter „Coloureds" und Schwarzen und letztlich auch zur Entstehung nichtweißer politischer Organisationen, deren wichtigste und bedeutendste bald der 1912 in Bloemfontein gegründete **South African Native National Congress** (seit 1923 African National Congress/ANC) wurde.

In der Frage nach der künftigen Hauptstadt einigte man sich auf **Kapstadt** (Kapprovinz) als Sitz des Parlaments, **Pretoria** (Transvaal) als Sitz der Regierung und **Bloemfontein** (Oranje-Freistaat) als Sitz des Obersten Gerichtshofs. Vor den Wahlen zum südafrikanischen Parlament wurde die aus sieben Buren und vier Briten zusammengesetzte **Unionsregierung** benannt, die am 15. September 1910 durch die Parlamentswahlen bestätigt wurden. Weil die Briten einsahen, dass die Buren im neuen Staat nicht eine untergeordnete Stellung erhalten sollten, wurde **Louis Botha**, der Führer Transvaals (stärkste Provinz), zum Premierminister der Union ernannt. Er gewann die absolute Mehrheit und stützte sich auf die **South African Party** (SAP), eine im November 1911 entstandene Parteien-Vereinigung, die die Integration von Buren und Briten anstrebte (*one-stream policy*).

South African Native National Congress Delegation (Juni 1914)

Nationalistische Bewegung

Wirtschaftlich und sozial waren die Buren (Afrikaaner) im Vergleich zur Englisch sprechenden Minderheit, die den größten Anteil des Kapitals und der Industrie besaßen, benachteiligt. Dieses Ungleichgewicht führte zusammen mit dem anhaltenden Groll über die Kriegsniederlage und dem Widerwillen gegen das Konkurrieren mit Nichtweißen um Billigjobs zu scharfem Nationalismus innerhalb der SAP und zum Bruch zwischen Botha und **General J. B. M. Hertzog**. Hertzog gründete daraufhin die **National Party** (1914). Bei den Parlamentswahlen 1915 erlangte sie bereits 26 Sitze. Die Partei verfolgte die two-stream policy: Das kulturelle Erbe der zwei weißen Gruppen sollte getrennt, jedoch völlig gleichwertig nebeneinander bestehen.

Der Erste Weltkrieg ließ die Differenzen zwischen den verschiedenen Ethnien zunächst in den Hintergrund treten: Rund 100.000 Nichtweiße meldeten sich freiwillig als Soldaten oder Frontarbeiter. Als Dominion des Britischen Weltreichs war die Südafrikanische Union automatisch an die **britische Kriegserklärung gegenüber dem Deutschen Reich vom 4. August 1914 gebunden** und kämpfte auf Seiten der Alliierten.

Beginn der Rassengesetzgebung

Mit dem **Native Land Act** (Prinzip der Gebietstrennung) aus dem Jahr 1913 war die **Politik der getrennten Entwicklung von Schwarzen und Weißen = Apartheid** offizielle Regierungspolitik geworden, die sich in den 1920er-Jahren unter Premierminister General Smuts fortsetzte. 1910 war der Begriff „Rassentrennung" erstmals durch die Labour Party in ihrem Wahlprogramm verwandt worden. Der

Landerwerb finanzkräftiger Nichtweißer hatte zu sozialen Spannungen mit verarmten Weißen geführt. Das neue Gesetz, das im Ansatz bereits die Grenzen der späteren „**Homelands**" der schwarzen Bevölkerung festschrieb, erklärte knapp 9 Mio. Hektar Land – nur etwa 7,3 % der Fläche der Union – zu Reservationen ausschließlich für Schwarze. Außerhalb ihrer Reservationen wurde ihnen Landerwerb untersagt.

1920 erfolgte der **Native Affairs Act**, ein Gesetz, durch das lokale „Indigenenräte" geschaffen wurden; mit der „Kommission für Indigenenangelegenheiten" errichtete man einen ständigen Parlamentsausschuss, der die Aufgabe hatte, den „Minister für Indigenenangelegenheiten" zu beraten. Dieser wiederum sollte einmal im Jahr eine „Indigenenkonferenz" einberufen, der allerdings nur eine beratende Funktion zukam.

Schaffung getrennter Wohngebiete

Die folgenreichste gesetzgeberische Maßnahme Smuts' war jedoch der **Urban Areas Act** von 1923, mit dem auch in Städten getrennte Wohngebiete eingerichtet wurden. Zudem wurde für die schwarze Bevölkerung, mit Ausnahme der Kapprovinz, ein einheitliches Passsystem eingeführt.

Während die Regierung auf Forderungen bei Streiks weißer Arbeiter zumindest teilweise einging, wurden Demonstrationen schwarzer Arbeiter zumeist mit brutaler Polizeigewalt beendet – der **Native Labour Regulation Act** (1914) hatte bei Strafandrohung schon Streiks jeder Art verboten. Ein weiterer Schritt dieser gezielt die Bevölkerung spaltenden Gesetzgebung bildete das 1924 verabschiedete **Industrie-Schlichtungsgesetz**, durch das Schwarze nicht mehr Mitglieder solcher Gewerkschaften sein durften, die als Tarifpartner anerkannt waren.

Innenpolitische Auseinandersetzungen wie der 1922 von radikalen weißen Gewerkschaften ausgerufene Generalstreik sowie außenpolitische Misserfolge ließen Smuts in der Wählergunst so weit sinken, dass er am 19. Juni 1924 **Neuwahlen** ansetzte. Die Nationale Partei Hertzogs ging als stärkste Partei aus diesen Wahlen hervor und verfügte zusammen mit der Arbeiterpartei über die parlamentarische Mehrheit.

Erstarkende Afrikaaner

Die nächsten Jahrzehnte standen nun ganz im Zeichen eines **wiedererstarkenden burischen Selbstvertrauens**: 1925 wurde die Amtssprache Holländisch durch **Afrikaans** ersetzt, d. h. die Amtssprache wurde buchstäblich zweisprachig. 1925 wurde Afrikaans zur einzigen Amtssprache und 1928 zur Gerichtssprache. Die Bezeichnung „Buren" wurde offiziell ersetzt durch „**Afrikaaner**" (mit „aa"). 1927 erhielt die Union eine **eigene Flagge**, mit den horizontal verlaufenden Farben orange-weiß-blau (Flagge der ersten holländischen Siedler am Kap), und man erklärte die „Stem van Suid Afrika" neben dem britischen „God save the King" zur südafrikanischen **Nationalhymne**. Zusätzlich zur **britischen** wurde jetzt auch eine **südafrikanische Staatsangehörigkeit** eingeführt und schließlich erhielt das Land sein eigenes Münzsystem.

Die Entwicklung der Union zu einem **souveränen Staat im Rahmen des Britischen Commonwealth** (Westminsterstatut von 1931) war in den Augen der meisten Afrikaaner eindeutig Premierminister Hertzog zu verdanken. Da das Land seit Mitte der 1920er-Jahre auch beachtliche wirtschaftliche Erfolge aufweisen konnte, errang die **Nationale Partei** bei den Parlamentswahlen 1929 mühelos die absolute Mehrheit.

Wiedervereinigung im weißen Lager

Die Weltwirtschaftskrise der nächsten Jahre, die auch in Südafrika ihre Auswirkungen hatte, veränderte die politische Situation. Um die Schwierigkeiten, die sich überdies durch eine langwierige Dürre verschlimmerten, in den Griff zu bekommen, entschloss sich Hertzog zur Bildung einer großen Koalition seiner Nationalen Partei mit der Südafrikanischen Partei von Smuts. Nun konnte Hertzog die lang gehegte Reform der „Indigenengesetzgebung" verwirklichen und setzte 1936 das *Representation of Natives Act* (Gesetz zur Vertretung der Indigenen) durch, das den schwarzen Stimmberechtigten in der Kapprovinz praktisch das Wahlrecht nahm, das dort seit 1853 bestanden hatte. Stattdessen durften sie in einem gesonderten Wahlgang lediglich drei zusätzliche weiße Parlamentsmitglieder in das Abgeordnetenhaus der Union und zwei Weiße in den Provinzrat der Kapprovinz wählen. 1937 wurde das „**Ergänzungsgesetz zur Indigenengesetzgebung**" verabschiedet, das den Schwarzen auch den Kauf von Grundstücken sowohl in den Städten als auch außerhalb der Lokationen verbot. Mit diesen Gesetzen war die „Rassentrennung" nach Hertzogs Vorstellung, die im Grunde auch Smuts wollte, in die Tat umgesetzt worden. Jetzt strebte er eine vollkommene räumliche Trennung an.

Wahlrecht nur für Weiße

Politische Organisierung der schwarzen Bevölkerung in den 1930er-Jahren

Präsident des African National Congress (ANC) wurde 1930 der gemäßigte und gegenüber der Regierung kooperationsbereite **Pixley Ka Isaka Seme**. Er hatte an der Yale Universität in den USA sowie in Oxford Jura studiert und ließ sich danach als Anwalt in Johannesburg nieder. Doch Seme gelang es in den folgenden Jahren nicht, den ANC als wirksames politisches Instrument einzusetzen, da ihm dafür das Organisationstalent fehlte. Der ANC versank zunehmend in Bedeutungslosigkeit und erwachte erst wieder zu neuer Aktivität, als 1940 **Dr. Alfred B. Xuma** zu seinem Präsidenten gewählt wurde.

Die Gesetzesreformen von 1936 führten zu einer weiteren **Politisierung der schwarzen Bevölkerung**. Bereits im Jahr zuvor, als Einzelheiten der vorgesehenen Gesetze an die Öffentlichkeit gedrungen waren, trafen sich in Bloemfontein rund 400 Vertreter aller nichtweißen Bevölkerungsgruppen zu einer **All-Afrikanischen Versammlung** (**AAC**). Eingeladen hatte dazu Professor **Davidson Don Tengo Jabavu**, ein bedeutender Philologe, der als Dozent für Bantu-Sprachen an der südafrikanischen Universität für Schwarze in Fort Hare tätig war. Eine Abordnung unter seiner Führung erhielt den Auftrag, mit Präsident Hertzog über Abänderungen der Gesetzesvorlagen zu verhandeln. Tatsächlich kam es zu einigen kleineren Modifikationen, doch vom Wesen und Inhalt her blieb die Gesetzgebung unangetastet.

Schwarze Opposition

Auf der AAC hatten sich generationsbedingte unterschiedliche Auffassungen zu Reaktionen auf die Gesetzgebung gebildet. Während die Jüngeren auf einen bedingungslosen Ablehnungskurs gingen und nun damit begannen, den ANC zu einem politischen Machtinstrument der Schwarzen auszubauen, erklärten sich die Älteren, durchweg qualifizierte Führungskräfte, bereit, wenigstens die geringen

Möglichkeiten einer Mitwirkung, die nach den Gesetzesänderungen noch geblieben waren, zu nutzen und damit einen – wenn auch nur minimalen – Einfluss geltend zu machen.

Der Zweite Weltkrieg und seine Folgen

Im Gegensatz zum Ersten Weltkrieg lag 1939 die Entscheidung für oder gegen den Kriegseintritt bei Südafrika selbst. Dadurch wurden alte Gegensätze zwischen Briten und Buren wieder deutlich. Während die Briten und einige gemäßigte Buren dem Mutterland beistehen wollten, lehnte die Mehrheit der Buren einen Eingriff ins Kriegsgeschehen ab. Weil die Befürworter des Kriegseintritts bei einer Parlamentsabstimmung siegten, fühlten sich die nationalistischen Buren geprellt.

Die Kriegserfolge der Alliierten schienen den Kurs von Premierminister Smuts, der 1941 zum Feldmarschall der britischen Armee ernannt wurde, zu bestätigen. So bescherten die Wahlen von 1943 der Vereinigten Partei noch einmal eine überwältigende Mehrheit. Doch das Blatt wendete sich bald. Die Regierung Smuts fand keine Antwort auf den steigenden inneren wie äußeren Druck, stand jedoch mit der Zeit dem wachsenden Selbstbewusstsein der urbanisierten Schwarzen konzeptlos gegenüber. Darüber hinaus entstand außenpolitischer Druck, da nach 1945 – als Folge der Ereignisse im nationalsozialistischen Deutschland – **jegliche Form der Rassendiskriminierung** bei der internationalen Staatengemeinschaft auf wesentlich **größere Ablehnung** stieß als bisher. Die Regierung Smuts fand keine Antwort auf den steigenden inneren wie äußeren Druck und in den eigenen Reihen wurde der Premierminister, dem britische Interessen offenbar wichtiger erschienen als die Probleme seines eigenen Landes, als untragbar betrachtet.

Außenpolitischer Druck

Die parlamentarische Opposition der Nationalisten hingegen baute ihr Programm auf der **totalen gesellschaftlichen Trennung von Schwarz und Weiß**, der **Apartheid**, auf. Manchen durch die Politik der Kriegs- und der ersten Nachkriegsjahre verunsicherten Afrikaanern schien dies offenbar eine verlockende und mit Hoffnung verknüpfte Zukunftsperspektive zu sein. Bei den Parlamentswahlen 1948 erzielten die Nationale Partei und die Afrikaaner Partei, die zuvor ein Wahlabkommen geschlossen hatten und sich 1951 zur **Nationalen Partei** vereinigten, die Mehrheit. Dies bedeutete für Südafrika einen völligen Umbruch: Innenpolitisch verhärteten sich die Fronten zusehends, außenpolitisch wurde das Land mehr und mehr ins Abseits gedrängt und geriet in die Isolation.

Die Apartheid-Gesetzgebung

Die 1948 angetretene Regierung des Premierministers **D. F. Malan** begann sofort, die schon bestehende „Rassengesetzgebung" zu verschärfen bzw. Gesetze zu schaffen, die in die gleiche Richtung zielten. War mit dem Gesetz gegen die „Unmoral" (1927) bereits der nichteheliche Geschlechtsverkehr zwischen Schwarzen und Weißen unter Strafe gestellt worden, so verbot das *Prohibition of Mixed Marriages Act* (Gesetz gegen „Gemischtehen") von 1949 nun auch Eheschließungen zwischen Weißen und Nichtweißen. In einem 1950 verabschiedeten *Population Registration Act* (Gesetz zur Registrierung der Bevölkerung) wurden dann die Einwohner der

Südafrikanischen Union in drei Gruppen unterteilt: **Weiße**, **„Coloureds"** und **„Indigene"** (Bantu). Ebenfalls in das Jahr 1950 fällt der Erlass des Gesetzes über die *Group Area Act* (Gebietseinteilung für die Bevölkerungsgruppen), das eine Einteilung Einteilung des gesamten Landes in für die einzelnen „Rassen" bestimmte Regionen verfügte. Das **Gesetz über getrennte Einrichtungen** schuf separate öffentliche Einrichtungen – separate Strände, Busse, Toiletten, Schulen, Aufzüge, Restaurants, Parkbänke, Blutkonserven, Rettungswagen etc. Damit trat neben den Ausbau der – bisher z. T. schon gesetzlich verankerten und praktizierten – gesellschaftlichen Trennung, der sog. „kleinen Apartheid", zusätzlich die räumliche Trennung von Schwarzen, Weißen und „Coloureds", die „große Apartheid".

Die „Apartheid" war allgegenwärtig

Unter **J. G. Strijdom**, dem Nachfolger Malans, hatte die Apartheid-Gesetzgebung 1954 eine weitere Verschärfung erfahren. Nachdem 1936 schon den schwarzen Stimmberechtigten in der Kapprovinz das Wahlrecht entzogen worden war, wurde es nun auch den „Coloureds" genommen. Nach dem 1956 verabschiedeten **Gesetz zur getrennten Vertretung von Wählern** durften auch die „Coloureds" in einem gesonderten Wahlakt nur noch vier weiße Vertreter ins Abgeordnetenhaus der Union und zwei Weiße in den Provinzrat der Kapprovinz wählen. Die gebildeten „Coloureds", die ja hauptsächlich von dem Gesetz betroffen waren, reagierten wenig überraschend mit völligem Unverständnis, entfremdeten sich von „ihrem" Staat oder schlossen sich der schwarzen Opposition an. Bei den Weißen hingegen fand die seit 1948 eingeschlagene Entwicklung eine immer breitere Zustimmung, was sich in den Parlamentswahlen 1958 zeigte, in denen die Nationale Partei fast doppelt so viele Mandate errang wie die oppositionelle Vereinigte Partei.

Die Apartheid wird bestätigt

Damit wurde auch die Politik des entscheidenden Ideologen und Architekten der Apartheid, **Hendrik Verwoerd**, bestätigt, der durch Volksentscheid im Oktober 1960 über eine Republik abstimmen ließ. 52,3 % votierten für die **Republik**, die am 31. Mai 1961, dem Nationalfeiertag (Gründung der Südafrikanischen Union 1910), ausgerufen wurde. Erster Staatspräsident wurde der ehemalige Gouverneur C. R. Swart. Zuvor war Südafrika aus dem Britischen Commonwealth ausgeschieden, da Verwoerd auf der im März 1961 tagenden Konferenz der Premierminister des Commonwealth wegen der Apartheid-Politik schweren Angriffen vor allem afroasiatischer Mitglieder des Staatenbundes ausgesetzt war.

Widerstand und Repressionen

Seit 1948 hatte die Nationale Partei ihre Diskriminierungspolitik auf Inder, Asiaten und sonstige people of colour ausgedehnt, was fast zwangsläufig zu einem Zusammengehörigkeitsgefühl vieler Nichtweißer führte. Anlässlich der 300-Jahr-Feier des weißen Südafrika Ende 1952 kam es erstmals zum **gemeinsamen Widerstand**. ANC und SAIC (*South African Indian Congress*) organisierten zahlreiche Protestaktionen gegen das Apartheid-Regime, die zunächst friedlich verliefen, aber nach Ausschreitungen von der Polizei brutal niedergeschlagen wurden. Es kam zu zahlreichen Verhaftungen und um jede Opposition gegen die Politik der Nationalen Partei zu ersticken, rief die Regierung im Januar 1953 den Ausnahmezustand im Lande aus. Als Folge dieser Vorgänge wuchs die Mitgliederzahl des ANC innerhalb kurzer Zeit wuchs von 7.000 auf 100.000.

ANC-Präsident Mvumbi Luthuli mit Robert F. Kennedy

1955 wurde auf dem sog. Volkskongress ein „**Freiheitsmanifest**" verabschiedet, in dem eine Gesellschaftsordnung mit gleichen Rechten und Chancen bei gleicher Leistung für alle – unabhängig von der Hautfarbe – gefordert wurde. Folge waren Polizeirazzien und Verhaftungen. ANC-Präsident **Mvumbi Luthuli** stand bis zu seinem Tode 1967 unter „Hausarrest". Dennoch trat er stets für einen gewaltfreien Widerstand ein. In der Friedenscharta des Congress of the People vom 25. Juni 1956 forderten die forderten Vertreter aller Bevölkerungsgruppe ein demokratisches Südafrika, woraufhin 156 Personen wegen Hochverrats festgenommen wurden.

Die jüngere Generation innerhalb des ANC drängte nach spektakulären Taten. 1959 spaltete sich ein radikaler Flügel unter **Robert Sobukwe** ab und gründete den **Pan-African Congress** (PAC). Dieser organisierte am 21. März 1960 die ersten Massendemonstrationen im ganzen Lande, wobei es an etlichen Orten zu blutigen Auseinandersetzungen mit der Polizei kam. Der blutigste und zugleich als Wendepunkt angesehene Zwischenfall ereignete sich in **Sharpeville** bei Johannesburg, als in Panik geratene Polizisten 69 schwarze Anti-Apartheid-Demonstranten töteten, 180 wurden schwer verletzt, zumeist durch Schüsse in den Rücken. Das Massaker rief weltweite Empörung hervor, im ganzen Land fanden Streiks und Demonstrationen statt, Polizeieinsätze bei Kapstadt hatten weitere Todesopfer zur Folge. Daraufhin verfolgte die Regierung eine radikale Repressionsstrategie und verhängte den Ausnahmezustand, verabschiedete im Eilverfahren das Gesetz gegen gesetzwidrige Organisationen, was am 8. April 1960 zum **Verbot von ANC und PAC** führte, deren Mitglieder im Untergrund oder im Exil verschwanden.

Die Einleitung des Reformprozesses

Ein Dialog zwischen schwarzen und weißen Südafrikanern hatte sich bereits 1958 unter Premier Verwoerd angebahnt, der die **begrenzte innere Selbstverwaltung** in den „Reservaten" eingeführt hatte. 1963 hatte die Transkei als erstes „**Homeland**" die innere Autonomie erhalten, weitere folgten. Die internationale

Anerkennung blieb jedoch aus. Die indische Bevölkerung (1964) und die „Coloureds" (1968), die kein „Homeland" besaßen, erhielten einen eigenen Repräsentativrat, der allerdings nur eine beratende Funktion hatte.

Erste Annäherung

Verwoerds Nachfolger, **B. J. Vorster**, ehemaliger Justiz- und Polizeiminister, führte die begonnene Annäherungspolitik fort, bemühte sich um Dialog und stieß dabei auf Kooperationsbereitschaft der gemäßigten schwarzen Anführer. Auch in der Außenpolitik schlug er einen Verständigungskurs gegenüber gesprächsbereiten Staaten im Subsahara-Afrika ein. Schon 1968 nahm die Republik Südafrika mit Malawi volle diplomatische Beziehungen auf. Beziehungen wurden auch zu den übrigen umliegenden Staaten geknüpft.

Der Handel wurde der auffälligste Indikator der einzelnen Verflechtungen, trotz der zahlreichen Boykottaufrufe und der Ablehnung der südafrikanischen Politik durch die UNO und die Organisation für Afrikanische Einheit (OAU). Selbst die „Frontstaaten", die die Apartheidpolitik am schärfsten ablehnten, gehörten zu den wichtigsten **Handelspartnern Südafrikas**. Auch im Forschungs- und Wissenschaftsbereich verfügte Südafrika über international anerkannte Einrichtungen und Organisationen, u. a. in der Landwirtschaft, in der Bergbautechnik sowie der Veterinär- und Humanmedizin – 1963 fand im Kapstädter Groote-Schuur-Krankenhaus die erste Herztransplantation statt (s. S. 172).

Die innenpolitische Situation spitzte sich in den 1980er-Jahren zu. Der ideologische Gegensatz zwischen der Zentralregierung in Pretoria und der schwarzen politischen Opposition (vorwiegend im Ausland) wurde größer. Deren Forderung „One Man, One Vote" wollten die weißen Politiker keinesfalls akzeptieren. Man beabsichtigte vielmehr anstelle des „Westminster Modells", das der schwarzen Bevölkerung das allgemeine Wahlrecht zugestand, ein Dreikammersystem mit einem starken Präsidenten einzuführen. Die indischen und auch die die Vertreter der „Coloureds", die seit 1981 einem Präsidialrat angehörten, erhielten erweiterte Machtbefugnisse (1984).

In der Folgezeit mehrten sich Anschläge, Unruhen und Protestmärsche, u. a. bei Umsiedlungsaktionen von Schwarzen aus den Elendsvierteln. Mehrmals wurde der Ausnahmezustand über verschiedene Viertel verhängt. Die blutigen Auseinandersetzungen zwischen ANC-Anhängern und Mitgliedern der Inkatha-Partei des Zuluführers **Buthelezi** begannen sich auszuweiten. Massiven Protest löste die Hinrichtung des Dichters und ANC-Anhängers Benjamin Moloise aus. Die Folge der anhaltenden innenpolitischen Unruhen war ein starker Verfall der Landeswährung bei nachlassender Konjunktur; ein erheblicher Kapitalabfluss ins Ausland setzte ein. Das „Lager" der Weißen spaltete sich in „Verligte" (Liberale) und „Verkrampte" (Nationalkonservative). Auf der einen Seite herrschte Gesprächsbereitschaft, auf der anderen Seite wurden Forderungen nach radikalem Einsatz der Polizeikräfte laut.

Proteste zeigen Wirkung

Die Erosion der Apartheid begann in den späten 1980er-Jahren. Die Erfahrungen der Unruhen von 1976 aufgrund des Schüler- und Studentenaufstands von Soweto (575 Tote, größtenteils von der Polizei erschossene Schwarze, 2.389 Verletzte) und neue Unruhen von 1984 bis 1986, in denen die Aufspaltung der sozialen Klassen offensichtlich wurden, waren ein Grund dafür. Der organisierte Widerstand war zwar größtenteils zerschlagen worden, das Potential war jedoch stets größer geworden. Die Ausgrenzung der Schwarzen von jeglicher Einflussnahme im politischen Entscheidungsprozess wurde zum Ausgangspunkt der Unruhen, die das ganze Land erfassten. Sie erreichten bis dahin nie dagewesene Ausmaße. Die Bilanz von September 1984 bis Ende 1987 waren fast 3.000 Tote. 1986 wurde über das ganze Land der **Ausnahmezustand** verhängt. Willkürlich wurden Tausende festgenommen, darunter auch viele Kinder und Jugendliche. Die wichtigsten Dachorganisationen der Opposition waren die im August 1983 gegründete *United Democratic Front* (UDF), basierend auf der Freiheitscharta von 1955 (2,5 Mio. Mitglieder), die 1978 gegründete *Azanian People's Organisation* (AZAOP, ca. 110.000 Mitglieder) und die 1983 gebildete Dachorganisation *National Forum* (ca. 600.000 Mitglieder).

1980er-Jahre: das Jahrzehnt der Unruhen

Reformdruck und Ende der Apartheid

Die politischen und ökonomischen Kosten zur Aufrechterhaltung der Apartheid wurden zu hoch. Intern gab es ab 1983 Reformdruck durch politische Protestkampagnen der *United Democratic Front* (UDF) und der Gewerkschaften. 1985 gründete sich der ebenfalls dem ANC nahestehende Gewerkschaftsdachverband COSATU (*Congress of South African Trade Unions*). Die Townships waren unregierbar geworden. Die Großwirtschaft beklagte den Zerfall der Ökonomie. Von außen wurde Südafrika von der internationalen Staatengemeinschaft durch unterschiedlich starke Sanktionen unter Druck gesetzt. Das Ende des Kalten Krieges, die dramatischen Änderungen in Osteuropa – die Unterstützung des Widerstands aus Moskau entfiel – und die Dekolonisierung des bis 1989 von Südafrika besetzten Namibias waren weitere äußere Faktoren zur Einleitung von Reformen.

info

Nelson Mandela: vom Widerstandskämpfer zum Vater der Nation

Nelson Rolihalahla Mandela wurde am 18. Juli 1918 bei Umtata in der heutigen Provinz Eastern Cape geboren. Sein Vater war Berater des Oberhäuptlings des Stammes der Thembu. Dieser Häuptling übernahm nach dem Tode des Vaters dessen Vormundschaft. Ziel der Erziehung war die Vorbereitung Nelsons auf seine spätere Rolle als Häuptling. Sehr früh zeigte er ein reges Interesse an Geschichte und Kultur seines Volkes. Nelson Mandela begann sein **Jura-Studium** an der Universität Fort Hare, wurde jedoch wegen seines aufrührerischen Verhaltens verwiesen und setzte sein Studium an der Witwatersrand-Universität bei Johannesburg fort. Währenddessen engagierte er sich in der *Youth League des African National Congress*, die er zusammen mit dem späteren ANC-Generalsekretär Walter Sisulu, Oliver Tambo und anderen gründete. Mit Oliver Tambo, dem 1993 verstorbenen früheren Präsidenten des ANC, eröffnete Nelson Mandela im Dezember 1952 die erste von schwarzen geleitete Anwaltskanzlei Südafrikas.

1953 kam er das erste Mal wegen seiner politischen Aktivitäten vor Gericht. Reisen und öffentliche Auftritte wurden ihm lange Zeit verboten oder eingeschränkt. 1956 wurde er erneut festgenommen und des Landesverrats beschuldigt. Nach dem anschließenden langen Prozess, der 1961 endete und eine mehrmonatige Gefängnisstrafe zur Folge hatte, ging Mandela in den Untergrund und

info

gründete den militanten Flügel des ANC, den **Umkhonto we sizwe** („Speer der Nation"). Mit ihm organisierte er Protestaktionen, Streiks und Sabotagekampagnen gegen Regierung und wirtschaftliche Institutionen.

1962 wurde Nelson Mandela zu fünf Jahren Haft verurteilt und er war bereits im Gefängnis, als seine Mitangeklagten im sog. Rivonia-Prozess im Juli 1963 verhaftet wurden. Der Prozess endete am 11. Juni 1964 und Nelson Mandela, dem vorgeworfen wurde, Pläne zur Übernahme der Regierung initiiert zu haben, wurde zu einer **lebenslangen Haftstrafe** verurteilt. Im Gefängnis von Robben Island, einer vorgelagerten Insel vor Kapstadt, wurde er weltweit zum Symbol des ungerechten Unterdrückungssystems der Apartheid. Wahrscheinlich aufgrund öffentlichen Drucks wurde Mandela 1982 in das Pollsmoor-Gefängnis außerhalb von Kapstadt verlegt, drei Jahre später lehnte er ein Angebot von Präsident W. P. Botha ab, ihn aus der Gefängnishaft zu entlassen, wenn er Gewalt abschwören würde. Seit 1988 lebte er in einem Haus auf dem Gelände der Haftanstalt in der Nähe von Paarl, wo Vertreter der Apartheid-Regierung regelmäßig mit ihm in Kontakt traten. Im Juli 1989 wurde er zum Tee mit Präsident Botha zusammengeführt, im Dezember des Jahres traf er Bothas Nachfolger F. W. de Klerk, der sich von der Apartheid abwendete und sich für ein chancengleiches Südafrika einsetzte.

Nelson Mandela in jungen Jahren

Am **11. Februar 1990** wurde Nelson Mandela, der von seinen Landsleuten liebevoll *Madiba* genannt wird, im Alter von 71 Jahren **freigelassen** und kehrte ins politische Rampenlicht zurück. Der ANC wählte ihn zunächst zum stellvertretenden Präsidenten, im Juli 1991 wurde er dessen Präsident und in dieser Funktion arbeitete er eng mit Präsident de Klerk zusammen, um ein demokratisches Südafrika aufzubauen. 1993 wurden Mandela und de Klerk mit dem **Friedensnobelpreis** ausgezeichnet. In den ersten freien und demokratischen Wahlen in Südafrika wurde Nelson Mandela zum ersten schwarzen **Präsidenten** des Landes gewählt und am **10. Mai 1994** vereidigt. Im gleichen Jahr erschien seine Autobiografie „Long Walk to Freedom".

Als Staats- und Regierungschef hatte Nelson Mandela sich zur Aufgabe gesetzt, eine Politik der Versöhnung zu verfolgen und als Südafrikas Botschafter im Ausland zu wirken. Im Dezember 1997 über gab er die ANC-Führung und 1999 mit den zweiten freien Wahlen auch den Posten des Präsidenten Südafrikas an Thabo Mbeki. Noch viele Jahre galt Mandela als Garant der „Regenbogennation". Am 5. Dezember 2013 starb er an den Folgen einer Lungenentzündung.

Mit dem Amtsantritt von Staatspräsident **Frederik W. de Klerk** (Nachfolger von Botha) im September 1989 wurde der Prozess zur Abschaffung des Apartheidsystems und die Errichtung einer demokratischen Ordnung in Gang gesetzt. Begonnen wurde mit der Aufhebung des Verbots des ANC und der Freilassung seiner seit 1962 inhaftierten Symbolfigur **Nelson Mandela** am 11. Februar 1990. 100.000

enthusiastische Menschen hatten sich auf dem Platz vor dem Kapstädter Rathaus versammelt, um Mandela zu begrüßen. Im Frühjahr 1990 einigten sich junge Mitglieder des ANC und der regierenden Nationalen Partei bei einem Treffen in Lusaka (Sambia) auf einen **grundlegenden Wechsel der Politik** in Südafrika. Nelson Mandela wurde zum Präsidenten des ANC gewählt.

Abschaffung der Apartheid

Mandela und de Klerk nach der Regierungseinführung am 10. Mai 1994

Bereits am 2. Februar 1990 hatte de Klerk in einer historischen Rede zur Eröffnung des Parlaments in Kapstadt die politischen Leitlinien grundlegend verändert. Aus der Erkenntnis, dass man die Apartheid-Gesetzgebung nicht reformieren, sondern nur abschaffen könne, hob er mit einer Erklärung das Dogma der seit 1948 regierenden Nationalen Partei auf und setzte sich gleichzeitig für eine offizielle Zulassung aller schwarzen Oppositionsparteien ein. Zusammen mit Nelson Mandela trat er für einen multi-ethnischen Einheitsstaat ein, der einen politischen, sozialen und kulturellen Schutz für alle Minderheiten in Südafrika gewähren sollte. Das Parlament hob bis Juni 1991 alle wesentlichen Apartheidgesetze auf.

Im Dezember 1991 berief man im Welthandelszentrum bei Johannesburg die **Convention for a Democratic South Afrika** (CODESA) ein, an der 18 Parteien und Vertretungen teilnahmen, zunächst, um sich mit gesellschaftlichen Fragen einer neuen Verfassung und Übergangsregelungen für die „Homelands" zu beschäftigen. In einem **Referendum** am 17. März 1992 sprachen sich 68,7 % der weißen Stimmberechtigten für eine Beteiligung der schwarzen Bevölkerung an der politischen Macht aus.

Im September 1992 kündigte Staatspräsident de Klerk ein weiteres Reformpaket an, das die Bildung einer Übergangsregierung ermöglichte und die bisher getrennten Regierungsverwaltungen zusammenlegte. Die Entscheidung des ANC, einem von der Regierung vorgeschlagenen Gipfeltreffen zuzustimmen, wurde begrüßt und von vielen Südafrikanern mit Erleichterung aufgenommen. Im Februar 1993 einigten sich Regierung und ANC über erste allgemeine und demokratische Wahlen für eine verfassunggebende Versammlung im April 1994.

info

Stationen zu den ersten demokratischen Wahlen

2. Februar 1990: Präsident Frederik Willem de Klerk leitet mit seiner Rede das Ende der Apartheid und der weißen Vorherrschaft ein und hebt das Verbot schwarzer Befreiungsbewegungen auf.

11. Februar 1990: ANC-Führer Nelson Mandela wird aus lebenslanger Haft entlassen.

info

2.–4. Mai 1990: Erste Verhandlungen zwischen Regierung und ANC.

7. Juni 1990: Die Regierung hebt das landesweite Ausnahmerecht nach vier Jahren auf.

6. August 1990: Der ANC „suspendiert" den seit 1960 geführten Guerilla-Kampf, die Regierung verspricht die Freilassung aller politischen Häftlinge und eine Amnestie für Exil-Aktivisten.

15. Oktober 1990: Die Apartheid in öffentlichen Einrichtungen wie Parkanlagen und Schwimmbädern wird abgeschafft.

27. Juni 1991: De Klerk setzt mit der Zustimmung des Parlaments 46 Apartheidgesetze außer Kraft.

14. September 1991: Die Regierung, der ANC und die mit dem ANC verfeindete Zulu-Bewegung Inkatha unterzeichnen ein Friedensabkommen zur Beendigung der Gewalt.

20. Dezember 1991: Der „Kongress für ein demokratisches Südafrika" (CODESA) beginnt Verhandlungen über Richtlinien für den Übergang zur Demokratie.

17. März 1992: De Klerks Referendum gibt ihm 68,7 % Ja-Stimmen zur Fortführung seiner Reformen.

Juni 1992: Die Gipfelgespräche werden wegen Unruhen in den „Townships" (Boipatong bei Johannesburg) abgebrochen. Streiks und Demonstrationen folgen.

26. September: Die Gespräche werden wieder aufgenommen, der Präsident der Inkatha-Partei Buthelezi lehnt die Teilnahme ab.

10. April 1993: Chris Hani, Führer der Kommunisten und des radikalen Flügels des ANC, kommt bei einem Attentat eines rechtsradikalen Weißen ums Leben. Mandela und de Klerk appellieren an die Vernunft aller Südafrikaner, um weiteres Blutvergießen zu verhindern, was auch gelingt.

10. Dezember 1993: Mandela und de Klerk erhalten in Oslo gemeinsam den Friedensnobelpreis.

22. Dezember 1993: Das Parlament verabschiedet die neue Verfassung. Sie gibt allen Südafrikanern das Wahlrecht.

28. Februar 1994: Die Inkatha entscheidet sich „in letzter Minute", an der Wahl teilzunehmen und beendet damit Sorgen vor einem Bürgerkrieg.

26.–29. April 1994: Die ersten freien Wahlen Südafrikas verlaufen friedlich und mit hoher Beteiligung.

27. April 1994: Südafrikas neue Verfassung tritt in Kraft. Die weiße Vorherrschaft endet nach 342 Jahren.

6. Mai 1994: Der ANC gewinnt mit 62,6 % die Wahlen.

Das neue Südafrika nach 1994

Erste freie Wahlen

Die ersten allgemeinen und **freien Wahlen im April 1994** waren für Südafrika der „Startschuss" in ein neues Zeitalter. Lange Schlangen bildeten sich vor den Wahllokalen, 7 Mio. in den „Homelands" lebende Südafrikaner hatten vor den Wahlen ihre Staatsbürgerschaft zurückerhalten. Unter den 23 Mio. Wahlberechtigten waren 18 Mio. Schwarze, von denen 10 Mio. in Elendsquartieren lebten. Mit dem Amtsantritt des neuen Staatspräsidenten Nelson Mandela, dessen Partei ANC 62,6 % der Stimmen erhalten hatte, endeten 342 Jahre weißer Vorherrschaft in Südafrika. Die

Nationalpartei (NP) hatte 20,4 % und die Inkatha-Freiheitspartei (IFP) 10,5 % der Stimmen erhalten. Thabo Mbeki und Frederik W. de Klerk wurden Vizepräsidenten und Mangosuthu Gatsha Buthelezi (IFP) Innenminister. Der ANC erhielt in der Nationalversammlung 252 der 400 Sitze.

Am 27. April 1994 trat die **Übergangsverfassung** in Kraft. In ihr wurde die **Gleichberechtigung aller Menschen** festgelegt. Weiterhin wurde Südafrika in neun Provinzen unterteilt; durch die Übertragung von Erziehungs-, Verkehrs-, Gesundheits- und Wohnungswesen auf Provinzebene sollten föderale Strukturen entstehen. Den „Homelands" wurde ihre „Selbstständigkeit" aberkannt und sie wurden wieder in die Republik Südafrika integriert.

Der **Präsident** hat laut Verfassung eine dominierende Stellung und wird von der Nationalversammlung gewählt. Er ernennt den Vizepräsidenten, die Minister und Botschafter und ist Oberbefehlshaber der Streitkräfte. Er wird vertreten von einem „exekutiven Vizepräsidenten". Die **Volksvertretung** (Sitz in Kapstadt) umfasst eine Nationalversammlung und einen Nationalen Provinzrat. Die 350 bis 400 Abgeordneten werden durch ein Verhältniswahlrecht gewählt. Ein **Rat traditioneller Führer** (Häuptlinge, Könige) soll die Regierung beraten. Im Mai 1994 wurde Südafrika in die Organisation für Afrikanische Einheit (OAU) und im Juni in das Commonwealth of Nations aufgenommen, und der Sicherheitsrat der Vereinten Nationen (UN) erklärte alle noch gegen Südafrika bestehenden Sanktionen für aufgehoben. In Johannesburg wurde im Februar 1995 von Mandela das Verfassungsgericht eröffnet, das im Juni die Todesstrafe für verfassungswidrig erklärte.

Beitritt in internationale Organisationen

Zur Aufarbeitung der Vergangenheit setzte Mandela im Juli 1995 eine *Truth and Reconciliation Commission*, TRC (Wahrheits- und Versöhnungskommission) ein, die die Menschenrechtsverletzungen untersuchen sollte, die zwischen dem 1. März 1960 (Massaker an Demonstranten in Sharpeville) und dem 5. Dezember 1993 sowohl von der weißen Minderheitsregierung als auch von ihren Gegnern begangen wurden. Personen, die an der Aufklärung mitwirkten, wurde im Rahmen des Gesetzes Straffreiheit zugesichert; die Opfer sollten Entschädigungen erhalten. Die Kommission bestand aus einem Menschenrechts-, einem Amnestie- und einem Wiedergutmachungskomitee. Den Vorsitz hatte der Erzbischof von Kapstadt, Desmond Tutu.

Ergebnisse der Wahrheitskommission

Die Wahrheitskommission hatte über 7.000 Amnestie-Anträge und 20.000 Stellungnahmen zu Menschenrechtsverletzungen zu bearbeiten. Die ersten Anhörungen begannen im April 1996. Nach Beendigung der Anhörungen im März 1998 wurde über die Amnestie-Anträge entschieden. Am 29. Oktober 1998 übergab die Kommission Präsident Mandela einen 3.500 Seiten umfassenden Bericht, der auf Anhörungen von Opfern und Tätern basierte. Es wurden Straftaten von Polizisten, Militärs und Politikern der früheren Regierung festgestellt, aber auch die des ANC und anderer Widerstandsgruppen. Der Amnestieausschuss wies im März 1999 einen Antrag auf Straffreiheit von 27 ANC-Führern mit der Begründung ab, dass sie ihren Antrag ohne die gesetzlich vorgeschriebene Auflistung der einzelnen Straftaten gestellt hatten und er durch das Gesetz nicht gedeckt sei. Dies war ihr Versuch, sich nachträglich den „legitimen" Widerstandskampf bescheinigen zu lassen.

Eine **neue Verfassung** wurde im Sommer 1996 verabschiedet, das Ende der Mitarbeit der Nationalen Partei in der Regierung der nationalen Einheit war gekommen. Im Juli zog Vizepräsident und NP-Chef de Klerk seine Minister aus dem Kabinett zurück. Anfang Februar 1997 trat die neue Verfassung in Kraft, die weltweit als die liberalste gilt. Zur gleichen Zeit räumte Präsident Mandela seiner Regierungserklärung dem Wohnungsbau, der Verbesserung der Infrastruktur, der Ausbildung sowie der Bekämpfung zunehmender Kriminalität, die dringend benötigte Auslandsinvestitionen gefährdete, höchste Priorität ein.

Im Juni 1999 wurde **Thabo Mbeki** in den zweiten freien Wahlen zu Mandelas Nachfolger gewählt. Trotz anhaltender Wahlerfolge machten dem ANC zunehmend Affären zu schaffen: So war Vizepräsident Jacob Zuma in eine Korruptionsaffäre verwickelt, außerdem wurde ANC-Funktionären Selbstbereicherung vorgeworfen, wegen Letzterem wurden im Jahr 2005 mehr als 200 Unruhen und Protestaktionen gezählt. Andererseits begünstigte Südafrikas stabile Wirtschaftslage Mbekis Erfolgskurs. Kritiker warfen ihm vor, eine unzureichende Bildungs- und Gesundheitspolitik (vor allem AIDS-Politik) zu betreiben.

Thabo Mbeki, Südafrikas zweiter schwarzer Präsident

Im September 2008 trat Mbeki als Präsident zurück. Ihm wurde vorgeworfen, er habe den Korruptionsprozess Zumas beeinflusst. Die Machtkämpfe zwischen Mbeki und Zuma und weitere politische Spannungen innerhalb des ANC führten im Dezember 2008 zur Abspaltung des *Congress of the People* vom ANC. Bis zu den Wahlen im April 2009 wurde **Kgalema Motlanthe** als Interimspräsident eingesetzt, von Mai 2009 bis Februar 2018 war **Jacob Zuma** Präsident Südafrikas. Seit dem – u. a. aufgrund von Korruptionsvorwürfen in mehr als 700 Fällen – erzwungenen Rücktritt Zumas hat **Cyril Ramaphosa** das Amt inne.

Spannungen im ANC

Südafrika heute

Politisch hat sich Südafrika zu einem der stabilsten Länder auf dem afrikanischen Kontinent entwickelt und agiert heute als **führende Nation und Sprecher Afrikas**. In der 2001 gegründeten NEPAD (*The New Partnership for Africa's Development*) setzt sich Südafrika dafür ein, sich als afrikanisches Land die wirtschaftliche Unterstützung der Welt zu verdienen, indem man sich zu Demokratie und Menschenrechen bekennt. Hier hat die Regenbogennation eine Führungsrolle übernommen und ist Vorbild für viele andere afrikanische Staaten. Mit dem Willen, das Land zum Vorbild von Einheit, Frieden, Aufbau und Wachstum zu machen, muss sich Südafrika seinen eigenen Problemen stellen.

Eine der größten Aufgaben stellt die Eindämmung der **HIV/AIDS-Epidemie** dar. Statistiken zeigen, dass mehr als 19 % der erwachsenen Südafrikaner infiziert sind, in manchen Regionen sind es sogar fast 40 %. Neben der menschlichen Tragödie stellt dies auch ein immenses wirtschaftliches Problem dar: Ein wichtiger Teil der arbeitsfähigen Südafrikaner stirbt an AIDS-bedingten Krankheiten und jeden Tag kommen mehr als 1.000 neue Infektionen hinzu. Eine ganze Generation von Kindern wächst als AIDS-Waisen auf. Die Regierung vertrat lange eine sehr umstrittene AIDS-Politik und musste dafür weltweite Kritik hinnehmen, so z. B. für die 2006 getätigte Aussage des späteren Präsidenten Zuma, er würde eine Dusche einem Kondom als Schutz vorziehen.

Ein Kurswechsel war dringend notwendig und wurde in der Form einer Politik der Offenheit von Zuma selbst eingeläutet, als er 2010 das negative Ergebnis seines AIDS-Tests bekannt gab. Zeitgleich wurde eine Kampagne gestartet, regelmäßige AIDS-Tests durchzuführen und dem Großteil der Infizierten Zugang zu Medikamenten zu verschaffen. Heute kann das Land mit **CAPRISA** (*Centre for the AIDS Programme of Research in South Africa*) eines der weltweit wichtigsten Forschungszentren vorweisen. Das Institut hat u. a. das erste wirksame Mikrobiozid-Gel vorgestellt, das die Wahrscheinlichkeit einer Infektion deutlich mindert und so Frauen eine selbstständige HIV-Prävention ermöglicht. Durch die Kommunikation solcher Erfolge, durch Investitionen und regelmäßige Kampagnen wächst in der Bevölkerung das Bewusstsein, sich vor HIV/AIDS zu schützen.

Zahlreiche Herausforderungen

Das Land am Kap muss Lösungen für **weitere drängende Probleme** finden. So herrscht noch immer eine hohe Arbeitslosigkeit. Die Regierung beziffert diese auf etwa 27 % (im Corona-Jahr 2021 auf 32 %), nach anderen Quellen ist sie weitaus höher. Gut ausgebildete Fachkräfte, von denen es wegen der Überschuldung des Bildungshaushalts und der damit verbundenen Schließung von Hochschulen bald weniger geben könnte, suchen ihr Glück im Ausland. Trotz Verbesserungen in der Infrastruktur fehlt Wohnraum, viele Menschen leben noch in Behausungen aus Wellblech unter sanitär prekären Bedingungen. Überbevölkerung, besonders um die Ballungsräume, und illegale Einwanderung verstärken die sozialen Probleme noch. Zusätzlich tragen Armut, Kriminalität, die Frage der entschädigungslosen Enteignung weißer Farmer, Korruption und viele andere Faktoren nicht gerade dazu bei, mehr ausländische Investoren nach Südafrika zu locken.

Die Regierung fördert seit einigen Jahren besonders den Energiesektor (Kraftwerke), Verkehrsprojekte (Straßen, Eisenbahn), den Bergbau sowie den Arbeitsmarkt und ist bemüht, die Zahl schwerer Verbrechen zu reduzieren. Die Regierung Zuma gab zudem vor, die Korruption eindämmen zu wollen, Zuma selbst wurde allerdings immer wieder mit derartigen Tatbeständen in Verbindung gebracht. So ließ er zum Beispiel seinen hochherrschaftlichen Kraal in Zululand aus Steuergeldern sanieren (einen Großteil davon muss er jetzt aus privater Kasse zurückzahlen). Der Unmut in der Bevölkerung gegenüber einer korrupten Elite, vor allem im ANC, wächst ständig. So hat bei kommunalen und regionalen Wahlen inzwischen auch immer mal wieder die Democratic Alliance (DA) die Nase vorn, v. a. im urbanen Bereich. Die Provinz Western Cape etwa wird seit 2009 von der DA regiert und in Pretoria stellt die DA seit 2016 den Bürgermeister.

Nationale und internationale Stimmen weisen zunehmend darauf hin, dass Regierungspartei und Staat immer mehr verschmelzen, und kritisieren die Arroganz des ANC. Die Partei sieht sich in der Schuld alter Verbündeter und steht sowohl der Presse als auch der Justiz, von der sie sich übermäßig kontrolliert fühlt, kritisch gegenüber.

Der Hafen von Kapstadt: Wirtschaftsmotor der Kapprovinz

Kritiker sehen die große Gefahr, dass der ANC die südafrikanische Gesellschaft mit seiner Politik der „Transformation" dahingehend umbilden will, dass er die komplette Kontrolle über den Staat und seine Institutionen erhält. 2014 wurde Zuma bei den fünften freien demokratischen Wahlen seit dem Ende der Apartheid wieder zum Präsidenten gewählt (ohne Gegenkandidaten). Doch Oppositionsparteien, wie z. B. die ultralinke **EFF** (*Economic Freedom Fighters*), machen dem **ANC** mit z. T. spektakulären Aktionen das Leben schwer. Bei der Wahl 2014 wurde die erst 2013 von Julius Malema gegründete Partei mit über 6 % der Stimmen zur drittstärksten Kraft im Parlament, nach dem ANC (62,2 %) und der DA (Democratic Alliance, 22,2 %). Im Februar 2018 musste Zuma auf Druck von Volk und Partei vorzeitig sein Amt als Präsident aufgeben. Sein Nachfolger wurde der Multimillionär und ehemalige Anti-Apartheidkämpfer Matamela Cyril Ramaphosa. Die Wahlen im Mai 2019 ergaben u. a. folgende Ergebnisse: ANC 57,5 %, DA 20,8 %, EFF 10,8 %. Trotz Verlusten für den ANC wurde Ramaphosa somit als Präsident bestätigt.

ANC in der Kritik

Bei den Kommunalwahlen im November 2021 stürzte der ANC landesweit auf nur noch 47 % der Stimmen ab. In den Wochen vor der Wahl hatte es schwere Unruhen und mehrere politisch motivierte Morde gegeben.

Obwohl die soziale, wirtschaftliche und politische Trennung der Gesellschaft formal der Vergangenheit angehört, ist Südafrika von sozialer Gerechtigkeit und Gleichstellung – vor allem der Frauen – noch weit entfernt. Zwar nimmt der Rassismus offiziell keine zentrale Rolle in der Gesellschaft mehr ein, hier und da spukt aber immer noch altes Gedankengut herum. Auseinandersetzungen und Proteste an den Hochschulen nehmen in jüngster Zeit zu. Fakt ist, dass die **Einkommensschere** immer weiter auseinandergeht. Die drastischen sozialen Gegensätze haben das Klima wieder rauer werden lassen. Eine große Herausforderung ist nach wie vor die Landverteilung. Die Forderung der schwarzen Bevölkerung nach Umverteilung des Landbesitzes (das Farmland ist immer noch zu 80 % in weißer Hand) wird lauter. Die Dürre und Wasserknappheit 2017/18 sowie wiederkehrende Probleme mit der Stromversorgung machen zudem deutlich, dass jahrelang zu wenig in die Infrastruktur investiert wurde.

Ruf nach Umverteilung

Die **Corona-Pandemie**, die Südafrika im März 2020 erreichte und über 3,7 Mio. Infektionen und etwa 100.000 Todesopfer nach sich zog, hat die gesellschaftlichen Spannungen weiter forciert. In diesem Kontext sind auch die gewalttätigen Proteste in Gauteng und KwaZulu-Natal zu sehen, die nach der kurzzeitigen Inhaftierung des früheren Präsidenten Zuma im Juli 2021 ausbrachen und in deren Verlauf über 300 Menschen zu Tode kamen.

info

Die FIFA Fußball-Weltmeisterschaft™ 2010 in Südafrika

Mit Südafrika war 2010 zum ersten Mal ein afrikanisches Land Gastgeber der FIFA Fußball-Weltmeisterschaft™ (WM). Dem Ereignis ging ein **Bauboom** voraus: Das Straßennetz und die gesamte Infrastruktur wurden ausgebaut, neue Hotels errichtet und Glasfaserkabel für das Internet gelegt. In den neun WM-Städten entstanden neue **Stadien** bzw. wurden die bestehenden ausgebaut. Das Soccer-City-Stadion in Johannesburg, dessen Fassade einer Kalebasse, einem traditionellen afrikanischen Trinkgefäß, nachempfunden ist, fasst bis zu 95.000 Besucher. Das Dach des von einem Hamburger Architekturbüro entworfenen Moses-Mabhida-Stadions in Durban ist spektakulär – in 100 m Höhe überspannt ein gigantischer Stahlbogen das Stadion. Das Cape Town Stadium, eine Multifunktionsarena, gleicht einer gigantischen transparenten Muschel.

Fans der südafrikanischen Fußballnationalmannschaft Bafana, Bafana

Auch wenn die WM für Südafrika einen großen **Imagegewinn** bedeutete, wogen die Verluste schwer. Die Besucherzahlen entsprachen nicht den Erwartungen und nur ca. ein Zehntel der Ausgaben sind wieder ins Land geflossen. Dennoch – und trotz des Ausscheidens der eigenen Mannschaft in der Vorrunde – war die Ausrichtung der Fußball-WM ein **Erfolg**. Südafrika hat gezeigt, dass es in der Lage ist, ein solches Mega-Event zu stemmen, und viele Besucher berichteten begeistert von Land und Leuten.

Wirtschaftlicher Überblick

Überblick: Südafrika

Vom Agrar- zum Dienstleistungsstaat

Südafrika hat sich nach dem Zweiten Weltkrieg zunehmend vom **Agrar- und Bergbau zum modernen Industrie- und Dienstleistungsstaat** gewandelt. Wenn sich auch die Apartheid-Ära, insbesondere während der 1980er-Jahre, nachteilig auf Wachstum und Wettbewerbsfähigkeit auswirkte, so kam mit dem Ende dieser Zeit auch die wirtschaftliche Wende. Südafrika besitzt eine Fülle von Bodenschätzen, hoch entwickelte Finanz-, Rechts-, Kommunikations-, Energie- und Transportsektoren, eine der 20 wichtigsten Wertpapierbörsen in der Welt und eine moderne Infrastruktur, die den Vertrieb von Waren ins gesamte südliche Afrika ermöglicht. Rechnet man ganz Afrika zusammen, macht das südafrikanische BIP rund ein Fünftel der Wirtschaftsleistung aus. 2010 wurde Südafrika von Brasilien, Russland, Indien und China in den BRICS-Verbund aufgenommen. Zum BRICS-Gipfel 2023 reiste Russlands Präsident Putin nicht an. Putin hätte dort theoretisch eine Verhaftung gedroht. 2023 wurden Argentinien, Ägypten, Iran, Äthiopien, Saudi-Arabien und die Vereinigten Arabischen Emirate eingeladen, neue Mitglieder der BRICS-Staaten zu werden (neuer Name: BRICS plus).

BRICS-Erweiterung

Den größten Anteil der südafrikanischen Wirtschaft nimmt, gemessen am BIP, der Dienstleistungssektor (67 %) mit Bank- und Versicherungswesen, Handel, Gewerbe und allgemeinen Dienstleistungen ein, gefolgt von der verarbeitenden Industrie (29 %). Der Bergbau ist immer noch die größte Exportquelle. Die Landwirtschaft hat, wenn auch in kleinem Rahmen, ebenfalls ihren Anteil am Wirtschaftssektor (2,8 %) und sorgt vor allem für zahlreiche Arbeitsplätze.

Der Reichtum an Bodenschätzen, ein großes Potential von einheimischen Arbeitskräften und fachliches Know-how sowie moderne Technologien durch Einwanderer aus Übersee bildeten nach dem Zweiten Weltkrieg gute Voraussetzungen für eine florierende Wirtschaft. Der hohe Entwicklungsstandard der Bergbauwirtschaft, ein expandierender Markt und ausländische Investitionsbereitschaft förderten eine bis in die 1970er-Jahre reichende Hochkonjunktur. Die erste Ölkrise verursachte 1974 eine lang anhaltende **Rezession** und der große Aufschwung war vorbei. Mit der zweiten Ölkrise Anfang der 1980er-Jahre kam es zu einem noch tieferen Einbruch. Die Preissituation auf dem Weltrohstoffmarkt führte zu immer größeren Einkommensverlusten und dadurch zu Devisenmangel; der Kursverfall des US-Dollar schwächte Südafrikas Export; die geringe Nachfrage nach Steinkohle (Erdöl wurde billiger) traf den Bergbau hart. Als Folge schrumpfte das Sozialprodukt, das Pro-Kopf-Einkommen ging zurück und die Inflationsrate stieg.

Wirtschaftliche Probleme in den 1970er-Jahren

Stagnation und Niedergang der südafrikanischen Wirtschaft gehen jedoch auch auf **innenpolitische Faktoren** und strukturelle Gegebenheiten während des Apartheid-Systems zurück. So mangelte es an ausreichend ausgebildeten Facharbeitern, um Wachstum zu fördern, und an einer breiten Mittelschicht, um die Nachfrage anzukurbeln. Auch wurden gegen das Apartheid-Regime internationale Sanktionen verhängt und Investitionen abgezogen. Dadurch war das Land zu einer teuren Autarkie gezwungen, d. h. vieles musste im eigenen Land hergestellt werden, was auf dem Weltmarkt günstiger angeboten wurde. Das Erbe dieser Zeit war eine **Staatsverschuldung** von über 350 Mrd. Rand, deren Zinslast den Neubeginn erschwerte.

Die Wirtschaft Südafrikas im 21. Jahrhundert

Zu den großen Problemen, die weitreichende Auswirkungen auf die Wirtschaft haben, zählen eine immer noch hohe Arbeitslosigkeit, Kriminalität, Korruption, ungeklärte Landverteilung, Staatsverschuldung und die Auswirkungen von HIV/AIDS. Hinzu kommen aktuell die wirtschaftlichen Folgen der Corona-Pandemie. Weltweit gesehen ist Südafrika ein mittleres Einkommensland, jedoch bestehen große Unterschiede in der Verteilung des Pro-Kopf-Einkommens. So leben immer noch fast 40 % der schwarzen Bevölkerung unterhalb der Armutsgrenze. Auch die **extrem ungleichen Besitzverhältnisse** führen immer wieder zu tiefen Spannungen im Land.

Um eine Gleichberechtigung auch auf wirtschaftlichen Ebenen zu schaffen, ist es notwendig, die schwarze Bevölkerungsmehrheit gezielt in den Wirtschaftsprozess zu integrieren. Ab Ende der 1990er-Jahre bewirkten der „Employment Equity Act" und „Preferential Procurement" zunächst, dass staatliche Unternehmen mit schwarzen Mitarbeiter/ innen besetzt und staatliche Aufträge bevorzugt an von Schwarzen kontrollierte Unternehmen vergeben wurden. Um die schwarze Bevölkerung auch vermehrt in wirtschaftliche Machtpositionen einzubringen, erließ die Regierung Gesetze im Rahmen des **„Broad-Based Black Economic Empowerment"** (**BBBEE**), die die Gleichberechtigung auch auf den privaten Sektor erweitern soll. Neben der besonderen Förderung der unter der Apartheid benachteiligten Bevölkerung sollen ihr wirtschaftliche Möglichkeiten eingeräumt werden, z. B. durch die Beteiligung an Firmen (Weinfarmen etc.), aber auch Wissen soll vermittelt werden. Der **BBBEE-Status** eines Unternehmens ist zu einem wichtigen Kriterium für wirtschaftliche Entscheidungen und unternehmerische Gestaltungen geworden. Bisher haben aber nur wenige Schwarze wirklich davon profitiert. Denn den meisten fehlt es weiterhin an Wissen und Startkapital, so zum Beispiel für den Kauf von Dünger und modernen Geräten.

Black Empowerment im privaten Sektor

Wirtschaftssektoren

Die **Wirtschaftsmetropolen** Südafrikas liegen im Norden und Nordosten des Landes, Drehpunkte sind Johannesburg und umliegende Satellitenstädte, wo auch der bedeutende **Finanzsektor** (ca. 20 % des BIP) ansässig ist. Auch Industrie und Bergbau sind vorwiegend im Norden und Osten Südafrikas angesiedelt. Grundlage der Wirtschaft in Südafrika ist nach wie vor ihr Reichtum an **Bodenschätzen**, zu den wichtigsten mineralischen Rohstoffen zählen Gold, Diamanten, Platin, Chrom, Vanadium, Mangan, Uran, Eisenerz und Kohle. Rund 60 % des gesamten Exports entfallen auf diese Güter. Kohleexporte sind extrem gestiegen nach dem Beginn des Ukrainekrieges und den russischen Gassanktionen. Für Platin, Mangan, Vanadium und Chrom führt Südafrika die Weltrangliste an, sowohl in Bezug auf die Rohstoffvorräte als auch was Fördermengen und Exportvolumen anbelangt. Neben der Rohstoffförderung (über 8 % des BIP) nimmt das **verarbeitende Gewerbe** eine bedeutende Rolle ein. Die Bereiche Maschinenbau, Automobilherstellung (u. a. BMW, VW, Toyota, GM, Daimler haben hier Standorte), Metallverarbeitung, Eisen- und Stahlproduktion, chemische Industrie (vor allem Düngemittel), Informations- und Kommunikationstechnologie sowie Nahrungsmittelverarbeitung haben stetig an Bedeutung gewonnen. Einzig die Textilindustrie leidet unter den asiatischen Billigimporten. Der **private Konsum** steht für knapp 60 % des BIP. Südafrika ist ein wasserarmes Land und zwei Drittel der Fläche gilt als **arid** oder **semi-arid**. Regenfälle sind in vielen Landesteilen unzuverlässig, immer wieder gibt es anhaltende Dürreperioden oder aber verheerende Überschwemmungen. Grundsätzlich gilt Südafrika als Land mit einer negativen Wasserbilanz. Die **Landwirtschaft** ist deshalb großenteils von der Bewässerung der landwirtschaftlichen Flächen abhängig, und viele Produkte – wie Wein, Obst, Zitrusfrüchte und Gemüse, aber auch Kartoffeln und Getreide – werden „under irrigation" angebaut. Neben diesen landwirtschaftlichen Erzeugnissen haben die Produktion von **Sonderkulturen** (z. B. tropische und subtropische Früchte) sowie die industrielle Verarbeitung (Trockenobst, Konserven) subtropischer Früchte in den letzten Jahren eine steigende Tendenz erfahren. Problematisch ist allerdings die Situation der kleineren Farmbetriebe, die meist auf Ballungs- und Touristenzentren für den Verkauf ihrer Ware angewiesen sind.

Kohleexporte boomen

Die Landwirtschaft ist abhängig von der Bewässerung

Landwirtschaft für den Export

Der Anteil des Agrarbereichs am Bruttoinlandsprodukt ist insgesamt rückläufig und beträgt mittlerweile nur noch knapp 3 %, wobei die Landwirtschaft allerdings über 9 % der Arbeitsplätze stellt sowie im Subsistenzbereich vielen Familien ein zusätzliches Einkommen bzw. Nahrungsmittel liefert. Südafrikas Landwirtschaft ist sehr viel weniger mechanisiert und dafür viel personalintensiver als die in Europa. Sie ist jedoch gut entwickelt und das Land kann sich mit vielen Produkten wie Wein, Obst, Gemüse, Tabak, Wolle oder Zucker erfolgreich am Weltmarkt behaupten. Nahezu die Hälfte der Produktion geht in den Export.

Vor Beginn der Corona-Pandemie bereisten über 10 Mio. internationale und 27 Mio. inländische **Touristen** pro Jahr Südafrika und trugen so zum Bruttoinlandsprodukt bei. Die Einnahmen umfassten ca. 12 Mrd. US-$, davon kamen 8,8 Mrd. von Besuchern aus dem Ausland, was maßgeblich zum Devisenaufkommen beitrug. Die Maßnahmen zur Eindämmung des Corona-Virus mit Ein- und Ausreiseverboten, Quarantäneregelungen etc. brachten den Tourismus im Land zwischenzeitlich so gut wie zum Stillstand. Die Tourismusbranche erholte sich allerdings schneller als erwartet. Die Regierung fördert diesen Sektor stark, da er viele Arbeitsplätze schafft. Die meisten internationalen Besucher kommen aus dem übrigen Afrika (ca. 70 %), aus Übersee besuchen v. a. Touristen aus Großbritannien, Deutschland und den USA Südafrika. Mit einer gut ausgebauten Infrastruktur, Wildparks und Naturschutzgebieten bleibt Südafrika ein attraktives Reiseland.

Herausforderungen und Tendenzen

Arbeitslosigkeit und **Armut** weiter Teile der Bevölkerung sind die Hauptprobleme der südafrikanischen Wirtschaft und stellen eine der größten Herausforderungen für das Wirtschaftswachstum des Landes dar. Wenngleich die Arbeitslosenquote offiziell mit 32 % angegeben wird, dürfte sie in Wirklichkeit sehr viel höher sein (über 40 %). Die Corona-Pandemie hat zu dem jüngsten Anstieg dieser Zahlen ihren Teil beigetragen. Um die Situation zu verbessern, bräuchte es ein Wirtschaftswachstum von mindestens 6%. Dabei wirken die Vorgaben des o. g. BBBEE vor allem für den Mittelstand mitunter als Bremse, u. a. weil die aufgrund ihrer relativ geringen Zahl umworbenen schwarzen Manager i. d. R. Großunternehmen bevorzugen.

Nachdem die Regierung die Politik der Umverteilung auch von der Privatwirtschaft verlangte, hat sich dies auch auf die Industriesektoren ausgeweitet. Den Anfang bildete die umstrittene „**Empowerment Charta**" für den Bergbau (mindestens 25 % plus eine Stimme der Anteilseigner eines Unternehmens müssen „schwarz" im Sinne des **BBBEE** sein). Das Programm wird auch auf andere Industriebereiche angewandt und die Regierung steht dabei unter einem unglaublich hohen Erwartungsdruck, sowohl von Seiten der Bevölkerung, als auch von Seiten der Industrie. Die größte Hürde bei der Umsetzung ist die oft unzureichende Ausbildung neuer Führungskräfte. Ein weiteres Problem ist die stetige Abwanderung von qualifiziertem Personal. Bedingt durch Auswirkungen von **BBBEE**-Regulationen fällt es Weißen zusehends schwerer, Jobs in Südafrika zu bekommen und viele, vor allem Ingenieure und Ärzte, wandern nach Großbritannien, Nordamerika und Australien aus.

Hohe Auswanderungsquote

Die **BBBEE-Politik** wirkt sich natürlich auch auf das Investitionsklima aus, nach Meinung der Experten steht fest, dass Inverstoren nun nicht mehr so frei agieren können wie in der Vergangenheit, denn jede neu zu übernehmende soziale Aufgabe und Zwangspartnerschaft erhöht die Kosten und steigert das Risiko. Dennoch ist der **BBBEE**-Prozess nicht umkehrbar und er wird Südafrika verändern. Die Großen der Wirtschaft haben sich arrangiert; sie tragen den Prozess mit, teils aus Einsicht in die Unvermeidlichkeit, teils mit tiefer Überzeugung in die Richtigkeit. Bei den kleinen und mittleren Unternehmen ist jedoch bei der Umsetzung noch nicht viel geschehen. Auch am Umfang von neuen ausländischen Investitionen wird sich zeigen, wie stark **BBBEE** als Hindernis oder zumindest als abschreckender Faktor gesehen wird.

Mangelnde ausländische Investitionen

Der Mangel an ausländischen Investitionen kann auch auf die unsichere Lage der Wirtschaft im Zusammenhang mit **Armut**, **Kriminalität** und **HIV/AIDS** zurückgeführt werden. Noch immer leben 40 % aller schwarzen Südafrikaner unterhalb der Armutsgrenze und HIV/AIDS-bedingte Krankheiten sind, mit 60 % aller Todesfälle, immer noch die häufigste Todesursache in Südafrika. Die Lücken in der Arbeiterschaft, die durch HIV/AIDS entstehen, sind gar nicht zu füllen. Noch ist völlig unklar, wie die Verluste wirtschaftlich aufgefangen werden sollen.

Das wirtschaftliche Wachstum Südafrikas, in Kombination mit einem rapiden Industrialisierungs-, Massenelektrifizierungs- sowie Infrastrukturproramm im letzten Jahrzehnt, führte dazu, dass die Stromnachfrage das Angebot übertraf. Die daraus – sowie aus Misswirtschaft und Korruption beim staatlichen Energiekonzern Eskom – resultierenden Stromausfälle hatten Produktionsausfälle (z. B. im Bergbau) von bis zu 20 % zur Folge und veranlassten die Regierung zu schnellem Handeln. Der Reaktionsplan hat Investitionen in Höhe von über 300 Mrd. Rand ermöglicht, die in den Bau einer neuen Kraftwerksgeneration sowie eine Reihe von Maßnahmen zur Reduzierung des Strombedarfs für Haushalte und Industrie geflossen sind – gelöst ist das Problem damit allerdings noch lange nicht, in den vergangenen Jahren kam es immer wieder zu geplanten Abschaltungen sowie zu Stromausfällen, da nicht ausreichend produziert werden konnte. Zudem wird in den Ausbau des Güterverkehrs der Eisenbahn investiert.

Kapstadt und die Western Cape Province

Die Western Cape Province mit ihren 7,1 Mio. Einwohnern – von denen über 70 % im Großraum der Provinzhauptstadt Kapstadt leben – und einer Fläche von rund 130.000 km² verzeichnete in den Jahren vor der Corona-Pandemie gute Wachstumsraten und das höchste Pro-Kopf-Einkommen aller Provinzen Südafrikas. Doch auch hier wird die Schere zwischen Arm und Reich deutlich: Die Rate der Geringverdiener und Arbeitslosen ist hoch. Eine nicht zu bestimmende Anzahl von Menschen strömt täglich auf der Suche nach Arbeit in die Townships und von dort weiter in die Industrie- und Innenstadtgebiete. Die wirtschaftliche Gesamtlage ist jedoch trotz mangelnder Groß- und Schwerindustrie insgesamt besser als in den anderen Provinzen. Eine Ursache dafür sind die breit gefächerten, größtenteils mittelständischen Wirtschaftsbereiche, die alle auf ein gut ausgebautes Telekommunikations- und Verkehrssystem zurückgreifen können.

Wirtschaftlich erfolgreichste Provinz

Wirtschaftssektoren

Die Landwirtschaft, die im Obst-, Gemüse-, Blumen- und Getreideanbau und in der Viehwirtschaft (Strauße, Schafe) allein 10 % aller Arbeitskräfte beschäftigt, ist ein entscheidender Wirtschaftssektor und steht für fast 50 % des Exports der Western Cape Province. Den lebhaftesten Aufschwung erlebte vor allem der Weinanbau, wegen der starken internationalen Nachfrage nach Rotwein entstanden teilweise sogar Engpässe bei der Lieferung.

Immer neue Weinstöcke und Reben im „Weinkeller" Südafrikas

Heute findet man nicht nur im „Weinkeller" Südafrikas (die nordöstlich von Kapstadt gelegenen Regionen Stellenbosch, Franschhoek, Paarl) viele neu angelegte Weinstöcke. Wein und Weintrauben hatten in den letzten Jahren im Durchschnitt einen Anteil von 17 % am Export der Provinz.

Inzwischen ist Wein aus Südafrika in den Regalen europäischer Supermärkte allgegenwärtig. Die Western Cape Province verfügt über 110.000 ha Weinkulturflächen, jährlich werden über 420 Mio. Liter Wein exportiert. Insgesamt steht Südafrika an siebter Stelle der weinproduzierenden Länder der Welt. Ein schmerzlicher Nebeneffekt der Orientierung nach Europa für südafrikanische Weinkenner ist, dass ein besonders guter und edler Tropfen für Einheimische und selbst für Restaurantbesitzer nur schwer zu ergattern ist. Bevor bestimmte Weinmarken auf den südafrikanischen Markt kommen können, werden erst alle verkaufbaren Kontingente nach Übersee vermittelt.

Wegen der klimatisch günstigen Bedingungen am Western Cape kann Südafrika die Off-Season des Nordens nutzen, wenn dort nicht geerntet werden kann. Bei einer Durchschnittstemperatur von 20 °C und einer intensiven Sonneneinstrahlung sind

Ideale klimatische Bedingungen

die klimatischen Voraussetzungen von Wein- und Obstkulturen günstig. Nur an Wasser mangelt es in diesen Gebieten, aber Stauanlagen können meist auch in Notzeiten für die notwendige Bewässerung sorgen. Die Western Cape Province ist heute das führende **Wein- und Obstanbaugebiet** Südafrikas. Hier werden 75 % des Obstes und der Tafeltrauben angebaut. Neben Weintrauben sind es vor allem Äpfel, Birnen, Zitrusfrüchte, Aprikosen, Avocado, Bananen, Mangos und Erdbeeren, die für den Export geerntet werden. Die wichtigsten Abnehmer sind die Mitgliedsländer der EU. Neben Wein und Obst werden auch **Wolle und Straußenprodukte** exportiert; **Weizen und andere Getreidesorten** werden vornehmlich in den Regionen Overberg und Swartland angebaut. Auch die **Fleischproduktion** ist an die klimatischen Bedingungen in Südafrika angepasst. In den endlosen Trockengebieten der Großen Karoo dominiert die extensive Weidewirtschaft (Naturweide). Im Nordwesten beschränkt man sich dabei auf Ziegen und Schafe, in der Kleinen Karoo sind es hauptsächlich Strauße und bedingt Schafe. In den niederschlagsreicheren Gebieten werden auch Rinder gezüchtet. Im Küstenbereich und um die Ballungsgebiete findet man auch Milchwirtschaft.

Einen weiteren großen Wirtschaftsbereich machen **Handel, Finanzwesen und Immobilien** aus. Obwohl die Wirtschaftsmetropolen Südafrikas im Norden und Nordosten des Landes liegen, haben viele Banken und Handelsfirmen ihren Sitz ans Kap der Guten Hoffnung gelegt. Im Vergleich zu Johannesburg und Durban hat Kapstadt immer noch eine niedrigere Kriminalitätsrate, was viele Versicherungs- und Finanzgesellschaften zu schätzen wissen. Durch die seit Jahren im internationalen Vergleich relativ niedrigen Immobilienpreise haben sich der Großraum Kapstadt und die Garden Route zu einem gut florierenden Immobilienmarkt für Investoren aus Übersee entwickelt. Doch der Bauboom vor allem in Touristenzentren, wo immer mehr Hotels entstehen, hat die Grundstückspreise enorm in die Höhe getrieben und macht sie für das Gros der Einheimischen kaum noch erschwinglich. Die meisten Käufer kommen aus Europa und dem Großraum Johannesburg, andere aus Asien und Amerika. Während Investitionen in das Stahl-Projekt in Saldanha Bay die **Industrie** der Region belebt hat, läuft es in anderen Bereichen etwas langsamer an. Im Hightech-Center „Capricorn" in Muizenberg, südlich von Kapstadt, siedeln sich auf der Fläche von über 700.000 m² nur allmählich Industrie- und Forschungsbetriebe an, hauptsächlich aus dem IT-Bereich, der Telekommunikationsbranche und der Entwicklung medizinischer Geräte. Die nördlich von Kapstadt an der N1 gelegene „Century City" hat sich zu einem riesigen Geschäfts-, Kongress- und Bürokomplex gemausert, u. a. mit einer der größten Shopping Malls in Afrika und teurem Wohnraum im Umfeld. Ein großer Manufakturzweig des Western Cape ist die Bekleidungs- und Textilherstellung, die knapp 100.000 Menschen beschäftigt. Allerdings verliert sie auch hier an Bedeutung, hauptsächlich wegen billiger produzierter Ware aus Asien und Osteuropa – Ausnahmen bilden die Modedesigner. Der **Design- und Werbesektor** ist bereits der fortschrittlichste in Afrika und Kapstadt ist auf dem besten Weg, das Zentrum für Design und Innovation zu werden. Erste Anzeichen sind bereits vorhanden, Kapstadt gilt als „the most entrepreneural city" in Südafrika und war 2014 Design-Hauptstadt der Welt.

Steigende Immobilienpreise

Fischfang in Südafrika

info

Der Benguela-Strom, der von Süden an Kapstadt vorbei die afrikanische Küste hinaufzieht, führt kühles, sauerstoff- und nährstoffreiches Wasser. Die grüne Farbe des Wassers rührt vom Plankton her, das die Grundlage für die vielgestaltige Meeresfauna ist. Viele Fische ernähren sich ausschließlich von Plankton, und so liegen ausgesprochen reiche Fischgründe vor der Südwestküste Südafrikas. 75% des kommerziellen Fischfangs Südafrikas wird an der Westküste des Landes betrieben, über 800.000 Tonnen Fische werden jährlich gefischt, die größtenteils exportiert werden. Probleme sind auch hier die Erwärmung des Meeres und die Überfischung.

Das Zentrum der Fischerei an der Atlantikküste bilden die Standorte Hout Bay, Saldanha Bay, St. Helena Bay und Lambert's Bay sowie einige weiter nördlich gelegene Buchten. Während die Hochseeflotte vorwiegend Frischfisch liefert, ist die Küstenfischerei auf die Herstellung von Fischkonserven, Fischmehl und Öl ausgerichtet. Zu den wichtigsten Fängen der Küstenfischerei gehören Sardellen, Sardinen, Stöcker und Makrelen, aus der Hochseefischerei kommen Seehecht, Seeteufel und Snoek. Die meisten dieser Fische gelten auf dem Weltmarkt als „Niedrigpreis"-Fische. Auch Muscheln und Tintenfische werden gefischt. Der Fang von Abalone und Crayfish (südafrikanische Languste, kleiner Hummer) ist stark reguliert, weil diese Arten weiterhin durch Wilderei dezimiert werden.

Der vorhandene Fischreichtum hatte Mitte des letzten Jahrhunderts zu einer rigorosen Ausbeutung der marinen Ressourcen bei der Küstenfischerei geführt. Insbesondere Sardinen und Langusten erzielten hohe Preise auf dem Weltmarkt. Die **Überfischung** geschah teils durch eigene Boote, teils durch ausländische Fangflotten. Zum Schutz für die restlichen Fischbestände und um damit die Versorgung Südafrikas mit Fisch in der Zukunft zu gewährleisten, wurden lizensierte **Fangquoten** für einzelne Fischarten ausgegeben. Außerdem wurde eine Verbotszone für ausländische Fischtrawler bestimmt.

Mit – vor der Corona-Pandemie – durchschnittlich über 8 Mio. Reisegästen im Jahr ist der **Tourismus** (inkl. Dienstleistungen) ein wichtiger Wirtschaftssektor für die Western Cape Province, Tendenz weiterhin steigend. In Kapstadt hat sich die V&A Waterfront mit vielen Restaurants und Geschäften und über 30 Mio. Besuchern jährlich zu einem Anziehungspunkt für in- und ausländische Touristen entwickelt. Um auch die Innenstadt wieder für Geschäftsleute und Touristen anzubinden, ist ein Milliarden-Rand-Projekt auf dem Weg, das die Waterfront mit dem Stadtzentrum verbinden und Bootsfahrten vom Hafen direkt bis zum Artscape Theatre Centre in der nördlichen Innenstadt ermöglichen soll. Von einem Erfolg ist dieses Vorhaben aber noch weit entfernt, u. a. auch wegen des katastrophalen Verkehrs im Innenstadtbereich.

Wenige Bodenschätze

Im Vergleich zum restlichen Südafrika spielen in der Western Cape Province Bodenschätze trotz der vor Mossel Bay entdeckten (Offshore-) **Gasvorkommen** sowie weiterer bei Bredasdorp und in der Karoo (hier nur durch das umstrittene Fracking zu gewinnen) noch eine relativ geringe Rolle. Wichtigster **Energieproduzent** ist ein Atomkraftwerk in Koeberg, nördlich von Kapstadt. Alternative Energien wie Wind- und Sonnenenergie werden vor allem aus privater Initiative eingesetzt, wie die zahlreichen Sonnenkollektoren auf den Dächern und einige wenige Windräder

Die Victoria & Alfred Waterfront: ein Anziehungspunkt für Touristen

zeigen. Die überall sichtbaren, typischen Farmwindräder dienen allerdings nur der Versorgung der Wasserpumpen direkt unterhalb des Rades.

Der **Cape Town International Airport**, vom Passagieraufkommen (vor Corona knapp 11 Mio., Kapazität für 14 Mio.) vergleichbar mit dem Flughafen Stuttgart, ist der zweitgrößte Flughafen in Südafrika und wird von vielen internationalen Fluglinien bedient. Von den insgesamt vier großen **Häfen** in der Western Cape Province – Saldanha Bay (größter und tiefster Naturhafen des Landes), Kapstadt, Simon's Town und Mossel Bay – ist Kapstadt der bedeutendste Hafen. Einrichtungen für Kreuzfahrt-, Container- und RoRo(roll-on-roll-off)-Schiffe sind vorhanden. Saldanha Bay ist der führende Hafen für den Erzexport und weist die größte Umschlagmenge auf. Mossel Bay ist der Haupthafen für die Fischer an der Südküste, die die Fanggebiete um die Agulhas Bank abgrasen, und der nächstgelegene Hafen für die in Küstennähe gelegenen Bohrinseln (Gas). In Simon's Town ist die Marine stationiert.

Herausforderungen und Tendenzen

Weinanbau hat Zukunft

Der Tourismussektor wird auch in Zukunft Kapstadts größter wirtschaftlicher Faktor sein, obwohl die Besucherzahlen nicht mehr so stark zunehmen, weil die Marktpotentiale langsam ausgeschöpft sind. Auch der Boom auf dem Immobilienmarkt wird zeitlich begrenzt bleiben, denn mittlerweile ist ein Preisniveau erreicht, das sich nur noch sehr begüterte Südafrikaner und Investoren aus dem Ausland leisten können. Ein relativ sicheres Standbein und zukunftsträchtig ist der Weinbau, da die Weinqualität international anerkannt ist. Ein Problem stellen jedoch die begrenzten Anbauflächen dar, die nur noch bedingt erweitert werden können. Andere Bereiche wie Technologie, Design und Werbung sind noch dabei, sich zu beweisen. Der oft gepriesene Fischfangsektor macht zwar den größten Teil des landesweiten Fischfangs und der fischverarbeitenden Produktion aus, wird aber in Zukunft nur unbedeutend zur wirtschaftlichen Gesamtlage der Provinz beitragen. Ähnliches gilt für die Forstwirtschaft.

Da Kapstadt das Hinterland fehlt und bisher kaum in große Industrieprojekte investiert wurde, ist auch nicht zu erwarten, dass sich dieses in absehbarer Zeit ändern wird. Hinzu kommt, dass die Wirtschaftsbeziehungen der Western Cape Province mit den SADC (Entwicklungsgemeinschaft des südlichen Afrika) und anderen afrikanischen Ländern durch schwierige Beziehungen mit dem Kongo/DRC und die wirtschaftlich instabile Lage in Simbabwe wie auch in zahlreichen anderen Ländern überschattet werden und kurzfristigen Optimismus dämpfen.

Kapstadt setzt auf den Dienstleistungssektor

Wirtschaftliches Wachstum am Kap wird demnach zukünftig weder einfach noch sicher sein. Es wird abhängen von der Fähigkeit lokaler Firmen und Anteilseigner, die Möglichkeiten zu ergreifen, die in den unterschiedlichen Sektoren entstehen. Ob Kapstadt der Sprung zur angestrebten Dienstleistungsmetropole gelingen wird, ist fraglich, denn hier ist die Konkurrenz von Johannesburg und Durban erdrückend.

Geografischer Überblick

Lage

Die südafrikanische **Western Cape Province** bildet die **Südwestspitze des afrikanischen Kontinents** und ist mit 129.370 km² etwa so groß wie Griechenland. Die Provinz nimmt etwa 11 % der Landesfläche Südafrikas ein und ist im Westen vom kalten Atlantischen und im Süden vom wärmeren Indischen Ozean eingerahmt. Über den Punkt, wo genau die beiden Ozeane zusammentreffen, streiten sich nicht nur die Experten. Am **Cape Agulhas** (portugiesisch = Nadel), das die äußerste Südspitze des Kontinents bildet, ist die vermeintliche Grenze zwischen dem Atlantischen und Indischen Ozean mit einer Plakette gekennzeichnet, aber die beiden Hauptströmungen laufen tatsächlich erst weiter südöstlich der Cape Peninsula zusammen.

Südlichster Punkt Afrikas

Das weltbekannte **Kap der Guten Hoffnung** (engl.: Cape of Good Hope; Afrikaans: Kaap von die Goeie Hope) liegt etwa 200 km weiter nordwestlich der südlichsten Spitze Afrikas. Zwischen Kapstadt und dem Eisrand der Antarktis liegen über 4.000 km offenes Wasser, zum Südpol sind es dann nochmals rund 2.000 km.

Die Provinz Western Cape ist topografisch und klimatisch sehr unterschiedlich. An der südlichen Küstenlinie, die mit Bergen durchzogen ist, besteht die typische Vegetation aus Fynbos (niedrige, kleine Büsche) und ist das Klima gemäßigt. Der Norden der Provinz erstreckt sich tief in das trockene, sehr warme Karoo Plateau, die Westküste kann extrem trocken sein. Auch in der Western Cape Province spiegelt sich die Vielfalt Südafrikas wider: unterschiedliche Höhenlagen mit Gebirgsformationen, Halbwüste und Savanne, Wälder und weite Flächen machen das Land einzigartig.

Kapstadt und Cape Peninsula

Der ältere Teil Kapstadts mit dem Stadtzentrum erstreckt sich rund um die Table Bay. Die Tafelbucht öffnet sich nach Nordwesten gegenüber dem Atlantischen Ozean. Nach Südosten reichen Kapstadts neuere Wohnviertel bis an die False Bay heran, im Südwesten setzen die Bergzüge des Table Mountain der Ausdehnung der Stadt eine natürliche Grenze.

Weltberühmter Tafelberg

Kapstadts Wahrzeichen ist der eindrucksvolle, 1.086 m hohe **Table Mountain** (Tafelberg) mit dem breiten, meist wolkenverhangenen Hochplateau. Sein Steilabfall wirkt wie eine Rückwand zur Stadt. Zum Massiv des Table Mountain gehören noch drei weitere Erhebungen, die die Stadt einrahmen: **Signal Hill** (350 m), **Lion's Head** (669 m) und **Devil's Peak** (1.001 m). Schon vor Jahrhunderten war der Table Mountain ein Erkennungszeichen für die Kapitäne auf dem Weg von Europa nach Süd- und Ostasien. Bei guter Sicht ist der Berg aus über 100 km Entfernung vom Meer aus zu erkennen. Tauchte der Table Mountain am Horizont auf, hatten die Segler die Südspitze Afrikas erreicht und konnten nun einen östlichen Kurs Richtung Asien einschlagen. Die **einzigartige Lage zwischen Meer und Bergzügen** macht Kapstadt zu einer der attraktivsten Städte der Welt. Kein Bild kann das persönliche Erlebnis dieser Kulisse ersetzen.

Südöstlich von Kapstadt ragt die **Cape Peninsula**, die Kaphalbinsel, 50 km in den Atlantischen Ozean. Sie ist durch die **Cape Flats**, ausgedehnte, sandige Dünenfelder, mit dem Festland verbunden. An ihrer Südspitze liegt das berühmte **Cape of Good Hope**, dessen Passieren wegen starker Stürme und Unterwasserfelsen lange von Seefahrern gefürchtet war und irrtümlicherweise als südlichster Punkt des afrikanischen Kontinents bezeichnet wurde.

Weitere Umgebung

Östlich von Kapstadt beginnt die berühmte **Garden Route**, die an der Südküste entlang bis Humansdorp kurz vor Port Elizabeth (Gqeberha) führt. Ob man bei Swellendam, Mossel Bay oder George startet, ist dem Reisenden überlassen. An dieser schmalen, fruchtbaren Küstenterrasse, die den **Bergzügen der Kapiden** vorgelagert ist, wechseln sich Sandstrände mit steilen Kliffküsten ab. Mit dem an manchen Stellen urwaldähnlichen Tsitsikamma National Park, dem Wilderness National Park und der Knysna Lagoon liegen besondere Naturattraktionen am Verlauf der Garden Route. Von George aus gelangt man nach Oudtshoorn ins Zentrum der **Little Karoo**, einer trockenen Hochebene, die durch die Straußenzucht weltweit bekannt ist.

Nordöstlich Kapstadts beginnt das ausgedehnte **Weinanbaugebiet** mit den Hauptorten Paarl, Franschhoek und Stellenbosch. Über Passstraßen und entlang von Tälern fährt man auf den Weinstraßen durch die hügeligen, grünen Anbaugebiete. Die Westküste nördlich von Kapstadt ist dagegen touristisch weniger erschlossen, was sicherlich auch an den eingeschränkten Bademöglichkeiten im kühlen Atlantikwasser und an der Fischindustrie liegt. Südlich von Langebaan liegt in der gleichnamigen Lagune der **West Coast National Park**, ein bedeutendes Feuchtgebiet, in dem auch Vögel der Nordhalbkugel ihr Sommerquartier finden.

Klima

Zwischen zwei Meeresströmen

Da Südafrika auf der Südhalbkugel liegt, sind die **Jahreszeiten entgegengesetzt** zu Europa. Obwohl das Land insgesamt zum Klimabereich der Subtropen gehört, gibt es große regionale Unterschiede, die von Faktoren wie Höhenlage, Nähe zum Meer und unterschiedlich temperierte Meeresströmungen abhängen. Kapstadt und die Western Cape Province haben ein sehr angenehmes **mediterranes Klima**, was, neben der geografischen Breite, bestimmt ist durch verschiedene Hochdruckgürtel im südlichen Afrika. Außerdem haben die beiden Meeresströmungen des kühlen Südatlantiks und des wärmeren Indischen Ozeans erheblichen Einfluss auf das Wetter in dieser Region. Durch den aus der Antarktis kommenden Benguela-Strom ist der **Südatlantik vor Kapstadt recht kühl**, das Wasser an den Stränden der Westküste hat eine Temperatur von 13–15 °C. Das kalte Meereswasser verdunstet nur sehr langsam, daher ist die südafrikanische Westküste so regenarm. Der **Indische Ozean östlich von Cape Agulhas ist wesentlich wärmer** als der Südatlantik und ermöglicht hier das ganzjährige Baden an einem der vielen Strände.

Regenschauer dauern meist nicht lange und das Naturschauspiel ist einmalig

Das mediterrane Klima der Western Cape Province kennt wenig Wetterextreme und das nahe Meer wirkt sich mäßigend auf mögliche Temperaturschwankungen aus. Im Sommer ist es meist trocken und warm, selten unangenehm heiß. Im Winter wird es etwas unbehaglicher, denn die Gegend um Kapstadt ist Winterregengebiet und besonders am Table Mountain regnen sich die durchziehenden Tiefdruckgebiete ab. Je weiter man von Kapstadt aus an der Südküste nach Osten kommt, desto gleichmäßiger verteilen sich die Regenmengen auf das ganze Jahr. Entlang der Garden Route ist daher immer mit Schauern zu rechnen. Nur etwa 500 km weiter nördlich, in der Great Karoo, fällt der Niederschlag dagegen fast ausschließlich im Sommer.

Jahrhundertdürre

Inzwischen machen sich auch in Südafrika die Erderwärmung und globale Wetterveränderungen bemerkbar. Von 2015 bis Mitte 2018 fiel so wenig Niederschlag, dass es Ende 2017/Anfang 2018 zu einer bedrohlichen Wasserknappheit am Kap kam und die Wasserversorgung Kapstadts zeitweilig auf Messers Schneide stand. Diese Ausnahmesituation wurde noch dadurch verstärkt, dass die Regierung über Jahrzehnte trotz enormer Bevölkerungszunahme keinen Ausbau der Staudamm-Infrastruktur vorgenommen hatte. Entsalzungsanlagen, Brunnenbohrungen und eine verbesserte Staudamminfrastuktur sollen das Problem so bald wie möglich lösen.

Temperaturen

Auch die Temperaturen an den Küsten der Western Cape werden von den unterschiedlich temperierten Meeresströmen beeinflusst. An der südöstlichen Küste sind die Temperaturen in der Regel höher als an der Westküste. So ist die Jahresdurchschnittstemperatur an der False Bay südlich von Kapstadt um 4 °C höher als an Kapstadts Table Bay. Die Temperaturen in Kapstadt fallen auch in den Wintermonaten von Juli bis August selten unter 6 °C, meistens ist es eher kühl als wirklich kalt. Frost gibt es wegen der Meeresnähe so gut wie nicht, dafür kann sich aber zumindest der Table Mountain im Winter auch mal schneebedeckt präsentieren. Heiß wird es in den Monaten Dezember bis März, tagsüber werden im Sommer in Kapstadt durchschnittlich 25 °C erreicht, das Thermometer kann auch auf 30 °C ansteigen. Weiter im Landesinneren, z. B. in der Great Karoo, klettern die Temperaturen dann auf bis zu 40 °C.

Niederschläge

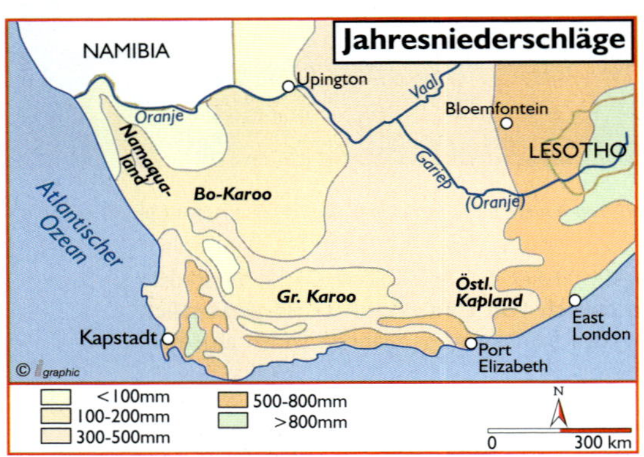

Insgesamt gilt Südafrika als niederschlagsarmes Land. Klimatologen bezeichnen es als arid, weil in den meisten Regionen die Niederschlagsmenge geringer ist als die Verdunstungsmenge. Der Durchschnittsniederschlag beträgt nur 460 mm pro Jahr (vgl. München 900 mm/Jahr), insgesamt erhält die Hälfte des Landes weniger als 500 mm, d. h. Bewässerung ist für den Anbau notwendig. Die Niederschlagsmengen sind wegen des Reliefs regional unterschiedlich. Während am Cape of Good Hope durchschnittlich nur 300 mm pro Jahr fallen, sind es am Südosthang des Table Mountain 1.300 mm. Trotz der hohen Niederschlagsmengen am Table Mountain reichen die Mengen nicht mehr für die Trinkwasserversorgung aus. Weiter entfernte, künstlich angelegte Wasserreservoirs haben diese Aufgabe übernommen, aber in Zeiten extremer Dürre reichen auch diese Dämme nicht aus (s. o.). Je weiter man nach Osten und ins Landesinnere kommt, desto gleichmäßiger verteilt fallen die Niederschläge durchs Jahr und umso geringer sind die täglichen und monatlichen Temperaturunterschiede.

Wind: Southeaster

Durch das Passieren von Tiefdruckgebieten in den Sommermonaten kommt es in Kapstadt und Umgebung **zu starken Winden aus südöstlicher Richtung**, die deswegen **Southeaster** genannt werden. Der Wind, der von September bis März mit Geschwindigkeiten von über 100 km/h wehen kann, ist zuweilen auch unangenehm stark, anhaltend und trocken. In solchen Fällen bleibt man besser im Haus und versichert sich, dass die Fenster geschlossen sind. Den inzwischen veralteten Namen Cape Doctor erhielt der Southeaster, weil ihm nachgesagt wurde, dass er Kapstadt von Verschmutzung und schlechter Luft befreit. Weiter im Inland verliert der Southeaster seine Kraft, im Weinland und in der Little Karoo ist es generell wesentlich weniger windig.

Durch die Kondensation der aufsteigenden, warm-feuchten Luft bildet sich am Table Mountain auch die markante Wolkendecke, **Table Cloth** (= Tischdecke) genannt – ein faszinierendes Phänomen, das sich sehr schnell bildet und über den Berg zieht.

Nachmittags ein häufiges Bild: der „Table Cloth"

Reisezeit

Obwohl Reisen in die Western Cape klimatisch in jeder Jahreszeit möglich sind, weil die Region als Winterregengebiet mit mediterranem Klima keine extremen Temperaturschwankungen aufweist, ist die bessere Zeit für einen Aufenthalt zwischen Mitte September und April. Da auf der Südhalbkugel die Jahreszeiten genau vertauscht sind in Bezug auf Europa, ist es dann Frühling bis Spätsommer in Südafrika. Soll der Aufenthalt am Western Cape in eine Südafrika-Rundreise eingebaut werden, sind also besonders das Frühjahr und der Herbst zu empfehlen, da es im Sommer wiederum im Binnenland sehr heiß werden kann. Außerdem ist von Mitte Dezember bis Mitte Januar in Südafrika Hochsaison: Ferien in allen Schulen, viele Ausflugsziele und Strände sind überlaufen, die Preise sind hoch und die Unterkünfte wochenlang im Voraus ausgebucht. Auch die beiden Wochen um Ostern sind diesbezüglich nicht zu empfehlen.

„Vertauschte" Jahreszeiten

Die besten Reisezeiten sind zum einen die Zeit **zwischen Mitte September und Anfang Dezember**, denn da blühen die Pflanzen und in der gesamten Zeit herrschen erträgliche Temperaturen. Zum anderen die Zeit zwischen **Mitte Januar und Mitte März**, da ist es warm (im Landesinneren allerdings heiß) und es regnet relativ wenig. Die Wintermonate (Mitte Mai bis Anfang September) eignen sich, wenn Sie individuell und spontan herumreisen wollen, weil in der Nebensaison Vorbuchungen nicht unbedingt notwendig sind und die Preise auch günstiger sind. Für „Sonnenanbeter" ist diese Zeit natürlich nichts, es ist eher kühl und regnet häufig.

Das Kreuz des Südens

info

Das wohl bekannteste Sternbild des südlichen Sternenhimmels ist das Kreuz des Südens und jeder Besucher des südlichen Afrika hält Ausschau nach dieser markanten Konstellation. Das **Southern Cross**, das nur **südlich des 28. Grads nördlicher Breite** zu sehen ist, liegt in einem relativ hellen Abschnitt der südlichen Milchstraße und ist das flächenmäßig kleinste, aber auch ein relativ auffälliges Sternbild. **Vier sehr helle Sterne und ein weniger heller Stern**, der zwischen dem unteren und dem rechten Stern liegt, bilden ein markantes

info

Kreuz am Himmel. Unweit des Kreuzes sieht man zwei auffällige Sterne, die sog. Zeige- Sterne oder „**pointers**". Auffallend ist auch eine südlich des Southern Cross gelegene Dunkelwolke, der „Kohlesack". Oft wird das Southern Cross mit dem nahe gelegenen False Cross verwechselt; Ersteres hat die Form eines Drachen, Letzteres eher die eines Rhombus. Das False Cross hat keinen fünften Stern, ist weniger hell und hat nicht die markanten „pointers" des Southern Cross. Auch scheint sich das Kreuz des Südens je nach Uhrzeit und auch Jahreszeit zu drehen und erscheint an einer anderen Stelle; aber tatsächlich ist es die Erde, die sich dreht.

In der Antike wurde das Kreuz des Südens zum Sternbild des Centaurus gezählt, später dann herausgelöst und fortan diente es den frühen Seefahrern als **Orientierungshilfe für die Ermittlung des Himmelssüdpols**. Weil es am Südhimmel keinen deutlich sichtbaren Polarstern gibt, wurde das Kreuz des Südens zum Wegweiser am südlichen Firmament, ähnlich wie der Große Wagen im Norden. Um das Southern Cross identifizieren zu können, ist es hilfreich, die Südrichtung zu wissen. Je nach Jahreszeit steigt das Kreuz zu unterschiedlichen Uhrzeiten über den Südhorizont. Die Längsachse des Kreuzes weist mit dem hellsten der Sterne bei viereinhalb- bis fünffacher Verlängerung ungefähr auf den südlichen Himmelspol. Wenn man es noch genauer haben möchte, sollte man sich der „pointers" bedienen. Wenn man diese Sterne verbindet und von der Mitte der Verbindungsstrecke die Senkrechte zieht, so kreuzt sie die beschriebene Verlängerung der Längsachse des Südkreuzes. Von diesem Kreuzpunkt fällt man dann die Senkrechte und bestimmt damit genau die Richtung des Südpols. Jetzt sollte man einen markierenden Pfeil auf dem Boden zeichnen, damit man auch tagsüber weiß, wo Süden ist.

Großlandschaften und geologische Entwicklung

Überblick

Einst Teil des Urkontinents

Südafrika ist, geologisch betrachtet, eine uralte Landmasse, die sich durch verschiedene geologische Vorgänge über Millionen von Jahren in die heutigen Großlandschaften geformt hat. Grundsätzlich besteht Südafrika aus einem Gebirge, dessen Sockel bereits Teil des Superkontinents Gondwana war, einige Formationen sind 3 Mrd. Jahre alt. Vor ca. 300 bis 100 Mio. Jahren brach Gondwana auseinander und es entstanden neue Kontinente, u. a. auch Afrika. Durch die anschließenden Verschiebungen vom Meer her, tektonische Aufwölbungen, Faltungen, Brüche, Absenkungen, Ablagerungen von Geröll, Meeresüberschwemmungen und Erosion bildete sich das geologische Profil des Landes. Im Großen und Ganzen ist der Aufbau relativ einfach und besteht aus **drei Bereichen**: das Hochplateau oder Highveld, das Randschwellengebirge oder Great Escarpment und das Küstenvorland oder Lowveld.

Vor rund 70 Mio. Jahren, etwa zur gleichen Zeit der Bildung der Rocky Mountains und der Alpen, entstand ein aus einzelnen Gebirgen bestehender Gebirgswall (**Great Escarpment**), der sich wie ein Bogen an der Küste entlang um das Land zieht. Die Gebirge sind im Osten des Landes (Drakensberge) bis fast 3.500 m hoch, im Westen und Süden bis ca. 2.000 m. Vor dem Randschwellengebirge liegt ein relativ schmaler Küstenstreifen, **Lowveld** genannt, dessen Fläche insgesamt sehr klein ist. Hinter dem Escarpment liegt das zentrale Hochplateau oder **Highveld**, das Höhen zwischen 1.000 und 1.700 m aufweist und nach Norden hin zum abflusslosen Kalahari-Becken allmählich abfällt. Der Untergrund dieses Hochlands ist aufgefüllt mit Gesteinsmaterial, das von den Randgebieten hineintransportiert wurde.

Die Kapprovinz

In der Kapprovinz gibt es noch weitere Gebirgsketten, die den Escarpment vorgelagert sind, die **Kapiden** oder Cape Rocks. Dieser Gürtel ist das Ergebnis von Faltungen, die nordwärts gerichtet sind und über 700 km parallel zur Küste verlaufen. Breite Längstäler teilen die Kapiden in verschiedene einzelne Gruppen. Die drei Hauptzüge des Kapgebirges, die auch als Kap-Supergruppe bezeichnet werden, sind die **Table Mountain Serie** (nördlich der Peninsula), die **Bokkeveld Serie** (nördlich von Ceres) und die **Witteberg Serie** (südlich von Matjiesfontein). Weite Teile der heutigen Kapprovinz lagen in einem flachen Meeresbecken, das sich im Norden bis zu den Bokkeveldbergen, östlich entlang der Roggerveld- und Nuweveldberge bis weit über das heutige Port Elizabeth (Gqeberha) hinaus erstreckte.

Die Gebirgsketten am Kap erreichen Höhen von 1.000–1.500 m und bestehen zumeist aus grau-grünlichem **Table Mountain Sandstone**, der eine Mischung aus Sandstein und Quarzit ist, relativ langsam verwittert und deshalb so bizarre Formen und Farbvarianten aufweist. Daneben bestehen sie auch aus Witteberg-Quarzit oder dem harten Cape-Granit. Die Küste mit ihren vielen felsigen Buchten und breiten Stränden erhielt ihre Form erst in jüngerer Zeit und besteht aus Sanden, Konglomerat und Kalkstein. Viele der Sande, z. B. in der False Bay oder den Cape Flats, sind von Wasser und Wind abgetragenes Material aus den Bergen des Kaps.

Der **Table Mountain** erreicht eine Höhe von 1.086 m und besteht aus Sandstein und Schieferschichten des Table Mountain-Sandstone. Er hat keinen einzelnen Gipfel, sondern ist der Form nach eher ein Amboss mit Hochplateau. Nach der Erhebung und Faltung der Kapiden muss die ursprüngliche Höhe des Table Mountain den gegenwärtigen Zustand weit überschritten haben, denn die Schichten des Table Mountain-Sandstone erreichten hier ursprünglich eine Dicke von über 2.000m. Das uns heute bekannte Erscheinungsbild des Tafelberg-Massivs mit dem Table Mountain und seinen Nachbarerhebungen ist das Ergebnis der Verwitterung seit Jahrmillionen.

Die **Cape Peninsula** ragt südlich von Kapstadt in den Atlantischen Ozean. Ihr felsiges Plateau ist durch die sandigen Dünenfelder der Cape Flats vom Festland getrennt. Die Halbinsel ist ca. 53 km lang, durchschnittlich 8 km breit und hat

Felsformationen nahe den Cederbergen

Schroffe Steilküsten

eine Ausdehnung von 440 km². Mehr als die Hälfte der Fläche der Peninsula liegt über 300 m über dem Meeresspiegel. Die Gesteinsschichten des Table Mountain-Sandstone liegen hier fast horizontal und besonders an der Westküste dominieren schroffe Steilküsten, die durch das Meer heraus erodiert wurden. Die Südspitze der Peninsula ist als Cape of Good Hope Region des Table Mountain National Park unter speziellen Naturschutz gestellt.

Die **Cape Flats** bildeten vor ihrer Besiedlung ausgedehnte Dünenfelder nordöstlich und östlich der Stadt und trennten Kapstadt von der False Bay und der Peninsula. Mit ihren aktiven Wanderdünen stellten sie für die ersten holländischen Siedler ein echtes Hindernis dar. Sie nannten diese Gegend, die viel früher einmal unter dem Meeresspiegel gelegen hatte, „Die Groote Woeste Vlake“. Man führte Pflanzen ein, um den sandigen Untergrund zu befestigen; heute wird man diese neuen Gewächse nicht wieder los. Eine Reihe von Townships wurde in die Cape Flats gebaut, das Land ist sehr dicht besiedelt.

Little Karoo

Die Little Karoo ist eine große Ebene, die auf einer Höhe von 300 m über dem Meeresspiegel liegt. Von Norden nach Süden dehnt sie sich über 100 km, von Osten nach Westen über 300 km aus. Sie bildet ein Becken zwischen den Höhenzügen der Swartberge im Norden und der Langeberg-Kette und den Outeniqua-Mountain im Süden ist. Die Swartberge sind ein Trenngebirge zur Great Karoo mit Höhen bis zu 2.300 m und bizarren Formen aus Sandstein. Die Langeberg-Kette und die Outeniqua-Mountains grenzen die Little Karoo gegen die Küstenebene des Indischen Ozeans ab.

Great (Central) Karoo

Reiche Tierwelt

Nördlich der Little Karoo, jenseits der Swartberge, liegt die wesentlich ausgedehntere Great Karoo, eine abwechslungsreiche Landschaft, deren innere Teile vor 240 Mio. Jahren einen großen Binnensee bildeten. Heute zeugen Fossilien von Dinosauriern und Reptilien von dieser Zeit, sie lebten in den sumpfigen Rändern des Gewässers. Auch die Great Karoo ist relativ trocken und die Vegetation besteht vorrangig aus Büschen und Sträuchern. Doch sind hier an die 7.000 Pflanzenarten bestimmt worden, dazu eine reiche Tierwelt, die durch Wiederansiedlungen im Karoo National Park erhalten wird. Hauptort der Great Karoo ist Beaufort West, der direkt an der Eisenbahnstrecke von Kapstadt nach Johannesburg liegt. Nördlich von Beaufort West erstreckt sich mit den Nuweveldbergen ein weiterer bedeutender Bergzug der Kapiden.

Namaqualand

Blütenmeer im Ödland

Etwa 500 km nördlich von Kapstadt, zwischen Olifants und Oranje River, liegt das Namaqualand, ein trockenes, sandiges Flachland. Vor langer Zeit grenzte es einmal an den Atlantischen Ozean und bildete seine Strände. Das Volk der Nama besiedelte die Gegend erstmals vor etwa 2.000 Jahren. Das Namaqualand ist der Ort eines einmaligen Naturschauspiels. Einmal jährlich verwandeln sich Abschnitte der öden, lebensfeindlichen Region in ein wahres Blütenmeer, wenn im Frühjahr die vielen Pflanzen fast gleichzeitig blühen. 4.000 Pflanzenarten sind im Namaqualand bekannt, darunter viele Sukkulenten und der dickstämmige Quiver Tree („Kokerboom" – Köcherbaum), aus dessen faserigen Ästen die San Köcher (*quiver*) für ihre Pfeile herstellten.

Pflanzenwelt

Mit über 22.000 botanischen Arten – das sind 10 % des gesamten Pflanzenreichtums der Erde – ist Südafrikas Flora nicht nur sehr vielfältig, sondern auch überwältigend schön. Unterschiedliche klimatische Voraussetzungen und Bedingungen verändern das Landschaftsbild oft dramatisch und alle Vegetationsformen sind vertreten. Gräser im Hochland, dichte Wälder an der Garden Route, der typische Fynbos (s. u.) am Western Cape, Dornbüsche und Akazien in der Savannenlandschaft und Sukkulenten in der Karoo.

Im Südwesten der Western Cape ist eines der sechs Florenreiche der Erde heimisch, die artenreiche Kapflora, **Capensis**, die mit 8.500 endemischen Arten die größte Vielfalt auf der Welt zu bieten hat. Das „**Cape Floral Kingdom**" ist das kleinste der botanischen Zonen, aber auch das artenreichste. Während andere Florenreiche sich über einen gesamten Kontinent (z. B. Australien) erstrecken, hat das Cape Floral Kingdom die höchste Konzentration von Pflanzenarten auf kleinem Raum (ca. 93.000 km² oder 0,04 % der Erdoberfläche). Allein im kleinen Nationalpark auf dem Tafelberg in Kapstadt wachsen 14.000 verschiedene Pflanzen und hier kommen mehr Pflanzenarten vor als es Pflanzen in Großbritannien gibt. Die Vegetationsvielfalt ist bedingt durch die vielen verschiedenen Strategien der Pflanzen, auf den nährstoff- und meist auch wasserarmen Böden zu überleben und damit der Hitze und dem Wassermangel zu trotzen.

Fynbos

Als Fynbos, ein Afrikaans-Begriff, der ursprünglich aus dem holländischen (*fijn bosch*) ist und mit „feiner Busch" übersetzt werden kann, wird der Großteil der Vegetation des „Cape Floral Kingdoms" bezeichnet.

Fynbos bedeckt die Berge, Täler und Küstenebenen der Western Cape in einem halbmondförmigen Areal vom Gebiet nördlich der Cederberge über die Kaphalbinsel im Süden und entlang des Küstenstreifens bis Port Elizabeth (Gqeberha). Fynbos besteht zum großen Teil aus Pflanzen, die an ihren harten, lederartigen und meist schmalen Blättern (Hartlaubgewächse) zu erkennen sind. Diese Pflanzenarten gedeihen auf nährstoffarmen Böden, brauchen nur wenig Wasser und geben wegen ihrer schmalen, harten Blätter den Sonnenstrahlen wenig Verdunstungsfläche.

Über 7.700 verschiedene Pflanzenarten gibt es unter dem Fynbos, eine beachtliche Zahl für so ein kleines Gebiet. Von diesen Arten sind ca. 70 % endemisch für das Gebiet und es gibt sieben Pflanzenarten, die es nirgendwo sonst auf der Welt gibt. Allein 600 verschiedene Arten von Erikagewächsen oder Heide findet man unter dem Fynbos, im gesamten Rest der Welt gibt es nur 26 Arten. Auch die mehrstämmigen, buschartigen Proteen, die bis 4 m hoch wachsen, gehören zum Fynbos. Sie besitzen ebenfalls harte Blätter und häufig prachtvolle Blüten. Weit über die Hälfte der weltweit 130 Arten der Gattung Protea kommen im Kapland vor, die **Königsprotea** (King Sugarbush – *Protea cynaroides*) mit ihrer bis zu 30 cm großen rosafarbenen Blüte ist **Südafrikas Nationalblume**.

Ebenfalls zur Fynbos-Vegetation gehören viele Riedarten und eine Vielzahl an Blütenpflanzen, die wir als Gartenpflanzen kennen, z. B. die Geranie. Auch findet man im Fynbos eine große Anzahl an Gänseblümchen und Zwiebel- und Knollenblumen, wie Fresien, Gladiolen, Lilien und Iris, die in ihrer unterirdischen Knolle oder Zwiebel Wasser speichern können.

Auch die Protea gehört zur Fynbos-Vegetation

 Hinweis

Da viele der Fynbos-Pflanzenarten bedroht sind und die Erhaltung von großer Bedeutung im Naturschutz ist, sind **fast alle Arten geschützt**. Pflanzen dürfen unter keinen Umständen ausgegraben und mitgenommen werden, man kann aber bei lizenzierten (!) Blumenhändlern oder im Geschäft im Kirstenbosch National Botanical Garden Exemplare kaufen.

Fynbos-Vegetation im Anysberg Nature Reserve

Die Kapflora ist ökologisch sehr empfindlich und die Tatsache, dass man viele Arten nur auf sehr kleinem Raum findet, macht die Vegetation sehr anfällig für Zerstörung und Ausrottung. Eine große Gefahr für den Fynbos und die Pflanzenwelt generell bilden Pflanzen, die aus anderen Kontinenten eingeführt wurden und die einheimische Flora zurückdrängen. Diese Neophyten, die sich schnell verbreitet haben, überwuchern und verdrängen die empfindlicheren südafrikanischen Arten inzwischen. Die häufig auftretenden Buschbrände schaden der Fynbos-Flora nur kurzfristig, sie regeneriert sich schnell und viele Arten werden erst durch Feuer im Wachstum stimuliert oder können sich so vermehren. Das Feuer gehört damit zum natürlichen Ökosystem, nicht aber vorsätzliches Abbrennen durch den Menschen. Schädlich für die Vegetation ist auch die Überweidung mit Schafen und Rindern, da nach mehreren Jahren nur ungenießbare oder giftige Pflanzen überleben und solche Fläche dann auch als Weide wertlos wird. Auch die städtische Expansion und die Ausdehnung landwirtschaftlicher Nutzflächen haben zur Folge, dass viele Fynbos-Pflanzen jetzt bedroht sind oder sogar schon ausgestorben sind.

Gefahr durch Überweidung

Wälder

Nur 1 % der Gesamtfläche Südafrikas ist bewaldet, davon sind 2,6 Mio. ha natürlicher und 1,2 Mio. ha angepflanzter Wald. Auch wenn es in Südafrika eine Anzahl einheimischer Bäume gibt, bestehen viele Wälder aus importierten Baumarten, wie z. B. Eukalyptus. Auch sind große Bäume relativ selten in vielen Teilen des Landes und die meisten Waldgebiete sind relativ klein. Einige Wälder sind jedoch sehr beeindruckend, wie der **Regenwald** bei George und Knysna sowie der Tsitsikamma National Park mit den hohen Stinkwood, dem Black Ironwood und dem Yellowwood. Viele Waldgebiete liegen in den humiden Küstenebenen entlang des Indischen Ozeans.

In der Kapregion sind die meisten Wälder, auch die immergrünen Wälder abgeholzt und fast gänzlich vernichtet worden. Geblieben sind nur ein paar Restbestände oder Bestand, der in Naturschutzgebieten steht. Eine botanische Attraktion der Gegend sind die lichtdurchfluteten Wälder des **Silvertree** (dt. Silberbaum), der auf gut mit Wasser versorgten Standorten wächst, aber nur selten höher als 10 m wird. Zu finden sind die Silvertrees an den Osthängen des Table Mountain,

Wenige Wälder

z. B. rund um den Lion's Head. Nahezu ausgerottet ist dagegen der **Kap-Lorbeerbaum**, der wegen seines wertvollen, harten Holzes besonders im Möbelbau geschätzt war und früher auch nach Europa exportiert wurde. Ebenfalls ein typischer Baum für die Region, der **Milkwood** (dt. Milchbusch), wächst vielfach auf den meeresnahen, älteren Dünen. Der Baum erreicht ein hohes Alter, wird meist nur bis 5 m hoch und produziert einen weißen Milchsaft. Die meisten Waldbestände der Cape Peninsula sind jedoch bereits in vorigen Jahrhunderten für Schiffbau, Eisenbahnschwellen, Telegrafenmasten und Grubenholz gefällt worden. Die Aufforstungen aus Eukalyptus und Pinienarten versuchen zwar, die natürlichen Standortfaktoren zu nutzen, können die ursprünglichen Wälder ökologisch aber nicht ersetzen.

Die Kapvegetation hat nur wenige größere Bäume, die in Tälern und Schluchten dem Abholzen getrotzt haben, wie der immergrüne **Real Yellowwood** oder der **Red Alder**. Einige, bis zu 800 Jahre alte Exemplare des **Stinkwood**, **Yellowwood** und **Ironwood** finden sich an der Garden Route im Tsitsikamma National Park. Der imposanteste Yellowwood steht westlich des Tsitsikamma NP gelegenen Knysna Forest. Er ist 39 m hoch, 600 Jahre alt und wird „King Edward VII Tree" genannt (S. 395). In den Cederbergen nördlich von Kapstadt wachsen die seltene **Clanwilliam-Zeder** und die **Kapzeder**. Daneben gibt es nichteinheimische Bäume, die von den weißen Siedlern mitgebracht und gepflanzt wurden, z. B. die Stieleiche, die man an vielen Stellen im Straßenbild Kapstadts findet.

info

Botanical Gardens

Den besten Überblick über die südafrikanische Flora bieten botanische Gärten. Drei der insgesamt elf National Botanical Gardens (www.sanbi.org/gardens) befinden sich in der **Western Cape Province**. Der **Kirstenbosch National Botanical Garden** in Kapstadt (S. 275) wurde 1913 von dem Botaniker Henry Pearson gegründet und zeigt die Kapflora in ihrem ganzen Artenreichtum in unterschiedlichen Biotopen, z. B. den Heidegärten oder den Proteafeldern. Nur ein Teil ist als kultivierter Garten angelegt.

Auch der **Harold Porter National Botanical Garden** (S. 454), der inmitten der Fynbos-Region zwischen der Küste und den Bergen bei Kleinmond liegt, bietet einen guten Einblick in die Kapflora. Das wunderschöne Areal bietet gute Erläuterungen zur Vegetation der Kapregion und ist bekannt durch seine Wasserfälle.

Der **Karoo Desert National Botanical Garden** (S. 315) bei Worcester ist eine einzigartige Gartenanlage. Auf insgesamt 154 ha wird eine Vielzahl von Pflanzen der Wüste und der Halbwüste kultiviert. Wanderwege führen durch den großen Teil des Gartens, in dem die Vegetation natürlich belassen ist.

Tierwelt

Überblick

„**The Big Five**" ist sicherlich der bekannteste Begriff, wenn es um die Tierwelt Südafrikas geht. Zu ihnen gehören der **Elefant** (Elephant), der **Löwe** (Lion) das **Nashorn** (Rhinoceros/Rhino), der **Leopard** (Leopard) und der **Büffel** (Buffalo). Auch wenn es noch nicht in aller Munde ist, spricht man inzwischen häufiger von den „**Big Seven**", die den **Wal** (Whale) und den **Weißen Hai** (Great white shark) als Meeresbewohner einbeziehen. Diese Sieben sind jedoch nur ein kleiner Teil der Artenvielfalt der südafrikanischen Fauna. Zu über 200 Arten von Säugetieren gesellen sich 2.000 Fischarten, 850 erfasste Vogelarten und eine immense Anzahl von Reptilien und Insekten.

Zahlreiche Naturschutzgebiete

Die südafrikanische Regierung hat bereits im 19. Jh. begonnen, zusammen mit zoologischen Gesellschaften **Nationalparks**, **Naturschutzgebiete** und **Naturreservate** einzurichten und intensiv Artenschutz zu betreiben. Ohne diese Bemühungen wären viele Pflanzen und Tiere längst ausgestorben. Neben dem Kruger Park, dem bekanntesten Nationalpark, erstreckt sich das System der großen und kleinen Schutzgebiete über das gesamte Land. Sie werden von **South African National Parks** (SANPARKS), einer der regionalen Organisationen (s. S. 107) oder von privaten Trägern (Wildfarmen etc.) betrieben. Aber auch außerhalb der Parks und Schutzgebiete können viele Tiere beobachtet werden. Unzählige Antilopenarten, Strauße und andere Vögel, Affen und Reptilien sind nur einige Spezies, die dem Reisenden begegnen werden.

Die Western Cape Region

Im Gegensatz zur reichen Pflanzenwelt ist die Fauna der Fynbos-Vegetation relativ artenarm. Großwildtiere kommen hier nur in vereinzelten Parks und Säugetiere mit nur wenigen Arten vor, allerdings sind einige endemisch für die Gegend, z. B. der **Grysbok** (Kap-Greisbock) und der **Bontebok** (Buntbock). Der Bontebok gehört zu den seltenen Antilopen Afrikas, sein Lebensraum war ursprünglich auf ein kleines Areal am Kap begrenzt. Nachdem er durch Jagd nachhaltig reduziert war, wurde bereits 1931 der Bontebok National Park eingerichtet (S. 437), der in der Nähe von Swellendam liegt. Wer die Big Five sehen möchte, muss private Parks (z. B. Aquila, S. 482; Sanbona, S. 329) oder den Addo National Park (S. 369) in der Eastern Cape Province besuchen.

In den Bergzügen der Western Cape leben andere **Antilopenarten**, **Leoparden**, **Baboons** (Paviane), das **Porcupine** (Stachelschwein) und der **Caracal** (Luchs). Sehr zahlreich sind auf dem Table Mountain und in anderen felsigen Gebieten die murmeltierähnlichen **Rock Dassies** (Klippschliefer).

Beware of the Baboon!

Paviane (*Baboons*) werden einem überall begegnen und besondere Vorsicht ist geboten. „Motiviert" durch unverantwortliches Füttern und die erhebliche Einschränkung ihres Lebensraums, haben sie sich unbeliebt gemacht durch Raubzüge durch Häuser und immer größere Dreistigkeit bei der Erlangung von allem (scheinbar) Essbaren. Unter keinen Umständen sollte man Baboons füttern! Wenn sie in der Nähe sind, sollte alles Essbare außer Reichweite verschlossen werden. Baboons sind sehr schnell und können aggressiv werden, wenn es um Nahrung geht.

Auch endemische Vogelarten leben in den Berghängen des Table Mountain und der benachbarten Bergzüge, so z. B. der **Cape Sugar Bird**, der **Protea Seed-Eater**, der **Cape Siskin**, der **Grassbird** und der **Black Eagle**. An der Meeresküste können neben Möwen auch **Albatros**, **Pelikan**, **Kormoran** und mit Glück der **Afrikanische Seeadler** (African Sea Eagle) gesehen werden. Der **Austernfischer** (Oyster catcher), als bedrohte Art eingestuft, lebt in den z. T. felsigen Buchten entlang der südlichen Küste. Vogelliebhaber können sich im **World of Birds Wildlife Sanctuary** in Hout Bay (S. 253) oder auch im **Birds of Eden Park** bei Plettenberg Bay (S. 388) intensiv mit der Vogelwelt beschäftigen. **Strauße** (Ostriches) leben in wilder Form meist im Norden Südafrikas, man sieht sie jedoch auch in anderen Regionen. Bereits 1822 wurde der Strauß in Südafrika unter Schutz gestellt. Seine Ausrottung war zu befürchten, da seine Federn heiß begehrt waren.

Strauße: einst beliebt wegen ihrer Federn, heute wegen ihres cholesterinarmen Fleisches

Die Little Karoo um Oudtshoorn ist das Zentrum der **südafrikanischen Straußenzucht** (S. 338), die hier 1867 mit 80 Tieren begann. 1895 gab es in diesem Gebiet bereits 250.000 Tiere. Von Oudtshoorn aus werden Lederwaren, fettarmes Straußenfleisch, Straußenfedern und andere Produkte in alle Welt exportiert.

Südlich von Simon's Town am Boulders Beach lebt eine Kolonie von **Brillenpinguinen** (African Penguins) (S. 264). Diese an Land eher tollpatschig wirkenden kleinen Pinguine sind im Wasser sehr gute Schwimmer und Taucher. Sie brüten meist zwei Eier in flachen Löchern und sind schon von Weitem an ihrem eselrufähnlichen Gebrüll zu erkennen. Nur wenige weitere Kolonien gibt es in Südafrika, lediglich 28 in der ganzen Welt, deshalb gehören die Pinguine zu den gefährdetsten Tierarten des Landes.

Einige Schildkröten-, Schlangen- und Eidechsenarten können in freier Wildbahn beobachtet werden. Endemisch ist die **Geometric Tortoise** und mit etwas Glück erblickt man im Fynbos auch ein **Cape Dwarf Chameleon**. Die bis 15 cm langen Chamäleons können ihre kegelförmigen Augen unabhängig voneinander bewegen und benutzen ihren Schwanz beim Klettern als fünftes Glied. Einige wenige der vorkommenden Schlangen, wie die **Cape Cobra** und die **Puff Adder** (Puffotter), sind giftig. Allerdings sind Reptilien meistens an sehr naturnahe, ungestörte Biotope gebunden und scheu. Wer trotzdem einmal einer Schlange begegnet, sollte ruhig stehenbleiben und ihr die Möglichkeit zur Flucht bieten.

In den Gewässern des Western Capes findet man die verschiedensten Meerestiere, wobei die **Fischarten** die Charakteristik der beiden Meeresströme widerspiegeln. Sind die Fische des warmen Indischen Ozeans meist auffallend bunt, so erscheinen die des kühlen Atlantischen Ozeans grau gefärbt und eher langweilig. Da sich die Tiere des Meeres bis auf Ausnahmen nur schwer beobachten lassen, ist ein Ausflug in das Two Oceans Aquarium (S. 167) an der V&A Waterfront in Kapstadt unbedingt zu empfehlen.

Muscheln und Quallen

In der False Bay leben größere Seehundkolonien, in denen der **Cape Fur Seal** zu Hause ist. Dadurch werden auch **White Sharks** (Weiße Haie) angelockt, die Jagd auf die Seehunde und Robben machen. Angriffe auf Menschen sind aber äußerst selten, viele Küstenabschnitte sind dennoch besonders geschützt. Auf dem Boden sandiger, flacher Buchten verstecken sich gut getarnt Rochen. Der Rücken des bis 75 cm langen **Blue Stingray** ist sandfarben und mit blauen Sprenkeln durchsetzt, am Schwanz sitzt ein Giftstachel. Giftig sind auch die Tentakel der **Bluebottle**, eines durchsichtig blauen, quallenähnlichen Geschöpfs, das aus vielen einzelnen Polypen besteht. Verendete Bluebottles werden häufig an den Strand gespült, wo man auch die **Venus Ear** findet, eine Muschel, die innen wunderschön perlmuttfarben ist. Eine Reihe von Löchern nahe dem Rand ist charakteristisch für diese Muscheln. Zwischen Mossel und Plettenberg Bay lebt ein seltener Seeigel, dessen Skelett die eigenartige Zeichnung eines Stiefmütterchens (engl. pansy) zeigt, daher wird er **Pansy Shell** genannt.

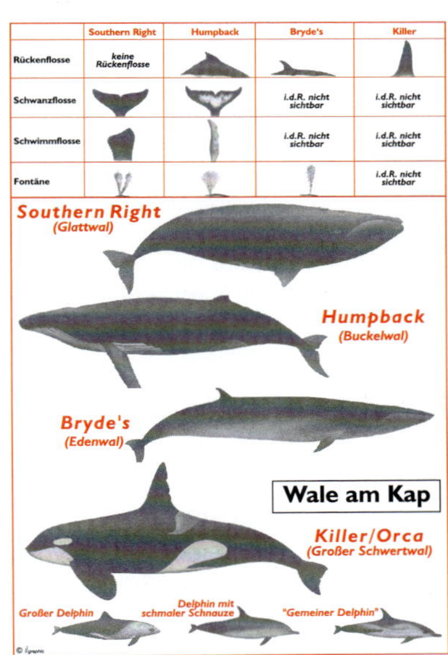

Besonders erwähnenswert unter den Meeresbewohnern sind die **Wale** (Whales), die unweit von Kapstadt zwischen Juni und Dezember vom Land aus zu beobachten sind. Das Zentrum während der Whalewatching-Saison ist Hermanus an der Walker Bay, ca. 130 km von Kapstadt entfernt. Gut zu beobachten sind Wale auch vor Witsand und dem De Hoop NR. Den Großteil des Jahres verbringen die Wale in den planktonreichen, kalten Wassern der Antarktis, Tau-

Beste Walbeobachtungszeit zwischen Juni und Dezember

sende von Kilometern weiter südlich. Die Walweibchen kalben nur etwa alle drei Jahre, allein die Tragzeit nimmt schon ein Jahr in Anspruch. Die meisten Geburten finden im August und September statt. Der häufigste Wal vor Südafrika ist der **Southern Right Whale** (Glattwal). Diese bis zu 18 m langen und 60 Tonnen schweren Wale kommen von Frühling bis Winter in die False Bay und ihre Nachbarbuchten, um sich zu paaren, zu kalben und ihre Jungen aufzuziehen.

Neben dem Southern Right Whale kommt in den Gewässern und Buchten um Kapstadt noch der ähnlich große **Humpback Whale** (Buckelwal) vor, allerdings ist er schon seltener zu beobachten. Im Gegensatz zum Southern Right Whale besitzt er Furchen an seinem weißen „Hals" und eine kleine Rückenflosse. Andere Walarten, wie z. B. der **Orca** (auch Killer Whale genannt), kommen nur ab und zu an die afrikanische Südküste. Der Southern Right Whale hat seinen Namen erhalten, weil er als „richtiger" Wal wegen seines hohen Fettgehalts an die Oberfläche schwamm, nachdem Walfänger ihn harpuniert hatten und somit leicht ins Boot gehievt und zerlegt werden konnte. In Kapstadt wurde ab 1806 von Kalk Bay aus Walfang betrieben, die Bestände wurden so drastisch dezimiert, dass 1935 ein nationales Jagdverbot für Wale erlassen wurde. Seither haben sich die Bestände wieder erholt.

Gesellschaftlicher Überblick

Bevölkerung

Als „**The rainbow people of God**" beschrieb der Kapstädter Erzbischof Desmond Tutu die südafrikanische Bevölkerung aufgrund ihrer ethnischen, sprachlichen und kulturellen Vielfalt. Südafrika unterscheidet sich tatsächlich von den meisten anderen afrikanischen Staaten hinsichtlich seiner Bevölkerungsstruktur.

Die Gliederung der Bevölkerung in vier „ethnische" Gruppen (Schwarze, Weiße, „Coloureds" und Asiaten) stammt noch aus der Apartheid, als damit unterschiedliche Rechte und Pflichten für die Angehörigen der verschiedenen Gruppen verknüpft waren und die Regierung auf diese Weise die politische und wirtschaftliche Dominanz der weißen Minderheit gewährleistete. Natürlich existiert diese Trennung heute laut Gesetz nicht mehr. Trotzdem beruhen Statistiken und Volkszählungen in Südafrika noch immer auf diesen Kategorien und viele Südafrikaner zählen sich zu einer dieser Gruppen. Auch heute noch leben die Bevölkerungsgruppen der Regenbogennation oft weitgehend getrennt und die sozialen Lebensumstände der Menschen werden immer noch viel zu stark durch die Zugehörigkeit zu einer dieser Gruppen bestimmt.

Bevölkerungsgruppen

Blacks (Schwarze)

Mit gut 80 % bilden die zu den bantusprachigen Völkern zählenden schwarzen Afrikaner die größte Bevölkerungsgruppe Südafrikas. Der östliche Teil des Landes wurde im 3. Jh. n. Chr. von Bantustämmen besiedelt, die dort vermutlich Ackerbau betrieben. Weitere Stämme aus nordöstlichen Gebieten wanderten bis ins

19. Jh. ein, wahrscheinlich auf der Suche nach neuen Weidegründen. Es wird angenommen, dass diese Gruppen aus dem Nordosten Afrikas stammen, weil gewisse Gemeinsamkeiten zwischen ihrer und der noch heute in Tansania gesprochenen Klicksprache bestehen.

Die schwarze Bevölkerung Südafrikas stellt keine homogene Gruppe dar, sondern unterscheidet sich stark voneinander. Insgesamt sind acht große Hauptgruppen auszumachen (Zulu, Xhosa, Basotho, Venda, Tswana, Tsonga, Swazi, Ndebele), die jedoch auch in sich nicht homogen sind. So gibt es etwa bei den Zulu ca. 200 verschiedene Stämme und die Bantu sprechende Bevölkerung zählt sich zu den Zulu, den Xhosa oder den Ndebele.

In Kapstadt bilden die **Xhosa** heute die größte Gruppe in der schwarzen Bevölkerung. Sie sind während des Wirtschaftsaufschwungs nach dem Ersten Weltkrieg an das Kap gekommen und haben sich nach Abschaffung der Passgesetze zumeist in den illegalen „squatter camps" am Stadtrand Kapstadts niedergelassen. Hinzu kamen sehr viele schwarze Menschen aus den sogenannten Homelands, die das Leben in einfachen Blechbehausungen am Stadtrand dem in verarmten Landgebieten vorzogen, weil sie auf eine bessere Zukunft für ihre Kinder hofften.

Whites (Weiße)

Die weiße Bevölkerung, die 8,4 % der Gesamtbevölkerung ausmacht, bildete sich aus den Nachfahren der holländischen (40 %), deutschen (40 %), französischen (7,5 %) und britischen (7,5 %) Siedler, die im Zuge der Kolonisation durch die Holländisch-Ostindische Kompanie (Dutch East India Company) seit 1652 und seit Ende des 18. Jh. durch die der Briten nach Südafrika einwanderten. Auf der Suche nach fruchtbarem Weideland für ihre Viehherden bildeten die immer weiter landeinwärts ziehenden Bauern (Boers, Buren) ihre eigene nationale Identität als **Afrikaaner** heraus. Die meisten Buren lebten ursprünglich auf dem Lande. Sie und ihre Vorfahren haben die gegenwärtige südafrikanische Landwirtschaft stark geprägt. Heute jedoch wohnen sie zu 70 % in städtischen Regionen. Ihre kulturelle Identität ist eng an ihre Sprache Afrikaans gekoppelt, rund 55 % sprechen sie zu Hause. Der Rest spricht zwar Englisch, aber beide Sprachen werden von der Mehrheit verstanden.

Die meisten Buren sind zweisprachig

Die **englisch sprechenden Weißen** kamen in mehreren Etappen nach Südafrika, wohnten überwiegend in den Städten und prägten daher das architektonische und soziale Leben der Städte. Ihr Tätigkeitsfeld war die Wirtschaft, insbesondere Handel und Industrie. Es waren vor allem Englisch sprechende Geschäftsleute, die sich im südafrikanischen Bergbau engagierten.

Die „Coloureds" machen einen Großteil der Bevölkerung in der Kapregion aus

„Coloureds"

Menschen dunklerer Hautfarbe wurden bis ins späte 18. Jh. in Abgrenzung zu den Weißen als „coloured" bezeichnet. Die Apartheid-Regierung klassifizierte im 20. Jh. alle, die nicht schwarz, asiatisch oder weiß waren, als „Coloureds" („Farbige"). Der Ursprung der „Coloureds" in Südafrika reicht in die Zeit der holländischen Besiedlung zurück, ihre Vorfahren sind zum großen Teil Khoikhoi, San und Sklaven aus Ostafrika, Malaysia, Indonesien und Indien, aber auch Weiße. Afrikaans ist die erste Sprache der meisten „Coloureds", die knapp 9 % der Gesamtbevölkerung ausmachen. Sie leben heute vorwiegend in der Western Cape Province und bilden etwa die Hälfte der dortigen Bevölkerung.

Die „Coloureds" bestehen aus zwei Hauptgruppen, den Griquas und den Kapmalayen. Die Griquas sind Nachfahren von Verbindungen zwischen Khoikhoi, San und Europäern und wohnen hauptsächlich im nordwestlichen und nordöstlichen Teil der Western Cape Province. Die **San**, deren Herkunft nicht eindeutig festlegbar ist, lebten bereits vor 15.000 Jahren im südlichen Afrika und zogen als Jäger und Sammler durch weite Teile des Landes. Felsmalereien in Südafrika, Namibia und Botswana legen noch immer Zeugnis ab von ihrer Kultur. Heute leben nur noch wenige San in den Gebieten der Kalahari – in Südafrika sollen es noch knapp 4.000 sein. Die **Khoikhoi** („die wahren Menschen"), nomadische Viehzüchter, gelangten erst vor 2.500 Jahren in diese Gegend, heute sind deren Nachfahren nur noch in Teilen Namibias anzutreffen.

Die **Kapmalayen** stammen von Menschen ab, die von bzw. im Auftrag der Dutch East India Company aus dem süd- und südostasiatischen Raum (Sri Lanka, Indonesien, Malaysia) nach Südafrika verschleppt und versklavt wurden. Viele von ihnen sind Muslime und bilden eine eigene Gemeinschaft, die vorwiegend im Bo-Kaap, dem Malayenviertel in Kapstadt, sowie auf der Cape Peninsula und in bestimmten Vierteln in den Cape Flats wohnen. Der Begriff „Kapmalayen" ist irreführend, da sie nicht nur aus Malaysia, sondern aus ganz Asien kommen.

Asiaten

2,6 % der Bevölkerung Südafrikas sind Asiaten, wobei die größte Gruppe die der **Inder** ist, die in zwei Wellen ins Land kamen. Die einen wurden ab Mitte des 19. Jh. überwiegend aus Süd- und Ostindien als Vertragsarbeiter für die Zuckerrohrfelder in Natal angeworben. Da ihnen die Option offenstand, nach Beendigung des Fünf-Jahres-Vertrags im Wert der Rückfahrtspassage Land zu erwerben, entschieden sich viele, in Natal zu bleiben, weil ihnen die Lebensumstände dort mehr zusagten als in ihrer indischen Heimat. Die andere Gruppe von Indern kam als sog.

„Passage-Inder". Sie konnten als britische Staatsangehörige frei reisen und bezahlten ihre Überfahrt selbst. Die meisten dieser Inder waren Muslime, arbeiteten auf Plantagen oder ließen sich in Natal als Geschäftsleute nieder. Viele von ihnen zogen weiter nach Transvaal und in die Kapprovinz, oder eröffneten, im Zuge des „Goldrauschs", Geschäfte am Witwatersrand. 20 % der heutigen südafrikanischen Inder sind die Nachfahren jener „Passage-Inder".

Arbeiter für die Bergwerke

Die ersten **Chinesen** waren nach dem Anglo-Burenkrieg als Arbeiter für die Bergwerke am Witwatersrand angeworben worden. 1906 waren 50.000 Chinesen, die meisten von ihnen Analphabeten, im Goldbergbau beschäftigt. Bis 1910 waren die meisten allerdings wieder heimgekehrt, weil für ihre Arbeiten nun eher Schwarze angeworben wurden. Die nächste chinesische Einwanderungswelle begann um 1920, als wohlhabendere Chinesen in Südafrika gute Geschäftsmöglichkeiten sahen. Die heute vorwiegend am Witwatersrand lebenden Chinesen sind deren Nachkommen. Sie sind, obwohl sie alle Englisch und Afrikaans sprechen, sehr traditionsbewusst und pflegen ihre Heimatsprachen.

info

Afrikaans

Die kulturelle Identität der Afrikaaner ist eng an die Sprache Afrikaans gekoppelt. Ein Zeichen dafür ist das 1975 auf einem Hügel in der Nähe von Paarl erbaute riesige Denkmal, das *Afrikaanse Taalmonument* (s. S. 306). Afrikaans bildete sich vorwiegend aus dem Niederländisch-Flämischen heraus, daneben gab es deutsche und französische Spracheinflüsse und auch Wörter der Khoisan finden sich in ihr wieder. Nicht zu unterschätzen ist auch der Einfluss der asiatischen Sklaven, die nicht selten gebildeter waren als ihre Herren, auf die Sprache.

Die Buren hingegen hatten mit aufkommendem Nationalbewusstsein zu Beginn des 20. Jh. Afrikaans zu einer „weißen" Sprache erklärt und 1925 seine Verankerung in der Verfassung als Amtssprache neben dem Englischen durchgesetzt. Auch deswegen ist Afrikaans für die meisten Schwarzen die Sprache der ehemaligen Unterdrücker. Der blutige Schüleraufstand in Soweto brach 1976 auch wegen Afrikaans aus, das die Regierung als Unterrichtssprache in den Townships einführen wollte. Während die Regierung in den Townships scheiterte, brachte sie in Südafrika ansässige Firmen wie die South African Brewery und ausländische Autofirmen dazu, Gebrauchsanweisungen auf Afrikaans zu verfassen.

Afrikaans wird wohl noch für eine ganze Zeit die wichtigste Sprache nach Englisch bleiben, das in Südafrika weniger Muttersprachler hat. Denn vor allem in ländlichen Regionen sprechen viele Schwarze neben ihrer Bantu-Sprache nur Afrikaans.

Sprachen

Elf offizielle Landes-sprachen

Um nach Jahrzehnten der Rassendiskriminierung keine Bevölkerungsgruppe zu benachteiligen, existieren seit der Verfassung von 1994 **elf offizielle Landessprachen**: Afrikaans, Englisch, Ndebele, Sepedi, Sesotho, Swasi, Tsonga, Tswana, Venda, Xhosa und Zulu. Entsprechend gibt es elf unterschiedliche Landesnamen.

Englisch und **Afrikaans** haben sich als Amtssprachen etabliert, die Handelssprache ist im Allgemeinen Englisch. Englisch hat inzwischen eine führende Position eingenommen, weil es die Sprache ist, die in allen Bevölkerungsgruppen verstanden wird (wenn auch nicht von jedem Südafrikaner) und die nicht unmittelbar mit dem ehemaligen Apartheid-Regime verknüpft ist.

Über die Hälfte der Weißen, der überwiegende Teil der „Coloureds", aber nur ca. 1 % der Schwarzen spricht Afrikaans als Muttersprache. Englisch wird von fast 40 % der Weißen und wenigen Schwarzen zu Hause gesprochen. Die restlichen Sprachen werden vor allem von der schwarzen Bevölkerung als Muttersprache gesprochen, wobei Zulu und Xhosa die hauptsächlich gesprochenen Sprachen sind. Ein Großteil der Bevölkerung Südafrikas beherrscht mehr als eine Sprache.

Religionen

Tausende unabhängige Kirchen

Über 80 % der Bevölkerung Südafrikas gehören bei geltender Religionsfreiheit und starker konfessioneller Zersplitterung einer christlichen Religion an, wenn auch die Vielfalt der verschiedenen Kirchengemeinden kaum überschaubar ist. Die meisten Mitglieder haben **Afrikaans-sprachige reformierte Kirchen** (z. B. Nederduitse Gereformeerde Kerk), gefolgt von der römisch-katholischen Kirche und den Methodisten. Der bekannteste Vertreter der anglikanischen Kirche ist Erzbischof Desmond Tutu. Darüber hinaus gibt es „**Unabhängige Schwarze Kirchen**", von denen mehrere Tausend existieren. Diese Kirchen haben einerseits ihre Wurzeln im christlichen Glauben, integrieren aber auch traditionelle afrikanische Vorstellungen wie den Ahnenkult. Die größte dieser unabhängigen schwarzen Kirchen ist die **Zion Christian Church** (ZCC), die zu Ostern in Moria, im Nordosten Südafrikas, mit Millionen Gläubigen das größte jährliche Kirchentreffen der Welt veranstaltet. Die Anzahl der vor allem in der Kapregion ansässigen Muslime (Anteil dort 7,6 %, in SA 2,5 %) ist steigend. Die absolute Zahl der Hindu, vorwiegend Inder, die in KwaZulu-Natal leben, steigt zwar leicht aber beständig an, aufgrund der unterdurchschnittlichen Geburtenrate nimmt ihr Anteil an der Gesamtbevölkerung aber ab. Die Gemeinde der jüdischen Südafrikaner schrumpft, v. a. durch Auswanderung.

Bevölkerungsstruktur

Mit über 62 Mio. Einwohnern ist die Republic of South Africa (RSA) der bevölkerungsreichste Staat im südlichen Afrika, allerdings sind Schätzungen (z. B. von der UN) über das Wachstum der Bevölkerung in den nächsten Jahren von einem wesentlich höheren Zuwachs ausgegangen. Die hohe HIV-Infektions- und Sterberate durch AIDS hat entscheidende Auswirkungen auf das Wachstum der Bevölkerung. Auch existieren zwischen den einzelnen ethnischen Gruppierungen Unterschiede bezüglich Geburtenrate, Sterberate und Altersgliederung. Insbesondere zwischen der schwarzen Bevölkerungsmehrheit und der weißen Minderheit gibt es große Disparitäten.

Das Bevölkerungsmuster zeigt einen deutlichen Ost-West-Gegensatz, d. h. die westlichen, trockenen Landesteile sind dünner besiedelt und weisen nur wenige klein- und mittelgroße Städte auf. Die Landflucht in die Metropolen ist weiter anhaltend. Auf der einen Seite hat das dazu geführt, dass von Weißen verlassene Gebiete nun von „Coloureds" und Schwarzen bewohnt werden, auf der anderen Seite steigt die Zahl der Marginalsiedlungen in den Randgebieten der Städte. Die große Mehrheit der Bevölkerung konzentriert sich auf vier Ballungsräume: Tshwane/ Pretoria/Johannesburg, Durban und Umland, Großraum Kapstadt und Port Elizabeth/Nelson Mandela Metropole. Hinzu kommt, dass der Verstädterungsprozess weiterhin anhält. Damit verbunden sind oft nebeneinanderliegende sozioökonomische Diskrepanzen. Hier treffen Erscheinungen der „Ersten" und „Dritten Welt" aufeinander.

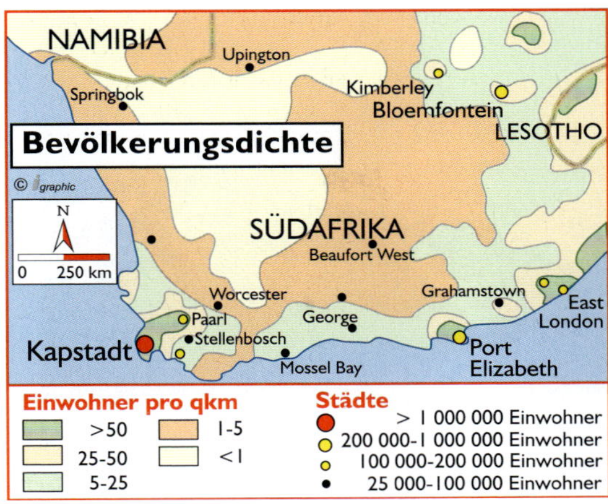

Demografie im Großraum Kapstadt

Die Western Cape Province zählt 7,1 Mio. Einwohner: 49 % „Coloureds", 34 % Schwarze, 16 % Weiße und 1 % Asiaten. Der größte Teil lebt im Großraum Kapstadt. Durch ihre günstige geografische Lage zählt die Stadt auch heute noch zu den bedeutenden, wenn auch nicht umschlagstärksten Seehäfen der Welt. Das Handels-, Banken- und Versicherungswesen hat hier seit langer Zeit ein wichtiges Zentrum. Um den Mangel an Baugrund für eine Cityerweiterung zu beheben, wurden im Innenbereich der Tafelbucht insgesamt 114 ha Land im Zuge der Hafenumbauten aufgeschüttet. Hier ist u. a. die Waterfront entstanden, ein groß ausgebautes Viertel mit einem vielfältigen touristischen Angebot, das den nationalen und internationalen Fremdenverkehr in Kapstadt gefördert hat. Auch der als Roggebaai bezeichnete Stadtteil am Nordende der Heerengracht Street ist künstlich aufgeschüttet.

Downtown Kapstadt

Wie alle südafrikanischen Großstädte hat auch Kapstadt eine „multiracial city", ein innerstädtisches Zentrum, das von allen Bevölkerungsgruppen bewohnt und genutzt wird. Moderne Zweckbauten, durchsetzt mit historisch interessanten Gebäuden und Grünanlagen nahe der **Achse Heerengracht – Adderley Street** oder vor dem einzigartigen Panorama des Table Mountain, verleihen der ältesten Stadt Südafrikas, der **Mother City**, ein charakteristisches kosmopolitisches Gesicht.

In der **Fußregion des Table Mountain** (Norden und Osten) sind die Wohngebiete und Villen des heutigen oberen Mittelstandes erhalten geblieben, in der Luftlinie z.T. nur wenige Kilometer von den dicht bevölkerten Cape Flats entfernt. Es sind die Wohngebiete hoher Beamter, Wissenschaftler, erfolgreicher Künstler und auch zugewanderter, wohlhabender Europäer. Die **verschiedenen Wohnviertel zwischen Sea Point und Camps Bay** werden immer stärker mit exklusiven Apartmenthäusern durchsetzt. In Sea Point selbst findet man viele Hotelbauten und Ferienapartments, ein Zeichen dafür, dass Kapstadt auch vielen Ruheständlern als Alterssitz dient.

Mitchell's Plain, eine Siedlung an der False Bay

Die Industrien haben sich in die **Cape Flats** (sandigen Ebenen) am Rande Kapstadts ausgedehnt, wie z. B. entlang dem kleinen Salt River und weiter Richtung Norden, wo Raffinerieanlagen stehen. Für die Einwohner Kapstadts bedeutet dies Arbeitsplätze, aber auch lange Anfahrtswege. Es entstand ein Netz von elektrischen Vorortbahnen und Autobahnen mit hohem täglichem Verkehrsaufkommen.

Doch bei aller Liberalität, die den Kapstädtern nachgesagt wird, auch an Kapstadt sind die Spuren der Apartheid zu sehen. Der **Group Area Act** etwa wurde umgesetzt, indem die ursprünglich zwischen dem frühen Industriegebiet und der City gelegenen Wohnbereiche der „Coloureds", Inder und wenigen Weißen, der **District Six** (s. S. 154), in den 1960er-Jahren gewaltsam geräumt und bis auf Kirchen und Moscheen dem Erdboden gleichgemacht wurden. Das Gelände sollte der City-Erweiterung (d. h. als Wohnraum für Weiße) dienen, doch bis heute herrscht hier noch viel Unsicherheit. Immer wieder gibt es Unstimmigkeiten mit den Nachfahren der ehemaligen Bewohner des District Six, die ein Vorrecht auf die Grundstücke haben. Dieses kann jedoch nicht immer nachgewiesen werden bzw. wird oft unrechtmäßig eingefordert.

Die „Coloureds" und Inder erhielten ab 1973 neu erbaute „**Townships**" (Siedlungen) u. a. südöstlich (Mitchell's Plain) sowie weit nördlich (Atlantis) der Stadt. Für die zugewanderten Schwarzen, vorwiegend Xhosa aus der Transkei und Ciskei, legte man im Bereich der sandigen Cape Flats vorgenormte Siedlungen wie Nyanga, Langa und Guguletu an. Daneben entstanden in dieser Zeit in nur wenigen Monaten **Squatter Camps** (Siedlungen aus Blechbehausungen) nahe dem Flughafengelände, die unter lebhaftem Protest von der Apartheid-Regierung immer wieder beseitigt wurden. Es dauerte meist aber nur wenige Tage, dann waren diese Randsiedlungen erneut da. Sie entwickelten ihre eigene Sozialstruktur, in dem sie z. B. Crossroads anlegten. Inzwischen versucht man, die größte Not in diesen Marginalsiedlungen zu lindern und die Versorgung mit Energie und Trinkwasser zu sichern. Der Zustrom Arbeitssuchender in das inzwischen größte **Township Khayelitsha** („neue Heimat") in den Cape Flats hat dazu geführt, dass heute nach Schätzungen über 2 Mio. Menschen dort zum Teil in Behausungen aus Blech, Holz, Plastik und Pappe wohnen. Mit dem Bau von festen Häusern kommt die Regierung nicht ausreichend nach.

Auf der Suche nach Arbeit

Sozioökonomische Strukturen

Die Zugehörigkeit zu einer Bevölkerungsgruppe bestimmt leider immer noch sehr stark den sozioökonomischen Status vieler Südafrikaner. Welche Bildung, Ausbildung, Erwerbstätigkeit und daraus folgend welches Einkommensniveau ein Mensch erreichen kann, definiert sich teils immer noch über die Nachwirkungen der

Apartheid-Gesetzgebung. Südafrikas Verfassung von 1997 garantiert das Recht auf soziale Sicherheit. Das Land hat ein umfangreiches soziales Netz entwickelt, dieses ist jedoch limitiert oder auf Beiträge und Finanzierung durch Steuern basierend. Auch wenn es beitragsfreie Sozialhilfe für einkommensschwache Gruppen wie Kinder, Ältere, Behinderte und Veteranen gibt, schließen diese Hilfeleistungen eine große Anzahl von Menschen aus. Allgemein gibt es keine Sozialhilfe für arbeitsfähige Menschen zwischen 15 und 59 Jahren. Auch können HIV-Infizierte oft keine Unterstützung über Sozialhilfe erhalten, weil sie in keine der förderbaren Kategorien fallen. Dennoch erhalten ca. 25 % der Bevölkerung Sozialhilfeunterstützung.

Arbeitslosen-, Alters- und Krankenversicherungen fallen unter die beitragspflichtigen Leistungen, die von Arbeitnehmern in formellen Beschäftigungsverhältnissen zu tragen sind. Eingeschlossen sind private Rentenfonds und Leistungen bei Arbeitslosigkeit, Unfall oder Krankheit. Ein gesetzliches Rentensystem gibt es in Südafrika nicht, die Altersversorgung unterliegt größtenteils der privaten Initiative.

Trotz zusätzlicher Unterstützung durch mehrere tausend private Hilfsorganisationen, die oft von der Wirtschaft mitgetragen werden, und trotz Entwicklungshilfe des Auslands ist die Kluft zwischen Arm und Reich gewaltig. Über 30 % der Bevölkerung leben unterhalb der Armutsgrenze und über 20 % haben kein Einkommen.

Schwerpunkt Gesundheitsvorsorge

Das vom ANC entwickelte und in den Mittelpunkt ihrer Politik gestellte **Wiederaufbau-** und **Entwicklungsprogramm** hat den Wohnungsbau, den Ausbau des Erziehungswesens, die Strom- und Trinkwasserversorgung (vor allem in den ländlichen Gebieten) und die Schaffung von Arbeitsplätzen zumindest tendenziell beschleunigt. Das Gesundheitswesen in den Städten ist bereits relativ gut entwickelt. Der Schwerpunkt liegt jetzt auf der Gesundheitsversorgung in ländlichen Gebieten, vor allem in Bezug auf HIV/AIDS-Aufklärung. Nur durch umfangreiche und intensivste Maßnahmen können die Lebensverhältnisse für weite Teile der schwarzen Bevölkerung weiter verbessert werden.

Rechtssystem

Das südafrikanische Recht basiert hauptsächlich auf römisch-holländischem Recht mit britischen Einflüssen. Das „Stammesrecht“, basierend auf Traditionen und mündlicher Überlieferung, gilt in ländlichen Gebieten als informelles Familienrecht neben den (offiziellen) Gesetzen. Das Justizsystem wurde 1995 stark umgebildet. Das Verfassungsgericht hat u. a. mit seinen Gutachten über den Verstoß einiger 1996 verabschiedeten Artikel der Verfassung gegen unabänderliche Verfassungsgrundsätze Respekt erhalten. Während es bis 1994 britischem Rechtsdenken der „Souveränität des Parlaments“ entsprach, kann es Gesetze am neuen Grundrechtskatalog messen und für nichtig erklären.

Sitz in Johannesburg

Das **Verfassungsgericht** (*Constitutional Court of South Africa, Konstitusionele Hof van Suid-Afrika*) mit Sitz in Johannesburg ist das höchste Gericht Südafrikas für die Auslegung der Verfassung des Landes sowie für Rechtsfragen, die den Bereich des Verfassungsrechts berühren. Dies schließt Entscheidungen über die Verfassungsmäßigkeit von Gesetzen und Verfassungsänderungen, über die verfassungsmäßig definierten Befugnisse von Staatsorganen sowie über die mögliche Nichterfüllung der verfassungsmäßigen Aufgaben durch den Staatspräsidenten oder das Parlament mit ein. Das Verfassungsgericht besteht aus elf vom Staatspräsidenten ernannten Richtern, die je nach Alter beim Antritt 12 bis 15 Jahre amtieren.

Alle Straf- und Zivilrechtsachen werden auf lokaler Ebene verhandelt, bevor es in die nächste Instanz geht. **Der Supreme Court of Appeal** ist das höchste Gericht für Zivil- und Strafsachen in Südafrika und sitzt in Bloemfontein.

Bildungswesen

In kaum einem anderen Bereich manifestieren sich die Auswirkungen der Apartheidpolitik so deutlich wie im Bildungswesen. Bis Anfang der 1990er-Jahre herrschte in allen Bildungszweigen eine strikte Trennung nach Bevölkerungsgruppen, was sich besonders auf Unterrichtsqualität, Ausstattung der schulischen Einrichtungen, Einschulungsquoten sowie das Bildungsniveau im Allgemeinen auswirkte. Besonders gravierend waren die Bildungsunterschiede zwischen schwarzer und weißer Bevölkerung. Die rücksichtslose Durchsetzung der Apartheidpolitik im Bildungswesen und eine ungerechte Mittelzuweisung zwischen „schwarzen" und „weißen" Schulen Schulen waren in der Vergangenheit Anlass für eine wachsende Unzufriedenheit unter der schwarzen Bevölkerung. Der vom ANC aufgerufene Boykott schwarzer Schulen führte allerdings nur dazu, die schon bestehenden Bildungsunterschiede weiter auszubauen.

Eine **allgemeine Schulpflicht** existiert vom 7. bis zum 15. Lebensjahr, vom Grade 1 zur Beendung des 9. Schuljahrs. Generell gehen Schüler vom sog. „reception year" oder Grade R bis zum Abschluss (Matric) nach Grade 12 zur Schule. Im Alter von sieben Jahren beginnt die siebenjährige Primary Education (Grade 1-7), anschließend folgen fünf Jahre Secondary Education (Grade 8-12). Heute gibt Südafrika im internationalen Vergleich, relativ betrachtet, viel fürs Bildungswesen aus, doch liegt die **Analphabetenquote** immer noch bei über 13 % (bei der schwarzen Bevölkerung sogar bei 18 %) und gravierende Probleme im Bildungssystem bestehen weiterhin. Während 76 % der Weißen und 62 % der Asiaten einen Abschluss von der High School oder sogar einen höheren hat, liegt diese Zahl bei den Schwarzen und „Coloureds" nur bei etwa 34 %. Für die Schulen innerhalb der Townships und in den ärmeren ländlichen Gegenden stehen nur geringe Mittel zur Verfügung. Die Gebäude sind meist in einem desolaten Zustand, die Klassen sind überfüllt und die Lehrer sind meist unzureichend ausgebildet. Viele Schwarze schicken ihre Kinder deswegen lieber auf eine „weiße" Schule, was lange Anfahrtswege und nur zu einem Teil subventionierte Schulgebühren bedeutet.

Große Qualitätsunterschiede bei der Bildung

Aus Sorge um das Bildungsniveau schicken daher diejenigen, die es sich finanziell leisten können, d. h. vor allem die Weißen, ihre Kinder auf teure **Privatschulen**. Es entsteht ein Teufelskreis, weil oftmals die besser ausgebildeten Lehrer ihren Schülern auf die Privatschulen folgen und in staatlichen Schulen gar nicht oder nur mit weniger gut ausgebildeten Lehrern ersetzt werden. Wenn auch die Regierung durch Programme wie gebührenfreie Schulen und freies Essen in den Schulen versucht, den ärmsten Kindern eine Bildungsmöglichkeit zu gewährleisten, ist das Niveau der Schulbildung für eine große Zahl von Kindern immer noch mangelhaft.

Hoffen auf eine bessere Zukunft

Bis Anfang der 1990er-Jahre blieb die weiße Bevölkerung an den **Universitäten** weitgehend unter sich, Schwarze wurden meist in die Bantu-Education abgeschoben. Mit dem **Higher Education Act** leitete die Regierung 1997 die Umgestaltung des Universitätswesens ein, weil sie Bildung als Schlüssel zur Chancengleichheit und zur Überwindung der Apartheid erkannte. Universitäten und Fachhochschulen wurden zusammengeschlossen und alle 17 Universitäten und acht Technische Hochschulen („Technikons") sind heute für alle Studierenden offen. Die Zahl der aus allen Bevölkerungsgruppen kommenden Studenten ist seit 1994 um mehr als das Doppelte gestiegen und liegt bei über 1.000.000, wobei sich der Anteil der schwarzen Studenten verdreifacht hat.

Hohe Studiengebühren

Obwohl alle südafrikanischen Hochschulen autonom sind, ist Bildung weitgehend Sache des Staates. Alle Universitäten, Technikons und Colleges unterstehen der Obhut des sog. Council of Higher Education. Dieser regelt auch die finanzielle Unterstützung der Hochschulen durch öffentliche Mittel, dennoch müssen immer noch gut 1.000 € pro Jahr an Studiengebühren entrichtet werden. Diese Summe ist für viele südafrikanische Familien immer noch unerschwinglich. Die Folge waren und sind lautstarke Proteste der schwarzen Studenten (*#FeesMustFall*), die sogar zu politischen Unruhen geführt haben. Dabei ging und geht es auch darum, dass viele Hochschulen immer noch viele „weiße" Stereotype und Kulturpraktiken pflegen, wie es z. B. in Kapstadt durch Huldigungen an Cecil Rhodes zum Ausdruck kommt.

Eine grundlegende Umstrukturierung des höheren Bildungssystems soll das Studienangebot übersichtlicher gestalten und zu einer internationaleren Ausrichtung und Anerkennung der Universitäten führen. Letztere genießen bisher nur die Universitäten in Kapstadt, Witwatersrand (Johannesburg), KwaZulu-Natal und Stellenbosch.

Kunst und Kultur

Südafrika hat aufgrund seiner vielfältigen Bevölkerung keine einheitliche Kultur, und je nach Region sind die Sitten und Bräuche sehr unterschiedlich. Die Diversität der Regenbogennation spiegelt sich nicht nur in den unterschiedlichsten Kulturen wider, die aus fast allen Erdteilen kommen, sondern auch in den künstlerischen Ausdrucksformen. Diese kulturelle Vielfalt macht das Land für viele Touristen besonders attraktiv.

Das kulturelle Leben Südafrikas fand während der Apartheid eher auf einem unbedeutenden Nebenschauplatz statt, zahlreiche Kulturen wurden durch Zensur, Boykott und ein unzureichendes Bildungssystem unterdrückt. Deswegen kam es in den 1990er-Jahren zu einem enormen Inspirationsschub in der Kulturszene, als zahlreiche

Neue Impulse für südafrikanische Kultur

während der Apartheid ins Exil gegangene Künstler mit neuen Impulsen zurückkehrten. Und diese Ideen sorgen noch heute für spannende Entwicklungen. Inzwischen haben die Bewohner des „Neuen Südafrika", die ja überwiegend einer Generation angehören, die die Apartheid nicht miterlebt hat, ein stolzes Bewusstsein ihrer eigenen Kultur. Die „Nach-Apartheidzeit" ist bald auch schon Geschichte!

Kunst und Kunsthandwerk

Sehr beliebt: Township Art

Einige wichtige Sammlungen südafrikanischer Künstler sind in Museen und Galerien des Landes zu betrachten. Der Einfluss der unterschiedlichen Kulturen und Bräuche lässt sich aber auch im traditionellen Kunsthandwerk wiederfinden. Die gesamte Palette südafrikanischer Kunst ist überall im Land, an jeder Straßenecke, auf jedem Markt, in jedem Geschäft zu bewundern und zu erwerben. Wer sichergehen will, dass es sich nicht um in China hergestellte Massenware handelt, sollte sich an permanente Märkte (z. B. Greenmarket) oder Community Centres halten. Im Craft Market The Watershed an der Victoria & Alfred Waterfront oder auf dem Pan African Market in der Long Street in Kapstadt findet man authentische, in Afrika (allerdings nicht immer in Südafrika) hergestellte Masken, Skulpturen, Schmuck, und Kunstgegenstände aller Art. Ausstellungen im **Zeitz MOCAA Museum** an der Waterfront sowie in der **Norval Foundation** in Steenberg zeigen zudem hochklassige zeitgenössische Kunst aus Afrika.

Gutes Kunsthandwerk

Südafrikas Bewohner stellen eine **beachtliche Auswahl von Kunsthandwerk** her, der Einfallsreichtum scheint dabei keine Grenzen zu kennen. Neben den Korbwaren und der Keramik, den bunt bedruckten oder bestickten Stoffen, den fantasiereichen Perlenarbeiten, die bei jedem Gebrauchs- und Schmuckgegenstand zum Einsatz kommen, werden auch Materialien wie Kabel, Plastiktüten, Benzinkanister, Dosen oder Kronkorken zu witzigen und farbenprächtigen Objekten verarbeitet. In dieser in Südafrika als **Township Art** bekannt gewordenen Kunst produzieren Schwarze aus Metall- und Plastikabfällen Alltagsgegenstände, Figuren und Spielzeug. Lampenschirme aus Coca-Cola-Dosen, Radios aus Kronkorken und dreidimensionale, z. T. wunderschöne bunte Collagen erzählen Geschichten vom Leben in den Townships. Designer-Kunsthandwerk findet man eher in den Geschäften im Stadtteil Woodstock oder in der „Lifestyle Mall" Cape Quarter im Stadtteil De Waterkant.

Hinweis

Hervorragende Auskunft über die gesamte Palette der in Kapstadt zu erlebenden Kunst gibt die im Touristenamt erhältliche „**Arts, Crafts & Antiques Map**". Übersichtlich gestaltet und regelmäßig neu aufgelegt, enthält sie mit Lageplan, Öffnungszeiten, Bildern und kurzer Beschreibung der jeweiligen Kunst- bzw. Handwerksrichtung die nötigen Infos, um die wichtigsten Galerien und Kunstgeschäfte auf der Cape Peninsula und Umgebung zu finden. Im Internet unter: www.mapmyway.co.za/printed-maps.

Musik

Wie die Literatur wurde auch die Musikszene während der Apartheid von kulturüberschreitenden Einflüssen ferngehalten. Heute ist ein neues Bewusstsein für authentische afrikanische Musik entstanden, aber den typischen südafrikanischen Musikstil gibt es nicht. Vielmehr vermischen sich traditionelle und importierte, populäre **Musik in zahllosen Stilen und Facetten**. Viele südafrikanische Stilrichtungen basieren auf dem Jazz, aber auch Einflüsse des Pop, Reggae und Soul haben sich mit den traditionellen Gesängen und instrumentalen Klängen vermischt. Der **Gospel** ist eine Mischung aus von Missionaren eingeführter europäischer Chormusik, afroamerikanischen Traditionen und Gesangsrhythmen, die besonders der *Soweto Gospel Choir* bekannt gemacht hat. **Kwela** ist eine in den 1950er-Jahren entstandene Musikrichtung, die aus den Townships kommt und vor allem vom Jazz beeinflusst wurde. Eine der erfolgreichsten Gruppen ist Mango Groove, die in den 1980er-Jahren während der Apartheid gegründet wurde und aus Musikern unterschiedlicher Bevölkerungsgruppen besteht. Mit ihrer Kombination aus Kwela, Pop, Jazz, Swing und Blues sind sie seit Jahrzehnten erfolgreich. Im südafrikanischen Jazz, der in der Underground-Bewegung als Ausdruck der schwarzen Identität seinen Ursprung hat, werden heute moderne Elemente mit Folk, traditionellen Klängen, aber auch Klassik verbunden. **Kwaito** ist vorwiegend die Musik junger schwarzer Südafrikaner und kombiniert Jazz, Hip-Hop und Township-Musik zu einem neuen, mitreißenden Stil.

Süd-afrikanische Stilrichtungen

Traditionelles Liedgut in Kombination mit Gospelklängen hat die Gruppe **Ladysmith Black Mambazo** zu unglaublicher Vokalkunst vereint. International bekannt geworden sind sie durch ihre Zusammenarbeit mit Paul Simon bei seinem Album „Graceland". Auch der 2019 verstorbene **Johnny Clegg** (mit seinen Bands Juluka (bis 1984), der ersten multiethnischen Gruppe in Südafrika, und Savuka (1985–1994) sowie der Reggae-Interpret **Lucky Dube**, der 2007 in Johannesburg auf offener Straße erschossen wurde, haben die Musik Südafrikas weit über die Landesgrenzen hinaus bekannt gemacht.

Einige Musiker sind nach dem Ende der Apartheid aus dem Exil zurückgekehrt. **Miriam Makeba** (gestorben 2008) bekannt durch ihr „Pata-Pata" und den Click-Song, war auf Drängen von Nelson Mandela wieder nach Südafrika zurückgekommen. Der 1934 geborene und nun in Kapstadt lebende Jazz-Musiker **Abdullah Ibrahim**, vor seiner Konvertierung zum Islam bekannt als Dollar Brand, hat die Jazz-Szene in Kapstadt maßgeblich beeinflusst. Aus dem Exil und während seines kurzen Aufenthalts in Kapstadt in den 1970er-Jahren hat er Aufnahmen und Konzerte bekannter Jazzmusiker in Südafrika organisiert. Nach seiner Rückkehr gründete Ibrahim eine Musikakademie, die es sich zur Aufgabe macht, südafrikanische Talente zu fördern. **Hugh Masekela** (1939–2018) war ein weiterer weltbekannter Jazzmusiker aus Südafrika.

Farbenprächtige Parade

Hauptsächlich durch afrikanische, englische und afrikanisch-amerikanische Balladen beeinflusst wurden die lebhaften Folksongs der **Kaapse-Klopse-Musiker**. Ihre Feiern zum Neuen Jahr im Rahmen des **Kaapse Klopse** in Kapstadt werden von Einheimischen und Touristen gleichermaßen genossen, wenn sie in Kostümen in einer farbenprächtigen Parade durch die Innenstadt ziehen. Im Cape Town Convention

Centre (CTCC) findet im Februar alljährlich das riesige **Cape Town International Jazz Festival** statt: In mehreren Hallen können dann Zehntausende Fans die Musik lokaler und internationaler Größen hören (*www.capetownjazzfest.com*).

Das älteste professionelle Orchester in Südafrika, das **Cape Town Symphony Orchestra**, 1914 als Cape Town Municipal Orchestra gegründet, tritt in der Old Town Hall bzw. im Artscape regelmäßig auf. Das Amphitheater im **Oude Libertas Centre** in Stellenbosch bietet in den Sommermonaten jazzige, klassische und traditionelle Sommerkonzerte; die Möglichkeit zum Picknicken bildet den besonderen Rahmen. Achten sollte man auch auf die Ankündigungen zu den meist am Wochenende stattfindenden Open-Air-Konzerten im **Kirstenbosch National Botanical Garden**.

Theater, Oper, Ballett

Das größte Theater Kapstadts ist das **Artscape**, wo in mehreren Sälen klassische Musik, Theater, Oper und Ballett geboten werden. Erwähnenswert sind zudem das unkonventionellere **Baxter Theatre Centre** in der Nähe der Universität in Rondebosch, das **Theatre on the Bay** in Camps Bay und das **Open-Air-Theater** in Maynardville (dessen Zukunft allerdings ungewiss ist). Das **Opera House** (im Artscape Theatre Centre) mit 1.500 Plätzen überrascht mit italienischen Kristallleuchtern und bietet regelmäßig Touren hinter die Kulissen an.

Architektur

Kapholländische Architektur

Von den traditionellen halbrunden Behausungen der **Khoikhoi**, die aus jungen Bäumen und Grasmatten bestanden, sind keine mehr erhalten. Somit beginnt die heute noch sichtbare Geschichte der charakteristischen Architektur der Western Cape Province erst mit Ankunft der ersten europäischen Siedler. Viele historische Häuser sind heute Denkmäler und Museen, wie das Koopmans de Wet House in der Strand Street, ein typisch kapholländisches Stadthaus. Die typischen Kennzeichen der **Cape Dutch Architecture** bildeten sich Ende des 17. Jh. aus: dicke, weiß angestrichene Mauern, grüne Türen und Fensterläden, Reetdach und elegante, symmetrische Linien. Von den Häusern, die die Trekboers nutzten und die relativ schnell zu errichten waren, stehen heute 70 Replikate in dem gut 30 km südlich von Riversdale gelegenen Ort Puntjie. Die rekonstruierten sog. **Kapstyle Houses** stehen

Art-déco-Häuser am Greenmarket Square

dicht gedrängt auf einem Felsvorsprung über dem Meer. Sie bestehen aus einer A-förmigen Dachkonstruktion („AFrame“), die direkt auf den Untergrund platziert wird und mit Gräsern bedeckt ist.

Kapholländischer Stil: Architektur der ersten europäischen Siedler

info

Die landschaftliche Schönheit des Kaplands mit seinen blau-violetten Bergkulissen, den anmutigen Weintälern und der Blütenpracht seiner Gärten scheint keine Steigerung zu kennen – gäbe es nicht die bezaubernden kapholländischen Häuser. Sie zeichnen sich durch ihre praktische Einfachheit aus, sind symmetrisch angelegt und gemütlich. Auch wenn dieser Baustil seine Wurzeln in Europa hat, konnte er sich im Kapland weiterentwickeln.

- Die Bauten sind **dem Klima angepasst**: dicke, verputzte Wände, die blütenweiß gestrichen sind, halten extreme Temperaturschwankungen fern.
- Die Gastfreundschaft der Weinbauern fand eine architektonische Entsprechung: Bedingt durch große Entfernungen und das Fehlen von Gasthäusern, wurden **Empfangsräume und Küchen besonders groß angelegt**.
- Ebenso spiegelt sich die wirtschaftliche Entwicklung in den Bauwerken wider. Waren die ersten Häuser rechteckig, mit zwei einfachen **Giebeln** versehen und verlief an der Vorderseite eine erhöhte Plattform, so wurde mit wachsendem Wohlstand immer mehr Wert auf die Ausgestaltung der Mittelgiebel gelegt. Die frühen Giebel waren dreieckig, erst im 18. Jh. gestaltete sich daraus allmählich die gewundene Form des Kapgiebels. Die Mittelgiebel hatten auch den praktischen Zweck, bei Feuer die aus dem Haus fliehenden Menschen vor herunterfallendem, brennendem Dachmaterial zu bewahren.
- Oft waren die Fenster mit **Sprossen** versehen und hatten in der unteren Hälfte **Klappläden**, damit das starke Sonnenlicht nicht allzu sehr die Möbel und die Teppiche traf.
- An vielen Hauseingängen gab es sog. **Stalltüren**: Die zweigeteilten Türen, deren untere Hälfte man arretieren konnte, hielt das Vieh aus dem Wohnhaus.
- Später wurden die Haus- und Hofformen immer raffinierter, doch blieben sie in der Gesamtkonzeption stets klar und einfach: **T**-, **U**- und **H-Formen** lösten den einfachen rechteckigen Grundriss ab.

In **Stadthäusern** befand sich oft ein **gepflasterter Innenhof**, in dem schattenspendende Bäume gepflanzt waren. Manchmal schmückte sogar ein Teich den Innenhof. Vor den Häusern pflegte man Eichenbäume anzupflanzen, die im hiesigen Klima schnell wuchsen und für den nötigen Schatten sorgten. Als in Europa die Zeit des Barocks anbrach, wurden – zumindest bei den Leuten, die es sich leisten konnten – die Giebel noch schwungvoller und mit Reliefszenen versehen.

Schöne Zeugnisse des kapholländischen Stils, oft mit anderen Stilelementen vermischt, sind z. B. in Kapstadt das **Koopmans de Wet House** (35 Strand St., 1701), **Rust en Vreugd** (78 Buitenkant St., 1777), das **Martin Melck House** (96 Strand Street, 1782) sowie die Herrenhäuser der Weingüter im Constantia Valley, **Groot/Klein Constantia** (1685/1818) und **Buitenverwachting** (1791). **Tulbagh** ist berühmt für seine kapholländischen Häuser und in **Stellenbosch** gibt es die längsten Reihen von alten Gebäuden, etwa entlang der Dorp Street. Im Allgemeinen kann man sagen, dass etwa die Hälfte aller Weingüter kapholländische Herrenhäuser haben.

Als die Briten zu Beginn des 19. Jh. in das Kapland einzogen, herrschte König Georg III. und englische Architektur wurde als „georgianisch“ bekannt. Die Siedler am Kap übernahmen das dafür typische Doppelgeschoss und kreierten den **Cape Georgian Style**. Ein Beispiel später georgianischer Architektur ist das heute als Museum genutzte **Bertram House** im Company's Garden, das aus gelb-braunem Klinker besteht. Die schlichte Hausfront wird nur durch einen Erker für die Eingangstür unterbrochen. Die Architektur zur Zeit der englischen Regentschaft (1811–1820) ist der georgianischen ähnlich, jedoch kunstvoller gestaltet. Sie beinhaltet schmiede- und gusseiserne Balkone, Geländer und Oberlichter mit geschnitzten Holzrahmen. Schmiedeeisen war auch während der Herrschaft von Königin Victoria (1837–1901) populär, als viele Dächer aus Wellblech gebaut wurden. Kapstadt bietet vor allem in der Long Street viele Beispiele des **viktorianischen Baustils**. Die teilweise wunderschön renovierten und bunten Häuser mit ihren verzierten und auf Säulen stehenden Balkonen erinnern an den Charme der amerikanischen Südstaaten.

Unterschiedliche Bauweisen

Die dichteste Bebauung mit **Art-déco-Gebäuden** befindet sich zwischen dem Greenmarket Square, einem der schönsten Plätze Kapstadts, und der Grand Parade. Ein Beispiel ist das **Old Mutual Building** mit Skulpturen, die Geschichte, Flora, Fauna und Menschen Südafrikas darstellen.

Literatur

Hinweis

Eine ausführliche Literaturliste findet sich im Anhang S. 534.

Literatur der Einwanderer

Die ersten heute noch erhaltenen literarischen Werke wurden von Einwanderern geschaffen, die über ihr Leben in der harschen und zugleich schönen Landschaft und ihre Erfahrungen mit anderen Menschen und Kulturen erzählten. **Olive Schreiner**, deren „*The Story of an African Farm*“ 1883 erschien, wird oft als erste große Autorin südafrikanischer Literatur bezeichnet. Ihr Leben auf einer Missionsstation, wo sie geboren wurde, und als Gouvernante auf Farmen in der Karoo ist die Grundlage ihrer Geschichten. Ihre Figuren repräsentieren verschiedene Seiten afrikanischen Lebens ihrer Zeit, mit Ausnahme schwarzer Afrikaner, wofür ihre Werke oft kritisiert werden. Zu den Autoren, die vor dem Beginn der Apartheid veröffentlicht wurden, gehören **Douglas Blackburn**, ein britischer Journalist, **Herman Bosman**, bekannt für seine Kurzgeschichten, und **Alan Paton**, der, selbst ein Weißer, mit „*Cry, the Beloved Country*“ auf die Situation schwarzer Afrikaner aufmerksam machte.

Zu Zeiten der Apartheid war es undenkbar, etwas zu schreiben, was die Regierung auch nur indirekt kritisierte, weshalb viele Schriftsteller, das Land verließen und im Ausland unzensiert ihre Bücher veröffentlichten. In den 1950er-Jahren kam eine neue Generation schwarzer Schriftsteller auf, die über ihre eigenen Lebensbedingungen schrieben, ihr Forum war die Zeitschrift **Drum**. Die Veröffentlichungen reichten von Reportagen und Berichten, über satirische Kommentare bis zu Gedichten und Romanerzählungen. Bekannteste Vertreter dieser Zeit sind Henry Nxumalo, Todd Matshikiza, Lewis Nkosi, Can Themba und **Ez'kia Mphahlele**, der mit seinem autobiografischen Roman „*Down Second Avenue*“ das Leben in einem Township beschreibt. Der schwarze Poet **Lesego Rampolokeng** gab seiner Lyrik zusätzlich den Rhythmus jamaikanischer Klänge. **Njabulo Ndebele** wählte Kurzgeschichten als sein Ausdrucksmittel, um bildhaft das Leben unter der Apartheid-Gesetzgebung zu schildern. Mit „*Fools and other Stories*" erlangte der Literaturprofessor künstlerische Anerkennung. In ihrem in deutscher Übersetzung erschienenen Buch „*In Kapstadt kannst du nicht verloren gehen*" versucht die schwarze Autorin **Zoë Wicomb**, in zehn Erzählungen Politik und Literatur zu vereinen.

Auseinandersetzung mit der Apartheid

Zu den Autoren, die in den 1950er- und 1960er-Jahren an Beachtung gewannen, vom Apartheid-Regime aber geringgeschätzt wurden, gehören Nadine Gordimer, Bessie Head, Alex La Guma, Breyten Breytenbach und André Brink, dessen Bücher die ersten Afrikaans-Bücher waren, die von der Regierung verbannt wurden. Viele dieser Schriftsteller beschäftigten sich mit den Auswirkungen der Apartheid in Südafrika, die sie z. T. am eigenen Leib erfahren haben. Der bekannteste Afrikaans-sprachige Prosa-Autor ist der 2015 verstorbene Literaturprofessor **André Brink**, der aus einem burischen Elternhaus stammte und, entsetzt über das Massaker in Sharpeville, 1960 ins Pariser Exil ging. Sein darauffolgender Kontakt mit dem ANC löste unter den konservativen Buren Empörung aus. Nach seiner Rückkehr aus dem Exil lehrte er zunächst Afrikaans, bevor er 1991 den Lehrstuhl für englische Literatur an der Universität in Kapstadt erhielt.

Nobelpreis Nr. 1 ...

Nadine Gordimer, die wohl bekannteste weiße Schriftstellerin Südafrikas und Literaturnobelpreisträgerin von 1991, verfasste ihre ersten Kurzgeschichten in den 1950er-Jahren. In ihren nachfolgenden Geschichten und Romanen artikulierte sie Fragen und Probleme der mit Schwarzen sympathisierenden Weißen und präsentierte der Außenwelt ein erschütterndes Bild darüber, was es bedeutet hat, unter der Apartheid zu leben. Während sie sich in ihren Romanen (u. a. „*A World of Strangers*", „*The Late Bourgeois World*", „*Burger's Daughter*", „*July's People*") immer intensiver für die schwarze Befreiungsbewegung einsetzte, illustrierte sie auch die Widersprüche, in denen sich weiße Liberale und Sympathisanten befanden. 2012 erschien ihr Roman „*No Time Like the Present*" („*Keine Zeit wie diese*", Berlin Verlag). Nadine Gordimer starb 2014.

Der Lyriker, Maler, Romancier und Essayist **Breyten Breytenbach** verließ Südafrika 1960 und engagierte sich aus dem Exil in Paris als lauter Kritiker der Apartheid-Regierung. Nach seiner Rückkehr läutete er durch die Veröffentlichung seiner auf Afrikaans erschienenen Gedichtbände in den 1970er-/1980er-Jahren einen neuen Abschnitt in der südafrikanischen Literaturgeschichte ein. International bekannt wurde er durch die Verurteilung zu neun Jahren Gefängnis wegen terroristischer Konspiration. Seine Erlebnisse verarbeitete er in „*Wahre Bekenntnisse eines Albino-Terroristen*" (1984).

... und Nr. 2

Zu den Literaten aus der Western Cape Province mit internationaler Anerkennung gehört der in Kapstadt geborene und in Worcester aufgewachsene **John Maxwell Coetzee**. Der mehrfach mit dem Booker-Preis ausgezeichnete Autor, dem 2003 der Literaturnobelpreis verliehen wurde, vermied direkte politische Aussagen und behandelte Themen wie Macht, Autorität und Geschichte in seinen Romanen in eher unterschwelliger Weise. So führte sein 1999 erschienener Roman „*Disgrace*" (dt. „*Schande*") zu einer großen Debatte in Südafrika, weil er offenlegte, dass auch in der Zeit nach der Apartheid alte Wunden nicht geheilt und neue Ungerechtigkeiten hinzugekommen waren. Seine Kindheitserinnerungen veröffentlichte Coetzee

1998 unter dem Titel „*Boyhood: A Memoir. Scenes from Provincial Life*" (dt. „*Der Junge. Eine afrikanische Kindheit*"). Romanhaft schildert der Autor die Geschichte eines Jungen, der in Worcester, einem Provinznest nördlich von Kapstadt, aufwächst. Unsentimental werden die multikulturelle Situation der 1940er- und 1950er-Jahre in Südafrika, das belastende Nebeneinander von Afrikaanern, Engländern, „Coloureds" und Schwarzen und die individuellen Eigenarten des Jungen beschrieben. Ein Buch, das nicht nur literarisch ein Genuss ist, sondern für den Reisenden des Gebiets zwischen Port Elizabeth (Gqeberha) und Kapstadt ein Stück Geschichte lebendig werden lässt.

Der bekannteste und beliebteste Satiriker und Kabarettist Südafrikas ist der Kapstädter **Pieter-Dirk Uys**, dessen Mutter aus Berlin stammt. Als er seine Karriere in den 1970er-Jahren als Stückeschreiber begann, war die Themensuche leicht, aber diese auch auf die Bühne zu bringen, war schwieriger, denn schon um 1980 waren über tausend Publikationen von der Zensur betroffen. Daher erfand er die Figur der „Evita Bezuidenhout", eine exzentrisch-naive Burengattin, die in ihrer eigenen Hochmütigkeit die Machtverhältnisse und andere aktuelle Themen widerspiegelt.

Zeitgenössische Literatur

Nach der Apartheid öffneten sich die Medien und die Meinungsfreiheit wurde geltendes Recht. Allerdings verschwanden mit dem Ende der Apartheid die Konflikte und deren Folgen nicht. Es begann die **Ära der Aufarbeitung der Vergangenheit**, z. B. in Biografien und Erfahrungsberichten. Das meistverkaufte Buch in Südafrika ist die Biografie von **Nelson Mandela**, dessen „*Long Walk to Freedom*" unmittelbar nach seiner Freilassung aus der Haft erschien. Außerdem haben viele weiße und schwarze Autoren in ihren Romanen die Auswirkungen von Hass, Vorurteilen, Brutalität und Ungerechtigkeiten während der Apartheid auf die Menschen heute veranschaulicht. **Zakes Mda** (u. a. „*Ways of Dying*" und „*The Heart of Redness*", dt. „*Das Herz der Röte*") sowie **Ivan Vladislavic** („*Propaganda by Monuments*" und „*The Restless Supermarket*") schreiben über die heutigen Probleme Südafrikas. Auch die Anzahl der sozialkritischen und analytischen Bücher hat zugenommen. Die Standpunkte sind dabei so vielfältig und konträr wie die verschiedenen Milieus, aus denen die Autoren stammen. Besonders eindringlich ist **Mamphela Ramphele**, eine frühere Bürgerrechtlerin, die die sozialen und politischen Missstände des neuen Südafrika anprangert, aber auch konstruktiv kritisiert. 2013 gründete Ramphele die Partei Agang SA und saß für diese eine kurze Zeit im südafrikanischen Parlament.

Die **jüngere Literaturszene** widmet sich den Problemen der heutigen südafrikanischen Gesellschaft, es wird über Liebe und Fremdenhass, aber auch über Aids geschrieben. Zur neuen Generation von Autoren, für die nicht nur Schwarz und Weiß, Gut und Böse im Vordergrund steht, zählt der in Kapstadt lebende **Damon Galgut**, der in seinen Büchern eine kriselnde westliche Moderne beschreibt, in der viele Menschen an Leere und Orientierungslosigkeit leiden. Sein „*In fremden Räumen*" erzählt in drei Geschichten von Sehnsucht, unerfülltem Verlangen, Zorn und Mitleid. Für seinen Roman „*The Promise*" über eine weiße Farmerfamilie wurde Galgut 2021 mit dem Booker Prize ausgezeichnet. Wie in vielen anderen Ländern hat sich auch in Südafrika der **Kriminalroman** zu einem erfolgreichen Exportschlager entwickelt. **Malla Nunn**, die in Australien lebt, schreibt an einer Serie von Kriminalromanen, Schauplatz ist Johannesburg in den 1950er-Jahren. **Deon Meyer**, der seine Bücher in Afrikaans verfasst, ist inzwischen ein international bekannter Krimiautor und wird manchmal als „Henning Mankell Südafrikas" bezeichnet.

2. KAPSTADT UND DIE GARDEN ROUTE ALS REISEZIEL

Allgemeine Reisetipps von A–Z

 Hinweis

In den **Allgemeinen Reisetipps von A–Z** finden sich – alphabetisch geordnet – reisepraktische Hinweise für die Reisevorbereitung und den Aufenthalt in Südafrika. Die darauf folgenden **Grünen Seiten** (ab S. 128) führen Preisbeispiele für die Reise auf. Der anschließende **Reiseteil** (ab S. 142) gibt detailliert Auskunft über Infostellen, Sehenswürdigkeiten mit Öffnungszeiten, Unterkünfte, Restaurants, Verkehrsmittel, Einkauf- und Sportmöglichkeiten und vieles mehr in Kapstadt mit Umgebung und an der Garden Route.

Alle Angaben über Preise, Telefonnummern, Internetseiten, Öffnungszeiten etc. waren zum Zeitpunkt der Drucklegung aktuell, können sich jedoch im Laufe der Zeit ändern. Besonders bei den **Öffnungszeiten** sind durch die Corona-Rücknahmen Änderungen zu erwarten.

Wir freuen uns über Anregungen und Korrekturen: info@iwanowski.de.

Alkohol

Die meisten Bars und Restaurants haben eine Schankkonzession, d. h. sie sind **licensed**. Das Mindestalter, um Alkohol zu kaufen und zu konsumieren, ist 18 Jahre. In den wenigen nicht lizensierten Lokalen darf zwar kein Alkohol ausgeschenkt, dafür aber mitgebracht und getrunken werden („bring your own"). In den Kapprovinzen gilt dies vor allem für die kapmalayischen (muslimischen) Restaurants.

Die meisten alkoholischen Getränke können nur in besonderen Geschäften, den sog. **Bottle Stores** oder **Liquor Stores**, gekauft werden. In größeren Supermärkten gibt es oft Wein und auch Bier, aber keine anderen alkoholischen Getränke. Sonntags ist der Verkauf von Alkohol in jeglichen Geschäften verboten. Bars und Restaurants dürfen hingegen Alkohol auch sonntags ausschenken und auf den Weingütern ist es auch möglich, Wein zu probieren bzw. zu erwerben.

Apotheken

In Südafrika sind Apotheken gleichzeitig Drogerien. Sie heißen **Apteek** (Afrikaans) oder **Chemist** (Englisch). Wie in Europa gibt es auch einen Notdienst.
24-Stunden-Apotheke in Kapstadt s. S. 199.

Auto fahren und besondere Verkehrsregelungen

In Südafrika herrscht **Linksverkehr**. Das südafrikanische **Straßennetz** ist von guter Qualität und relativ dicht, die wichtigsten Verbindungen sind asphaltiert. Auch nicht geteerte gravel roads sind gepflegt, deshalb kommt man mit einem Pkw praktisch überall hin. Pisten, die nicht mit normalen Pkws zu befahren sind, sind auf Karten so gezeichnet und auch „sehr raue" Pisten sind bei entsprechend vorsichtiger Fahrweise kein Hindernis.

Es besteht eine generelle **Anschnallpflicht** sowie eine **Promillegrenze** von 0,5 für den Fahrer. Bei Übertretungen muss mit strengen Strafen gerechnet werden. Es wird diskutiert, ob die Promillegrenze auf null gesenkt wird. Bitte aktuell erkundigen! In ländlichen Gebieten Südafrikas muss man darauf gefasst sein, dass oftmals **Vieh** die Straße überquert. Von **Nachtfahrten** in ländlichen Gebieten ist abzuraten. Oft fahren unzureichend beleuchtete Fahrzeuge und nicht selten kreuzen Tiere auch nachts die Straßen.

Man benötigt einen **internationalen Führerschein** mit Foto und Unterschrift. Dieser ist gegen Vorlage des EU-Kartenführerscheins, des Personalausweises sowie eines biometrischen Lichtbilds beim Straßenverkehrsamt relativ schnell erhältlich und kostet ca. 15 €. Wer noch mit einem Papier-Führerschein unterwegs ist, muss diesen erst gegen den EU-Führerschein tauschen, was ca. 24–40 € kostet und einige Wochen dauern kann. Bei manchen Behörden wird gegen Aufpreis eine Express-Ausstellung angeboten. Zum Anmieten eines Fahrzeugs ist zusätzlich unbedingt der jeweilige **EU-Führerschein** (bzw. nationale Führerschein) notwendig, denn der internationale ist nur in Verbindung mit ihm gültig!

Folgende **Geschwindigkeitsbegrenzungen** gelten: innerhalb geschlossener Ortschaften 60 km/h, auf Landstraßen 100 km/h, auf bestimmten Fernstraßen (Freeways) 120 km/h.

Einige Besonderheiten:

- Auch im Linksverkehr hat **rechts Vorfahrt**, auch im Kreisverkehr – somit also der Verkehr im Kreis.
- **Four-Way Stop**: Viele Kreuzungen haben an jeder Straße ein Stoppschild, unter dem „4- Way" steht. Es darf zuerst fahren, wer als Erster an der Haltelinie stand.
- Wenn ein Fahrzeug zum **Überholen Platz macht**, bedankt man sich nach abgeschlossenem Überholmanöver mit dem Warnblinker.
- **Parkwächter** an offiziellen Parkflächen werden von den Städten und Gemeinden „autorisiert". Sie bekommen kein Gehalt, aber der Staat bürgt dafür, sie auf Ehrlichkeit „geprüft" zu haben. Das System gibt vielen Menschen eine Chance auf Arbeit. Zu erkennen sind die offiziellen Parkwächter an auffälligen, meist gelben oder orangefarbenen Jacken oder Westen.
- Für das **Bewachen des Fahrzeugs** sollte man nach der Rückkehr 3–5 R geben. In Kapstadts Innenstadt gibt es zudem von der Stadt angestellte Parkwächter. Diese fragen, wie lange man parken möchte. Den dafür fälligen Betrag zahlt man und ein Zettel an der Scheibe zeigt an, wie lange man parken darf. Wird es später, zahlt man nach. Unbedingt Quittung geben lassen! Trinkgeld ist hier nicht üblich.

Tankstellen

Das Tankstellennetz in Südafrika ist dicht, an den National- und Landstraßen haben die großen Firmen (Shell, Engen, BP etc.) oft 24 Stunden geöffnet. Ansonsten sind Tankstellen von 7–18 Uhr geöffnet. An allen Tankstellen übernehmen Tankwarte das Tanken. Ein kleines Trinkgeld ist angebracht. Bezahlt wird zumeist mit Kreditkarte, nur noch selten werden diese nicht akzeptiert (besser vorher fragen!).

Hinweis

Man sollte beim Tankvorgang darauf achten, dass Benzin auch tatsächlich eingefüllt wird. Einem Leser passierte es, dass der Tankwart zwar so tat und Geld kassierte, aber kein Benzin eingefüllt hatte. Und immer darauf achten, dass die Anzeige an der Tanksäule auf null gestellt ist.

Automobilclub

Die **Automobile Association of South Africa** (AA) bietet hervorragende Dienste für den Autoreisenden an. Wenn man Mitglied z. B. im ADAC oder AvD ist, erhält man gegen Vorlage des Mitgliedsausweises kostenlos Informationen, u. a. Karten und Tourenratschläge. Diese sind auch in den Touristikabteilungen der europäischen Clubs erhältlich.
Informationen im Internet: https://aa.co.za
Notfallnummer des AA in Südafrika (rund um die Uhr): ✆ 0861 000234

Kapstadt: Cavendish Square Mall in Claremont, Travel Experience, ✆ (021) 683-1410
Tyger Valley Shopping Centre in Tyger Valley, Club Travel, ✆ (021) 914-2265
George: Harvey World Travel, 111 York St., ✆ (044) 874-6930
Port Elizabeth (Gqeberha): Walmer Park Shopping Centre, Travel Experience Port Elizabeth (Walmer), ✆ (041) 368-6452

Autovermietung

Die Kombination von Mietwagen, Unterkünften und Inlandsflügen ist zur Überbrückung weiter Strecken in Südafrika optimal. Zumindest das Fahrzeug sollte bei einem Veranstalter in Deutschland vorausgebucht werden, denn die hier gewährten Preise sind niedriger als in Südafrika selbst und man hat bei Problemen einen Ansprechpartner.

Autovermieter

Die großen internationalen Mietwagenfirmen in Südafrika verfügen über große Fahrzeugflotten mit unterschiedlichen Fahrzeugtypen. Auch wenn die lokal operierenden Vermieter möglicherweise günstiger sind als die überregional arbeitenden Unternehmen, sollte ein lokaler Vermieter nur dann in Erwägung gezogen werden, wenn man sich im engeren Umkreis bewegt. Die kleinen Firmen mögen für Leute mit schmalem Geldbeutel eine Alternative bieten, vor allem bei längeren Aufenthalten und wenn man sich nur in der Umgebung von Kapstadt bewegen möchte. Sobald man weite Fahrten vorhat oder „one-way" fährt, empfiehlt sich die Anmietung bei einer der großen Firmen. Und im Falle einer Panne oder eines sonstigen Notfalls wird man den schnellen, professionellen Service zu schätzen wissen. Außerdem vermieten die großen Firmen stets neuwertige Fahrzeuge, während die lokalen Anbieter zumeist gebrauchte Fahrzeuge zur Verfügung die mind. ein paar Jahre alt sind. Zu beachten gilt, inwieweit die Fahrzeuge auf gravel roads (Schotterstraßen) fahren dürfen. Das ist wichtig, denn viele Strecken, vor allem auch in Nationalparks, sind Schotterstraßen! Über GPS können die Vermieter feststellen, ob man sich an die Regeln hält (gilt auch für die Geschwindigkeit!). Verstöße werden teuer geahndet.

Avis Rent-A-Car, ✆ (069) 5007-0020, www.avis.de, www.avis.at, www.avis.ch, in Südafrika: ✆ (0800) 001-669, www.avis.co.za
BLUU Car Rental (ehemals Bidvest), in Südafrika: ✆ (011) 398-0123, www.bluucar rental.com
Europcar, ✆ (040) 520 18 8000, www.europcar.de, www.europcar.at, www.europcar.ch, in Südafrika: ✆ (0861) 131-000, www.europcar.co.za
Hertz, ✆ (01806) 333-535, www.hertz.de, www.hertz.at, www.hertz.ch, in Südafrika: ✆ (0861) 600-136, www.hertz.co.za
Sixt (First), ✆ (089) 6606-0060, www.sixt.de, www.sixt.at., www.sixt.ch, in Südafrika: ✆ (0861) 178-227, www.firstcarrental.co.za
Thrifty (Dollar), ✆ (069) 5098-5029, www.thrifty.de, in Südafrika: ✆ (011) 230-5000, www.thrifty.co.za
Hinweis: Die Telefonnummern in Südafrika sind die Notrufnummern.

Tipp

Im Sommer sollte man auf jeden Fall ein Auto mit **Klimaanlage** wählen. Ein Wagen mit **Automatik** erleichtert die Gewöhnung an den Linksverkehr, da man sich voll auf das Geschehen auf der Straße konzentrieren kann. Bei der Buchung sollte man sich erkundigen, ob ein **Navigationsgerät** im Preis inkl. ist. Falls nicht, könnte es sich lohnen, eines in Südafrika zu kaufen. Alternativ kommt auch die Navigation mit dem eigenen Smartphone über **Karten-Apps** (Google Maps, Here Maps o. ä.) in Frage: Karten für das Reisegebiet am besten schon zu Hause herunterladen, sich mit dem jeweiligen Programm vertraut machen und unterwegs die Offline-Funktion nutzen, um keine Gebühren für die mobile Datennutzung zahlen zu müssen.

Die Kapprovinzen, besonders die Tour um die Kaphalbinsel, zählen zu den schönsten Motorradregionen der Welt. Adressen zu Vermietungen von Motorrädern und Touren s. S. 247.

Grenzübertritte

Die Fahrzeuge von Avis/Budget sowie Europcar sind auch zugelassen für Namibia, Botswana, Lesotho und Swasiland (das heutige Kingdom of Eswatini). Die Einwegmieten Südafrika–Namibia bzw. Südafrika–Botswana variieren und hängen auch vom Wechselkurs ab. Bei allen Vermietern muss man für Fahrten in die genannten Länder einen **Letter of Authority** bestellen. Fahrten nach Angola, Malawi, Sambia und Simbabwe sind i. d. R. nicht gestattet. Nach Mosambik gibt es einzelne Ausnahmen. Die staatliche **Cross Border Fee** (Straßensteuer) für das Fahrzeug muss bei Grenzübertritt zusätzlich gezahlt werden. Auch Einwegmieten innerhalb Südafrikas, z. B. zwischen Port Elizabeth (Gqeberha) und Kapstadt, werden i. d. R. berechnet, betragen aber meist nur eine Tagesmiete.

Versicherungsabkürzungen

CDW (Collision Damage Waiver): Vollkasko, Haftungsbefreiung für Schäden am Wagen.
TP (Theft Protection): Diebstahlversicherung, wobei aber i. d. R. der Diebstahl von Einzelteilen (Reifen, Felgen, Spiegel etc.) nicht abgedeckt ist!
PAI (Personal Accident Insurance): Deckt bei Unfall oder Todesfall Fahrer und Mitfahrer ab (max. Versicherungssumme aber vergleichsweise niedrig).

Hinweise

Bei allen genannten Versicherungen ist das Gepäck, das persönliche Hab und Gut, nicht mitversichert. Dafür schließt man ggf. am besten schon in Europa eine **Reisegepäckversicherung** ab.

Man sollte bereits bei der Buchung angeben, ob man mit dem Mietfahrzeug auch außerhalb von Südafrika fahren möchte.

Bei den **Versicherungsbedingungen** ist darauf zu achten, dass das Mietfahrzeug auch für Fahrten auf Schotterstraßen (gravel roads) versichert ist. Oft sind Schäden an Scheiben und Rädern/Reifen nicht versichert, deshalb ist bei der Abholung besonders darauf zu achten, ob bereits Schäden zu erkennen sind. Auch Reserverad und Zubehör (Feuerlöscher, Wagenheber, Warndreieck etc.) kontrollieren.

Barrierefreies Reisen

Südafrika versucht seit Jahren, sich auf die Bedürfnisse von Reisenden mit Handicap einzustellen, aber bislang sind Alltag und Reisen für Menschen mit Behinderungen auch hier nur mit Einschränkungen möglich. Dank der Bemühungen der Nationalparkbehörde Südafrikas gibt es in allen Parks für Rollstuhlfahrer zumindest teilweise die Möglichkeit, das jeweilige Gebiet zu erkunden. Die meisten Parks haben auch barrierefreie Unterkunfts- und Campingmöglichkeiten.
South African National Parks (SANP) P.O. Box 787, Pretoria 0001, ✆ (012) 428-9111, www.sanparks.org.

Die Organisation **Disabled People of South Africa**, die ein Zentrum in jeder Provinz des Landes unterhält, arbeitet seit Jahren auf ein barrierefreies Südafrika hin.
DPSA, 6th Floor, Dumbarton House, 1 Church Street, Cape Town, ✆ (011) 467 3341, https://disabilityconnect.co.za/disabled-people-south-africa-dpsa-2.

Botschaften und Konsulate

in Deutschland

Botschaft der Republik Südafrika (Embassy of the Republic of South Africa), Tiergartenstr. 18, 10785 Berlin, ✆ (030) 22073-0, mission@safricaun.ch, www.suedafrika.org
Generalkonsulat der Republik Südafrika, Sendlinger-Tor-Platz 5, 80336 München, ✆ (089) 231-1630, munich.consular@dirco.gov.za

in der Schweiz

Botschaft der Republik Südafrika, Alpenstr. 29, 3006 Bern, ✆ (031) 350-1313, www.southafrica.ch
South African Permanent Mission in Genf, Rue du Rhône 65, 1204 Genève, ✆ (022) 849-5454, https://safricaun.ch

in Österreich

Botschaft der Republik Südafrika, Sandgasse 33, 1190 Wien, ✆ (01) 320-6493, vienna.consular@dirco.gov.za, www.suedafrika-botschaft.at. Zudem weitere Konsulate der Republik Südafrika (ohne Visaautorität) in Graz, Salzburg, Linz, Innsbruck und St. Pölten.

in Südafrika

Deutschland
Embassy of the Federal Republic of Germany (Botschaft), 201 Florence Ribeiro Ave., Groenkloof, Pretoria 0181, ✆ (012) 427-8900, www.southafrica.diplo.de
Consulate General of the Federal Republic of Germany (Generalkonsulat), Roeland Park (im selben Gebäude wie e-tv), 4 Stirling St., Zonnebloem, Cape Town 7925, ✆ (021) 405-3000, www.kapstadt.diplo.de, Pass- und Visaabteilung: ✆ (021) 405-3052 (Mo–Do 14–16 Uhr)
Honorary Consul of the Federal Republic of Germany (Honorarkonsulat), Maritime Motor Bldg., Ecke William Moffat/Circular Drive, Walmer, Port Elizabeth (Gqeberha) 6070, ✆ (041) 397-4721 (Mo–Fr 8–12 Uhr)

Schweiz
Embassy of Switzerland (Botschaft), 225 Veale St., Parc Nouveau, New Muckleneuk, Pretoria 0181, ✆ (012) 452-0660, pretoria@eda.admin.ch, https://www.eda.admin.ch/pretoria
Consulate General of Switzerland (Generalkonsulat), 1 Thibault Square, 26th Floor, Cape Town 8001, ✆ (021) 400-7500, capetown@eda.admin.ch, www.eda.admin.ch/capetown

Österreich
Embassy of Austria (Botschaft), 454 A Fehrsen St. (Eingang William St.), Brooklyn, Pretoria 0181, ✆ (012) 452-9155, pretoria-ob@bmeia.gv.at, www.bmeia.gv.at/oeb-pretoria
General Consulate of Austria (Honorargeneralkonsulat), F2 The Courtyard, Central Park on Esplanade, Century City, Cape Town, ✆ (021) 912-1351, austrianconsulcpt@gmail.com
Honorary Consulate (Honorarkonsulat), Ecke Carnarvon Place und Beach Road im Paxton Hotel Humerail, 6013 Port Elizabeth (Gqeberha), ✆ (041) 585-9655, austrianconsulpe@gmail.com

Busreisen und Busverbindungen

Noch preiswerter als mit der Bahn, und vor allem flotter, fährt man mit dem gut ausgebauten Überland-Bussystem. Die regelmäßigen, pünktlichen Verbindungen sind ein Vorteil, allerdings werden nur die größeren Städte miteinander verbunden. Zu den meist eher abgelegenen touristisch interessanten Stellen kommt man dagegen schwierig. Die omnipräsenten Minibusse sind meist hoffnungslos überfüllt und man kann nicht reservieren. Zudem sind sie wegen Überladung und z.T. nicht verkehrssicherem Zustand nur etwas für Abenteuerlustige.

Überregionale Verbindungen

Der Busbahnhof für überregionale Strecken befindet sich am Hauptbahnhof in Kapstadt. Von hier verkehren die großen Busunternehmen zu allen mittleren und größeren Städten Südafrikas. Letztere werden mehrmals täglich bedient.

Tickets für die überregionalen Busse können entweder vor Ort am **Computicket-Schalter** (z. B. V&A Waterfront) gebucht werden, auch telefonisch: ✆ 0861-915-400 oder online: https://travel.computicket.com/travel.
INTERCAPE/MAINLINER, www.intercape.co.za, zentrale Reservierung und Info (24 h): ✆ (021) 380-4400.
Eagle Liner, www.eagleliner.co.za, zentrale Reservierung und Info: ✆ (087) 150-1895, (063) 257-8400, (086) 239-0324.
Baz Bus, https://bazbus.com, vor allem bei den Backpackern beliebt, Reservierung und Info: ✆ (021) 137-1588, whatsapp (067) 028-6778.

Camper

s. auch „Camping" unter „Unterkunft"

Südafrika ist durch sein gutes Straßennetz, seine ausgezeichneten Campingplätze sowie aufgrund des Klimas ein ideales Land für Camperferien. Die größten Vermieter von Wohnmobilen und Campern sind die Firmen Maui und Britz (THRSA), die verschiedene Fahrzeuge mit jeweils eigener Bezeichnung anbieten. Die Modelle sind meist auf der Basis eines Kleinbusses aufgebaut, handlich und gut ausgestattet. Die Preise sind von Typ, Saison, Mietdauer und Bedingungen abhängig. Zu empfehlen sind Fahrzeuge mit etwas stärkeren Motoren. Und auf jeden Fall sollte eine „all inclusive cover"-Versicherung abgeschlossen werden. Weitere Abgabestationen (auf Anfrage/Zusatzkosten): Port Elizabeth (Gqeberha), East London und Durban.

Maui Motorhome Rentals / Britz Rentals (THRSA), in **Kapstadt**: 13 Michigan St., Airport Industrial, ✆ (021) 385-1616 oder (084) 250-4937; in **Johannesburg**: 17 Sim Rd., Pomona, Kempton Park, ✆ (011) 230-5200 oder (011) 230-5137, www.maui.co.za, www.britz.co.za. Camper- und 4x4-Vermietungen.

Tipp

Am besten ist es, das Fahrzeug bereits im Voraus über ein Reisebüro bzw. den Reiseveranstalter zu mieten.

Einreise

 *s. auch „Gesundheit" und „Zoll"*

Besucher aus Deutschland, Österreich und der Schweiz brauchen für einen Aufenthalt von maximal 90 Tagen kein Visum, benötigen aber einen **Reisepass**, der nach der Ausreise aus Südafrika noch mindestens 30 Tage gültig ist und der mindestens zwei vollständig freie Seiten hat. Kinder benötigen einen eigenen **Kinderreisepass** mit Lichtbild, dieser darf nicht aktualisiert oder verlängert worden sein. Um ein **visitor's permit** zu bekommen, muss man bei der Einreise zudem ein gültiges **Rückflugticket** vorweisen. In der Regel erhält man dann eine Besuchsgenehmigung für 90 Tage im Reisepass vermerkt. Bei Weiterreisen nach Namibia, Botswana, Simbabwe, Lesotho und Eswatini (bis 2018: Swasiland) werden Visa bzw. Einreisepapiere an der jeweiligen Grenze ausgestellt. Offiziell benötigen **Minderjährige**, die mit mindestens einem Elternteil einreisen, zwar seit 2019 nur noch ihren Reisepass, das Auswärtige Amt empfiehlt jedoch zusätzlich die Mitnahme der Geburtsurkunde sowie ggf. einer Zustimmungserklärung des anderen Elternteils. Reisen Minderjährige ganz ohne ihre Eltern ein, bedarf es noch weiterer Unterlagen, am besten informiert man sich rechtzeitig vor der Abreise beim **Auswärtigen Amt** (www.auswaertiges-amt.de), bei der südafrikanischen Botschaft (www.suedafrika.org) oder anhand der Checkliste unter www.drivesouthafrica.com/child-visa-checklist.

Wer länger in Südafrika bleiben möchte, muss die Aufenthaltsgenehmigung (*temporary residence permit*) kostenpflichtig beim **Department of Home Affairs** beantragen. Dazu müssen u. a. ausreichende finanzielle Mittel sowie ein Rückflugticket nachgewiesen werden. **Infos**: www.dha. gov.za. Vor Ort: Dept. of Home Affairs/Immigration Office: 7th Floor, 2 Long Street, 2 on Long Building, Cape Town 8001, ✆ (012) 425-3000 (allg.), info.dhasa@vfshelpline.com, https://visa.vfsglobal.com/zaf/en/dha.

Die **90-Tage-Aufenthaltsgenehmigung** sollte keinesfalls überschritten werden, da sonst Einreisesperren verhängt werden können. Auch ein kurzer Abstecher in ein Nachbarland gilt nicht immer als Ausreise. Ein neues visitor's permit wird erst dann in den Reisepass gesetzt, wenn das alte komplett abgelaufen ist.
Wer aus einer Gelbfieberzone in Afrika oder Südamerika nach Südafrika einreist, muss im Besitz einer internationalen Bescheinigung über eine **Impfung gegen Gelbfieber** sein.

Eintrittskarten

Bei **Computicket**, einem zentralen Reservierungssystem für Kino, Theater, Oper, Sportveranstaltungen, Popkonzerte etc., kann man Eintrittskarten vorbestellen. Hier sind auch Tickets für Überlandbusse erhältlich. Die Reservierungsbüros befinden sich in allen südafrikanischen Großstädten, meist in größeren Shoppingcentern, Infos auch in den „*Yellow Pages*". Information und Buchung: ✆ 0861-915-800, https://tickets.computicket.com.

Essen und Getränke

Grundsätzlich ist die südafrikanische Küche geprägt von den Einflüssen der eingewanderten Hugenotten, Engländer, Südeuropäer, aber auch der Malaien und Inder. Besonders beliebt, fast ein Kult, von dem sie glauben, ihn perfekt zu beherrschen, ist bei den Südafrikanern der **Braai**. Dazu wird das *braaivleis*, d. h. die unterschiedlichen Fleischwaren vom Schwein, Rind, Hammel oder Lamm, und die allseits beliebte boerewors, auf den Grill gelegt. Nicht nur in der freien Natur, auf den Campingplätzen oder im privaten Kreis daheim frönt der Südafrikaner seiner Grill-Leidenschaft; auch Hotels und Lodges bieten oft in ihrem Garten braaivleis an. Beliebt ist auch die **Potjiekos**, bei der in einem dreibeinigen gusseisernen Topf, dem *potjie*, Stücke von Fleisch (Huhn, Schwein, Rind, Hammel, Lamm oder auch Fisch und Meeresfrüchte) und Gemüse, Kartoffeln und anderen Zutaten unter Zugabe von sehr würzigen Saucen zubereitet werden. Der potije steht dabei auf der Glut des Grills und alle Zutaten werden geschichtet bei geschlossenem Deckel langsam und lange geschmort.

Biltong

Biltong, das gewürzte und getrocknete Fleisch, trifft zwar nicht jedermanns Geschmack, ist aber ein hervorragender Snack für zwischendurch. Das Fleisch, meist Wild (Kudu, Springbock), aber auch von Strauß und Rind, wird zuerst relativ dünn geschnitten, anschließend mit Muskat, Nelken, Koriander, Pfeffer und oft auch Curry gewürzt, dann für zwei bis drei Tage in ein Salzbad gelegt und anschließend für mindestens zehn Tage getrocknet. Biltong ist auch in Namibia weit verbreitet, schmeckt leicht salzig und es gibt auch eine scharfe Variante. Man findet es in jedem Geschäft und an allen Tankstellen-Kiosken. Meist ist es in kleinen Plastiktüten abgepackt, es gibt aber auch „frisches" Biltong an einigen Ständen und in Fleischereien.

Generell essen die Südafrikaner gerne Fleisch, und es gibt die verschiedensten Fleischsorten in allen Variationen. Steaks sind im Allgemeinen sehr gut in Südafrika, auch die von Wild, wie z. B. Kudu oder Springbock oder auch vom Strauß. Wenngleich Kapstadt auf diesem Sektor weniger zu bieten hat, findet man Wildgerichte auch hier immer häufiger auf der Speisekarte (u. a. *ostrich*, *eland*, *crocodile tail*, *kudu*, *springbok*).

Insbesondere in den Küstenregionen um Kapstadt und entlang der Garden Route werden verschiedene **Fischgerichte** angeboten, auch weil sich hier Köche aus aller Herren Länder eingefunden haben, um ihre landestypischen Rezepte zuzubereiten. *Lobster* (Hummer) bzw. *crayfish* (Languste) gehören zu den besonderen Spezialitäten. Der *rock lobster* ist eine Delikatesse, die meist nur in speziellen Restaurants angeboten wird. Allerdings steht der **crayfish** seit einigen Jahren auf der **Roten Liste** des WWF und ist in Restaurants derzeit allenfalls in der Nebensaison zu bekommen (s. S. 488). Unter *shellfish* versteht man im gastronomischen Bereich generell alle anderen essbaren Meeresfrüchte (Austern, Muscheln, Krebse, Krabben, Hummer, Oktopus), auch die seltene, vom Aussterben bedrohte *abalone* (Seeohr), eine Schneckenart in Form einer Ohrmuschel. Der *Line Fish*, oft auf Speisekarten zu finden, steht für einen frischen Fisch („direkt von der Leine"), keine bestimmte Fischart. Beliebte Fischarten sind *snoek* (eine Makrelenart), die auch oft auf den Grill kommt, *kingklip* (eine Art Barsch), *yellowtail* (große Makrele), *cob* (Kabeljau) und der *hake* (eine Art Hecht oder Dorsch).

info

Küche und Gerichte in den Kapprovinzen

Die kulinarischen Genüsse Kapstadts werden jeden begeistern. Neben den bekannten internationalen Küchen haben sich in der Stadt auch landestypische etabliert. Einfluss auf die Gerichte haben zum einen die Einwanderer, zum anderen die Seefahrer genommen, durch die viele Gerichte und deren Zutaten ans Kap gelangten. Außer den „echten" asiatischen Gerichten gibt es auch die kapholländische und kapmalayische Küche. Längst hat sich eine Reihe von Spitzenköchen hier angesiedelt, die sich gerne an Neuem ausprobieren.

Die **kapmalayische Küche** setzt sich aus Elementen der malaiischen, indischen und kapholländischen Küche zusammen. Die indische Seite hat vor allem den **Curry** beigetragen, der aber nicht unbedingt scharf sein muss. Im Gegensatz zu unserem scharfen Curry ist der aus Asien eher eine Mischung aus verschiedenen Gewürzen: Die Mischung liegt ganz in der Hand des Küchenchefs. Beliebte Beilagen/Saucen der kapmalayischen Küche sind **Chutney** (zu einer Art „Brei" gekochte, meist süßsauer gewürzte Früchte oder Gemüse); **Atjars** (sauersalzig eingelegte Früchte oder Gemüse, bedeckt mit einer Mischung aus Öl, Chilis, Knoblauch und Curry); **Sambal** (kleingehacktes Gemüse oder Obst, das sehr stark mit Salz, Essig und Chili gewürzt wird und nur in Messerspitzen-Portionen verwendet werden sollte!).

Einige typische kapmalayische Gerichte:
Sosaties sind kleine Fleischspieße mit Hammel- oder Rindfleischstückchen, eingelegt in einer Currysauce und meist als Vorspeise oder Snack serviert.
Bobotie ist ein scharf gewürzter Hackfleischauflauf, meist vom Lamm.
Bredie sind unterschiedliche Fleisch- und Gemüseeintöpfe.
Buriyani ist ein gut gewürztes Eintopfgericht aus Fleisch, Reis und Gemüse, das sehr lange kocht wird und dabei niemals umgerührt werden darf.
Denning Meat zählt eher zu den Festtagsgerichten, es ähnelt dem Lammeintopf, unterscheidet sich aber von diesem durch seine kapmalayischen Gewürze.
Pickled Fish besteht aus getrocknetem Fisch, der über Nacht in Wasser eingelegt und später aufgekocht wird und zu dem man angebratene Zwiebeln, Gemüse, scharfe Gewürze und Bratkartoffeln fügt. Der Eintopf wird mit Reis, Tomaten und Sambal serviert.

Grundlage der **kapholländischen** (**Cape Dutch**) **Küche** sind die ländlichen Gerichte der weißen Afrikaaner, zu denen sich später Einflüsse aus England und Asien (z. B. Chutney) gesellten. Typisch ist die **Potjiekos** (s. o.), bei der Lammfleisch, Kürbis und süßer Mais zu den Standardzutaten gehören. Auch die **Boerewors**, eine grobe, gut gewürzte Wurst, wird gerne von den Afrikaanern gegessen, zumeist im Freien und (ausschließlich) von den Männern auf einem Holzkohlegrill (**braai**) bis zur Perfektion geröstet.

Zu den beliebten Desserts gehört **Konfyt**, deren Name bereits den Zuckergehalt verrät, oder der mächtige **Koek sisters**, ein Kuchen, der zumeist frittiert und/oder in Sirup eingetaucht wird. Weniger mächtig ist der **Melktert** (Milk Tart), ein mit Zimt bestrichener Pudding auf einem Mürbe- oder Biskuitteig, in dem die Verwandtschaft mit dem englischen custard deutlich wird.

Die **traditionelle südafrikanische Küche** wird nahezu gar nicht serviert, und falls doch, handelt es sich eher um Wildgerichte bzw. ausgefallene Dinge, wie etwa Krokodilfleisch. Typisch ist z. B. der **Pap**, ein festes Püree aus Maismehl, das meist mit gekochtem Fleisch und Gemüse gereicht wird. In Kapstadt werden oft Gerichte aus anderen afrikanischen Ländern, etwa aus **Marokko** (Couscous/Hirse mit Lamm), **Ghana** (Kochbananen, Yamswurzel) und **Mosambik** (portugiesische Fisch- und Garnelengerichte, scharfe Piri-Piri-Sauce) angeboten.

Auch **indische Küche** erstklassiger Qualität ist am Kap längst etabliert. Die Fleisch-, Geflügel-, Fisch- oder Eiergerichte (Curry genannt) sind z. T. sehr scharf (hot) angerichtet. Abhilfe bei zu scharfen Gerichten bringen Kokosraspeln oder eine

info

Joghurtsauce. Weitere Hauptspeisen sind Tandoori-Gerichte (im Ofen gebacken), Biryanis (Reisgerichte mit Gemüse und meist auch Fleisch), Balti-Gerichte (in der Wok-Pfanne gebraten) oder aus Hülsenfrüchten bereitete Dal-Gerichte. Als **Vorspeisen** werden Chutneys (scharfe Saucen) und Pickles (klein geschnittene Tomaten, Zwiebeln, Gemüse oder Obst, eingelegt in Senföl und Gewürzen) gereicht, wozu man landestypisches Fladenbrot bestellen sollte: Nan (weich und dick), Chapati (dünn und kross), Papadam (hauchdünn und scharf, aus Linsen) und Puri (aus Vollkornmehl, frittiert). Ein guter Snack oder eine **Zwischenmahlzeit** sind Samosas (aromatisch gefüllte, dreieckige Teigtaschen) oder Masala Dosa (hauchdünne Pfannkuchen gefüllt mit Kartoffelcurry).

Die Tradition der **Pubs** kommt natürlich aus **England** und die Pubgerichte haben den britischen, deftigen Touch. So gibt es z. B. Steak & Chips sowie Fish & Chips, aber auch mal Liver & Mash, Kidneys & Mash sowie Bangers & Mash (Leber, Nieren bzw. kleine Würstchen mit Kartoffelpüree und Sauce). Für den kleinen Hunger genügen vielleicht Chips, die seltener mit Ketchup als vielmehr mit Essig serviert werden. Hamburger und Pizza findet man auch in vielen Pubs.

Weitere gute und interessante Küchen sind **Japanisch** (Sushi, Sashimi sowie Teriyaki-Gerichte aus mariniertem Fleisch), **Portugiesisch**, meist aus Madeira (lecker ist Espetada, aufgespießte Fleischstücke, die senkrecht hängend serviert werden) und auch **Deutsch** (zumeist bayerisch angehaucht).

Beim **Wine & Dine** treffen gutes Essen, gepflegtes Ambiente und eine erlesene Weinkarte zusammen. In und um Kapstadt ist die Küche oft mediterran oder speziell französisch. Besonders schön in einem historischen Gebäude oder auf einem Weingut.

Kochkurse: Wer lernen möchte, landestypische Gerichte oder nach dem Vorbild bestimmter Länderküchen zu kochen, suche sich die passende Kochschule in Kapstadt aus, z. B. unter https://stircrazycooking.co.za, www.tasteofkashmir.co.za oder https://top-nosh.co.za. Unter www.capefusiontours.com findet man kulinarische Stadtführungen sowie ausgesuchte Restaurants und Kochschulen.

Fisch wird in der Regel gebraten und mit Kartoffeln bzw. Chips (Pommes frites) sowie Gemüse serviert. Dazu gibt es verschiedene Saucen zur Auswahl, zumeist eine Zitronen-Buttersauce (lemon butter). Typisch für Kapstadt sind die Fish & Chips-Imbisse, die man in der Innenstadt, an den Häfen von Hout Bay und Kalk Bay, aber auch nahe einiger Touristenstrände findet.

Tropische und subtropische Gemüsearten und Früchte sorgen für weitere kulinarische Höhepunkte. Beliebt ist auch die *butternut*, eine Art Kürbis, die als Gemüse oder Beilage für viele Gerichte dient. Salate können überall bedenkenlos verzehrt werden, ebenso kann man bedenkenlos überall das Wasser aus der öffentlichen Wasserversorgung trinken.

Zum Essen trinkt man **Bier** oder südafrikanischen **Wein**. Erfrischend ist *Savanna Dry*, ein Cider; aber auch Softdrinks sind fast überall erhältlich. Gängige Biersorten sind Castle, Windhoek, Amstel und Heineken, beliebt ist das Lager-Bier. Von vielen Bieren gibt es auch eine „light"-Version. Südafrikanische Weine sind von hervorragender Qualität, die meisten sind Weißweine der Rebsorten Chardonnay, Sauvignon Blanc oder Chenin Blanc. Begehrte Rotweine sind die Sorten Cabernet Sauvignon, Pinot Noir, Pinotage und der kräftige Shiraz.

Restaurants sind entweder **fully licensed**, d. h. sie haben eine Ausschankgenehmigung für alle alkoholischen Getränke, oder sie sind unlicensed, d. h. sie bieten nur nichtalkoholische Getränke an. In muslimischen Restaurants wird Alkohol nicht serviert, dafür aber leckerer Tee, wie z. B. Grüner Tee oder Kardamom-Tee (s. S. 232). Auch ist es in vielen Restaurants erlaubt, seinen eigenen Wein mitzubringen, dafür zahlt man jedoch eine **Corkage Fee** für das Öffnen der Flasche und das Gedeck.

Feiertage / Feste / Festivals

So bunt die Völkervielfalt am Kap ist, so vielfältig sind auch die besonderen Ereignisse in den verschiedenen Regionen der Kapprovinzen. Jeden Monat finden unzählige Feste statt, die von Bier, Wein, Oliven und Käse bis hin zu den Walen alles zelebrieren. Musik- und Theaterfestivals werden in fast jedem Ort veranstaltet. Ausstellungen und Expos gibt es auch zu jedem Thema. Eine Liste vieler dieser Veranstaltungen, nach Provinzen aufgeteilt, findet sich unter www.sa-venues.com/events.

Ein **Überblick** in Kurzfassung illustriert die Vielfalt, weitere Sportveranstaltungen sind unter „Sportereignisse" zu finden:

Allgemeine Feiertage	
1. Januar	Neujahr (New Year's Day)
21. März	Tag der Menschenrechte (Human Right's Day). Jahrestag des Sharpeville Massakers (1960) sowie der Bildung der Human Rights Commission, die in der neuen, demokratischen Verfassung (1996) verankert ist.
Karfreitag	Good Friday
Ostermontag	Family Day
27. April	Freiheitstag (Freedom Day). Tag der ersten demokratischen Wahlen in Südafrika (1994).
1. Mai	Tag der Arbeit (Workers' Day)
16. Juni	Tag der Jugend (Youth Day). Jahrestag des Beginns der Rassenunruhen in Soweto (1976), der mit einem Schüleraufstand begann.
9. August	Nationaltag der Frauen (National Women's Day) Jahrestag der Frauen-Demonstrationen gegen das Passgesetz (1956).
24. September	Tag des Erbes (Heritage Day). In Gedenken an die kulturelle, landschaftliche und historische Vielfalt Südafrikas. Jedes Jahr ein anderes Motto.
16. Dezember	Tag der Versöhnung (Day of Reconciliation). Jahrestag der Schlacht am Blood River (1838) zwischen Buren und Zulu. Dieser Tag war während der Apartheid der „Gelöbnistag" und bekam 1995 seine neue Bedeutung.
25. Dezember	Erster Weihnachtstag (Christmas Day)
26. Dezember	Zweiter Weihnachtstag (Day of Goodwill)

Hinweis

Fällt ein Feiertag auf einen Sonntag, so ist der darauffolgende Montag frei. Zusätzlich gibt es noch besondere Feiertage in den asiatischen und jüdischen Gemeinden. Bewegliche Feiertage unter www.gov.za/node/63.

Januar	**Cape Town Minstrel Carnival**. Um das neue Jahr einzuläuten, ziehen Karnevalsumzüge durch die Innenstadt.
Januar/Februar	**Stellenbosch Wine Festival**. Historische Touren, Kunsthandwerk, Essen und natürlich Wein, Wein, Wein.
Februar/März	**Cape Town Pride Festival**. LGBT-Szene: Musik, Filme, Essen, Trinken, Workshops und vieles mehr.
Anfang März	**Cape Town Cycle Tour**. Über 30.000 internationale Teilnehmer liefern sich ein Radrennen rund um die Kaphalbinsel.
Anfang/Mitte März	**Cape Town Carnival**. Seit 2011 gibt es diesen bunten Karneval, bei dem ein Dutzend „ Floats" entlang der Fanmeile zum Cape Town Stadium ziehen und mittlerweile von über 50.000 bunt verkleideten Kapstädtern begleitet werden. Idee hinter diesem Karneval ist es, die Designerszene sowie die afrikanischen Traditionen ins bunte Licht zu rücken. www.capetowncarnival.com.
März	**Cape Town International Jazz Festival**. Ein Ohrenschmaus für Musikliebhaber.
April	**Klein Karoo National Arts Festival**. Kunsthandwerk, Musik, Theater und vieles mehr in Oudtshoorn.
Ende April	**South Africa Cheese Festival**. In Stellenbosch wird der Käse zelebriert.
Mai	**Riebeek Valley Olive Festival**. Neben Oliven gibt es auch Wein und Kunsthandwerk.
Juli	**Oyster Festival**. In Knysna dreht sich natürlich alles um die Auster.
August	**Klein Karoo Klassique**. Klassische Musik, großes Rahmenprogramm in Oudtshoorn.
August/ September	**Clanwilliam Wildflower Show**. Jährliche Veranstaltung in Clanwilliam, andere Shows rund um die Flora finden in Caledon, Darling, Citrusdal, Hopefield sowie im Namaqualand statt.
Ende Sept./ Anfang Okt.	**Whale Festival**. Zum Auftakt der Whalewatching-Saison lockt Hermanus Tausende Besucher mit Musik, Theater, Kunsthandwerk etc.
Oktober	**Robertson Wine on the River**. Musik, Wein, Käse u.v.m.; Weinfestivals auch in anderen Anbaugebieten (Constantia, Franschhoek etc.).
Ende November	**Cape Town Festival of Beer**. Über 20 Brauereien sind vertreten bei diesem Festival in Hamilton's Rugby Club in Green Point.

Flüge

Lufthansa fliegt täglich ab Frankfurt/M. direkt nach Johannesburg. Die Fluggesellschaft sorgt dann für weitere Anschlüsse zu südafrikanischen Metropolen wie Kapstadt. Saisonal gibt es von Mitteleuropa aus auch Direktflüge nach Kapstadt, etwa mit **Lufthansa** (ab Frankfurt oder München), **Edelweiss** (ab Zürich), **Condor** (ab Frankfurt) und ein paar anderen Fluggesellschaften. Die Preise schwanken je nach Saison und Reiseansprüchen, wie z. B. Gabelflüge. In der Economy Class ist das Gepäck in der Regel auf 20–30 kg beschränkt.

Über ausländische Flughäfen mit entsprechenden Anschlüssen ab Deutschland bieten **British Airways** (über London), **Air France** (über Paris), **KLM** (über Amsterdam), **Turkish Airlines** (über Istanbul), **Ethiopian Airlines** (über Addis Abeba) sowie die arabischen Fluggesellschaften **Qatar Airways** und **Emirates** Verbindungen nach Südafrika an. Wichtig ist es, die Angebote genau zu analysieren, um die günstigsten Bedingungen zu wählen. Es gibt billige Angebote mit verschiedenen Fluglinien nach Südafrika, doch jeder Umweg über einen anderen Flughafen auf dem Weg nach Südafrika verlängert den ohnehin langen Flug und man muss mit ungünstigen Abflugzeiten ab Deutschland und Wartezeiten bei Zwischenstopps rechnen. Auch endet das vermeintlich billige Angebot oft am Flughafen in Johannesburg.

Die wichtigsten Fluggesellschaften
Air France, www.airfrance.de; **British Airways**, www.britishairways.com; **Condor**, www.condor.com; **Emirates**, www.emirates.com; **Ethiopian Airlines**, www.ethiopianairlines.com; **KLM**, www.klm.com; **Lufthansa**, www.lufthansa.com; **Qatar Airways**, www.qatarairways.com; **Turkish Airlines**, www.turkishairlines.com (Telefonnummern der Fluggesellschaften am Airport in Kapstadt s. S. 244).

Klimabewusst nach Südafrika

Wer seine bei den Flügen entstehenden CO_2-Emissionen über eine Spende für **Klimaschutzprojekte** kompensieren möchte, kann dies beispielsweise über www.atmosfair.de, https://klima-kollekte.de oder https://de.myclimate.org/de tun.

Fotografieren

Eine robuste, möglichst staubsichere **Kamera** mit einem relativ guten Zoom ist für die meisten Aufnahmen ausreichend. Für Schnappschüsse eignet sich entweder das Smartphone oder eine kleine Zweitkamera. An Zubehör sind wichtig: zusätzliche Speicherkarten, Ersatzakku sowie Ladegerät inklusive Adapterstecker.

Hinweise

Beim **Fotografieren von Menschen** sollte man vorher um Erlaubnis fragen und Stolz und Menschenwürde der Porträtierten wahren. Wer **Tiere aufnehmen** möchte, sollte darauf achten, die Tiere nicht zu beunruhigen und Distanz zu halten, wenn nötig. Nicht nur Großaufnahmen, sondern auch Aufnahmen von Tieren in ihrem Biotop sind reizvoll. Und auch kleinere Tiere sind ein Verweilen, Beobachten und eine Aufnahme wert.

Geld

Banken und Zahlungsmittel

Allgegenwärtig in Südafrika sind vier große Banken: **ABSA**, **FNB** (First National Bank), **Nedbank** und **Standard Bank**. Auch auf den drei internationalen Flughäfen in Johannesburg, Kapstadt und Durban ist zu den normalen Schalterstunden jeweils eine Bank geöffnet. **Wechselstuben** sind auf jedem dieser Flughäfen vor jedem internationalen Abflug und nach jeder internationalen Ankunft geöffnet. Die **Schalterstunden** der Banken sind in der Regel: in der Stadt: 9–15.30 Uhr an Werktagen, einige auch samstags 8.30–11 Uhr; auf dem Land: 9–12.45 und 14–15.30 Uhr an Werktagen.

Bankautomaten oder **ATM** (**Automated Teller Machines**) gibt es in Südafrika häufig, an ihnen kann man mit den gängigen Kreditkarten Geld abheben. Auch die Giro- bzw. Debit-Karten der Banken und Kreditinstitute mit Maestro-System werden von nahezu allen ATMs akzeptiert, wichtig ist eben, dass der Automat mit dem Maestro-System kooperiert. Der Betrag, den man abheben kann, ist begrenzt, daher sollte man sich vorher bei dem eigenen Kreditinstitut erkundigen, wie hoch der Tageshöchstsatz ist und welche Gebühren entstehen. Auch die südafrikanischen Banken haben meist Höchstsätze für jede Transaktion oder jeden Tag.

Achtung

Einige deutsche Banken haben bei den Debitkarten von Maestro auf V-Pay umgestellt, diese Karten sind nicht überall in Afrika nutzbar!

Kreditkarten können in größeren Geschäften, Hotels, Restaurants, bei den Airlines, Mietwagenunternehmen und anderen Zweigen der Touristikbranche benutzt werden und sind auch in anderen Bereichen immer geläufiger. Gebräuchlich sind besonders VISA und Master-Card. Mit diesen kann man auch an den meisten Automaten Geld abheben (Gebühren variieren, vorher bei der Bank erfragen, PIN-Code erforderlich). Es ist nicht von Vorteil, in Europa bereits große Mengen Rand als Bargeld zu besorgen, weil der Kurs und die Gebühren ungünstiger sind. Direkt im Ankunftsterminal in Kapstadt gibt es mehrere ATMs, sodass man auch für den ersten Tag nicht unbedingt Rand aus Europa mitnehmen muss. Wer auf **Reiseschecks** (gegen Verlust und Diebstahl versichert) zurückgreifen möchte, sollte bedenken, dass der Aufwand und die Kosten der Bestellung und Einlösung relativ hoch sind.

Kartenverlust

Bei Kartenverlust oder Diebstahl gibt es für beinahe alle Arten von Karten, einschließlich Kredit- und Bankkarte, in Deutschland eine einheitliche **Sperrnummer** ✆ 116 116. Aus dem Ausland +49 116 116 oder +49 (30) 4050 4050. Im Internet: www.sperr-notruf.de.

Für den Fall, dass es Probleme mit der Kreditkarte geben sollte, ist es ratsam, eine Kopie der Karte (Vorder- und Rückseite) zu machen und sich die Service- und/oder Notfallnummern des ausstellenden Kreditinstituts zu notieren. Wer keine Karte oder Kopie mit den Notfallnummern vorliegen hat, kann die folgenden deutschen Telefonnummern anrufen: **American Express** ✆ (069) 9797-2222, **Diners Club** ✆ (069) 900 150-135 oder -136, **Mastercard** ✆ (069) 9712-1000, **Visa** ✆ 0800-811-8440. Auch an die **zentrale Notrufnummer** für Giro/Debit-Karten ✆ +49 (1805) 021-

021 (gebührenpflichtig) kann man sich wenden. Dieser Sperrannahmedienst ist rund um die Uhr erreichbar und nimmt Informationen per Sprachcomputer auf. Für diesen Anruf benötigt man seine IBAN und die BIC. Die Notrufnummern für nicht angeschlossene Kreditkarteninstitute und für österreichische und Schweizer Karten bitte bei der jeweiligen Bank erfragen. Bei **Verlust der Kreditkarte** stehen in Südafrika folgende Rufnummern zur Verfügung:
American Express: ✆ (011) 710-4735 (Platinum-Card), (011) 710-4040 (Gold-Card).
Visa: ✆ (0800) 990-475 und +1 (303) 967-1090.
Mastercard: ✆ (0800) 990-418 und +1 (636) 722-7111.
Diners Club: ✆ (0860) 346-377.

Einige wenige **Tankstellen** akzeptieren immer noch keine Kreditkarten, deshalb sollte man immer genügend Bargeld fürs Tanken bereit haben.

Währung

In diesem Buch wird bei Preisangaben das Kurzzeichen „R" für den Südafrikanischen Rand verwendet. In Südafrika selbst wird die Währung meist als „ZAR" ausgewiesen, wobei es sich um den international gültigen ISO-Code handelt.

Die Währung in Südafrika ist der **Rand**, abgekürzt R oder ZAR (*Zuid-Afrikaanse Rand*). Ein Rand entspricht 100 Cent. Die kupferfarbenen **Münzen** gibt es als 1-, 2- und 5-Cent-Stücke wobei die 1-Cent- und 2-Cent-Münzen nicht mehr angenommen werden. Außerdem gibt es Münzen zu 10 c, 20 c, 50 c, 1 R, 2 R und 5 R sowie Scheine zu 10 R, 20 R, 50 R, 100 R und 200 R.

Die Rand-Beträge, die man ins Land ein- oder ausführen darf, ändern sich, sind aber im Allgemeinen niedrig. Andere Währungen und Reiseschecks dürfen uneingeschränkt mitgebracht werden, sind aber ab einem Gegenwert von 10.000 US-$ zu deklarieren.

Gesundheit

Im Allgemeinen sind Reisende in den Kapprovinzen keinen besonderen Gesundheitsrisiken ausgesetzt, außer vielleicht den ernährungs- und klimabedingten Umstellungsproblemen. Südafrika verfügt über eine ausgezeichnete medizinische Versorgung. Entlang der touristischen Routen, aber auch abseits der Wege, kann mit kompetenter Hilfe gerechnet werden. **Staatliche Krankenhäuser** haben kleine Budgets und sind oft überfüllt, es kann zu langen Wartezeiten kommen. **Private Krankenhäuser** arbeiten auf höherem Niveau und sind deshalb eher zu empfehlen. Über die Webseiten von **Netcare** (www.netcare.co.za) und **Mediclinic** (www.mediclinic.co.za) findet man der jeweiligen Gruppe angehörige Krankenhäuser und Fachärzte sowie Beratungen für Impfungen, Medikamente etc. Weitere Informationen zu Ärzten und Krankenhäusern in Kapstadt, s. S. 199.

Die Rufnummern der **lokalen Kliniken** stehen vorne in den Telefonbüchern, Ärzte unter „Medical", Zahnärzte unter „Dentists". Hotels halten meist Ärzte-Listen bereit.

Landesweiter Polizei-Notruf: ✆ 10 111
Landesweiter Notruf für Rettungswagen: ✆ 10 177
Notfall (aus dem Mobilfunknetz): ✆ 112

Außerhalb der regulären Öffnungszeiten stehen in den größeren Städten stets **Notapotheken** zur Verfügung. Eine **Auslands-** bzw. **Reisekrankenversicherung** mit Reiserücktrittoption und Rücktransport ist ratsam! Eine europäische Versichertenkarte wird in Südafrika nicht akzeptiert, ohne zusätzliche Absicherung muss man für die teils sehr hohen Kosten selbst und sofort aufkommen. Manche privaten Kassen decken das Auslandsrisiko ab.

Impfungen

Impfungen sind für die Einreise nur notwendig, wenn man aus einem Gelbfiebergebiet nach Südafrika kommt. Sinnvoll sind aktuelle Schutzimpfungen gegen Tetanus, Diphtherie und Hepatitis A. Eine Malaria-Prophylaxe ist für den Besuch der Kapprovinzen nicht nötig.

HIV/Aids

Die HIV-Rate ist in Südafrika sehr hoch, es sollte selbstverständlich sein, sich mit entsprechenden Maßnahmen gegen eine Infizierung zu schützen.

Darmerkrankungen/Durchfall

In allen warmen Ländern der Erde sind besonders Besucher aus kühleren Klimazonen anfällig für Darmkrankheiten, die jedoch meist nur leicht und medikamentös zu beheben sind. Bei Durchfall ist auf eine ausreichende Flüssigkeits- und Elektrolytzufuhr zu achten. Glukose-Elektrolyt-Mischungen sind im Handel erhältlich und gehören in jede Reiseapotheke.

Trinkwasser

Trinkwasser kann man in ganz Südafrika aus der Leitung trinken. Salate und ähnliche Lebensmittel können unbesorgt gegessen werden.

Baden

Beim Schwimmen im Ozean muss auf Strömungen und auf evtl. Gefährdung durch Haie geachtet werden, wobei letztere Gefahr sehr gering ist. Beliebte Strände sind teilweise durch Stahlnetze gesichert; ebenso gibt es an einigen Badeorten „Haiwachen". Man sollte sich also deswegen die Badefreuden nicht trüben lassen. Gefährlich kann das Baden in stehenden Gewässern und Flüssen sein, die Bilharziose-Erreger enthalten können, wobei dies in den Kapprovinzen sehr selten vorkommt. Am besten vor Ort nachfragen.

Sonnenbestrahlung

Auf keinen Fall unterschätzt werden sollte das Risiko der Sonnenbestrahlung, denn die ist in der südlichen Hemisphäre wesentlich stärker und, besonders am Wasser, um einiges intensiver. Unabdingbar sind wasserfestes Sonnenschutzmittel mit sehr hohem Lichtschutzfaktor, Sonnenbrille und ein breitkrempiger Hut.

Schlangen

Es gibt zwar viele und z. T. giftige Schlangen, übermäßige Angst ist deshalb aber nicht angebracht. Bei Wanderungen sollte man auf den Weg achten, immer feste Schuhe tragen und nicht mit bloßen Händen in Erdlöcher, Felsspalten oder Höhlen greifen. Sollte es dennoch zu einem Schlangenbiss kommen, ist es wichtig, sich Farbe und Kopfform der Schlange zu merken, damit ein behandelnder Arzt oder anderer sachkundiger Helfer weiß, welches Gegenserum angebracht ist.

Tipp

Unter www.bereit-zu-reisen.de sind allgemeine und spezifische Infos zu Themen wie Impfungen, Reisekrankheiten, Reiseapotheke und vielen anderen Gesundheitsfragen zu finden.

Golf

Der britische Einfluss und das hervorragende Klima haben dazu beigetragen, dass in Südafrika schon seit den 1920er-Jahren Golf gespielt wurde. Inzwischen gibt es über 500 Golfplätze, einige angeschlossen an Luxus-Resorts, viele sind auch öffentlich und daher eher erschwinglich. Grundsätzlich sind überall Gastspieler willkommen, die vorher jedoch die freien Zeiten erfragen sollten. Kapstadts nächster Golfplatz liegt gleich hinter dem Cape Town Stadium (ehemaliges Green Point Stadium), nur wenige Gehminuten von der Victoria & Alfred Waterfront. Nahe der Stadt finden sich die Plätze in Milnerton, Wynberg, Somerset West und Constantia Valley. Landschaftliche Augenweiden sind viele der Golfplätze in der Kapregion, mit dem Tafelberg im Hintergrund, direkt an der Küstenlinie oder inmitten ausgedehnter Weinfelder. Weitere, landschaftlich schön gelegene Plätze findet man auf der Kaphalbinsel, entlang der False Bay, in den Weinbaugebieten und entlang der Garden Route. Alle haben ihren eigenen Charme und bieten unterschiedliche Herausforderungen für Golfer.

Informationen zu Golfplätzen

Über das südafrikanische Fremdenverkehrsbüro **South African Tourism** (s. u.) können golfende Reisende Infos über Golfplätze und Unterkünfte einholen. Auch die folgenden **Websites** bieten eine Fülle von Informationen zum Thema, inkl. Einzelheiten zu fast jedem Golfplatz in Südafrika: www.golfinsouthafrica.com.

Weitere Kontaktadressen

South African Golf Association (SAGA), ✆ (011) 781-3718, www.golfrsa.com. Ein Zusammenschluss von Amateur-Golfern, die zusammen mit dem **Womens Golf South Africa** (WSAGA), große Turniere ausrichtet.

Classic Golf Tours-Pinder Reisen, Goldregenweg 39a, 70565 Stuttgart, ✆ (0711) 600-437, www.golfen-in-afrika.de. Spezialanbieter für Golfreisen.

Ascot Tours C.C., ✆ (083) 647-7997, www.ascottours.co.za. In Kapstadt ansässiger Tour-Operator, der sich auf Golfreisen spezialisiert hat.

Zu einigen **ausgewählten Golfanlagen** im Raum Kapstadt s. S. 239.

Informationen

Auf der Internetseite des südafrikanischen Fremdenverkehrsbüros **South African Tourism** gibt es Auskünfte über das Land: www.southafrica.net. Auch die **Botschaften** (siehe S. 91) informieren auf ihren Internetseiten über das Reisen nach und in Südafrika. Die einzelnen örtlichen **Tourist Information Offices** sind in Südafrika sehr gut ausgeschildert mit dem typischen „I". Im Reiseteil ab S. 142 sind die Adressen der jeweiligen regionalen Tourist Information Offices aufgeführt. Im Folgenden eine Liste von interessanten Websites zu Südafrika, Kapstadt und der Garden Route. Weitere Websites und Adressen sind unter den verschiedenen Stichworten aufgeführt.

www.suedafrika.net	übersichtliche Website der südafrikanischen Regierung mit Informationen zum gesamten Land, inklusive Geschichte, Geologie, Unterkünfte etc.
www.suedafrika.org	Website der südafrikanischen Botschaft in Deutschland mit Nachrichten und Berichten.
www.auswaertiges-amt.de	Website des deutschen Auswärtigen Amts. Unter „Reise und Sicherheit" sind allgemeine Infos sowie Hinweise über Einreise, Zoll, Gesundheit, Sicherheit u.v.m. zu finden. Für CH und A siehe S. 91 (Botschaften).
www.capetown.travel und **https://www.wesgro.co.za/travel/home**	offizielle Websites des Touristenamts in Kapstadt sowie der Western Cape Province. Recht übersichtlich, mit Veranstaltungskalender und guten Links.
www.tourism.gov.za	Website des südafrikanischen Tourismus-Ministeriums.
www.sa-venues.com	Website mit umfassender Information zu vielen Themen, inklusive Unterkünfte. Mit Suchmaschine.
www.sanparks.org	offizielle Seite der Nationalparkbehörde; Informationen zu allen Parks. Buchungsmöglichkeit der Unterkünfte.
www.capenature.co.za	Seite der Naturschutzbehörde, die zahlreiche Reservate unterhält.
www.gardenroute.co.za	Website zum Thema Garden Route, wie viele andere sehr kommerziell. Hilfreich sind die Links zu einzelnen Orten.
www.visiteasterncape.co.za	Seite der Eastern Cape Tourism Agency; Unterkünfte, Aktivitäten, Veranstaltungen etc.
www.accommodation.co.za	Informationen zu Unterkünften in Südafrika, Suchen in den einzelnen Provinzen möglich.
www.afrika.de	Website des Reiseveranstalters Iwanowski's Individuelles Reisen, u. a. mit aktuellen Hinweisen über die Länder des südlichen Afrika.
www.weathersa.co.za	südafrikanischer Wetterservice.
www.businesslive.co.za/bd	Online-Zeitung. Informationen aus der Wirtschaft.
www.iol.co.za und **www.news24.com**	aktuellste nationale und internationale Nachrichten.
www.mapmyway.co.za/printed-maps	Themen-Karten zu Kapstadt (z. B. Food-Map, Arts & Craft Map).

Internet

Internetcafés gibt es immer noch, aber nur vereinzelt. Man findet sie in den größeren Orten vor allem in Shoppingcentern, sie sind aber auch in kleineren Orten vertreten, wo man ab 10 R/Std. (in Großstädten bis zu 30 R/Std.) surfen oder E-Mails verschicken kann. In den meisten Hotels, Lodges, Ferienwohnungen und Hostels gibt es Internetzugang über WLAN (engl. „Wi-Fi"). Wi-Fi-Hotspots für den Gebrauch des eigenen Laptop/Tablet sind in den Großstädten in Cafés, Malls und in anderen öffentlichen Gebäuden eingerichtet. Als Wi-Fi-Hotspot kann man alternativ auch das mit einer SA-SIM-Karte bestückte Smartphone nutzen.

Kartenmaterial

s. auch „Literatur" im Anhang ab S. 534.

Eine Reisekarte zu Südafrika ist diesem Buch beigefügt. Bei **South African Tourism** (s. o.) ist eine Übersichtskarte erhältlich. Die Touristenkarte, die das Touristenamt von Kapstadt verteilt, ist ausreichend für den groben Überblick. Da Karten in europäischen Buchhandlungen wesentlich teurer sind, ist es ratsam, detailgetreue Karten in Südafrika zu kaufen. Map Studio (www.mapstudio.co.za) ist z. B. ein bekannter, südafrikanischer Kartenverlag, der Straßen- und Touristenkarten (auch thematisierte, z. B. Fahrradrouten, Weinbaugebiete etc.) herausgibt, die in Buchläden zu kaufen sind. Auf der Internetseite www.mapmyway.co.za/printed-maps findet man Kapstadt-Karten zu bestimmten Themen.

Tipp

Der besondere Tipp sind die **Slingsby Maps** (www.slingsbymaps.com) zu verschiedenen Regionen. Dies sind hochwertige, sehr detaillierte Touring- und Wanderkarten. Erhältlich in Buchläden und einigen Outdoorgeschäften (u. a. Cape Union Mart). Auch digitale Karten sind zum Download verfügbar.

Wer sich für detaillierte, physische Landkarten aller Maßstäbe (1:25.000 bis zu 1:2.000.000) interessiert, der sollte zum staatlichen Vermessungsamt fahren, hier werden diese Karten an jeden verkauft. **National Geo-spatial Information** (NGI), Survey & Mapping, Department of Rural Development & Land Reform, Van der Sterr Bldg., Rhodes Ave., Mowbray, ✆ (021) 685-4300, www.ngi.gov.za. Anfahrt über M3, dann die erste Ausfahrt südlich des N2-Abzweigs nehmen (bei der Mühle). Das Karten-/Katasteramt ist ausgeschildert. Man kann die Produkte auch bestellen: ✆ (021) 658-4493/2/4/5, E-Mail: salesdalrrd.gov.za.

Kinder

Südafrika ist ein ausgesprochen kinderfreundliches Land, entsprechend viele Unterhaltungsprogramme und Spielplätze für die Jüngeren gibt es. Auch beschäftigen sich viele Bücher speziell mit Aktivitäten und Unternehmungen für Kinder. Zahlreiche Restaurants haben Gerichte bzw. auch Hochsitze für Kinder. Bei der Buchung von Privatunterkünften, Guesthouses und auch Camps sollte man darauf achten, ob diese Kinder aufnehmen. Falls nicht, ist das kein böser Wille, sondern i. d. R. Folge davon, dass die Sicherheit von Kindern dort nicht gewährleistet werden kann. Wichtig ist zudem, sich an Badestränden vorher über die Strömungsverhältnisse zu informieren. Tidenpools bieten an vielen Stränden mehr Sicherheit.

Mit Kleinkindern zu reisen ist „normal" in Südafrika. Größere Hotels haben einen eigenen Babysitter bzw. vermitteln seriöse Adressen von Babysittern. In den Gelben Seiten finden sich Babysitter-Organisationen (unter „Babysitter", „Child Care"), im Internet findet man etwa unter www.babysits.co.za oder unter www.wesit.co.za zahlreiche Angebote für Kapstadt.

Hinweis

Bitte die Hinweise zu Kindern unter „Einreise" beachten.

Kleidung

Auch wenn die Temperaturunterschiede zwischen Tageshitze und nächtlicher Kälte am Western Cape nicht so drastisch wie in anderen Teilen des Landes sein können, sollte man den Koffer gemäß dem „Zwiebelprinzip“ packen: Kleidung, die in mehreren Schichten getragen und je nach Temperatur an- oder ausgezogen wird. Wichtig ist leichte, luftdurchlässige Kleidung. Da es abends und nachts kalt und windig werden kann, sollten eine Fleece-Jacke oder warmer Pullover nicht fehlen. Eine leichte Regenjacke sollte ebenfalls ins Gepäck. Neben einem Sonnenhut, bequemen Schuhen und Badesachen sollte man Sonnenbrille, Fernglas und eine Stirn- oder Taschenlampe nicht vergessen. Wenn Wanderungen eingeplant sind, sollten die halbhohen, festen Schuhe sowie ein Tagesrucksack nicht fehlen. Die Kleidungssitten sind generell sportlich-leger, von offiziellen Anlässen oder besonderen Feierlichkeiten abgesehen. In Hotels und Restaurants ist angemessene Kleidung notwendig. Generell gilt: „No shoes, no shirt – no service“.

Klima/Reisezeit

s. Kapitel Geografie, S. 53

Kriminalität/Sicherheit

Zwar ist die Kriminalität in den Kapprovinzen nicht so hoch wie in Johannesburg oder Durban, dennoch ist Vorsicht geboten. Weder sollte man viel Bargeld und Schmuckstücke bei sich tragen noch zu „locker“ mit dem Handy auf offener Straße umgehen. Wertsachen können im Hotelsafe eingeschlossen werden. Ratsam ist es, Kopien von Ausweisen und Kreditkarten an einem sicheren Ort aufzubewahren, falls es doch Probleme geben sollte. Auch die Handy-Daten und sonstige Dateien sollten separat gesichert sein (auf einem USB-Stick, in der Cloud o. ä.).

Unauffälliges Verhalten und dezente Kleidung sind sinnvoll. Randgebiete der Townships, die Townships selbst, bestimmte Innenstadtbereiche von Kapstadt (um St. George Mall) sowie die gesamte Innenstadt von Port Elizabeth (Gqeberha) und generell einsame Straßen sollten nachts und an den Wochenendabenden gemieden werden. Keine Wertsachen oder Taschen offen sichtbar und vor allen Dingen greifbar im Auto aufbewahren, auch nicht während der Fahrt. Auf Autobahnen, an Zufahrten zum Airport und an Straßenkreuzungen sollte man besonders darauf achten, die Autotüren verriegelt zu haben.

Wenn es wirklich Probleme geben sollte, lautet die **Notrufnummer der Polizei** ✆ 10111. Weitere **Infos zur aktuellen Sicherheitslage** in Südafrika finden sich auf der Internetseite des Auswärtigen Amtes: www.auswaertiges-amt.de/de.

Maße und Gewichte

In Südafrika gilt, wie in Deutschland, Österreich und der Schweiz auch, das metrische System.

Nationalparks / Naturreservate

Besonders beeindruckend und schön sind die Landschaften in den Schutzgebieten Südafrikas, den Nationalparks und Naturreservaten. Die **Nationalparks**, von denen es inzwischen 19 gibt, werden von **South African National Parks**, der Nationalparkbehörde, kontrolliert und verwaltet. Der wohl bekannteste unter ihnen ist der Kruger National Park. In diesem Reisegebiet gibt es zehn Nationalparks: Table Mountain NP, West Coast NP, Cape Agulhas NP, Bontebok NP, Tankwa Karoo NP, Karoo NP, Garden Route NP, Mountain Zebra NP, Camdeboo NP, Addo Elephant NP, am Rande beschrieben sind zudem der Namaqua NP sowie der |Ai-|Ais/Richtersveld NP. Vegetation und Geografie, mit Ausnahme von Addo, stehen hier im Vordergrund, jeder Park ist jedoch sehr beeindruckend und hat seinen eigenen Charme und bemerkenswertes Tierleben.

Einige der oben genannten Nationalparks bieten „game drives" an. In den meisten Nationalparks gibt es Campingplätze und Übernachtungsmöglichkeiten. Frühzeitige Buchungen sind in der Hauptsaison auf jeden Fall ratsam.
South African National Parks (HQ), P.O. Box 787, Pretoria 0001, ✆ (012) 428-9111, reservations@sanparks.org, www.sanparks.org. Das Nationalparkbüro in Kapstadt befindet sich im Visitor Centre (Ecke Burg/Castle Sts., Cape Town 8000, ✆ 021-487-6800, sanparks@capetown.travel).

Die Naturschutzbehörde **Cape Nature** unterhält zahlreiche Naturreservate im Western Cape, z. B. Cederberg Wilderness (Clanwilliam), Jonkershoek (Stellenbosch), Limietberge (Paarl), De Hoop (Bredarsdorp), Anysberg (Laingsburg), Swartberg/Gamkaskloof (Prince Albert), Groot Winterhoek (Porterville), Gamkaberg (Oudtshoorn), Goukamma (Knysna), Keurbooms River (Plettenberg Bay). Viele eignen sich hervorragend zum Wandern, Mountainbiking, Kanu fahren (nur Keurbooms River) und zu anderen Aktivitäten. Unterkünfte (Selbstversorger-Hütten, Camping) unbedingt im Voraus buchen und die Conservation Fee im Voraus bezahlen. Für Wanderungen, Angeln u. Ä. muss man Erlaubnis (permit) einholen. Einige Gebiete sind sehr abgelegen, in der Regel muss man vor 16 Uhr anreisen. Man sollte sich bei der Buchung genauestens über Einzelheiten informieren.
Cape Nature, ✆ (087) 087-8250 (Mo–Fr 7.30–16.30, Sa 8–12 Uhr), E-Mail: reservation.alert@capenature.co.za, www.capenature.co.za.

Hinweis

Die südafrikanischen National Parks und Nature Reserves verlangen alle eine **Conservation Fee**, Eintrittspreise, die z. T. recht hoch sind und sich pro Tag bzw. Übernachtung berechnen. SanParks bietet eine Jahreseintrittskarte für alle National Parks und Nature Reserves des Landes sowie Swazilands (SANParks, Msinsi, EKZNWildlife, Cape Nature and Swazi Clusters Parks) an, die sog. „**Wildcard**" (International All Parks Cluster). Allerdings sind die Kosten des Beitrags für Touristen so hoch, dass es sich nur lohnt, wenn im Laufe eines Jahres viele Parkbesuche anstehen oder längere Parkaufenthalte geplant sind.

Notruf

s. auch „Geld" und „Gesundheit"

Aus dem Festnetz: **Polizei**: ✆ 10111; Ambulanz: ✆ 10177
Aus dem Mobilfunknetz: **Notfall**: ✆ 112

Post

Schalterstunden i. d. R.: Mo–Fr 8.30–15.30, Sa 8–11 Uhr. In kleineren Postämtern wird oft eine Mittagspause (13–14 Uhr) eingehalten.
Porto: Die Briefmarkengebühren ändern sich laufend, weshalb das South African Post Office dazu übergegangen ist, keine Marken mit gedruckten Werten zu produzieren, sondern die Marken nur mit der jeweiligen Nutzung zu betiteln, z. B. „Airmail Postcard". In Hotels und Geschäften/Kiosken wird oft ein Aufpreis für Briefmarken verlangt. Aufgrund des sinkenden Interesses werden oft nicht ausreichend Marken nachgedruckt bzw. geht die Post dazu über, mit Wertstempeln bedruckte Karten/Umschläge auszugeben.
Briefkästen (letter boxes) sind rot und haben meist die Form einer Säule. Die **Luftpost** von Südafrika nach Deutschland kann sehr unterschiedlich lange unterwegs sein, von fünf Tagen bis zu drei Wochen.

Rauchen

Seitdem strengere Gesetze bzgl. des Rauchens in öffentlichen Gebäuden und Gaststätten aller Art in Kraft getreten sind, müssen Restaurants, Bars und sonstige gastronomische Einrichtungen separate Nichtrauchersektionen aufweisen. Das hat in kleineren Lokalitäten dazu geführt, dass sie ganz rauchfrei sind. Auch öffentliche Gebäude wie Behörden, Shopping Malls und Flughäfen sind rauchfreie Zonen. Das Wegwerfen von Zigarettenkippen wird mit Strafgeldern geahndet.

Sicherheit

s. unter „Kriminalität"

Souvenirs

s. auch Grüne Seiten unter „Mehrwertsteuer-Rückerstattung"

Südafrika ist ein wahres Dorado für Mitbringsel, man findet unterwegs auf jeden Fall etwas Kleines für Freunde und Familie, aber auch für die eigene Erinnerung.

- Der leckere **Rooibos-Tee** kommt immer gut an und ist als Warm- oder Kaltgetränk zu jeder Jahreszeit beliebt.
- Die **Weine Südafrikas** wird jeder sicherlich auf der Reise ausreichend kosten können, eine besondere Flasche sollte dann auch in den Koffer. Für den Genuss zu Hause findet man zum Glück inzwischen auch eine große Anzahl südafrikanischer Weine bei uns, da lohnt das Schleppen nicht.
- **Stoffe** sind mit ihren Motiven und Farbkombinationen der Zulu, Xhosa und Bantu ein toller Blickfang. Ob als Wanddekoration, als Tischdecke, als Wickelrock, als Schal oder Kissenbezug, in allen Variationen bringen sie Urlaubsgefühle mit nach Hause.
- **Souvenirs vom Strauß** sind ebenfalls sehr beliebt. Die Straußeneier sind naturbelassen oder auch bemalt zu erwerben, aus Straußenfedern werden Staubwedel oder Federboas hergestellt. Sehr begehrt sind Straußenleder-Produkte wie Handtaschen, Geldbörsen oder Gürtel. Bitte bei tierischen Produkten besonders auf Herkunft und Nachhaltigkeit achten.
- Aus bunten **Blech- und Konservendosen** werden tolle Dinge gemacht: Vögel, Windräder, Bilderrahmen etc.

- Die **Perlenarbeiten der Zulu** gibt es inzwischen in unzähligen Variationen: Schlüsselanhänger, Schmuck, Serviettenringe, Untersetzer, verzierte Bestecke, aber auch zu Lampen, Körben oder Figuren verarbeitete Werke sind sehr dekorativ.
- Diverse **Holzschnitzarbeiten** werden fast überall angeboten, meist sind sie jedoch ein wenig zu groß als Mitbringsel. Aber es muss nicht immer eine 2 m hohe Giraffe sein, kleine Schnitzereien (Masken, Figuren oder Gebrauchsgegenstände wie Bestecke) findet man auch.
- Wunderschöne **Korbflechtarbeiten**, die meist von Zulu hergestellt sind, findet man im ganzen Land.
- CDs mit afrikanischer **Musik** sind ein Hörgenuss für zu Hause.
- Edle **Schmuckwaren** in allen Farben sind zwar ein teures, aber einmaliges Souvenir. Als Diamanten- und Goldland bietet Südafrika beste Materialien für die Schmuckherstellung.

Sport

 *s. auch „Golf" und „Wandern"*

Südafrika ist ein Land der Sportbegeisterten; landschaftlich und klimatisch bedingt sind praktisch alle Sportarten möglich. Informationen und Links über **South African Tourism** (www.southafrica.net). Da sich immer mehr Menschen auch im Urlaub aktiv betätigen möchten, folgt hier eine Auswahl verschiedener Sportmöglichkeiten („Golf" und „Wandern" s. dort).

Abseiling

Abseiling, ein aus dem Deutschen abgeleitetes Wort, ist besonders dort beliebt, wo es kleine Canyons gibt. Beim Abseiling wird man an einem Seil in einen Canyon oder an einer steilen Wand abgeseilt, d. h. man lässt sich, an einem Seil gesichert, rückwärts ins Leere fallen und „geht" dann langsam an der Wand hinunter. Um Kapstadt sind die beliebtesten Regionen der Chapman's Peak, das Tafelberg-Gebiet und der Kamikaze Canyon, zu dem man erst einmal wandern und dann raufkraxeln muss.

Angeln

Angeln, besonders das Hochseeangeln, erfreut sich großer Beliebtheit in den Kapprovinzen. In fast jedem Hafen sind Boote mit fachkundigen Fischern zu chartern. Die kleinen Flüsse in den Bergenketten nördlich der Garden Route eignen sich hervorragend zum fly fishing (Fliegenfischen) und die Bergketten der Western Cape Province zum trout fishing (Forellenfischen). **Informationen** erteilen: **South African Deep Sea Angling Association**, www.sadsaa.co.za und **Federation of Southern African Fly Fishers**, www.fosaf.org.za.

Bungee-Jumping

Bungee-Jumping, von einer Brücke oder einer Plattform ins Leere springen, dabei „nur" mit einem dickem elastischen Seil an den Fesseln befestigt sein, das ist wohl ein Erlebnis, das pures Adrenalin ausschüttet. Die östlich von Plettenberg Bay gelegene **Bloukrans Bridge** ist mit 216 m einer der höchsten Bungee-Jumping-Absprungplätze der Welt. Der zweite Bungee-Spot in der Kapprovinz ist die Gourits River Bridge bei Mossel Bay, etwa 350 km östlich von Kapstadt. Hier ist der Betrieb allerdings schon seit einigen Jahren ausgesetzt und die Fortführung ungewiss. Anbieter an der Bloukrans Bridge: https://bloukransbungy.com.

Drachenfliegen, Gleitschirmfliegen, Segelfliegen, Fallschirmspringen

Drachenfliegen (*hang gliding*) ist aus Versicherungsgründen in Südafrika nur erlaubt, wenn man Mitglied des **South African Aero Sport Clubs** ist, ✆ (011) 082-1100, www.facebook.com/aeroclub.org.za. Eine vorübergehende Mitgliedschaft ist möglich und notwendig, denn man ist auf Clubhilfe für die Gerätschaften angewiesen, außer man hat sein eigenes Fluggerät dabei. Offizielle Drachenverleihfirmen gibt es in Südafrika nicht und die Gebiete fürs Drachenfliegen sind sehr begrenzt. Informationen sind erhältlich bei **South African Hang Gliding and Paragliding Association**, www.sahpa.co.za.

Fürs **Gleitschirmfliegen** (*Paragliding*) ist in Südafrika eine Qualifikation notwendig. Kurse werden in verschiedenen Gegenden angeboten. Für einen Tandem-Flug benötigt man allerdings keine besonderen Voraussetzungen, man bekommt lediglich eine Einweisung. Informationen und Clubs unter www.paraglide-south-africa.com sowie www.para.co.za.
Segelfliegen (*Gliding*) ist in Südafrika in den nördlichen Regionen möglich, vor allen Dingen wegen der optimalen Aufwinde und der guten Wetterbedingungen. Informationen und Adressen unter www.sssa.org.za.
Fallschirmspringen ist wegen der einmaligen Landschaften, aber auch wegen des idealen Wetters sehr populär geworden. Einige Veranstalter und Clubs haben sich auf diesen Nervenkitzel spezialisiert. Über www.para.co.za erhält man weitere Informationen.

Fahrradfahren

Fahrradfahren ist nur in wenigen Regionen Südafrikas wirklich möglich, da es keine Radwege gibt und Südafrika kein klassisches Radfahrerland ist, mit Ausnahme von Radrennen (s. u.). **Organisierte Fahrradtouren** und spezielle Informationen zum Fahrrad fahren:
Pedal Power Association, 9 Hill Park Lane, Mowbray, Cape Town 7700, ✆ (083) 414-1442 oder (081) 043-9890, www.pedalpower.org.za.
African Bikers, Bahnhofstr. 51, 69115 Heidelberg, ✆ (06221) 647-8155, www.africanbikers.de. Organisiert komplette Biker-Touren (Rennrad, Mountainbike, Tourenrad, E-Bike) in Südafrika und anderen Ländern des Südlichen Afrika, auch als Kombitouren (z. B. Bike + Rail).
Allgemeine Informationen über sportliches Radfahren, inklusive Teilnahme an Radrennen gibt es über www.bicycling.co.za und www.capetowncycletour.com (Cape Town Cycle Tour-Radrennen u. a.). Die o. g. Adressen geben auch Informationen über Mountainbiking, das sich inzwischen immer größerer Beliebtheit erfreut. Unter www.mtbroutes.co.za erhält man Tipps zu den besten Trails. In Kapstadt werden bei **Downhill Adventures** (Shop 1, Overbeek Building, Ecke Orange/Kloof Street, Cape Town 8001, ✆ (082) 459-2422, www.downhilladventures.com) Mountainbikes vermietet und auch Touren organisiert, z. B. zum Cape Point und in die Wälder und Weinberge von Constantia.

Kanufahrten, Rafting, Seakayaking

Südafrikas Flüsse eignen sich z. T. hervorragend für Kanufahrten oder Schlauchbootabenteuer (*Rafting*), die meisten guten Flüsse liegen allerdings im Norden des Landes. Einige Firmen haben sich auf mehrtägige Trips von 2–6 Tagen Länge spezialisiert, besonders auf dem Oranje River in Höhe des einsamen, spektakulären Richtervelds im Nordwesten sowie dem Doring River auf dem Abschnitt nördlich von Clanwilliam. Dabei sind die Touren keineswegs gefährlich, auch Kinder dürfen daran teilnehmen. Geschlafen wird in Zelten, gekocht über dem offenen Lagerfeuer unter einem unvergesslichen Sternenhimmel. Gemächlicher geht es auf dem Breede River bei Swellendam zu. Die folgenden Unternehmen bieten **Touren** an:

Felix Unite River Adventures, UNIT 202B Tokai Village, Vans Road, Tokai, 7945 Cape Town, ✆ (087) 354-0578, www.felixunite.com.
The River Rafters, 1 Friesland Street, Durbanville, Cape Town, ✆ (021) 975-9727, www.riverrafters.co.za.
Hobbykanuten können Touren auf dem Breede River bei Swellendam sowie auf dem Keurbooms River bei Plettenberg Bay unternehmen, entweder für einen oder zwei Tage. In Kapstadt-Nähe gibt es keine nennenswerten Kanurouten, dafür steht hier das **Seakayaking** im Vordergrund. In der Touristeninformation liegen ausreichend Broschüren von Bootsverleihern und Organisatoren aus.

Kloofing/Canyoning

Kloofing (engl. *canyoning*) ist aus dem Afrikaans-Wort kloof (= Schlucht) abgeleitet und besteht darin, dass man sich in eine Schlucht begibt und diese kletternd, springend, schwimmend oder auf andere Weisen durchquert. Für viele ist dies von großem Reiz, weil es Bergsteigen, Abseiling, Wandern und andere sportliche Betätigungen beinhaltet. Ein Anbieter von Kloofing-Abenteuern ist **Abseil Africa** (✆ 072-065-1520, https://abseilafrica.co.za).

Segeln

Die südafrikanische Küste gilt mit ihrer oft rauen See und stürmischen Bedingungen als schwieriges Segelterritorium, aber auch als guter Platz, um das Segeln zu lernen. Die Gewässer um Kapstadt und der Western Province sind besonders geeignet, doch wird immer wieder vor den Strömungen und vor allem den schnellen Wetterumschwüngen gewarnt. Viele Segelclubs bieten Kurse an, **Infos** unter www.sailing.org.za.

Als Stadt, die von zwei Weltmeeren umgeben ist, gilt Kapstadt als **Topadresse bei Seglern**. Man sieht sie u. a. in den Becken der Victoria & Alfred Waterfront anlegen oder beim vornehmen **Royal Cape Yacht Club** im Table Bay Harbor, Duncan Rd., ✆ (021) 421-1354, http://rcyc.co.za. Viele Weltumsegler und Profiteams laufen Kapstadt jedes Jahr an und südafrikanische Weltklassesegler sind auch bei vielen bekannten Segelrennen dabei.

Stand Up Paddling (SUP)

Das Stand Up Paddling erfreut sich auch in Südafrika immer größerer Beliebtheit. **Infos** dazu findet man unter https://supsa.org.za bzw. https://supcapetown.co.za.

Surfen

Südafrika ist das Surfer-Paradies schlechthin und es zieht viele Surfer, auch weltberühmte, immer wieder an die Küsten des Landes, die ihre Künste in Topform halten oder verbessern wollen. Auch wenn mit „Surfen" meist das **Wellenreiten** gemeint ist, finden auch **Kitesurfer** und **Windsurfer** hier ihre Tummelplätze. In Langebaan (nördlich von Kapstadt an der Westküste) greift eine fjordartige Meeresbucht ins Land und bietet ideale Voraussetzungen für Geschwindigkeitsfanatiker, die dann auf das schnellste Brett umsteigen. Hier werden nicht nur Surfer, die auf extreme Wellen und Sprünge aus sind, zufriedengestellt. Andere Reviere für Windsurfer sind die großen Inlandseen oder Lagunen, so z. B. George (Swartvlei), Plettenberg Bay und Struis Bay. Hobie Beach in Port Elizabeth (Gqeberha) war einst Austragungsort der Windsurfing-Weltmeisterschaften und hat immer noch ein großes Angebot für Wassersportler.

Zu den besten **Surfspots fürs Wellenreiten** gehören die in Jeffrey's Bay, das unter Surfern JBay genannt wird, und vielleicht die in der Szene bekannteste Region ist.

Supertubes und Cape St.Francis sind dort die bekanntesten Spots. In Port Elizabeth (Gqeberha) gibt es einige Spots (z. B. Millers, Fence und Pipe). An der Garden Route liegen unzählige Spots, so in Plettenberg Bay, Victoria Bay, Cape Infanta, Nature's Valley und Voelklip bei Hermanus. Muizenberg, Milnerton und Kalk Bay nahe Kapstadt sind beliebte Surferziele. Letzteres eignet sich hervorragend, um es sich nach dem Vergnügen auf dem Wasser in einem der vielen Restaurants bei frischen Meeresfrüchten und einem eiskalten Bier gut gehen zu lassen. Noordhoek auf der Kaphalbinsel ist mit seinen Riesenwellen eine Herausforderung für Surfer. Elandsbaai (Elands Bay) an der Westküste hat tolle Wellen und ist noch nicht von den Massen eingenommen worden.

Surf-Tipps

www.surfing-waves.com ist eine Website mit Informationen zu Ausrüstungen, Instruktionen, Wetterbedingungen und vieles mehr.
www.wavescape.co.za bietet Neuigkeiten, Informationen zu Wetter und Surfbedingungen und im Shop kann man sich über regionale Läden und Verleihstationen informieren.
www.surfingsouthafrica.co.za listet Veranstaltungen und Austragungsorte und vieles mehr um den Surfsport.

Wetterbedingungen

Von September bis Mai liegt die südafrikanische Küste im Einzugsbereich ausgedehnter Hochs, die nur selten von Tiefausläufern gestört werden. Wenn dann über dem Kapstadter Table Mountain das „Tischtuch" liegt, sonst aber ringsherum der Himmel stahlblau ist, kündigt sich der „Cape Doctor" an, der berühmte Südostwind, der den Surfern 6–10 Beaufort sideshore beschert und für extrem gute Bedingungen sorgt.
Von Juni bis August zieht der Hochdruckgürtel in Richtung Äquator und die Tiefdruckrinne gelangt ans Kap. Wellen unter 2 m sind dann eher eine Seltenheit.

Hinweis

Surfer, die die eigenen Gerätschaften mitnehmen wollen, sollten sich bei der Fluggesellschaft über die Bedingungen für die **Mitnahme des eigenen Surfboards und/oder Segels** informieren. Da Mietwagenfirmen oft nicht sehr surferfreundlich eingestellt sind, sollte in Erwägung gezogen werden, für den Mietwagen einen passenden Dachgepäckträger zu kaufen. Ansonsten gibt es vielleicht Transportprobleme.

Tauchen

Tauchen (*scuba diving*) ist an der Kapküste ein besonderes Erlebnis, weil es hier durch den kalten Benguela- und den warmen Agulhas-Meeresstrom eine besonders differenzierte Meeresflora und -fauna gibt. Weil diese Küstenabschnitte auch viele Wracks aufweisen, haben sich einige Veranstalter auf das „**wreck diving**" spezialisiert. Im Allgemeinen ist die beste Zeit zum Tauchen von Juni bis November, weil das Wasser dann kälter und damit die Sicht klarer ist.

Bei Kapstadt liegen die **Tauchgebiete** vor allem in der False Bay, wobei bestimmte Bereiche auch als Hai-Gebiete gelten und vermieden werden sollten. Bekannt und beliebt ist ebenfalls das Tauchgebiet um Cape Hangklip. Entlang der Garden Route findet man nicht nur landschaftliche Schönheiten, auch die Unterwasserwelt hat einiges zu bieten. In Mossel Bay, Knysna, Plettenberg Bay und der Tsitsikamma Section des Garden Route NPs werden beeindruckende Tauchtouren zu Wracks und Riffen angeboten. Im Letzteren gibt es auch einen Schnorchel- und Taucherlehrpfad. **Informationen und Adressen** zu Tauchkursen und Tauchexkursionen unter www.gooddive.com/south-africa-diving/ und im Kapstadter Visitor Center. Angeboten wird auch **Hai-Tauchen** (*Shark Diving*, auch *Cage Diving*), wobei man in einem Käfig ins Wasser gelassen wird und zuschauen kann, wie Haie gefüttert werden. Diese Exkursionen sind jedoch umstritten, da nach Meinung von Wissenschaftlern die Haie dadurch in ihrer Lebensweise zu sehr beeinflusst werden, die Angst vorm Menschen verlieren und den Instinkt, selbst nach Nahrung zu suchen, verlieren. Die meisten Unternehmen fahren in die sog. „Shark Alley" nahe Gans Bay, ca. 2 Std. von Kapstadt entfernt. Weitere **Informationen** unter www.sharkbookings.com.

Tennis

In Südafrika gibt es sehr viele Tennisplätze, entweder angeschlossen an Hotels und Resorts oder auch als lokale Tennisclubs. Die Clubs, in denen man gegen eine Gebühr die Anlagen benutzen darf, haben oft ein Club House angeschlossen und man kümmert man sich gerne um Gäste. Eine Kontaktadresse ist die der **South African Tennis Association**, www.tennissa.co.za.

Sportereignisse

Südafrika ist ein **sportbegeistertes Land** und viele Südafrikaner betreiben die eine oder andere Sportart. Die größten Mannschaftssportarten sind Fußball, Rugby und Cricket, aber auch Leichtathletik, Schwimmen, Segeln und Golf haben südafrikanische Größen hervorgebracht. Wie in vielen anderen Bereichen, gab es auch im Sport noch lange eine Trennung zwischen den verschiedenen Bevölkerungsgruppen. Rugby und Cricket waren während der Apartheid der weißen Minderheit vorbehalten. Fußball ist bis heute die beliebteste Sportart unter der schwarzen Bevölkerung. Rugby und Cricket sind immer noch eher Sportarten der Weißen, doch beim Rugby verändert sich mittlerweile einiges und Cricket ist insbesondere auch bei den „Coloureds" und der indischen Minderheit beliebt.

Wer gerne **Sportveranstaltungen live** miterlebt, kann sich über aktuelle Veranstaltungen im Internet bei Computicket informieren (https://tickets.computicket.com). Auch werden die großen Sportereignisse in vielen Restaurants und Bars übertragen, besonders dort, wo sich die Fans versammeln, ist dann immer gute Stimmung.

Zwei bekannte **Fahrradrennen** finden im März jeden Jahres in der Kapprovinz statt. Das Mountainbike-Rennen **Absa Cape Epic**, das sich in acht Tagen über rund 800 km und über 16.000 m Steigungen erstreckt, beginnt mit einem Zeitrennen am Table Mountain, geht dann in die Overberg-Region und an die Garden Route, wo die Strecken jedes Jahr anders sind und endet schließlich auf dem Lourensford Wine Estate. **Informationen** bei www.cape-epic.com. Die **Cape Town Cycle Tour** ist das größte Zeitradrennen der Welt mit über 35.000 Teilnehmern (jeder kann mitmachen) am Start. Es geht über 109 km um die Kaphalbinsel. Die Strecke sollte nicht unterschätzt werden, es geht auf und ab und oft bläst auch ein kräftiger Wind. Besonders der Anstieg von Hout Bay zum Suikkerbossie lässt viele ihr Rad schieben. Das Radrennen ist für Teilnehmer und Zuschauer ein einmaliges Erlebnis mit Volksfestcharakter. **Informationen** unter www.capetowncycletour.com.

Langstreckenläufe, besonders der **Marathon**, sind in Südafrika sehr populär, fast jeder Ort hat seine eigene Variante. Das bekannteste Rennen am Kap ist der **Two Oceans Marathon**, der jedes Jahr am Ostersamstag bzw. -sonntag ausgetragen wird. Wie der Name schon sagt, verbindet die Strecke die zwei Ozeane, die das Kap umgeben. Tausende von internationalen Teilnehmern kommen dazu jedes Jahr nach Kapstadt. Aber Achtung! Dieser Ultra-Marathon ist 56 km lang! Es gibt allerdings auch einen Halb-Marathon (21 km) sowie Trail Runs (12 bzw. 24 km entlang Wanderwegen) und am Karfreitag kürzere Läufe. **Informationen** unter www.twooceansmarathon.org.za und zu anderen Läufen in Südafrika unter www.runnersguide.co.za.

Sprache

Es gibt elf offizielle Landessprachen. Neben **Englisch** und **Afrikaans**, die sich als Amtssprachen etabliert haben, werden die Sprachen der verschiedenen ethnischen Gruppen gesprochen, darunter Xhosa, Zulu und Sotho. Mit Englisch kann man sich überall verständigen. **Deutsch** und **Französisch** werden in zahlreichen Hotels gesprochen und viele Deutsche, Österreicher und Schweizer leben in Südafrika, vor allem in und um Kapstadt.

Zahlen in Afrikaans							
eins	een	zwei	twee	drei	drie	vier	vier
fünf	vyf	sechs	ses	sieben	sewe	acht	ag
neun	nege	zehn	tien	elf	elf	zwölf	twaalf
dreizehn	dertien	vierzehn	veertien	fünfzehn	vyftien	sechzehn	sestien
siebzehn	sewentien	achtzehn	agtien	neunzehn	negentien	zwanzig	twintig
einundzwanzig		een-en-twintig		zweiundzwanzig		twee-en-twintig	
dreißig	dertig	vierzig	veertig	fünfzig	vyftig	sechzig	sestig
siebzig	sewentig	achtzig	tagtig	neunzig	negentig	hundert	honderd
hunderteins	eenhonderd-en-een		fünfhundert		vyfhonderd	tausend	duisend

Einige nützliche Ausdrücke in Afrikaans			
Guten Morgen!	Goeie more!	ja/nein	ja/nee
Guten Tag!	Goeie midday!	Verzeihung	ekskuus
Gute Nacht!	Goeie nag!	Ich möchte	ek will
bitte	asseblief	Tageszeitung	dagblad
danke	dankie	groß/klein	groot/klein
Auf Wiedersehen!	tot siens!	gut/schlecht	goed/sleg
Rundhaus	rondavel	wie viel	hoeveel
Tag/Woche	dag/week	Monat/Jahr	maand/jaar
Wann	wannee	wo	waar
wie	hoe	wie lange	hoe lank
Wie spät ist es?	Hoe laat is dit?	Wann fährt ...?	Wanneer vertrek ...?
Verstehen Sie ?	Verstaan u?	Wie viel kostet dies?	Hoeveel is dit?
Montag	Maandag	Freitag	Vrytdag
Dienstag	Dinsdag	Samstag	Saterdag
Mittwoch	Woensdag	Sonntag	Sondag

Sprachschulen

Was könnte es Schöneres geben, als Englisch am Kap zu lernen? So verbindet man Urlaub mit dem Erlernen bzw. Intensivieren einer Sprache.

Sprachschulen gibt es zur Genüge, die Kurse dauern i. d. R. zwischen zehn Tagen und fünf Wochen (ca. 20 Wochenstunden). Eine renommierte Sprachschule ist **Eurocentres**, 1st Floor, Leadership House, 40 Shortmarket Street, Cape Town 8001, ✆ (021) 423-1833, www.eurocentres.com/de/sprachschule-kapstadt. Diese Schule arrangiert auch Unterkünfte in Gastfamilien und Freizeitaktivitäten. Angeboten wird alles, vom Anfängerkurs bis hin zu TOEFL (Test of English as a Foreign Language) und Fachkursen.

Strände

Südafrika rühmt sich schöner Badestrände in einer Gesamtlänge von mehr als 3.000 km, von denen sich viele in den Kapprovinzen befinden, besonders entlang der Garden Route und um Kapstadt herum. Doch muss man beim Baden an Südafrikas Küsten Folgendes bedenken: Der kalte **Benguela-Strom** sorgt an der Westküste dafür, dass die Wassertemperaturen selbst im Sommer kaum Nordsee-Niveau übersteigen. Entlang der **Garden Route** ist aufgrund der Wassertemperaturen das Baden zwischen den Monaten November bis April angenehm.

Einige der besten Strände in der Western Cape Province	
Westküste	
Beliebte Strände gibt es bei Strandfontein, nördlich von Lambert's Bay.	
Südwestliches Kapland (südl. bzw. östl. von Kapstadt)	
Westlich von Mossel Bay liegen schöne Strandabschnitte bei Still Bay, Witsand und Infata-on-River (jeweils gut auf Stichstraßen von der N 2 erreichbar). Schöne Strände ebenfalls bei Muizenberg (False Bay) sowie Camps Bay und Hout Bay bei Kapstadt.	
Herolds Bay (südwestlich von George)	Sandstrände und Tidalpool (Gezeitenschwimmbad)
Mossel Bay	geschützte Lagunen in Hartebos, Groot Braakrivier
Sedgefield (westlich von Knysna)	lange Sandstrände
Noetzie	berühmt für seine drei Schlösser am Strand
Buffels Bay (Buffalo Bay, bei Knysna)	ebenfalls schöne Sandstrände
Plettenberg Bay	lang gestreckte Sandstrände
Nature's Valley (östlich von Plettenberg Bay)	ruhige, schöne Badestrände
Garden Route	
Tsitsikamma Section des Garden Route NP	weniger zum Baden geeignet, dafür aber eindrucksvolleSteilküste mit Flussmündung (Storm's River)
Oyster Bay	lange, z. T. wenig besuchte Sandstrände
St. Francis Bay	weite Sandstrände, „bewegtes" Meer
Bushmans-Flussmündung und Kariega (südlich von Grahamstown)	Sandstrände und Lagunen

Hinweis

Zu den Stränden im Gebiet um Kapstadt s. S. 242ff.

Strom und Stromabschaltungen (Load Shedding)

Die Stromspannung im gesamten Südafrika beträgt 220/230 Volt Wechselstrom, 50 Hz und alle mitteleuropäischen Elektrogeräte sind daher kompatibel. Da die Steckdosen und Stecker ein anderes Format haben, ist allerdings ein Adapter nötig, den man in Elektrogeschäften und Kaufhäusern in Südafrika kaufen kann. Achtung: Die Adapter, die man in Europa bekommt, sind für Südafrika oft ungeeignet, wie auch für Namibia und Botswana. Größere Hotels dagegen haben im Bad passende Steckdosen. In abgelegenen und sehr ländlichen Gegenden ist die Stromversorgung nicht immer gewährleistet. Auch wenn es in diesen Gegenden Generatoren gibt, ist die Versor-gung mit Strom aus der Steckdose meist zeitlich begrenzt. Eine Taschenlampe oder Stirnlampe sollte auf jeden Fall in Südafrika dabei sein.

Seit einigen Jahren wird, oft mehrmals am Tag, für viele Stunden der Strom wegen Knappheit bzw. Überlastungsgefahr der Infrastruktur abgeschaltet. Das nennt sich **„Load Shedding“**. Die Zeiten variieren von Tag zu Tag sowie in den Regionen. Viele Geschäfte und Restaurants greifen auf Generatoren zurück, doch verfügen kleinere Hotels und Gästehäuser meist nicht über solche. Man muss also vorbereitet sein (unbedingt Taschenlampen und ausreichend Batterien mitnehmen etc.). Die Abschaltzeiten werden zumeist 2–4 Tage vorher bekanntgegeben, z. B. auch über die Loadshedding-App der Stromgesellschaft Eskom (www.eskom.co.za).

Taxi

Die Tarife sind regional unterschiedlich, stehen aber deutlich am Taxi angeschrieben und beinhalten, zusätzlich zum Kilometerpreis, eine Grundgebühr. Die Taxis dürfen nicht angehalten werden, sondern müssen über die **Taxivermittlung telefonisch** oder von **Taxiständen** abgerufen werden. Ein Trinkgeld von ca. 10–15 % ist üblich. Man sollte darauf achten, dass der Taxameter korrekt eingestellt ist, falls es keinen Taxameter gibt, den Preis im Voraus vereinbaren.

Zusätzlich zu den regulären Taxis kann man auch einen **Taxi-Vermittlungsservice** nutzen. Uber hat sich mittlerweile bestens etabliert und man kann bar oder mit Kreditkarte bezahlen. Allerdings ist Uber während der Peak-Zeiten oft teurer als ein Taxi. Alternativ bestellt man einen privaten Service. Hotels verfügen meist über die entsprechenden Telefonnummern. Taxistände und Rufnummern in Kapstadt, s. S. 199.

Telefonieren/Telekommunikation

s. auch „Internet“ und „Notruf“

Der größte Teil des Landes verfügt über ein gut funktionierendes Telefonnetz, da jedoch der bedeutendste Festnetzanbieter, die **South African Telcom**, keine Konkurrenz hat, kann das Telefonieren in und aus Südafrika teuer werden. Ortsgespräche und kurze Inlandsgespräche sind noch relativ günstig, aber Auslandsgespräche schlagen richtig ins Geld. Vermieden werden sollte, von Hotels oder Ferienunterkünften zu telefonieren, denn die Kosten liegen meist über den üblichen Tarifen.

Da inzwischen so gut wie jede/r über ein Handy verfügt, haben öffentliche Telefonzellen stark an Bedeutung verloren. Es gibt sie in der Kapregion aber immer noch, etwa in Supermärkten oder an Tankstellen. Dort kann man auch **Telefonkarten** mit verschiedenen Guthaben kaufen.

Hinweise zum Telefonieren

Vorwahlen für Festnetz und Mobilnetz sind dreistellig, z. B. (021) für Kapstadt, (084) oder (083) für Mobilfunk. Dann folgt eine siebenstellige Rufnummer. Achtung! Bei allen Telefonaten innerhalb des Landes muss die Vorwahl mitgewählt werden, auch bei Ortsgesprächen. Daneben gibt es noch Nummern, die mit „08" beginnen, z. B. 0860; diese gehören in der Regel zu Organisationen oder Firmen und sind innerhalb Südafrikas z. T. gebührenfrei.

Wenn man während der Reise auf einer südafrikanischen Festnetznummer zu erreichen ist, kann man sich aus Deutschland über eine Call-By-Call-Vorwahl zu günstigeren Konditionen anrufen lassen, Anbieter: z. B. www.teltarif.de und www.billiger-telefonieren.de. Noch günstiger (nämlich kostenlos) ist es, bei bestehender WLAN-Verbindung einen der üblichen **Messenger-Dienste** für (Video-)Anrufe in die Heimat zu nutzen.

Handys, in Südafrika „**cell phones**" oder kurz „cells" genannt (Smartphone und Tablets heißen genauso), können in Südafrika genutzt werden, allerdings ist der Empfang in ländlichen Gegenden nicht immer gewährleistet. Vor der Reise über Roaming und Gebühren für Telefonate bei der heimischen Telefongesellschaft informieren. Auch ist es wichtig, sich über Gebühren für Internetnutzung über das Handy zu erkundigen, weil es in Südafrika sehr teuer werden kann, besonders, wenn man plant, viel zu telefonieren oder das Internet zu benutzen. Dann ist es eine Überlegung wert, in Südafrika eine Prepaid-Sim-Card zu kaufen. Für diese Zwecke ist es von Vorteil, ein „ausrangiertes" Handy/Smartphone auf die Reise mitzunehmen, falls das eigene Gerät keine Dual-SIM-Funktion hat. Wer mit dem Laptop/Tablet ins Internet möchte, kann sein Smartphone als Wi-Fi-Hotspot nutzen. Ladegeräte nicht vergessen!

Die **großen südafrikanischen Mobilfunkanbieter** Vodacom, Cell C und MTN, die in den Städten und am Flughafen eigene Läden und Stände haben, aber auch in vielen Geschäften und allen großen Malls vertreten sind, verkaufen bzw. vermieten Mobiltelefone und Prepaid-Sim-Cards. Damit wird man für die Zeit der Miete zum Kunden des entsprechenden Mobilfunkanbieters. Die Kosten variieren sehr, besonders was die Internetnutzung bzw. das Datenvolumen betrifft. Deshalb ist es ratsam, sich Gedanken über sein Nutzungsverhalten zu machen und einen entsprechenden Tarif zu wählen. Der Kauf einer Prepaid Card, einer Sim Card mit einem bestimmten Guthaben, ist oft am sinnvollsten, da nicht besonders teuer. Weiteres Guthaben für alle Anbieter kann in vielen Geschäften, z. B. in Supermärkten und Tankstellen, gekauft werden. Mit einer Nummer wird die Karte wieder aufgeladen. Beachten sollte man beim Kauf die Kosten für Inlands- und Auslandsgespräche.

Die großen Mobilfunkbetreiber:
Vodacom, ✆ (082) 135, www.vodacom.co.za
MTN (Mobile Telephone Networks), ✆ (083) 135, www.mtn.co.za
Cell C, ✆ (084) 135, www.cellc.co.za

Vorwahlnummern

für Südafrika: 00 27, für Deutschland: 00 49, für Österreich: 00 43, für die Schweiz: 00 41, für Botswana 00 267, Lesotho 00 266, Mosambik 00 258, Namibia 00 264, Sambia 00 260, Simbabwe 00 263

Für internationale Anrufe in die oder aus den oben genannten Ländern wählt man nach der Landesvorwahl die Vorwahl (Orts- oder Mobilnetz) ohne die Null und anschließend die Rufnummer/Teilnehmernummer.
Telefonauskunft: ✆ 1023; **internationale Telefonauskunft**: ✆ 10903

Trinkgelder

Trinkgelder sind überall in Südafrika üblich und sollten nach Umfang und Qualität einer Leistung gegeben werden. Als Leitlinie gilt, dass das Trinkgeld 10 % der Gesamtsumme (z. B. der Rechnung im Restaurant oder der Taxifahrt) entsprechen sollte. Nach eigenem Ermessen gibt man der aufmerksamen Bedienung im Restaurant oder dem besonderen Taxifahrer ein zusätzliches Trinkgeld.

Gepäckträger und Zimmermädchen erhalten mindestens 20 Rand, je nach Anzahl der Koffer bzw. Länge des Aufenthalts und Größe der Zimmer auch mehr. In vielen Unterkünften ist es üblich, ein Trinkgeld für die gesamte Belegschaft zu hinterlassen, was dann verteilt wird.

Unterkünfte

Die Palette der Unterkünfte reicht von einfach bis luxuriös, von Selbstversorger bis All-Inklusive, von abgelegen bis mitten im Trubel. Überall im Land findet man für die eigenen Bedürfnisse und das Budget eine ausreichende Auswahl an Übernachtungsmöglichkeiten.

Unterkünfte im Internet

Bei **South African Tourism** (www.southafrica.net) findet man detaillierte Informationen über Hotels, Lodges und andere Unterkünfte inkl. Adressen, Preise, Ausstattung, Klassifizierung etc. Auch auf etlichen weiteren Internetseiten kann man sich ein Bild vom Spektrum der Unterkünfte machen, z. B. **www.sa-venues.com**, **www.roomsforafrica.com** und **www.safarinow.com**. Ausgewählte und z. T. sehr luxuriöse Guest Houses, Game Lodges, Game Reserves, B&Bs etc. listet **https://portfoliocollection.com** auf, die Website eines Marketing-Zusammenschlusses ausgewählter Unterkünfte.

Eine andere Art der Unterkunft bietet ein **Farmstay**, der Aufenthalt auf einer Farm oder in einer anderen privaten Unterkunft im ländlichen Raum – oft mit Familienanschluss, **www.farmstayplanet.com**.

Hotels
Hotelketten gibt es sehr wenige in Südafrika. Bekannt sind etwa die seit einigen Jahren zu Marriott gehörenden **Protea Hotels**, wovon die meisten Drei- und Vier-Sterne-Häuser sind. Informationen und Buchungsmöglichkeit über https://protea.marriott.com. Die **Tsogo Sun Hotels**, zu denen auch die preiswerteren **Garden Court** sowie die niedrigpreisigen **SUN-1-Hotels** gehören, bieten eine Palette unterschiedlicher Häuser an, www.tsogosun.com. Die SUN-1-Hotels findet man nur in den Städten (etwa in Kapstadt und Port Elizabeth (Gqeberha)). Sie halten keine großen Überraschungen bereit, sind aber effizient und verfügen über das Nötigste. Es fehlt jedoch das gewisse Flair und die Individualität anderer Unterkunftsmöglichkeiten. Ebenso zu der preiswerteren Kategorie gehören die Unterkünfte von City Lodge, Town Lodge, Fairview Hotels, Courtyard Hotels und der sehr günstigen **Road Lodges** (alle unter https://clhg.com), bei denen vor allem Bustouristen und Geschäftsleute übernachten.

Klassifizierung der Unterkünfte

Zu beachten ist, dass die Preise während der Hochsaison (etwa von Dezember bis April) um bis zu 40 % ansteigen können. Alle Preisrichtlinien gelten pro Person im Doppelzimmer, inkl. Frühstück. Einzelzimmer liegen bei ca. 65–75 % des Doppelzimmerpreises. Bei Hotels, Gästehäusern und B&Bs ist im Zimmerpreis das Frühstück i. d. R. inbegriffen, nicht aber bei Backpackern und Selbstversorgerunterkünften.

$	unter 500 R – einfache Hotels, Gästehäuser, Herbergen
$$	500–900 R – Hotels der unteren Mittelklasse, Bed-&-Breakfast-Unterkünfte
$$$	900–1.500 R – Hotels und Gästehäuser der Mittelklasse, bessere Bed-&-Breakfast-Unterkünfte
$$$$	1.500–2.500 R – Hotels der Oberklasse, vornehme Gästehäuser, Privatlodges, historische Weingüter (günstig)
$$$$$	über 2.500 R – Luxusklasse

Ferienzeit

Hauptferienzeit in Südafrika ist um Weihnachten, von Anfang Dezember bis Ende Januar. Die Osterferien finden von Mitte März bis Mitte April statt, die Winterferien zwischen Mitte Juni und Mitte Juli. Besonders im Dezember/Januar und um Ostern ist eine Vorausbuchung der Unterkünfte in Südafrika dringend anzuraten!

Bed and Breakfast (B&B)
Diese typisch englische Einrichtung hat sich in Südafrika rasant entwickelt, man findet sie entlang aller touristischen Routen. Das Preis-Leistungs-Verhältnis ist meist sehr gut und oft bekommt man beim Frühstück zusätzliche Informationen über die Umgebung. Übersicht und Buchungsmöglichkeiten über www.bedandbreakfast.co.za (einige günstige B&Bs) und www.portfoliocollection.com (luxuriöse B&Bs). AirBnB ist ebenfalls in Südafrika vertreten. Hierbei wohnt man als Gast bei Einzelpersonen/Familien: www.airbnb.com.

Guest Houses (Gästehäuser) und Lodges
Die Begriffe Guest House und Guest Lodge werden oft synonym verwendet. Es handelt sich dabei um komfortable oder luxuriöse Häuser, bei denen das Frühstück inbegriffen ist, die aber auch Abendmahlzeiten anbieten. In dem Fall kann man sich tagsüber seinen Aktivitäten oder der Entspannung widmen und sich abends beköstigen lassen.

Backpacker Lodges/Youth Hostels

Längst gibt es auch in kleineren Orten private Youth Hostels und Backpacker Lodges, die für Low-Budget-Reisende Schlafsäle und Doppelzimmer anbieten und auch meist über Aufenthaltsräume und sogar Bars verfügen. Infos z. B. unter www.hostelworld.com oder https://hihostels.com.

Camping/Glamping

Die Kapprovinzen sind ideal zum Campen (s. auch „Camper"). Überall und besonders in den Nationalparks/Naturschutzgebieten gibt es unzählige Campingplätze, die i. d. R. sehr gut ausgestattet sind. Ob mit dem Zelt, Wohnmobil oder Fahrzeug mit Dachzelt – überall findet man die notwendigen Selbstversorgungseinrichtungen vor, saubere sanitäre Anlagen und die obligatorische Grillstelle („Braai"). Oft befinden sich in den Caravanparks auch einfache Chalets mit schlicht eingerichteten Zimmern sowie Bad/WC. Besonders in den Schulferien sind die Campingplätze sehr gut besucht oder sogar ausgebucht. In den Nationalparks/Naturschutzgebieten sollte man dringend rechtzeitig vorbuchen.

Relativ neu ist das **Glamping**. Hierbei wohnt man in zimmerartig eingerichteten Safari-Zelten: ein tolles Naturerlebnis mit einem Touch von Luxus. In dieser Reiseregion bietet das Unternehmen **Africamps** solche Zeltunterkünfte an, so z. B. nahe Swellendam, Stanford, Plettenberg Bay, Wellington, Robertson, Wilderness und Oudtshoorn. Restaurants gibt es nicht, Lebensmittel für Frühstück und Abendessen können gestellt werden, müssen dann aber in der eigenen Küche/auf dem Grill selbst zubereitet werden. **Infos**: https://africamps.com.

Informationen im Internet

www.caravanparks.com – eine gute Seite, die Campingplätze landesweit vorstellt.
Parks: Informationen/Buchung: www.sanparks.org und www.capenature.co.za

National Parks und Nature Reserves

In den Nationalparks und Nature Reserves stehen i. d. R. folgende Unterkünfte zur Verfügung: **Campingplätze** für Wohnmobile und Zelte; **Hütten und kleine Häuser**, z. T. mit Gemeinschaftsküche und Badezimmer; **Cottages**, mit eigener Küche und Bad; **Safari-Zelte**, die auf einer Plattform stehen. Hier reicht die Ausstattung von einfach bis relativ luxuriös.

Self-Catering Accommodation (Selbstversorger)

Südafrikaner haben eine Vorliebe für Selbstversorgerunterkünfte, weil es möglich ist, sich mit allem selbst zu versorgen, was das Reisen, vor allem mit Familie, preiswerter und unabhängiger macht. Meist handelt es sich um Chalets, Rondavels (Rundhütten), kleine Häuser, Ferienwohnungen etc. und die Unterkünfte verfügen über die notwendigen Kocheinrichtungen. Manche Unterkünfte sind komplett „self catering", andere bieten eine Auswahl an.

Wohnungs-/Haustausch/Couch Surfing

Eine interessante und preiswerte Alternative ist der Wohnungs- bzw. Haustausch. Im Tausch gegen die eigene Wohnung oder das eigene Haus bekommt man oftmals Objekte, die sonst sehr teuer wären. Auch kann man seine eigenes Haus/seine Wohnung getrost jemandem überlassen, da der Tauschpartner sein Haus/seine Wohnung ebenso gut behandelt wissen möchte. Eine weitere Alternative bietet das Couch Surfing. Man übernachtet bei Leuten privat, bezahlt nichts (beteiligt sich aber auf freiwilliger Basis an einigen Kosten) und ein Gegenbesuch ist nicht Voraussetzung. Beide Alternativen bieten einen guten Einblick ins Leben abseits der touristischen Infrastruktur. Infos unter www.home exchange.com, www.homelink.org, www.lovehomeswap.com, www.couchsurfing.com.

Wale beobachten

Eine der beliebtesten Attraktionen am Kap ist das Beobachten von Walen. Jedes Jahr ziehen diese Riesenmeeressäuger aus den eisigen Gewässern der Antarktis in wärmere Gegenden, um sich zu paaren und zu kalben. Sie erreichen die Küsten Südafrikas im Juni und bis November kann man vor allen Dingen den Southern Right Whale (Südkaper oder Südlicher Glattwal) und den Humpback Whale (Buckelwal) beobachten. Aber auch andere Wale und Delphine tummeln sich dann an der gesamten Küste.

An der Westküste sind die Riesenmeeressäuger zwischen der Saldanha Bay und Lambert's Bay zu sehen, nahe Kapstadt zwischen Simon's Town und Muizenberg und entlang der gesamten False Bay und an der Garden Route tummeln sie sich bis Plettenberg Bay. In Hermanus, das jedes Jahr die Wale mit einem Festival zelebriert, verläuft direkt an der Klippe ein Walbeobachtungspfad. Im De Hoop Nature Reserve sind Wale direkt vom Strand aus zu beobachten und in der Plettenberg Bay halten sie sich während der gesamten Saison auf. Hier ist die Walbeobachtung am besten organisiert und man versucht, die Tiere möglichst wenig zu stören. Auf Bootstouren oder aus dem Flugzeug bekommt man die besten Einblicke.

Wandern, Bergwandern, Klettern

Südafrika bietet eine Vielfalt hervorragender Wanderwege, die einem die Schönheiten der Landschaft, der Flora und Fauna nahebringen. Ob in den Bergen, in Wäldern, am Strand oder in der Halbwüste, jede Wanderung hat neben der sportlichen Aktivität eine eigene Faszination. Wandergebiete gibt es im gesamten Land. Im Western Cape findet man ein vielfältiges und dichtes Netz von spektakulären Wanderwegen. Spezielle Wanderungen und Gebiete in den Kapprovinzen sind im Reiseteil aufgeführt, im Folgenden ein paar beliebte:

- Die Kaphalbinsel, Lion's Head und der Table Mountain.
- Das Hottentots' Holland Nature Reserve südlich des Weinlands.
- Das Limietberg Nature Reserve um den Bain's Kloof Pass (östlich von Paarl).
- Das Gebiet um Montagu.
- Die Cedarberg Wilderness Region (südöstlich von Clanwilliam).
- Das De Hoop Nature Reserve (südlich von Swellendam).
- Das Zuurberg-Gebiet (heute Teil des Addo Elephant NP).
- Die Gebiete an der Garden Route, u. a. Wilderness, Knysna Lake und Tsitsikamma.
- Die Baviaanskloof Wilderness Area (nördlich von Humansdorp).

Neben Tagestouren („day hikes") ist eine geführte mehrtägige Wanderung, z. B. über den Oystercatcher Trail (s. S. 425), Whale Trail (s. S. 442), Otter Trail (s. S. 383) oder West Coast Crayfish Trail (s. S. 504), ein besonderes Erlebnis. Über mehrere Tage führen die Wanderungen am Strand entlang, über schroffe, felsige Küstenabschnitte, durch Wälder und Fynbos und erlauben einmalige Einblicke in die Natur des Landes. Übernachtet wird in Hütten oder in Gästehäusern, die luxuriöseren Anbieter bringen das Gepäck zum nächsten Halt und versorgen die Teilnehmer mit allen Mahlzeiten.

Hinweis

Für viele Wanderungen ist eine **Reservierung oder Genehmigung** notwendig (fällt bei organisierten Touren meist weg)! Wichtig für **Wanderungen** ist vor allen Dingen **festes Schuhwerk**, d. h. Wanderschuhe. Daneben gehören zur Ausstattung: leichte, luftdurchlässige Kleidung, eine Regenjacke und/oder warme Kleidung für alle Fälle, ausreichender Sonnenschutz (Hut, Creme, Sonnenbrille), ein Tagesrucksack, Proviant und ausreichend zu trinken (3 Liter/Tag/Person). Bei längeren Routen sind eine Karte und ein Kompass nützlich.

In vielen Orten des Landes gibt es **Hiking Clubs**, die Auskünfte erteilen und regelmäßig Wanderungen organisieren. Über den **Mountain Club of South Africa** (https://mcsa.org.za) erhält man Informationen zu lokalen Clubs, etwa in Kapstadt.

Weitere Websites und Online-Quellen:
https://nightjartravel.com – Infos zu „day hikes" und anderen Ausflügen.
www.gardenroute.com – Infos zu Wanderungen entlang der Garden Route.
www.facebook.com/HikeCapeTown – Gut erläuterte und professionell geführte Wanderungen rund um Table Mountain, Devil's Peak und Lion's Head.
www.sanparks.org und **www.capenature.co.za** – geben Informationen zu den Wandermöglichkeiten in den Nationalparks und Naturreservaten.

Wein, Weingüter und -baugebiete

Südafrikanische Weine erfreuen sich besonderer Beliebtheit und bei einer Reise nach Südafrika gehört der Besuch einer Weinregion und mindestens eines Weinguts einfach dazu. Ausführliche Informationen zum südafrikanischen Wein ab S. 280. Die meisten und die bekanntesten **Weinbaugebiete** Südafrikas liegen im Reisegebiet dieses Buches, grob unterteilt sind sie in **Olifants River Valley** (um Vredendal und Clanwilliam), **West Coast** (Atlantikküste nördlich von Kapstadt), **Swartland** (zw. Malmesbury und Citrusdal), **Cape Peninsula** (um Kapstadt mit dem Constantia Valley), **Durbanville** (nördl. von Kapstadt), **Winelands** (Stellenbosch, Paarl, Franschhoek), **Overberg** (zwischen der N2 und Cape Agulhas), **Breede River Valley** (Tulbagh, Worcester, Robertson, Montagu), **Garden Route** und **Little Karoo** (schließt auch die Great Karoo ein). Diese Gebiete werden wiederum unterteilt in die einzelnen Weinorte und deren Besichtigungsrouten, z. B. Stellenbosch Vineyards/Stellenbosch Wine Route. Es gibt verschiedene Broschüren im Kapstadter Visitor Centre, die Wege zu den und durch die Weinbaugebiete erklären bzw. alle Anbaugebiete skizzieren.

Die klassischen und historisch interessantesten Weingüter befinden sich im **Constantia Valley** südlich des Table Mountain (das Steenberg Wine Estate ist das älteste Weingut des Landes) und im **Wineland** um die Orte Paarl, Stellenbosch, Franschhoek und Somerset West. In Worcester und Robertson mögen zudem noch die Tastings in den Brandy-Fabriken Südafrikas von Interesse sein. Zahlreiche Veranstalter bieten kommentierte

Tagestouren in die Weinbaugebiete an. Prospekte hält das Kapstadter Touristenamt bereit, aber auch in vielen Unterkünften liegen sie aus. Angefahren werden meist Paarl und Stellenbosch, oft auch Franschhoek. Besichtigungen von Weingütern gehören zum Programm, wie auch kleine Vorträge über Wein und natürlich Weinproben. Um die Fahrtauglichkeit muss man bei den organisierten Touren also nicht bangen. Wer mehr Pioniergeist hat, sollte auf eigene Faust losfahren und eventuell die Nacht in einem Hotel in einem Weinort oder gleich auf einem Weingut mit Unterkunft verbringen.

Unter https://wine.co.za dreht sich alles um den südafrikanischen Wein und man findet Kurzinfos zu den einzelnen Weinrouten und ausgesuchten (meist größeren) Weingütern, aber auch Hinweise zu den einzelnen Weinen und zur Geschichte des Weinbaus in Südafrika. Ein Nachschlagewerk für Kenner ist der **Platter's South African Wine Guide** (die jährlich neu aufgelegte „Bibel" für Liebhaber südafrikanischer Weine).

Zeit

Die südafrikanische Zeit ist identisch mit der europäischen Sommerzeit. Im europäischen Winter muss die Uhr um eine Stunde vorgestellt werden (wenn es in Frankfurt 12 Uhr ist, ist es in Kapstadt 13 Uhr). Aufgrund der größeren Nähe zum Äquator ist der Übergang vom Tag zur Nacht viel schneller, innerhalb von 30 Minuten wird es stockfinster. Die Tage im südafrikanischen Sommer sind kürzer als die europäischen Sommertage, dafür sind die südafrikanischen Wintertage länger als die europäischen Wintertage. Im Sommer wird es gegen 19.30 Uhr dunkel, im Winter gegen 17 Uhr.

Zeitungen und andere (digitale) Medien

Zu den auflagenstärksten und überregional bedeutenden Tageszeitungen gehört **The Star** (die **Daily Sun** ist im Western Cape nur noch als digitale Version erhältlich, **The Times** gibt es schon seit 2018 nur noch online (www.timeslive.co.za). Immer noch großen Respekts erfreut sich **The Sowetan**, das Sprachrohr der Schwarzen während der Apartheid. Die großen Zeitungen Kapstadts sind die **Cape Times** (morgens) und der **Cape Argus** (nachmittags). Beiden liegen in der Freitagsausgabe die Veranstaltungshinweise für die kommende Woche bei. **The Sunday Times**, **Weekend Argus** und der **Mail & Guardian** sind die Wochenzeitungen mit den höchsten Auflagen, die es im Western Cape zu kaufen gibt. Spezifische Magazine mit aktuellen Reisevorschlägen, Sehenswürdigkeiten, Unterkunfts- und Restaurantempfehlungen sowie ausgefallenen Routenbeschreibungen sind **Getaway** und **Go**, die monatlich erscheinen. Von diesen gibt es auch verschiedene Sonderausgaben. Über die virtuelle deutsche **Buchhandlung Gruffel** (https://gruffel.com) kann man deutschsprachige Bücher und andere Medien beziehen, diese werden entweder an eine bestimmte Adresse geliefert oder man kann sie an der Deutschen Schule oder dem Deutschen Kindergarten abholen.

Zoll

Einreise nach Südafrika

Erlaubt sind alle Dinge des persönlichen Gebrauchs. Neue oder gebrauchte Waren (inkl. Geschenke) dürfen bis zu einem Gegenwert von 5.000 Rand eingeführt werden, außerdem 50 ml Parfüm, 250 ml Eau de Toilette und ab 18 Jahren bis zu 1 l Alkohol, einschließlich Likör und Magenbitter, 2 l Wein, 200 Zigaretten und 20 Zigarren sowie 250 g Tabak. Für größere Mengen notwendiger Arzneimittel sollte man auf jeden Fall ein ärztliches Attest (auf Englisch) dabeihaben. Wer mehr als 25.000 Rand bzw. den Gegenwert von US-$ 10.000 in einer fremden Währung in bar bzw. Goldmünzen einführt, muss diese deklarieren. Neben Waffen (nur mit Genehmigung), Drogen, Giften und Handelswaren darf man auch keine Lebensmittel oder Pflanzen- und Tierprodukte ins Land bringen. Informationen bei der Südafrikanischen Botschaft im Internet unter www.suedafrika.org bzw. beim Finanzamt: www.sars.gov.za.

Wiedereinreise in Europa

Erlaubt sind alle Dinge des persönlichen Gebrauchs. Neue und gebrauchte Ware (inkl. Geschenke) dürfen zollfrei eingeführt werden, wenn sie einen Warenwert von 430 € (bei Reisenden unter 15 Jahren: 175 €), in der Schweiz 300 SFr, nicht überschreiten. Außerdem sind zollfrei: 200 Zigaretten oder 250 g Tabak oder 50 Zigarren oder 100 Zigarillos (nur Personen ab 17 Jahre), Schweiz 250 Stück Zigaretten bzw. 250 g Zigarren oder Tabak; 1l alkoholische Getränke mit einem Alkoholgehalt über 22 Vol.-% oder 2 l mit einem Alkoholgehalt von max. 22 Vol.-% (Schweiz: 5 l bis und 1 l über 18 Vol.-%) und 4 l nicht schäumenden Wein (nur Personen ab 17 Jahre). Nicht erlaubt sind Waffen (s. o.), Betäubungsmittel, Lebensmittel, alle Teile oder Produkte gefährdeter Tier- und Pflanzenarten, Raubtierfelle, Elfenbein, Rohdiamanten, Produkte aus Schildpatt, Krokodil- und Schlangenhautprodukte, Korallen und Muscheln, Kakteen und Orchideen.

Weitere und aktuelle Informationen unter www.zoll.de (Deutschland), www.bmf.gv.at (Österreich) und www.ezv.admin.ch (Schweiz).

Züge/Eisenbahn

Im Schienenverkehr ist heute vor allem der Transport von Gütern von Bedeutung, immer wieder begegnet man unterwegs langen Güterzügen. Eine wichtige Rolle im Personenverkehr spielt der Nahverkehr in den Ballungsgebieten, der über die Metrorail täglich viele Menschen aus den Randgebieten in die Städte (und zurück) befördert. Fernzüge in Südafrika verbinden vor allem die Großstädte miteinander, die Zuganbindungen zwischen Kapstadt, Johannesburg, Pretoria, Durban, East London, Queenstown und Port Elizabeth (Gqeberha) sind regelmäßig, jedoch oft umständlich, da nahezu alles über Johannesburg läuft. Für Einheimische ist der Zug oft die günstige Alternative zum Fliegen, für Touristen ist es ein besonderes Erlebnis, einen Abschnitt der Reise mit dem Zug zurückzulegen. Unter www.seat61.com/SouthAfrica sind Beschreibungen und Links zu allen Zügen, die in Südafrika verkehren, zu finden.

Die folgenden überregionalen Züge bieten sich an:
Shosholoza Meyl, benannt nach einem traditionellen Lied, das besonders von wandernden Arbeitern gesungen wurde, wirbt mit „a pleasant experience" für ihre Zugverbindungen zwischen Kapstadt, Johannesburg, Durban und Port Elizabeth (Gqeberha). Die **Economy Class** dieser Züge bietet komfortable Sitze, die **Tourist Class** bietet Abteile für 2 oder 4 Personen, die sich in ein Schlafabteil („sleeper compartment") umbauen lassen. Da die Züge z. B. für die etwas über 1.500 km lange Strecke von Kapstadt bis Johannesburg 26–28 Stunden benötigen, ist es empfehlenswert, ein Abteil der Tourist Class zu buchen, um ausgeruht anzukommen. Die Züge mit „sleeper compartments",

an die auch ein Restaurantwagen angeschlossen ist, fahren zwei- bis fünfmal die Woche. **Informationen**: www.prasa.com bzw. https://res.prasa.com/shosholozameyl/Booking; Buchung: ✆ (086) 000-8888.

Hinweis

Aufgrund von Vandalismus und gestohlenen Oberleitungskabeln wurde der Zugbetrieb u. a. zwischen Kapstadt und Johannesburg zeitweise ausgesetzt. Bitte via Website oder die Hotline über den aktuellen Stand informieren.

Der **Premier-Classe-Zug des Shosholoza Meyl**, der als „Hotel auf Schienen" bezeichnet wird, verbindet Kapstadt, Johannesburg und Durban miteinander. Wie der Blue Train und die Rovos Rail hat dieser Zug Schlafabteile, die allerdings nicht ganz so luxuriös sind und auch über kein eigenes Badezimmer verfügen. Das befindet sich am Ende jedes Waggons. Der Zug hat einen Speisewagen, einen Aussichtswaggon und eine Lounge. Die Mahlzeiten sind im Preis inbegriffen. So reist man bequem und gemütlich die ca. 26 Stunden von Kapstadt nach Johannesburg für wesentlich weniger Geld als im Blue Train oder in der Rovos Rail.

Blue Train und Rovos Rail

Die bekanntesten **Luxuszüge** in Südafrika sind der **Blue Train** und „The Pride of Africa", der **Rovos Rail**. Beide bieten luxuriöses Leben mit Gourmet-Mahlzeiten, mehreren Lounges und großen Schlafabteilen mit Badezimmer. Beide lassen sich den Luxus allerdings auch bezahlen und werden deshalb inzwischen fast ausschließlich von Touristen gebucht. Essen und Getränke sind im Preis inbegriffen.

Hinweis

Die Buchung (über spezielle Anbieter oder ein Reisebüro) beider Luxuszüge sollte mindestens **sechs Monate im Voraus** von Europa aus erfolgen. Es ist sinnvoll, diese Züge über ein Reisebüro zu buchen.

Der **Blue Train**, dessen Holzwaggons 1937 durch blau angemalte Stahlwaggons ersetzt wurden, die ihm den Namen gaben, fährt ein- bis zweimal die Woche zwischen Kapstadt und Pretoria. Für die 1.600 km lange Strecke benötigt er zurzeit ca. 40–50 Stunden. Sowohl auf der Hin- als auch auf der Rücktour macht der Zug in **Kimberley** halt, die Zeit reicht für einen Besuch des Museums an der Diamantenmine „Big Hole". Diesen Programmpunkt gibt es übrigens auch bei der Rovos Rail (s. u.) auf jeder Fahrt.

Der Blue Train bietet zwei „Zimmertypen" an, die **Deluxe Suite** und die **Luxury Suite**, beide mit eigenem Badezimmer. Außerdem verfügt der Zug über einen Speisewagen und zwei Lounges. Einigen Zügen hängt ein **Observation Car** an, in dem man die Aussicht vom Zugende auf Schienen und Landschaft genießen kann. Was den Blue Train besonders macht, sind das erstklassige Essen und die ausgesuchte Weinkarte. **Information und Reservierung**: ✆ (012) 334-8459, in Kapstadt ✆ (021) 449-2672, www.bluetrain.co.za.

Die Devise der **Rovos Rail**, „Reisen wie in der guten alten Zeit", wird nicht nur in den liebevoll restaurierten und eingerichteten Waggons aus den 1920/1930er-Jahren (einige auch älter) lebendig, sondern auch im Tagesablauf. Zum Abendessen zieht man sich um, es bleibt genügend Zeit für Gespräche und ein gutes Buch, auch kann man die Landschaft oder nachts den Sternenhimmel auf sich wirken lassen. Leider kommen keine Dampfloks mehr zum Einsatz, dennoch schiebt sich der Zug gemächlich durch die Landschaft. Es gibt weder Radio noch Fernseher, Handys sollten nur in den Privaträumen benutzt werden. Verschiedene Routen werden angeboten, zwischen Kapstadt, Pretoria und Durban in Südafrika und zu den Victoria Falls in Simbabwe. Auf der Strecke Kapstadt – Pretoria macht der Zug neben der o. g. Station in Kimberley auch einen Halt in **Matjiesfontein**. Das Örtchen im viktorianischen Stil, das im 19. Jh. ein mitten in der Karoo gelegener „Kurort" war, ist heute fast nur noch Anlaufstation für Eisenbahnen und verfügt über nicht viel mehr als ein kleines Museum.

Blue Train oder Rovos Rail

Ob man sich für den **Blue Train** oder die **Rovos Rail** entscheidet, ist eine persönliche Sache. Beide Züge haben ihren Charme, in beiden ist der Service hervorragend und die Bemühungen, alles perfekt zu machen, sind offensichtlich. Der Blue Train ist luxuriöser in Ausstattung und Service, das Essen ist hervorragend. Dafür kommt hier das Gefühl einer gemächlichen Zugreise nicht so recht auf. Das bekommt man bei der Rovos Rail, die mit dem historischen Flair authentischer Holzwaggons durchs Land zieht. Und auch hier stimmen Service und Essen!

Einmal im Jahr geht die Reise über 14 Tage von Daressalam (Tansania) über die Victoria Falls und Sambia nach Kapstadt. Weitere Fahrten beinhalten Safari- oder Golftouren. Eine 15-tägige Golftour von Kapstadt nach Pretoria wird unter dem Titel „Good Hope" vom zur Rovos Rail gehörenden **Shongololo Express** durchgeführt. **Information und Reservierung**: **Rovos Rail und Shongololo**, P.O.Box 2837, Pretoria 0001, Gauteng, ✆ (012) 315-8242, in Kapstadt ✆ (021) 421-4020, https://rovos.com.

Der **Most Luxurious Train in the World**, wie sich die Rovos Rail selbst nennt, hat Platz für insgesamt 72 Gäste, je nach Anzahl werden Waggons und ein zweiter Restaurantwagen angehängt. Zwei Lounge Cars, der Observation Car sowie Küchen- und Personalwaggons vervollständigen den Zug. Den Gästen stehen drei verschiedene Suiten zur Auswahl: Die **Royal Suite** nimmt einen halben Waggon ein und besitzt, neben dem Schlaflager, einen eigenen kleinen Loungebereich sowie ein Bad mit Wanne und Dusche. Die **Deluxe Suite** hat eine kleine Sitzecke und ein Bad mit Dusche. Die **Pullman Suite** ist mit einem Sofa ausgestattet, das nachts in ein Doppelbett umfunktioniert wird; das Bad hat eine Dusche. Alle Suiten sind mit einem kleinen gefüllten Kühlschrank, Safe und einer Schreibfläche ausgestattet. Die Holzpanelen und Armaturen sind Originalteile oder bis ins kleinste Detail restauriert. Selbst die Schlitze der Schrauben zeigen alle in eine Richtung. Der Zimmerservice steht 24 Stunden zur Verfügung. Gutes Essen und alle Getränke, von beidem oft und reichlich, sind im Preis der Fahrt mit der Rovos Rail inbegriffen. Es gibt Frühstück, Mittagessen und Abendessen, nachmittags dann noch Tee und Gebäck. Die Weinkarte ist vorzeigbar und auch an Aperitifs oder Digestifs fehlt es nicht. Die 1.600 km lange und 50–55 Stunden dauernde Fahrt von Kapstadt nach Pretoria kann natürlich auch in die andere Richtung unternommen werden.

Angefangen hat die Rovos Rail, übrigens benannt nach dem Gründer Rohan Vos, mehr als spleenige Idee. Vos war 1986 auf die Idee gekommen, für seine Familienreisen historische Waggons herrichten zu lassen und diese an Züge der staatlichen Bahn anzuhängen. Das aber war zu teuer, und Vos entschloss sich, seinen eigenen Zug zu verwirklichen. Auf einer Auktion ersteigerte er die erste Lokomotive und 1989 fuhr der erste Zug. 1999 zog die Rovos Rail in den Capital Park in Pretoria, in dem früher bis zu 138 Dampflokomotiven untergebracht waren. Heute gibt es hier neben dem Bahnhof und den Verwaltungsgebäuden auch die Werkstätten, die Schuppen für die Waggons sowie ein kleines Museum.

Ein etwas anderes Transportmittel

Entfernungstabelle

Beaufort West												
543	**Bloemfontein**											
506	939	**Clanwilliam**										
580	569	1085	**East London**									
229	777	533	603	**George**								
205	430	711	382	349	**Graaff-Reinet**							
936	397	1264	939	1171	822	**Johannesburg**						
463	1004	231	1028	429	667	1402	**Kapstadt**					
497	165	802	721	727	474	478	957	**Kimberley**				
262	815	489	645	46	388	1208	384	760	**Mossel Bay**			
179	745	477	635	63	318	1141	422	676	86	**Oudtshoorn**		
409	652	846	282	324	261	1045	749	712	366	360	**Port Elizabeth** (Gqeberha)	
433	975	225	1012	406	637	1368	49	927	363	393	725	**Stellenbosch**

Das kostet Sie das Reisen in Südafrika

• Stand Herbst 2023 •

Auf den Grünen Seiten sind Preisbeispiele für einen Südafrika-Urlaub gesammelt, die ein realistisches Bild über die Kosten einer Reise und eines Aufenthalts ermöglichen sollen. Die Preise können nur als Richtschnur gelten, bei einigen Produkten/Leistungen ist eine Preis-Spannbreite angegeben.

Aktueller Wechselkurs (Stand Herbst 2023)	
1 R = 0,049 €	1 € = 20,28 R
1 R = 0,047 CHF	1 CHF = 21,15 R

Beförderungskosten

Internationale Flüge

Zahlreiche renommierte Airlines (Lufthansa, Condor, British Airways, Air France, KLM etc.) bieten Flüge von Mitteleuropa nach Kapstadt (oft über Johannesburg) an. Die Preise (Hin- und Rückflug) bewegen sich zzt. zwischen € 700 (NS) und € 1.400 (HS). Die Flugpreise sind sehr volatil und können sich täglich ändern. Je später man bucht, desto teurer wird es; günstige Last-Minute-Angebote gibt es so gut wie nie. Turkish Airlines, Emirates, Ethiopian Airlines und Qatar Airways sind zumeist günstiger und erlauben manchmal auch zwei Gepäckstücke, doch die Flugzeiten sind länger und der Umstieg ist oft mitten in der Nacht an deren Drehkreuzen. Im Reisebüro kann es evtl. günstig sein, sich ein Paket mit Mietwagen/Flug zusammenstellen zu lassen. Grundsätzlich sollte man die Bedingungen für Umbuchung bzw. Stornierung beachten. Ist Rail & Fly inklusive? Mehrpreis für Gabelflüge?

Inlandsflüge

Grundsätzlich gilt, dass ein „Gesamt-Ticket" für den internationalen Flug plus Inlandsflüge meist günstiger ist als spätere Nachbuchungen. Ein Gabelflug (z. B. hin nach Kapstadt und zurück von Port Elizabeth (Gqeberha)) rentiert sich, auch wenn eine Fahrzeug-Rückführungsgebühr anfällt (Port Elizabeth (Gqeberha) – Kapstadt selten mehr als € 100).

Mietwagen/Campmobile

Avis/Budget Group, BLUU Car Rental (ehemals Bidvest), Tempest, Europcar und Hertz sind die bedeutendsten Vermieter in Südafrika. Hinzu kommen Sixt und viele lokale Anbieter. Letztere erscheinen oft günstiger, doch fallen nicht selten einige Zusatzkosten an (Versicherungen etc.). Noch entscheidender ist, dass die kleineren Anbieter nicht über ein so breit gefächertes Filialnetz verfügen. Hat man unterwegs etwa Probleme, wird es schwierig mit der Beschaffung eines Ersatzfahrzeugs. Und die „Kleinen" verbieten es oft, auf Schotterstraßen zu fahren. Das schränkt das Reisen deutlich ein.

Wichtig zu wissen ist, welche Versicherungen eingeschlossen sind (Eigenbeteiligung, Glas- und Reifenschäden mitversichert). Wie hoch ist die Anzahl der Freikilometer: Einige Anbieter begrenzen die Kilometer-Leistung, z. B auf 200 km/Tag und berechnen darüber liegende Kilometerleistungen. 200 km kommen bei einem so großen Land schnell zusammen. Bei Gabel-Mieten ist die Höhe der Rückführungsgebühren (Einwegmiete) zu erfragen. Auch nach der Ausstattung sollte man sich erkundigen (Navigationsgerät, Klimaanlage, Automatik, Servolenkung, sichtgeschützter Kofferraum, Radio/Musikanlage etc.). Kann WLAN für unterwegs („WIFI Data to Go") dazu gebucht werden?

Preisbeispiele für Mietwagen
Bei einer Miete von mind. 15 Tagen, ohne Kilometer-Begrenzung und inkl. der Versicherungen, kostet in der Nebensaison (Mai–Okt.) die kleinste Wagenklasse (Kia Picanto, Nissan Micra o. Ä.) € 18–20/Tag, die bessere Kleinwagenklasse (Polo, Toyota Corolla o. Ä.) € 24–28/Tag, die Kleinwagenklasse mit Automatikschaltung (Toyota Yaris, Honda Jazz o. Ä. mit Automatik) € 26–31/Tag, ein VW Tiguan oder Toyota RAV (beide SUV) o. Ä. ab € 46–54/Tag. Die obere Mittelklasse (z. B. BMW 3er-Serie Automatik) liegt bei ab € 60–65/Tag. In der Hauptsaison (Nov.–April) liegen die Preise bis zu 50 % höher.

Preisbeispiele für Campmobile

Wichtig

Camper sollte man unbedingt vorausbuchen – und zwar rechtzeitig. Sie sind schnell ausgebucht.

Preise für unbegrenzte Kilometer, Mietzeit 7–20 Tage, alle Versicherungen, keine Selbstbeteiligung (empfehlenswert!), Camping- und Küchenausstattung: Kleine Camper/2 Personen: ab € 115, in der Hochsaison eher ab € 179/Tag; Großer Camper/4 Personen: ab € 122, in der Hochsaison eher ab € 189/Tag.
Die Preise variieren je nach Saison, liegen somit zwischen November und Januar etwas höher und im Mai/Juni niedriger. Während Veranstaltungen wie z. B. Cape Epic und AfrikaBurn sind sie sehr hoch (ab ca. € 233/Tag).

Eisenbahn (Luxuszüge)
Blue Train: inkl. VP / Ausflüge: Pretoria – Kapstadt: (2 Tage/1 Nacht): pro Person im 2-Betten-Abteil: Deluxe Suite (ca. R 26.000–32.000), Luxury Suite (ca. R 33.000–40.000).
Rovos Rail: inkl. VP / Ausflüge: Pretoria – Kapstadt (3 Tage/2 Nächte): pro Person im 2-Betten-Abteil: Pullman Suite (ab R 26.500), Deluxe Suite (ab R 39.500), Royal Suite (ab R 53.500).

Taxi/Shuttle
Die Fahrt vom Cape Town International Airport in die Innenstadt kostet mit dem Taxi ab ca. R 400 (Innenstadt) bis ca. R 500 (Camps Bay). Ein bestellter Microbus, z. B. vom gebuchten Guesthouse, kostet ab R 400. Als Richtlinie für ein Taxi in Kapstadt gilt: R 20–25 Grundgebühr (Minimum-Fahrpreis: R 50) plus R 15–22/km, variiert nach Größe und Uhrzeit. Preise sind in und am Taxi angeschrieben.

Aufenthaltskosten

Hotels/Lodges
Generell sollte man als unterste Grenze ca. € 28/Person ansetzen, wobei Travellers Lodges/Hostels und selbst einfache Hotels (Road Lodge, SUN 1 etc.) noch günstiger sind. Im Durchschnitt muss man für ein einfaches Guesthouse ab € 35/Person im DZ, für ein Hotel der oberen Mittelklasse zwischen € 45 und 80/Person im DZ, in Luxushotels mit über € 100/Person im DZ (bis zu € 250) rechnen. In den Nationalparks sollte man

€ 25–60/Person im DZ/Cottage veranschlagen. Frühstück ist i. d. R. eingeschlossen, außer in NPs. Die Preise variieren sehr, zum einen je nach Saison, aber auch nach geografischer Lage. Liegt Kapstadt im teuren Segment, finden sich die kleinen Orte in der Karoo dagegen im unteren Preisniveau wieder. Die Erfahrung hat gezeigt, dass sich das Buchen von Unterkünften in großen Städten und Touristenzentren von Europa aus lohnt, dass aber die preisgünstigeren Unterkünfte in anderen Gebieten günstiger vor Ort zu buchen sind.

Ein gut gepflegter Campingplatz kostet pro Stellplatz zwischen R 130 und 400. Der Preis variiert je nach Saison und Ausstattung (Swimmingpool, Komfort, Lage, Geschäfte, Stromanschluss etc.).

Restaurants

Essen gehen ist in Südafrika günstig. Mittlere Preiskategorie: R 80–140 für ein Hauptgericht (Pizza R 90–130, Filetsteak ab R 160), die Flasche Wein dazu kostet ab R 120 (Hauswein) über R 200 (guter Rotwein) bis zu Top-Weinen deutlich über R 250. Ein Bier kostet ab R 20 (0,5 l vom Fass ab R 35, für Microbrews auch mal bis zu R 45–50, 0,33 l Flaschenbier R 28). Für ein Candlelight-Dinner bzw. ein 3-Gänge-Menü der gehobenen Kategorie muss man ab R 400/Person plus Getränke rechnen.

Lebensmittelpreise

Die Lebensmittelpreise liegen in den Geschäften im Schnitt etwas über dem europäischen Niveau, wobei man bei frischen Waren (Obst/Gemüse) an den Straßenständen sparen kann. Fleisch ist in Südafrika etwas billiger, während z. B. Zitrusfrüchte, Gemüse, Säfte, Softdrinks, Milchprodukte, Kaffee, Wein, Spirituosen teurer sind, da diese Lebensmittel importiert bzw. nicht subventioniert werden.

Benzin

Benzin kostet ca. 22–25 Rand/Liter (je nach Gegend).

Mehrwertsteuer-Rückerstattung

- Die Mehrwertsteuer (VAT = Value Added Tax) beträgt zzt. 15 % und wird dem ausländischen Besucher unter bestimmten Bedingungen zurückerstattet:
- Der Wert der Waren muss mindestens 250 Rand betragen.
- Die Rechnungen (tax invoices) der Einkäufe müssen folgende Informationen enthalten: die Worte „Tax Invoice", eine VAT-Registriernummer, eine Tax Invoice-Nummer, das Datum, die Adresse des Geschäftes, eine Beschreibung der gekauften Artikel, den Betrag sowie die darin enthaltene Mehrwertsteuer.
- Die gekauften Waren müssen spätestens 90 Tage nach Erwerb ausgeführt werden und vor der Ausreise zur Inspektion vorgezeigt werden. Dies geschieht am VAT-Refund-Schalter am Flughafen.
- Für die Rückerstattung müssen alle betreffenden Waren, die Rechnungsbelege, das Flugticket sowie der Reisepass vorgelegt werden, um den Antrag zu bearbeiten. Man darf die betreffenden Waren also nicht per Post verschicken oder in Südafrika lassen. Zu bedenken sind, dass die Wartezeiten oft sehr lang sind (mind. 45–60 Minuten) und dass der Antrag vor der Gepäckaufgabe stattfinden muss, wenn die Waren nicht ins Handgepäck passen. Die Rückerstattung, abzüglich einer Bearbeitungsgebühr, erfolgt in Form einer sog. VAT Refund Card. Diese bekommt man bei der Ausreise ausgehändigt, bis das Geld darauf gutgeschrieben ist, kann es aber mehrere Wochen

bis einige Monate dauern. Die Karte kann dann wie eine Kreditkarte für Zahlungen genutzt werden oder man kann das Geld am Geldautomaten abheben. Insgesamt lohnt sich der Aufwand nur bei größeren Summen.

Weitere Informationen sind beim **South African Revenue Service** (SARS) erhältlich, www.sars.gov.za bzw. über https://vatrefundagency.co.za/.

Tipp

Viele Geschäfte sind nicht im Besitz des korrekten VAT-Formulars. Die Formulare kann man sich bei der Einreise am Flughafen (VAT-Office) besorgen.

Gesamtkostenplanung

Es folgt eine grobe Richtlinie, wie viel eine Individualreise ins Kapland etwa kosten könnte.

Kostenplanung für 2 Personen. Angaben in €, Mietwagen der unteren Mittelklasse (z. B. Polo), Unterkunft in Mittelklassehotels, mittags kleines Mahl, abends Dinner (alles auf- bzw. abgerundet). Einkäufe sind nicht eingerechnet.

Aufenthalt	**1 Woche**	**2 Wochen**	**3 Wochen**
An- und Abfahrt zum europ. Flughafen	100	100	100
2 Flugtickets nach Kapstadt (Hin- und Rückflug)	ab 2.400	ab 2.400	ab 2.400
Gepäck- und Krankenversicherung	50	70	90
Mietwagen (untere Mittelklasse)	380	760	1.240
Benzin (1.500, 2.500 bzw. 3.500 km)	180	300	420
Übernachtungen (ca. € 100/Nacht)	700	1.400	2.100
Kl. Mittagessen (günstiges Restaurant)	160	320	480
Abendessen (Mittelklasse)	290	580	870
Getränke zwischendurch	50	100	150
Sonstiges			
Besichtigungstouren, Museen etc.	160	325	470
„Reserve“	250	500	750
Gesamt	4.240	6.360	8.250
Für ein Kind (3–11 Jahre) kämen noch folgende Kosten hinzu (Übernachtung im Zimmer der Eltern):			
Flugticket*	700–1.400	700–1.400	700–1.400
Übernachtung	200	400	600
Mahlzeiten/Getränke	200–400	400–800	600–1.200
* **Hinweis**: Meist zahlen Kinder mittlerweile den vollen Preis beim Flugticket!			

3. KAPSTADT UND DIE GARDEN ROUTE – ROUTENVORSCHLÄGE

Routenvorschläge

Hier am südlichsten Zipfel Afrikas gibt es unzählige Sehenswürdigkeiten und Highlights. Die Kapprovinzen beeindrucken durch die Küstenlandschaften, das gute Essen, den Wein, die Halbwüstenlandschaften, Bergpässe und einsame Täler, die Geschichte der Kolonisation Südafrikas und natürlich durch das faszinierende und bunte Kapstadt. Auch in puncto Tierwelt gibt es mittlerweile einiges zu erleben. Die hier vorgestellten Reiserouten sollen eine Orientierungshilfe sein für eine Reise durch die Kapprovinzen. Dabei handelt es sich um Vorschläge. Auf jeden Fall sollte man Extratage einplanen für spezielle Interessen!

Drei Grundgedanken sollten die Reise begleiten: Sich treiben lassen, der Weg ist das Ziel und Mut zur Lücke.

7 Tage Kapstadt und die weitere Umgebung

Highlights

Table Mountain – Victoria & Alfred Waterfront – Cape of Good Hope – Weinbaugebiete um Stellenbosch – Robben Island – Wale bei Hermanus – Meeresfrüchte in Paternoster – West Coast National Park

Zeitplan

1. Tag: Stadtrundgang inkl. Long Street, Malay Quarter, SA Museum und Company's Garden. Am Nachmittag/Abend dann mit der Seilbahn auf den Table Mountain fahren. Abendessen: Kapholländisch.
2. Tag: Castle of Good Hope, dann zur V&A Waterfront. Hier Mittagessen (Seafood) und shoppen. Am Nachmittag nach Camps Bay zum Baden, anschließend Sundowner im Club. Abendessen: Kapmalayisch (entsprechende Restaurants schließen früh!). Am späteren Abend, je nach Lust, V&A Waterfront, Long Street oder Livemusik.
3. Tag: Fahrt um die Kaphalbinsel. Erster Stopp in Hout Bay (Fischimbiss). Von dort langsam – mit Fotostopps – zum Cape of Good Hope. Am frühen Nachmittag entweder Straußenfarm am Kap oder Pinguinkolonie bei Simon's Town. Noch bei Tageslicht entlang der Weinbaugebiete südlich des Table Mountain zurückfahren in die Innenstadt. Abendessen: Seafood. Anschließend einen netten Pub oder eine Lounge aufsuchen.
4. Tag: Früh starten und zuerst nach Stellenbosch. Dort 3 Std. Aufenthalt mit Mittagessen. Anschließend Vier-Pässe-Fahrt über Boschendal Wine Estate und Franschhoek und weiter bis Hermanus. Dort Wale beobachten (sollte die Jahreszeit stimmen). Hier evtl. frühes Abendessen. Alternativ: Bei untergehender Sonne um die südliche False Bay fahren (R44) bis Somerset West und dann auf schnellstem Wege nach Kapstadt. Abendessen: Afrikanische Küche.
5. Tag: Am interessantesten ist ein Ausflug zur ehemaligen Sträflingsinsel Robben Island. Früher Abend: Picknick bei Sonnenuntergang auf dem Signal Hill. Abendessen: Fine Dining oder gutes Steakhaus. Alternative zu Robben Island: Townshiptour.
6. Tag: Entlang der Atlantikküste bis nach Paternoster fahren zum Seafood-Schmaus und Übernachten. Auf dem Weg dorthin das Panorama Kapstadts von Bloubergstrand aus anschauen, mind. 3 Std. Zeit nehmen für den West Coast NP und evtl. einen

Schlenker zum Fossil Park unternehmen. Alternativ und zur der richtigen Jahreszeit (Aug./ Sept.), kann man auch noch die Blumen in Darling bewundern.
7. Tag: Von Paternoster aus über Piketberg und Porterville nach Tulbagh (Church Street und Old Drostdy anschauen). Lässt es die Zeit zu, von Tulbagh über den Bain's Kloof Pass nach Wellington. Die Strecke dauert 1 ½ Std. länger als die östliche, direkte Route (R44). Von hier bieten sich zwei Alternativen an: Nochmal nach Stellenbosch und dort in einem urigen Restaurant und bei gutem Wein zu Abend essen. Oder nochmal nach Bloubergstrand fahren, um den berühmten Sonnenuntergang zu genießen und Seafood zu essen.

5 Tage Küstenstrecke/Garden Route sowie 2 Tage Kapstadt und Umgebung

Highlights

Tsitsikamma – Strand bei Plettenberg Bay – Knysna Bay – Wilderness Area – Straußenfarmen in Oudtshoorn oder De Hoop NR – Cape Agulhas – Wale vor Hermanus – Pinguine bei Simon's Town – Cape of Good Hope – Chapman's Peak Drive – Table Mountain – Victoria & Alfred Waterfront

Zeitplan

1. Tag: Ankunft in Port Elizabeth (seit 2021: Gqeberha). Dann nach Jeffrey's Bay/ St. Francis Bay.
2. Tag: Fahrt bis Knysna. Unterwegs bieten der Tsitsikamma NP, Storms River, Plettenberg Bay und andere Punkte genügend Möglichkeiten, um einen abwechslungsreichen Tag zu erleben.
3. und 4. Tag: Bis Oudtshoorn fahren. Unterwegs: Wilderness Area bzw. die wunderschöne Inlandsstraße (Old Passes Rd.), Transport Museum in George sowie Oudtshoorn mit den Straußenfarmen. Alternative: nur in Wilderness und Mossel Bay halten und im De Hoop NR übernachten (unbedingt vorbuchen). Am 4. Tag ist das Ziel Hermanus. Unterwegs: Cape Agulhas und möglichst am Nachmittag in Hermanus sein, um dort die Wale zu beobachten (Jahreszeit beachten).
5. Tag: Über Kleinmond und rund um die False Bay zum Cape of Good Hope fahren. Stopps in Kalk Bay, Simon's Town und der Pinguinkolonie einplanen! Entlang der Atlantikküste nach Kapstadt. Übernachten in einem Hotel in der „City Bowl".
6. Tag: Ein Tag sollte den Sehenswürdigkeiten in der Innenstadt gehören, inkl. der V&A Waterfront. Evtl. noch Shoppen bzw. Sundowner auf dem Signal Hill oder in Bloubergstrand.
7. Tag: Morgens auf den Table Mountain. Je nach Abflugzeit kann man nachmittags noch alternativ zur Robben Island, zum Kirstenbosch Botanical Garden oder sogar nach Stellenbosch ins Weinland fahren.

6 bzw. 8 Tage Küstenstrecke/Garden Route und 3 Tage Kapstadt und Umgebung (inkl. Weinbaugebiete)

Highlights

Tsitsikamma – Strand bei Plettenberg Bay – Knysna Bay – Strandwanderungen – Wilderness Area – Straußenfarmen in Oudtshoorn – De Hoop NR – Cape Agulhas – Wale vor Hermanus – Pinguine bei Simon's Town – Cape of Good Hope – Straße am Atlantik zwischen Kap und Kapstadt – Table Mountain – Victoria & Alfred Waterfront – Stellenbosch – Weinland

Zeitplan

Der Zeitplan orientiert sich an dem der zuvor genannten Strecke (5 Tage Küstenstrecke, 2 Tage Kapstadt). Zusätzliche Tage können wie folgt eingefügt werden:
1 Tag: Oudtshoorn zu den Straußenfarmen und in die Little Karoo.
3 Tage: Oudtshoorn (s. o.) plus 2 Tage für Strandwanderungen, z. B. entlang dem Oystercatcher Trail (vorher buchen) oder nach freier Zeiteinteilung im Tsitsikamma-Abschnitt des Garden Route NP bzw. im De Hoop NR.
Zusatztag in Kapstadt: Robben Island und Kirstenbosch National Botanical Garden sowie eine Township-Tour.

3 Tage Kapstadt, 1 Tag Weinbaugebiete, 3 Tage Landesinnere zum Addo Elephant NP, 5 Tage zurück nach Kapstadt entlang der Garden Route (insg. 12 Tage)

Highlights

Table Mountain – Victoria & Alfred Waterfront – Stellenbosch – Weinland – Montagu – Little Karoo – Straußenfarm in Oudtshoorn – Addo Elephant NP – Tsitsikamma – Strand bei Plettenberg Bay – Knysna Bay – Wilderness Area – Urlaubsküste am Indischen Ozean – De Hoop NR – Cape Agulhas – Wale vor Hermanus – Pinguine bei Simon's Town – Cape of Good Hope – Chapman's Peak Drive

Zeitplan

1. Tag: Kapstadt. Sehenswürdigkeiten in der Innenstadt, inkl. V&A Waterfront. Evtl. noch shoppen. Übernachtung in Kapstadt („City Bowl").
2. Tag: Morgens auf den Table Mountain. Anschließend alternativ zur Robben Island, zum Kirstenbosch Botanical Garden, danach zum Sonnenuntergang nach Bloubergstrand. Übernachten in Kapstadt oder Stellenbosch.
3. Tag: Den Vormittag in Stellenbosch verbringen, dann zwei Weingüter besuchen. Anschließend zum Übernachten und zu einem guten Dinner nach Franschhoek.
4. Tag: Von Franschhoek über den Franschhoek Pass, Worcester und Robertson nach Montagu. Hier übernachten. Abends ins Thermalbad und evtl. etwas in der Umgebung wandern.
5. Tag: Von Montagu über Barrydale, „Ronnie's Sex Shop", Ladismith zum Seweweekspoort (picknicken und spazieren gehen). Übernachten in oder vor Oudtshoorn.
6. Tag: Früh eine Straußenfarm und/oder die Cango Caves besuchen (Zeit Elefanten, s. u.). Anschließend über Uniondale, Joubertina und an Port Elizabeth vorbei zum Addo Elephant NP. Hier rechtzeitig ankommen, um vor Sonnenuntergang die Elefanten zu beobachten. Klappt das zeitlich nicht, Elefanten am beleuchteten Lodge-Pool beobachten und am nächsten Morgen dann in freier Wildbahn.
Alternative: Wer bereits Elefanten im Norden Südafrikas gesehen hat, kann bereits vorher nach Süden an die Küste abzweigen und dabei einen Tag gewinnen.
7. Tag: 2 Std. für die Besichtigung einer Attraktion in Port Elizabeth. Anschließend bis Jeffrey's Bay/St. Francis Bay bzw. zum Tsitsikamma NP zum Übernachten.

8. Tag: Bis Knysna fahren. Unterwegs bieten u. a. Tsitsikamma, Storms River und Plettenberg Bay genügend Möglichkeiten, um einen abwechslungsreichen Tag zu erleben.
9. und 10. Tag: Entweder am ersten Tag nur bis Mossel Bay fahren (hier oder im Botlierskop Game Reserve übernachten) und sich Zeit nehmen für die Wilderness Area bzw. die wunderschöne Inlandsstraße (Old Passes Rd.) sowie George oder alternativ zügiger durch dieses Gebiet fahren, nur gelegentlich anhalten und im De Hoop NR übernachten (unbedingt vorbuchen). Am 10. Tag ist das Ziel Hermanus. Dabei am späten Mittag am Cape Agulhas sein und am Nachmittag in Hermanus, um dort die Wale zu beobachten (Jahreszeit beachten).
11. Tag: Über Kleinmond und rund um die False Bay zum Cape of Good Hope. Stopps in Kalk Bay, Simon's Town und der Pinguinkolonie einplanen! Nach 2 Std. am Kap nachmittags entlang der Atlantikküste bis nach Kapstadt fahren. Übernachten in einem Hotel in der „City Bowl".
12. Tag: evtl. Township-Tour.

Planung bei 2 Zusatztagen
12. Tag: Am Vormittag noch Kapstadt, dann weiter in den Norden, um in bzw. um Langebaan zu übernachten.
13. Tag: Am Vormittag West Coast NP. Vogelliebhaber sollten dafür früh aufstehen. Anschließend Besuch des Fossil Park bei Hopefield und dann nach Paternoster fahren. Abends Strandspaziergang sowie Meeresfrüchte essen.
14. Tag: Über Velddrif, Piketberg und Porterville nach Tulbagh. Sollte anschließend noch genügend Zeit sein, um die 3 ½-Std.-Strecke über den Bain's Kloof Pass zurück nach Kapstadt zu schaffen, wäre das schön. Wenn die Zeit nicht reicht, über die R44 direkt zurück.

21 Tage Kapprovinzen

Highlights

Table Mountain – Victoria & Alfred Waterfront – Stellenbosch – Weinland – Montagu – Little Karoo – Straußenfarm in Oudtshoorn – Addo Elephant NP – Tsitsikamma – Strand bei Plettenberg Bay – Tierpark an Garden Route – Knysna Bay – Wilderness Area – De Hoop NR – Cape Agulhas – Wale vor Hermanus – Pinguine bei Simon's Town – Cape of Good Hope – Chapman's Paek Drive – West Coast NP – Fischeridylle in Paternoster – Meeresfrüchte in einem Open-Air-Restaurant – Cederberg Wilderness Area – Kagga Kamma

Zeitplan

1. Tag: Kapstadt. Sehenswürdigkeiten in der Innenstadt, inkl. V&A Waterfront. Evtl. noch shoppen (z. B. weiterführende Literatur für die Reise). Übernachtung in Kapstadt („City Bowl").
2. Tag: Morgens auf den Table Mountain. Danach alternativ zur Robben Island, zum Kirstenbosch Botanical Garden, dann zum Sonnenuntergang nach Bloubergstrand.
3. Tag: Township-Tour, anschließend Castle, weiteres Museum, shoppen. Abends Sundowner auf Signal Hill.
4.–14. Tag: Wie oben Tage 3–13. Letzte Nacht in Langebaan oder auf Kersefontein bei Hopefield.
15. Tag: Küste bis Lamberts Bay, in einem Open-Air-Restaurant (bei geöffneter Außengastronomie) speisen und in Clanwilliam nächtigen.

16. Tag: Ausflug zur Missionsstation von Wupperthal. Sollte es spät sein, erneut in Clanwilliam übernachten. Wer die Natur genießen möchte, der sollte besser in Oudrif oder alternativ in der Cederberg Wilderness Area nächtigen.
17. Tag: Den Tag in der Cederberg Wilderness Area verbringen und hier nächtigen. Alternativ nach Kagga Kamma und am Nachmittag noch die erste Pirschfahrt miterleben.
18. Tag: Vormittags in Kagga Kamma (Tour zu den San-Zeichnungen). Anschließend nach Tulbagh (Drostdy, Weingut, Church Street). Hier nächtigen oder weiter bis Worcester.
19. Tag: Worcester (Karoo Desert National Botanical Garden). Danach über den Bain's Kloof Pass nach Wellington und Paarl. In Paarl (KWV, Weingut, Language Monument). Hier übernachten. Alternativ durch den Huguenot Tunnel auf schnellem Wege zurück nach Kapstadt.
20. Tag: Kapstadt.
21. Tag: „Reservetag", den man irgendwo einbauen kann.

Zusatztage
1–2 Tage: Unternehmungen rund um Tsitsikamma, Plettenberg Bay und The Crags
1–2 Tage: Für Kapstadt bzw. das Weinland nutzen.
1–2 Tage: Irgendwo am Indischen Ozean zwischen Mossel Bay und Hermanus „Pause" einlegen bzw. eine Strandwanderung unternehmen (z. B. Oystercatcher Trail östlich von Mossel Bay).

Touren für speziell Interessierte

Hinweis

Die hier aufgeführten Vorschläge beinhalten nicht alle Sehenswürdigkeiten, sondern haben das Ziel, einer Route zu folgen, die dem Thema gerecht wird.

Auf den Spuren der ersten Europäer (11 Tage)

Highlights

Kapstadt: Museen, historische Gebäude – Historische Weingüter – Drostdys – Graaff-Reinet – Bartolomeu Diaz Museum

Zeitplan

1. und 2. Tag: Die ersten zwei Tage auf Kapstadt konzentrieren: historische Gebäude (Castle, die historisch geprägten Museen, u. a. History Museum/ Slave Lodge, Koopmans-de Wet Museum, SA Museum oder Zeitz Museum of Contemporary Art Africa). Ein Blick vom Table Mountain sowie von Bloubergstrand auf die Stadtkulisse vermitteln einen Eindruck, wie das Siedlungsgebiet auf die ersten Europäer gewirkt haben muss. Malay Quarter (Bo-Kaap), das eng verbunden ist mit der „europäischen Entwicklung" der Stadt. Am Nachmittag des zweiten Tages: Besuch der ersten südafrikanischen Weingüter (u. a. Groot Constantia und Steenberg), abends evtl. noch Simon's Town. Übernachten in Kapstadt: z. B. in der Breakwater Lodge, einem ehemaligen Gefängnis.

3. Tag: Rhodes Memorial, anschließend nach Paarl (Language Monument, Afrikaans Language Museum und KWV Winery). Dann nach Tulbagh: historische Church Street (kapholländische Häuser) sowie der Old Drostdy. Übernachten in Tulbagh in einem der historischen B&Bs bzw. Herbergen entlang der Church Street.
4. Tag: Über den Bain's Kloof Pass, das Werk eines der ersten großen Straßenbaumeister des Landes, geht es über Wellington und Paarl nach Stellenbosch: Dorp Museum und ein historisches Weingut (z. B. Neethlingshof oder Blaauwklippen) besichtigen. In Stellenbosch übernachten.
5. Tag: Morgens Besichtigung eines weiteren Museums und dann zur historischen Boschendal Winery. Der Nachmittag gehört dann Franschhoek: Hugenotten-Denkmal sowie Bummel durch Franschhoek. Übernachten auf einem Weingut.
6. Tag: Früh aufbrechen und über die N 1 nach Beaufort West. Unterwegs gibt es die Möglichkeit, in Worcester ein paar kapholländische Gebäude anzuschauen. Ziel dieses Tages ist es, eine Vorstellung davon zu bekommen, wie die ersten europäischen Siedler mit der Weite der Great Karoo, dem kargen Bewuchs und der sengenden Hitze zu kämpfen hatten. Matjiesfontein, um 1900 ein beliebter Kurort, eignet sich für die Mittagspause. In Beaufort West gibt es ein paar Gebäude aus dem 19. Jh. sowie ein historisches Museum. Sollte es die Zeit zulassen, empfiehlt sich die Weiterfahrt nach Graaff-Reinet (2 Std.). Übernachtung: in Beaufort West oder in einer historischen Herberge in Graaff-Reinet.
7. Tag: Graaff-Reinet inmitten der Great Karoo bietet genug, um hier einen Tag durch die Museen zu schlendern oder Kakteen und Sukkulenten anzuschauen.
8. Tag: Über die N 9, R 341 und N 12 nach Oudtshoorn, bekannt für die Straußenzucht und die Vermarktung von Straußenfedern im beginnenden 20 Jh. Mit kurzem Stopp in George geht es dann weiter in Richtung Strand (Victoria Bay, Herolds Bay, ein Golfresort in der Nähe).
9. Tag: Dieser Tag ist reserviert für eine eintägige „Exkursion" zu interessanten Punkten in der Umgebung und auch, um sich am Indischen Ozean ein wenig zu erholen. Erneute Übernachtung im Hotel von gestern.
10. Tag: Nächstes Ziel ist Mossel Bay mit dem Bartolomeu Diaz Museum (Geschichte der ersten portugiesischen Seefahrer). Anschließend zügig weiter nach Swellendam, der drittältesten Stadt Südafrikas: altes Drostdy (Museum) und andere historische Gebäude. Etwas abenteuerlicher, jedoch 3 Std. mehr an Fahrzeit, sind die Passstraßen zwischen Mossel Bay und Swellendam (nördlich der N 2): Ein Vorschlag: Du Plessis Pass – Ladismith-Barrydale – Tradouws Pass. Man erhält einen Eindruck, wie die ersten Europäer sich durch die Berge gen Norden gemüht haben. Übernachtung in Swellendam.
11. Tag: Weiter geht es zum südlichsten Punkt Afrikas, dem Cape Agulhas, und dann entlang der Küste gen Kapstadt. Viel Historisches gibt es nicht zu sehen, aber dafür eine schöne Landschaft. Einen Stopp wert ist das historische Weingut Vergelegen bei Somerset West.

San, Bantus, Kapmalayen – Auf den Spuren der nicht-weißen Bevölkerung Südafrikas (ca. 7 Tage)

Highlights

Malay Quarter – Robben Island – San-Zeichnungen in Kagga Kamma – VW-Werk in Uitenhage (seit 2021: Kariega) – South End Museum (Port Elizabeth)

 Hinweis

Eine Fahrt zum VW-Werk in Uitenhage bei Port Elizabeth ist optional und lohnt nur dann, wenn man sowieso nach PE fährt.

Zeitplan

1. Tag: Kapstadt. History Museum (Slave Lodge) und SA Museum. Das Hauptaugenmerk auf die zum Thema passenden Abteilungen legen. Anschließend Besuch des Malay Quarter (Bo-Kaap), wo die Kapmalayen leben, die sich erfolgreich gegen die Umsiedlungspläne der weißen Regierungen gewehrt haben. Abendessen: Kapmalayisch.
2. Tag: Township-Tour (inkl. District Six Museum). Anschließend in die Innenstadt: Greenmarket vor der ehemaligen City Hall, Pan African Market (Long St.), nachmittags das Treiben auf dem Busbahnhof zwischen City Hall und Bahnhof beobachten. Hier wird deutlich, dass viele Strukturen aus der Apartheidzeit heute noch sichtbar sind. Alternativ: Besuch des Zeitz Museum of Contemporary Art Africa. Abendessen: in einem afrikanischen Restaurant.
3. Tag: Besuch der Sträflingsinsel Robben Island (vorher buchen). Hier wird erzählt, wie das Apartheid-Regime mit den politischen Aktivisten umgegangen ist. Nachmittags/ abends: Im Visitor Centre eine Tour buchen, die zu Restaurants und Musiklokalen in die Townships führt.
4. Tag: Parallel zur Atlantikküste nach Paternoster. Der kleine Fischerort ist bekannt für seine pittoresken Häuschen. Interessant ist, wie die Nachkommen der San und die „Coloureds" hier leben. Übernachten in Paternoster.
5. Tag: Optional ist ein großer Schlenker zur Rheinischen Missionsstation von Wupperthal. Hier wird deutlich, wie die christliche Religion Einzug gefunden hat im südlichen Afrika. Übernachten in Clanwilliam.
6. Tag: Fahrt nach Kagga Kamma am Rande der Karoo, wo bis vor einigen Jahren San gelebt haben. Hier erfährt man etwas über die Lebensweise der San. Auf einer Jeep-Exkursion werden San-Zeichnungen gezeigt und erläutert. Übernachtung in Kagga Kamma.
7. Tag: Vormittags noch Kagga Kamma, anschließend zurück nach Kapstadt.

Das **VW-Werk in Uitenhage** bei Port Elizabeth liegt nicht auf dieser Route und bietet auch nicht immer Werkstouren an. Daher lohnt eine Extra-Anfahrt nicht. Sollte die Reise aber in diese Gegend führen und eine Führung stattfinden, dann lohnt sich die Besichtigung allemal. Hier wird gezeigt, unter welchen – mittlerweile durchaus vertretbaren – Bedingungen vornehmlich schwarze Arbeiter beschäftigt sind, wie viel sie verdienen und wo Probleme liegen. Das **South End Museum** in Port Elizabeth bietet einen Einblick in die Problematiken der Townships, besonders zur Zeit der Apartheid. In zahlreichen Orten entlang der Garden Route werden ebenfalls **Township-Touren** angeboten, so z. B. in Mossel Bay, Knysna und Plettenberg Bay.

4 Tage Wein testen

Highlights

Groot Constantia – Steenberg Estate – Stellenbosch – Boschendal – Franschhoek – Vergelegen

Zeitplan

In Kapstadt bereits Erkundigungen zu Weinen einholen in **Caroline's Fine Wine Cellars** oder **Vaughan Johnson's Wine Shop**.
1.Tag: Zuerst zu den Weingütern südlich des Table Mountain fahren. Groot Constantia und ein weiteres Weingut nach Wahl (Lunchpause) besuchen. Anschließend weiter nach Paarl und die KWV Winery, einen Zusammenschluss verschiedener Winzer, besichtigen. Danach zum historischen Weingut Boschendal (Picknick). In Franschhoek übernachten, entweder auf einem Weingut (z. B. La Chataigne) oder im Le Quartier Français, das für seine gute Küche und den ausgesuchten Weinkeller bekannt ist.
2. Tag: Entlang der Vier-Pässe-Straße (im Uhrzeigersinn) nach Somerset West zum historischen Weingut Vergelegen fahren. Anschließend Besuch des berühmten Weinguts Meerlust. In Stellenbosch in einem historischen Hotel/Herberge nächtigen. Die Restaurants der Stadt bieten ausreichende Gelegenheit, Weine der Region zu testen.
3. Tag: Zwei oder drei Weingüter um Stellenbosch besuchen. Empfehlungen: das historische Lanzerac, Jordan bzw. Thelema (schmackhafte Weißweine), Rust-en-Vrede Estate (leckere Rotweine) sowie Waterford oder Morgenhof (Ambiente und Gelegenheit, hier mittags zu speisen). Anschließend bis zum Stadtrand von Kapstadt fahren: Ziel ist Constantia Uitsig, eine weitere Winery südlich des Table Mountain. In deren Cottages lässt es sich herrlich entspannen. In den angeschlossenen Restaurants gibt es leckeres Essen und hervorragende Weine. **Alternative**: In Kapstadt übernachten und abends Fine Dining mit Wein.
4. Tag: Je nach Zeit und Lust, ein oder zwei Weingüter nördlich der Stadt besuchen, z. B. eines in der Region Durbanville oder den Groote Post Cellar zwischen Mamre und Darling. Zum Abschluss den Sonnenuntergang über Kapstadt mit einer mitgebrachten Flasche Wein am Strand von Bloubergstrand genießen.

Flora und Fauna der Kapprovinzen

Highlights

Kirstenbosch Botanical Garden – Cape of Good Hope – Pinguine bei Simon's Town – Table Mountain – West Coast NP – Bain's Kloof Pass – Karoo – Bontebok NP – De Hoop NR – Tierparks an der Garden Route – Addo Elephant NP

 Hinweis

Um die Pflanzen- und Vogelwelt zu erkunden, bedarf es Zeit. Der Reiseverlauf hier berücksichtigt das nur teilweise. Er ist vornehmlich auf kurze Besichtigungen der einzelnen Punkte ausgelegt. **Jahreszeit beachten**! Die besten Monate für die Pflanzen sind August bis Oktober.

Zeitplan

1. Tag: Literatur und Bestimmungsbücher besorgen. Erstes Ziel ist der Kirstenbosch Botanical Garden in Kapstadt. Er informiert über die Vegetation am Kap. Am frühen Abend nach Bloubergstrand fahren und den Sonnenuntergang über Kapstadt bewundern. Zwei Übernachtungen in der „City Bowl".
2. Tag: Zuerst auf den Table Mountain und die Vegetation abseits der Seilbahnstation erkunden. Anschließend entlang der Atlantikseite (evtl. hinauf zum Silvermine NR)

zum Kap fahren. Hier Zeit nehmen für eine Wanderung. Nachmittags nach Simon's Town fahren, die Pinguinkolonie besuchen und etwas nördlich, bei Fish Hoek/Kalk Bay nach Walen Ausschau halten (entsprechend der Jahreszeit).
3. Tag: Zuerst zum Flower Reserve in Darling. Anschließend zum West Coast NP (Vogelwelt). Übernachtung in Langebaan oder auf Kersefontein.
4. Tag: Wer die Vögel im West Coast NP intensiver beobachten möchte, muss sehr früh aufstehen. Danach über Citrusdal nach Kagga Kamma, das nicht nur für die San-Zeichnungen bekannt ist, sondern auch für seine Tiere. Hier nächtigen.
5. Tag: Ein langer Tag: Über Tulbagh und den Bain's Kloof Pass geht es nach Paarl zum Paarl Mountain NR. Abkürzend kann man auch auf direktem Wege über Worcester (hier: Karoo Desert National Botanical Garden) und Robertson nach Montagu fahren. Der Ort eignet sich für zwei Übernachtungen, sodass am **6. Tag** Zeit ist für Wanderungen durch eine Schlucht bzw. in die Berge.
7. Tag: Besuch des Bontebok NP bei Swellendam. Danach zum De Hoop NR (Übernachtung vorher buchen). Am Nachmittag ist Zeit für Wanderungen und Walbeobachtung (nach Jahreszeit).
8. Tag: Zügig durchfahren bis zur Wilderness Area zwischen George und Knysna. Zeit für kurze Wanderungen in diesem Gebiet bleibt noch. Hier oder in Knysna zwei Nächte verbringen. **Alternativer Stopp** (Extratag!): Die „Big Five" in einem Gehege (Garden Route Game Lodge) oder auf der luxuriösen, großen Gondwana Game Reserve (zwischen Albertinia und Mossel Bay) bzw. ein paar afrikanische Großtiere (Botlierskop GR bei Little Brak River bzw. Plettenberg Bay GR) erleben. Hier dann nächtigen.
9. Tag: Wilderness Area und Old Passes Road erkunden und ausgiebige Wanderungen unternehmen.
10. Tag: Zum Garden Route NP (Tsitsikamma) fahren und hier oder nahebei nächtigen. Die Hütten in Storms River früh buchen! Hier die Natur erwandern.
11. Tag: Zeitig zum Addo Elephant NP fahren. Nachmittägliche Rundfahrt durch den Park. Übernachten im Park.
12. Tag: Tagsüber alternativ Zuurberg Section oder Schotia Safaris Private GR.

Hinweis

In der Kapprovinz sind die „**typischen**" **Tiere Afrikas**, etwa Giraffen, Nashörner, Flusspferde etc., nur in einigen privaten Game Reserves und im Addo Elephant NP vertreten.

Zusätzliche Tage

1 Tag: Harold Porter National Botanical Garden bei Betty's Bay und im Grootbos Nature Reserve (Fynbos) bei Gans Bay übernachten.
Abenteuerlustige und Liebhaber von einsamen Wanderrouten sollten über **2 Tage** in der Baviaanskloof Wilderness Area nachdenken. Darüber vorher genau informieren, besonders bezüglich der Unterkunft.
2 Tage für den Besuch des Mt. Zebra NP und anschließend des Camdeboo NP bei Graaff-Reinet bzw. der Obesa Nursery mit Kakteen und Sukkulenten in Graaff-Reinet.
Mehrtägige Wanderungen: z. B. entlang des Oystercatcher Trail (zwischen Mossel Bay und Boggomsbaai) oder im De Hoop NR. Rechtzeitig buchen!

4. KAPSTADT – PERLE AM FUSS DES TABLE MOUNTAIN

Allgemeiner Überblick

Kapstadt, auch „**Mother City**" oder „**Tavern of the Seas**" genannt, zählt mit Recht zu den schönsten Städten der Welt. Das ergibt sich aus der Lage zwischen zwei Ozeanen, der Geschichte, den vielfältigen Restaurants, der interessanten Kunstszene, der Jahrhunderte übergreifenden Architektur, der unkompliziert-freundlichen Art der Bewohner und dem – zumindest während der Sommermonate – angenehmen Klima. Lassen wir dabei mal die starken Winde und plötzlichen Regeneinfälle (besonders April bis September) außen vor. Selbst die Innenstadt, „**City Bowl**", die zeitweise unter dem Einfluss der immer attraktiver werdenden Victoria & Alfred Waterfront litt, ist wieder populär. Denn die Stadtverwaltung hat sich erfolgreich bemüht, den Wert der City zu heben. Hierzu dienten u. a. die Renovierung der Museen und des Bahnhofs, die Pflege des Company's Garden, die Sicherheitsmaßnahmen und der Bau des „Canale Grande" zwischen Waterfront und Stadtzentrum. Nach der Fertigstellung des ersten Teilstücks ist eine Verlängerung in die City angedacht. Derzeitiger Endpunkt des Kanals ist das **Cape Town International Convention Centre**. Das geschickt zwischen Waterfront und Innenstadt angesiedelte Kongresszentrum hat wesentlich zu einer Wiederbelebung der Innenstadt beigetragen, die geplante Umgestaltung der Region Foreshore wird dies wohl ebenso tun. Die **St. George's Mall** ist eine belebte Fußgängerzone und auf dem **Greenmarket Square** findet werktags ein Kunsthandwerkermarkt statt. Die Art-déco-Gebäude wurden restauriert und die schmiedeeisernen Balkone an der Long Street entfalten ihren eigenen Charme. Lokale aller Art in **Long**, **Kloof** und **Bree Street** werden besonders abends gerne besucht. Die meisten Guesthouses sind in den Stadtteilen De Waterkant, Tamboerskloof sowie Gardens angesiedelt. Museen locken in das Gebiet um den bezaubernden **Company's Garden**.

Comeback der Innenstadt

Die schön umgestalteten Hafenanlagen der **Victoria & Alfred Waterfront** sind heute Shopping-, Entertainment-, Büro-, Wohn- und Museumsviertel zugleich, ohne den maritimen Charakter dabei außer Acht zu lassen. Individuelle Highlights, wie der Besuch der ehemaligen Sträflingsinsel Robben Island, die Seilbahnfahrt auf den Table Mountain (Tafelberg) und auch die Erkundung des kapmalayischen Viertels Bo-Kaap sowie eine organisierte Township-Tour runden das Stadtprogramm ab. Doch besteht Kapstadt natürlich keineswegs nur aus Innenstadt, V&A Waterfront und den o. g. Touren. Eine Fahrt zum **Cape of Good Hope** gehört zum Pflichtprogramm. Für diesen ganztägigen Ausflug folgt man einfach der Küstenlinie. Küstenorte wie Hout Bay, Simon's Town und Kalk Bay sowie die Touristenorte Sea Point, Camps Bay, St. James und Muizenberg liegen ebenfalls an dieser Strecke.

Fahrt zum Kap der Guten Hoffnung

Der kultige Stadtteil **Woodstock** südöstlich der Innenstadt hat sich zum Mekka der Künstler, Galeristen und Designer entwickelt. Die Stadtteile südlich der Innenstadt bieten dagegen wenig Sehenswürdigkeiten, dafür aber alternative Einblicke in das Leben am Kap. Lohnend sind z. B. ausgefallene Ziele wie das Transplant Museum oder eine Fahrt zum Kirstenbosch National Botanical Garden sowie zu den Weingütern im Constantia Valley. Auch dafür sollte man einen ganzen Tag einplanen.

Kapstadt Großraum
Unterkünfte, Restaurants
Langebaan
R27
Malmesbury
Philadelphia
R304
N7
Melkbosstrand
Kreefte Bay
Big Bay
Robben Island
Blouberg Strand
Durbanville Hills
Tygerberg
R302
Table View
Durbanville
Kraalfont
ATLANTISCHER OZEAN
Table Bay
Milnerton
Century City
R101
Brackenfell
V&A Waterfront
Goodwood
Parow
Bellville
R300
M23
KAPSTADT
siehe Plan Innenstadt
Pinelands
Elsies River
Kuils Rivier
N1
N2
Langa
Cape Town International Airport
M12
Camps Bay
Table Mtn
Rondebosch
Kirstenbosch Nat'l. Bot. Gdns.
TMNP
Athlone
Blue Downs
M3
Gugulethu
Nyanga
Eersterivier
Llandudno
Constantia
Wynberg
Duiker Point
M63
Rondevlei N.R.
Ikwezi Park
Hout Bay
Gr. Constantia
Buitenverwachting
Constantia Uitsig
Mitchells Plain
Khayelitsha
Chapman's Peak Drive
Zandvlei N.R.
R310
Table Mountain National Park
M6
Muizenberg
Strandfontein
Macassar
Silvermine N.R.
Chapman's Bay
Noordhoek
Fish Hoek
St. James
Kalk Bay
Kommetjie
Seal Island
Scarborough
Schuster's Bay
M65
False Bay
Simon's Town
Pinguin Colony
Miller's Point
M4
Smitswinkel Bay
Table Mountain National Park
Buffels Bay
Cape Point
Cape of Good Hope
N
0
10 km
© graphic

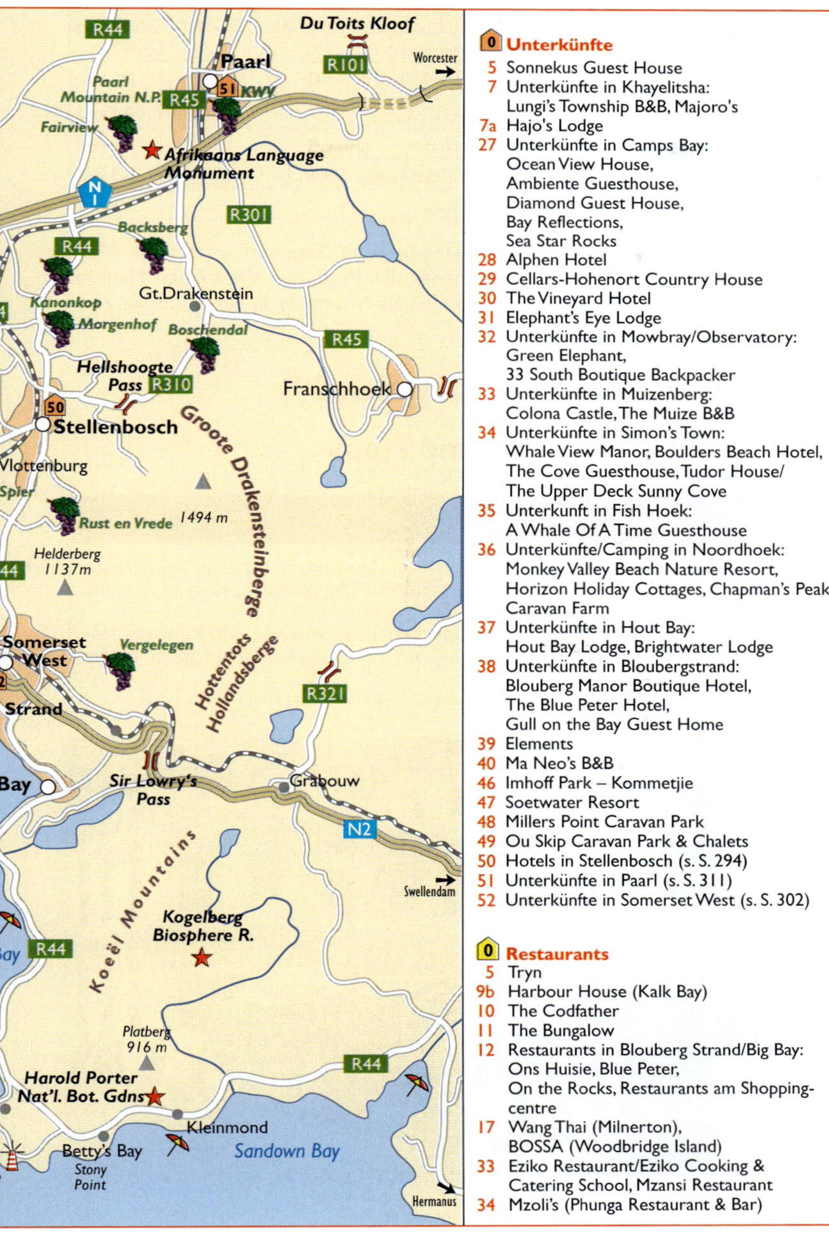

Unterkünfte

5 Sonnekus Guest House
7 Unterkünfte in Khayelitsha: Lungi's Township B&B, Majoro's
7a Hajo's Lodge
27 Unterkünfte in Camps Bay: Ocean View House, Ambiente Guesthouse, Diamond Guest House, Bay Reflections, Sea Star Rocks
28 Alphen Hotel
29 Cellars-Hohenort Country House
30 The Vineyard Hotel
31 Elephant's Eye Lodge
32 Unterkünfte in Mowbray/Observatory: Green Elephant, 33 South Boutique Backpacker
33 Unterkünfte in Muizenberg: Colona Castle, The Muize B&B
34 Unterkünfte in Simon's Town: Whale View Manor, Boulders Beach Hotel, The Cove Guesthouse, Tudor House/ The Upper Deck Sunny Cove
35 Unterkunft in Fish Hoek: A Whale Of A Time Guesthouse
36 Unterkünfte/Camping in Noordhoek: Monkey Valley Beach Nature Resort, Horizon Holiday Cottages, Chapman's Peak Caravan Farm
37 Unterkünfte in Hout Bay: Hout Bay Lodge, Brightwater Lodge
38 Unterkünfte in Bloubergstrand: Blouberg Manor Boutique Hotel, The Blue Peter Hotel, Gull on the Bay Guest Home
39 Elements
40 Ma Neo's B&B
46 Imhoff Park – Kommetjie
47 Soetwater Resort
48 Millers Point Caravan Park
49 Ou Skip Caravan Park & Chalets
50 Hotels in Stellenbosch (s. S. 294)
51 Unterkünfte in Paarl (s. S. 311)
52 Unterkünfte in Somerset West (s. S. 302)

Restaurants

5 Tryn
9b Harbour House (Kalk Bay)
10 The Codfather
11 The Bungalow
12 Restaurants in Blouberg Strand/Big Bay: Ons Huisie, Blue Peter, On the Rocks, Restaurants am Shopping-centre
17 Wang Thai (Milnerton), BOSSA (Woodbridge Island)
33 Eziko Restaurant/Eziko Cooking & Catering School, Mzansi Restaurant
34 Mzoli's (Phunga Restaurant & Bar)

Entfernungen		
Kapstadt	⏩ Johannesburg	1.402 km
Kapstadt	⏩ Port Elizabeth (Gqeberha)	749 km
Kapstadt	⏩ Beaufort-West	463 km
Kapstadt	⏩ Stellenbosch	49 km
Kapstadt	⏩ West Coast National Park	89 km
Kapstadt	⏩ Clanwilliam	231 km

Kapstadt eignet sich zudem als Ausgangsbasis für Tagesausflüge zu den Weinbaugebieten um Stellenbosch, Franschhoek und Paarl, zum West Coast National Park sowie zu den Walen, die sich von Juli bis November in der Bucht vor Hermanus tummeln.

Die Innenstadt („City Bowl“)

Überblick, Hinweise und Tipps

Sicherheit

Die **Kriminalitätsrate** wurde drastisch gesenkt, trotzdem sollte man folgende Punkte beachten: Auf bewachten Parkplätzen parken und keine Wertsachen im Fahrzeug lassen.
In der Innenstadt gibt es (wenige) Taschendiebe. Taschen und Kameras fest am Körper halten und keine Wertsachen mitnehmen. Nachts nicht in die Townships fahren.

Greenmarket und Old Town House in der Innenstadt

Kapstadt ist für afrikanische Verhältnisse eine alte Stadt, was besonders in dem Nebeneinander von einige Jahrhunderte alten Gebäuden mit modernen Hochhäusern zu erkennen ist. Die Innenstadt bezeichnen die Einheimischen auch als „**City Bowl**", da sie zwischen Signal Hill, Lion's Head und Table Mountain wie in eine Schüssel eingebettet liegt.

Zur Orientierung dient Kapstadts heutige Hauptstraße, die **Heerengracht**, die direkt vom Hafen bis zum Fuß des Table Mountain beim luxuriösen Mount Nelson Hotel führt. Sie ändert ihren Namen erst in **Adderley Street** und später in **Government Avenue**, welche – autofrei – durch den Company's Garden führt. Heerengracht und Adderley Street samt Umfeld bilden Kapstadts altes Geschäftszentrum mit Läden, Verwaltungsgebäuden, Banken, der Hauptpost (Eingang Parliament St.), dem Bahnhof und einigen Sehenswürdigkeiten. Bis 1850 wurde diese Straße von einem Wasserlauf durchzogen, an dessen Seiten Eichenbäume standen. Schon damals hieß diese Allee Heerengracht.

Im Nordosten begrenzt die Strand Street das Stadtzentrum. Die **St. George's Mall**, parallel zur Adderley Street, ist die Haupteinkaufsstraße. Von dieser Fußgängerzone mit diversen Geschäften zweigen Passagen mit Einkaufsmöglichkeiten ab. An der Ecke Burg und Castle Street befindet sich das hervorragend organisierte **Information Centre** von Cape Town Tourism, ein guter Ausgangspunkt für Erkundungstouren ins Stadtzentrum. Hier kann man auch organisierte Touren in alle Teile der Kapprovinz und Nationalparkunterkünfte buchen, angeschlossen ist ein kleines Internetcafé.

Die nächste Parallelstraße ist die enge **Long Street** mit ihren vielen viktorianischen Gebäuden. Auf dieser finden sich „In"-Cafés, Bars, kleine Restaurants, (Backpacker-)Unterkünfte, Antiquitätengeschäfte und Souvenirläden. So liegt z. B. der Pan African Market im Nordosten, interessanter ist aber der Bereich zwischen Wale Street und Buitensingel. Auch entlang der nordwestlich der Long Street verlaufenden **Loop Street** und der

Redaktionstipps

Die schönsten Naturerlebnisse

- Zum Sonnenuntergang auf dem **Signal Hill** (S. 187) oder mit der **Seilbahn auf den Table Mountain** (S. 181). Achtung! Die Seilbahn fährt nicht bei Nebel und vor allem nicht bei zu viel Wind.
- **Wanderung** auf dem Table Mountain – abseits der Seilbahnstationen (S. 183).
- Besuch des **Kirstenbosch National Botanical Garden** (mind. ½ Tag, S. 275).
- Rundtour um die **Kaphalbinsel** (ein ganzer Tag). Besonders schön: **Chapman's Peak Drive** (S. 255) sowie der Teil südlich von **Kommetjie** (S. 256) und **Simon's Town** (S. 265).
- Blick auf Kapstadt und den Table Mountain von **Bloubergstrand** aus (S. 196).
- Stranderlebnis (Baden, Spazieren und Essen gehen) in **Camps Bay** (S. 180).
- Spaziergang durch den **Company's Garden** (S. 151).

Kulturelle Höhepunkte

- Bummel durch das Malay Quarter **Bo-Kaap** (S. 149).
- Ein Spaziergang entlang der Long Street der **viktorianischen Architektur** wegen (S. 157).
- Besuch der **Victoria & Alfred Waterfront** (S. 164) mit dem **Two Oceans Aquarium** (S. 167) und dem **Zeitz Museum of Contemporary Art Africa** (S. 164).
- Besuch der folgenden Museen: Museen um den Company's Garden herum (S. 151): **District Six Museum** (S. 154), **Castle of Good Hope** (S. 150), **Koopmans-de Wet Museum** (S. 156) und mal etwas anderes: das **Heart of Cape Town Museum** (S. 172).

Ausflüge/Touren

- Ins **Weinbaugebiet um Stellenbosch und Franschhoek** (S. 279).
- **Township-Tour** (S. 191) und Bootsfahrt nach **Robben Island** mit Führung auf der ehemaligen Sträflingsinsel (jeweils mind. ½ Tag) (S. 190).
- Besuch eines **historischen Weinguts**, z. B. Groot Constantia (S. 274).

Bree Street siedeln sich mehr und mehr Lokale an. Die **Buitengracht** schließlich trennt das Stadtzentrum vom oberhalb gelegenen Bo-Kaap (Malay Quarter). Die Verlängerung der Buitengracht, die **Kloof Nek Road**, führt zwischen Lion's Head und Table Mountain bis zur Camps Bay. Von ihr biegt man auf der Kammhöhe ab zum Signal Hill bzw. zur Talstation der Table-Mountain-Seilbahn.

Die Gebiete südöstlich der Adderley Street bieten touristisch nicht so viel. Hier wurde besonders in den 1960er-Jahren vieles niedergerissen und „kaputt“-saniert. Der ehemalige „District Six“ fiel der Apartheid zum Opfer, was man heute im District Six Museum gut nachvollziehen kann (s. S. 154). Andere Areale verfallen oder warten auf Investoren. Oder sie werden von modernen Verwaltungsgebäuden bzw. dem Bus- und Zugbahnhof eingenommen. Lediglich das Museum, das alte Castle of Good Hope und der Anblick der City Hall mit ihren lokalen Imbissständen davor rechtfertigen einen Schlenker in diese Richtung.

Zeitgenössische Bead-Work (Perlen-Kleider-Figuren)

Während der 1980er-Jahre haben Zulu-Frauen aus dem Valley of Thousand Hills nahe Durban begonnen, **Perlen-Kleider-Figuren** von Personen, Tieren oder anderen Objekten aus ihrer eigenen Umgebung herzustellen. Diese Figuren, die auf allen Märkten und in zahlreichen Geschäften angeboten werden, sind eine innovative, kreative Antwort auf eine Marktlücke sowie eine raffinierte Form und Ausdruck der Erfahrungen im täglichen Leben der Frauen.

Sehens- und Erlebenswertes in Kapstadts Innenstadt (alphabetisch geordnet)

Hinweis

Die meisten Museen in Kapstadt werden im Land unter dem **Label „Iziko Museum“** geführt. Auf diese Nennung wurde in der alphabetischen Auflistung verzichtet, die entsprechenden Museen sind aber gekennzeichnet.

Bertram House (Iziko) (1)

Das einzige erhaltene rote georgianische Backsteingebäude wurde 1839 von einem englischstämmigen Notar errichtet, der es nach seiner verstorbenen Frau Ann Bertram Findlay benannte. Ausgestellt sind englische Möbel, Porzellan, Schmuck und Silber. Interessant ist, die Architektur und Einrichtung dieses Hauses mit einem typischen kapholländischen Stadthaus, wie dem Koopmans-de Wet House (s. u.), zu vergleichen.
Bertram House, *Company's Garden, am Ende der Government Avenue, www.iziko.org.za, Di–Fr 9–16 Uhr.*

Bo-Kaap Museum (Iziko) (2)

Das Museum ist in einem der ältesten Gebäude Kapstadts untergebracht, das noch in seiner ursprünglichen Form erhalten geblieben ist. Direkt im Bo-Kaap-Viertel gelegen, porträtiert das Museum die Kultur der Kapmalayen. Im Community Centre, im hinteren Teil des Museums, ist eine Sammlung von Karten, Wagen und anderen Gerätschaften zu sehen. Dort finden auch Feste und Konferenzen statt. Die Museumsbroschüre gibt umfangreiche Informationen zur Geschichte und Kultur der Muslime am Kap.
Bo-Kaap Museum, *71 Wale St., www.iziko.org.za, Mo–Sa 9–17 Uhr.*

Malay Quarter (Bo-Kaap)

info

Das Viertel wird auch **Bo-Kaap** bzw. **Tana-Baru** genannt. Der interessante, historische Teil wird durch Rose, Wale, Chiappini und Shortmarket Street begrenzt, wobei sich der gesamte von den Kapmalayen bewohnte Stadtteil mittlerweile von der Buitengracht bis hinauf zum Signal Hill zieht. Minarette und bunte, pastellfarbene Häuser prägen das Bild der im späten 18. Jh. entstandenen Wohngegend. Die Kapmalayen sind Nachkommen jener Sklaven, die seit der zweiten Hälfte des 17. Jh. aus Asien kamen. Nur die wenigsten kamen jedoch aus Malaysia, die meisten waren Inder und Ceylonesen, viele auch Indonesier. Malaiisch war zu dieser Zeit die Handelssprache in Südasien, worauf der Name zurückzuführen ist. Viele waren geschickte Handwerker, die sich kleine Häuser bauten und dabei auf Bauelemente des kapholländischen und englischen Stils zurückgriffen. Gründer der muslimischen Gemeinde war Sheigh Yusuf, ein Ceylonese, der 1694 zusammen mit 50 weiteren Islamgelehrten nach Kapstadt ins Exil geschickt wurde. Sie bekehrten vor allem viele Sklaven zum Islam, zuerst gegen den Widerstand der *Dutch Reformed Church*, denn erst 1804 wurde die Religionsfreiheit eingeführt.

Die Kapmalayen verbindet der islamische Glaube. Bis heute konnten sie auch ihre kulturelle Identität bewahren. Bereits während der Apartheid kämpften sie erfolgreich um den Erhalt ihres traditionellen Wohnviertels, sodass schließlich ein Sanierungsprogramm zur Rettung der z. T. zu Slums verkommenen Häuser initiiert wurde. Heute wohnen gut 3.000 Menschen in dem Viertel, doch werden die zur Waterfront gelegenen Häuser mittlerweile von Yuppies und kleineren Dienstleistungsfirmen in Anspruch genommen. Geführte **Rundgänge** durch das Malay Quarter können im Infocenter (*Burg/Castle Street*) gebucht werden oder finden sich u. a. unter www.iziko.org.za/museums/bo-kaap-museum./

Auch dieses verbindet man mit den Cape-Muslims

- Beim sog. **Sword Dance** („Ratiep") schnitten sich junge, in Trance versetzte Männer mit scharfen Schwertern Symbole in die Haut. Erstaunlicherweise floss dabei weder Blut noch waren hinterher Wunden zu sehen. Dieser religiöse Tanz wird kaum mehr praktiziert.

Das farbenprächtige Bo-Kaap

info

- **Kramats** sind Gräber der geistigen Oberhäupter der Cape-Muslims. Es gibt gut zwei Dutzend davon, die sich wie ein „Schutzwall“ um die Stadt verteilen. Eines liegt z. B. linker Hand kurz vor Erreichen des Signal Hill.
- Jedes Jahr am 2. Januar findet der **Kaapse Klopse** statt. Das bunte Straßenfest wurde begründet von den Sklaven, die am 1. Januar ihren einzigen freien Tag im Jahr hatten. Während der Apartheid galt der Karneval als Sprachrohr der „Nicht-Weißen“, denn was hier gesprochen und gesungen wurde, konnte die Polizei nicht richtig wahrnehmen. Heute ist der Umzug eher ein farbenfrohes Fest mit bunten Kostümen und Schirmen sowie viel Musik. Der Zug, auch bekannt als *Cape Town Minstrel Carnival,* beginnt an der Grand Parade und endet als Musikveranstaltung im Cape Town Stadium in Green Point. Nicht zu verwechseln ist der *Coon Carnival* mit dem erst 2011 gegründeten *Cape Town Carnival* (https://capetowncarnival.com)) im März, der entlang der Fanmeile ins Cape Town Stadium zieht.
- Gründer der Koranschulen am Kap war **Tuan Karu** (= „Herr Lehrer“), der mit richtigem Namen Abdullah Kadi Abdus Salaam hieß. Er hat bereits vor 1780 Mohammeds Lehren verkündet, wofür er auf Robben Island inhaftiert wurde.
- **PAGAD** („People against gangsterism and drugs“) ist eine Organisation, die besonders in den 1990er-Jahren aktiv war und die sich z. T. auf sehr militante Weise gegen die Kriminalisierung und den Einzug von Drogengeschäften in die muslimischen Viertel der Stadt gewehrt hat. Mehrere Morde an Drogenbossen, aber auch Anschläge auf jüdische Einrichtungen gingen auf ihr Konto. Nachdem es zwischenzeitlich ruhig um PAGAD geworden war, hält die Organisation mittlerweile wieder Protestaktionen ab, die sich vornehmlich gegen die Drogenmafia richten. Im Jahr 2022 wurde ein Anführer der PAGAD G-Force wegen einer Verschwörung zur Tötung von Polizisten angeklagt, 2023 wurde ein ehemaliger PAGAD-Anführer erschossen. Seit einigen Jahren ist die **Droge Tik** (Methamphetamin) weitverbreitet – ein Aufputschmittel, das bereits Soldaten im Zweiten Weltkrieg genommen haben. Man schätzt, dass 250.000 Menschen am Kap sie regelmäßig einnehmen. Das Verhältnis der Bürger zu der Organisation ist gespalten, doch viele befürworten die Aktivitäten hinter vorgehaltener Hand, da sie in der PAGAD die einzig reale Chance sehen, die Drogengeschäfte vom Kap zu verbannen.

Cape Town International Convention Centre (CTICC)

In dem modernen Komplex zwischen Walter Sisulu Ave., Heerengracht und N1 finden alle Arten von Konferenzen, Musikveranstaltungen und Modenschauen statt. Über die Jahre soll das Centre noch weiter zu einem der größten und modernsten seiner Art weltweit ausgebaut werden. Der Komplex beherbergt zudem ein großes Hotel sowie ein vornehmes Restaurant mit afrikanischem Touch, Livemusik und Zigarren-Bar. Alljährlich im März kommen zahlreiche Besucher zum international hoch angesehenen **Cape Town International Jazz Festival** hierher.

CTICC, *Convention Square/1 Lower Long St., www.cticc.co.za.*

Castle of Good Hope (Iziko) (3)

Ältestes Steingebäude

Dieses erste Steingebäude Südafrikas entstand 1666 und wurde von 300 Matrosen in nur einem Jahr erbaut – damals noch direkt am Wasser. Alle hier verarbeiteten Steinblöcke stammen aus Holland. Im Grunde bot der Standort keinen guten Schutz, doch da niemals Angriffe stattfanden, wurde die Wehrhaftigkeit nie getestet.

Die Festungsanlage ist immer noch Heimat des Highlanders Regiment, ist aber für Besucher geöffnet und ein Rundgang lohnt sich allemal. In den Seitenflügeln befindet sich ein **Militärmuseum** und im Haupthaus kann man die **William-Fehr-Sammlung** (historische Möbel, Malereien, Sonderausstellungen) bewundern. Im Innenhof stehen Statuen der einst hier internierten Könige. Nahe dem Castle beginnt eine Tour durch die Katakomben Kapstadts, also entlang der alten, von den Holländern angelegten Kanäle und Tunnel, die zum Teil Ende des 19. Jh. von den Engländern zugeschüttet wurden. Führungen durch diese Tunnelanlagen, auch weiter unter der Stadt, bietet Good Hope Adventures (*www.goodhopeadventures.com*).

Castle of Good Hope, *Castle St., www.castleofgoodhope.co.za, tgl. 9–17 Uhr, kleines Bistro.*

Old City Hall

(Old) City Hall (4)

Die City Hall erhebt sich vor der Kulisse des Table Mountain am **Grand Parade**, dem ehemaligen militärischen Paradeplatz. Das imposante Gebäude wurde 1905 in einer Mischung aus britisch-kolonialem und italienischem Renaissance-Stil erbaut. Die City Hall wurde sorgfältig restauriert (beeindruckend ist die gewaltige Marmortreppe im Inneren sowie die Orgel) und beherbergt die Stadtbücherei. Im Februar 1990, als Nelson Mandela aus dem Gefängnis entlassen wurde, warteten 100.000 Menschen bis zu sieben Stunden auf dem Grand Parade, um seine erste Rede vom Balkon zu hören. Er begann seine Rede mit „*Amandla! Iafrka! Mayibuye!*" („Macht dem Volk"). An der Nordwestseite des Platzes stehen eine Reihe von Imbissbuden und davor ein paar Händler, die allerdings viel Ramsch anbieten.

(Old) City Hall, *Darling St., Di–Fr zu den Bürostunden, außerdem am Montag 24 Stunden geöffnet.*

Company's Garden (5)

Dort, wo die Adderley Street in die Government Avenue übergeht, beginnen die früheren Gärten der Holländisch-Ostindischen Handelskompanie. Hier baute van Riebeeck Gemüse und Obst an. Ein Teil des Geländes ist in einen botanischen Garten umgewandelt worden. Der Company's Garden lädt zum Spaziergang zwischen exotischen Pflanzen ein. Hier kann man gut einige Stunden verweilen und im Schatten unter großen Bäumen auf einer der vielen Bänke die flanierenden Menschen beobachten. Beeindruckend sind zudem der **Rosengarten** und die zahlreichen Skulpturen. Von hier hat man einen schönen Blick auf die „Spitze" des Table Mountain.

Pause unter schattigen Bäumen

Ein **Visitor Centre** an der Westseite, nahe Bloem Street, erzählt die Geschichte des Parks. Für einen Snack kann man sich in dem beschatteten **Café-Restaurant** niederlassen *(tgl. 9–17 Uhr, im Sommer auch länger)*. Um die Grünanlage herum

Kapstadt Innenstadt

★ **Sehenswürdigkeiten**
1 Bertram House (Iziko)
2 Bo-Kaap Museum (Iziko)
3 Castle of Good Hope (Iziko)
4 (Old) City Hall
5 Company's Garden (Information)
6 De Tuynhuys
7 District Six Museum
8 Martin Melck House
9 Greenmarket Square/Old Town House
10 Groote Kerk
11 Houses of Parliament
12 Jewish Museum/Holocaust Centre
13 Koopmans-de Wet Museum (Iziko)

N
0 500 m

Konsulate:
A Österreich
CH Schweiz
D Deutschland

Noon Gun · Sea Point · Cape Quarter · Tana Baru Cemetery · Prestwick Memorial · Jamai Mosque · Malay Quarter · Heritage Sq. · Van Riebeeck Sq. · Bo-Kaap · Bo-Kaap Mus. · Auwal · Noor el Hamedia · Palm Tree · Signal Hill · Schotsche Kloof · Tamboers-kloof · Long St. Baths · St. Martini · Company's Garden · C.J.Rhodes · Great Synagogue · Mt. Nelson Hotel · Gardens · Cape Town High Sch. · Camps Bay · Camps Bay, Seilbahn · M3, Airport · M62

Strand Street · Waterkant St. · Somerset · August St. · Longmarket St. · Chiappini St. · Hout Ln. · Castle · Buitengracht · Shortmarket St. · Rose St. · Church · Helliger Ln. · Wale Street · Yusuf Dr. · Upper Pepper St. · Upper Leeuwen St. · Military Rd. · Bloom Street · Lion Street · Jordan Street · Orphan St. · Peace St. · Service · Road · Dorp Street · Leeuwen St. · New Church St. · Pepper St. · Bloem St. · Bree St. · Buiten St. · Loop Street · Long Street · Keerom St. · Victoria Street · Bree Street · Longmarket · Buitensingel · Park House Rd. · Orange St. · Queen Victoria · Government Avenue · Milner Road · Upper Buitengracht St. · New Church Street · Park St. · Kloof Street · Eaton Road · Annandale Rd. · Paddock Ave. · Hatfield St. · Barnett Street · St. Johns Road · Tuin St. · Hope Street

Sea Point
V&A Waterkant
Cape Town International Convention Centre
Walter Sisulu Ave.
Nelson Mandela Blvd.
Hafen
Bartholomeu Dias Statue
Ch. Barnard Memorial Hospital
Bartholomeu Días Blvd.
Vasco da Gama Bvld.
D. F. Malan St.
Hans Strijdom Ave.
Lower Long St.
Tulbagh Square
Heerengracht
Fore-
Shore
Artscape
Medipark
Hertzog Boulevard
A. Luthuli Pl.
Thibault Square
Van Riebeeck Statue
Rovos Rail
Civic Centre
Lutheran Church
Riebeek Street
Waterkant Street
Strand Street
Long Street
St. George's Mall
Bree Street
African Market
Hout St.
Krotoa Pl.
Burg St.
Adderley Street
Golden Acre Mall
Blue Train
Old Marine Drive
Cape Town Railway Station
Chr. Barnard St.
Flower Market
Church St.
Strand Street
M60
The Castle of Good Hope
Darling Street
Longmarket St.
Caledon
Corporation
Plein St.
Parliament Street
Albertus
Barrack St.
Buitenkant Street
Commercial
Sir Lowry Road
M4
Tennant Street
Keizersgracht
Zonnebloem
(District Six)
Roeland St.
M59
Rust-en-Vreugd
Canterbury Street
Constitution Street
Buitenkant Str.
Glynn St.
Wesley Street
De Villiers
M3, Airport
© graphic
14 Restaurants u. Geschäfte in Long u. Kloof St.
15 Lutheran Church
16 The AVA Gallery
17 St. George's Cathedral
18 Sendinggestig (Slave Church) Museum
19 Slave Lodge/South African Cultural History Museum (Iziko)
20 National Library of South Africa
21 South African Museum and Planetarium (Iziko)
22 South African National Gallery (Iziko)
23 Jan-van-Riebeeck-Statue

Im Company's Garden

befinden sich diverse historische Gebäude und Museen, z. B. die Houses of Parliament, das Jewish Museum, die Slave Lodge, das South African Museum und die SA National Gallery. So kann man hier ohne Weiteres einen ganzen Tag verbringen.

De Tuynhuys (6)

De Tuynhuys, zwischen den Houses of Parliament und der Roeland Street gelegen, wurde 1700 als *Company Guest House* für hochrangige Gäste gebaut, die das Castle nicht betreten durften. Mit den Jahren gealtert, wurde es renoviert und erhielt das Aussehen von 1795. Es diente später den Gouverneuren und seit 1961 dem südafrikanischen Präsidenten als Residenz. Auf seinen Stufen sprach Präsident Frederik W. de Klerk am 18. März 1992 die Worte: „*South Africa has closed the book on apartheid*".

De Tuynhuys, *nur von außen zu besichtigen.*

District Six Museum (7)

„District Six", östlich des Stadtzentrums gelegen, war ein multikultureller Stadtteil, in dem 60.000 Menschen verschiedener ethnischer Herkunft in einer lebendigen, bunten Gemeinschaft lebten. 1966 wurde das Gebiet als „*For Whites only*" erklärt, und die teilweise schon seit Generationen hier zusammenlebenden Menschen wurden auf verschiedene Townships verteilt. Als Begründung diente die relativ hohe Kriminalitätsrate, die zunehmend auf die umliegenden (weißen) Wohngebiete übergriff. Heute ist belegt, dass diese Übergriffe kaum stattgefunden haben. Der eigentliche Hintergedanke war, dass die Weißen in der sog. „City Bowl" unter sich bleiben wollten und politische Übergriffe vom District Six befürchteten. Mit der Umsiedlung traf die Apartheid-Regierung den Lebensnerv der Menschen, „zersiedelte" sie und nahm ihnen damit ihre Identität. Der gesamte Stadtteil wurde dem Erdboden gleichgemacht. Heute befindet sich hier immer noch viel brachliegendes Land. So wird es wohl in einigen Abschnitten bleiben, trotz der in den 1980er-Jahren bereits gebauten Gebäude (Technicon u. a.), einiger Neubauprojekte am Rand

Zwangsweise Umsiedlung der nichtweißen Bevölkerung

des Gebiets und der Tatsache, dass Grundstücke an ehemalige Bewohner und ihre Hinterbliebenen zurückgegeben werden sollen. Letzteres erweist sich aber als ein sehr zäh vorangetriebenes Vorhaben.
Im Museum gibt es eine Fotoausstellung, eine Sammlung von Straßenschildern und anderen Überbleibseln zu sehen. Schautafeln erläutern die Geschichte und zeigen die unbegreiflichen Regeln der Apartheid auf. Wer noch 500 m die Buitenkant Street hinaufläuft, findet dort, gegenüber der Perseverance Tavern, **Rust en Vreugd**, eines der besterhaltenen Cape-Dutch-Häuser der Stadt (1778) mit kleinem Kunstmuseum. Ein Tipp ist **Charly's Bakery** (*einen Block hinter dem Museum, 38 Canterbury St.*), die bekannt ist für leckere Cupcakes und Käsekuchen!

Tolle Cupcakes!

District Six Museum, *25A Buitenkant St., Ecke Caledon St., Mo–Sa 9–16 Uhr, www.districtsix.co.za. Vorsicht vor betrügerischen Trickverkäufern! Tickets können nur an der Rezeption oder über Quicket.co.za gekauft werden.*
Rust en Vreugd, *78 Buitenkant St., Do/Fr 9–16 Uhr, www.iziko.org.za.*

Flower Market

In einer kleinen Seitengasse an der Adderley Street (zw. Strand u. Darling Sts.) werden seit über 100 Jahren frische Blumen, u. a. auch Proteas, verkauft. Wasserbecken sorgen für die Flüssigkeitsversorgung. Ein wahrhaft farbenfroher Anblick!

Martin Melck House (8)

Das Martin-Melck-Haus ist eines der wenigen erhaltenen Häuser mit einer *dakkamer* – einer Dachkammer mit einem Fenster zur Seeseite. Martin Melck war ein wohlhabender Händler. Heute sind in dem Haus wechselnde Ausstellungen zu sehen. Die benachbarte **Lutheran Church (15)**, ebenfalls von Melck erbaut, war das erste lutherische Gotteshaus in Südafrika.
Martin Melck House, *96 Strand St., Die Öffnungszeiten unterscheiden sich von Ausstellung zu Ausstellung. Bitte vorher informieren!*

Greenmarket Square und Old Town House (9)

Der 1710 erbaute Platz an der Burg Street (*zwischen Longmarket und Shortmarket Streets*) ist der zweitälteste der Stadt. Hier findet Mo–Sa 9–17 Uhr ein lebendiger **Floh- und Souvenirmarkt** statt und zahlreiche Straßencafés laden zu einer Pause ein. Hier steht zudem an der Longmarket Street das erste öffentliche Gebäude der Stadt, das im Rokoko-Stil erbaute **Old Town House**, von dessen Balkon im ersten Stock sich das Treiben auf dem Platz gut beobachten lässt. Das Gebäude diente 1761–1905 als Gericht und später als Rathaus. Heute beherbergt es die **Michaelis Collection**, die holländische und flämische Gemälde aus dem 17. Jh. zeigt.
Old Town House, *www.iziko.org.za, war zu Redaktionsschluss geschlossen, bitte über die Wiedereröffnung aktuell auf der Website informieren.*

Groote Kerk (10)

Die Kirche steht am Standort zweier älterer Kirchen, wovon die älteste bereits 1678 erbaut wurde und damit die erste Kirche Südafrikas überhaupt war. Das heu-

Erste Kirche des Landes

tige Gotteshaus, dessen Glockenturm noch aus dem Jahr 1703 stammt, entstand 1841. Die Groote Kerk ist das Mutterhaus der Holländisch-Reformierten Kirche, von den Afrikaanern einst „*die moeder van ons almal*" („Die Mutter von uns allen") genannt. Besonders die Kanzel von Anton Anreith ist sehenswert. Hörenswert ist zudem die Orgel mit nahezu 6.000 Pfeifen (auf Konzertankündigungen achten).
Groote Kerk, *Adderley St., Eingang Church Square, Parliament St., Mo–Fr 10–14 Uhr.*

Houses of Parliament (11)

Die Houses of Parliament wurden 1885 eröffnet und später mehrmals erweitert. Hier tagt normalerweise das Parlament in der Zeit von Januar bis Juni. Anfang Januar 2022 zerstörte jedoch ein verheerender Brand große Teile des Gebäudes, u. a. den Sitzungssaal. Der Wiederaufbau wird voraussichtlich bis 2025 dauern.
Houses of Parliament, *Eingang von der Plein Street. Ob und wann die öffentlichen Führungen nach dem Wiederaufbau wieder stattfinden, ist derzeit unbekannt.*

Jewish Museum und Cape Town Holocaust Centre (12)

Vorfahren aus Osteuropa

Durch die älteste Synagoge Südafrikas, 1863 erbaut und wieder in ihr ursprüngliches Aussehen versetzt, gelangt man in das **Museum**. Bücher und andere Gegenstände der jüdischen Zeremonien informieren umfassend über das Leben und die Entwicklung der etwa 75.000 in Südafrika lebenden Juden, deren Vorfahren übrigens großenteils aus Litauen, Lettland und Belarus eingewandert sind. Im Untergeschoss ist eine der weltbesten Ausstellungen von japanischen Netsuke-Miniaturholzschnitzereien zu bewundern.

Angeschlossen ist das **Cape Town Holocaust & Genocide Centre** mit einer ebenfalls interessanten Ausstellung. Direkt neben dem Museum steht die 1905 errichtete **Great Synagogue**, die aufgrund von finanziellen Schwierigkeiten beinahe zum Kino umfunktioniert worden wäre. Heute dient sie mit ihrer gewaltigen zentralen Kuppel als Gebetsstätte für Kapstadts jüdische Gemeinde.
Jewish Museum & Holocaust & Genocide Centre, *88 Hatfield St., Company's Garden, www.sajewishmuseum.co.za bzw. https://ctholocaust.co.za, So–Do 10–17, Fr 10–14 Uhr.*

Koopmans-de Wet Museum (Iziko) (13)

Das Koopmans-de Wet House von 1701 wurde in der heutigen Form im frühen 19. Jh. fertiggestellt. Die klassizistische Fassade haben die Architekten Louis Michel Thibault und Anton Anreith entworfen. Einst als „kultureller Salon Kapstadts" bekannt, gehörte das Haus Marie Koopmans-de Wet (1834–1906), einer wohlhabenden Persönlichkeit des sozialen und politischen Lebens in Kapstadt im 19. Jh. Das Museum zeigt eine umfangreiche Sammlung von Kap-Möbeln, chinesischer und japanischer Keramik sowie holländischer Kupferware. Die großzügige Architektur beeindruckt ebenfalls. Um das gesamte Haus zu besichtigen, benötigt man mindestens eine Stunde.
Koopmans-de Wet Museum, *35 Strand St., www.iziko.org.za, Do/Fr 10–14.30 Uhr, bitte vor dem Besuch prüfen, ob die Öffnungszeiten wieder erweitert wurden.*

Long Street und Kloof Street (14)

Typische Balkone in der Long Street

In der über 300 Jahre alten **Long Street** mit ihren teilweise wunderschön restaurierten viktorianischen Häusern mit schmiedeeisernen Balkongeländern befinden sich Trödel- und Antiquitätenläden, Antiquariate, Modedesigner, v. a. aber Restaurants, Cafés, Pubs und Clubs. Zudem haben sich viele Backpacker-Unterkünfte und andere Hotels rund um die Straße angesiedelt. Die Long Street war einst 3,8 km lang (heute ca. 3,2 km) und reichte bis zum Wasser. Der interessante Abschnitt dieser Straße liegt zwischen Wale Street und Buitensingel. Zwei Moscheen, die Hanafee Mosque und die Palm Tree Mosque, liegen an der Straße. Im Jahr 1809 eröffnete in der Long Street Kapstadts erster Einzelhandelsladen und die Straße entwickelte sich bis 1900 zur Kleinhandwerker- und Händlerstraße. Sie war zudem die Keimzelle und später das Zentrum von Südafrikas Jazzszene. Die Verlängerung der Long Street nach Süden bildet die **Kloof Street**, in der man ebenfalls nette Restaurants, zudem weiter oben Wohnausstatter und Boutiquen findet.

The AVA Gallery (16)

Hier werden Werke zeitgenössischer, oft noch unbekannter südafrikanischer Künstler ausgestellt. Alle vier Wochen wechselt die Ausstellung.
The AVA Gallery, *35 Church St., ✆ (021) 424-7436, www.ava.co.za, Mo–Fr 10–17, Sa 10–13 Uhr.*

St. George's Cathedral (17)

1834 von dem berühmten südafrikanischen Architekten Herbert Baker als anglikanisches Gotteshaus entworfen, das sich in seinem gotischen Stil nicht groß von europäischen Kathedralen unterscheidet. Bewundernswert ist das große Bleiglasfenster auf der Nordseite. Erzbischof und Friedensnobelpreisträger Desmond Tutu hat hier massiv gegen die Apartheidpolitik protestiert. Bekannt für seinen Humor, trug er bei seinen öffentlichen Auftritten oft ein T-Shirt mit der Aufschrift „*Just call me Arch*". Regelmäßig finden Messen und musikalische Veranstaltungen statt. Die Akustik ist atemberaubend! Im Kellergewölbe gibt es das bekannte Jazzlokal The Crypt (s. S. 226).

Wirkungsstätte von Desmond Tutu

Der Sitz des katholischen Erzbischofs befindet sich nur 600 m entfernt in und um die 1851 im neogotischen Stil erbaute **St. Mary's Cathedral**.
St. George's Cathedral, *5 Wale St., https://sgcathedral.co.za.*
St. Mary's Cathedral, *Ecke Roeland & St. Johns Sts., https://stmaryscathedral.org.za.*

Sendinggestig (Slave Church) Museum (18)

Das kleine Museum für Missionsarbeit ist in der hübschen, pastellfarbenen Missionskirche, die 1804 von der *South African Missionary School* erbaut wurde, untergebracht. Sie wurde früher als Ausbildungsstätte für Sklaven und Nichtchristen genutzt.
Sendinggestig Museum, *40 Long St., https://www.capetownmuseum.org.za/the-sa-sendinggestig, Mo– Do 9–16 Uhr.*

Slave Lodge/South African Cultural History Museum (Iziko) (19)

Briefe unterm Stein

Das nach dem Castle zweitälteste Gebäude (1679) diente über 200 Jahre als Sklavenquartier der Holländisch-Ostindischen Kompanie. Dabei galt es auch als das größte Bordell des Landes. Später war es das erste Post-, anschließend Bibliotheks- und dann Gerichtsgebäude. Heute wird hier sehr anschaulich die Geschichte der Sklaven erzählt. Dabei erfährt man auch viel über das Leben in Kapstadt zwischen dem 17. und 19. Jahrhundert. Hervorzuheben sind die frühen Poststeine, unter denen die ersten Seefahrer ihre Briefe in ölgetränktem Tuch für nachfolgende Schiffe hinterließen. Auf den Steinen waren meistens der Name des Schiffes, die geplante Route, das Ankunfts- und Abfahrtsdatum sowie der Name des Kapitäns eingraviert. Im Obergeschoss widmet sich eine größere Abteilung der Geschichte und Überwindung der Apartheid. In kleineren Abteilungen werden Keramik- und Waffensammlungen, Textilien, Silber sowie einige archäologische Funde der Ägypter, Griechen und Römer gezeigt. Allein schon wegen des historischen Gebäudes lohnt sich ein Besuch.
Slave Lodge/South African Cultural History Museum, *Ecke Adderley/Wale Sts., www.iziko.org.za, Mo–Sa 9–17 Uhr.*

South African National Gallery

National Library of South Africa (20)

Älteste Bibliothek

Die 1818 von Lord Charles Somerset gegründete South African Library ist das älteste kulturelle Institut in Südafrika und eine der ersten öffentlichen Bibliotheken der Welt. Auch als Gast in der Stadt erhält man Einblick in die Bücher, und allein schon das alte Gebäude selbst ist sehenswert. Im Inneren herrscht eine arbeitsame Atmosphäre, ganz im Stil einer alten Bibliothek. Hier ist es nicht nur möglich, in der Geschichte der Stadt zu stöbern, man kann sich auch über aktuelle Entwicklungen des Landes informieren.
National Library of South Africa, *5 Queen Victoria St., www.nlsa.ac.za, Mo–Fr 8–17 Uhr.*

South African Museum & Planetarium (Iziko) (21)

Das naturkundlich-ethnologische Museum, untergebracht in einem imposanten Gebäude, ist das älteste Museum Südafrikas (1825). Die Dauerausstellung gewährt Einblicke in unterschiedlichste Epochen und Aspekte des Lebens am Kap und in ganz Südafrika. Dinosaurier und andere längst ausgestorbene Echsen werden in Dioramen sowie anhand von Knochenfunden präsentiert, dem mysteriösen Riesenkalmar ist mit „The Giant Squid: Architeuthis" ein eigener Bereich gewidmet, andere Schwerpunkte der vielseitigen Ausstellung sind etwa Charles Darwin und sein Besuch am Kap, die Schönheit und Vielfalt natürlicher Formen im Bereich „Wonders of Nature" sowie die interaktive digitale Filmprojektion „Virtual Earth".

Meerestiere und Mandela

Besonders eindrucksvoll sind die Ausstellungen „**World of Water**" und „**Whales and Dolphins**". Neben einer Nachbildung des Kelp-Forest, einer in den Gewässern vor Südafrika besonders groß und schnell wachsenden Alge, sind sämtliche hier vorkommenden Meerestiere sowie teilweise über mehrere Stockwerke ragende Walskelette ausgestellt. Daneben gibt es Wechselausstellungen, noch bis 2025 etwa den Bereich „Tata Madiba", der dem Leben und Wirken Nelson Mandelas gewidmet ist.

Im **Planetarium & Digital Dome** im Nebengebäude wird der Sternenhimmel der südlichen Hemisphäre erklärt. Dazu gibt es täglich Vorführungen, u. a. auch speziell für Kinder, über deren Zeiten man sich vorher schon erkundigen sollte.
South African Museum & Planetarium, *25 Queen Victoria St., Company's Garden, ✆ (021) 481-3800, www.iziko.org.za, Museum Di–So 9–17 Uhr.*

South African National Gallery (Iziko) (22)

Die Galerie enthält eine umfassende Sammlung zeitgenössischer südafrikanischer Kunst. Neben Gemälden und Skulpturen findet man Recycling-Kunst aus den Townships, farbenprächtige Malereien der Ndebele, Beadworks der Zulu sowie Werke von Künstlern aus anderen südafrikanischen Kulturen. Bemerkenswert sind zudem die Werke britischer, französischer, flämischer sowie anderer europäischer Künstler, die in Südafrika gelebt haben. Regelmäßig finden Sonderausstellungen statt.
South African National Gallery, *Government Avenue, Company's Garden, www.iziko.org.za, tgl. 9–17 Uhr.*

info

Vorschlag für einen Spaziergang durch Kapstadts Innenstadt

Bevor man den Spaziergang beginnt, sollte man die **Öffnungszeiten der Museen** beachten. Ausgangspunkt für diesen Spaziergang ist das **South African Museum** im Company's Garden. Hier kann man noch die **SA National Gallery** und das **Jewish Museum** besuchen.

Anschließend verlässt man die Gardens in Richtung **Long Street**, die für sich (besonders im oberen Abschnitt) eine Sehenswürdigkeit ist, und zweigt dann nach links in die Wale Street ab, überquert die Buitengracht und befindet sich im farbenfrohen **Bo-Kaap** (Malay-Quarter). Im **Rose Corner Café** (Ecke Wale/Rose Sts.) sollte man nun die ersten Eindrücke bei einem typischen Cardamom-Tea und einem Snack sacken lassen.

Frisch gestärkt geht es entlang der Strand Street in Richtung Stadtzentrum bis zum **Koopmans-de Wet House**. Weiter führt der Weg wieder durch die Long Street, diesmal in die andere Richtung, bis zum **Sendiggestig Museum**.

Von dort spaziert man bis zur **Church Street** und biegt in diese nach links ab. Hier findet Mo–Sa ein **Antikmarkt** statt. Noch einmal links, und man kommt direkt auf den berühmten **Greenmarket Square**, auf dem Mo–Sa afrikanische Kunsthandwerke verkauft werden. Von den umliegenden Straßencafés lässt sich schön das bunte Treiben verfolgen.

Weiter geht es durch die Longmarket Street rechts in die St. George's Mall. Am Ende (Wale St.) trifft man auf die **St. George's Cathedral**. Nach links schauend, fällt das Gebäude der **Slave Lodge** auf. Hier gilt es zu entscheiden: Entweder man macht eine weitere Schleife durch die Adderley Street, rechts in die Castle Street zum **Castle of Good Hope** und zurück durch die Darling Street an der City Hall vorbei, oder man geht direkt durch die Government Lane zwischen SA Library auf der rechten Seite und der Rückseite der Houses of Parliament und De Tynhus auf der linken Seite, um sich dann im **Company's Garden** auf einer der vielen Bänke im Schatten auszuruhen bzw. eine Erfrischung im Café in den Gardens Gardens einzunehmen. Der „Afternoon Tea" im (**Belmond**) **Mount Nelson Hotel** wäre eine weitere Alternative (Anmeldung erforderlich, s. S. 203).

Jan-van-Riebeeck-Statue (23)

Das Standbild von Jan van Riebeeck an der Nordseite des Rondells an der Heerengracht (Ecke Hans Strijdom Avenue) wurde von John Tweed aus London gestaltet, die Statue seiner Frau Maria de la Quellerie schuf Dirk Wolbers aus Den Haag. Etwa an dieser Stelle wurde nach Ribeecks Ankunft am 6. April 1652 das erste Lager aufgeschlagen. Das davor liegende Gelände stand allerdings damals noch unter Wasser und wurde erst später dem Meer abgerungen. Heute befindet sich hier u. a. das **Civic Centre**. Das hafenwärts anschließende Gebäude beherbergt das **Artscape Theatre**.

Hipper Stadtteil

Auf dem Weg zur Victoria & Alfred Waterfront gilt es noch, einen kleinen Schlenker durch den historischen Stadtteil **De Waterkant**, oberhalb der Waterfront (zwischen High Level und Somerset Sts.), zu machen. Hier wurden alte Townhouses renoviert. Eine elegante Yuppie- und Schwulenszene sowie kleine Boutique-Hotels, Restaurants und Cafés haben sich hier etabliert. In und um die ehemalige **Gießerei** (**The Foundry**) an der Ecke Ebenezer Road und Prestwich Street haben sich einige Künstler, Galerien, Restaurants und Lifestyleläden angesiedelt. Spannend, auch weil die Läden ständig wechseln. Alternativ bieten sich schicke kleine Restaurants und Weinbars am **Heritage Square** für einen Zwischenstopp an.

 Tipp

Der **Oranjezicht City Farm Market** nördlich der V&A Waterfront an der Granger Bay (The Lookout) bietet Obst und Gemüse aus der Region sowie zahlreiche Foodstands, an denen man sich satt essen kann. Sa 8.15–14, So 9–14 Uhr, Infos: https://ozcf.co.za/market-day.

Victoria & Alfred Waterfront

Überblick

 Information

V&A Waterfront Information Kiosk: Zwei Stück gibt es im Victoria Wharf Shopping Centre: gegenüber dem Nespresso-Shop sowie nahe dem Clicks-Store bei Eingang 1, tgl. 9–18 Uhr, ✆ (021) 408-7600, www.waterfront.co.za.

 Anreise

MyCiTi-Busse (Linien 104: Sea Point, Foreshore, Civic Centre und T01: Civic Centre, Adderley St., Lower Long St., Stadium) fahren zum Breakwater Blvd. Auch die **Busse D005** aus dem Norden und **113** von der Kloof St. fahren zur V&A Waterfront. Kostenpflichtige Parkplätze/-häuser stehen an der V&A Waterfront ausreichend zur Verfügung.
In Planung sind **Watertaxis**, die auf dem Canale Grande in Richtung Innenstadt pendeln. Bisher fahren sie nur zwischen Convention Centre und One & Only Resort.

Top-Destination mit Hafenflair

Die Waterfront zieht Geschäftsleute und Touristen gleichermaßen an und sorgt dafür, dass Kapstadt in der Gunst der Reisenden noch mehr an Ansehen gewinnt. Mehr als 450 Geschäfte sowie über 80 Restaurants, Snackbuden und ein Food Market, Pubs, Hotels, Kinos, Museen, ein Weltklasse-Aquarium, Kunsthandwerkliches und Design vom Feinsten im Watershed, Hunderte von Büroräumen, ein Mega-Kongresszentrum, luxuriöse Wohnungen an den Jachthäfen und vieles mehr haben dieses Areal zur Top-Destination werden lassen. Dabei besitzt das Gelände, von dem man mit Ausflugsbooten jeder Art oder zu Helikopter-Rundflügen starten kann, immer noch ein gewisses Hafenflair.

Kein Ort im Land wird von mehr Menschen aufgesucht, pro Jahr sind es – zu Nicht-Corona-Zeiten – über 25 Millionen! Sie kommen zum Schauen, Shoppen, Essen und auch abends, wenn in einigen Lokalen Livemusik geboten wird. Die Grundidee war und ist nicht schlecht: Tradition, Arbeit, Lernen und Spaß sollten hier miteinander verbunden werden, und das ist ohne Zweifel gelungen. Und zwar so gut, dass sich schon bald in Kapstadts Innenstadt alles um die Waterfront drehte. Geschäfte sind abgewandert aus den traditionellen Shopping-Arkaden um die St. George's Mall, alteingesessene Restaurants in Sea Point galten nur noch etwas, wenn sie hier an der Waterfront servieren, und auch die Kneipenszene in der City Bowl und in Sea Point war lange Zeit zugunsten der Waterfront regelrecht ausgeblutet. Erst nach Jahren konnten sich Innenstadt und Sea Point davon erholen und mithilfe von „Wiederbelebungsmaßnahmen" kamen auch sie wieder in Fahrt. Nach der Neugestaltung des Silo-Distrikts und der Einweihung des Kreuzfahrtterminals am Duncan Dock wurde mittlerweile damit begonnen, das Gebiet der Foreshore (zwischen Innenstadt und Table Bay) komplett umzubauen. Rogge Bay, der Teil der Foreshore am Fuß der Heerengracht, war noch bis in die 1920er-Jahre von kleinen Kanälen und Hafenbecken unterbrochen und hier landeten vor allem die Fischer an.

Wiederbelebte Viertel

Die Waterfront ist sicher, einfach zu erreichen, hier gibt es alles und der maritime „Duft der weiten Welt" ist immer noch präsent: „Er liegt in der Luft und schippert an den Menschen vorbei, wenn auch in Form kleiner Barkassen, Fischerbötchen und moderner Hochseejachten", so ein Kapstädter. Was die nahe Zukunft auch bringen wird, die Waterfront ist ein Muss für jeden Kapstadt-Besucher. Doch sollte man nicht der Versuchung unterliegen, hier täglich hinzugehen. Die Geschäfte sind teurer, viele bieten zudem nur, was man überall auf der Welt findet, die Restaurants sind gut, aber häufig zu durchgestylt, und der Livemusik fehlt oft der rechte Kick – sieht man einmal von den hippen Straßenmusikern ab! Kapstadt hat auch andere Seiten zu bieten.

Geschichte

Bis zur Mitte des 19. Jh. reichte die Wasserlinie bis zum Old Castle und zu dem Punkt, wo heute Adderley und Darling Street aufeinandertreffen. Der Hafen war klein, Prostitution und Verbrechen waren an der Tagesordnung. Daher lagen die Schiffe oft auf Reede. Dort aber fielen sie nicht selten den berüchtigten Stürmen zum Opfer. Das geschah so häufig, dass selbst die für ihre Risikobereitschaft so bekannte Lloyds-Versicherung 1860 keine Policen für Schiffe am Kap ausgab. Noch im selben Jahr vollzog Prince Alfred, englischer Thronfolger und Sohn Queen Victorias, den ersten Spatenstich für einen durch einen Schutzwall („Breakwater") gesicherten Hafen. Zehn Jahre später war das Alfred-Becken fertig, 1905 folgte das doppelt so große Victoria-Becken. Bis Mitte der 1930er-Jahre wurden hier die meisten Güter Kapstadts umgeschlagen, dann genügten die Becken den Anforderungen nicht mehr. Östlich davon baute man das größere Duncan-Dock, dem 30 Jahre später das Ben-Schoeman-Dock angefügt wurde. Dadurch verloren die alten Becken rapide an Bedeutung und seit der Zeit der großen Tanker und Containerschiffe verkamen sie regelrecht.

1860: Spatenstich für den Hafen

Erst Mitte der 1980er-Jahre entschlossen sich Stadtverwaltung und private Investoren, die Hafenbecken zu neuem Leben zu erwecken. Die ersten Pläne sahen noch bescheiden aus: Man siedelte den Seenot-Rettungsdienst (NSRI) an (der heute zu besichtigen ist), verlegte die Fischereiflotte komplett hierher, ließ die Schlepper im Alfred-Becken auf ihre Aufträge warten und unterstützte zwei kleine Werften, die sich vornehmlich auf Reparaturaufträge sowie den Bau von Jachten spezialisiert hatten. Wenig später kamen die Museen, so das Maritime Centre und das Two Oceans Aquarium, hinzu. Wichtig war den Investoren, dass die alten Gebäude restauriert wurden und erhalten blieben. Somit hat auch heute vor allem der Kernbereich des gesamten Areals den meisten Charakter. Doch schon bald platzte dieser Bereich aus allen Nähten und ab Mitte der 1990er-Jahre begann man, immer weiter in die Peripherie zu bauen. Letzte große Projekte waren der Kanal zum Convention Centre, das New Basin, die Apartmenthäuser an der Granger Bay, das Zeitz Museum of Contemporary Art Africa, die Ansiedlung des Oranjezicht Market und der beginnende Ausbau des Foreshore-Bereichs (s. o.) einschließlich des Kreuzfahrtterminals am Duncan Dock. Es bleibt nur zu hoffen, dass die neuen Anlagen nicht dem historischen Kern die Show stehlen.

Bootstouren

An der Waterfront starten **Bootstouren** aller Art: Sunset Cruises, Hafenrundfahrten, Champagner-Touren, Fahrt mit einem nachgebauten Piratenschiff oder einem Speedboot etc. **Tipp**: Die kleine, historische „Penny Ferry" (ehem. Ruderboot, heute Replika, Original im Maritime Centre, Tickets in den o. g. Infocentern und im Chavonnes Battery Museum) pendelt zwischen Pierhead und Nobel Square und fährt oft auch an den Seehunden vorbei. Auf keinen Fall versäumen sollte man die erläuterte **Bootsfahrt zur Robben Island** (s. S. 190).

Kapstadts „Canale Grande" (Roggebaai Canal)

info

Lange wurde verhandelt, bis eine Investorengruppe unter der Leitung von SunWest endlich den Zuschlag erhielt für den Bau eines Casinos und des Kanals zwischen Waterfront, Hafen und Innenstadt. 2003 wurde das imposante *Cape Town International Convention Centre* fertiggestellt. Für Kapstadts Wirtschaft bedeutet es 5.000–6.000 Arbeitsplätze. Ziel war es auch, die Innenstadt wiederzubeleben. Der angekündigte Kanal zwischen Innenstadt und Waterfront ist aber immer noch nicht ganz fertig.

Entlang dem teilweise auf alten Grachtenanlagen basierenden Kanal verkehrt ein Watertaxi zwischen Convention Centre und One & Only Resort/Two Oceans Aquarium. Die Weiterführung direkt zum Hafenbecken in die eine Richtung bzw. durch einen kleinen Kanal durch den umgebauten Stadtteil Rogge Bay (Foreshore, s. o.) und weiter Richtung Herrengracht in die andere Richtung ist noch nicht realisiert.

Clock Tower und Nelson Mandela Gateway

Sehens- und Erlebenswertes an der Victoria & Alfred Waterfront (alphabetisch geordnet)

Cape Medical Museum (24)

In der ehemaligen Villa des Krankenhauschefs ist eine Ausstellung zur Geschichte der Medizin zu sehen. Dabei erfährt der Besucher einiges über die Praktiken frühester Medizin, die traditionellen afrikanischen Heilmethoden und medizinische Pflanzen und Heilkräuter. Ein wenig erschaudern lässt das Behandlungszimmer des Zahnarztes.
Cape Medical Museum, *Portswood Rd., ✆ (021) 418-5663, https://www.capetownmuseum.org.za/the-cape-medical-museum, Zur Zeit ist das Museum wegen Renovierungsarbeiten geschlossen.*

Hinweis

Die Öffnungszeiten der Sehenswürdigkeiten wurden wegen Corona teilweise deutlich reduziert, sollten aber bei Normalisierung der Lage wieder erweitert werden. Bitte auf den jeweiligen Websites nach dem aktuellen Stand schauen.

Clock Tower (25)

Wahrzeichen

Der „Uhrenturm" an der Passage zwischen Victoria und Alfred Basin galt für die Schiffe als Richtwert für die Ein- und Auslaufzeiten. Die **Clock Tower Shopping Mall** beherbergt u. a. ausgesuchte Juweliergeschäfte. Bei *Shimansky Jewellers* wird das Diamantenschleifen vorgeführt. Im First Floor befindet sich das **Cape Town Diamond Museum**, das sich mit der Geschichte der Diamanten beschäftigt (*Touren: info@capetowndiamondmuseum.org, www.capetowndiamondmuseum.org, tgl. 10 9–17 18.30 Uhr*). Wem nach Schnitzel, Currywurst, Eisbein und einem (lokal gebrauten) Weißbier zumute ist, der schaut noch im **Kapstadt Brauhaus** (*www.kapstadtbrauhaus.co.za*) rein. Gegenüber legen die Boote nach Robben Island ab (siehe dazu S. 190). Das **Chavonnes Battery Museum (25a)** zeigt die Überreste einer holländischen Militäranlage sowie historische Kanonen und Uniformen.
Chavonnes Battery Museum, *www.chavonnesbattery.co.za, derzeit geschlossen, die Exponate wurden eingelagert, mit einer Wiedereröffnung ist nicht vor Ende 2025 zu rechnen.*

Seehunde

Die Seehunde („Cape Fur Seals") tummeln sich meist an Berties Landing, gegenüber dem Pierhead (Old Captains Building).

Hinter dem modernen Gebäude des Clock Tower Precinct wurde das alte Getreidesilo zum größten Kunstmuseum Afrikas (9.500 m²) umgebaut, dem **Zeitz Museum of Contemporary Art Africa (MOCAA) (26)**. Dessen 80 Galerieräume sowie 22 aufgeschnittene Röhren, durch die früher Getreide geschüttet wurde, verteilen sich auf neun Stockwerke eines futuristisch anmutenden Baus. Ziel ist es, zeitgenössischen afrikanischen Künstlern eine Bühne zu verschaffen („To allow Africans to tell their Story"). Gestiftet wurde es von dem Philantrophen und ehemaligen Chef der Firma

Puma, Jochen Zeitz. Benachbart ist ein Luxushotel mit Restaurant und Bar in der obersten Etage (Aussicht!). Auch hier im Silo District waren die neuen Luxusapartments schnell vergriffen.

MOCAA, *https://zeitzmocaa.museum, Di–So 10–18 Uhr.*

Unterkünfte

8 Cape Grace
9 The Table Bay
10 Victoria & Alfred Hotel
12 De Waterkant Cottages & Apartments
17 Protea Hotel Breakwater Lodge
18 City Lodge Waterfront
22 Oxford House

Sehenswürdigkeiten

24 Cape Medical Museum
25 Clock Tower, Nelson Mandela Gateway
25a Chavonnes Battery Museum
26 Zeitz Museum of Contemporary Art Africa
27 Fort Wynyard
28 Market Plaza/Amphitheatre/Jetty 1 Museum
29 Nobel Square/V&A Food Market
30 Old Port Captain's Building
31 Robinson Graving (Dry) Dock
32 South African Maritime Centre (Iziko)
33 Time Ball Tower, Harbour Master's Residence
34 Two Oceans Aquarium
35 Victoria & Alfred Hotel & Shopping Mall
36 Victoria Wharf Mall
37 Watershed Craft Market

Fort Wynyard (27)

Im Fort sind militärische Geräte aus der Zeit nach 1900 ausgestellt, damals wurde das Fort ausgebaut, um in künftigen Kriegen Feinde abzuhalten. Vor Beginn der Corona-Pandemie konnte man es am **Food Truck Friday Evening** besuchen, der aber derzeit ausgesetzt ist. Neueste Pläne sehen hier entweder ein Luxushotel oder die Neueröffnung in Zusammenhang mit dem benachbarten Urban Park vor.

Market Plaza (Square) (28)

Zentrum der Waterfront

Die Plaza ist der Mittelpunkt der Waterfront und umringt vom Union Castle House (s. u.), der riesigen Shoppingmall Victoria Wharf (Geschäfte/Restaurants), Vaughan Johnson's Wine Shop, heiß begehrten Fischrestaurants (Harbour House und Sevruga), dem Quay 5, von dem zahlreiche Bootstouren (u. a. Hafenrundfahrt) abgehen, dem Riesenrad „Cape Wheel" sowie dem unscheinbaren **Jetty 1 Museum**, das erzählt, wie von hier einst die Gefangenen, Wärter und andere nach Robben Island abfuhren. Hintergründe zur Geschichte der Insel werden ebenfalls erläutert. Die Plaza ist auch Mittelpunkt für Straßenmusiker und Picknicker. Oft werden kulturelle Veranstaltungen im Amphitheatre in der Mitte des Platzes geboten.

Nobel Square (29)

Am Platz zwischen Victoria & Alfred Hotel und Watershed Craft Market stehen die überlebensgroßen Bronzestatuen der Nobelpreisträger Nelson Mandela, Frederik de Klerk, Bishop Desmond Tutu sowie Albert Luthuli. Neben diesen für ein Foto zu posieren (Table Mountain bzw. Cape Grace Hotel im Hintergrund) ist sehr beliebt. Ein Publikumsmagnet am Platz ist der **V&A Food Market**, wo zahlreiche Essensstände lokale und internationale sowie auch vegetarische und vegane Leckereien anbieten. Gut und günstig!

Old Port Captain's Building (30)

An der Nordseite der Passage zwischen Victoria und Alfred Basin mussten sich im Amt des Hafenkapitäns früher alle Schiffe melden, die Kapstadt angelaufen hatten. Durch die Fensterscheiben kann man heute noch in den ehemaligen „Log-Room" schauen. Am Kai legt der Nachbau der historischen **„Penny Ferry"** ab. Diese überquerte ab 1871 als Ruderboot-Service den „Cut" zum Alfred Basin, heute pendelt die Penny Ferry eher zum Nobel Square. Das Original ist im nahen Maritime Centre zu sehen.

Old Port Captain's Building

Robinson Graving (Dry) Dock (31)

In dem massiven Trockendock wurden schon vor hundert Jahren Schiffe gebaut bzw. repariert. Auch heute noch wird das Dock genutzt, obwohl die Hauptwerft 1 km entfernt liegt. Manchmal werden noch asiatische „Seelenverkäufer" neu angestrichen, immer häufiger aber okkupieren Hochseejachten das Halboval, zumeist die, die sich auf Segelrennen um die Welt befinden.

South African Maritime Centre (Iziko) (32)

Auch für Kinder spannend

Das Museum porträtiert den Einfluss des Meeres auf die Menschen in Kapstadt, die Geschichte der Table Bay, der Schiffwracks, der Schiffahrtslinien und der Fischerei. Toll ist das Modell des Hafens von Kapstadt um 1886. Kinder jeglichen Alters werden begeistert sein von der Entdeckungshöhle und den Schiffsmodell-Werkstätten. Im 1919 erbauten Union Castle Building residierte einst die *Union Castle Line*, die bis 1977 die meisten Postsäcke zwischen Kapstadt und England beförderte.
South African Maritime Centre, *Dock Road, Union Castle Building, wegen Komplettrestaurierung des Gebäudes ist das Museum bis mindestens Ende 2025 geschlossen. Weitere Infos über: https://sanavymuseum.co.za/*

Time Ball Tower und Harbour Master's Residence (33)

Oberhalb der Kurve in der Dock Road steht gegenüber dem Victoria & Alfred Hotel die 1860 erbaute Residenz des Hafenkapitäns. Von hier aus konnte er das Treiben im Hafen überschauen. Der **Time Ball Tower**, eine Turmuhr, wurde 1894 errichtet. Täglich um 12 Uhr fiel der Ball nach unten.

Two Oceans Aquarium (34)

In dem wohl interessantesten Aquarium Südafrikas können die Bewohner der beiden Ozeane genauso wie die der Süßwasserseen und Flüsse bewundert werden. Das sind insgesamt rund 4.000 Fische von 300 verschiedenen Arten. So gibt es u. a. einen offenen Ozean-Pool, ein tropisches Aquarium sowie Becken für Pinguine und Robben. In einer weiteren Anlage ist der ökologische Kreislauf, vom Bergquell bis zur Flussmündung, dargestellt. Kinder können ihre Erfahrungen beim Berühren unterschiedlicher Lebewesen machen, z. B. Anemonen und Seesterne. In einem über mehrere Stockwerke hohen Tank tummeln sich Haie und Fischarten, die die Haie neben sich dulden. Täglich finden Fischfütterungen und andere Programme statt, etwa durch Taucher im Raubfischtank. Am besten genügend Zeit für den Besuch einplanen und voher schon erkundigen, welche Tiere wann gefüttert werden.
Two Oceans Aquarium, *Dock Road, www.aquarium.co.za, Mo. – Fr. 9.30–18 Uhr, Sa. – So. 9 – 18 Uhr.*

Im Two Oceans Aquarium

Victoria & Alfred Hotel und Shopping Mall (35)

Das Hotel hat seinen historischen Charakter in vielen Räumen noch bewahrt. Für schmale Geldbeutel ist die Unterkunft hier nicht geeignet, das Hotel ist aber immerhin noch günstiger als das Cape Grace (vorübergehend geschlossen), das One & Only Resort bzw. das Table Bay Hotel. Die Geschäfte sind okay, lohnen aber nur bei speziellem Interesse. Hinter dem Hotel, im Alfred Basin, liegen oft beeindruckende Luxusjachten.

Victoria Wharf Shopping Centre (36)

Die mit Abstand größte Mall an der Waterfront. Hier findet jeder etwas für den täglichen und nichtalltäglichen Bedarf: ob Kleidung, Schmuck, Accessoires, Reiseausstattung, Bücher, hochwertige Souvenirs oder Leckereien in den zahlreichen Gourmet-Futterbuden, Restaurants, Supermärkten oder ausgesuchten Lebensmittelläden. Der Standard ist hoch, die Preise entsprechend.

Watershed (Waterfront) Craft Market (37)

Highlight

Hier bieten in einem umgebauten Lagerhaus an der Dock Road 170 Händler Designerwaren sowie erstklassige kunsthandwerkliche Produkte aus dem südlichen Afrika an. Ein Highlight! Gegenüber an der Dock Road lädt der **Scratch Patch Shop** alle Mineraliensammler zum „Stöbern" ein. Nahezu alle Steine, die Südafrika zu bieten hat, stehen hier zum Verkauf, darunter auch sehr schöne und günstige Steine.

Hinweis

Zu Green Point, Mouille Point und Sea Point s. S. 178 bzw. 179.

Die Stadtteile südlich der Innenstadt (Woodstock, Observatory, Rondebosch und Newlands)

Überblick, Hinweise und Tipps

Ein Tagesausflug in diese Stadtteile hat mit Sicherheit seine Reize, ist aber eher für diejenigen zu empfehlen, die entweder genügend Zeit für Kapstadt haben oder die Stadt schon ein bisschen kennen. Abgesehen von dem sich in stetigem Wandel befindlichen Stadtteil Woodstock, dem Kirstenbosch National Botanical Garden und den Weingütern im Constantia Valley können die hier beschriebenen Sehenswürdigkeiten eher als „Nischen-Attraktionen" angesehen werden. Doch wo hätte man sonst die Gelegenheit, sich mit der Geschichte der ersten Herztransplantation zu befassen, und wo sonst finden sich so urige Studentenpinten, Secondhand-Buchläden und „New Age"-Läden wie in Observatory um die Lower Main Road? Natürlich kann man nicht alle hier beschriebenen Punkte an einem Tag besuchen. Doch bietet sich bereits auf der Fahrt mit dem Auto ein Einblick in sehr unterschiedliche Strukturen der Stadt.

Ein Erlebnis sind die beiden benachbarten Stadtteile **Woodstock** und **Salt River**, ehemalige Industriegebiete, mit ihren Hinterhofgalerien, Designerläden, Lofts, Cafés, Künstlerateliers in alten Fabrikgebäuden und dem Bio-Wochenmarkt. Hervorgehoben seien hier folgende Punkte: das Künstleratelier **Foundry** (*160 Albert Rd.*), die zahlreichen mit Grafittis und Wandmalereien versehenen Hauswände oder das Gebäude einer alten Brauerei (*6 Beach Rd.*), in das mehrere moderne Kleinunternehmen eingezogen sind. Zwei Mikro-Brauereien, die **Woodstock Brewery** (*252 Albert Rd.*) sowie die **Devils Peak Brewery** (*150 Cecil Rd.*) erfreuen heute mit guten Craft-Bieren. Beide bieten Ausschank und eine kleine Gastronomie.

Cafés, Kneipen und Künstlerateliers

Besonders beliebt und ein Happening ist der samstags stattfindende **The Neighbourgoods Market** in der Old Biscuit Mill (*373 Albert Rd., zwischen Mill und Stowe Sts.*) mit seinen Markt- sowie ausgefallenen Snack- und Designerständen. In den anliegenden Gebäuden der ehemaligen Getreidemühle finden sich Mo–Sa geöffnete Designerläden und Restaurants (oft auch So), u. a. im 6. Stock des Silos das angesagte Bar-Restaurant **Pot Luck Club** (*✆ 021-447-0804*) mit schöner Rundum-Aussicht. Hinter der Mill gibt es im **Three Feathers Diner** (*363 Albert Rd., ✆ 021-448-6606*) nicht nur ausgefallene Burger, man kann sogar mit seinem Roller bis an den Tresen fahren. Billard und Darts gibt es hier auch. Einen Besuch lohnen auch **Delos** (*181 Albert Rd., ✆ 021-447-5739, Kapstadts größter Antiquitäten- und Vintagemöbelladen*) und **Studio 47** (*62 Newmarket St., ✆ 021-465-1944, tolle Stoffe*), nur noch online operiert inzwischen **Appel ń Ui** (*www.appelnui.co.za, Teppiche und Wall Art*). In Woodstock/Salt River tut sich was und man redet heute davon, wie von New Yorks SoHo vor dem Einzug der extravaganten Boutiquen und Galerien. Das Kerngebiet dieser Szene befindet sich westlich und südlich von dem Kreisel, an dem sich Salt River, Voortrekker und Albert Road treffen.

Fabrikverkauf

Kapstadt ist die Stadt der Fabrikläden. Hier wird nahezu alles zu günstigen Preisen angeboten. Die Zentren dieser Fabriken sind zum einen in Observatory, entlang der Upper Main Street, und zum anderen in Kenilworth/Claremont: Zwischen Lansdowne Rd. und Chichester Rd., an der M 5, gibt es den großen **Access Park** (*81 Chichester Rd.*) mit 60 Läden. Ein weiterer Access Park existiert in Bellville / Kuilsriver (*1 van Riebeeck Rd.*). Zu den Factory Shops werden nicht nur Textilien angeboten, sondern auch Autoteile, Möbel, Gewürze und anderes. Empfehlenswert ist der Kauf von Lederwaren und Stoffen.

Observatory und **Mowbray**, ehemals die Wohngegend der Arbeiter, sind heute studentisch geprägt, was sich besonders in den Restaurants, Kneipen, Musiklokalen, Backpackern und eklektischen Geschäften entlang und um die Lower Main Road in Observatory widerspiegelt. Die kleinen Wohnhäuser, dicht aneinander gebaut, versprechen günstige Mieten, dafür aber auch eine schlechte Isolation. An der wurde damals gespart. So verwundert es nicht, dass direkt unter den Holzböden oft bereits der nackte Sandstein liegt. Observatory (kurz „**Obz**" genannt) war einst auch der „astronomische Nabel der südlichen Halbkugel". Hier steht auch heute noch eine große **Sternwarte** (S. A. Astronomical Observatory), die dem Stadtteil

Studentenviertel

ihren Namen verlieh. Seit der Errichtung der Sternwarte in Sutherland (s. S. 481) in der Karoo hat die Sternwarte in Kapstadt an Bedeutung eingebüßt. Trotzdem ist sie noch in Betrieb. Regelmäßig gibt es Open Nights (jeweils ab 20 Uhr, Termine auf der Website), an denen sich die Sternwarte Besuchern präsentiert.
S. A. Astronomical Observatory, *Observatory Rd., ✆ (021) 447-0025, www.saao.ac.za.*

Das **Rhodes Memorial**, einst Huldigungsstätte an den Kolonialisten Cecil Rhodes, hat heute eher den Charakter eines Ausflugsorts mit Aussicht. Das **Groote Schuur Hospital**, ein immer größer werdender Häuserkomplex, erinnert an die Pionierleistungen in der Herztransplantation.

Die Stadtteile **Newlands** sowie **Bishopscourt** sind eine beliebte Wohngegend des „Old Money". Hinter hohen, grünen Hecken verstecken sich hier die Wohnhäuser der Ober- und der gehobenen Mittelschicht – ruhig gelegen, aber noch relativ nahe zu Kapstadts Zentrum. **Claremont**, die Einkaufszone dieser städtischen Region, weist alte und besonders moderne Konsumtempel auf, verliert dafür aber auch zunehmend an Flair.

 Hinweis

Zu den Constantia Winelands s. S. 273, zu Groot Constantia s. S. 274 und zur Main Road zwischen Muizenberg und Innenstadt s. S. 272.

Sehens- und Erlebenswertes in Kapstadts Stadtteilen südlich der Innenstadt

Old Castle Brewery (38)

Das ehemalige und erste Gebäude der südafrikanischen Brauereigesellschaft in Kapstadt zeigt heute deutlich, wie sich das Bild einer Stadt verändern kann. Woodstock war einst die Region der Kleinindustrien, veränderte seinen Charakter dann ab den 1970er-Jahren zu einem Lagerhaus- und Großhandelsdistrikt und wandelte sich anschließend zu einer Brutstätte von Trends setzenden Kleinunternehmen.

Innovative Betriebe

Softwareentwickler, Filmproduzenten, Künstler, Marketingstrategen, Textildesigner und viele andere verbergen sich heute hinter den schweren Türen zu ehemaligen Kühlräumen und Lagerhallen. Dass viele dieser Kleinunternehmen nach nur kurzer Zeit wieder aufgeben müssen oder aber aus diesen Räumen herauswachsen und in die modernen Industrieareale in den Vorstädten abwandern, ist ein bekanntes Phänomen. Es ist interessant und urig zugleich, durch die verwinkelten Gänge des Gebäudes zu laufen und dabei auf immer wieder neue, innovative Betriebe zu stoßen. Die einen bemalen T-Shirts, woanders werden Filmrequisiten zusammengestellt, an anderer Stelle schreibt ein Softwareentwickler Programme für die Stadtverwaltung. Heute sind es vielleicht schon wieder andere. Natürlich ist dieses Gebäude nur für wenige ein Highlight, aber wer ein wenig Lust verspürt, einmal etwas anderes zu sehen, der sollte hier reinschauen.
Old Castle Brewery, *6 Beach Rd., N 1-Exit Woodstock, dann gleich die erste Straße nach rechts, ✆ (021) 448-4500, www.oldcastlebrewery.co.za.*

Kapstadt • Stadtteile südlich der Innenstadt
0 Unterkünfte
30 The Vineyard Hotel
32a Green Elephant
32b 33 South Boutique Backpacker
0 Restaurants
14 Curry Quest
15 Bibi's Kitchen
39 OBZ Café
40 Hussar Grill (Rondebosch)
49 The Wild Fig
Sehenswürdigkeiten
38 Old Castle Brewery
39 Heart of Cape Town Museum (Transplant Museum)
40 Lower Main Road – Observatory
41 Mostert's Mill/Map Surveys & Katasteramt
42 Irma Stern Museum
43 Josephine Mill
44 South African Breweries/ Newlands Brewery
45 ehem. Newlands Stadium
46 Montebello Design Centre
47 Forester's Arms (Pub/Restaurant)
48 Rhodes Memorial
49 Kirstenbosch National Botanical Garden
Innen-stadt
Duncan
nach Paarl/ Stellenbosch
Foreshore
Salt River
Beach Road
Old Biscuit Mill (Neighbourgoods Market)
New Market
Voortrekker
Sir Lowry
Church
Woodstock
Victoria
Albert
Nelson Mandela Boulevard
Zonnebloem
De Waal
Cambridge
Saltriver
Queens Park
Main Road
Lower Main Road
Liesbeek Parkway
S.A. Observatory
Station
Observatory
Groote Schuur Hospital
Groote Schuur
De Waal
Int. Airport/ Somerset West
Settlers
Prince of Wales Blockhouse
Queen's Blockhouse
Table Mountain National Park
Mowbray
Mount Prospect
King's Blockhouse
Peters
Rhodes Drive
Devil's Peak 1000 m
Groote Schuur Estate
Woolsack
Rosebank
Baxter Theatre
University of Cape Town
Liesbeek Parkway
Main Road
Belmont
MacLear's Beacon 1086 m
Newlands Forest
Newlands Reservoir
Princess Anne
Klipper
Rondebosch
Camp Ground
Union
Dean
Keurboom Park
Keurboom
Newlands
Camp Ground
Palmyra
Paradise
Boshof Gateway
Protea
Cavendish Square Mall
Claremont
Imam Haron Rd
Chichester Rd.
Access Mall
Rosmead
Main Road
Herschel Road
Newlands
Edinburgh
Riverside
Cecil Rhodes Dr.
Constantia Valley/ Hout Bay Constantia Vineries
Kirstenbosch
Bishopscourt
Muizenberg
Muizenberg
N
0 1 km

Heart of Cape Town Museum (Transplant Museum) (39)

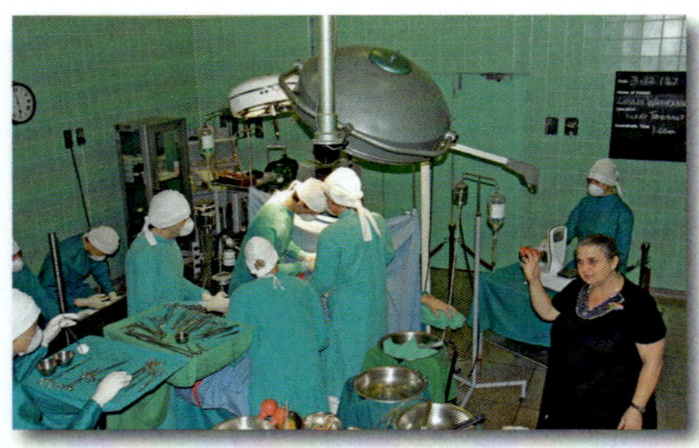

Im Museum der ersten Herztransplantion

Professor Dr. Christiaan Barnard hat im Groote Schuur Hospital am 3. Dezember 1967 die erste erfolgreiche Herztransplantation durchgeführt. In einem fünfstündigen Eingriff setzte Barnard einem 55-jährigen Patienten das Herz einer verunglückten jungen Frau ein. Der Patient starb 18 Tage nach der Operation an einer Lungenentzündung. Nur einen Monat später verpflanzte Barnard zum zweiten Mal ein Herz. Dieser Patient lebte nach der Operation noch 19 Monate. Die Herztransplantation war damals nicht unumstritten, denn nur in Südafrika erlaubte es zu dieser Zeit das Gesetz, Menschen, die für Hirntod erklärt wurden, mit Zustimmung der Angehörigen, ein Organ zu entnehmen. Das erst machte diese Pionierleistung möglich. Des Weiteren ließ der schwarze Labor- und OP-Assistent Hamilton Naki Jahre später verlauten, er sei maßgeblich an der Operation beteiligt gewesen, diese Leistung sei aber während der Apartheidzeit nicht gewürdigt worden. Seine chirurgischen Fähigkeiten wurden später auch vom OP-Team öffentlich anerkannt. Die Tatsache, dass die OP überhaupt durchgeführt wurde, ist jedoch wohl einzig Barnard zu verdanken. Eine junge Südafrikanerin, die 1969 ein neues Herz erhielt, überlebte damit zwölf Jahre.

Barnard wurde 1922 in Beaufort-West als Sohn eines protestantischen Missionars niederländischer Abstammung geboren. Er studierte ab 1940 an der Universität von Kapstadt Medizin und arbeitete zunächst als Assistenzarzt am Groote-Schuur-Hospital. Später absolvierte er eine chirurgische Fachausbildung in den USA an der Universität von Minnesota. Wegen einer schweren Arthritis operierte Barnard seit 1983 nicht mehr. Er leitete eine Klinik auf der griechischen Insel Kos und arbeitete als Wissenschaftler in Oklahoma, wo er sich mit der Erforschung des Alterungsprozesses befasste. Am 2. September 2001 starb Barnard im Alter von 78 Jahren auf Zypern an den Folgen eines Asthmaanfalls.

Lebensechte Exponate

Auf der erläuterten Tour wird man durch die rekonstruierten Operationssäle geführt. Das Museum befasst sich zudem mit den Schicksalen der Patienten und auch der Spender und ihrer Angehörigen. Aber Achtung! Es sind auch ziemlich echt wirkende Modelle (u. a. offene Brust, Blutimitate) ausgestellt. Das mag nicht jedem behagen, vor allem Kindern nicht. Der hohe Eintrittspreis (besonders für Ausländer) mag ebenfalls abschrecken, doch muss dazu gesagt werden, dass die gesamte Ausstellung aus privaten Mitteln finanziert wurde und wirklich etwas zu bieten hat.

Heart of Cape Town Museum, *Groote Schuur Hospital, Zufahrt über den Haupteingang von der Main Rd., Observatory, Touren 9, 11, 13 Uhr. Vorher anmelden: ✆ (021) 404-1967, https://heartofcapetown.co.za, Mo–Fr 9–15 Uhr, am Wochenende können Gruppenführungen gebucht werden..*

Lower Main Road – Observatory (40)

Die enge Lower Main Road verläuft, gegenüber dem Groote Schuur Hospital, einige Querstraßen östlich parallel zur Main Road. Sie bildete einst das Geschäftszentrum dieses Viertels. In der Bauweise erinnert sie an kleine englische Städtchen. In den Nebenstraßen, wo heute in den winzigen, viktorianisch geprägten Einfamilienhäusern viele Studenten und junge Leute wohnen, lebten einst die Arbeiter, die ihr Brot in den Betrieben von Woodstock verdienten. Lange sind diese Zeiten vorbei und der Charakter der Straße hat sich gewandelt. In wenigen Jahren wurde aus einem heruntergekommenen Stadtteil ein „Trendy Spot" mit bunten Lokalen, dem experimentellen **Magnet Theatre** (*Old Match Factory, Ecke St Michael's/Lower Main Rd., http://magnettheatre.co.za*), einer Schauspiel-Akademie und ausgefallenen, teils schrillen Geschäften. Ein Blick auf die Hauspreise in den Fenstern der Immobilienmakler unterstreicht diesen Eindruck.

In-Viertel

Ein Besuch in der Lower Main Road lohnt auch wegen einiger Ramschläden, in denen man noch ein Schnäppchen machen kann, und am Abend: Hip zu speisen oder Bistro-Küche zu genießen, ist hier günstiger als in der Innenstadt. Tipp: Crossover-Küche im **Café Ganesh** (*38 Lower Thrill Rd., ✆ (074) 953 2176*). Beliebt sind auch die kleinen Musikveranstaltungen, die hier und da in den Kneipen geboten werden. Backpacker-Unterkünfte fehlen ebenfalls nicht.

Mostert's Mill (41)

Die kleine holländische Mühle aus dem Jahr 1796 brannte im April 2021 fast vollständig nieder. Der Wiederaufbau ist mittlerweile dank vieler Spenden abgeschlossen (*https://mostertsmillafterthefire.blogspot.com*). Einst standen an diesem Abschnitt des Table Mountain mehrere solcher Mühlen. Hier waren die Windverhältnisse optimal, um die segelbespannten Flügel zu bewegen.

Mostert's Mill, *Rhodes Ave. von Main Rd., Mowbray bzw. über M3 (Exit Mowbray), Infos: ✆ (082) 771-6480, https://mostertsmill.co.za.*

100 m weiter steht das staatliche **Katasteramt (National Geo-spatial Information**, *NGI, im Dept. of Rural Development and Land Reform, https://ngi.dalrrd.gov.za*), wo man Karten und Luftbildaufnahmen von Kapstadt und vielen Teilen Südafrikas kaufen kann. Die Karten sind z.T. sehr detailliert (weniger als Straßenkarten geeignet).

Die holländische Mostert's Mill

Irma Stern Museum (42)

Bedeutende Kunstsammlerin

Irma Stern (1894–1966), Tochter deutsch-jüdischer Eltern, war eine der innovativsten, aber auch umstrittensten Künstlerinnen in Südafrika. Sie studierte u. a. an der Kunstakademie in Weimar, kämpfte zeitlebens gegen die konservative Haltung in der Kunstszene und machte sich so auch zahlreiche Feinde. Ihr Malstil reichte von naiver Kunst bis hin zu impressionistischen „Kopien" gauguinscher Gemälde. Doch nicht ihre Werke, sondern die Einführung avantgardistischer sowie anderer Kunstrichtungen aus afrikanischen Ländern machten die reiselustige Frau berühmt und zu einer der bedeutendsten Kunstsammlerinnen des Kontinents. Neben einigen ihrer Werke kann man heute in Sterns Wohnhaus (sie lebte hier 1928–1966) eine Sammlung von Kunstwerken aus Europa, Asien und Afrika bewundern. Zudem gibt es ständig Sonderausstellungen. Die Universität, die das Museum betreut, bemüht sich in Sterns Sinn zu handeln und lässt Künstler ausstellen, die provozieren bzw. noch wenig bekannt sind.

Irma Stern Museum, *21 Cecil Rd., über Chapel Rd. von Main Rd., Rosebank, ✆ (021) 650-7240, https://irmasternmuseum.co.za, Mi–Fr 10–17, Sa 10–14 Uhr und mit Anmeldung.*

Josephine Mill (43)

Im Gebäude der ältesten noch erhaltenen Wassermühle Kapstadts (1840), heute ein Museum, werden Kulturveranstaltungen (Lesungen, Kammerkonzerte etc.) abgehalten sowie Kunstausstellungen geboten. Die Kaffeerösterei Trump & Timbal bietet Kaffeespezialitäten und im Lokal **La Cuccina** wird leckere italienische Fusion-Küche serviert.

Josephine Mill Museum, *13 Boundary Rd., über Main Rd., Newlands. Mo–Sa 7.30–17, So 7.30–16 Uhr. Jeden Sonntag ab 12 Uhr Mittagsbuffett, bezahlt wird nach Gewicht. https://lacuccina.co.za.*

South African Breweries/Newlands Brewery (44)

Die SAB ist Afrikas größte Brauerei. Nach dem Zusammenschluss mit der amerikanischen Großbrauerei Miller zur **SABMiller** wurde der Konzern auch der zweitgrößte Brauer der Welt. Doch 2016 wurde er für 103 Mrd. US$ vom größten, **AB IBev** (Belgien/Brasilien), geschluckt und zusammen haben sie jetzt einen Weltmarktanteil von über 30 %! Zum Konzern gehören u. a. die Biersorten Budweiser und Miller (USA), Becks (Deutschland), Corona (Mexiko), Stella Artois (Belgien), Foster's (Australien) sowie Anteile an einer großen Brauerei in China. Südafrikanische Marken wie Castle, Lion und Black Label gehören ebenfalls zum Sortiment. Andere Biersorten sowie Softdrinks werden hier in Lizenz hergestellt. Auf den Führungen hier werden Brauvorgänge sowie ein kleines Museum gezeigt.

South African Breweries/Newlands Brewery, *3 Main Rd., Newlands, Führungen Di–Do 12, Fr 12 u. 16, Sa 10 u. 12 Uhr. Unbedingt anmelden: ✆ (021) 658-7440, https://newlandsbrewery.co.za.*

Newlands Stadium (45)

Das Newlands Stadium war jahrzehntelang das Monument der südafrikansichen Rugby-Begeisterung. Bei jeglichen internationalen Begegnungen hier waren die

Straßen so leergefegt, wie es bei uns nur bei bedeutenden Fußballspielen vorkommt. 1995, 2007 und 2019 wurde Südafrika – bis 1990 wegen der Apartheid von der internationalen Sportszene verbannt – Weltmeister. 2023 krönte sich Südafrika mit dem Sieg gegen Neuseeland im Finale zum WM-Rekordweltmeister. Gespielt wird hier seit 2021 nicht mehr, denn das zweitälteste Rugbystadion der Welt entspricht nicht mehr neuesten Standards und wird wohl bald abgerissen. Im Rahmen von Touren kann man es noch besuchen; Rugby wird nun im Cape Town Stadium zelebriert.

Einstiger Rugby-Tempel

Newlands Stadium, *Boundary Rd., über Main Rd. in Newlands, Touren buchen: ✆ (082) 461-8651.*

Montebello Design Centre (46)

Die kleine Künstlerkolonie versteckt sich hinter einem unscheinbaren Wohnhaus in einem noch unscheinbareren Wohngebiet. In zahlreichen Künstlerwerkstätten werden Gemälde, Fotografien, Steinmetzarbeiten, Textilien, Designerschmuck, Gartenaccessoires und andere Dinge gezeigt und verkauft. Die Künstler wechseln über die Jahre immer wieder, doch wird stets darauf geachtet, dass ein breites Spektrum an Arbeiten geboten wird. Ein Restaurant (*Di–Sa 8–20, So 8.30–16.30 Uhr*) mit Tischen im schattigen Garten lädt zu einer Pause ein. Wer sich für zeitgenössische Kunst interessiert, sollte noch den kurzen Weg (1 km) zur **Barnard Gallery** (*55 Main Rd., Newlands, ✆ 021-671-1553*) auf sich nehmen.

Künstlerkolonie

Montebello Design Centre, *31 Newlands Ave., Newlands, ✆ (021) 685-6445, www.montebello.co.za.*

Forester's Arms (47)

Der große, historische Pub in der 52 Newlands Avenue (*zwischen Cypress und Magnolia Sts., ✆ 021-689-5949/70, https://forries.co.za*) galt früher als „Waterhole" auf dem Weg von Kapstadts Innenstadt zum Badeort Muizenberg. Oft diente „Forries" auch als eigenes Ausflugsziel. Noch heute locken deftige Pubgerichte (aber auch Steaks und Salate) sowie die Sportübertragungen viele Gäste an. Liegt nichts an, wird bereits zwischen 22 und 23 Uhr geschlossen!

Traditions-Pub

Rhodes Memorial (48)

Der klassisch-griechische Säulenbau auf Cecil Rhodes' ehemaligem Anwesen (Groote Schuur) am Hang des Devil's Peak spricht bereits Bände über dessen imperialistische Ziele. In der offenen Halle befindet sich eine Büste des wohl bekanntesten Imperialisten englischer Herkunft, die seit 2015 wiederholt Ziel anti-rassistischer Attacken wurde. Vom Rhodes Memorial aus eröffnet sich ein fantastischer Ausblick über die Cape Flats. Es ist (unter der Woche) ein so bedächtiger Ort, dass man dort in aller Ruhe sitzen und etwas lesen kann. Spaziergänge bis hin zum **Kings Blockhouse** (1 Std. je Richtung) sind ebenfalls möglich.

Rhodes Memorial, *Rhodes Drive, Zufahrt über M3-Exit 8 (Rondebosch), gut ausgeschildert, tgl. 9–17 Uhr*

info

Cecil Rhodes – ein Imperialist im Südlichen Afrika

Cecil Rhodes hat in besonderer Weise die Entwicklung Südafrikas mitgeprägt. Am 5. Juli 1853 in Bishop's Stortford geboren, kam er 1870 nach Südafrika in der Hoffnung, dass seine Tuberkulose im milden Klima geheilt werde. Zunächst arbeitete er auf der Baumwollfarm seines Bruders in Natal, doch bereits im ersten Jahr seines Aufenthalts brach der Diamantenrausch in Kimberley aus. Die Brüder gaben die Farm auf und besorgten sich drei Claims, die ihnen bald viel Geld einbrachten. Cecils Bruder kam jedoch kurz darauf bei einem Brand um. In den nächsten Jahren vermehrte Rhodes in unvorstellbarer Weise sein Vermögen, bis er 1880 sogar seinem stärksten Gegenspieler, Barney Barnato, dessen Minenrechte im Big Hole abkaufen konnte. Rhodes fand auch noch Zeit für Studien an der Universität Oxford. 1887 gründete er die *Gold Fields of South Africa Company* und wurde damit auch Herr am Witwatersrand (Johannesburg).

Auch politisch engagierte er sich, wurde 1884 Finanzminister und im Jahr 1890 Premierminister der Kapkolonie. 1889/90 drang die *South Africa Company* unter Cecil Rhodes mit Siedlern und Truppen in das Gebiet zwischen Limpopo und Sambesi ein, das daraufhin nach ihm „Rhodesien" benannt wurde. Später wurde sogar die Gegend nördlich des Sambesi erobert. Er war es auch, der den Eisenbahnbau nach Rhodesien vorantrieb und die Brücke über den Sambesi an den Victoria-Fällen initiierte, um eine wirtschaftliche Erschließung dieser landwirtschaftlich so wertvollen Räume für Südafrika zu ermöglichen. Als britischer Imperialist verfolgte er hartnäckig das Ziel, die Burenrepubliken Transvaal und Oranje-Freistaat an das britische Südafrika anzugliedern und die legendäre Cape-Kairo-Achse in Form einer Eisenbahnlinie zu realisieren.

Am 26. März 1902 starb Rhodes im Alter von 48 Jahren in seinem Ferienhäuschen in St. James (siehe S. 270). Sein Leichnam wurde mit dem Zug nach Rhodesien (heute Simbabwe) gebracht. Dort wurde er in einem Grab auf einem Granithügel der Matopos Hills bestattet.

In den letzten Jahren hat Rhodes die Gemüter wieder bewegt. 2015 startete eine Gruppe von Kapstädter Studenten die *„#RhodesMustFall"*-Kampagne, die sich gegen die Huldigung Rhodes' einsetzt. Mittlerweile wurde seine Statue vom Uni-Gelände entfernt. Die Kampagne hat sich auf das ganze Land ausgedehnt und zu weiteren Veränderungen in den bis vor Kurzem noch sehr britisch (und auch burisch) gehaltenen Universitätstraditionen in Südafrika geführt.

Das Rhodes Memorial

Hinweis

Zum **Constantia Valley** und seinen Weingütern s. S. 273.

Die Stadtteile am Atlantik: Green Point, Sea Point, Clifton und Camps Bay

Überblick, Hinweise und Tipps

Der Küstenabschnitt zwischen Innenstadt und Hout Bay macht deutlich, warum sich so viele Menschen in Kapstadt ansiedeln wollen und vor allem warum gerade in diesen Stadtteilen am Atlantik: Stadtnah und wo die Sonne den ganzen Tag über scheint, haben sich Kapstädter, Johannesburger und Europäer ihre Ferienwohnungen und Alterssitze eingerichtet.

Alternativroute

Sollte es die Zeitplanung zulassen, kann man der M 3 und dann der M 63S nach Süden folgen und zum **Kirstenbosch National Botanical Garden (49)** (S. 275) fahren. Für die Gärten sollte man mindestens drei Stunden einplanen. Vom Botanischen Garten aus böte sich schließlich noch bei ausreichender Zeit eine Fahrt über den Constantia Kloof nach Hout Bay und an der Atlantikseite zurück nach Kapstadt an.

Sea Point wird beherrscht von mehrstöckigen Apartmentblocks und einer Reihe von Restaurants und Mittelklassehotels, während **Clifton** mit seinen vier schönen Strandbuchten und schicken Villen und Apartments nur etwas für diejenigen ist, die hohe sieben-, oft achtstellige Rand-Preise für die eigenen vier Wände hinlegen können. **Camps Bay** schließlich, mit den modernen, über den gesamten Berghang verteilten Villen sowie seinem großen Sandstrand, ist Badeort, Partytreff und Trendsetter zugleich. Hier kommen vor allem jüngere Leute und solche, die sich für schick halten, gerne am Wochenende hin, um in einem Terrassencafé Latte Macchiatto oder Sekt zu trinken oder gut zu speisen und vor allem natürlich zum „Sehen und Gesehen-Werden". Wochenenden sollte man daher meiden, z. B. auf der Fahrt zum Kap, denn dann staut sich der Verkehr an Camps Bays Strandpromenade und die Parkmöglichkeiten sind auch vollkommen ausgereizt. Unter der Woche aber, wenn nicht gerade Ferienzeit ist, ist die Straße gut zu befahren und man sollte die Gelegenheit nutzen, hier und dort anzuhalten und auf die tosende See, die bezaubernden Sandstrände sowie die Bergkette der 12 Apostel zu schauen … Kaum einer wird der Versuchung widerstehen, die einzelnen Zipfel zu zählen. Sehenswürdigkeiten und Museen gibt es in diesen Stadtteilen nicht, sieht man einmal vom Leuchtturm am Green Point ab.

Blick auf die 12 Apostel

Anreise

Zwischen **Innenstadt** (Civic Centre) und **Camps Bay** sowie auch **Hout Bay** verkehren **MyCiTi-Busse** via **Sea Point** (Nr. 108 u. 109, ab Adderley St.) bzw. via **Tamboerskloof** (Nr. 106 u. 107, nur nach Camps Bay, ab Civic Centre).

Sehens- und Erlebenswertes in Kapstadts Stadtteilen am Atlantik

Cape Town/Granger Bay Hotel School & Restaurant

Ausbildung für die Hotellerie

In Granger Bay wird Hotelpersonal ausgebildet, dazu gehören auch das spätere Küchenpersonal sowie die Bedienung. Die Schule selbst ist nicht zu besichtigen, doch die Schüler werden auf die Gäste „losgelassen". Wie sollten sie sonst Erfahrungen sammeln? So kommt man hier in den Genuss von bester Küche, erstklassigem Service und alles zu fairen Preisen. Die langweilige Architektur des 1970er-Jahre-Baus mag etwas abschrecken, dafür aber ist die Lage direkt am Meer beeindruckend. Nahezu täglich Mittag- und Abendessen. Reservierung erforderlich.
Cape Town/Granger Bay Hotel School & Restaurant, *Green Point Common, Beach Rd., Mouille Point, ✆ (021) 440-5700, www.cput.ac.za/about/visit/granger-bay-campus.*

Wer alternativ der **Somerset Road** folgt, gelangt gleich hinter der Innenstadt im Stadtteil **De Waterkant** ins sogenannte **Pink Village**, Kapstadts LGBTQ-Viertel mit zahlreichen Bars, Restaurants und – besonders in den Nebenstraßen – kleinen Lodges/B&Bs. Ein Stück weiter lockt linker Hand die exquisite **Lifestyle-Mall Cape Quarter** u. a. mit Designerläden bekannter Künstler sowie dem Village Market im Innenhof am Sonntagvormittag. Fast nebenan (Ecke Waterkant und Hudson Sts.) ist zudem ein Ableger davon, ebenfalls mit Innenhof, entstanden: das **Old Cape Quarter**. Hier gibt es ein Café und weitere exquisite Ausstattungs- und Möbelläden.

Green Point

Artenreiche Flora

Schöner ist die Straße entlang der Küste. Green Point, der nördlichste Stadtteil der Innenstadt, wird großenteils von den parkähnlichen **Green Point Commons** sowie dem für die Fußball-WM 2010 erbauten **Cape Town Stadium** (*s. Karte Victoria & Alfred Waterfront, S. 164*) eingenommen (offizieller Name seit 2021: **DHL Stadium**). Im 57.000 Menschen (zur WM: 68.000) fassenden Stadion finden Fußball- sowie Rugbyspiele und andere Sportereignisse, Mega-Livekonzerte, Wohltätigkeitsveranstaltungen, Karnevalsumzüge und alle paar Jahre auch mal „The Mother City Queer Project" (größte LGBTQ-Party Afrikas) statt. Zwischen Stadion und dem Gebiet am Green Point Lighthouse vermittelt der landschaftsarchitektonisch beeindruckende **Green Point Urban Park** (**Biodiversity Showcase Garden**) den Besuchern die biologische Vielfalt der Region (Blütenpracht im Frühjahr; 300 Pflanzenspezies).
Cape Town Stadium (**DHL Stadium**), *geführte Touren nach Voranmeldung online oder ✆ (021) 417-0111 oder infodhlstadium.co.za, https://dhlstadium.co.za/tour.*

Das 20 m hohe, rot-weiße und quadratisch angelegte **Green Point Lighthouse** ist der älteste Leuchtturm Südafrikas. Er wurde 1824 in Dienst gestellt, 1926 mit einem Nebelhorn versehen und 1929 elektrifiziert, wodurch sein Feuer eine Reichweite von 40 km erreichte. Nicht weit vom Leuchtturm kann man auf Bänken ausruhen und aufs Meer schauen. Ansonsten gibt es in Green Point Selbstversorger-Apartments, Hotels und Luxuswohnungen am Wasser. Besonders an der **Main Road**, teilweise aber auch an der **Beach Road** hat sich eine lebendige Restaurant- und Kneipenszene angesiedelt.

Three Anchor Bay und Sea Point

Beide Stadtteile sind bereits vor Jahrzehnten zusammengewachsen. Zu Apartheidzeiten galt Sea Point als der am dichtesten besiedelte weiße Stadtteil Südafrikas. Die weiße Mittelschicht wollte innenstadtnah wohnen, ohne dabei mit Townships in Berührung zu kommen. Kantige Apartmentblocks aus den 1960er- und 1970er-Jahren bestimmen das Bild, unterbrochen von vereinzelten viktorianischen Relikten. Die Gebäude zum Wasser hin sind ordentlich aufgehübscht worden. Natürlich hat auch Sea Point einen Strand, dieser eignet sich jedoch nur zum nachmittäglichen Sonnen, denn wegen der Strömung und der Felsen kann man dort leider nicht baden. Ausnahme: der Tidenpool gegenüber der Worcester Rd.

Ein nachmittäglicher Spaziergang entlang der **Sea Point Promenade** (*Beach Rd.*) ist eine äußerst entspannende Angelegenheit. Hier weht einem so richtig der Wind um die Nase. Kinder vergnügen sich auf den Spielplätzen, Grünflächen werden zu Picknicktischen für Familien und Jogger laufen mit den Seevögeln um die Wette. Der schönste Abschnitt liegt auf Höhe des Winchester Mansion Hotels zwischen Rocklands Rd. und Marais Rd. Natürliche Felsenbecken und das tolle Meerwasser-Schwimmbad, der **Miltons Swimming Pool/Sea Point Pavilion** am Südende der Promenade, locken die Badefreunde an, besonders während der Stunden vor Sonnenuntergang. Der Ortskern von Sea Point um die Main Road mit seinen auch äußerlich unattraktiven Geschäfts- und Apartmentblöcken sowie den Hotels der unteren Mittelklasse befand sich lange Zeit im Umbruch. Kriminalität und der Abzug der Restaurants in Richtung Waterfront hatten Spuren hinterlassen. Doch diese Krise ist überwunden. In Richtung Meer öffneten immer mehr Boutique-Hotels, Apartments wurden aufwendig renoviert. Die Kleinkriminalität wurde ausgemerzt und neue, oft trendige Restaurants siedelten sich in und um die Main Road an. Sea Point ist wieder angesagt – wenn auch kein absolutes Highlight.

Miltons Swimming Pool

Bantry Bay und Clifton

Südlich von Sea Point windet sich die M 6 durch Bantry Bay und Clifton an der Felsküste entlang. Atemberaubend kleben die Häuser an den Felsen. Nirgendwo in Afrika ist Grund teurer. Bald darauf erhält man einen ersten Ausblick auf die **12 Apostel**.

Spaziergang mit Ausblick

Clifton zeichnet sich zudem durch die wunderschönen, **durch Felsbuchten geschützten vier Strände** (1st, 2nd, 3rd und 4th Beach) aus. Parkmöglichkeiten gibt es kaum, und wer hier nicht mit entsprechend gebräuntem Körper antritt, wird sich als Außenseiter fühlen. In der Hochsaison und an sonnigen Wochenenden sollte man auf öffentliche Verkehrsmittel ausweichen (auch in Camps Bay). Lohnend ist ein Spaziergang von Clifton Richtung Süden mit stets anderen Ausblicken auf Strände und Berge. Hier und dort führen auch Pfade hinunter zu den Stränden. Südlich vom 4th Beach lädt das Outdoor-Restaurant „**The Bungalow**" (*3 Victoria Rd., ✆ 021-438-2018, www.thebungalow.co.za*) zum Sundowner mit Snack ein.

Camps Bay

Treffpunkt junger Leute

In Camps Bay, wunderschön unterhalb der 12 Apostel gelegen, säumen Terrassen- und Straßenrestaurants, Bars und Shops die Uferpromenade direkt hinter dem schönen Strand. Hier kommen vor allem die jungen Leute hin, um sich zu sonnen, Beachvolleyball zu spielen oder am Wasser zu joggen. Nach Sonnenuntergang scheint sich halb Kapstadt mit blinkenden Karossen zum „Cruising" zu treffen. Die Atmosphäre ist ausgelassen, wobei es an den Wochenenden, besonders zum Sonnenuntergang in den Sommermonaten voll wird. Dann staut sich der Verkehr vor den Restaurants und man muss teilweise lange auf einen Sitzplatz warten. Für alle, die ein bisschen Trubel erleben möchten, ist es perfekt – einen romantischen Abend sollte man besser nicht planen.

Surfer erfreuen sich an den relativ ruhigen Wassern am nördlichen Glen Beach. Zwischen Strand und Straße gewährt ein breiter Grünstreifen mit schattenspendenden Bäumen zudem Gelegenheiten für ein Picknick.

Camps Bay

Im Süden des Strandes von Camps Bay liegt der **Whale Rock** direkt vor der Landspitze. Der Name leitet sich aus der Form des Felsens ab. Die **Bakoven Bay** südlich von Camps Bay erhielt ihren Namen aufgrund einer großen Höhle, die einem Bäckerofen ähnelt. Der kleine Strand gilt als kindersicher, Schnorchler kommen ebenfalls auf ihre Kosten. Schöne, am Wochenende aber volle Picknick- und Braai-Gelegenheit.

Ein Stück weiter liegt **Oudekraal**. Der exponierte Hotelkomplex, in dem heute das Hotel „The Twelve Apostles" (*Victoria Rd.,* ✆ *021-437-9000, https://12apostles hotel.com*) untergebracht ist, wurde in der Apartheid mithilfe von Bestechungsgeldern errichtet. Kaum verwunderlich, denn warum musste unbedingt an diesem schönen Naturabschnitt ein solches Gebäude errichtet werden? Nun steht es, und die tolle Lage verhilft der Luxusherberge zu zahlungskräftigen Gästen. Die Gastronomie ist auch bemerkenswert, ob Tea-by-the-Sea, Fine Dining, Sonntags-Brunch, Stargazing Dinner oder Cocktails und Craft Beer Tastings. Für jeden ist etwas dabei.

Der Oudekraal Beach ist beliebt bei Sonnenanbetern und Tauchern zugleich. Vor ihm liegen in den Tiefen des Meeres die Überreste des 1608 gesunkenen Seglers „*Huis te Kraaiensteing*", damals beladen mit viel Gold. Die Felsen des Oudekraal Beach tragen markante Namen: Geldkis, Klein-Pannekoek und Groet Pannekoek.

 Alternativroute

Zurück über den Kloof Nek in die Innenstadt
Nördlich von Camps Bay in die Lower Kloof Road abbiegen. Nach etwa 2 km einen kleinen Abstecher zur ehemaligen Schießanlage unternehmen. Hier sind zwei Restaurants untergebracht, das schicke **Salsify at the Roundhouse** und im Garten das legere **The Lawns** (vorübergehend wegen Renovierungsarbeiten geschlossen). Letzteres bietet sich für einen entspannten Cocktail mit Aussicht oder ein unkompliziertes Essen (Burger, Fisch, Salate etc.) an (s. S. 219). Dann weiter zum Kloof Nek mit der Möglichkeit, zum Sonnenuntergang auf den Signal Hill hinaufzufahren. Schließlich entlang der Kloof Nek Road in die Innenstadt. Oder von Bakoven bzw. Camps Bay den Schildern folgen und über den Camps Bay Drive (M 62) zum Kloof Nek hinauffahren.

 Hinweis

Zur weiteren Rundtour um das Kap s. S. 248.

Ausflug auf den Table Mountain

Überblick

Hoerikwaggo, der „Meeresberg", so nannten die ersten Bewohner am Kap den Table Mountain. Schon seit die ersten Seefahrer um das Cape of Good Hope gesegelt waren, galt der 1.086 m hohe **Table Mountain** (Tafelberg) als ein Wahrzeichen, das bei gutem Wetter über 100 km weit auszumachen war. Heute ist er so berühmt wie der Zuckerhut, das Empire State Building oder der Eiffelturm und wurde bei einer weltweiten Umfrage aus über 440 Bewerbern zusammen mit z. B. dem Amazonas, der Halong-Bucht oder den Iguazú-Wasserfällen zu den „Neuen 7 Naturwundern" gewählt. Die über 500 m steile Sandsteinwand bildet einen markanten Abschluss zur City Bowl von Kapstadt. Darunter läuft der Berg allmählich aus bis hin zum Hafen.

Weltberühmter Tafelberg

Über eine halbe Million Besucher nehmen jährlich die Seilbahn auf die Spitze, um den grandiosen Ausblick vom Kap im Süden über die City Bowl bis hin zu den Bergen hinter Ceres genießen zu können. Auch der Blick auf den Atlantischen Ozean und Robben Island beeindruckt. Berge, wie der Lion's Head und der Signal Hill, liegen dem Betrachter ebenfalls zu Füßen.

Tipps und Infos

Gutes **Kartenmaterial** für den Table Mountain besorgen, z. B. Table Mountain National Park von Slingsby Maps (S. 105). Permits und Infos zu **Wanderungen** und Ausfahrten erhält man im SAN-Parks Office am Kloof Nek (Ecke Kloofnek und Signal Hill Rd., ✆ 021-422-1601) oder im Main Office im Tokai Manor House (Tokai Rd., ✆ 021-712-0527). Geführte Wanderungen unter www.tablemountainwalks.co.za und https://hiketablemountain.co.za.

Geologische Entwicklung des Table Mountain

Entstehungsgeschichte

Alles begann vor mehr als 700 Mio. Jahren, als ein großes Meer die Oberfläche am heutigen Kap bedeckte und das Gondwanaland noch die heutigen Kontinente Amerika und Afrika zusammenhielt. Auf dieser Oberfläche lagerten Schlamm und Sand. 100 bis 150 Mio. Jahre später begann sich der Boden zu heben und zu falten. Granit „floss" um und über die sandigen Schichten. Eine Bergformation bildete sich. Vor gut 480 Mio. Jahren waren die obersten Gesteinsschichten aber wieder aberodiert, und das Meer bedeckte erneut große Abschnitte der Oberfläche der heutigen Kaphalbinsel. Diesmal hinterließ es Spuren von Fossilien und Schlammschichten, die an einigen Stellen noch heute zu erkennen sind. Anschließend, vor etwa 440 Mio. Jahren, begann sich eine dicke Eisschicht über das Gebiet zu legen, die die Restberge abschliff. Deren Ablagerungen lassen sich heute bis zu den Cedarbergen sowie im Meer nachweisen. Vor knapp 280 Mio. Jahren setzte ein erneuter Hebungsprozess ein. Dieser schloss ein so großes Gebiet ein, dass das Table-Mountain-Massiv nicht als Berg herausstach. Vor 150 Mio. Jahren brach der Gondwana-Kontinent auseinander. Der Berg begann durch Verwerfungen und entlang von Bruchkantenlinien aus der Hochebene herauszuwachsen und erreichte seine größte Höhe vor 100 Mio. Jahren. Zu dieser Zeit stieg der Meeresspiegel erneut an und überflutete die heutigen Cape Flats. Die oberste Granitschicht des Table Mountain erodierte bereits seit Langem. Vor knapp 30 Mio. Jahren waren die Konturen des heute sichtbaren Berges geschaffen. Seither sorgen Wind und Wetter für den Feinschliff: kleine Canyons, raue Schluchten und bizarre Felsformationen.

Blick auf Kapstadt

Das heute sichtbare Table-Mountain-Massiv zieht sich über den Höhenrücken der Kaphalbinsel, wird aber auf der Linie Noordhoek – Fish Hoek unterbrochen. Satelliten des Massivs sind u. a. der Lion's Head und der Sentinel (bei Hout Bay).

Wege auf den Table Mountain

Mit der Seilbahn

Sobald der Berg **wolkenfrei** ist und es nicht zu sehr windet, sollte man unverzüglich auf den Table Mountain hinauffahren. Die **Talstation der Seilbahn** befindet sich an der Table Mountain Rd., die vom Kloof-Nek-Kreisel zwischen Table Mountain und Lion's Head abzweigt. Die **MyCiTi-Busse** Nr 106 und 107 nach Camps Bay (ab Civic Centre) halten an diesem Kreisel. Von dort verkehrt dann der Bus Nr 110, oder man läuft die 1,5 km bis zur Talstation.

 Hinweis

Der **Seilbahnverkehr** wird wegen des starken Windes oft für ganze Tage eingestellt. Aktuelle Infos **Table Mountain Aerial Cableway**: ✆ (021) 424-0015, https://tablemountain.net. Die Tickets sind bei Online-Buchung 10 % günstiger. **Fahrplan**: Die Betriebszeiten variieren je nach Monat, meist fährt die Bahn zwischen 8.30 und 18 Uhr, genaue Zeiten auf der Website. Achtung! Die Zeiten hängen auch vom Wetter ab.

Wanderwege

3- bis 4-stündige Wanderung

Auf über **300 Wanderwegen** kann man den Table Mountain erkunden bzw. zu ihm hinaufgelangen, die Schwierigkeitsgrade reichen von relativ leichten Aufstiegen bis hin zum Erklimmen mit Seil und Haken. Für eine normale Gipfelbesteigung muss man ca. 3–4 Std. ansetzen. Und: Es ist einfacher aufzusteigen als hinunterzulaufen. Unbedingt vor der Wanderung über die **Wetterlage** erkundigen, denn in kürzester Zeit kann sich diese ändern und ein Gewittersturm die Wanderung zu einem Albtraum machen.

Ausrüstung: Festes Schuhwerk, entsprechende Wetterkleidung (oben ist es kühl bis kalt!), ausreichend Trinkwasser, etwas zu essen, einen Sonnenhut, Sonnencreme, Geld und eine Wanderkarte gehören zur Grundausstattung. Außerdem: Aufstieg ruhig angehen, **nicht alleine laufen** und besonders die heißen Tageszeiten meiden. Am besten früh morgens starten.

Infos zu Wanderwegen: Beim Parkranger im National Parks Office im Visitor Bureau in der Innenstadt und beim Parkranger nahe des Kloof Nek. Zu empfehlen sind die erläuterten Wandertouren von speziellen Anbietern sowie den Parkrangern, über die ebenfalls die Visitor Bureaus informieren (siehe auch Tipp auf S. 184).

Die bekanntesten Wanderwege am/auf den Berg sind:

Mitunter steile Abschnitte

Pipe Track: Der Weg beginnt nahe dem Kloof-Nek-Kreisel (Start auch möglich oberhalb Bakoven, Camps Bay, Theresa Ave.) und folgt den Wasserrohren („Pipes") auf einer Strecke von ca. 4 km sanft bergauf bis auf den Rand des Tafelsbergs. Von dort geht es auf dem gleichen Weg zurück. Dauer: 3 Std. Wer mit der Seilbahn herunterfahren möchte, zweigt noch vor Erreichen des Endpunktes des Pipe Tracks auf einen der nach links abzweigenden Wege zum Gipfel ab. Bei dieser Variante ist der Weg etwa 6–7 km lang und man braucht bis zur Gipfelstation der Seilbahn etwa 4,5 Std. (zzgl. Fahrt mit der Seilbahn und Weg zurück zum Fahrzeug.

Platteklip Gorge/Maclear's Beacon Trail: beginnt ca. 2 km östlich der Talstation an der Table Mountain Road. Er hat steile, aber zu bewältigende Abschnitte. Ihm folgte bereits der erste Europäer zur Spitze, der portugiesische Kapitän Antonio de Saldanha. Dauer: 2 ½–3 Std.

Nicht bei Regen

Skeleton Gorge/Nursery Ravine Trail: Start am Kirstenbosch National Botanical Garden. Es müssen einige Holzplanken, -leitern und -stufen bewältigt werden und der Weg ist nicht an allen Stellen fest. Somit ist dieser Wanderweg nur bei trockenem Wetter zu empfehlen und auch nicht für den Abstieg, da es dann schwierig werden kann, auf den Holzleitern zu balancieren. Dauer: 4 Std. Einer ähnlichen Route, ebenfalls am Kirstenbosch National Botanical Garden beginnend, folgt der **Smuts Track**. Er ist etwas einfacher zu laufen, dauert aber nahezu 5 Std., da er über den 1.095 m hohen Maclear's Beacon führt. Jan Smuts ist diesen Weg unzählige Male gelaufen.

Kasteelspoort/Valley of the Red Gods: Beginnend oberhalb Bakoven (Camps Bay, Theresa Ave.), ist dieser Trail bei Wanderfreunden der beliebteste, aber auch schwieriger und anstrengender als der Pipe Track. Dauer: 4 Std. Wer nicht so steil aufsteigen möchte, folgt vom selben Parkplatz aus der Route durch den **Woody** bzw. den **Corridor Ravine**. Dauer: 5 Std.

Constantia Corner Path: Start am Constantia Nek. Durch den Cecilia Forest und dann dem Pfad links von der Piste auf die Constantia Ridge folgen. Anschließend Service Road zur Cecilia Plantation und zum Woodhead Reservoir. Von hier weiter auf dem Nursery Ravine Trail.

Hinweis

Die Auflistung dient nur als **Planungshilfe**. Vor einer Wanderung sollte man sich mit den Routen und den aktuellen Begebenheiten unbedingt anhand von Karten und durch Nachfragen vor Ort selbst vertraut machen.

Table Mountain aus der Luft

Ebenfalls beliebt sind die **Rundflüge** mit einem Helikopter über den Table Mountain. Oft wird dabei sogar auf dem Plateau gelandet.

Mehrtägige Wanderungen auf und um dem Table Mountain

Mittlerweile wurden Hütten-Unterkünfte und kleine Zeltcamps wie das Smitswinkel Tented Camp eingerichtet. Damit können verschieden lange, organisierte und geführte Wanderungen auf und um den Table Mountain unternommen werden. Eine zweitägige Wanderung nennt sich Orange Kloof Trail und beginnt am Silvermine Dam, führt dann über Constantiaberg, Vlakkeberg und Constantia Nek zum Orange Kloof Tented Camp. Am zweiten Tag folgt der Aufstieg durch die Disa Gorge hinauf zum Table Mountain. Runter geht es dann mit der Seilbahn.

Eine drei- bis fünftägige Wanderung, der sog. **Hoerikwaggo Trail**, beginnt am Cape of Good Hope und endet, je nach Länge, zwischen Noordhoek und dem Table Mountain (3 bzw. 5 Tage). Unterwegs wird in Hütten bzw. Zelten genächtigt. Versorgen muss man sich selbst. Das Ganze wird vom Table Mountain National Park organisiert, dessen administratives Hauptquartier sich in Tokai befindet: **Tokai Manor House**, Tokai Rd., ✆ (021) 712-0527, www.sanparks.co.za. Hier gibt es auch Infos zu anderen Trails. Wichtig: Für Wanderungen mit Übernachtung benötigt man ein Permit.

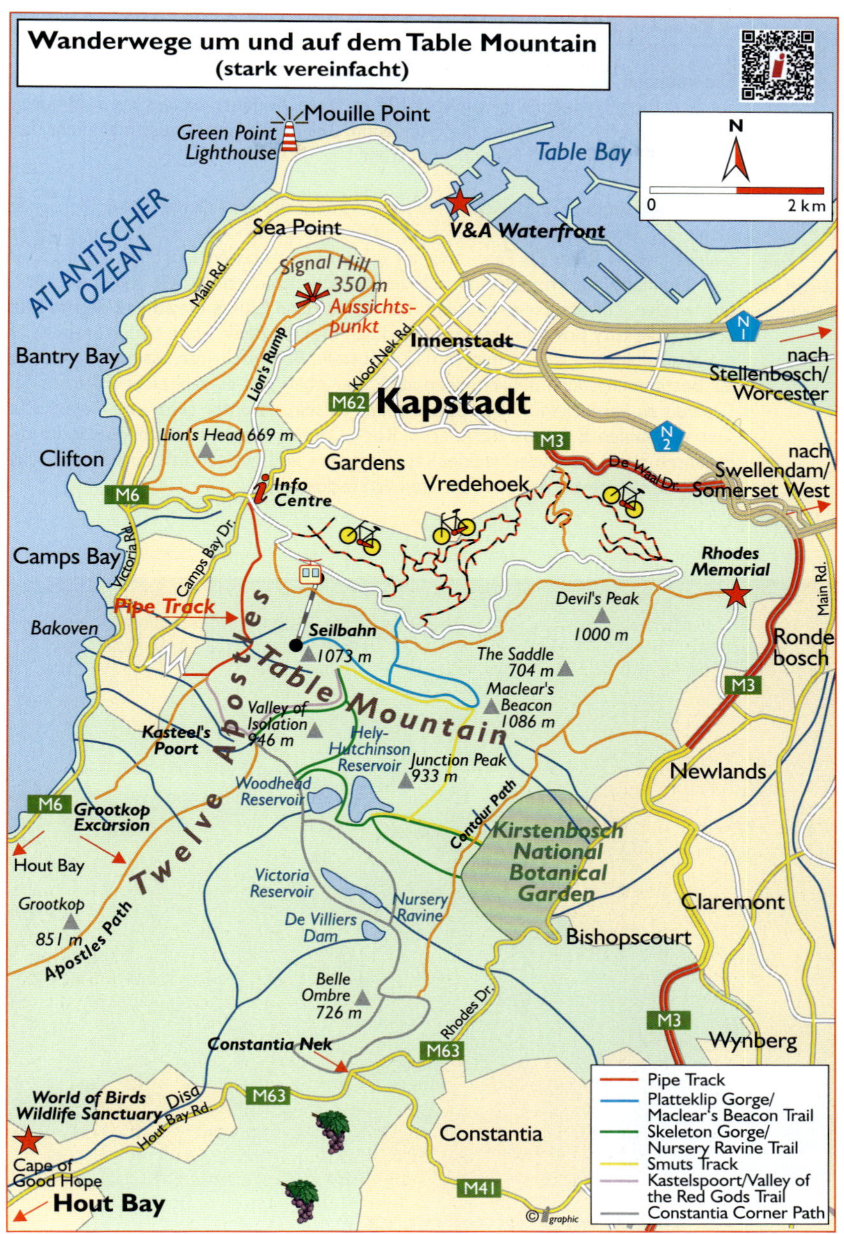
Wanderwege um und auf dem Table Mountain
(stark vereinfacht)
Mouille Point
Green Point Lighthouse
Table Bay
N
0
2 km
ATLANTISCHER OZEAN
Sea Point
V&A Waterfront
Main Rd.
Signal Hill 350 m
Aussichts-punkt
Kloof Nek Rd.
Innenstadt
Bantry Bay
Lion's Rump
M62
Kapstadt
nach Stellenbosch/ Worcester
Lion's Head 669 m
M3
Clifton
Gardens
De Waal Dr.
nach Swellendam/ Somerset West
Info Centre
Vredehoek
M6
Camps Bay
Victoria Rd.
Camps Bay Dr.
Rhodes Memorial
Main Rd.
Pipe Track
Devil's Peak 1000 m
Bakoven
Seilbahn
1073 m
Rondebosch
The Saddle 704 m
Table Mountain
Maclear's Beacon 1086 m
M3
Valley of Isolation 946 m
Kasteel's Poort
Hely-Hutchinson Reservoir
Junction Peak 933 m
Newlands
Twelve Apostles
Woodhead Reservoir
M6
Grootkop Excursion
Contour Path
Kirstenbosch National Botanical Garden
Hout Bay
Victoria Reservoir
Nursery Ravine
Claremont
Grootkop 851 m
De Villiers Dam
Bishopscourt
Apostles Path
Belle Ombre 726 m
Rhodes Dr.
M3
Wynberg
Constantia Nek
M63
Pipe Track
Platteklip Gorge/ Maclear's Beacon Trail
Skeleton Gorge/ Nursery Ravine Trail
Smuts Track
Kastelspoort/Valley of the Red Gods Trail
Constantia Corner Path
World of Birds Wildlife Sanctuary
Disa
Hout Bay Rd.
M63
Constantia
Cape of Good Hope
M41
Hout Bay
© graphic

Weitere Aktivitäten am Table Mountain

Die meisten werden es sicherlich vorziehen, mit der bequemeren **Seilbahn** auf den Berg hinaufzufahren. Die 1.224 m lange Auffahrt dauert ca. 7 Minuten. Während dieser Zeit rotiert die Gondel um 360 Grad. Somit muss man nicht darauf achten, an welchem Fenster man steht.

Tolle Ausblicke

Oben angekommen, enttäuscht im ersten Moment der Anblick der vielen Menschen. Nahe der Bergstation der Seilbahn findet man an schönen Sommertagen kaum Gelegenheit, in Ruhe das Panorama auf sich wirken zu lassen. Doch bereits nach ein paar Hundert Metern verlaufen sich die Menschentrauben und die tollen Ausblicke überwiegen. Zur Stadtseite hin sieht man linker Hand **Lion's Head** und **Signal Hill**, vor sich die City Bowl und rechter Hand den **Devil's Peak**. Nach Süden breitet sich die Kaphalbinsel aus, u. a. mit den 12 Aposteln. Botanisch Interessierte sollten an ihr Bestimmungsbuch denken, denn auch hier oben gibt es zahlreiche Pflanzen der *Capensis* zu entdecken. 1.400 Spezies sollen es sein, darunter *Disas* und *Proteas*. Zur Tierwelt zählen Baboons, Bergziegen, Rock Dassies (deren nächste Verwandte die Elefanten sind!), Stachelschweine, Kapmangusten und gelegentlich auch Steinböcke, wobei sie sich gerne vor den Touristen verstecken.

Blick vom Table Mountain auf den Devil's Peak

Pause zur Stärkung

Wer sich in luftiger Höhe erfrischen möchte, findet nahe der Bergstation eine Open-Air-Bar (Tipp für den Sonnenuntergang, wenn lange genug geöffnet), ein **Restaurant** sowie ein paar Snackbuden. Mein Tipp ist: **Picknick-Päckchen** inkl. Kap-Wein mitnehmen, so wie es die Kapstädter auch gerne tun.

Es gibt drei kürzere **Wanderwege auf dem Plateau** (5 und 30 Min. Länge). Wanderwege, die zu den 12 Aposteln und den Wasserreservoirs führen, dauern ihre Zeit und sind z. T. recht anstrengend, aber allemal zu empfehlen.

Kapstadts „andere Spitzen"

info

Signal Hill: Die 350 m hohe Erhebung wurde einst als Signalposten genutzt. Doch nicht den Schiffen galten die Signale, sondern den Kaufleuten und Kneipiers in der Stadt. Sobald der Signalgast ihnen zu verstehen gab, dass sich ein Handelsschiff dem Hafen näherte, bereiteten sie ihre Waren und Bierhumpen vor. Täglich, außer sonntags, wird auch heute noch die Kanone um 12 Uhr abgefeuert. Eine Tradition, die den Kapstädtern die Möglichkeit bietet, ihre Uhren korrekt einzustellen, denn die Kanone ist heute an Kapstadts Atomuhr gekoppelt. Die Kanone steht unterhalb des Gipfels am Ende der Military Rd. Man erreicht sie am besten zu Fuß (oder mit dem Auto) vom Bo-Kaap-Viertel aus über die Longmarket Street. Besonders schön ist die Fahrt auf die „Spitze" des Signal Hill bei Sonnenuntergang bzw. bei Dunkelheit. Das Stadtpanorama, die untergehende Sonne und das faszinierende Lichtermeer lohnen den kurzen Ausflug, den viele Kapstädter für ein gemütliches **Picknick samt Sundowner** nutzen. Ehemals war der Signal Hill auch bekannt als „Lion's Rump", denn er ist ja der hintere Ausläufer des „Lion's Head" und somit Teil des Löwenkörpers.
Anfahrt: Auf der Kloof Nek Rd. bis zum Kreisel auf dem Grad zwischen Lion's Head und Table Mountain (Kloof Nek) und dann nach rechts der Signal Hill Rd. bis zum Gipfel folgen.

Lion's Head: Der 669 m hohe „Löwenkopf" ist nur zu Fuß erreichbar. Die Besteigung ist ziemlich anstrengend, denn es müssen 350 Höhenmeter überwunden werden. Also: Feste Wanderschuhe und Proviant dabeihaben – und die Mittagshitze meiden! Schwierige Passagen führen über Metalleitern. Oben angekommen, belohnt ein einmaliges Panorama über Stadt und Atlantik für die Mühen. Ebenfalls ein hervorragendes Plätzchen für ein Picknick. Für den Auf- und Abstieg benötigt man ca. 2 ½ Std.; doch nur, wer sich gesundheitlich fit fühlt, sollte hinaufklettern.
Anfahrt: Auf der Kloof Nek Rd. bis zum Kreisel auf dem Grad zwischen Lion's Head und Table Mountain (Kloof Nek) und dann nach rechts der Signal Hill Rd. bis zum ausgeschilderten Parkplatz folgen (ca. 700 m vom Kloof Nek).

Devil's Peak: Der 1.002 m hohe Berg flankiert die Ostseite des Table Mountain und wurde bereits von den britischen Invasionstruppen 1795 als „Rückhalt" genutzt. Ihr General Sir James Craig ließ damals drei Blockhäuser an den oberen Hängen errichten, von denen eines, das King's Blockhouse, heute ein National Monument ist. Es steht am Ende der Straße. Der Aufstieg zur Bergspitze ist aber nur etwas für erfahrene Kletterer.
Anfahrt: Über die Kloof Nek Rd. und dann am Kloof Nek abbiegen auf die Table Mountain Rd. Dieser bis zum Ende folgen.

info

Die „Tischdecke" und der „Southeastern"

An einem Sommertag vor langer Zeit unternahmen der Teufel und der Pirat Jan van Hunks, der auf dem Devil's Peak lebte, einen Pfeifen-Rauchwettbewerb. Diesen verlor der Teufel, und seither erinnert ihn die Tischdecke über dem Table Mountain an nahezu jedem Sommertag an diese Schmach. (**Alte Legende**)

Der südöstliche Sommerwind, der **Southeastern**, auch bekannt als **Cape Doctor**, bildet in den kühleren Höhen Wolken, die sanft über den Berg wabern, um dann, immer stärker blasend, wie ein Fön in die City Bowl abzufallen. Der Spitzname wurde diesem Wind vor langer Zeit von den Einheimischen gegeben: Er wehte die schmutzigen Straßen sauber, lange bevor es die Straßenreinigung gab. (**Tatsache**)

Ausflug nach Robben Island

Überfahrt

Ausflugsdauer: mind. 3,5 Stunden. Abfahrten: derzeit tgl. 9, 11, 13 und 15 Uhr. Zumeist wird die **Schnellfähre ab Nelson Mandela Gateway** genutzt (25 Min.), es gibt aber auch noch eine **alte Fähre**, die bereits zu Gefängniszeiten in Betrieb war. Vorherige, rechtzeitige Anmeldung ist erforderlich, www.robben-island.org.za. **Wichtig**: Nur die am Nelson Mandela Gateway (bzw. online) gebuchten Touren ermöglichen den Besuch der Insel selbst. Ticketverkäufer auf der Straße bzw. sonst wo an der Waterfront können nur Bootsfahrten anbieten, die an die Insel führen, deren Zutritt aber nicht einschließen!

Geschichte

Keine Fluchtmöglichkeit

Die Geschichte der 575 ha großen Insel – bekannt als Nelson Mandelas „Gefängnis" – reicht einige tausend Jahre zurück. Lange vor der Kolonisation lebten hier bereits Menschen. Zumeist waren es San-Fischer, die hier während der klimatisch angenehmen Jahreszeit verweilten und ihre Fangtouren von der Insel aus starteten. Die ersten Holländer erkannten früh noch ein anderes „Potential" der Insel, nämlich das einer Sträflingsinsel: zu weit vom Land entfernt (7 km bis Bloubergstrand), um von ihr fliehen zu können, und nahe genug für die Versorgung. Seit Mitte des 17. Jh. wurden hier Gefangene gehalten, meist politische Aktivisten, Sklaven und später auch Muslime, die sich den Gesetzen der Kolonialherren widersetzt hatten. Erster Häftling soll 1658 der „Strandloper" Autshumato gewesen sein. Er dolmetschte und handelte mit den Engländern. Man warf ihm vor, die Holländer bestohlen zu haben.

Viele Häftlinge versuchten von der Insel zu fliehen. Der überwiegende Teil scheiterte und ertrank (Autshumato aber ist die Flucht geglückt). Auch die Briten nutzten Robben Island für die Deportation von *„unwanted subjects"*. Sie schickten im 19. Jh. die im Eastern Cape für neun Grenzkriege verantwortlichen Xhosa-

Vom Boot nach Robben Island: ein herrlicher Blick auf die Mother City

Anführer, Zulu-Chiefs, die gegen die britischen Expansion kämpften, aber auch Prostituierte, Taschendiebe, Leprakranke sowie chronisch und mental Kranke ins Insel-Exil. Später, während des Zweiten Weltkriegs, folgten Kriegsgefangene und letztendlich, ab 1961, die politischen Häftlinge der Apartheid, zusammen mit Schwerverbrechern, um den äußeren Schein zu wahren. Bis zu 900 Insassen gleichzeitig wurden während der Apartheid hierhin abgeschoben. Der letzte Häftling verließ Ende 1996 die Insel, zusammen mit dem gesamten Gefängnispersonal.

Krankenhaus und Versorgungsstation

Doch die Insel wurde nicht ausschließlich als Gefängnis genutzt, zwischenzeitlich und auch parallel dazu war sie Versorgungsstation für Seefahrer und Kolonialisten sowie Walbeobachtungsstation, Krankenhaus und militärische Basis. Oft wurden diese Vorhaben aber nach wenigen Jahren wieder abgebrochen, da der dafür nötige Fährverkehr zu häufig auch den Gefangenen als Fluchtmöglichkeit diente.

Seit 1997 ist die Insel **National Monument** sowie **National Museum** und steht seither unter der Leitung des Ministeriums für Kunst, Kultur, Wissenschaft und Technik. 1999 folgte die Anerkennung als **Weltkulturerbe** *(UN World Heritage Site)*.

Das **Robben Island Museum** (das die Insel als Ganzes einschließt) versucht, Grundlagen und Aktivitäten so zu leiten, dass „ihr einzigartiges Symbol, ihre Kreativität und Innovationen einen Beitrag zur sozialökonomischen Entwicklung und Änderung der südafrikanischen Gesellschaft und Bereicherung der Menschheit wird".

Zukünftige Nutzung unklar

Seit Jahren gibt es die Idee, hier ein Nobelhotel bzw. ein Ferienresort zu errichten. Selbst die Einrichtung eines Universitätscampus ist im Gespräch. Sicher ist nur, dass die Tierwelt auf der Insel geschont werden soll. Elenantilopen, Böcke, Seemöwen und die namengebenden Robben haben sich wieder etabliert. Ob die im 17. Jh. von den Holländern hier ausgesetzten Kaninchen geschützt werden, ist noch fraglich. Denn die Legende behauptet, dass James Cook Mitte des 18. Jh. hier anlandete und anschließend ein paar der Hoppler nach Australien mitnahm, wo es dadurch später zur allbekannten Kaninchenplage kam. Hierzu gibt es auch andere Gerüchte.

Besuch auf Robben Island

Ausgangspunkt für den Besuch der Insel ist der Fähranleger am **Nelson Mandela Gateway** neben dem Clocktower an der Waterfront. Wechselnde Ausstellungen und Multimedia-Präsentationen informieren hier bereits vor der Abfahrt über die Insel. Manchmal werden auch **spezielle Touren** zur Insel angeboten, so z. B. die Überfahrt mit einem historischen Dampfer, BBQ auf der Insel und anderes. *Tourbuchungen (inkl. Schiff) unter www.robben-island.org.za.*

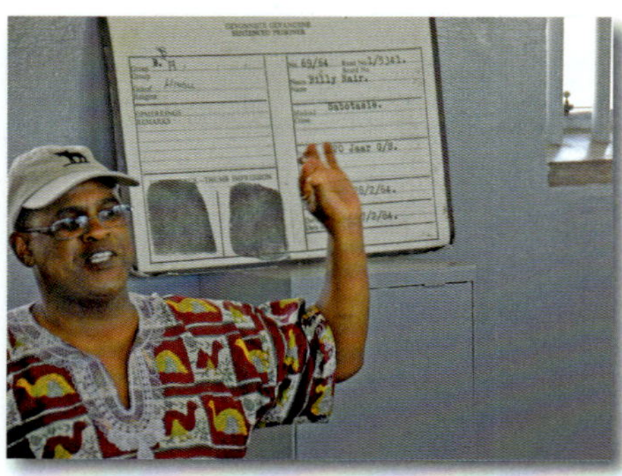

Ehemalige Insassen erklären die Haftbedingungen auf Robben Island

Der Besuch auf Robben Island dauert ca. 2,5 Std. (inkl. Bootsfahrt mind. 3,5 Std.) und sieht meist so aus: Zuerst werden die Besucher mit dem Bus über den südlichen Teil der Insel gefahren, vorbei an **Robert Sabukwe's Haus**, durch das **Inseldorf** und zum **Kalksteinbruch**, in dem die Gefangenen arbeiten mussten. Bei dieser Arbeit haben viele Gefangene durch den feinen Staub ihre Augen verletzt, so auch Mandela. Schon im 17. Jh. wurde Kalkstein abgebaut und damit das „Castle" und andere Gebäude im Kapland erbaut. Anschließend folgt der Besuch des **Gefängnisses** unter der Leitung eines ehemaligen Gefangenen. Man sitzt in einer Zelle, in der ehemals 80 Gefangene übernachteten und hört fassungslos den Berichten des ehemaligen Gefangenen zu. So wurden in den 1960er-Jahren Gefängniswärter auf Robben Island strafversetzt. Hier ließen sie dann ihre Frustration an den Inhaftierten aus. Kriminelle und politische Gefangene wurden getrennt behandelt. Es wurde auch ein Unterschied zwischen „Coloureds" und Schwarzen gemacht. Die „Coloureds" hatten etwa das „Privileg", Unterwäsche zu tragen oder im Winter lange Hosen und Socken. Zwischen 1961 und 1971 durften Schwarze nur alle sechs Monate für 30 Minuten Besuch empfangen oder alle halbe Jahre einen Brief mit maximal 500 Wörtern senden bzw. empfangen.

Verbesserte Haftbedingungen

Umso erstaunlicher ist es, wie die Gefangenen über die Jahre bessere Haftbedingungen durchsetzen konnten (durch Hungerstreiks und andere Proteste), studierten und Informationen mit der Außenwelt austauschten. Was die Behörden nämlich nicht bedachten, war die Tatsache, dass die Isolation der Insel auch eine gewisse Solidarität zwischen Gefangenen und Gefängnispersonal schürte und einige Wärter sich sogar mit den Sträflingen anfreundeten und teilweise von ihnen unterrichtet wurden! Wenn internationale Presse kam, durften einige Gefangene Näharbeiten ausführen, statt Steine zu schlagen. Dann gab es sogar besseres Essen.

27 Jahre auf 5 m²

Natürlich fehlt zum Abschluss nicht der Besuch der Zelle Nelson Mandelas. Nur schwerlich vorzustellen, 27 Jahre lang, 16 Stunden täglich, in einer 2 x 2,5 m großen

Zelle zu leben! Bis zu den Hafterleichterungen in den 1970er-Jahren schliefen die Gefangenen sogar auf einfachen Strohmatten auf dem kalten Steinfußboden. Die höchste Belegung des Gefängnisses war Ende der 1960er-Jahre zu verzeichnen: 1.100 Gefangene. Bei der Schließung waren es dann „noch" 300. Heute leben ca. 230 Einwohner auf Robben Island, die fast alle für das Museum tätig sind.

Ein großes Manko ist – neben der zu kurzen Zeit auf der Insel – der hohe Preis für die Tour. So können sich viele Südafrikaner einen Besuch auf der für ihre Geschichte wichtigen Insel kaum leisten.

Touren in die Townships

Einblick in das Leben im Township

Auf kommentierten vier- bis sechsstündigen **Township-Touren** mit einem Kleinbus erzählen Guides alles Wesentliche über das Leben in den äußerlich wenig attraktiv erscheinenden Wohngegenden und beantworten viele Fragen. Die Touren der verschiedenen Anbieter unterscheiden sich kaum in den Kernpunkten. Trotzdem ist es sinnvoll, sich vorher nach der Route und den „Anlaufstellen" zu erkundigen, da immer eine andere Besonderheit auf dem Programm steht. So gibt es z. B. auch Shebeen-Touren und Touren zu Musiklokalen. Ein Kunsthandwerkermarkt sollte aber immer dabei sein.

Spezielle Tipps

ProTeam SA (https://proteamsa.co.za) unternimmt u. a. Touren zu Gospel-Gottesdiensten, **Bike & Saddle** (https://bicyclesouth.co.za/listings/bike-and-saddle) organisiert Fahrradtouren, u. a. auch durch die Townships.

Kernpunkte einer typischen Township-Tour

Zuerst geht es zum **Bo-Kaap**, dem historischen Kapmalayen-Viertel (s. S. 149), und dann zum **District Six Museum** (s. S. 154), in dem gezeigt wird, dass die Zerstörung dieses Stadtteils nicht nur wirtschaftlich negative Folgen hatte, sondern auch tiefe soziale und psychische Spuren bei den Vertriebenen hinterlassen hat.

Hauptziel der Fahrt sind schließlich Stadtteile in den **Cape Flats**. Hier wohnt die überwiegende Mehrheit der „Coloureds" und Schwarzen. Der Begriff „Cape Flats" steht auch heute, wie eh und je, für Armut, Arbeitslosigkeit, Hoffnungslosigkeit und Gewalt. Wer hier rauskommt, hat es geschafft, wer hier hängenbleibt, hat keine Zukunft, so das gängige Vorurteil. Trotz massiver staatlicher Unterstützung, selbst zu zweifelhaftesten Zeiten während der Apartheid, konnten die Cape Flats niemals den Slum-Charakter ablegen. Wohnungsbauprojekte für Tausende wurden und werden ad absurdum geführt durch den gleichzeitigen Zuzug von noch mehr Menschen aus den ländlichen Regionen. Ein Haus oder eine Blechhütte, gerade mal groß genug für zwei Personen, wird oft von zehn Personen bewohnt. Nicht selten wird auf den wenigen Betten nach Zeitplan geschlafen.

Mangelnde Infrastruktur

Die sanitären Einrichtungen reichen nur bedingt, können mittlerweile aber als verbessert angesehen werden. Ausreichend sind sie aber nicht. Und der Müll? Natürlich gibt es zentrale Müllplätze, aber wer bringt schon gerne seinen Müll 3 km weit weg und das noch ohne Fahrzeug? Die Müllabfuhr funktioniert nur bedingt, da oft die Zahlungen dafür ausbleiben – kein Wunder bei den meist extrem niedrigen bzw. nicht vorhandenen Einkommen der Bewohner. Mit dem Strom hat sich die Stadtverwaltung daher etwas anderes ausgedacht: Strom wird nur mit einer vorbezahlten Chipkarte, die an dem hauseigenen Zähler eingesteckt wird, abgegeben. Oft fehlt es dann zum Monatsende an Licht.

i Kapstadts Townships während der Apartheid

- 1950 wurde bestimmt, dass Schwarze in Südafrika nur nordöstlich des Great Fish River (zwischen Port Elizabeth und East London) permanent siedeln dürfen.
- Es durften **nur Männer** in Kapstadts Townships wohnen.
- Eine **permanente Ansiedlung** in Kapstadts Townships war untersagt. Eine schlechte Versorgung und Infrastruktur der Townships sollten dieser „Regelung" Nachdruck verleihen.
- 1972 gab es in den Townships auf **zehn Männer nur eine Frau**.
- **Schwarze Frauen** durften in Kapstadt keine Arbeit annehmen.

Die bekanntesten Townships der Cape Flats

„Vorzeige-Township"

Athlone, einst Schauplatz zahlreicher Anti-Apartheid-Unruhen, ist heute friedlich und gilt selbst bei den Weißen als das „Vorzeige-Township". Das mag natürlich auch daran liegen, dass hier eine alte Bausubstanz erhalten geblieben ist und sich mittlerweile kleinere Firmen niedergelassen haben. Hier wohnt vor allem die Mittelschicht der „Coloureds". Beliebtes Ziel ist der Halaal-Diner **Wembley Roadhouse** (*25 Denchworth Rd./Ecke Belgravia Rd., ✆ 021-697-1435, http://wembley.co.za/roadhouse*), der bekannt ist für den Wembley Whopper sowie für Curries, Samosas und Salate.

Rylands, östlich von Athlone, gilt als Wohngegend der Südasiaten, vor allem der Inder. Hier leben viele Muslime. Hinter vorgehaltener Hand galt Rylands als Brutstätte der PAGAD-Initiativen (s. S. 150), davon spürt man aber wenig. Rylands wirkt eher wie ein Basar mit ruhigen, z.T. relativ vornehmen Wohngegenden. Interessant ist auch, dass, anders als in Indien, sich hier die Muslime gut mit den Hindus verstehen. Ausgerechnet hier aber haben sich der angesagte Nachtclub Club *Galaxy* und der Jazzclub *The West End* am Cine 400 Bldg. (*104 College Rd.*) angesiedelt.

Langa (in Xhosa: „Sonne") ist das älteste „schwarze" Township. Im Vergleich zu den neueren ist es flächenmäßig recht klein, womit schon erklärt ist, warum sich während der Apartheidzeit so viele Slums weiter außerhalb entwickelt haben. In Langa befindet sich z. B. die **Eziko Cooking & Catering School** (*Ecke Washington St./Jungle Walk*, siehe S. 220), die auf einigen Touren angefahren wird. Die erlernten Pap-Gerichte (Maisbrei) werden im angeschlossenen Restaurant serviert. Auch das *Naledi Pottery Project* im **Tsoga Environmental Resource Centre** gleich gegenüber (*Washington St., zwischen Mendi Ave. und Jungle Walk*) ist einen Besuch wert. Die hier angebotenen Töpferwaren sind spülmaschinenfest, mikrowellengeeignet und enthalten kein Blei.

Wer auf eigene Faust dieses Township erkunden möchte, sollte sich im **Guga S'Thebe Arts & Culture Centre** (*Ecke Washington/Church Sts., ✆ 021-695-3493, Mo.–Fr. 8–17, Sa. 8–14, So. 10–14 Uhr.*) anmelden. Hier gibt es ein Visitor Centre und von hier starten geführte Spaziergänge durch Langa, auch zum nahen Langa Heritage Museum (*Ecke Washington/Lerotholi Ave.*), untergebracht im alten Passamt aus der Apartheid.

Gugulethu, ein Township der Xhosa (*igugu lethu* = „unser Stolz"), ist wohl das „bunteste" und zugleich traditionellste Township von Kapstadt. Hier bemüht sich die Stadtverwaltung besonders um Veränderungen und die Finanzierung neuer Häuser. Ein schwieriges Unterfangen, da Gugulethu über Jahrzehnte von der Apartheid-Regierung vernachlässigt wurde und nur durch afrikanische Traditionen seine Eigenständigkeit bewahren konnte. Die vielen illegalen Shebeens, Straßenhändler und Kleinkriminellen auf die „neue Linie" zu bekommen, fiel den Stadtvätern verständlicherweise schwer. Lange spiegelte sich die Apartheidszeit noch in den Straßennamen wider: Sie bestanden aus dem Kürzel „NY" (für „Native Yard" = „Indigenen"-Bezirk) und einer Nummer. In den vergangenen Jahren wurden die Straßen umbenannt, aber die alten Kürzel kursieren noch immer auf Karten und unter den Bewohnern. An der Ecke Steve Biko Rd./NY111 erinnern sieben Mahnmale (**Gugulethu Seven Memorial**) an sieben junge ANC-Kämpfer, die 1986 einem Komplott sowie Hinterhalt der Apartheid-Regierung zum Opfer fielen. **Nyanga**, ein Stadtteil von Gugulethu, wurde eingerichtet, als die vorherigen Townships aus allen Nähten platzten.

Veränderungen schwierig

Crossroads, ein im Vergleich winziges Gebiet zwischen N2, M9 und M18, steht auch heute noch für „Slum". Es entstand, als die Apartheid-Regierung beschlossen hatte, keine weiteren Zuwanderer mehr zuzulassen, und entsprechend für keine Infrastruktur sorgte. Den Neuankömmlingen, die in den 1980er-Jahren in aufsehenerregenden Aktionen immer wieder auf Lkws geladen und in ihre Homelands zurückgebracht wurden, blieb in dieser Zeit nichts anderes übrig, als immer wieder zurückzukehren. Ein Teufelskreis entstand, denn bei jeder Rückkehr brachten sie noch mehr Freunde und Verwandte mit. Ihre einfachen Behausungen, die so oft mit Bulldozern niedergewalzt wurden, bauten sie immer wieder auf. Der Stadtverwaltung missfiel das natürlich und so gab es hier über viele Jahre keinen Strom, kein fließendes Wasser und auch keine Müllabfuhr. Diese Politik schürte immer wieder Unruhen. Die Polizei überwachte den „Schandfleck" nur von Türmen aus bzw. drang bei Razzien in Armeestärke ein. Man stelle sich einmal vor, dass hier damals bis zu 600.000 Menschen gelebt haben! Heute bemüht man sich um geordnete Verhältnisse. Straßen wurden ausgebaut, Wasser- und Stromleitungen gelegt. Die Straßen erhielten erst nach dem Jahr 2000 Namen. Im südlich benachbarten Township **Philippi** macht das **iThemba Labantu Lutheran Community Centre** (*Ecke New Eisleben Rd./Sheffield Rd., ✆ 021-372-5518 bzw. 083-486-6950, https://ithemba-labantu.co.za*) seit Jahren von sich reden. Hier wurde, unter Leitung des Berliner Pfarrers Otto Kohlstock, ein Zentrum aufgebaut, das vor allem Jugendliche von der Straße holen soll. Schulen, Ausbildungsstätten (Solartechnik, Autowerkstatt etc.), ein Fußballprojekt, ein Souvenirladen u. v. m. wurden dafür eingerichtet.

Mitchell's Plain: In das größte ehemalige „Coloured"-Township wurden viele Menschen aus dem District Six zwangsumgesiedelt. Es galt lange als „Vorzeige"-Township, da hier das Leben geregelter ablief. Das lag u. a. daran, dass in Mitchell's

In den Kulturzentren wird oft traditionelle Musik gespielt

Plain ganze Familien siedeln konnten, denn die „Coloureds" waren von der Regelung ausgeschlossen, dass Nicht-Weiße nur östlich des Fish River siedeln durften. Trotzdem gingen mit den Zwangsumsiedlungen viele Strukturen kaputt. Noch heute ist die Kriminalitätsrate in Mitchell's Plain hoch, besonders wegen der vielen Gangs. Wandmalereien und Graffitis des **Urban Art Movement** im Ortsteil Westridge sind recht sehenswert, wirken aber bereits etwas heruntergekommen.

Khayelitsha (Xhosa = „Neue Heimat"): Das erst 1985 gegründete Township liegt 30 km von Kapstadts Innenstadt entfernt. Hier hat man sich bemüht, von Anfang an eine Struktur aufzubauen, die Geschäftszentren, Kirchen, Schulen, asphaltierte Straßen etc. mit einschließt. Das ist zwar nicht in allen Bereichen gelungen, doch wirkt Khayelitsha um einiges moderner. Trotzdem: Täglich kommen neue Holz- und Blechhütten hinzu. Geplant wurde die Stadt zuerst für 40.000, dann für 150.000, 500.000 und schließlich für 750.000 Menschen. Heute gehen Schätzungen von über 1,5 Mio. Einwohnern aus. Dass die Hälfte der Einwohner wieder in Hütten aus Wellblech und Holzresten lebt und die Arbeitslosenrate bei ca. 75 % liegt, macht die Misere deutlich. Obwohl die Verwaltung mit aller Kraft versucht, die Situation in den Griff zu bekommen, droht ihr wieder alles aus den Händen zu gleiten. Zentrum des Townships ist die **Khayelitsha Mall** mit über 50 Geschäften, Restaurants, Banken, Taxiständen, einem Kino und dem benachbarten Metro-Bahnhof. Beim Gros der Geschäfte handelt es sich um die üblichen Franchise-Läden. Khayelitsha hat eine Art **Touristeninformation** (*Lookout Point, Ecke Mew Way/Spine Rd.*) und auch einige engagierte private Initiativen vorzuweisen: Eine Surfschule (*37 Church Rd., https://waves-for-change.org*), ein Fußball-Zentrum (*32 Jamieson Street, https://grassrootsoccer.org*) sowie ein Kanu-Club (*www.facebook.com/khayelitshaCanoeClub*) sollen die jungen Leute von der Straße holen. **4Roomed Ekasi Culture** (*A 605 Makabeni Rd., Khayelitsha*) überrascht mit einem gelungenen Konzept, das aus Fine Dining, gesunden Lebensmitteln, einem interessanten Angebot an Interior Design und einem Food Truck besteht. Die Gründerin Abigail Mbalo hat hier wirklich etwas geschaffen. Bevor man jedoch hierher fährt, sollte man auf die aktuellen Öffnungszeiten schauen und sich auf jeden Fall für ein Essen anmelden. Im nahen Stadtteil Faure haben die immer größer werdenden **Cape Town Film Studios** (*https://capetownfilmstudios.co.za*) ihre Zelte aufgeschlagen, gut sichtbar sind die Piraten-Segler direkt nördlich von der N2 (*Kreuzung Baden und*

Private Initiativen

Powell Dr.). Hier werden internationale Filme und Serien gedreht, so z. B. Szenen aus *Mad Max: Fury Road*, aus dem Mandela-Biopic *Der lange Weg zur Freiheit* oder auch aus den *Jim Knopf*-Realverfilmungen (2018 und 2020). Schließlich ist noch der kleine, aber für die Einheimischen wichtige **Khayelitsha Crafts Market** (S. 231) zu erwähnen.

Ein Hauch von Hollywood

Der Zuzug aus den benachteiligten Regionen Südafrikas – immer auf der Suche nach Arbeit – nimmt stetig zu. Es bleibt abzuwarten, ob sich Südafrikas Townships in absehbarer Zeit wieder zu Unruheherden entwickeln werden, wenn auch jetzt vorwiegend aus wirtschaftlichen Gründen. Die Prognosen lassen keinen Zweifel daran, dass auch hier verstärkt Jobs wegrationalisiert werden – und das besonders im Bereich der ungelernten Arbeiter. Wird nicht nachdrücklich auf die fachgerechte Ausbildung der Township-Bewohner gesetzt, sieht es nicht gut aus. Dass der Großteil der Menschen hier nicht aus eigener Kraft den Zugang zu besseren Schulen und zum regulären Arbeitsmarkt schaffen kann, wird nach einer Township-Tour jedem klar sein. Die kleinen Strohfeuer, wie die o. g. Privat-Initiativen, die Kunsthandwerks-Kooperativen oder die kirchlichen Sozialdienste sind da leider nur ein Tropfen auf den heißen Stein.

i Ein paar Regeln für den Besuch der Townships

- Personen nicht ungefragt fotografieren.
- Münzgeld/kleine Scheine mitnehmen, um z. B. an einem Stand Obst zu kaufen.
- Oft werden Institutionen wie Schulen oder Kindergärten besucht. Hier wird dann um eine kleine Spende gebeten. Hier nicht zu viel Geld geben, denn das würde arrogant wirken.
- Sheebeen-Besuch: unbedingt das lokale, selbst gebraute Bier probieren. Man wird es als ausgesprochen „gewöhnungsbedürftig" beschreiben, aber es gehört zur Kultur.
- Angemessene, nicht zu auffällige Kleidung tragen.

Weitere Tagesausflüge in Stichworten

Wer hat schon Lust aufs ewige Kofferein- und -auspacken? Viele Ausflüge im Umkreis von 100 km kann man auch vom Hotel in Kapstadt aus unternehmen. Im Folgenden die interessantesten Ausflugsmöglichkeiten, zu denen natürlich noch die Kapumrundung (S. 248) inklusive Hout Bay (S. 252), dem Kirstenbosch Botanical Garden (S. 275) und den Weinbaugebieten im Constantia Valley (S. 273) hinzugefügt werden müssen.

Bloubergstrand/Big Bay

Dauer des Ausflugs: 3–5 Stunden.
Der Blick auf den Table Mountain von den Küstenorten Table View, Bloubergstrand sowie der modernen Apartmentsiedlung Big Bay ist grandios, besonders zum Sonnenuntergang.

Strand mit Ausblick

Bloubergstrand: Der Name *Blouberg* ist der Tatsache geschuldet, dass der Table Mountain häufig in blauen Dunstfarben zu sehen ist. Eine andere These besagt, der Blouberg selbst sei oft in blauen Dunst gehüllt. Klassiker hier: abends auf die Rasenfläche des Blue Peter Hotel (*8 Popham St., nördlicher Abschnitt der Beachfront,* ✆ *021-554-1956, https://bluepeter.co.za*) oder an den Strand davor setzen und die Aussicht auf den angestrahlten Berg genießen. Tagsüber brechen sich die Wellen an den Felsen vor dem Strand, ein Farbenspiel aus „blauem" Table Mountain, grünem Wasser, weißer Gischt und braunem Fels verzückt nicht nur Urlauber. Das Restaurant *Ons Huisie* in der Stadler Road mit seinen Fisch- und Cape-Dutch-Gerichten ist ebenfalls beliebt (S. 214). **Kitesurfer** lieben die Winde und das Wasser hier. An einem Tag im Jahre 2015 waren es 415 zur gleichen Zeit. Weltrekord!

Beliebtes Fotomotiv

Big Bay, 500 m nördlich des *Blue Peter Hotel*, wirkt dagegen mondän. Mittelpunkt ist das *Eden on the Bay*, eine Shoppingmall mit Ferienapartments und Restaurants (s. S. 222). Hier kann man bei einem Shrimpscocktail oder einem Burger den Tag ausklingen lassen – oder man setzt sich einfach mit einem Seafood-Snack vom auch hier ansässigen Fisch-Imbiss Snoekies auf eine Bank. Bei Sonnenuntergang wird's voll, dabei ist der Tafelberg vom Bloubergstrand viel schöner zu sehen.

Weinbaugebiete von Stellenbosch und Franschhoek

Dauer des Ausflugs: 1 Tag, Beschreibung s. S. 279
Nach **Stellenbosch** fahren und von dort der **4-Pässe-Tour** über **Franschhoek** und Somerset West folgen. Wer früh startet und sich nicht den ganzen Tag in den Weinbaugebieten aufhält, kann zudem den großen Schlenker über **Hermanus** (s. u. bzw. S. 451) zum Wale-Anschauen unternehmen. Weitere Alternative: 4-Pässe-Tour vollständig abfahren bis Stellenbosch und abends dort speisen.

 Tipp

Einige der Weingüter bieten **Picknicks zum Lunch** an. Dabei kauft man das Essen dort (meist Brot, Käse, Aufschnitt, Obst etc.), kann dafür aber die schönen Anlagen samt Tischen und Bänken benutzen (s. dazu S. 292).

West Coast National Park

Dauer des Ausflugs: 1 Tag, Beschreibung s. S. 494
In Richtung Norden entlang der R 27 zum **West Coast National Park** fahren und durchs Landesinnere dann zurück nach Kapstadt. Wer sich einen (sehr) langen Tag zutraut, der kann der Küstenstrecke (S. 502) bis **Lamberts Bay** folgen, dort z. B. am Strand speisen und anschließend über die Schnellstraße im Landesinneren (N 7) bis Kapstadt zurückfahren. Alternative: Besuch des **West Coast Fossil Park** bei Hopefield (S. 497) oder des kleinen Küstenorts **Paternoster** (S. 499).

Ausflug in den Norden

Nach Hermanus, um Wale anzuschauen

Dauer des Ausflugs: 1 Tag, Beschreibung s. S. 451
Über die N 2 nach Somerset West und sich dort das **Weingut Vergelegen** (S. 301) anschauen. Dann geht's weiter nach Botriver, um von dort in Richtung Hermanus an die Küste zu gelangen. Dort steht **Walbeobachtung** auf dem Programm (ca. Juli bis Anfang Dezember, S. 454). Mit der untergehenden Sonne fährt man dann entlang der Küste (R 43/44) über Kleinmond, Pringle Bay und ab Strand/Somerset West wieder über die N 2 zurück nach Kapstadt. Ein Schlenker über **Muizenberg** bzw. ein Meeresfrüchte-Dinner in **Gordon's Bay** (S. 302) mag auch noch drin sein.

Einkaufsmekka Canal Walk

Dauer des Ausflugs: mind. ½ Tag
Century City und der Canal Walk: Der im Jahr 2000 eröffnete und seither immer mehr erweiterte Stadtteil Century City sucht seinesgleichen am Kap. Er besteht aus einem überdimensionalen Büro- und Entertainment-Komplex mit einer angeschlossenen hypermodernen, mittlerweile sehr begehrten Wohngegend samt Golfanlage. Insgesamt wurden bisher über 21 Milliarden Rand investiert. Waren es zuerst nur das Einkaufszentrum Canal Walk und der Vergnügungspark Ratanga Junction (mittlerweile geschlossen), wurden in der Folge die Wasserläufe rundherum (Kanu- und Bootstouren möglich), das Naturareal **Intaka Island** (Spazierwege, Bootstouren etc., *https://intaka.co.za*) und die modernen Wohntrakte hinter gesicherten Mauern weiter ausgebaut – mittlerweile gibt es Wohnungen für über 65.000 Menschen. Diese sind teilweise auf spezielle Zielgruppen ausgerichtet, so gibt es etwa ein altersgerechtes Wohnviertel, aber auch Yuppie-Wohnungen in einem Gebäude mit dem Namen „Manhattan". Riesige Bürobauten, mal in Form von altrömischen Tempelanlagen, mal reine Glaspaläste, sorgen für den wirtschaftlichen Betrieb in dieser so ganz eigenen „Stadt in der Stadt".

„Stadt in der Stadt"

Hauptattraktion ist ohne Zweifel die **Einkaufsmall Canal Walk**: Über mehrere Etagen verteilt und mit aufwendigen Glaskuppeln und -reihen überdacht, beherbergt eine der größten Shoppingmalls in Afrika über 400 Geschäfte für jeden Geschmack. Die Kuppeln sind früheren viktorianischen Gewächshäusern abgeschaut, so wie man sie heute noch in London, San Francisco und New York vorfindet. Entertainment-Areas, Kinos, Restaurants und Food-Courts runden das Bild ab. Wer sich eindecken möchte mit Kleidung, Outdoorartikeln, Wein, Biltong und Souvenirs (diesbezüglich ist man an der Waterfront aber besser beraten), der sollte sich getrost Zeit nehmen für dieses Einkaufsmekka, das einer amerikanischen Mega-Mall in nichts nachsteht. Da die meisten Geschäfte täglich bis mindestens 20 Uhr geöffnet sind, kann der Einkaufsbummel etwa auch im Anschluss an einen Besuch des Weinlands um Stellenbosch oder des Ausflugs zum Bloubergstrand stattfinden. Informationen: ✆ *(021) 529-9699, www.canalwalk.co.za.*

Dort, wo einst der Vergnügungspark **Ratanga Junction** dicht an der N 1 Familien anlockte, wurde mittlerweile ein weiterer Komplex mit Geschäften, Restaurants und Wohngebäuden hochgezogen. Doch ein großer Teil der Anlagen wurde zu einem schönen Park mit Wegen, Boardwalks und einem See umgestaltet. An der Zufahrt zur Canal Walk Mall, gleich neben der N 1, beeindruckt die weltgrößte Bronzeskulptur „The Long March to Freedom". Sie besteht aus über 100 Bronzestatuen.

Reisepraktische Informationen Kapstadt und Kaphalbinsel

Information

Cape Town Tourism, *The Pinnacle, Ecke Burg/Castle Sts., Innenstadt,* ✆ *(021) 487-6800, (086) 132-2223, (bei Drucklegung bis auf Weiteres geschl.), www.capetown.travel.* **Weitere Infocenter** *u. a.: Victoria & Alfred Waterfront, Canal Walk Mall (Entrance 10), am Flughafen, in Somerset West und Simon's Town.*

Wichtige Telefonnummern

Notruf allgemein von allen Festnetzanschlüssen *(kostenlos):* ✆ *10177, 107 (Festnetz) od. 112 (mobil)*
Landesweiter Notruf für Polizei/Feuerwehr: ✆ *10111 od. 112*
Landesweiter Notruf Ambulanz: ✆ *10177 od. 112*
Notruf allgemein aus dem Mobilfunknetz *(Ortstarif):* ✆ *(021) 480-7700*
Landesweiter Notruf aus dem Mobilfunknetz: ✆ *112*
Touristen-Sicherheit: ✆ *(082) 554-2010 (Neo Mocumi) od. (072) 447-1504 (Cynthia Makweya) sowie* **Hotline der Tourismus-Information**: ✆ *(083) 123-6789*
Automobilclub Notruf: ✆ *0800-010-101*
Bergrettungswacht *(„Mountain Rescue"):* ✆ *(021) 948-9900*
Seerettung *(National Sea Rescue):* ✆ *(021) 449-3500*
Wettervorhersage: ✆ *(082) 234-6390 od. (082) 231-1640,* **für Surfer**: ✆ *(082) 234-6370*
Taxi: ✆ *(021) 434-4444*
Nationale Telefonauskunft: ✆ *1023*
Internationale Telefonauskunft: ✆ *1903*
Infos *zu weiteren, wichtigen Telefonnummern für Kapstadt und Umgebung: www.kapstadt.de/reise/infos/wichtige-adressen/notruf-und-wichtige-nummern*

Spezielle Adressen / Informationen zu Kapstadt und nähere Umgebung

Polizei

Notrufnummer: ✆ *10111*
Die **Polizeistation** *der Innenstadt befindet sich Ecke Buitenkant/Barrack Sts., ✆ (021) 467-8078, deren Notrufnummern lauten ✆ (021) 467-8001 bzw. 467-8002. Daneben gibt es weitere Polizeistationen im gesamten Stadtgebiet, und sonst sind auch viele Polizisten und sog. CCID-Officer (Sicherheitsleute, privat von den Innenstadtgeschäften organisiert, ✆ (082) 415-7127) überall auf Streife; www.saps.gov.za/contacts.*
Tourist Assistance Police: ✆ *(021) 421-5115.*

Krankenhäuser/Apotheken

Groote Schuur Hospital, *Groote Schuur Dr., zw. M3 und Main Rd., Observatory, ✆ (021) 404-9111.*
Netcare Christiaan Barnard Memorial Hospital, *Ecke DF Malan St./Rua Bartholomeu Dias Plain, Foreshore, Innenstadt ✆ (021) 441-0000.*
Mediclinic Cape Town, *21 Hof St., Oranjezicht, ✆ (021) 464-5500 (allg.), ✆ (021) 464-5555 (24-Std.-Notfallnummer), www.mediclinic.co.za. Weitere Mediclinics im gesamten Reisegebiet siehe Website.*
Medi-Travel International *(Dr. Bauer Ass.), 1st Floor, Clock Tower Centre, V&A Waterfront, ✆ (021) 419-1888. Speziell für Impfungen, Tropenkrankheiten und Prophylaxen zuständig. Hier erhalten Sie versierte Auskünfte und die entsprechenden Medikamente.*
Lite-Kem Pharmacy, *Scotts Building, 24 Darling St., Innenstadt, Mo–Fr 8–21, Sa/So 9–21 Uhr, ✆ (021) 829-9300.*
M-Kem-Pharmacy, *222 Durban Rd./Ecke Raglan St., Oakdale/Bellville, nahe N1-Exit 23 (Durban Rd./ R302), ✆ (021) 948-5706, www.mkemonline.co.za. Einzige 24-Std.-Apotheke.*

Deutsch sprechende Ärzte und Zahnärzte

Deutschsprachige Ärzte *auch unter https://southafrica.diplo.de/sa-en/sa-consular/sa-doctors/2191970.*
Dr. Wolfgang Waschnig, *2 School Rd., Eerste River, ✆ (021) 904-5972. Praktischer Arzt, Tropenmedizin.*
Dr. Hans Joachim Woermann, *Villa Maria Building, 3 Kloof Nek Rd., Tamboerskloof, ✆ (021) 423-2425, Praktischer Arzt.*
Dr. Ilsa Orrey, *Constantiaberg Medi-Clinic, Suite 206, Burnham Rd., Plumstead, ✆ (021) 762-0760, Internistin, Dermatologin.*
Dr. Erwin Gärtner, *Med Clinic, Hof St., Gardens, ✆ (021) 453-5310. Gynäkologe.*
Dr. Uwe Esdar, *1 Milner Rd., Tamboerskloof, ✆ (021) 424-1992 bzw. 16 Rose Ave., Kirstenhof/Tokai, ✆ (021) 712-1231, Notfall ✆ (072) 782-5728, www.capedentist.co.za, Zahnarzt.*
Dr. Olaf Erlank, *36a Bowwood Rd., Claremont, ✆ (021) 683-0120. Zahnarzt, Schwerpunkt Implantate.*

Deutschsprachige Anwaltskanzleien

IBN – International Business Network/Immigration Solutions, *100 New Church St., Tamboerskloef, Cape Town, ✆ (021) 422-2620, www.ibn.co.za. Unternehmensgründung, Visa, Immigration u. a.*

Pohl und Stuhlinger, *148 St Georges Mall, 14th Floor, SA Reserve Bank Building, ✆ (021) 424-7030, http://aiel.com/pohl-stuhlinger.*

Banken/Geld tauschen

Das **Bankenviertel** *von Kapstadt befindet sich in der Innenstadt, wobei die meisten Banken ihre Filialen zwischen Adderley und Long Street haben. Öffnungszeiten i. d. R. Mo–Fr 9–15.30, Sa 8.30–11 Uhr.*

Geld wechseln *kann man auch an der V&A Waterfront, wo American Express und andere anerkannte Wechselstuben (V&A-Building bzw. Victoria Wharf) Filialen unterhalten. Auch am Flughafen und in anderen großen Malls gibt es Wechselschalter.*
Bankautomaten *(ATM = Automatic Teller Machine) gibt es überall. Hier kann man mit Kreditkarte und bedingt mit Giro- bzw. Debitkarte der Banken (Maestro-System, unbedingt vorher bei Hausbank erkundigen, ob es funktioniert) Geld abheben.*
Achtung: *Alle Tankstellen akzeptieren jetzt Kreditkarten, das Trinkgeld für den Tankwart (ca. R 3-5) bar bereithalten.*
Beim Geldabheben darauf achten, nicht beobachtet zu werden und keine Hilfe dabei annehmen.

Konsulate/Diplomatische Vertretungen

in Kapstadt s. Allgemeine Tipps von A–Z, S. 91.

Goethe-Institut

Das **Goethe-Zentrum Kapstadt** *ist eine Nebenstelle des Goethe-Instituts Johannesburg. Hier bemüht man sich um den Kulturaustausch zwischen Deutschland und dem Kap und es werden deutsche Sprachkurse angeboten. Lesungen, Filmvorführungen u .a. 155 Buitenkant St., Gardens, ✆ (021) 465-1317, https://goethezentrum-capetown.co.za, Mo–Do 10–17, Fr 10–14 Uhr.*

Sprachschulen

Es gibt zahlreiche Sprachschulen in Kapstadt. Eine Übersicht findet man im Internet unter www.kapstadt.de/business/sprachschulen. Bevor man sich für eine Sprachschule entscheidet, sollte man einige Dinge beachten: Klassengröße, Zusatzservice, liegt die Unterkunft nahe zur Schule, ist die Schule Mitglied von ELTASA oder English SA (garantiert eine hohe Qualität). Einen guten Ruf hat:
Eurocentres, *1st Floor, Leadership House, 40 Shortmarket St., Innenstadt, ✆ (021) 423-1833, www.eurocentres.com/de/sprachschule-kapstadt. Die Schule arrangiert ebenfalls Unterkünfte in Gastfamilien und Freizeitaktivitäten. Das Angebot reicht vom Anfängerkurs bis hin zu TOEFL-Examen, Fachkursen und Einzelunterricht.*

Kirchenbesuch/Gottesdienst

I. d. R. werden Gottesdienste sonntags ab 10 Uhr abgehalten. Um sicherzugehen, kann man vorher anrufen und genaue Zeiten erfragen (im Telefonbuch unter „Church"). Der Besuch der anglikanischen **St. George's Cathedral** *(Ecke Adderley/Wale Sts., Innenstadt, ✆ 021-424-7360), Sitz der Diözese, verspricht einen klassischen Gottesdienst und gute Akustik. Wer einmal einen „***Happy-Clapping-Gottesdienst***" miterleben möchte, sollte sich nach dem nächsten Gottesdienst der ökumenischen Glaubensgemeinschaft „***Every Nation*** (***His People***)" erkundigen. Die Gottesdienste* *werden nach amerikanischem Muster abgehalten und finden an verschiedenen Orten statt. Nahezu eine Stunde lang wird gesungen und geklatscht, frei nach dem Motto: „Praise The Lord“. Die anschließende Predigt sprengt alle konventionellen Vorstellungen. Einige mögen dieser Art von Gottesdienst vielleicht mit Unverständnis gegenüberstehen, sie als bloße Show bezeichnen, aber in Kapstadt hat das Konzept Erfolg, fast immer sind die Veranstaltungsorte bis auf den letzten Platz besetzt. Es handelt sich nicht um eine Sekte! http://everynationcpt.org/.*

Postamt

General Post Office, *Ecke Darling/Plein Sts. Zudem gibt es noch eine Reihe kleinerer Postämter, z. B. in der Victoria Wharf, Ecke Loop/Pepper Sts. und in der Mill St. gegenüber dem Gardens Shopping Centre. www.postoffice.co.za.*

Nationalparkbehörde/Cape Nature Parks

Der Besuch und besonders die Unterkünfte in den Nationalparks bzw. von Cape Nature kann man zurzeit nur vernünftig über das Internet buchen. Eine Vorausbuchung ist ratsam, da die Parkunterkünfte oft ausgebucht sind.

Hauptquartier von Cape Nature, *PGWC Shared Service Ctr., Bosduif/Volstruis Sts., 7764 Bridgetown, Kapstadt, ✆ (087) 087-9262, www.capenature.co.za. Weitere Büros gibt es in George, Vanrhynsdorp, Oudtshoorn, Hermanus, Jonkershoek und am Limietberg Nat. Reserve.*

Hauptquartier der Nationalparkbehörde: *National Parks Board, P.O. Box 787, Tshwane 0001, ✆ (012) 428-9111, www.sanparks.org.*

Tickets/Eintritt

Bei **Computicket** *kann man telefonisch, übers Internet oder am Schalter Tickets für alle Arten von Veranstaltungen (Theater, Sport, Musik etc.) in ganz Südafrika erwerben. ✆ 0861-915-8000, https://tickets.computicket.com. Es gibt mehrere Schalter in Kapstadt, u. a. in der Touristeninformation (Ecke Castle/Burg Sts.), V&A Waterfront (Victoria Wharf Mall) und auch in größeren Orten entlang der Garden Route. Die komplette Liste aller Schalter im Internet (Button „Store Locator“).*

Cape Town (City) Pass

Mit dem Cape Town Pass (www.capetownpass.com) sowie mit dem Cape Town City Pass (https://capetown.citypass.co.za) erhält man Eintritt zu vielen Attraktionen sowie Discounts in einigen Restaurants, Spas und Weingütern sowie bei ausgesuchten Auto- und Motorradverleihern. Er lohnt aber nur, wenn das Angebot mehr oder weniger optimal zu den eigenen Interessen passt. Deshalb sollte man genau prüfen, was in dem jeweiligen Pass enthalten ist! Preise variieren je nach Gültigkeitsdauer und Angebotsumfang. Beide sind online erhältlich oder im Touristenbüro in der Burg St. (s. o.).

Zeitungen

Regionale Zeitungen

*Die zwei großen Zeitungen sind die etwas konservativere „***Cape Times***“, die morgens erscheint, sowie der „***Cape Argus***“, der nachmittags herauskommt. Beiden liegen in der Freitagsausgabe die Veranstaltungshinweise für die kommende Woche bei. Die beste Sonntagszeitung ist die „***Sunday Times***“. Ein monatliches Veranstaltungsmagazin gibt* *es derzeit nicht. Aktuelle Veranstaltungen findet man auch unter www.kapstadt.de/life style/veranstaltungen.*

Internationale Zeitungen

Die Buchhandlungskette **Exclusive Books** *(u. a. V&A Waterfront, Victoria Wharf Mall) sowie die Kette* **Oxford Stationers** *(in verschiedenen Malls) führen einige internationale Zeitschriften/Magazine. Internationale Zeitungen (teilweise aber älter, nur englisch) sind sehr selten noch in einigen größeren* **CNA-Geschäften** *erhältlich (z. B. in der 9 St. George Mall in der Innenstadt, in der Victoria Wharf Mall an der V&A Waterfront, in der Canal Walk Mall und anderen Malls).*

Mobiltelefon/SIM-Karten

Geschäfte, die Handyverträge/SIM-Karten verkaufen, gibt es genügend, so z.B. in jeder größeren Mall, am Flughafen, nahe dem Bahnhof sowie an der Waterfront. Handys (cellphones bzw. cells) mieten kann man am Flughafen. Bezahlt wird mit Kreditkarte. Eher zu empfehlen ist, das eigene Smartphone (evtl. ein Zweitgerät) für die erworbene SA-SIM-Karte zu nutzen. Weitere Infos s. Allgemeine Informationen von A–Z, S. 117.

Unterkünfte und Campingplätze im Raum Kapstadt
Hotels, Gästehäuser und Bed & Breakfast-Unterkünfte

Bereich Innenstadt, Waterfront, Green Point & Gardens (City Bowl)

Cape Grace (8) $$$$$, *V&A Waterfront, West Quay, ✆ (021) 410-7100, www.capegrace.com. Das 102-Zimmer-Luxushotel zählt zu den vornehmsten Adressen in Kapstadt. Hier wohnte schon Bill Clinton. Atmosphäre, Service und Einrichtung erinnern eher an Vorbilder amerikanischer Großstadt-Herbergen der Oberklasse (Bademäntel, Zeitung, Schokolade auf dem Kopfkissen etc.). Auf drei Seiten vom Wasser umgeben, ist stets für eine tolle Aussicht gesorgt. Auszeichnungen, wie „Best individual Hotel of South Africa" u. Ä., hat das Cape Grace bereits eingeheimst. Fazit: An Luxus fehlt es nicht, hier wird an (nahezu) alles gedacht, doch dafür – zahlt man einen Preis, den sich wohl nur ganz wenige leisten können und möchten. Das Hotel soll im Dez. 2023 nach einer kompletten Renovierung wiedereröffnen.*

The Table Bay (9) $$$$$, *V&A Waterfront, Quay 6, ✆ (021) 406-5000, www.suninternational.com/table-bay. Ebenfalls ein Hotel der Luxusklasse, doch gibt sich das Table Bay weniger distinguiert als das Cape Grace und ist bei Popstars und Schauspielern beliebt. Das Ambiente wirkt eklektisch. Großzügig sind die Gemeinschaftsanlagen angelegt: großer Kamin in der Lounge, großzügige Fitnesscenter, beheizter Meerwasser-Pool, internationale Zeitungen etc. Die Zimmer enttäuschen dagegen ein wenig für diese Preisklasse. Tipp: Zimmer mit Ausblick auf das Treiben an der Waterfront und den Table Mountain dahinter.*

Victoria & Alfred Hotel (10) $$$$$, *V&A Waterfront, Pierhead, ✆ (021) 419-6677, www.newmarkhotels.com. Viktorianisch gestaltetes Hotel der oberen Mittelklasse im Waterfront-Gebiet am Alfred Basin. Guter Ausgangspunkt für Unternehmungen in Kapstadt.*

Cape Milner Hotel (11) $$$$, *2a Milner Rd., Tamboerskloof, ✆ (021) 426-1101, www.capemilner.com. Top-renoviertes, z. T. historisches Haus. Pool, Restaurant, Bar. 57 Zimmer. Nahe der Innenstadt. Tipp: nach einem Zimmer im alten Trakt fragen.*

 Einige ganz persönliche Favoriten für den Raum Kapstadt

Mount Nelson Hotel (1) $$$$$, 76 Orange St., Gardens,✆(021) 483-1000, 800-183-0781, www.belmond.com/mount-nelson-hotel-cape-town. Viktorianisch gestaltetes Luxushotel von 1899. Direkt unterhalb des Table Mountain. Besticht durch koloniale Plüschromantik. Ein Klassiker unter den Top-Hotels Afrikas. Hier logierten schon Lady Churchill, Agatha Christie und der spätere britische König Edward VIII. Man wohnt hier nach dem Motto: Wenn schon, denn schon! Wem das Hotel zu teuer ist, der kann sich zur Tea Time einfinden, die derzeit Mi–So zelebriert wird, es gibt jeweils ein First (12 Uhr) und ein Second Seating (15 Uhr), mind. 1 Tag vorher anmelden:✆(021) 483-1000, E-Mail: restaurant reservations.mnh@belmond.com. Alternativ kann man in der schicken Hotelbar einen Cocktail genießen bzw. im traditionell eingerichteten, aber innovativen Lord Nelson Restaurant speisen.

Bergzicht (2) $$$, 5 Devonport Rd., Tamboerskloof,✆(021) 423-8513. An den Hängen des Signal Hill. Das Haus aus dem späten 19. Jh. ist geschmackvoll eingerichtet. Besonders schön ist die Aussicht auf Stadt und Table Mountain, vor allem abends: Lichtermeer! Keine Kinder unter 5 Jahren. Schöner Pool. Gästehäuser haben einen persönlichen Charakter, und dieses ist ohne Zweifel eines der besten der Stadt.

Jardin D'ebene (3) $$–$$$, 21 Warren St., Tamboerskloof,✆ (021) 426-1011, www.jardindebene.co.za. Schön restauriertes Cape-Dutch-Haus mit einem Touch „Boutique"-Guesthouse. Besonders jüngere Reisende werden das schätzen. Geschmackvoll dekoriert, schnörkellose Eleganz sowie schickes Ambiente in guter Lage. Sonnendeck, Pool. Schweizer Gastgeber.

Dutch Manor (4) $$$–$$$$, 158 Buitengracht St., Bo-Kaap,✆(021) 422-4703, (076) 156-3222 (mobil). Bezaubernd restauriertes Boutique-Gästehaus nahe der Innenstadt. Gebäude von 1812, mit ausgesuchten Antiquitäten ausgestattet. 6 Zimmer. Historisches Ambiente in zentraler Lage, dazu bezahlbar.

Sonnekus Guest House (5) $$–$$$, 88 Main Rd., St. James,✆ (021) 788-2992, www.sonnekus.co.za. Gebäude von 1926 und schön renoviert. Abends kann man auf der Veranda verweilen. Die Zimmer sind sehr groß und gemütlich eingerichtet (3 haben einen eigenen Kamin). Abseits des Rummels in Kapstadt. Gut geeignet für die letzten zwei Nächte am Kap.

Blue Sky B&B (6) $$$,14 Rugby Rd., Oranjezicht,✆(021) 465-1340 bzw. (082) 678-8011, www.bluesky-bb.co.za. Wunderschön unterhalb des Tafelbergs gelegen. Tolle Aussicht, Garten, Pool, leckeres Frühstück. Einzel- und Doppelzimmer. Es wird Deutsch gesprochen. Das Haus wurde 1937 im Bauhausstil errichtet, und zwar für die Tochter des damaligen Präsidenten. Eine bezaubernde, erholsame Unterkunft in Innenstadtnähe.

Hajo's Lodge & Tours (7a) $$-$$$, 83 Ascot Rd., Milnerton, ✆(021) 555-8700, www.hajo-sa.com. Neun Zimmer „normaler" Größe in zwei Häusern in einer ruhigen Wohngegend. Etwas abgelegen, aber gut zum Ausspannen, und mit dem Auto oder Bus ist man schnell in der Stadt. Sicheres Parken am Haus. Sehr sauber und gepflegt. Viel Platz in den allgemein zugänglichen Bereichen (zwei Pools, Garten, Veranda, Loungebereiche etc.), überall hängt ausgewählte Township-Art. Hajo ist ein sympathischer und kenntnisreicher Gastgeber und unternimmt tolle Touren in und um Kapstadt (z. B. Townships, s. S. 236). Deutschsprachig.

De Waterkant Cottages & Apartments (12) $$$–$$$$$, *40 Napier St. De Waterkant, ✆ (021) 421-2300, (072) 457-4387 www.dewaterkantcottages.com. Nahe der Waterfront. Tolle, individuell eingerichtete Selbstversorger-Unterkünfte in ganz unterschiedlichen, teilweise historischen Gebäuden.*

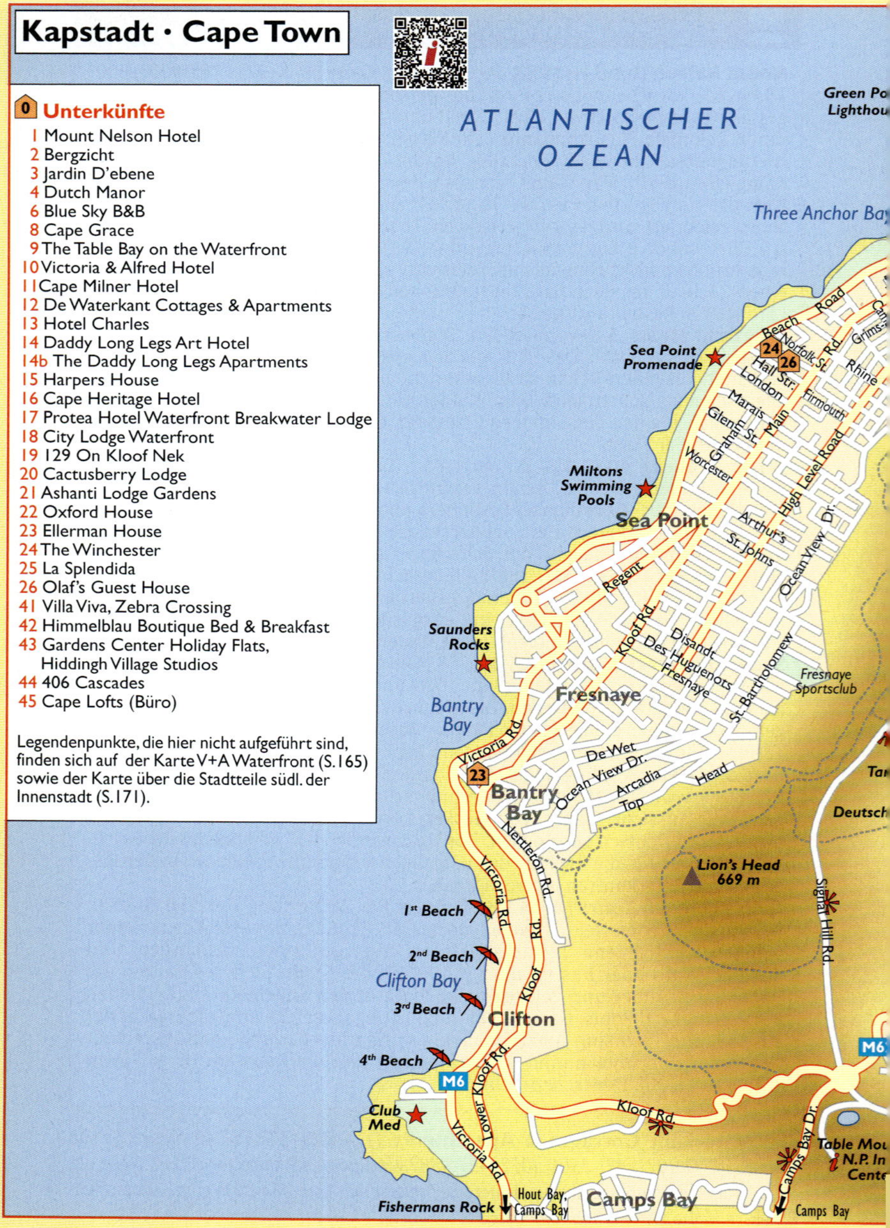

Kapstadt · Cape Town

Unterkünfte

1 Mount Nelson Hotel
2 Bergzicht
3 Jardin D'ebene
4 Dutch Manor
6 Blue Sky B&B
8 Cape Grace
9 The Table Bay on the Waterfront
10 Victoria & Alfred Hotel
11 Cape Milner Hotel
12 De Waterkant Cottages & Apartments
13 Hotel Charles
14 Daddy Long Legs Art Hotel
14b The Daddy Long Legs Apartments
15 Harpers House
16 Cape Heritage Hotel
17 Protea Hotel Waterfront Breakwater Lodge
18 City Lodge Waterfront
19 129 On Kloof Nek
20 Cactusberry Lodge
21 Ashanti Lodge Gardens
22 Oxford House
23 Ellerman House
24 The Winchester
25 La Splendida
26 Olaf's Guest House
41 Villa Viva, Zebra Crossing
42 Himmelblau Boutique Bed & Breakfast
43 Gardens Center Holiday Flats, Hiddingh Village Studios
44 406 Cascades
45 Cape Lofts (Büro)

Legendenpunkte, die hier nicht aufgeführt sind, finden sich auf der Karte V+A Waterfront (S. 165) sowie der Karte über die Stadtteile südl. der Innenstadt (S. 171).

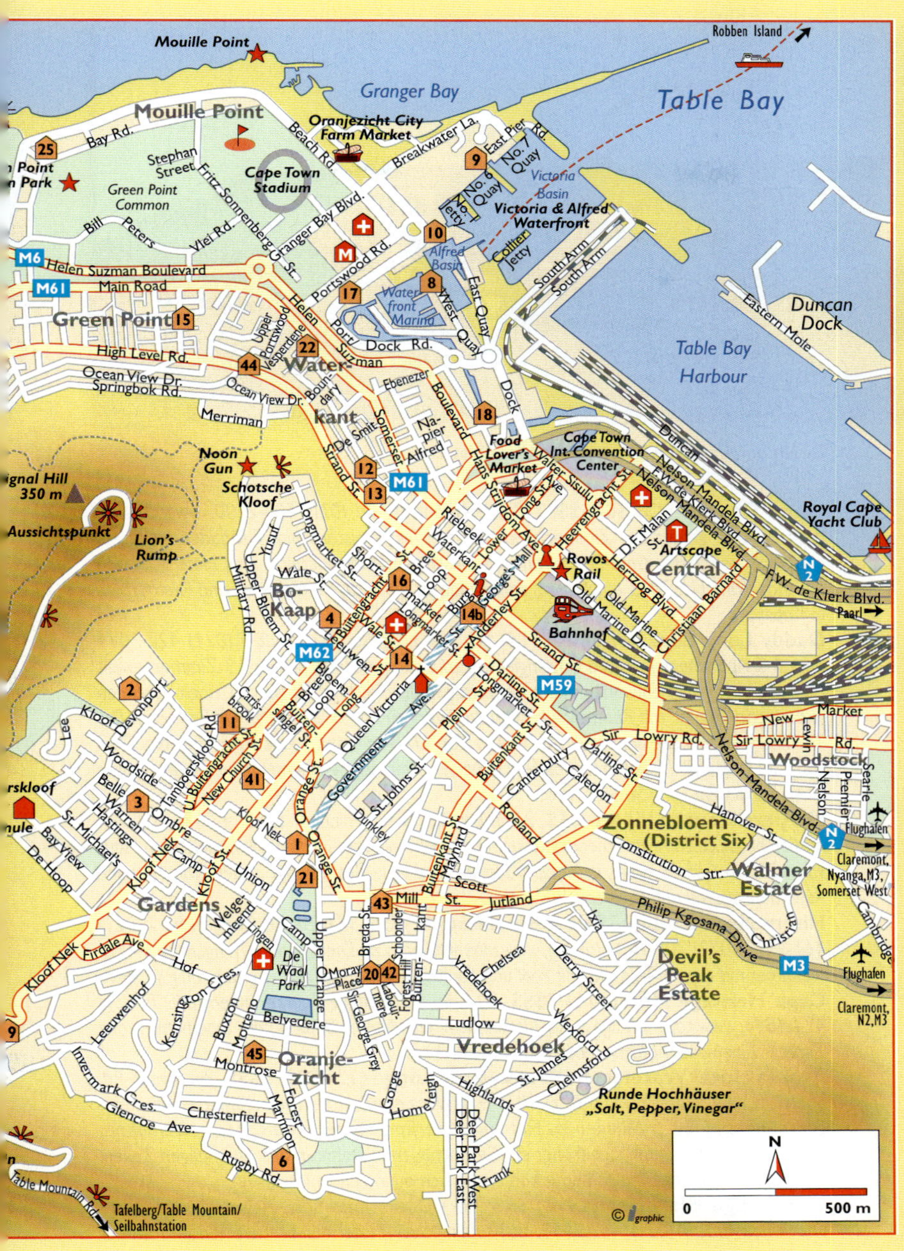

Robben Island
Mouille Point
Granger Bay
Table Bay
Oranjezicht City Farm Market
Breakwater La.
East Pier Rd.
No. 7 Quay
Victoria Basin
No. 6 Quay
No. 1 Jetty
Victoria & Alfred Waterfront
Beach Rd.
Bay Rd.
Stephan Street
Cape Town Stadium
Green Point Common
Fritz Sonnenberg St.
Granger Bay Blvd.
Bill Peters
Vlei Rd.
Alfred Basin
Collier Jetty
South Arm
South Arm
Helen Suzman Boulevard
Main Road
Portswood Rd.
Waterfront Marina
West Quay
East Quay
Eastern Mole
Duncan Dock
Green Point
Helen Suzman
Upper Portswood
Vesperdene
Port
Dock Rd.
High Level Rd.
Ocean View Dr.
Springbok Rd.
Ocean View Dr.
Boundary
Water-kant
Ebenezer
Boulevard
Dock
Table Bay Harbour
Merriman
De Smit
Somerset
Napier
Alfred
Food Lover's Market
Cape Town Int. Convention Center
Duncan
Nelson Mandela Blvd.
F.W. de Klerk Blvd.
Nelson Mandela Blvd.
Noon Gun
Signal Hill 350 m
Schotsche Kloof
Strand St.
Hans Strijdom Ave.
Walter Sisulu
Long St.
Heerengracht St.
Royal Cape Yacht Club
Aussichtspunkt
Lion's Rump
Yusuf
Longmarket St.
Riebeek
Waterkant
Lower
D.F. Malan St.
Artscape
Central
Upper Bloem St.
Military Rd.
Wale St.
Bo-Kaap
Shortmarket St.
Bree
Loop
Burg
St. George's Mall
Adderley St.
Rovos Rail
Hertzog Blvd
F.W. de Klerk Blvd.
Paarl
Buitengracht St.
Longmarket St.
Old Marine Dr.
Christiaan Barnard
Bahnhof
Strand St.
Leeuwen St.
Wale St.
Bloem
Darling St.
Longmarket St.
Lee
Kloof
Devonport
Carisbrook
Breë
Buitensingel St.
Loop
Long
Queen Victoria St.
Ave.
Plein St.
New Market
Sir Lowry Rd.
Darling St.
Sir Lowry
Rd.
Woodstock
Levin
Nelson
Premier
Searle
Woodside
Tamboerskloof Rd.
U. Buitengracht St.
New Church St.
Government
St. Johns St.
Buitenkant St.
Canterbury
Caledon
Hanover St.
Nelson Mandela Blvd.
Flughafen
Claremont, Nyanga, M3, Somerset West
Belle
Warren
Hastings
Ombre
Orange St.
Kloof Nek
Dunkley
Roeland
Zonnebloem (District Six)
Constitution
Str.
Walmer Estate
Bay View
St. Michael's
Kloof Nek
Camp
Kloof St.
Union
Orange St.
Buitenkant St.
Maynard
Scott
Mill
St.
Jutland
Ixia
Philip Kgosana Drive
Christian
Cambridge
De Hoop
Gardens
Welgemeend
Lingen
Camp
Upper Orange
Breda St.
Schoonder
Forest Hill
Buitenkant
Labouremere
Chelsea
Vredehoek
Derry Street
Devil's Peak Estate
Flughafen
Claremont, N2, M3
Kloof Nek
Firdale Ave.
Hof
De Waal Park
Moray Place
Sir George Grey
Kensington Cres.
Leeuwenhof
Buxton
Molteno
Belvedere
Ludlow
Vredehoek
Wexford
Montrose
Oranjezicht
St. James
Chelmsford
Invermark Cres.
Glencoe Ave.
Chesterfield
Forest
Marmion
Gorge
Homeleigh
Highlands
Runde Hochhäuser „Salt, Pepper, Vinegar“
Rugby Rd.
Deer Park West
Deer Park East
Frank
Table Mountain Rd.
Tafelberg/Table Mountain/ Seilbahnstation
N
0
500 m
© graphic
M6
M61
M62
M59
M3
N2

Direkt am Alfred Basin: Victoria & Alfred Hotel

Hotel Charles (13) $$–$$$, *137 Waterkant St., ✆ (021) 409-2500, www.charles.capetown. 11 gemütliche Zimmer sowie 3 Cottages in historischen Gebäuden, dazu ein ganztägig geöffnetes Café-Restaurant mit lauschigem Außenbereich. Das Hotel wird von der Star Wine List 2023 empfohlen, dem Guide zu großartigen Weinbars und Restaurants in Kapstadt.*
Daddy Long Legs Art Hotel (14) $$, *134 Long St., Innenstadt, ✆ (021) 422-3074 (Hotel & Apartments), www.daddylonglegs.co.za. Boutique-Hotel, dessen 13 Zimmer jeweils ein anderer Künstler entworfen und z.T. exzentrisch dekoriert hat. Es gibt z.B. einen knallroten „Emergency Room“ mit Röntgenbildern an den Wänden und ausgestellten OP-Bestecken. Die Themen wechseln. Die dazugehörigen* **(14b) The Daddy Long Legs Apartments** *(263 Long St.) bieten fünf komfortabel eingerichtete Selbstversorger-Apartments an, die nach vorne einen Balkon zur Long Street haben.*
Harpers House (15) $$–$$$, *2 Varneys Rd., Green Point, ✆ (021) 434-3501, www.harpershouse.co.za. Ansprechendes Gästehaus in liebevoll restauriertem viktorianischem Haus von 1896. 8 Gästezimmer, leckeres Frühstück und viele Restaurants in der Nähe. Schöne Aufenthaltsräume und Poolbereich.*
Himmelblau Boutique Bed & Breakfast (42) $$$, *35 Breda St., Oranjezicht, ✆ (021) 461-2713, (072) 209-7632 (mobil), www.himmelblau.co.za. Drei individuell eingerichtete Gästezimmer mit eigener Terrasse. Mit Pool und Sonnendeck. Zentral und zugleich ruhig gelegen.*
Cape Heritage Hotel (16) $$$$, *90 Bree St./Heritage Square, Innenstadt, ✆ (021) 424-4646, www.capeheritage.co.za. Kleines Boutique-Hotel in historischem Stadthaus. Große Zimmer. Eine wirkliche Oase, doch die hat ihren Preis.*
Protea Hotel Waterfront Breakwater Lodge (17) $$$–$$$$, *Portswood Rd. oberhalb V&A Waterfront, ✆ (021) 406-1911, www.marriott.de. Kleine, aber modern eingerichtete Zimmer. 5 Minuten zu Fuß zur Waterfront. Gutes Preis-Leistungs-Verhältnis. In dem Gebäude befand sich früher ein Gefängnis, man wohnt in den ehemaligen Zellen. Die historischen Folterinstrumente kann man sich auch zeigen lassen ...*
City Lodge Waterfront (18) $$$, *Ecke Dock/Alfred Rds., zwischen Waterfront und Innenstadt, ✆ (021) 419-9450, https://clhg.com. Hotel der preiswerten und immer*

adretten City-Lodge-Kette. Hier zahlt man für nichts „Überflüssiges". Das Frühstück ist minimal, die Zimmer sind klein, der Service begrenzt. Doch wer nicht viel Schnickschnack braucht, ist hier richtig.

129 On Kloof Nek (19) $$$$, *129 Kloof Nek Rd., Gardens,* ✆ *(021) 422-0022, (079) 923-7930 (mobil), www.129onkloofnek.com. Schick und modern. Der Blick auf den Table Mountain und die City (auch vom Pool und vom Whirlpool) ist unschlagbar. Guter Service. 2–6-Personen-Apartments.*

Cactusberry Lodge (20) $$–$$$, *30 Breda St., Oranjezicht,* ✆ *(076) 126-5658, www.cactusberrylodge.com. 4 Zimmer in viktorianischem Stadthaus. Ruhiger Innenhof, vom Sonnendeck Sicht auf den Tafelberg, stilvolle Lounge. Die Besitzerin spricht Deutsch.*

Ashanti Lodge Gardens (21) $–$$, *11 Hof St., Gardens,* ✆ *(021) 423-8721, www.ashanti.co.za. Eine Mischung aus gutem Backpacker-Hostel und Hotel (Schlafsaal, Einzel-, Doppel- bis Vierbett-Zimmer). Pool, Wäscheservice. Restaurant und Bar im Hause. Genau richtig für diejenigen, die sparen möchten, aber nicht gleich in Selbstversorger-Apartments wohnen wollen. Im Garten kann man zelten. Betreibt weitere Häuser in der Stadt.*

Oxford House (22) $$–$$$, *4 Wessels Rd., Green Point,* ✆ *(021) 439-4533 bzw. (072) 736-7917, https://oxfordhouse.co.za. Unkompliziertes Gästehaus nahe der Waterfront (15 Gehminuten). Saubere Zweitbettzimmer und Studio-Apartments, alle mit kleiner Kitchenette. Kostenloser Parkplatz!*

Mouille Point, Sea Point und Bantry Bay

In Sea Point gibt es auch viele Selbstversorger-Apartments (s. dazu S. 211f.).

Ellerman House (23) $$$$$, *180 Kloof Rd., Bantry Bay,* ✆ *(021) 430-3200, www.ellerman.co.za. Sehr exklusives (Villen-)Haus am Hang des Lion's Head. Atemberaubende Ausblicke auf Meer und Berge. Geräumige Zimmer mit viel Komfort und mit Kunstwerken geschmackvoll dekoriert. 11 Zimmer, 2 Suiten sowie 2 Villen für bis zu 6 bzw. 10 Personen. First-Class-Unterkunft, die sich mit den Luxushotels der Innenstadt messen kann, dabei individuell bleibt, aber ihren Preis hat!*

The Winchester (24) $$$$–$$$$$, *221 Beach Rd., Sea Point,* ✆ *(021) 434-2351, Reservierung: (021) 427-5900, www.newmarkhotels.com. Boutiquehotel im kolonialen Stil, das bei Weitem nicht so snobistisch erscheint wie das „Mount Nelson". An der Sea Point Promenade. Die kürzlich renovierten 51 Zimmer sind schön eingerichtet, und die Suiten (teuer) bestechen zudem durch eine eigene Küche und einen eigenen Wohnraum. Große, bezaubernde Badezimmer. Der Knüller aber ist der Courtyard (Innenhof), der den ganzen Tag über gerne genutzt wird, vom Frühstück über den Mittagssnack bis hin zum Sundowner. Oft Jazz-Brunch! Spa und angenehmer Wellness-Bereich. Unbedingt nach Zimmer mit Blick aufs Meer sowie nach Sondertarifen fragen.*

La Splendida (25) $$$, *121 Beach Rd., Mouille Point,* ✆ *(021) 439-5119, www.newmarkhotels.com. Sauberes kleines Boutique-Hotel direkt an Meerpromenade (dazwischen Straße). Helle, moderne Zimmer, nette Atmosphäre. Der äußere Anschein (Zweckbau) täuscht. Toll für den Preis.*

Schick und traditionell: The Winchester

Olaf's Guest House (26) $$$, *24 Wisbeach Rd., Sea Point, ✆ (021) 439-8943, www.olafs.co.za. Mehrfach prämiertes, sehr gemütliches Gästehaus. Persönlich und liebevoll ausgestattet, tolles Frühstück. Pool. Organisation von individuellen Tagestouren.*

Camps Bay

Moderne, weiße Villen säumen die Hänge unterhalb der 12 Apostel. Diese feinen Adressen wechseln nur für viel Geld den Besitzer. Hier und dort mischt sich ein vornehmes Gästehaus dazwischen. Natürlich liegen diese Gästehäuser in der **$$$$**-*Preiskategorie, doch dafür werden Ausblicke, Ruhe, Pools und schön eingerichtete Apartments geboten. Jedes Gästehaus hat einen eigenen Charakter und „Einheitszimmer" sind eher selten. Daher gilt, vorher erkundigen, ob die Apartments den Wünschen entsprechen.*

Ocean View House (27) $$$$, *33 Victoria Rd., Bakoven/Camps Bay, ✆ (021) 438-1982, www.oceanview-house.com. Schön am Hang über Camps Bay gelegenes Gästehaus. Modern eingerichtet. Pool und großer Garten. Auch Suiten (*$$$$$*). Blick auf die Camps Bay. Attraktive Nebensaison-Preise. Ebenso attraktiv gelegen und in derselben Preisklasse ist das* **Sea Star Rocks** *(26 Theresa Ave., Camps Bay, ✆ 021-437-0189 od. 061-399-5282, www.seastarrocks.co.za).*

Etwas günstiger ist das (Villa) **Ambiente Guesthouse (27)** $$$, *58 Hely Hutchinson Ave., oberhalb Camps Bay, ✆ (021) 438-4060, (072) 460-1953 (mobil), www.ambiente-guesthouse.com. Drei individuell im afrikanischen Stil eingerichtete Suiten. Außergewöhnliche Bäder, aus denen man über den Garten aufs Meer schauen kann. Der Frühstücksraum im Erdgeschoss grenzt an den romantischen „Felsenkeller". Swimmingpool, Zimmer mit Balkonen (Sonnenuntergang!). Hier stimmen Preis und Leistung.*

Diamond Guest House (27) $$$, *61 Hely Hutchinson Ave., oberhalb Camps Bay, ✆ (021) 438-1344, www.diamondhouse.co.za. Ruhig gelegene Villa mit schönem Blick auf das Meer. Alles ist sehr liebevoll und sehr modern eingerichtet. Die Besitzer kümmern sich sehr um ihre Gäste.*

 **Hinweis**

Unterkünfte s. Karten S. 144, 171 u. 204

Mowbray, Newlands, Constantia und Tokai

Alphen Hotel (28) $$$$–$$$$$, *Alphen Drive, Constantia, ✆ (021) 795-6300, www.alphen.co.za. Boutique-Hotel in kapholländischem Haus (National Monument) auf ehemaligem Weingut. Eine gelungene Mischung aus antikem und modernem Mobiliar. Gepflegtes Ambiente. Hier wohnten bereits Cecil Rhodes, George Bernard Shaw und Mark Twain. Freitagnachmittags ist die Garden Lounge mit ihrer Bar und Livemusik ein beliebtes Ziel für Kapstädter zum stilvollen „Einläuten des Wochenendes". Das* **italienische Restaurant** *mit erlesener Weinkarte ist ebenfalls zu empfehlen.*

Cellars-Hohenort Country House (29) $$$$$, *93 Brommersvlei Rd., Constantia, ✆ (021) 794-2137, www.thecellars-hohenorthotel.com. Fünf-Sterne-Country-Hotel am Fuß des Table Mountain. Das Haupthaus ist das Herrenhaus des ehemaligen Klaasenbosch Wine Estate, eines Weinguts aus dem 18. Jh. Heute schmücken englische Antiquitäten das Innenleben (große Zimmer!). Gepflegter Garten mit schöner Aussicht auf False Bay. Die ruhige Lage und der „geringe Bekanntheitsgrad" im Vergleich zu anderen Top-Unterkünften sind* *das i-Tüpfelchen. Pool, Spa, Tennis, Golfplatz am Haus. Im* **Greenhouse Restaurant** *erlebt man Fine Dining vom Feinsten. So gut, dass das vielfach ausgezeichnete Restaurant 2019 zum Besten der Stadt erkoren wurde. Beliebt für seine Cocktails bzw. die Teatime ist die* **Martini Bar**. *Zum High Tea wird hier ebenfalls gebeten.*

The Vineyard Hotel (30) $$$$, *Colinton Rd., Newlands, ✆ (021) 657-4500, www.vineyard.co.za. Vier-Sterne-Hotel mit historischem Touch. Attraktive Spätbucher-Rabatte. Restaurant, Café und eine schöne Garden Lounge. Von dort bietet sich ein guter Blick auf den Table Mountain. Stilvoll eingerichtet, u. a. mit südafrikanischen Kunstwerken. 200 Zimmer und ruhig gelegene* **Selbstversorger-Cottages** *($$$$$). Pool und Spa.*

Elephant's Eye Lodge (31) $$, *9 Sunwood Drive, Tokai, ✆ (021) 715-2432, www.elephantseyelodge.co.za. B&B mit 6 Zimmern in einem umgebauten Cape-Dutch-Haus. Pool, Garten. 2 Zimmer mit einfacher Küche. Gutes Preis-Leistungs-Verhältnis.*

An der False Bay (von Muizenberg bis Simon's Town)

Colona Castle (33) $$$$–$$$$$, *1 Verwood St. (abgehend vom Old Boyes Drive), Muizenberg, ✆ (021) 788-8235, www.colonacastle.co.za. Luxuriös eingerichtetes Gästehaus in imposanter, renovierter Villa von ca. 1930. Oberhalb von Muizenberg. Viele Antiquitäten. Panoramablick von den Constantia-Bergen bis auf die False Bay. Die Zimmer haben alle Namen, die in Beziehung zu der Einrichtung stehen (marokkanisch, englisch, chinesisch, mogul, grün) Außerdem gibt es eine große Penthouse Suite. Einige Zimmer mit Balkon. Sollte man bereit sein, mehr auszugeben, dann ist dies die Empfehlung für diesen Küstenabschnitt.*

Whale View Manor (34) $$$–$$$$, *402 Main Rd., Murdock Valley, Simon's Town, ✆(021) 786-3291, www.whaleviewmanor.co.za. Schöne Gästehaus-Villa nahe dem Strand am Südende des Ortes. Pool, Spa, Restaurant. Nach einem Zimmer mit Meerblick fragen.*

Boulders Beach Hotel (34) $$–$$$, *4 Boulders Place, Simon's Town, ✆ (021) 786-1758 od. (021) 180-4855, www.bouldersbeachlodge.com. Schönes Gästehaus nahe dem Pinguin-Strand. 14 Zimmer (zwei davon für Selbstversorger), einige mit Blick aufs Meer. Im* **Restaurant** *(mit Außendeck) können auch Nicht-Gäste speisen, u. a. gutes Frühstück.*

The Cove Guesthouse (34) $$$$, *56 Simon's Town Rd., Fish Hoek, ✆(021) 263-6246, https://thecove.capetown/. Nur zwei Apartments, aber die sind sehr geräumig (4–6 Personen) mit separaten Schlafzimmern. Beide mit Blick auf die False Bay. Gut geeignet für Familien bzw. zwei Pärchen.*

The Muize B&B (33) $$, *4 Axminster Rd., Muizenberg, ✆ (021) 788-1950, www.themuize.co.za. 8 Zimmer (6 mit eigenem Bad). In Familienbesitz. Hinter dem Haus gibt es einen Grillplatz. Nur eine Minute zum Strand. Gutes Preis-Leistungsverhältnis.*

Auch in Simon's Town kann man nett wohnen

 Hinweis

Unterkünfte s. Karten S. 144, 171 u. 204

Am Atlantischen Ozean (zwischen Camps Bay und Kommetjie)

Monkey Valley Beach Nature Resort (36) $$$, *Mountain Rd., Noordhoek, ✆ (021) 789-8000, www.monkeyvalleyresort.com. Die Lodge liegt wunderschön in einem Milkwood-Wald nahe dem Chapman's Peak Drive (M 6). Gut bis luxuriös ausgestattete Häuser aus Holz und Stein, viele mit Blick auf die Noordhoek Bay. Pool, Restaurant.*

Hout Bay Lodge (37) $$, *6 Bisschop Rd., Hout Bay, ✆ (021) 790-1158 od. (082) 924-4559, www.houtbaylodge.co.za. Sauberes, gemütliches Gästehaus oberhalb von Hout Bay. Ruhige Alternative zu den Hotels in Kapstadt. 7 Zimmer, davon ein Familienzimmer. Es wird auch deutsch gesprochen.*

Brightwater Lodge (37) $$, *9 Brighton St., Hout Bay, ✆ (021) 790-2031 od. (076) 714-5374, www.brightwaterlodge.co.za. Sehr ordentliches B&B sowie Selbstversorger-Apartment (4 Personen). Mitten im Ort, 5 Minuten zum Strand und zur Mariner's Wharf. Garten.*

Am Atlantischen Ozean nördlich der City Bowl

Blouberg Manor Boutique Hotel (38) $$$, *6 Verkouteren St., Bloubergstrand, ✆ (021) 554-3135 od. (076) 765-2848, www.bloubergmanor.co.za. Nahe dem Strand und den Restaurants von Big Bay gelegenes Hotel der gehobenen Klasse. Cape-Dutch-Gebäude. 12 Zimmer-Suiten. Besonders der Blick vom Restaurant auf die Table Bay ist wunderschön.*

The Blue Peter Hotel (38) $$$–$$$$, *8 Pophan Rd., Bloubergstrand, ✆ (021) 554-1956, www.bluepeter.co.za. Dezent und schlicht eingerichtete Zimmer. Hier wohnt man direkt vor dem bekannten Fotomotiv „Kapstadt, Table Mountain und Table Bay". Toll, um abends den Sonnenuntergang zu genießen. Nicht alle Zimmer zum Meer! Oben gibt es ein Indoor-Restaurant mit super Ausblick, unten befindet sich das bekannte* **Bistro**, *das in der Saison und dann besonders an den Wochenenden stark frequentiert ist (siehe S. 222).*

Gull on the Bay Guest Home (38) $$$, *5 Gull Rd., Bloubergstrand, ✆(062) 894-8948, http://gullonthebay.com. Kleines, modernes und ruhig oberhalb des Ortes gelegenes Gästehaus mit 3 Zimmern. Von allen grandioser Blick auf Table Bay und Table Mountain (Sonnenuntergang!).*

Elements (39) $$, *49 Sandpiper Crescent, Flamingo Vlei (südl. von Table View), ✆ (076) 441-9799, (084) 823-1876 (beide mobil), www.elements-capetown.com. Die Zimmer sind nach den vier Elementen der Erde gestaltet, individuell und gemütlich. Sehr nette Gastgeber, schöner Garten, Pool. Es wird Deutsch gesprochen.*

Bed & Breakfast in Kapstadts Townships *(s. Karte Kapstadt Großraum, S. 144/145)*

Es gibt auch Unterkünfte in den Townships, zumeist Bed & Breakfast, doch z. T. wird auch ein Abendessen zubereitet (vorher anmelden). Entgegen einigen Vorurteilen sind die Unterkünfte sauber und vor allem auch sicher. Wie könnte man diese Seite von Südafrika besser kennenlernen, als hier zu wohnen? Die Kapstädter Touristeninformation vermittelt die Unterkünfte, es ist auch möglich, selbst vor Ort zu buchen.

Ma Neo's B&B **(40)** *$–$$, Zone 7, Nr. 30, Langa 7455, ✆ (021) 694-2504 bzw. 965-0661. Das nächste B&B zum Stadtzentrum. Die Besitzerin heißt Neo – daher der Name.*
Lungi's Township B&B **(7)** *$–$$, 42426 Sivivane Crescent (Street), Khayelitsha 7784, ✆ (071) 0058-817, http://lungis.co.za. Von Lungi sehr persönlich geführtes B&B – ein echtes Townshiperlebnis. Lungi kann viel erzählen und führt ihre Gäste gerne durch die Nachbarschaft oder nimmt sie am Sonntag mit in die Kirche.*
Majoro's **(7)** *$$, 69 Helena Crescent, Graceland, Khayelitsha, ✆ (021) 361-2391. Der Tipp für Township-Übernachtungen: Auf Wunsch wird man typisch afrikanisch bekocht, es gibt auch Kochkurse. Daneben werden geführte Touren durch das Township, in Shebeens, die Kirche oder in einen nahen Jazzclub angeboten. Maria, die Besitzerin, kann viel über das Leben hier berichten. Ihre Kinder und Enkel stehen ihr in vielem zur Seite.*

Jugendherbergen/Backpacker-Lodges im Raum Kapstadt

Unzählige Backpacker-Lodges gibt es in Kapstadt, die fast alle gut und günstig ($) sind. Die meisten verfügen zudem über einfache Doppelzimmer. Gut zu buchen sind die Backpacker über www.hostelz.com/hostels/South-Africa/Western-Cape/Cape-Town.

Viele Backpacker-Lodges befinden sich in der **Long Street** *zwischen Wale Street und Buitensingel/Orange Street (City Bowl/Innenstadt), z. B.:* **Long Street Backpackers** *(209 Long St., ✆ (021) 423-0615, www.longstreetbackpackers.com) und* **Cat and Moose** *(305 Long St., ✆ (021) 423-7638, www.catandmoose.co.za).*

Ashanti Lodge Gardens **(21)**, *s. unter Unterkünfte S. 207*
Villa Viva **(41)**, *74 New Church St. (nicht verwechseln mit der Church St.), Gardens, ✆ (021) 423-5555, www.villaviva-capetown.com. Große Herberge, sehr professionell aufgezogen. Es gibt eine Bar, einen Pool und einen schönen Garten. Unterstützt ein soziales Projekt zur Wasserversorgung. Ein Favorit!*
Zebra Crossing **(41)**, *82 New Church St. (nicht zu verwechseln mit der Church St.), Tamboerskloof, ✆ (021) 422-1265, www.zebra-crossing.co.za. Hier geht es etwas ruhiger zu. Zudem preiswerte Einzel- und Doppelzimmer. Ebenfalls ein Favorit!*
Green Elephant **(32a)**, *57 Milton Rd., Observatory, ✆ (021) 448-6359, www.greenelephant.co.za. Im Uni-Gebiet, dafür aber weit entfernt von der Innenstadt. Der Vorteil: Hier entflieht man der ausgeprägten Backpacker-Atmosphäre in der Innenstadt. Campen ist bedingt möglich.*
33 South Boutique Backpacker **(32b)**, *48 Trill Rd., Observatory, ✆ (021) 447-2423, www.facebook.com/33SouthBP. 2- bis 8-Bett-Zimmer. Frühstück bei Preisaufschlag ($$) inkl.*

Hinweis

Einige Backpacker-Unterkünfte verweigern die Bezahlung mit Kreditkarte oder erheben einen hohen Aufschlag (Bankgebühren).

Holiday Apartments und Cottages im Raum Kapstadt

Ferien- und Selbstversorger-Apartments *bieten für längere Aufenthalte eine günstige Übernachtungsalternative, besonders für Familien mit Kindern. Während* *der Hochsaison ist eine Mindestaufenthaltsdauer von einer Woche üblich, in der Nebensaison geht es auch kürzer. I. d. R. werden die Apartments täglich gesäubert. Eine gute Buchungsadresse ist* **www.wimdu.de**. *Viele Ferienapartments befinden sich* **zwischen Waterfront und Bantry Bay**, *vor allem in* **Sea Point**.

Bay Reflections (27) $$$$$, *19a Francolin Rd., Camps Bay, ✆ (021) 438-0083, www.bayreflections.com. Oberhalb von Camps Bay gelegen. Zwei Luxusapartments mit Balkonen (Sonnenuntergang!). Jeweils zwei Schlafzimmer. Frühstück inbegriffen.*

Tudor House/The Upper Deck Sunny Cove (34) $$$–$$$$, *43 Simon's Town Rd., Fish Hoek, ✆ (021) 782-6238, www.upperdeckcapetown.co.za. Gut ausgestattete Zimmer. Direkter Blick auf die False Bay.*

De Waterkant Cottages & Apartments (12) $$$–$$$$$, *40 Napier St., s. S. 203.*

Gardens Centre Holiday Flats (43) $$, *Mill St., Gardens, ✆ (021) 461-8000, www.gardensapartments.co.za. Meist einfach. Über der City gelegen; zu empfehlen sind die oberen Etagen.*

A Whale Of A Time Guesthouse (35) $$–$$$, *11 Echo Rd., Fish Hoek, ✆ (021) 782-0436 od. (082) 452-2038, www.stayatawhaleofatime.co.za. Bezaubernd gelegen mit atemberaubendem Blick aufs Meer. 5 Selbstversorger-Apartments und ein Cottage. Fish Hoek ist bequem zu Fuß zu erreichen.*

Hiddingh Village Studios (Red Cherry Accommodation) (43) $$$, *direkt am Gardens Centre (Gardens), ✆ (021) 438-9848 od. (083) 266-3089, www.redcherryaccom.co.za. Voll ausgestattete, sonnige Apartments, 15 Gehminuten zur Innenstadt. Red Cherry vermietet auch Zimmer/Wohnungen in anderen Teilen der Stadt.*

Horizon Holiday Cottages (36) $$–$$$, *9 Sea Cottage Drive, Noordhoek, ✆ (021) 785-1604, (083) 243-4881, www.horizoncottages.co.za. Rustikale Holz-Cottages ($$$, 4 Pers.) und Cabanas ($$, 2 Pers.) mitten in Noordhoek (nahe Shopping Mall, 15 Min. zu Fuß zum Strand). Gutes Preis-Leistungs-Verhältnis.*

406 Cascades (44) $$, *8 Vesperdene Rd., Green Point, https://cascadessuites.com-capetown.com. Nahe Innenstadt und Waterfront, in ruhiger Seitenstraße. Einfach, aber komfortabel eingerichtet und sauber.*

Cape Lofts (45) $$–$$$$, *Büroadresse: 29 Montrose Ave., Oranjezicht, ✆ (021) 465-0884 od. (083) 391-3777, www.cape-lofts.com. Cape Lofts vermittelt gut ausgestattete Stadtwohnungen aller Größen.*

Tipp

Natürlich kann man auch in Kapstadt Ferienwohnungen/Apartments im Internet buchen bei: www.airbnb.de.

Campingplätze im Raum Kapstadt

Es gibt unzählige Campingplätze im Großraum von Kapstadt. Einige davon werden von Leuten genutzt, die in Kapstadt arbeiten und hier günstig mit Zelt bzw. Wohnwagen unterkommen. Diese Plätze sind meist laut und nicht so sauber. Achtung auch wegen der Baboons (Paviane, s. S. 66), besonders an Plätzen auf der Kaphalbinsel (unbedingt Nahrungsmittel sichern!).

Stadteigene Plätze/Resorts *im Internet: www.capetown.gov.za/Explore%20and%20enjoy/See-all-City-facilities/Our-recreational-facilities/Resorts.*

Chapman's Peak Caravan Farm (36), *Noordhoek (am Ortseingang am Chapman's Peak Drive), ✆ (021) 789-1225, www.capestay.co.za/chapmans-peak. 30 km bis zur Innenstadt. Schattenplätze, zwei Chalets, Pool, Spielplatz. Nahebei können Pferde für Strandausritte ausgeliehen werden.*
Imhoff Park – Kommetjie (46), *Kommetjie (Wireless Rd.), ✆ (021) 783-1634, www.imhoff.co.za. Ebenfalls abseits des großen Trubels. Spaziergänge am Wasser: 500 m zum Strand. 40 km bis zur Innenstadt. Kleine Chalets, Zelte und Caravans. Motorräder nicht erlaubt. Gepflegt.*
Soetwater Resort (47), *südl. von Kommetjie, Zufahrt über Witsand, ✆ (021) 444-6769 (allg.) bzw. (021) 444-6770 (Resort), www.capetown.gov.za. Stadteigener Campingplatz. Direkt am Wasser, nahe dem Leuchtturm. Einige, sonnen- und windschattige Plätze mit Strom. An Wochenenden kann es laut werden. 45 km bis zur Innenstadt.*
Millers Point Caravan Park (48), *Millers Point, südlich von Simon's Town, ✆ (021) 444-6948 bzw. 444-6811. Stadteigener Campingplatz, sauber, nur ca. 20 Stellflächen. Schattig und schön gelegen oberhalb der False Bay, zu der man gut hinunterlaufen kann. 48 km bis zur Innenstadt.*
Ou Skip Caravan Park & Chalets (49), *1 Otto du Plessis Dr., Melkbosstrand, an der West Coast, nicht weit vom Meer, ✆ (021) 553-2058, www.ouskip.co.za. 28 km zur Innenstadt. Über 200 zumeist schattige Grasplätze, Selbstversorger-Chalets.*

Adressen Camping/Caravaning im Internet
Die beste Internetseite für eigene Recherchen ist **www.caravanparks.com**. *Ferner kann man es noch auf der Website* **www.caravansa.co.za** *versuchen.*

Essen gehen im Raum Kapstadt: Vom Gourmettempel bis zum Fish & Chips-Imbiss
Kapstadts Restaurants gehören zu den besten und vielseitigsten der Welt. Es gibt nahezu alles. Zum einen dank der kulturellen Vielfalt der Stadtbevölkerung, zum anderen, weil sich immer mehr Köche aus aller Welt hier ausprobieren möchten. Fine Dining bei Kerzenlicht in einem Gourmettempel, asiatische Leckereien, regional typische Gerichte der Afrikaner bzw. der Kapmalaien, krosse Pizza, saftige Steaks oder ganz schlicht Fish & Chips am Hafen. Einfach auswählen!

Hinweis

Die Restaurants finden sich auf den Karten S. 144, 171 sowie 216.

Kapmalayisch/Cape-Malayan
Cape-Malayan-Restaurants *werden von muslimischen Inhabern geführt, daher darf hier kein Alkohol getrunken werden. I. d. R. kann man nur bis 21 Uhr bestellen und sollte so höflich sein, bis spätestens 22 Uhr das Restaurant zu verlassen. Ein typisches Hauptgericht ist* **Bobotie**: *kräftig gewürztes Hackfleisch (Rind und Lamm, inkl. Curry, Rosinen), mit Ei überbacken. Als Beilage serviert man Sambal und Chutney (oft Banane, süß-sauer) sowie Reis.*
Bo-Kaap Kombuis (1), *7 August St. (Wale St.), Bo-Kaap/Malay Quarter, ✆ (021) 422-5446, www.bokaapkombuis.co.za. In dem hoch am Hang gelegenen, modernen Gebäude speist man authentisch und genießt dazu eine prachtvolle Aussicht. Daher Platz am Fenster reservieren! Viele Gerichte haben eine indische Note. Zu empfehlen ist das „Tasting Menu". Mo geschl., So 12–15 Uhr, Di–Sa 12–15 & 18–22 Uhr.*

Biesmiellah (2), *2 Upper Wale St., Malay Quarter, ✆ (021) 423-0850 od. (061) 481-3663, www.biesmiellah.co.za. Kleines Restaurant, ein Take-away ist ebenfalls angeschlossen. Die Atmosphäre ist authentischer als im Bo-Kaap Kombuis, dafür sitzt man aber nicht so schön. Das Essen ist erstklassig. Sonntags geschl.*

Im sehr feinen **The Conservatory Restaurant** *im Cellars-Hohenort Country House (S. 208) sowie im* **Restaurant am Rhodes Memorial** *(S. 175) werden ebenfalls kapmalayische Gerichte serviert.*

Hinweis

Es werden **Cape-Malay-Kochvorführungen** bzw. **-kurse** sowie **Touren zu Lokalen** und **zu Familien im Bo-Kaap** angeboten. Macht richtig Spaß! Bei der Kapstädter Touristeninformation erfährt man, wann und wo solche Kurse, Touren bzw. Vorführungen angeboten werden. Ein Tipp: **Bo-Kaap Cooking Tour**, 46 Rose St., Bo-Kaap, www.bokaapcookingtour.co.za.

Kap-Holländisch/Cape-Dutch

Die Szene in diesem Segment ändert sich ständig. Die Restaurants haben es schwer, da das Angebot dieser Küche beschränkt ist und viele der Gerichte eher am Grill im Garten zubereitet werden. Deshalb stellt sie für die verwöhnten Kapstädter Gourmets nicht wirklich eine Alternative dar. Selbst die bekannte **Volkskombuis** *in Stellenbosch wurde geschlossen.*

Zurzeit kommen folgende Restaurants in Frage: **Riempies (3)** *(auch Cape-Malay-Gerichte; Southern Sun Cape Sun Hotel, 23 Strand St., ✆ (021) 488-5100) und* **Ons Huisie (12)** *(18 Generaal Jansen Rd./Stadler Rd., Bloubergstrand, ✆ (021) 554-1553). Im exquisiten* **Tryn (5)** *im Steenberg Hotel (Tokai Rd., Tokai, ✆ (021) 713-7178, www.steenbergfarm.com/tryn) gibt es gelegentlich Cape-Dutch-Gerichte und allemal leckeres Lamm und deftige südafrikanische Nachtische.*

Seafood

Der beliebte Crayfish steht seit Ende 2016 auf der Roten Liste des WWF und ist vorerst allenfalls in der Nebenssaison zu bekommen (s. S. 488); dafür bietet sich immer der Linefish („frisch von der Leine") an, besonders wenn es sich um Cod (Kabeljau) oder Kingklip (Barschart) handelt. Für einen „Rundumschlag" lohnt sich oft eine Seafood-Platter (man kann sie ja teilen). Bezüglich Seafood ist auch **La Perla (6)** *(s. S. 221) beachtenswert.*

Kyoto Garden (7), *11 Lower Kloof Nek Rd, Gardens, ✆ (021) 422-2001. Der Name verrät natürlich den japanischen Ursprung. Neben Sushi und einigen japanischen Speisen gibt es hier aber auch andere Fischgerichte und Austern. Gegründet von einem Chef aus New York, kommt der Hummer z.B. aus Alaska und der Lachs aus Alaska. Die Scallops werden aus Japan geliefert. Trotzdem werden die Speisen mit vielen lokalen Fischen, wie z.B. Kabeljau, zubereitet. Auch die Austern stammen aus Südafrika. Lecker, gediegen und nicht ganz preiswert.*

Sevruga (9), *V&A Waterfront, Shop 4, Quay 5, ✆ (021) 421-5134. Erstklassiges, vielseitiges, aber nicht ganz preiswertes Angebot an Fischgerichten. Das Sushi ist ebenfalls klasse. Von der Terrasse aus gilt: Cocktail trinken und Leute schauen.*

The Codfather (10), *Ecke Geneva Drive/The Drive, Camps Bay, ✆ (021) 438-0782/3. „Heaven for fishlovers". Hier kann man eine eigene Kombination der besten und frischesten Fische zusammenstellen. Außerdem gibt es eine exquisite Sushibar.*

Derzeit keine Selbstverständlichkeit auf den Speisekarten: der Crayfish

An der Strandpromenade (Victoria Rd.) von Camps Bay gibt es noch einige andere „In"-Restaurants mit Seafood.

The Bungalow (11), *3 Victoria Rd., Glen Country Club, Camps Bay, ✆ (021) 438-2018. Schön gelegenes Restaurant mit Blick aufs Meer (Sonnenuntergang!). Seafood und andere Leckereien.*

Harbour House Restaurant (9), *V&A Waterfront, am Plaza/Amphitheater hinter Cape Union Market., ✆ (021) 418-4744/8. Ableger des bekannten Restaurants in Kalk Bay (s. u.). Außenterrasse mit Blick auf den Hafen.*

Black Marlin, *Main Rd., Millers Point, ✆ (021) 786-1621. Südlich von Simon's Town bietet das Black Marlin gute Fischgerichte mit Aussicht auf die False Bay.*

Zum Abschluss einer Kapumrundung bietet sich ein Abend in **Kalk Bay** *an. Hier gibt es einige nette kleine „In"-Restaurants (nicht nur Fisch) und direkt am Meer (unter dem Bahnhof durchgehen) das sehr empfehlenswerte* **Brass Bell**, *eine frühere Hafenpinte, wo heute gute Fischgerichte zubereitet werden: Lockere Atmosphäre, mehrere Restaurantbereiche (einer mit einfachen Snacks wie Pizza, ein anderer eher eine Bar). Im Restaurant unbedingt reservieren: ✆ (021) 788-5455. Über dem Hafen von Kalk Bay thront das exzellente, nicht ganz preiswerte Fischrestaurant* **Harbour House (9b)**, *✆ (021) 788-4133 (s. S. 269).*

Ebenfalls ein wenig entfernt liegt das o. g. **Ons Huisie (12)** *in Bloubergstrand. Vor dem Gebäude, einem denkmalgeschützten ehemaligen Fischerhaus, kann man auf Holzbänken sitzen (schöner Blick). Fish & Chips, Snacks, Austern, aber auch andere landestypische (Cape Dutch) Gerichte. Mittags ist es hier an Wochenenden oft sehr voll.*

Indisch

Viele indische Geschäftsleute sind von Durban nach Kapstadt gezogen und haben damit die indische Restaurantszene in Kapstadt in den letzten Jahren deutlich belebt, denn den Geschäftsleuten sind die Köche gefolgt.

Bukhara (13), *V&A Waterfront, ✆ (021) 418-5600. Beliebtes indisches Restaurant. Die Gerichte sind authentisch und gut. Nordindische und zudem mongolische Küche. Die Currysauce gilt als Klassiker, und wegen ihr gab es sogar schon einen Kompetenz- und Rechtsstreit mit dem Saucenfabrikanten Coleman.*

Viele kleinere indische Restaurants befinden sich eher in den östlichen, vor allem aber südlichen Stadtteilen, da hier die meisten Inder leben. Tipps: **Curry Quest (14)**, *89 Durban Rd., Little Mowbray, ✆ (021) 686-3157, südindische Küche, sowie* **Bibi's Kitchen (15)**, *Broadmed Centre (Medicentre), Broad Rd., Wynberg, ✆ (021) 797-1054, nord- und südindisch.*

Kapstadt · Cape Town

0 Restaurants

1 Bo-Kaap Kombuis
2 Biesmiellah
3 Riempies
4 Restaurants V&A Waterfront, nahe Clock Tower
6 La Perla
7 Kyoto Garden
8 Persian Peacock, Villa Taverna
9 Restaurants V&A Waterfront, Victoria Wharf, Plaza, Quays 4+5: Sevruga, Harbour House Rest., Simply Asia, Quay 4, Ferryman's Tavern
10 Restaurants in Camps Bay: The Codfather, Hussar Grill
11 The Bungalow
13 Bukhara
16 Mr Chan
18 Yindee's
19 Korean Soju
20 Nobu
21 Izakaya Matsuri
22 Minato's
23 Saigon Restaurant
24 Simply Asia
24a Rick's Café Americain
25 Liquorice & Lime
26 Lord Nelson Restaurant/Planet Bar
27 Galjoen
28 Miller's Thumb
29 Aubergine
30 Salsify at the Roundhouse/The Lawns
31 Mama Africa
32 Marco's African Place
35 Anatoli
37 Bootlegger Café
38 Arnold's
41 Hussar Grill (Green Point)
42 Café Paradiso
43 Bouchon Bistro & Wine Bar
44 Cape Town Granger Bay Hotel School & Restaurant/Tobago's Bar im Radisson Blu
45 Nelson's Eye
46 Dias Tavern
47 Sgt. Pepper
48 Carlyle's on Derry
50 Col'Cacchio
51 Brad's Grill
52 Stardust
53 Cabo Beach Club
54 The Grand Africa Café & Beach
55 Fireman's Arms
56 Perseverance Tavern

Legendenpunkte, die hier nicht aufgeführt sind, finden sich auf der Kapstadt-Übersichtskarte (S. 144), der Karte V&A Waterfront (S. 165) sowie der Karte über die Stadtteile südl. der Innenstadt (S. 171).

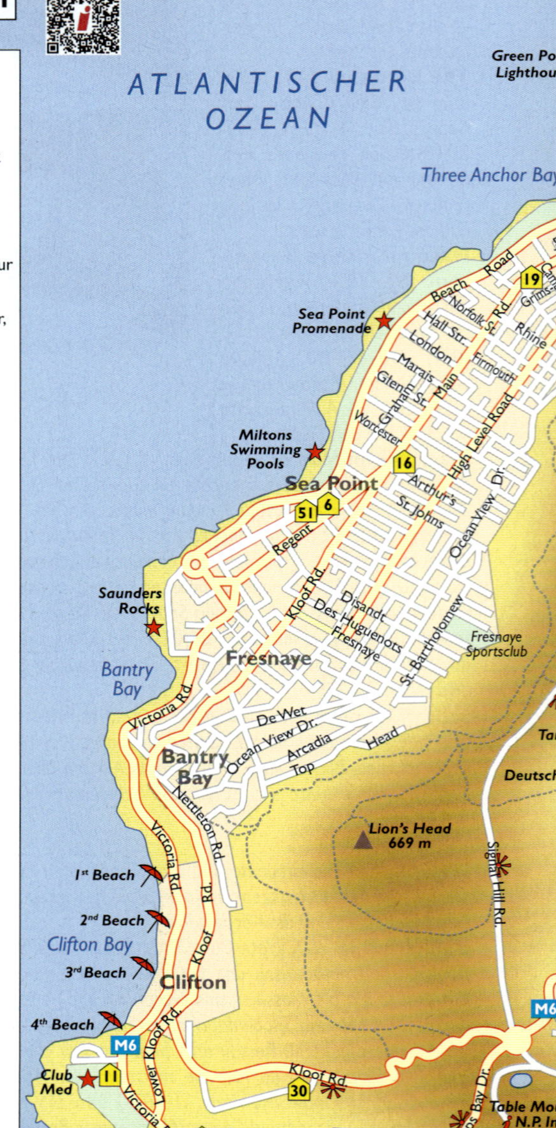

Robben Island
Table Bay
Mouille Point
Hotel School Restaurant
Granger Bay
Oranjezicht City Farm Market
Cape Town Stadium
Green Point Common
Victoria & Alfred Waterfront
Victoria Basin
Alfred Basin
Waterfront Marina
Duncan Dock
Table Bay Harbour
Green Point
Waterkant
Noon Gun
Signal Hill 350 m
Aussichtspunkt
Lion's Rump
Schotsche Kloof
Bo-Kaap
Food Lover's Market
Cape Town Int. Convention Center
Royal Cape Yacht Club
Artscape
Central
Rovos Rail
Bahnhof
Woodstock
Zonnebloem (District Six)
Walmer Estate
Gardens
De Waal Park
Oranjezicht
Vredehoek
Devil's Peak Estate
Runde Hochhäuser „Salt, Pepper, Vinegar"
Flughafen
Claremont, Nyanga, M3, Somerset West
Claremont, N2, M3
Paarl
Tafelberg/Table Mountain/ Seilbahnstation
500 m

Asiatisch (u. a. Chinesisch, Thailändisch, Japanisch)

Mr Chan (16), *17 Regent Rd., Sea Point, ✆ (021) 439-2239. Typisch chinesische „Auslandsküche". Recht gepflegtes Ambiente.*

Wang Thai (17), *in Milnerton, Lagoon Beach Dr., ✆ (021) 551-9254. Gutes thailändisches Restaurant. Von der Terrasse blickt man auf Table Bay und teils auf die Stadt. Sonnenuntergang!*

Yindee's (18), *Ecke Kloof/Camp Sts., Gardens, ✆ (021) 422-1012. Seit Jahren etabliertes, authentisches Thai-Restaurant. Der Koch und Mitbesitzer ist Thailänder. Gemütliches Ambiente. Reservieren!*

Korean Soju (19), *265A Main Road, Sea Point, ✆ (072) 736-7845. Authentische koreanische Küche. Von vielen „als bester Koreaner Kapstadts" bezeichnet. Beliebt sind der Hot Pot sowie das BBQ und als Beilage Kimchi. Einfache Ausstattung.*

Nobu (20), *Im One & Only Resort, Dock Rd., V&A Waterfront, ✆ (021) 431-5261. Sushi, japanische Gerichte und Seafood, aber vom Allerfeinsten. In gepflegt-modernem Ambiente isst auch das Auge mit. Etwas für einen besonderen Abend mit viel Zeit und gefülltem Portemonnaie. Es lohnt sich!*

Izakaya Matsuri (21), *32 Prestwich St., Innenstadt, DeWaterkant (im Cape Quarter), ✆(021) 421-4520. Super Sushi! Zudem leckere, japanische Tapas. Publikum: vorwiegend Avantgarde und Yuppies. Hier gilt: „Sehen und gesehen werden". Unbedingt reservieren!*

Minato's (22), *210 Long St., Innenstadt, ✆ (021) 422-0836. Kleines, unscheinbares Sushi-Restaurant. Sehr beliebt, da gut und günstig. Reservieren macht Sinn.*

Saigon Restaurant (23), *Ecke Kloof/Camp Sts., Gardens, ✆ (021) 424-7669, 424-7670. Eigentlich ein vietnamesisches Restaurant. Doch das Ambiente wurde „aufgepeppt" und nun gibt es zudem thailändische Gerichte sowie Sushi. Schade, denn das alte Restaurant hatte ein ganz eigenes Flair. Trotzdem gut für einen „normalen" Abend.*

Simply Asia, *die Kette unterhält Filialen an verschiedenen Standorten, u. a. am Heritage Square/Bree St. (Innenstadt)* **(24)** *und an der V&A Waterfront* **(9)** *(hier nur zum Mitnehmen), siehe unter www.simplyasia.co.za. Günstige und gute Thai-Gerichte, teils Restaurant, teils „Snackbude".*

Wine & Dine

Wine & Dine ist ein beliebtes Dinner-Vergnügen bei den Südafrikanern. In gepflegter Atmosphäre, oft bei Kerzenlicht, werden erstklassiges Essen (nicht selten neue Kreationen) und erlesene Weine geboten.

Fine Dining

Liquorice & Lime (25), *162 Kloof St., Ecke Bellevue St., ✆ (021) 423-6921. Erfrischend-buntes Tagesrestaurant. Leckeres Frühstück mit einfallsrei-chen Schmankerln. Auch die Lunchgerichte passen zu einem relaxten Tag. Kuchen, Pasta, vegetarische Gerichte, bester Kaffee u.v.m. Dazu Blick auf Table Mountain. Ein echter Tipp für einen Brunch.*

Lord Nelson Restaurant/Planet Bar (26), *im Mount Nelson Hotel (s. S. 203), 76 Orange St., Gardens, ✆ (021) 483-1000. Edel, wie das Hotel. Kronleuchter, Cocktailbar und natürlich eine exquisite Küche samt erlesener Weinkarte. Hier sollte man sich*

Zeit nehmen. Täglich wechselnde, frisch zubereitete Menüs mit lokaler Note. Unbedingt reservieren! In der Bar gibt es kleine Gerichte (Salate, Austern, Burger).

Gebiete zur kulinarischen Erkundung

Hier gibt es eine Reihe von netten Restaurants im nahen Umfeld:

- Main Road im Abschnitt **Green Point**.
- In Sea Point: **Main Road**, v. a. der südwestliche Abschnitt, sowie **Regent Street** (besonders beliebt bei jungen Leuten).
- **Heritage Square**: An der Nordseite des Platzes finden sich eine Reihe von schicken und hippen Restaurants und Weinbars.
- Long Street/Kloof Street: Zwischen **Wale Street** und **Kloof Nek Road** sowie **Bree Street** am Südende. Bunte Auswahl: Fine Dining, gute Burger, Pubfood, afrikanisch, asiatisch, Steaks, Cocktailbars mit Snacks etc.
- **De Waterkant/Somerset Road**: In-Bars, angesagte Italiener, gesund, Sushi.
- Studentenlokale um die Main Road in **Rondebosch** und **Claremont**.
- **Lower Main Road** in Observatory: eklektische Studentenlokale .
- Die Restaurantszene in **Woodstock** (rund um den Salt River Circle/ Albert Rd.) ist beachtenswert und spannend! In der Biscuit Mill: Der **Neighbourgoods Market** (Sa/So bis 16 Uhr) bietet Streetfood aller Geschmacksrichtungen, und die **Test Kitchen** (TTK Fledgelings) hier ist ein echtes Highlight.
- Neu und spannend: die aufstrebende Gastroszene rund um die **Harrington St.** (nördl. der Roeland St.) im District Six.
- Natürlich die **V&A Waterfront**. Hervorzuheben hier ist z. B. der **Oranjezicht** (**Organic**) **City Farm Market** (Mi abends, Sa/So bis 14 Uhr, ein Tipp fürs Wochenendfrühstück) mit Streetfood und viel Vibe.
- Für echte „Foodies“: Unter **http://capefusiontours.com** wird auf Adressen von ausgesuchten Restaurants, kulinarischen Touren und Kochschulen hingewiesen. Die Auswahl reicht von traditionellen Gerichten im Township über Braai und Märkte bis zum Fine Dining.

Galjoen (27), *99 Harrington St., District Six, ✆ (079) 093-0559, http://www.galjoencpt.co.za. Südafrikanische gehobene Küche mit Schwerpunkt auf Seafood. Ausschließlich lokale Produkte und Nachhaltigkeit. Nur Mehrgeänge-Menüs und das zu festen Zeiten. Es lohnt sich!*

Miller's Thumb (28), *10b Kloof Nek Rd., ✆ (021) 424-3838. Einfallsreiche Gerichte in gemütlichem Ambiente. Die Gerichte stehen an der Tafel und wechseln oft. Vor allem Seafood (frischer Fisch!), zudem gibt es vegetarische Speisen und gute Weine.*

Aubergine (29), *39 Barnett St., Gardens, ✆ (021) 465-0000. Mehrfach ausgezeichnetes Restaurant. Küche: Kreativ, französisch-orientalisch angehaucht, wobei auch die südafrikanischen Einflüsse unverkennbar sind. Vornehmlich regionale Zutaten. Exzellente Weinkarte. Eine der Top-Adressen im Land. Teuer!*

Salsify at the Roundhouse/The Lawns (30), *The Glen on Kloof Rd. (Straße, die die Victoria Rd. und den Kloof Nek verbindet), ✆(021) 010-6444 (Salsify) sowie 438-4347 (The Lawns). Im Roundhouse haben vor 100 Jahren die alten Haudegen am offenen Fenster gestanden und auf das Wild am Hang geschossen. Heute genießt man die Aussicht auf die Camps Bay (Sonnenuntergang!) und vor allem das exquisite Essen im Salsify-Restaurant (zumeist Mehrgänge-Menü). Im* **The Lawns** *in der schicken Gartenanlage gibt es eine Außenterrasse und gemütliche Sitzsäcke, in denen man einen Cocktail genießen kann. Zu essen gibt es Burger, Fisch, Pizza, Ribs, Salate und ein paar vegetarische Gerichte.*

Afrikanische Küche

Mama Africa (31), *178 Long St., ✆ (060) 934-8063. Beliebt bei Einheimischen und Touristen. Das bunt aufgemachte Restaurant mag einigen etwas zu kitschig vorkommen, aber dafür gibt es oft afrikanische Musik und Unterhaltung. Außerdem verspricht die Speisekarte Gerichte aus verschiedenen afrikanischen Ländern. Zudem Pap (Maisbrei), Plantain (nicht süße Banane), Cassave, Krokodil, eine afrikanische Wildplatte (u. a. Kudu, Eland, Strauß) und einige andere Besonderheiten.*

Marco's African Place (32), *15 Rose Lane, Bo-Kaap, ✆ (021) 423-5412. Wild- und Fleischgerichte aus Südafrika, auf Wunsch mit Pap (Maisbrei). Zudem traditionelle afrikanische Gerichte, aber auch Leckereien wie „Crocodile Carpaccio" und Fischgerichte. Nahezu tgl. afrikanische Livemusik.*

Eziko Restaurant/Eziko Cooking & Catering School (33), *Jungle Walk, Ecke Washington St., Langa, ✆ (063) 989-4450, www.ezikorestaurant.co.za. Die Kochschule befindet sich auf einem Kirchengelände in Kapstadts ältestem Township. Hier erlernen zukünftige Köche die afrikanische Küche und bieten im angeschlossenen Restaurant (Lunch und Dinner) authentische Gerichte (u. a. Pap) an. Unbedingt vorher anrufen, wann das Restaurant geöffnet ist. Im nahen* **Mzansi Restaurant** *(45 Harlem Ave., ✆ (021) 694-1656) kocht Mama Numonde traditionelle afrikanische Gerichte, und dazu gibt es auch noch Livemusik. Kein Geheimtipp mehr und bereits von vielen Touristen besucht, aber lohnend und eine tolle Erfahrung.*

Mzoli's (Phunga Restaurant & Bar) (34), *Shop 3, NY 115, Gugulethu, ✆ (021) 638-1355. Anfahrt: N2 Exit 15, rechts auf Dunefontein Rd., dann links in Klipfontein Rd. Über die Bahn- und die Ampelkreuzung fahren, danach die nächste Straße links. Das Lokal liegt nahezu an der Ecke. Offiziell ist Phunga das Restaurant und Mzoli's der Fleischladen – bis man einfach beides miteinander verband. Das auf der überdachten „Veranda" (Parkplatzboden, Blechdach, Drahtgehäuse, Plastikstühle …) gekaufte bzw. bestellte Fleisch wird in riesigen Grillöfen im Hinterhof zubereitet und – oft zusammen mit mitgebrachten Getränken – verzehrt. Besonders gut sind die Hühnchengerichte.*

Andere Küchen

Anatoli (35), *24 Napier St, De Waterkant, Innenstadt, ✆ (021) 419-2501. Gute türkische Küche. Auch Seafood.*

Stateless (36), *273 Long St., ✆ (021) 423-5494. Nettes kleines Restaurant, um vor dem Barhopping in der Long Street einen leckeren, günstigen Burger zu verzehren. Lockere, jugendliche Atmosphäre sowie eine gute Auswahl an Cocktails.*

Bootlegger Café (37), *33 Derry St., Vredehoek, ✆ (021) 461-2839. Kleines Eckcafé der bekannten Franchisekette abseits der Touristenpfade und der Malls. Gute Frühstücksauswahl sowie Burger und Sandwiches den ganzen Tag. Beliebt sind auch die Smoothies, Säfte und Milkshakes. Weitere Filialen unter www.bootlegger.coffee.*

Arnold's (38), *60 Kloof St., Gardens, ✆ (021) 424-4344. Unscheinbar an der beliebten Restaurantstraße gelegen, empfiehlt sich Arnold's mit guten und bezahlbaren Fleischgerichten (Burger, Steaks, Wild), serviert aber auch Salate. Ebenfalls angenehm: Das Publikum, denn hier geht man hin, um gut und zu fairen Preisen zu essen, ohne viel Schnickschnack. Arnold's ist zudem beliebt als Frühstückslokal („Breakfast all day long").*

Rick's Café Americain (24a), *103 Kloof St./Ecke Weltevreden St., Gardens, ✆ (021) 822-1100. Hier wird in Humphrey-Bogart-Manier „Casablanca" zelebriert: lockere Atmosphäre und bestes Essen. Eine Mischung aus marokkanischen und südafrikanischen Elementen, z. B. Springbok, Lamm, Fisch oder verschiedene Tajine (mit marokkanischen Gewürzen* *und Couscous aus dem Tontopf). Außerdem Burger und Steaks, doch dafür kommt man eigentlich nicht her … Toll sitzt man auf den schmiedeeisernen Balkonen oder ganz oben auf dem Deck. Der Filmklassiker wird im ersten Stock gezeigt.*

Hussar Grill (40), *10 Main Rd., Rondebosch, ✆ (021) 689-9516. Alteingesessenes, gemütliches Restaurant mit zahlreichen Steakvariationen (u. a. Chateaubriand, Steak Ma dagascar). Abseits der Touristenpfade und von außen recht unscheinbar.* **Filialen** *gibt es u. a. in Green (Mouille) Point* **(41)** *(163 Beach Rd., Mouille Point, ✆ (021) 433-2081) sowie Camps Bay* **(10)** *(Camps Bay Drive, ✆ 021-438-0151).*

Café Paradiso (42), *110 Kloof St., ✆ (021) 422-0403. Ausgefallene Gerichte, oft mit Pasta, zu vernünftigen Preisen. Schöne Gartenterrasse.*

Bouchon Bistro & Wine Bar (43), *95 Hout St., Innenstadt, ✆ (021) 422-0695. Der Name verrät eigentlich alles. Hier bekommt man leckere Kleinigkeiten in Form von Tapas. Drei Tapas-Gerichte sättigen zwei Personen. Dazu gibt es eine gute Weinauswahl, und das zu vernünftigen Preisen. Nur Mo–Fr.*

La Perla (6), *Beach Rd./Ecke Church Rd., Sea Point, ✆ (021) 439-9538. Authentisches italienisches Restaurant, bekannt für seine Meeresfrüchtespeisen, den 1970er-Jahre-Charme und die angeschlossene Cigar Lounge. Gut schmecken – in der Saison – die Muscheln. Man kann auch draußen sitzen.*

Persian Peacock (8), *176 Upper Buitenkant St./Ecke Vredehoek Ave., ✆ (060) 579-9486, https://persian-peacock.business.site. Unauffälliges persisches Restaurant. Frische, gegrillte Fleischspieße (Tipp: das Lamm), zudem leckere Salate und Gemüsebeilagen. Viele Gerichte mit Tahini, Dolmades, Hummus und/oder Falafel. Viele Gerichte mit Tahini, Dolmades, Hummus und/oder Falafel. Mo & So geschlossen, sonst ab 17, Sa ab 13 Uhr. Im Untergeschoss befindet sich die beliebte portugiesische* **Villa Taverna** *(Pizzen, Steaks, Burger, Meeresfrüchte).*

OBZ Café (39), *115 Lower Main Rd., Observatory, ✆ (021) 448-5555. Treffpunkt von Leuten aus der Medien- und Werbebranche. Lockere Atmosphäre. Im New-York-Stil aufgezogen. Kombination aus „Deluxe Deli“ (mit Barstühlen) und Restaurant (einfache Stühle und Tische) – alles in einem Raum. Zu den Delikatessen zählen z. B. Tapas, Couscous und Lammgerichte. Gerne wird ein süßer Kuchen als Late-Night-Snack bestellt.*

Cape Town Granger Bay Hotel School Restaurant (44), *Beach Rd., Mouille Point Granger Bay Campus (zwischen Waterfront und Sea Point), ✆ (021) 440-5736. Hier werden Köche, Kellner und anderes Hotelpersonal ausgebildet. Das Restaurant mit kleiner Terrasse liegt direkt am Meer. Die Küche und der Service sind hervorragend, denn die Schüler/innen müssen ja ihr neu erworbenes Können „ausprobieren“. Die Variationsbreite der Gerichte ist groß, aber i. d. R. gibt es immer einige leckere Seafoodgerichte. Unbedingt reservieren.*

Nelson's Eye (45), *9 Hof St., Gardens, ✆ (021) 423-2601. Eines der besten Steakrestaurants der Stadt. Nettes, historisches Ambiente, gute Saucen. Unbedingt reservieren.*

Dias Tavern (46), *27 Caledon/Ecke Harrington Sts., Innenstadt/District Six, ✆ (021) 465-7547. Großes, uriges Kneipenrestaurant. Zahlreiche portugiesische und Pub-Gerichte mit Fisch und Hühnchen. Der Tipp aber: Espetada oder das saftig-würzige Portugese Rump. Hier stimmen Preis und Leistung. Oft Livemusik.*

Sgt. Pepper (47), *194 Long St., Innenstadt, ✆ (021) 424-5608, www.sgtpepperct.com. Ableger des bereits legendären Studenten-Pizza-Joints aus Stellenbosch. Hier gehen gerne junge Leute hin und lassen sich von z. T. ausgefallenen Pizza-Kombis (u. a. mit Kudufleisch) überraschen. Einfach, aber okay.*

Quay 4 (9), *Waterfront, Pierhead, ✆ (021) 419-2008. Restaurant mit Hafenblick. Fisch- sowie Pub-Style-Gerichte. Nette Atmosphäre.*

Carlyle's on Derry (48), *17 Derry St., Vredehoek, ✆ (021) 461-8787. Angesagt bei Jung und Alt. Gute Pizza, Salate und Pasta. Topgericht ist aber der Lamb Shank! Lockeres, aber kein italienisches Ambiente. After-Work-Bar, Treffpunkt für die Vredehoeker.*
The Wild Fig (49), *Valkenberg Estate, Liesbeeck Ave., Observatory, ✆ (021) 448-0507. Abseits der Touristenströme wird hier schmackhafte Küche geboten. Leckere Lamm-, Wild- und Steakgerichte, gute Salate. Sehr beliebt sind die Roasted Duck, der Pork Belly sowie das Lamb Shank.*
Col'Cacchio (50), *Shop 2, The Spearhead Bldg., 42 Hans Strijdom Ave., Foreshore, ✆(021) 419-4848. Schick, aber eine Geräuschkulisse wie in einer Bahnhofshalle! Riesenauswahl an Pizza (dünn, kross, lecker). 50 verschiedene Zutaten werden angeboten.*
Brad's Grill (51), *57 Regent Rd., Seapoint, ✆ (063) 460-3206. Wer mal Lust auf ein gutes Steak unter Einheimischen hat, ist hier richtig. Unbedingt reservieren. Brad selbst ist eine charismatische Persönlichkeit!*
Stardust (52), *118 Sir Lowry Rd., Woodstock, ✆ (021) 462-7777. Marokkanisch-mediterrane Küche. Das Ausgefallene hier sind die Kellner/innen, die auf der Bühne musikalisches Entertainment bieten, bei dem man mitsingen kann. Es darf auch getanzt werden. Für die weniger Hungrigen gibt es eine Bar, eine Zigarren-Bar und Sitzgelegenheiten auf dem Dach.*
Cabo Beach Club (53), *12 South Arm Rd., nordöstl. der V&A Waterfront, ✆ (021) 137-5401, www.cabobeachclub.co.za. Cool und angesagt („Just Lifestyle"). Abseits des üblichen Touristenrummels an der Waterfront. Hier kann man Cocktails schlürfen, sich auf Kissen oder am Ministrand fläzen, in den Pool hüpfen, aber auch mit Blick auf die Hafeneinfahrt gepflegt essen (beste südafrikanische Gerichte und Pizza).*
BOSSA (17), *13 Woodbridge Dr., Woodbridge Island, Milnerton, ✆ (021) 551-4992. Riesiges Restaurant mit Bar, direkt am Wasser. Tolle Sonnenuntergangs-Location, am Wochenende laut und voll.*
An der **False Bay** *(Indischer Ozean) gibt es in jedem Ort Restaurants. Für frisches Seafood ist der kleine Hafen von* **Kalk Bay** *der beste Anlaufpunkt. In* **Simon's Town** *dagegen gibt es mehr „Mainstream-Restaurants", so z. B.* **Bertha's** *(Steaks/Fisch, ✆ 021-786-2138) direkt an der Waterfront Mall.* **Muizenberg** *besticht eher durch eine Vielfalt günstigerer Restaurants.*
Blue Peter (12), *8 Popham Rd., Bloubergstrand, ✆ 021-554-1956. 30 Min. von Kapstadt entfernt. Von hier aus hat man einen grandiosen Blick auf Kapstadt und den Table Mountain (Sonnenuntergang). Unten Pizza und gutes Pubfood, oben verglastes Restaurant. Auch vom nahen* **On the Rocks Restaurant (12)** *(45 Stadler Rd., ✆ 021-554-1988) ist der Blick auf die Stadt klasse.*
In **Big Bay (12)** *locken verschiedene Restaurants auf dem Platz am Eden on Big Bay Shopping Centre, so z. B. das Mozambik (Shop 50, ✆ 021-286-2122) mit einer ausgiebigen Speisekarte (Fisch, Steak, Hühnchen etc. – nur Vegetarier finden hier leider nicht viel). Schönes Ambiente zum Sehen und Gesehen-Werden. Abends Sonnenuntergangsstimmung.*

Hinweis

Nahezu alle unter Bars & Pubs (S. 223) aufgeführten Adressen bieten (teils sehr gutes!) Essen an.

Coffeehouses & Teatime

Kapstadt ist bekannt für seine **Coffeehouses**. *Sie wurden gegründet für die vielen Büroangestellten und die Shopper, die es leid waren, während die wässrigen Kaffees* *der Schnellimbisse zu trinken. Coffeehouses findet man in der St. Georges Mall, seinen Seitenstraßen, am Greenmarket Square, entlang der Long Street, an der V&A Waterfront und in jeder Mall. Auch in den Randgebieten der Innenstadt finden sich einige an Straßenecken. Viele der Cafés haben Internet bzw. sind WiFi Hot Spots. Coffehouse-Ketten: Bootlegger, Mugg&Bean, Vida e Caffé, Seattle Coffee Company u. a.*

Teatime *ist bekanntlich britischen Ursprungs. Der wahre Teegenießer sollte sich den „Afternoon Tea" im* **Mount Nelson Hotel** *(Orange Rd., Gardens) nicht entgehen lassen. Er wird nur Mi–So zelebriert, es gibt jeweils ein First (12 Uhr) und ein Second Seating (15 Uhr), eine Anmeldung ist erforderlich: ✆(021) 483-1000 oder online: www.belmond.com/mount-nelson-hotel-cape-town. Dazu werden gereicht: Gurken-Sandwiches, Lachsbrötchen, Torten, Cupcakes und Scones, kapmalayische Snacks und Süßgebäck. In Stellenbosch wird Afternoon Tea im* **Lanzerac** *(s. S. 294) serviert. Andere Hotels mit Afternoon Tea:* **Cape Grace**, **The One & Only Resort**, **The Table Bay**, **Cellars-Hohenort Country House** *sowie* **The Twelve Apostles** *in Oudekraal (südl. von Camps Bay).*

Bars, Kneipen und Sundowner-Spots

Sundowner-Spots

Tobago's Bar & Terrace (44) *im Radisson Blu Hotel Waterfront (Beach Rd., Granger Bay, ✆021-441-3000, www.radissonblu.com) ist ein beliebter Afterwork-Treffpunkt. Man sitzt am Pool mit Blick aufs Meer. Gute Cocktails runden das Bild ab.*

BOSSA (17), *Milnerton, Woodbridge Island, s. o. Großes Restaurant mit Bar, direkt am Strand. Tolle Location, doch laut und am Wochenende voll.*

Blue Peter (12), *Beachfront, Bloubergstrand. 30 Min. von Kapstadt entfernt (s. o.). Der Blick auf die Table Bay und den Table Mountain ist am Nachmittag und besonders zum Sonnenuntergang mehr als grandios und ein touristisches Muss! Pizza und Pubfood. Nördlich von Bloubergstrand lockt der Strand von Big Bay ebenfalls die Sundowner-Crowd an.*

The Bungalow (11), *3 Victoria Rd., Glen Country Club, Clifton (s. o.). Bar und Restaurant zwischen Clifton und Camps Bay. Besonders an den Wochenenden (oft Livemusik) mischen sich hier die jugendlichen Urlauber mit den „angereisten" Innenstädtern.*

Cabo Beach Club, *siehe S. 222*

The Grand Africa Café & Beach (54), *Haul Rd., Granger Bay. Nahe der V&A Waterfront, ✆(021) 425-0551. Beach Club mit Sofas, Strand, Bistro-Atmosphäre. Bars drinnen und am Strand. Toller Platz für den Sonnenuntergang. Gediegen.*

In **Camps Bay** *werben mehrere Bar-Restaurants an der Victoria Road mit Sonnenuntergangsstimmung. Der Blick stimmt, doch wirkt die stark befahrene Straße störend. Hier gilt „Sehen und gesehen werden". Beliebt sind das* **Café Caprice** *(37 Victoria Rd., ✆021-438-8315), das* **Mynt Café** *(31 Victoria Rd., ✆ 021-437-1765) sowie* **La Belle Bistro** *(201 The Promenade, Victoria Rd., ✆ 021-437-1278).*

Sehr vornehm geht es zu in der Leopard Bar des Hotels **The Twelve Apostles** *an der Victoria Road südlich von Camps Bay (✆ 021-437-9000). Wer hierher kommt, sollte dabei eher an edle Gin-Marken, erlesene Weine und Austern denken als an Bier und Chips – oder bereits nachmittags zum „Tea by the Sea" erscheinen.*

Sonnenuntergangspicknick

Wer nicht einkehren möchte, dem seien die **Strände von Bloubergstrand, Milnerton und Camps Bay** *für ein mitgebrachtes Picknick bzw. Sundowner-Package empfohlen. Auch die Ausblicke vom* **Table Mountain** *und* **Signal Hill** *sind toll.*

Tags und nachts beliebt: Mitchell's Waterfront Tavern

Bars & Pubs

Zu beachten ist, dass die Pubs in Kapstadt oft schon um 23 Uhr schließen, an Sonntagen oft auch früher.

An der **V&A Waterfront** *gibt es einige Bars und Pubs, von denen das* **Quay4** *(Veranda zum Hafen, Seafood), die alte* **Ferryman's Tavern (9)** *(Barfood, Fisch- und Fleischgerichte) und gleich daneben* **Mitchell's Waterfront Brewery/Scottish Ale House** *(bis nach 2 Uhr geöffnet, gemütliche Whiskey Bar im Obergeschoss) die beliebtesten sind.*

Entlang der oberen **Long Street** *(und deren Verlängerung* **Kloof Street***) – Innenstadt/ Gardens – findet man zahlreiche Lokale und Kneipen, z. B. Studentenbars, Cocktailbistros und Schuppen mit lauter Musik. Angesagt ist z. B. die gemütliche, aber oft volle* **Tjing-Tjing Rooftop Bar** *(165 Longmarket St., Ecke Long St., ✆ 021-422-4374 od. -4920).* **The Dubliner Irish Pub** *(251 Long St., ✆ 021-424-1212), ein gemütlicher Pub, lockt mit einer ansprechenden Auswahl guter Whiskeys und Cognacs, Pubfood sowie nahezu täglich Livemusik. Stylisher geht es in der Bree Street zu (zw. Buitensingel und Pepper St.) mit einigen thematisch gestalteten Lokalen, so z. B.* **The Orphanage** *(227 Bree St., ✆ 071-534-0266): sagenhafte Cocktails, nahezu rund um die Uhr geöffnet. Als Rooftop-Bars mit Aussicht locken z. B.* **Utopia** *(40 Chiappini St., Green Point, ✆ 021-418-3065), die Bar auf dem* **Hotel The Silo** *(Waterfront, beim Zeitz MOCAA, ✆ 021-670-0500) sowie die* **Cloud 9 Bar** *(12 Kloof Nek Rd., Gardens, ✆ 021-424-0291, mit Pool!)*

Fireman's Arms (55), *25 Mechau St./Ecke Buitengracht, Innenstadt, ✆ (021) 419-1513. Trotz der vielen Feuerwehrhelme an den Wänden war der alte Pub (von 1906) ehemals das „Waterhole" der Kohlenstoker auf den Schiffen – zu einer Zeit, als der Hafen nur 150 m entfernt war. Heute treffen sich hier mittags und nach Dienstschluss (Happy Hour) die Büroangestellten und Kaufleute. Voll, wenn Sportveranstaltungen gezeigt werden (besonders Fußball und Rugby). Gute Pubgerichte und krosse Pizza.*

Perseverance Tavern (56), *83 Buitenkant St., Innenstadt, ✆ (021) 461-2440. Älteste Taverne der Stadt (ab 1808 Herberge und seit 1836 Taverne) und wohl auch die ältes-*

te noch geöffnete in Südafrika. Pubatmosphäre, kleiner Innenhof, gemischtes Publikum. Pizza, Steaks, Salate und feiste Burger. Historische Fotos an den Wänden, dazu Sport-Liveprogramme.

Foresters Arms Pub *(„**Forries**"), 52 Newlands Ave. (gegenüber Palmwood St.), Newlands, ✆ (021) 689-5949. Großer, alteingesessener Pub in ruhiger Wohngegend. Beinahe möchte man sagen, hier passt er nicht hin. Früher war es ein Ausflugslokal auf halbem Wege zwischen Innenstadt und den Stränden am Indischen Ozean, lange bevor hier Wohnhäuser gebaut wurden. Publikum: Studenten und mittleres Alter. Beliebt sind die Pubgerichte und besonders das „Carvery" am Sonntagmittag, ein ausladendes Buffet, das keine Wünsche offen lässt.*

Lower Main Road *(Ecke Trill St.) in* **Observatory**, *nahe dem Uni-Viertel: In den ehemaligen Geschäften der mittlerweile zu einer Nebenstrecke umfunktionierten Straße (nicht zu verwechseln mit der Main Road ein paar Blocks parallel davon) gibt es eine Reihe kleiner Restaurants und Kneipen aller Schattierungen: afrikanisch, eklektisch, Trendy-Bars, Cafés, Barrestaurants, Musikkneipen etc. Einige der Lokale sind lange geöffnet, oft auch bis 3 Uhr.*

Red Herring, *Ecke Pine/Beach Rd., Noordhoek, ✆ (021) 789-1783. Ausflugs-Pub mit Außenterrasse (Blick über Noordhoek und das Valley). An Wochenenden voll. Jüngeres Publikum.*

Weitere beliebte **Bars** *sind an bekannte* **Restaurants** *angeschlossen, z. B.* **La Perla** *(s. S. 223). Die vornehme* **The Union Bar** *im* **Table Bay Hotel** *an der V&A Waterfront (✆ 021-406-5988) verwöhnt mit exquisiten Whiskeys und Rotweinen. Nicht minder elegant sind die* **Bascule Bar** *im Cape Grace Hotel (✆ 021-410-7082) mit über 500 Whiskeysorten zur Auswahl und die Bars im* **One & Only Resort** *an der Waterfront (✆ 021-431-4511 od. -5888: Im* **Wine Studio** *kann man seltene, erlesene Weine aus Südafrika probieren. Die* **Vista Bar & Lounge** *bietet dreierlei: nachmittags Teatime, abends beste Cocktails und immer einen tollen Ausblick auf Stadt, Table Mountain und Waterfront.*

Und wen es nach **Kalk Bay** *verschlägt, der sollte mal ins urige* **Cape to Cuba** *(165 Main Rd., ✆ 021-788-1566) schauen. Der Name verrät eigentlich schon alles: kubanisches Essen und Livemusik, Rum und Zigarren in Hemingway-Che-Guevara-Karibik-Ambiente.*

Hinweis

Auch in Pubs und einfacheren Lokalen ist es üblich, Trinkgeld („**Tip**") zu geben. Oft steht ein Glas mit einer obskuren, bunten Flüssigkeit auf dem Tisch. In diese wirft man das „Tip" hinein.

Livemusik, Clubs, Theater und klassische Aufführungen

Livemusik

Bekannte internationale Bands treten meist in den **Stadien** *oder im* **Artscape Center** *in der Innenstadt auf (Buchung über Computicket, ✆ 0861-915-8000, https://tickets.computicket.com), nationale Bands dagegen eher im* **Baxter Theatre** *oder im* **Grand West Casino**. **Livemusik in den Townships** *sollte man nur mit einem Guide aufsuchen, wegen der Sicherheit und vor allem, weil man die kleinen Lokale kaum finden würde. In der Innenstadt und an der Waterfront wird oft nur „Mainstream" angeboten von Bands, die allabendlich im gleichen Establishment auftreten. Doch es gibt auch tolle Gigs! Zumeist wird Jazz angeboten, i. d. R. Modern Jazz, seltener African Jazz. Ein Tipp für Jazz im Township ist* **Sec's Place**, *52 NY 138, Gugulethu.*

Ankündigungen zu Veranstaltungen

*Den Tageszeitungen „***Cape Times***" und „***Argus***" liegt freitags ein Extrateil mit Veranstaltungstipps für die folgende Woche bei. Veranstaltungsankündigungen im Internet finden sich unter* **https://capetownjazz.weebly.com** *oder* **www.capetownmagazine.com**.

Musik-Tipps

Coffeebeans Routes veranstaltet „Cape Town Jazz Safaris" sowie „Choral Music Safaris", u. a. zu bekannten Musikern nach Hause (Musik und Dinner) mit anschließendem Besuch eines Jazzclubs. Die Touren sind aber nicht billig! Kontakt: ✆ (079) 495-8782, info@coffeebeansroutes.com, https://coffeebeansroutes.com.
Radiostation mit viel **Township-Musik/Kwaito**: Radio Zibonele, FM 98,2 (https://zibonelefm.co.za).

Im **Quay 4** *(✆ 021-419-2008, https://quay4.co.za) an der Waterfront gibt es oft stimmungsvolle Livemusik, seltener Jazz. Auch im Amphitheater und auf den Wegen an der Waterfront spielen Bands verschiedenster Richtungen. In der Stadt ist das* **The Crypt Jazz Restaurant** *(in den Gewölben der St. George's Cathedral, Ecke Wale/Adderley Sts., ✆ 062-614-8731, www.cryptjazz.co.za) beliebt. Außerdem:* **Swingers Pub & Restaurant** *(1 Wetwyn Rd., Lansdowne, am Gewerbegebiet, ✆ 021-762-2443) mit Jazz und manchmal auch Rock oder Disco, ein Geheimtipp. Die Jam-Session/Jazznight (meist am Montag) ist der Knüller! Im* **Dizzy Restaurant** *(41 The Drive, Camps Bay, ✆ 021-438-2686, www.dizzys.co.za) spielen oft Coverbands; die Küche wird mit dem Codfather geteilt (s. o.).*
Im **Kirstenbosch Botanical Garden** *(Rhodes Dr., Newlands, ✆ 021-799-8782, www.sanbi.org/gardens/kirstenbosch) finden im Sommer regelmäßig* **Open-Air-Konzerte** *(alle Stilrichtungen) statt. Rechtzeitig reservieren!*
Beachten sollte man auch Ankündigungen von **Open-Air-Konzerten auf Weingütern** *um Stellenbosch und Paarl. Fast jedes Wochenende findet dort irgendwo ein Konzert statt.*
In der Lower Main Road (Ecke Trill St.) in Observatory, nahe dem Uni-Viertel, treten in kleinen Bars und Clubs Bands auf, meist Rock oder moderne Rhythmen. Zum Beispiel im **A Touch of Madness** *(12 Nuttall Rd., ✆ 021-447-4650).*

In der Samstagsausgabe der „Cape Times" werden Livemusikauftritte für Sa–Mo angekündigt. Beachtenswert sind hier z. B. die beliebten Montags-Jam-Sessions. Einige interessante Adressen sind: **Barleycorn Club** *(11 Imam Haron Rd., Claremont, www.barleycorn.co.za),* **The Blue Whistle** *(111 Main Rd., Claremont, www.thebluewhistle.com) und* **The Tin Roof** *(85 Main Rd., Claremont, ✆ 021-674-6888).*
Im **Baxter Theatre Centre** *(Main Rd., Rondebosch, www.baxter.co.za) spielen oft Bands, auch afrikanische. Tickets über Computicket: ✆ 0861-915-8000, https://tickets.computicket.com.*
Viele weitere Lokale und Institutionen bieten oft Livemusik an. Beachtenswert sind die Auftritte im **Hanover Street Club** *(DJ, moderne Livemusik) im* **Grand West Casino** *(Hanover St., Goodwood, www.suninternational.com) sowie im* **Club Galaxy/The West End** *(Cine Building 400, College Rd., Rylands, ✆ 021-637-9132).*
Unentschlossene sollten es im Bereich Long, Bree und Kloof Street versuchen: **The Dubliner** *bietet mehrmals in der Woche Livemusik (Rock, Folk, 251 Long St., ✆ 021-*

424-1212). **Asoka** *(68 Kloof St., ✆ 021-422-0909, http://asoka.za.com), ein Lifestyle-Bar-Restaurant mit internationalen Gerichten, veranstaltet meist sonntags und dienstags einen Jazzabend, für den man reservieren sollte.*

Viele **Hotels** *bieten an den Wochenenden (tagsüber) „leichte Kost", und wer sich einfach mal zurücklehnen möchte mit einem Cocktail in der Hand oder beim Lunch neueste Rhythmen hören will, der sollte sich genauer informieren. Beliebt und legendär in der Stadt ist der* **Jazz-Brunch im Winchester Hotel**, *221 Beach Rd., ✆ (021) 434-2351, www.newmarkhotels.com. Jeden letzten Sonntag im Monat in der Zeit von 12–16 Uhr Jazz Brunch!*

Clubs/Night Clubs

*Generell gilt, dass Kapstadts Club-und Kneipen-Szene, besonders in der Innenstadt, sich schnell verändert. Manchmal haben kleinere Schuppen nur für eine Sommersaison geöffnet. Kapstädter lieben den Wechsel, bedauern aber auch die „gähnende Leere" während der Wintermonate. Die folgende Auswahl beschränkt sich daher auf wenige Adressen. Typisch für Kapstadt ist das „***Partying***". Viele Veranstaltungsorte (Kneipen, Hotels etc.) bieten – nach Vorankündigung – eine Party unter unterschiedlichstem Motto an. Ankündigungen dazu in den Zeitungen und im Internet. Kapstadts aktuelle Nightlife-Adressen findet man unter www.capetownmagazine.com.*

Kapstadts „Zappelmeilen" haben sich vor allem in der **Long Street** *(zw. Wale St. und Buitensingel), am nahen* **Greenmarket Square**, *in der* **Kloof Street** *oberhalb der Long Street bzw. in jüngerer Zeit in Form von „In"-Lokalen in der* **Bree Street** *(zw. Buitensingel und Pepper St.) etabliert. Hier geht es besonders an Freitag- und Samstagabenden hoch her. Selbst die Bars und kleinen Kneipen versuchen dann, durch überlaute Musikanlagen die junge Kundschaft anzulocken.*

Auch im kleinen Stadtteil De Waterkant oberhalb der V&A Waterfront hat sich eine lebhafte Livemusik- und Party-Szene entwickelt (bes. Main Rd./Dixon St.). Das elegante **Pigalle Restaurant** *(51A Somerset Rd., ✆ 021-421-4848, http://pigalle.capetown) gleich westlich des Stadtteils, ist bekannt für die Jazz- und Dinner-Dance-Veranstaltungen.*

Die versnobt-elegante Lifestyle-Bar **Cabo Beach Club** *an der Waterfront (12 South Arm Rd., ✆(021) 137-5401, www.cabobeachclub.co.za) direkt am Wasser und mit Strand (!) an der Hafenausfahrt ist ein hipper Treff und auch die Partyszene entlang der* **Promenade in Camps Bay** *lässt es an Sommerwochenenden ordentlich krachen. Andere angesagte Gebiete mit Kneipen und Restaurants sind* **Woodstock** *(Biscuit Mill, Durham St., Salt River Circle/Road) und* **Observatory** *(Gebiet um die Lower Main Rd.), woran eher die Jüngeren Gefallen finden werden.*

Club Galaxy/The West End, *Cine Building 400, College Rd., Rylands, ✆ (021) 637-9132,), Livemusik und große Disco.*

Gesetzter geht es zu in der **Bascule Bar** *(✆ 021-410-7082, www.basculebar.com, größte Whiskeyauswahl der südlichen Hemisphäre) im* **Cape Grace Hotel** *an der Waterfront. Sie wird auch gehobenen Ansprüchen gerecht. Nach Vorankündigung gibt es DJ-Musik.*

Theater/Cabaret/Musical/Dinner Theatre

Spielzeit für die Theaterbühnen ist von April bis Oktober. **Tickets** *bucht man am besten über Computicket: ✆ 0861-915-8000, https://tickets.computicket.com.*

Artscape Theatre Centre, *D.F. Malan St., Foreshore, ✆ (021) 421-7839, www.artscape.co.za. Große Bühne, auf der bekannte Theaterstücke, Musicals, Ballett und Opern aufgeführt werden. Meist handelt es sich um Gastspiele angereister Ensembles.*

Baxter Theatre Centre, *Main Rd., Rondebosch, ✆ (021) 685-7880, www.baxter.co.za. Modernes, oft experimentelles Theater und Tanz. Besonders die Tanzvorstellungen sind von sehr hoher Qualität.*
Theatre on the Bay, *Link St., Camps Bay, ✆ (021) 438-3301, www.pietertoerien.co.za. Unterhaltendes Theater (Komödien, Shows). Die Stücke wechseln alle 3–6 Wochen. Angeschlossen sind ein Restaurant und eine Cocktailbar.*
In der Innenstadt gibt es ebenfalls Bühnen, so etwa den **Cape Town Comedy Club** *im The Pumphouse an der V&A Waterfront (✆ 021-418-8880, 079-495-3989, www.capetowncomedy.com).*
*Ein Tipp: „***Kaapse Stories***" im* **Rockwell Hotel Theatre** *in Green Point (32 Prestwich St., ✆ 076-144-4809, www.rockwellhotel.co.za/dinner-theatre), eine Show mit Anekdoten über Kapstadt, Tanz und Musik, dazu 4-Gänge-Menü. Das bekannte, experimentelle* **Fugard Theatre** *(Ecke Caledon/Buitenkant Sts., District Six), das sich dem Kampf gegen den Rassismus verschrieben hatte, wurde Corona-bedingt leider geschlossen. In den schönen Räumlichkeiten soll jedoch ein neues Theater eröffnet werden.*

Klassische Konzerte

In Kapstadt hat sich eine achtbare Klassik-Szene etabliert. Dazu hat sicherlich auch das gute **Cape Town Philharmonic (Symphony) Orchestra** *beigetragen.*
Im **Baxter Theatre Centre** *(Main Rd., Rondebosch, www.baxter.co.za) finden Konzerte der sog.* **Cape Town Concert Series** *statt. Infos unter ✆ (021) 439-7663 od. (084) 682-1337 und www.ctconcerts.co.za sowie in Veranstaltungsblättern.*
Sehr gut sind die unregelmäßig stattfindenden klassischen Darbietungen in der **St. George's Cathedral** *an der Wale Street (Innenstadt) sowie die* **Dinner mit klassischer Musik** *in den Kellern historischer* **Weingüter**, *besonders im Constantia Valley und in der Gegend um Stellenbosch. Nähere Infos erteilen die Touristenämter.*
Beliebt sind die **Musikveranstaltungen im Kirstenbosch National Botanical Garden**. *Gerade in den Sommermonaten finden hier regelmäßig Konzerte an den Wochenenden statt, ✆ (021) 799-8782, www.sanbi.org.*

Einkaufen in und um Kapstadt

Die Preise in Südafrika verlocken oft zum Kaufrausch, doch auch hier gilt: Preise vergleichen und Qualitätsstandard beachten. Südafrikanische Produkte sind zwar i. d. R. von guter Qualität, erreichen aber nicht immer den europäischen Standard. Viele Waren stammen auch hier aus Billiglohnländern in Asien. Aufpassen muss man beim Kauf von Textilien und Outdoorartikeln. Die südafrikanischen Produkte sind günstig und gut. Doch werden daneben viele Importwaren aus Europa, Amerika und Australien angeboten. Und die sind teurer als bei uns.

Wer auf den **Flohmärkten** *und an den* **Souvenir-Straßenständen** *einkauft, muss um den Preis* **feilschen**. *Die Verkäufer/innen nennen gerne einen doppelt so hohen Preis. Gefällt etwas, sollte man zuerst die Preise in ausgesuchten Geschäften studieren. Auf der Straße bekommt man dieselben Waren i. d. R. zum halben Preis. Doch Achtung vor „Ausschussware", die die Geschäfte nicht angenommen haben. Also: Erst in Ruhe schauen, Preise vergleichen und dann kaufen.*

Besonders gut und/oder günstig sind folgende Dinge in Südafrika:
Textilien, *v. a. Outdoor- und Lederbekleidung, die im Land hergestellt wird,*
Schmuck, *besonders Goldschmuck und* **afrikanisches Kunsthandwerk**,

Antiquitäten *und* **Secondhand-Bücher**,
Holzschnitzereien, *obwohl diese zumeist aus anderen afrikanischen Ländern stammen (Simbabwe, Ostafrika, Masken aus Zentral- und Westafrika),*
Designer-Accessoires *(Haushaltsgegenstände, Möbel, Taschen etc.), die im Land hergestellt werden,*
Township Art, *z. B. Beadwork-Puppen und -tiere, Malereien, aus bunten Blechdosen gefertigte Dinge, Dioramen mit Townshipszenen etc.,*
Südafrikanische **Weine** *sind meist nicht günstiger, aber die Auswahl spricht für sich.*

Einkaufs-Tipps

- Die **Zollbestimmungen** für die Rückreise beachten (S. 123f.).
- **Handeln** ist üblich auf den Flohmärkten, aber zu bedenken gilt, dass die Marktfrauen teilweise sehr weite Wege zurücklegen mussten, um die Waren hierherzuschaffen.
- In den Geschäften der **Innenstadt** von Kapstadt und an der **Waterfront** ist es am teuersten, dafür aber wird man hier am besten beraten.
- Immer erst schauen und **Preise vergleichen**.
- Vorsicht beim Kauf von **importierten Waren** aus Europa, USA und Australien! Sie sind i. d. R. teuer.
- Vor dem Kauf von **Schmuck**, **Diamanten** und **Gold** informieren (z. B. beim Touristenamt), welche Händler als **seriös** gelten, i. d. R. sind es die größeren Händler.

Einkaufsviertel im Allgemeinen

Victoria & Alfred Waterfront: *Geschäfte aller Art, besonders in der Victoria Wharf Mall. Die Geschäfte haben großenteils bis 21 Uhr geöffnet. Dafür zahlt man hier auch etwas mehr.*
St. George's Mall: *Fußgängerzone in der Innenstadt.*
In **Kalk Bay** *an der Hauptstraße gibt es einige interessante* **Antiquitätengeschäfte**. *Für die Dinge des täglichen Bedarfs, die eher etwas für die Selbstversorger/Camper sind, empfehlen sich die* **Shopping Malls** *an den Stadträndern.*
Antiquitäten, Antikes, Kitsch und Secondhand-Bücher *findet man besonders entlang der Upper Long Street, zwischen Wale Street und Buitensingel sowie im Bereich Greenmarket/Church Street. Innenstadt.*
Cape Quarter Lifestyle Village, *27 Somerset Rd./Ecke Dixon St., sowie gleich nebenan* **Old Cape Quarter**, *Ecke Waterkant/Hudson Sts., Innenstadt/Sea Point, www.capequarter.co.za. Exklusiveres Kunsthandwerk wie Teppichknüpfereien, Gemälde, qualitativ gute Township Art, Möbel und Einrichtungsdekos aller Art. Zudem gibt es hier ausgesuchte Accessoires für Küchen, Bäder, den Outdoorladen* **Drifters** *sowie ein paar nette Restaurants und Cafés.*

Malls/Shoppingcenter (Auswahl)

Viele Malls haben auch am Sonntag geöffnet, oft aber nur bis 14 Uhr.
Victoria Wharf, *große, moderne Mall an der Waterfront (s. o.). Zahlreiche Touristengeschäfte, Buchläden, Schmuckhändler, Textilwarenhäuser, ausgesuchte Bekleidungsgeschäfte und die bekannten Franchise-Ketten (Supermärkte, Drogeriemärkte etc.). Der Tipp, wenn man nur einen Tag zum Shoppen hat.*
Gardens Centre, *Ecke Mill St., Buitenkant, Gardens. Kleine Mall mit „nützlichen" Läden sowie ein paar Textil- und Souvenirshops. Hier kaufen eher die Bewohner der Gegend ein.*

Cavendish Square Shopping Mall, *zwischen Vineyard, Cavendish, Dreyer/Warwick Sts. (nahe Protea St.), Claremont. Große Shopping Mall in einer Vorortregion der gehobenen Mittelklasse. Entsprechend ist das Angebot. Südafrikanische Produkte kosten hier weniger als in der Innenstadt/Waterfront.*

Tyger Valley Shopping Mall, *in Durbanville/Tyger Valley, N1-Abfahrten 23 oder 25, dann Schildern folgen. Große Shopping Mall. Eher Dinge des täglichen Lebens bzw. für die Selbstversorgerküche. Günstig für den Proviantkauf beim Verlassen von Kapstadt entlang der N1. Gegenüber, am Carl Cronje Dr., laden die Geschäfte und der Slowfood-Markt im* **Willowbridge Lifestyle Centre** *zum gehobeneren Shoppen ein.*

Watershed Craft Market, *V&A Waterfront, nahe dem Aquarium. Hier kann man Kunsthandwerkliches, Designerwaren und Souvenirs in bester Qualität erstehen.*

Somerset Mall, *Centenary Dr., Kreuzung von N 2 und R 44, Somerset West. Mittelgroße Mall mit guter Auswahl an Geschäften sowie ausreichend Parkmöglichkeiten. In der Nähe befindet sich eine* **Geparden-Schutzstation**, *das Cheetah Outreach (www.cheetah.co.za).*

Century City/Canal Walk, *an der N1, ca. 10 km östl. der Innenstadt. Hier wird Amerika Konkurrenz gemacht. Der als „Canal Walk" bezeichnete Shopping District mit Hunderten von Geschäften, riesigen Hallen und Arkaden sowie unzähligen Fastfood- und Entertainment-Läden ist eine der größten Malls in Afrika. Hier lassen sich gut die letzten Rand vor dem Rückflug ausgeben. Zahlreiche Spezialgeschäfte und Afrika-Souvenirs.*

Märkte/Flohmärkte

Gute **Internetadresse** *zu aktuellen Märkten: https://capemarkets.co.za/event-guide.*

Antiquitätenmarkt auf der **Church Street**, *zwischen Long und Burg Sts., Innenstadt. Während der Sommermonate tgl., ansonsten nur Do–Sa.*

V&A Waterfront: Im **Watershed Craft Market**, *gleich neben dem Two Oceans Aquarium, bieten 170 Händler ständig Kunsthandwerkliches aus verschiedenen afrikanischen Ländern, besonders aber aus Südafrika, an. Hier findet man bestimmt ein Mitbringsel.*

Auf südafrikanische Künstler spezialisiert ist die **Southern Guild Gallery** *(Shop 5B, Silo 5, V&A Waterfront, www.southernguild.co.za).*

Woodstock: **Neighbourgoods Market/Old Biscuit Mill**, *375 Albert Rd., Woodstock, www.neighbourgoodsmarket.co.za, Sa 9–14/15 Uhr. Bio- und andere gesunde Lebensmittel – vorwiegend aus Südafrika, aber auch aus Übersee. Sehr beliebt, daher früh erscheinen. Hier kann man auch frühstücken und in Designer-Boutiquen vor allem nach Einrichtungsgegenständen stöbern.*

Greenmarket Square, *zwischen Shortmarket und Longmarket Sts., Innenstadt. Der bekannteste Flohmarkt Kapstadts ist umgeben von Cafés und Hotels. Hierher kommen Händler aus den verschiedensten Ländern Afrikas. Angeboten werden vornehmlich Textilien, kunsthandwerkliche Produkte und Secondhand-Bücher. Die Preise sind höher als auf anderen Flohmärkten (Geschick im Feilschen mitbringen). Mo–Fr 8–16, Sa 9–15 Uhr, selten So.*

Der **Flower Market** *ist seit über 100 Jahren an der gleichen Stelle: Adderley St., zwischen Strand und Darling Sts. Schöne Fotos sind möglich.*

Bo-Kaap Food & Craft Market, *Schotschekloof Civic Centre, Upper Wale St. Kunsthandwerk und kapmalayische Leckereien. Findet unregelmäßig an Samstagen statt. Im* **Bo-Kaap-Bazaar** *(94 Wale St., Mo–Sa) lässt sich gut stöbern nach allerlei Klimbim.*

Kirstenbosch Craft & Foodmarket (Kristy's): *Bis 2023 in Newlands nahe dem Botanischen Garten angesiedelt, suchte er bei Drucklegung nach einer neuen Location (Infos: www.facebook.com/Kirstenboschcraftmarket), letzter Sonntag im Monat. Toller, sehr boden-*

ständiger Flohmarkt vorwiegend mit Klein-Handwerkskunst. Dazwischen viel Streetfood mit lokalen Leckereien und Stände mit eigenen Produktionen (Honig, Marmelade, Käse etc.). I. d. R. mittags recht voll. Die neue Location unbedingt verfolgen, es lohnt sich!

Secondhand-Waren auf dem Milnerton Fleamarket

Khayelitsha Crafts Market, *St. Michael's Church, Ncumo Rd., Khayelitsha (Harare), Mo–Fr 9–14, Sa 9–12 Uhr. Kleiner Kunsthandwerkermarkt gleich neben einer Vorschule. Es gibt nur ein Dutzend Stände, aber da es sich um ein sinnvolles Selbsthilfeprojekt handelt, lohnt die Anfahrt. Und für jeden ist bestimmt etwas dabei (Leder, Kleider, Musik etc.). Infos: ✆ (021) 361-5246. Geführte Touren dorthin: ✆ (083) 744-5353. Anfahrt: N2, dann Exit 25 (Blue Downs/Mew Way/Kayelitsha). Rechts am oberen Ende der Abfahrtsrampe. Nach ca. 5 km links in die Stephen Biko Rd. (1 km hinter Good Hope College). Dann erste rechts und wieder rechts an T-Kreuzung. Von hier aus Wegweisern zum Crafts Market entlang der gebogenen Straße folgen (1–2 km). St. Michael's Church liegt rechter Hand. Donnerstags oft Musik!*

Langa Quarter *und* **Maboneng Township Arts Experience**: *Township Art direkt im Township Langa. Hier schaut man bei den Künstlern persönlich vorbei. Eine Adresse für permanente Ausstellungen: mehrere Häuser in der Rubusana Street. Besser aber erkundigt man sich aktuell, was gerade geöffnet hat: www.maboneng.com.*

Alphens Antiques & Collectables Market, *St. Joseph's Marist College Hall, Belmont Rd., Rondebosch. Am 2. und 4. Sonntag im Monat, 10–15 Uhr. Ausgesuchter Trödel für Schnäppchenjäger lohnend.*

Ein echter Flohmarkt, auf dem wirklich Secondhand-Gegenstände aus Haushalten verkauft werden, ist der **Milnerton Fleamarket**, *N1 bis zur Ausfahrt R27, Paarden Island/Milnerton. Nach knapp 2 km liegt der Flohmarkt auf der linken Seite. Sa 8–14, So und feiertags 8–15 Uhr, www.milnertonfleamarket.co.za. Der Tipp für Kapstadt.*

Bay Harbour Market, *Harbour Rd., Hout Bay, Fr 17–21, Sa/So 9.30–16 Uhr, www.bayharbour.co.za. Kunsthandwerkliches, Designerstücke u. Ä. Am schönsten ist jedoch die Atmosphäre mit Livemusik und den angebotenen Snacks sowie lokalen Delikatessen, im Winter mit Feuerchen! Der Markt findet in der Halle einer ehemaligen Fischfabrik am Südwestende des Hafens statt. Einfach toll. Doch sichert nur frühes Erscheinen Sitzplätze.*

Bücher/Zeitungen/Karten

Deutsche und natürlich englischsprachige Bücher sind erhältlich über die deutsche Online-Buchhandlung **Gruffel**, *https://gruffel.com, s. S. 123.*

Eine große **Buchladenkette**, *in der es auch Zeitungen gibt, ist* **CNA**. *Allein im Raum Kapstadt finden sich 30 CNA-Filialen, so z. B. in vielen Malls (www.cna.co.za).*

Exclusive Books *ist die beste* **Buchladenkette** *des Landes. In ausgesuchten Malls, z. B. in der Victoria Wharf (www.exclusivebooks.co.za).*

Wer lieber stöbert, dem sei der Besuch des Buchladens **Book Lounge**, *Ecke Roeland/Buitenkant Sts. (District Six), ans Herz gelegt. Hier werden oft Lesungen abgehalten und in den Kellerräumen erwartet den Kunden die Lounge, wo man bequem in einem Sessel sitzend in Büchern blättern kann. Das kleine Café verwöhnt mit Snacks und Kuchen.*
Secondhand-Buchläden *verteilen sich über die gesamte Stadt (s. o.). Am bekanntesten ist* **Clarke's Antiquariat** *(199 Long St.), wo man gut sitzen und stöbern kann. In der Nähe gibt es noch einige andere Antiquariate, doch sterben sie im Zeitalter des Internets langsam aus. Oft findet man kleine Buchhändler an Ständen in den Malls und auf (Floh-)Märkten.*
Readers Den Comic Shop *hat die wohl größte Auswahl an Comics in Kapstadt. Das Hauptgeschäft befindet sich in Claremont: Shop G19, Stadium on Main (gegenüber Cavendish Square), Main Rd.*
National Geo-spatial Information *(NGI, ehem. Surveys & Mapping Office) im Dept. of Rural Development and Land Reform (Katasteramt), Rhodes Ave., am besten erreichbar über M3, Abfahrt an der Mostert's Mill. Rosebank, www.ngi.gov.za. Hier gibt es detaillierte, physische Karten und Luftbilder zu kaufen (Kapstadt, aber auch ganz Südafrika). Die Karten eignen sich meist nicht als Straßenkarten.*

Lebensmittel/Weine

Zutaten für kapmalayische Gerichte *erhält man in Geschäften entlang der* **Wale Street**, *oberhalb Buitengracht. Hier gibt es auch den ausgesprochen leckeren Kardamom-Tee. Empfehlung:* **Atlas Trading Co.**, *104 Wale St., Malay Quarter. Hier gibt es alle Arten von Gewürzen, verschiedene Tees sowie Zutaten für kapmalayische Gerichte.*
Eastern Food Bazaar, *96 Longmarket St./Darling St. In den Buden gibt es Snacks aus dem Mittleren Osten, Indien, China und anderen Teilen Asiens.*
Hartlief Deli *(ehem. Raith), Gardens Centre Mall, Mill Street, www.hartlief.co.za. Deutscher Metzger, u. a. Kassler, Eisbein, Aufschnitt, Wild und Sauerkraut. Super Grillfleisch. Ein Imbiss ist angeschlossen und sorgt für eine kleine Mahlzeit zwischendurch. Ein zweiter Laden befindet sich in Constantia (High Constantia Centre, Constantia Main Rd).*
Food Lover's Market (**Fruit & Veg City**), *Ecke Drury/Kent/Upper Roeland Sts., District Six. Alles unter einem Dach: Supermarkt, Frischemarkt, Schlachterei, Bäckerei, Deli, Bioprodukte, frisch gepresste Säfte. Die Franchisekette hat sich in Südafrika einen guten Namen gemacht. Weitere Geschäfte unter https://foodloversmarket.co.za/stores/.*
Knead Bakery, *80 McKenzie St., Gardens. Sehr gute Backwaren (tolle Brote) sowie* **Café** *(Burger, Brunch, Sandwiches). Weitere Adressen von Knead Bakery: 9 Palmyra Rd., Claremont, Dean Street Arcade, Main Street, Newlands. Weitere Adressen unter: www.kneadbakery.co.za. Eine beliebte Bäckerei mit deutschen Brotwaren und einem Café ist die* **Dinkel Bakery** *(91 Kloof Nek Rd., Gardens, ✆ 021-424-3217, www.facebook.com/dinkelbakery).*
Giovanni's Deliworld, *103 Main Rd., Green Point, ✆ (021) 434-6893, http://giovannisdeli.co.za. Italienische Leckereien, große Auswahl an Käsesorten und hausgemachter Pasta. Hier kann man bis 21Uhr speisen.*

i Die Zubereitung von Kardamom-Tee

Wer Interesse hat, sich diesen schmackhaften Tee zu Hause zuzubereiten, sollte Kardamom aus Kapstadt mitbringen, da er dort günstig und in guter Qualität zu bekommen ist: 2 Teelöffel Kardamom mit 1 l heißer Milch aufgießen und ziehen lassen. In einem Extratopf zwei Teebeutel (schwarzen Tee) mit nur etwas kochendem Wasser begießen und 3–4 Minuten ziehen lassen. Beides zusammengießen sowie mit Zucker und – bei Bedarf – etwas heißem Wasser vermengen.

Weine

*„***Liquor Stores***" und Supermärkte verkaufen Weine und natürlich spezielle* **Weinhändler** *sowie die* **Weingüter** *selbst. Am besten lässt man sich von Einheimischen oder einem Weinhändler, bei dem man oft auch probieren kann, beraten. Alternativ empfiehlt es sich, beim Essen in Restaurants ein paar Tage lang zu „testen" oder an einem „***Wine Tasting***" bei der Besichtigung eines Weinguts teilzunehmen. Gute* **Weingeschäfte** *in Kapstadt:*

Vaughan Johnson Wine Shop. *Die wohl bekannteste Weinhandlung in Kapstadt liegt am Market Square (Dock Rd., ✆ 021-419-2121) an der Waterfront und lockt immer wieder mit einer Reihe günstiger und guter Angebote. Eine Verschiffung der Weine kann organisiert werden.*

Ebenfalls ausgesucht ist die Weinhandlung **Caroline's Fine Wine Cellars** *(Shop 44, Matador Centre, 62 Strand St.). Caroline's hat eine Filiale in Tokai: Forest Glade House, Tokai Rd., ✆ (021) 712-2258, www.carolineswine.com.*

Bekleidung/Outdoorartikel

Cape Union Mart, *südafrikanische Kette für Outdoorausrüstungen aller Art (Kleidung, Zelte, Kocher, Wasseraufbereiter etc.). Läden befinden sich u. a. in der Gardens Centre Mall (Ecke Mill St./Buitenkant), an der Waterfront (Victoria Wharf) und im Canal Walk/Century City. Weitere Geschäfte unter www.capeunionmart.co.za.*

Outdoor Warehouse, *es gibt drei Läden: Bellville: Ecke Old Oakund Tygervalley Rd., Willowbridge North Shopping Centre, Shop 1.; Somerset West: 5 Dynagel St., N2, Abfahrt R44, hinter der Somerset Mall; Rondebosch: 34 Klipfontein Rd. Weitere Filialen unter www.outdoorwarehouse.co.za. Alles für den Camper: Kocher, Zelte, Kühlboxen und Outdoorbekleidung.*

Drifters Xtreme Sports, *im Cape Quarter Lifestyle Village, Somerset Rd./Ecke Dixon St., Innenstadt/Sea Point. Oudoorausrüstung und Artikel für „Adrenalin"-Sportarten aller Art. Grundsätzlich gelten die* **Victoria Wharf** *an der V&A Waterfront sowie* **Canal Walk/Century City** *auch als die besten Adressen, um sich nach „normaler" Bekleidung umzusehen. Hier gibt es Boutiquen und Textilwarenhäuser. Jüngere Leute sollten sich auf dem* **Greenmarket Square** *(Innenstadt) und drum herum umschauen. Hier gibt es eine große Auswahl neuer Textilien, auch aus anderen afrikanischen Ländern.*

Wer etwas **Ausgefalleneres** *sucht, erkundigt sich mal in den neuesten Boutiquen junger Designer im Stadtteil* **Woodstock**. *Im Touristenamt liegen dazu Broschüren aus.*

Schmuck/Antikes/Kunst

Wer **im Internet nach Antiquitäten stöbern** *möchte, findet diese – für die gesamte Kapprovinz und auch andere Regionen in Südafrika – auf dem Verkaufsportal www.gumtree.co.za. Für das Auffinden von* **Antiquitätengeschäften** *gibt es im Kapstädter Touristenamt zudem spezielle Karten.*

Afrogem – Shop & Factory, *181 Buitengracht, Innenstadt, ✆ (021) 424-0848, www.afrogem.co.za. Großes Geschäft mit ausgesuchtem Schmuck aus afrikanischen Edelsteinen. Man kann bei der Herstellung des Schmucks zusehen.*

Uwe Koetter, *zwei Geschäfte in Kapstadt: Shop 103 im Cape Quarter Lifestyle Village, Somerset Rd./Ecke Dixon St., Innenstadt/Sea Point, ✆(021) 425-7770, sowie an der V&A Waterfront, Alfred Mall, Shop 14, ✆ (021) 421-1039, www.uwekoetter.com. Designerschmuck und Juwelen. Es werden auch Schmuckstücke auf Wunsch hergestellt.*

Shimansky Collection, *Clock Tower, V&A Waterfront, ✆ (021) 421-2788. Spezialisiert auf Diamantenschmuck. Angeschlossen ist ein kleines Diamanten-Museum. Man beim Diamantenschneiden zu sehen. Weitere Geschäfte finden sich unter www.shimansky.com.*
Gleich gegenüber von Shimansky in der Clock Tower Mall: **Tanzanite International**, *✆ (021) 421-5488, www.tanzanite-int.com. Hier wird der beliebte blaue Edelstein in allen Qualitäten verkauft.*
Jewellery Avenue, *Ecke Hout/Burg Sts., ✆ (021) 446-4600. Zusammenschluss von 20 Juwelieren in kleinen Shops.*
Prins & Prins, *66 Loop St., Ecke Hout St., ✆ (021) 422-1090, (0861) 255-563, www.prinsandprins.com. Alteingesessener Juwelier im historischen Huguenot House (1752). Hier ist auch ein kleines Museum eingerichtet, in dem das Leben der Oberschicht in früheren Zeiten erläutert wird.*
Auf Mineralien spezialisiert ist **The Scratch Patch Shop**, *V&A Waterfront, gegenüber dem Watershed Craft Market (nahe dem Aquarium).*
Ausgesuchte **Antiquitätengeschäfte** *findet man um die* **Church Street** *(Innenstadt, zwischen Burg und Long Sts.). Im Bereich* **Long Street** *und umliegender Blocks gibt es zudem Secondhand- und Ramschgeschäfte, die sowohl Stilvolles als auch „Junk" verkaufen. Hier lohnt das Stöbern. An Vormittagen (oft auch bis 16 Uhr) ist in der Church Street auch noch* **Flohmarkt**.
In **Simon's Town** *und besonders* **Kalk Bay** *gibt es entlang der Hauptstraße (Main Rd./ M4) zahlreiche Schmuck- und Antikläden. Dazu hat sich eine Kunstszene mit einer Reihe von Galerien etabliert.*
Die **Mariner's Wharf** *im Hafen von Hout Bay, eine Miniaturausgabe der Waterfront in Kapstadt, lockt neben den Fischgeschäften mit kleinen Souvenirläden und Geschäften, in denen man nautische Antiquitäten erstehen kann.*

Hinweis

Für das Auffinden von **afrikanischen Kunstmärkten** sowie **Antiquitätengeschäften** sind im Touristenamt kostenlose Karten erhältlich: „**Arts & Crafts & Antiques**" sowie „**Antiques Collectables Africana Map**".

Afrikanisches und anderes lokales Kunsthandwerk

Kunsthandwerkliche Geschäfte und Kunstgalerien *findet man sowohl an der Waterfront (v. a. im* **Watershed Craft Market** *nahe dem Aquarium – unser Tipp!) als auch in der Innenstadt im Bereich* **Church Street**, **Long Street** *und um den* **Greenmarket Square**. *Bekannt ist z. B.* **African Image** *(Ecke Church/Burg Sts.).*
Pan African Market, *76 Long St. Über 50 Anbieter, die sich auf zwei Etagen verteilen. Gilt als größter Kunsthandwerksmarkt Südafrikas. Township Art, Holzschnitzereien aus Zentral- und Westafrika sowie Stoffe und Textilien. Der kleine Eingang täuscht! In der 112 Long Street gibt es zudem noch den* **African Women's Craft Market**.
Ebenfalls lohnend ist das Stöbern im Stadtteil **Woodstock** *(um die Biscuit Mill, 373 Albert Rd., zwischen Mill und Stowe Sts.), wo sich Geschäfte junger Designer niedergelassen haben.*
Montebello Design Centre, *31 Newlands Ave., Newlands, ✆ (021) 685-6445, www.montebello.co.za. Kleine Künstlerkolonie mit rund 18 Werkstätten, in denen Gemälde, Fotografien, Steinmetzarbeiten, Textilien, Designerschmuck und andere Dinge präsentiert und verkauft werden.*

Teppichweberin im Philani Flagship

Afrikanisches Kunsthandwerk, *auch* **„Township Art"** *gibt es des Weiteren in Galerien und Workshops, die sich über die ganze Stadt verteilen. Einen informativen Stadtplan erhält man im Touristenamt: die sog. „Arts & Crafts Map" (s. o.).*

Afrikanisches Kunsthandwerk

Das **Projekt Wola Nani** kümmert sich um aidskranke und HIV-infizierte Frauen und deren Kinder. Die Frauen erlernen hier kunsthandwerkliche Fähigkeiten und können über die Organisation ihre Produkte in verschiedenen Läden in und um Kapstadt verkaufen, z. B. im **Africa Nova** im The Watershed (Shop A5-6, 17 Dock Rd., V&A Waterfront) und im **Montebello Design Centre**, 31 Newlands Ave. (s. u.).

Guga S'Thebe Arts & Culture Centre, *Ecke Washington/Church Sts., Langa. Mo–Sa 9–16 Uhr. Community Project der Xhosa. Hier kann man kunsthandwerkliche Arbeiten anschauen und erstehen sowie z.T. bei deren Fertigung zuschauen. Im Infocenter erfährt man mehr zur Kultur der Xhosa und über das Leben der Menschen in Langa.*

Khayelitsha Crafts Market, **Langa Quarter** *und* **Maboneng Township Arts Experience**, *s. S. 231.*

Philani Flagship. *Der kleine Craftmarket in Kayelitsha (Phaphani St., Ikwezi Park) gehört zu einer Kooperative von Müttern, die sich auf handbemalte bzw. handbedruckte Textilien (u. a. Tisch- und Bettdecken), gewebte Matten und Überhänge spezialisiert haben. Man darf nebenan in die Weberei schauen. Anfahrt: N2-Exit 25 (Blue Downs/Mew Way/Kayelitsha). Nach rechts (Süden) bis zu den Ampeln fahren. Dann wieder rechts in die Govan Mbeki Rd. Vor der Caltex-Tankstelle rechts in die Solomon Tshuku Ave. und dann gleich wieder nach rechts. Philani liegt direkt gegenüber der Caltex Tankstelle. ✆ (021) 387-5124/5, www.philani.org.za.*

Andere Geschäfte

African Music Store, *134 Long St., Innenstadt. Große Auswahl an CDs (und auch Platten) traditioneller und moderner afrikanischer Musik.*

Access Park Factory Stores, *zwei Malls:* **Bellville**, *Nordwestecke der Kreuzung R300 mit Strand Rd. (1 Van Riebeeck Rd)., und* **Kenilworth**, *zwischen Lansdowne und Chichester Rd., an der M5, www.accesspark.co.za. Günstige Fabrikläden, u. a. von Nike, Reebok, Cape Union Mart, Levis. Zudem Bekleidungs-, Lederwaren- und Gewürzgeschäfte.*

Touren/Sightseeing in und von Kapstadt ausgehend

Bei der Fülle der Angebote und dem häufigen Anbieterwechsel kann hier nur eine begrenzte Anzahl von Adressen aufgeführt werden. Der sicherste Weg führt allemal über die **Touristenämter**. *Hotels/Gästehäuser verfügen i. d. R. ebenfalls über gute Kontakte zu Veranstaltern. Viele Anbieter haben deutschsprachige Touren im Programm.*

Hinweis

Bei **Township-Touren** gilt es, vorher zu überlegen, was man sehen möchte (Shebeens, Kochschulen, Kunsthandwerkermärkte o. Ä.), und den Veranstalter entsprechend auszusuchen. Es ist i. d. R. nicht ratsam, Shebeens (halb- und illegale Kneipen) in den Townships allein zu besuchen.

Sightseeing / Touren

Im Folgenden eine Liste von Möglichkeiten, nach denen man sich erkundigen sollte. Natürlich kann man nicht alles davon unternehmen:

- Stadtrundfahrt
- Fahrt nach Robben Island
- Township-Tour
- Geführte Wanderung auf dem Table Mountain
- Besichtigung von Weingütern, evtl. in Verbindung mit einer erläuterten Führung durch Stellenbosch
- Rundflug über Kapstadt und die Kaphalbinsel
- Wale beobachten bei Hermanus
- Fahrt zum Cape of Good Hope

Bustouren

Coffeebeans Routes, *iKhaya Lodge Hotel, 4–5 Dunkley Square, Wandel St., Gardens, ✆ (021) 813-9829, www.coffeebeansroutes.com. Es gibt wohl kein Unternehmen, das die Musikszene der Stadt besser vermittelt. Touren zu Clubs in den Townships, Abendtouren zu Musikevents und persönliche Touren in kleinen Gruppen zu Musikern nach Hause, mit traditionellem Abendessen. Auch andere Thementouren (Design, auf den Spuren der Revolution etc.). Ebenfalls interessante Musiktouren (Township, Gospel etc.), teilweise mit Trommelkurs, bietet* **Bonani Our Pridetours** *an: ✆ (021) 531-4291, www.bonanitours.co.za.*
Hajo's Lodge & Tours *(Kontakt s. S. 203). Die wohl besten deutschsprachigen Townshiptouren, u. a. mit Besuch bei Künstlern und Sozialprojekten. Auf Wunsch endet die Tour mit einem traditionellen Essen zu Hause bei Maria in Khayelitsha.*
Day Trippers, *✆ (021) 511-4766, www.daytrippers.co.za. Alle Arten von Sightseeing-Touren in Kleinbussen. Sehr zu empfehlen: die Township-Tagestour, die Rundtour ums Kap und die Tour zu den Weinbaugebieten um Franschhoek. Eine Besonderheit ist, dass man bei den meisten Touren nicht einfach nur im Bus umhergefahren wird, sondern dass kleine Wanderungen, Fahrrad-, Mountainbike- bzw. E-Bike-Touren oder auch Bootsfahrten mit eingeschlossen sind Da die Gruppen klein sind, hat man Gelegenheit, sich bei den gut ausgebildeten Guides Informationen einzuholen.*

Legend Tours, ✆ *(021) 704-9140, www.legendtours.co.za (Tours anklicken). Das Reisebüro stellt auch mehrtägige Pakete zusammen: z. B. 3 oder 7 Tage Kapstadt, 4 Tage Weinbaugebiete, Golfen am Kap, Kleinbus-Touren in und um Kapstadt. Die Pakete beinhalten Flughafentransfers, Hotel und alle Touren in Begleitung sachkundiger Guides.*
City Sightseeing Cape Town *im offenen Doppeldeckerbus,* ✆ *(021) 511-6000, www.citysightseeing.co.za. Alle Top-Sehenswürdigkeiten von Kapstadt und Umgebung. Es gilt: Hop-on/hop-off – man kann also immer aussteigen und später weiterfahren. Zudem spezielle Touren, z. B. ins Weinland, rund ums Kap (inkl. Kirstenbosch, Constantia), „Kapstadt bei Nacht".*

Erläuterte Spaziergänge, Wanderungen und naturkundliche Führungen

Tana Baru, ✆ *(021) 424-0719, www.tanabarutours.weebly.com. Kommentierte Touren durch Bo-Kaap. Ebenfalls gut für den Besuch dieses Viertels sind die Angebote (Touren, Kochkurse etc.) von* **Bokaap Cultural & Heritage Gateway** *(✆ 021-481-3939, www.facebook.com/bokaapheritage).*
Peninsula Ramblers *ist eine Gemeinschaft von begeisterten Wanderern, die an Wochenenden Wanderungen in Kapstadts Umgebung unternehmen. Jeder kann teilnehmen. Aktuelle Programme über* ✆ *(800) 123-0045/6, https://ramblers.org.za.*
Cape Bird Club, *www.capebirdclub.org.za. Erläuterte Touren und Spaziergänge in verschiedene Vogelgebiete in und um Kapstadt, u. a. regelmäßige Bird Walks im Kirstenbosch Botanical Garden.*

Bootstouren

Robben Island Ferry, *V&A Waterfront, Clock Tower Precinct, Nelson Mandela Gateway,* ✆ *(021) 413-4200 (nur Info), www.robben-island.org.za. Überfahrt und geführte Touren nach Robben Island, ca. 3,5 Std., mehrmals tgl. (wetterbedingt). Unbedingt vorher reservieren!*
Bootstouren aller Art *starten v. a. von der* **Victoria & Alfred Waterfront**. *Interessant sind v. a. die Hafenrundfahrten. Es gibt aber auch Boottrips bei Sonnenuntergang, exklusive Hafentrips mit Abendessen oder eine Fahrt auf einem nachgebauten Piratenschiff. Am besten einfach um die Hafenbecken spazieren und selbst schauen bzw. im Touristenamt in der Victoria Wharf Mall nach dem aktuellen Angebot fragen.*
Vom Hafen in **Hout Bay, Mariner's Wharf**, *legen Boote ab zu Fahrten in die Seehundgebiete, zu Schiffswracks und ums Kap. Zeiten und Anbieter variieren, deshalb vor Ort beim Touristenamt erkundigen. I.d.R. fahren die Boote mehrmals am Tag, an schönen Tagen, Wochenenden und während der Hochsaison verkehren sie nahezu stündlich. Zwei Anbieter:* **Drumbeat Charters**, ✆ *(021) 791-4441, https://drumbeatchar ters.co.za, oder* **Circe Launches**, ✆ *(082) 552-2904, https://www.circelaunches.co.za.*

Ähnliche Touren, nur in diesem Fall zur **Seal Island** *(False Bay, ebenfalls Seehundkolonien), starten ab der* **Waterfront in Simon's Town**.

Besichtigung von Weingütern

Natürlich ist es kein Problem, die Weingüter selbstständig anzufahren. Eine andere Methode, Weingüter zu besichtigen und dabei auch die zu finden, die abseits der Touristenpfade liegen, bietet dagegen eine **Tour mit einem Spezialanbieter**. *Ein* *weiterer Vorteil: Alle können trinken. Bekannt und oft empfohlen:* **Vineyard Ventures**, *☎ (021) 434-8888 bzw. (082) 920-2825, https://vineyardventures.co.za. Glen Christie und ihre Mitarbeiter sind absolut ortskundig, kennen die Winzer und steuern Verkostungen jenseits der Standardadressen an. Krönender Abschluss des Ausflugstags kann nach Vereinbarung ein Sonnenuntergangs-Picknick am Table Mountain sein. Die Touren führen vorwiegend in die Gegend von Stellenbosch und Paarl. Weitere Anbieter sind u.a.* **Legend Tours** *und* **City Sightseeing Cape Town** *(s. o.).*

Sonstiges

Arts & Crafts-Touren, *besonders die mit Augenmerk auf afrikanische „Township Art", sind der große Renner. Infos dazu erteilt das Touristenamt.*

Downhill Adventures, *Overbeek Building, Ecke Long/Kloof/Orange Sts., ☎ (082) 459-2422, www.downhilladventures.com. Hier kann man ausgefallene Trips und Aktivitäten buchen wie Tauchen, Fallschirmspringen, Reiten, Kanutouren, Abseiling, Shark Diving u.v.m. Zudem Fahrradverleih.*

Cape Town Helicopters, *☎ (021) 462-8004, www.cape-town-helicopter-tours.com. Vermittelt Rundflüge aller Art mit einem Hubschrauber. Ein lohnendes Erlebnis. Abflüge zumeist V&A Waterfront Base (hinter dem Table Bay Hotel).*

Sport treiben in und um Kapstadt

Da sich Anbieter und Adressen in Kapstadt gerade bei Adventure- und Sportangeboten sehr oft ändern, ist eine zeitnahe Recherche im Internet zu empfehlen: Unter www.kapstadt-tour.com/aktivurlaub und www.downhilladventures.com findet man aktuelle Infos zu verschiedenen Abenteuer-Sportarten (Bungee Jumping, Abseiling, Drachenfliegen etc.). Zu Sport s. auch Allgemeine Hinweise von A–Z, S. 109ff.

Abseiling/Kloofing

Beliebteste Abseiling-/Kloofing-Regionen um Kapstadt sind der **Chapman's Peak**, *das* **Table-Mountain-Gebiet** *und der* **Kamikaze Kanyon** *(bei Gordons Bay). Letzterer beinhaltet eine Wanderung durch eine Schlucht, das Raufkraxeln auf die Kante und schließlich einen Abseil-Sprung 60 m in die Tiefe.*

Drachenfliegen/Paragliding

Bevorzugte Gebiete im Raum Kapstadt: Lions Head, Signal Hill, Sir Lowry's Pass, Franschhoek Pass, Dassklip Pass (Porterville) und Noordhoek.

Fahrrad fahren/Fahrradverleih

Radfahren im Innenstadtgebiet ist wenig sinnvoll, denn: Es gibt keine Fahrradwege, Autofahrer sind Radfahrer im Verkehr nicht gewohnt und die Steigungen in der City Bowl sind kein Vergnügen. Beliebt sind dagegen Touren auf der Kaphalbinsel und im Weinland. Dabei wird man samt einem gemieteten Fahrrad in einem Kleinbus an den gewünschten Ausgangspunkt gebracht und stadtnäher wieder abgeholt. Lockere Spazierfahrten sind das aber nicht. Zudem gibt es auf der Kaphalbinsel und im Umland zahlreiche Mountainbike-Strecken, über die die Fahrradverleiher genauer informieren.

Aktuelle Angebote über o. g. Internetseiten. Ansonsten liegen im Touristenbüro zahlreiche Broschüren von Fahrradverleihern aus. Empfehlung auch hier: **Downhill Adventures** *(s. o.). Manche Backpacker-Hostels und Hotels verleihen auch selbst Fahrräder.*

Golf/Golfplätze

Bekannte Golfplätze im Raum Kapstadt sind:

Erinvale, *Lourensford Rd., Somerset West, ✆ (021) 847-1144, www.erinvale.com. 18 Löcher, 5.892 m, Bar, Restaurant, Hotel. Auf diesem Golfplatz zwischen den Weinbergen von Somerset West wurde 1996 der „World Cup of Golf" ausgetragen. Die 18 Bahnen verteilen sich über ein hügeliges Gelände, das selbst Könner herausfordert.*

Royal Cape, *174 Ottery St., Wynberg, ✆ (021) 761-6551, www.royalcapegolf.co.za. 18 Löcher, 5.787 m, Bar, Restaurant. Ältester Golfclub Südafrikas (1885). Austragungsort zahlreicher Meisterschaften. Parklandschaft mit vielen Bäumen.*

Milnerton, *Bridge Rd., Milnerton, ✆ (021) 552-1047, www.milnertongolf.co.za. 18 Löcher, 5.788 m, Bar, Restaurant. Der Platz liegt in den Dünen (Lagunengelände) direkt vor der Table Bay. Schöner Blick auf Kapstadt und das Table-Mountain-Massiv. Herausforderung: die relativ starken an- und ablandigen Winde, die die Bälle beeinflussen und den Sand in die Augen weht …*

Rondebosch, *Klipfontein Rd., Rondebosch, ✆ (021) 689-4176, www.rondeboschgolfclub.com. 18 Löcher, 5.710 m, Bar, Restaurant. Panoramaaussichten von einigen Löchern. Hügelig, durchkreuzt von vielen Kanälen und Wasserläufen. Nach dem* **Metropolitan Club** *(Mouille Point, nahe Waterfront, ✆ 021-430-6011, www.metropolitangolfclub.co.za, 9 Löcher) zusammen mit Mowbray (s. u.) der innenstadtnächste Platz.*

King David Mowbray, *Raapenberg Rd., Mowbray, ✆ (021) 685-3018, http://kingdavidmowbraygolfclub.co.za. 18 Löcher, 5.904 m, Bar, Restaurant. Einer der schönsten Golfplätze Südafrikas, dafür aber auch stark frequentiert. Viele Bäume und „Bunker" erfordern ein präzises Spiel und die plötzlich einfallenden Bergwinde haben es in sich. Der sehr britische Club belohnt dafür mit wunderschönen Ausblicken aufs Table-Mountain-Massiv. Innenstadtnah.*

Stellenbosch, *Strand Rd. (R44), Stellenbosch, ✆ (021) 880-0103, www.stellenboschgolfclub.com. 18 Löcher, 5.581 m, Bar, Restaurant. Meisterschaftskurs inmitten hügeliger Weinfelder. Der wunderschöne Platz besticht auch dadurch, dass er geschützt liegt vor den gefürchteten South-Easter-Winden. Viele Bäume.*

Steenberg, *Tokai Rd., Tokai/ Steenberg, ✆ (021) 715-0227, www.steenberggolfclub.co.za. 18 Loch, 5.000 m. Golfplatz auf dem Gelände der ältesten Weinfarm Südafrikas. Ein „Klassiker", da neue und nahezu vergessene Spielelemente in die Gestaltung einbezogen wurden. Heiß begehrt!*

Hervorzuheben sind zudem der von Jack Nicklaus entworfene **Pearl Valley Golf Club** *(Paarl, R301, Wemmershoek Rd., ✆ 021-867-8000, www.pearlvalley.co.za) sowie der* **Atlantic Beach Country Club** *(Melkbosstrand, Fairway Dr., ✆ 021-553-2223, www.atlanticbeachlinks.com), der wegen der unterschiedlich starken Winde eine besondere Herausforderung darstellt. Das* **Arabella Country Estate** *(✆ 028-284-0105 ext. 8006, www.marriott.com) R 44 bei Kleinmond bietet Luxus pur sowie ein tolles Setting. Die verschwenderische, riesige Anlage hat aufgrund des für die Region zu hohen Wasserverbrauchs und der Umsiedlung von Bewohnern zu zahlreichen Protesten geführt.*

Massagen/Wellness

Toll, wenn auch „altbacken", ist der **Long Street Baths & Swimmingpool**, *Ecke Long/ Orange Sts., Innenstadt, ✆ (021) 422-0100, www.westerncape.gov.za/facility/long-street-indoor-swimming-pool. Neben dem Hallenbad von 1929 beeindruckt das türkische Dampfbad, wo man auch eine günstige Massage erhalten kann. Es gibt Frauen- und Männertage. Vorher dazu nach aktuellen Zeiten erkundigen.*

Librisa Spa, *76 Orange St., Mount Nelson Hotel, Gardens, ✆ (021) 483-1550, www.belmond.com/mount-nelson-hotel-cape-town. Luxus Spa, professionelle Betreuung und Behandlung, tolles Ambiente. Einfach gut, wenn auch teuer!*
Angsana Spa, *Colinton Rd., Hotel Vineyard, Newlands, ✆ (021) 674-5005, www.angsanaspa.com. Spezialisiert auf asiatische Anwendungen. Ebenfalls sehr professionell.*
Andere Top-Hotels haben ebenfalls eigene Spas, die auch von Nichtgästen besucht werden können. So z. B. **Heavenly Spa** *im Westin Hotel (Convention Square, Innenstadt, ✆ 021-412-8200, www.heavenlyspa.co.za),* **Amani Spa** *im Radisson Blu (Beach Rd., Granger Bay, ✆ (021) 441-3332/3, https://amanispas.co.za/) und* **Spa-Bereich im Twelve Apostles Hotel** *(zwischen Camps Bay und Hout Bay, ✆ (021) 437-9060, www.12apostleshotel.com/spa).*

Seakayaking

Die Sportart erfreut sich großer Beliebtheit in Kapstadt. Meist fährt man mit einem Ein-Personen-Kajak dicht an der Küste oder durch den Hafen. Besondere Vorkenntnisse sind nicht erforderlich, doch sollte man körperlich einigermaßen fit sein. Ratsam ist, zu Beginn an einem kurzen Lehrgang (ca. 2 Std. Kurztrip) teilzunehmen. Dieser dauert aber nur ca. 2 Std. Erfahrene Unternehmen (Ausrüstung, Einweisung, Verleih, organisierte Trips – 2 Std. bis mehrere Tage) sind **Johan Loots' Paddle Yak Sea Kayak Store** *(Kayak House, Hout Bay, ✆ 082-556-2520, https://launchette.net) und* **Kaskazi Kayaks** *(179 Beach Rd., Three Anchor Bay/Mouille Point, ✆ (021) 813-9307, https://kaskazi.co.za).*

Segeln

Eine Stadt, die von zwei Weltmeeren umgeben ist, zählt natürlich als Topadresse bei Seglern. Viele Weltumsegler und Profiteams laufen die Stadt an und legen in den Becken der Waterfront oder im vornehmen Royal Cape Yacht Club an. Die Gewässer um Kapstadt sind ein Eldorado, doch muss vor den Strömungen und Wetterumschwüngen gewarnt werden. Bootsverleihe gibt es nicht sehr viele, doch findet man ein paar Broschüren dazu im Touristenamt. Beliebter ist das Chartern eines Bootes. Segelscheine kann man ebenfalls in Kapstadt machen. Und wer mit dem eigenen Boot kommt, ist als Besucher herzlich willkommen im o. g. **Royal Cape Yacht Club**, *Duncan Rd., Table Bay Harbour, ✆ (021) 421-1354, www.rcyc.co.za (besonders informativ sind die Links unter „Sailing").*

Segelkurse bieten an:
Cape Town Sailing Academy, *5A Baypoint, 179 Beach Road, Mouille Point, ✆ (082) 445-9059, www.capetownsailing.co.za.*
Yachtmaster Sailing School, *im o. g. Royal Yacht Club, ✆ (021) 788-1009 bzw. (082) 088-7186, www.yachtmaster.co.za. Hochseesegelkurse (zumeist mehrere Tage). Die praktischen Kurse finden in Langebaan/Saldanha Bay statt.*

Tauchen/Shark Diving

Das Revier ums Kap ist sehr beliebt fürs Tauchen, u. a. weil es hier viele Schiffswracks zu erkunden gibt. Bekannt ist auch das **Shark Diving** *vor Gans Bay. Weitere Infos* *s. Allgemeine Informationen von A–Z, S. 112.* *Anbieter haben ihre Broschüren im Touristenamt ausliegen.*

Windsurfen/Wellensurfen/Kitesurfen/Surfverleih

Kapstadt und die Kaphalbinsel gelten als Surferparadies. In den Monaten September bis Mai sorgt die Hochdrucklage für starke Südostwinde („Cape Doctor") am Atlantik, während die Tiefdruckwinde während der Wintermonate eher für abenteuerliche Wellen an der False Bay verantwortlich sind. Dann sind die Wellensurfer gefordert.

Die besten Windsurfgebiete um Kapstadt liegen südlich von Hout Bay, allen voran **Noordhoek/Kommetjie** *(***Long Beach***). Das Eldorado für Kitesurfer ist dagegen* **Bloubergstrand** samt **Big Bay**, *wo sich oft über hundert Kitesurfer gleichzeitig auf dem Wasser befinden. Die Wellensurfer zieht es vor allem an die Küste* **zwischen Muizenberg und Fish Hoek**.

Allgemeine Infos und aktuelle Surfbedingungen (Wetter, Wellen etc.) bei **Surfing South Africa** *unter www.wavescape.co.za.*
Surfläden, *die Infos erteilen und Boards ausleihen, gibt es u. a. in Muizenberg, Fish Hoek, Table View, Big Bay und Camps Bay.*

Wandern/Wanderführer

Peninsula Ramblers *ist eine Gemeinschaft von begeisterten Wanderern (s. S. 237).*
Mountain Club of South Africa, *97 Hatfield St., Innenstadt, ✆ (021) 465-3412, www.mcsacapetown.co.za. Wanderungen und Bergsteigen mit ausgebildeten Bergführern. I. d. R. nur etwas für geübte Bergwanderer.*
Weitere Infos s. Allgemeine Informationen von A–Z („Wandern“), s. auch Infokasten S. 383 sowie die Beschreibung des Table Mountain auf S. 181.

Sport ansehen

Allgemeine Sportveranstaltungen

Wie bei uns werden Sportveranstaltungen jeder Art live und im Fernsehen mit Begeisterung verfolgt. In vielen Kneipen werden die Bildschirme voller Erwartungen eingeschaltet, wenn etwa die „Bokkes“ (Springboks), das nationale Rugby-Team, antreten. Dann geht es hoch her, wobei der „britische“ Sportsgeist nie zu kurz kommt. Die bekanntesten Sportarten haben sich allmählich von der ehemaligen „Ausspaltung“ während der Apartheid gelöst. Dem **Rugby** *haftete noch lange Zeit der burische Charakter an, ist aber mittlerweile divers aufgestellt. Südafrikas Rugbymannschaft ist eine der besten der Welt. Übrigens wird in Südafrika nach den Regeln der Rugby Union gespielt, die härter sind als die der sog. „League“.* **Cricket** *jedoch bleibt wohl für alle Zeiten das versnobte, zu komplizierte und zu lange andauernde Spiel der britischen Aristokratie, dem neben wenigen Weißen nur die „Indian-Coloureds“ etwas abgewinnen können.*

Cape Town Stadium

In den Townships dagegen wird **Fußball (Soccer)** *großgeschrieben, trotz des unsteten Auftretens der Nationalmannschaft. Die erste Liga erreicht, nach europäischen Maßstäben, maximal zweitklassiges Niveau. Daher werden im Fernsehen zumeist die Spiele der europäischen Topligen gezeigt.*

Sonstige Sportarten *rangieren in der Zuschauergunst eher unter „ferner liefen". Leichtathletik zieht nur in den großen Sportanlagen in Johannesburg, Golf gehört eher zum „Establishment", d. h. man spielt es, redet aber nur unter seinesgleichen darüber, und die südafrikanischen Tennisprofis zeigen ihr Können gegen internationale Gegner nur selten zu Hause.*

 Tickets

Bei **Computicket** kann man telefonisch, übers Internet oder am Schalter Tickets für alle Arten von Sportveranstaltungen erwerben: ✆ 0861-915-8000, https://tickets.computicket.com. Es gibt mehrere Schalter in Kapstadt, u.a. Touristenamt (Ecke Castle/Burg Sts.), V&A Waterfront, Victoria Wharf Mall, und auch in größeren Orten entlang der Garden Route. Auflistung aller Schalter im Internet (Button „Store Locator" unten links).

Wo wird gespielt: große Veranstaltungen

Cricket: *Beachtenswert sind Spiele des Nationalteams („Proteas"). Die Cricket-League wurde 2022 neu aufgestellt und nennt sich jetzt The SA20 (www.sa20.co.za).*
Fußball: *Die beiden großen Kapstädter Mannschaften sind „Cape Town City FC" sowie „Cape Town Spurs", die beide in der 1. Liga (PSL) spielen. Nahezu alle Spiele beider Mannschaften finden im Cape Town Stadium (Green Point) statt.*
Rugby: *Cape Town Stadium (Green Point). Die lokale Mannschaft heißt „Stormers", doch oft tritt eine Provinzauswahl, das Team „Western Province", in speziellen Cups an. Da es nicht genügend gute Profimannschaften in Südafrika gibt, werden einige Turniere zusammen mit Mannschaften aus Australien und Neuseeland ausgetragen.*

Zum großen **Radrennen** *sowie zum* **Two Oceans Marathon** *s. S. 114f.*

Schlittschuhlaufen im Casino

Das **Grand West Casino** *in Goodwood (Vanguard Drive, ✆ 021-505-7777, www.suninternational.com/grandwest/casino) gilt zzt. als eines der größten seiner Art im südlichen Afrika. Die Gebäude sind dem Baustil Kapstadts um 1900 (viele Gebäudereplika aus dem District Six) nachempfunden. Neben Spielautomaten und Roulettetischen gibt es verschiedenste Unterhaltungslokale, z. B. den Hanover Street Nightclub, in dem neben DJs auch Livebands (oft flotter, moderner Jazz) für Stimmung sorgen. Die Restaurants decken alle Sparten ab (Steak, Japanisch, Chinesisch, Mexikanisch etc.). Für die ganzjährig geöffnete* **Eisbahn** *können Schlittschuhe ausgeliehen werden.*

Strände

Die Strände von Kapstadt und entlang der Kaphalbinsel laden nahezu alle wegen des schönen Sandes und des unvergleichlichen „Ozean-Ambientes" ein. Nur übersteigen die Temperaturen am Atlantik selten das Nordsee-Niveau. Wärmer ist das Wasser an der False Bay und die Wellen sind hier höher.

Die beliebtesten Strände Kapstadts und der Kaphalbinsel

Atlantischer Ozean	
Zwischen Melkbos und Blouberg	Einsame Strandabschnitte. Besonders unter der Woche hat man diesen Strand nahezu für sich alleine. R 27 bis Big Bay.
Milnerton – Bloubergstrand	Weite Sandstrände, oft unterbrochen durch Felsen und windig. Herrliche Aussichten auf Kapstadt. Eldorado für Kitesurfer.
Sea Points	Oft überlaufen. Felsen und Rockpools, relativ wenig Sand. Vorteil: stadtnah.
Clifton	Weißer Strand, viele „private" Ecken. Der „In"-Strand für die „rich and beautiful". Schwierig mit dem Parken.
Camps Bay	Beliebter Strand, da noch innenstadtnah. Voll am Wochenende und während der Ferien. Immer gut für Strandpartys und diejenigen, die zwischendurch mal shoppen bzw. einen Cappuccino trinken wollen. „Trendy" und schick.

Zwischen Camps Bay und Hout Bay gibt es einige kurze Strände, wobei der von **Oudekraal** durch die natürlichen und geschützten „pools" hervorsticht, in denen das Wasser durch die Sonne aufgewärmt wird. **Sandy Bay Beach** bei Llandudno ist der (inoffizielle) FKK-Strand Kapstadts. Obwohl verboten, wird die Freikörperkultur hier geduldet.

Hout Bay	Schöner Strand in Hafenbucht. Hinterher lockt ein Seafood-Mahl.
Hout Bay – Cape of Good Hope	Kühleres Wasser, daher sind die Strände eher beliebt zum Spaziergehen bzw. Surfen. Der Noordhoek Beach ist mit über 7 km der längste Strandabschnitt am Atlantik südlich der Innenstadt. Hier an allen Stränden auf die starken Strömungen achten.
Cape of Good Hope NR/ Table Mountain NP	Hier gibt es keine nennenswerten Strände. Das Wasser ist zu kalt und die Strömung zu stark. Außerdem sind die Küstenabschnitte umständlich zu erreichen.

False Bay	
Gordon's Bay	Windgeschützt durch die Hottentots Holland Mountains. Beliebt bei Familien. Strand: 5 km langer Sandstrand, der sehr flach ins Wasser verläuft und am Pavillon von Strand endet.
Zwischen Strand und Muizenberg	Der lange, weiße Sandstrand lädt zwar wegen seiner natürlichen Beschaffenheit ein, doch werden die Strände hier nicht kontrolliert. Zudem ist gerade dieser Küstenabschnitt oft sehr neblig und wird gerne als Partyzone von Bewohnern aus den Townships (besonders nahe dem Strandfontein Pavilion) sowie von Strandanglern frequentiert.
Muizenberg	Ein wunderschöner, weißer und feiner Sandstrand und die größte Ansammlung der bekannten, bunten Holzstrandhäuser machen diesen Strand immer noch zu einem Favoriten. An Wochenenden kommen Hunderte von Wellenreitern her. Früher war Muizenberg die Nobeladresse der kapländischen Badekultur.

St. James und Kalk Bay haben jeweils kleine Strände, deren natürliche Pools zudem zum Baden einladen. Der Strand von **Fish Hoek** ist zwar größer, hier herrscht jedoch in der Saison und an den Wochenenden reger Betrieb, da der Ort selbst über zahlreiche Hotels verfügt.

Neben Muizenberg ist **Seaforth** (bei Simon's Town) der beste Strand an der False Bay. Statistisch betrachtet, ist es hier am windärmsten. Oft wird auch **Boulders** ein Stück weiter empfohlen – besonders wegen der Pinguinkolonie und der Beschaffenheit (abgerundete Felsen, weißer Strand). Doch am Pinguin-Strand darf man nicht baden und ob man sich in der Umgebung mit den befrackten Tierchen nun das Wasser streitig machen sollte …?

Smitswinkel Bay	Kleiner Ort in Bucht direkt nördlich des Cape of Good Hope NR (Table Mountain NP). Nur zu Fuß von der M 4 erreichbar (30 Min.). Idyllischer Ort, guter Sandstrand. Ein Geheimtipp bei Nicht-Kapstädtern, am Wochenende aber voll.

Im Cape of Good Hope NR (Table Mountain NP) lockt schließlich noch der **Bordjiesrif** an der Buffels Bay. Besonders unter der Woche ist dieser Strand wenig besucht, da er von der Stadt weit entfernt liegt. Eine extra Anfahrt mag nicht lohnen, aber bei einer Kapumrundung spricht er allemal für das Einpacken der Badehosen. Der Gezeitenpool sorgt zudem für sichere Verhältnisse für Kinder.

Sicherheit

Die Strände um Kapstadt gelten als sicher, zumindest was die Haie angeht (wobei es – sehr vereinzelt – auch schon Hai-Attacken auf Surfer in der False Bay gegeben hat!). An den belebtesten Stränden gibt es „Life Guards“ und z. T. werden auch Polizeipatrouillen eingesetzt, da es gelegentlich doch Diebe gibt. Vorsicht ist allemal geboten und keine Wertsachen im Fahrzeug lassen.

Verkehrsmittel

Flughafen

Die wichtigsten Fluggesellschaften (Auswahl)	
Air Namibia, ✆ *(021) 936-2755*	**Lufthansa**, ✆ *(0861) 842-538*
Air France, ✆ *(021) 936-3324*	**Qatar**, ✆ *(021) 936-3324*
British Airways, ✆ *(021) 936-9007*	**SAA Airlink**, ✆ *(021)936-2810*
Emirates, ✆ *(021) 403-3324*	**Turkish Airlines**, ✆ *(021) 936-3443*
KLM, ✆*(021) 936-9007*	

Flugverbindungen nach Kapstadt

Kapstadt wird nur von der Lufthansa direkt von Deutschland aus angeflogen (Edelweiss von Zürich aus). Bei allen anderen Airlines steht ein Umstieg in Europa an (Paris, London, Amsterdam etc.), bzw. in Nahost (Istanbul, Dubai etc.). Einen Flug mit Umstieg in Johannesburg gilt es zu vermeiden (umständliche Ein- und Ausreiseformalitäten dort).

Cape Town International Airport (CPT)
Mit fast 11 Mio. Fluggästen pro Jahr rangiert Kapstadts Flughafen an Größe deutlich hinter dem von Johannesburg (über 21 Mio. Passagiere).
Fluginformationen: ✆ *(086) 727-7888*
Flughafen *(allg.):* ✆ *(021) 937-1200, www.airports.co.za, dann „Cape Town International“.*
Kapstadts Flughafen liegt ca. 23 km von der Innenstadt entfernt und ist über die Autobahn N2 an diese angebunden. Mit dem Auto benötigt man ca. 30 Min., was sich aber auf 1 Std. während der Rushhour ausdehnen kann.
Die Orientierung auf dem Flughafen ist relativ einfach. Grundsätzlich gibt es ein **internationales** *und ein* **nationales Terminal**, *die beide nur wenige Gehminuten voneinander entfernt liegen. Internationale Abflüge werden im zentralen Terminal abgefertigt. Im Flughafengebäude gibt es einen* **Informationsschalter der Western Cape Province**, *der aber oft früh schließt.*
Alle größeren **Mietwagenfirmen** *haben am Airport eine Niederlassung. Deren Schalter befinden sich außerhalb, vor dem zentralen Flughafengebäude.*
Die größeren Hotels und auch viele Herbergen bieten einen **Shuttleservice** *zum/vom Flughafen an (vorher reservieren). Für den Aufwand wird ein Entgelt berechnet (i.d.R. ab R 200 für die erste Person, jede weitere Person ist dann günstiger).*
Eine **Taxifahrt** *in die Innenstadt kostet ab R 450 zzgl. 10 % Trinkgeld (für eine Fahrt meldet man sich am Taxistand in der Arrival Hall, der Fahrer wird zugewiesen).* **Uber** *ist meist etwas billiger, aber nicht zu den stark frequentierten Zeiten!*
Der **Citi Hopper** *(✆(021) 936-3460/1, www.citihopper.co.za) ist eine Art Taxi, das vorbestellt werden sollte und den Fahrgast direkt zum Ziel fährt (2 Pers. ca. R 300 + Trinkgeld, 7/8–24 Uhr).*

Bahnhof/Eisenbahnverbindungen

Hauptbahnhof *von Kapstadt: Adderley Street, gegenüber Strand Street, ✆(021) 449-2991. Es gibt nur wenige Personenzugverbindungen in Südafrika; diese verbinden vor allem die Großstädte miteinander.*

*Mehrmals pro Woche fährt der „***Shosholoza Meyl***" nach Johannesburg: ✆ (086) 000-8888, www.shosholozameyl.co.za. Weitere Infos s. S. 124.*

Die leider oft schmutzige, überfüllte sowie oft von Vandalismus betroffene **Metrorail** *verbindet die Innenstadt von Kapstadt mit ihren Vororten und umliegenden Städten wie z. B. Strand, Stellenbosch, Paarl und Worcester. Einzig die gut einstündige Fahrt nach Simon's Town – hier sind die Züge in besserem Zustand – ist von touristischem Interesse. Das Highlight ist der Streckenabschnitt, der dicht am Ufer der False Bay entlangführt. Infos: ✆ (021) 449-6478, www.seat61.com/SouthAfrica. Alle anderen Verbindungen um Kapstadt gilt es zu meiden!*

Hinweis

Ende 2021 wurde der **Betrieb der Metrorail eingestellt** und mit einer Komplettrestaurierung der arg heruntergekommenen Züge begonnen. Viele Strecken werden noch nicht bedient, die nach Fish Hoek/Simon's Town ist jedoch wieder in Betrieb.

Luxuszüge Blue Train und Rovos Rail

Buchungen **Blue Train:** *✆ (021) 449-2672, www.bluetrain.co.za.* **Rovos Rail** und **Shongololo Express:** *✆ (021) 421-4020, www.rovos.com. Die beiden Letzteren haben ihre Abfahrtshalle am Old Marine Drive direkt nördl. vom Bahnhof. Weitere Infos s. Allgemeine Infos von A–Z, S. 124.*

Busse

Städtisches Bussystem

Der **Hauptbusbahnhof** *für die unbequemen, aber flächendeckend bis in die Vorstädte eingesetzten* **Golden-Arrow-Busse** *ist am Grand Parade (Castle Street). Zum Indischen Ozean (Muizenberg, Simon's Town) gelangt man am besten mit der* **Metrorail** *(s. o.).*

Viel besser fährt man entlang der Atlantikküste (Melkbosstrand/Duynefontein/Atlantis/Mamre im Norden, im Süden bis Hout Bay), in der Innenstadt, zur V&A Waterfront, nach Woodstock, Vredehoek, Oranjezicht sowie nach Khayelitsha, Mitchell's Plain und zur Century City/Canal Walk mit den **MyCiTi-Bussen**. *An vielen Stellen verfügen die MyCiTi-Busse über eigene Fahrspuren.*

Zentraler **Start- und Zielpunkt für die Hauptlinien** *ist das* **Civic Centre** *(Hertzog Blvd.) in der Innenstadt. In der Peripherie gibt es einige Extralinien. Die Ticketpreise sind tageszeitenabhängig (Peak Fare/Saver Fare), aber insgesamt günstig. Als etwas umständlich erweist sich das Bezahlen. Es funktioniert (außer im Airport-Bus) ausschließlich bargeldlos. Hierzu muss man sich an den größeren Haltepunkten (MyCiTi-Kioske) bzw. in Geschäften entlang der Strecken (Spar-Supermärkte, Tankstellen, Cafés etc.) einmalig die* **Myconnect-Karte** *kaufen und diese mit Guthaben aufladen. Dabei sollte* *man überschlagen, wie oft man fahren möchte, denn es gibt kein Geld zurück. Die Karte hält man im Bus bzw. an den Zugängen zu den größeren Stationen an den Fahrscheinautomaten (1 Piep = okay, 2 und mehr Pieps + gelbes Licht = okay, aber weniger als R 20 übrig). Klingt aufwendig, doch hat man erst einmal eine aufgeladene Karte, freut man sich über ein modernes System mit zwischen ca. 6 und 22 Uhr im 10- bis 30-Minutentakt verkehrenden Bussen. Es gibt auch Monatskarten. Infos: ✆ 0800-656-463, www.myciti.org.za.*

Minibusse *(„überbelegte" 9- bis 16-Sitzer) bedienen ein engmaschiges Routennetz, das sich über ganz Kapstadt und sein Umland verzweigt. Sie fahren am* **Hauptbahnhof** *ab. In der Stadt/innenstadtnah sind die Haltestellen vorgegeben (in den Vororten dann nicht mehr wirklich), aber nicht sonderlich gekennzeichnet. Wenn man nicht nachfragt, kann man schnell mal im falschen Bus landen. Abenteuergeist und geringer Platzanspruch sind also Voraussetzungen. Grundregeln: Vorne sitzen die Fahrgäste mit Gepäck; wer auf dem Klappsitz sitzt, hat an den Haltestellen die Schiebetür zu öffnen. Gezahlt wird an einen „Schaffner" in der vorderen Reihe, nicht an den Fahrer.*

Airport-Shuttlebus*: s. unter „Flughafen".*

Überregionales Bussystem

Der Busbahnhof für die überregionalen Strecken befindet sich ebenfalls am Hauptbahnhof. Von hier verkehren die großen Busunternehmen zu allen mittleren und größeren Städten Südafrikas. Letztere werden mehrmals täglich bedient.

Eagle Liner, *✆ (087) 150-1895, (063) 257-8400, (086) 239-0324, www.eagleliner.co.za.*

INTERCAPE/MAINLINER, *✆ (021) 380-4400, www.intercape.co.za.*

 **Tickets**

Tickets für die überregionalen Busse können über alle Computicket-Schalter (z. B. V&A Waterfront oder Golden Acre Shopping Centre) gebucht werden: ✆ 0861-915-8000, https://tickets.computicket.com.

Taxis/Uber

Es wird nach **drei Taxiarten** *unterschieden: „normale" Taxis, Minibus-Taxis, Rikkis und Uber. Taxis können herbei gewunken, telefonisch angefordert oder an einem der Taxistände belegt werden. Preise stehen deutlich am Fahrzeug angeschrieben. Der Bring-Service* **Uber** *wird über das Internet bestellt (www.uber.com/global/en/cities/cape-town). Ein* **Trinkgeld** *von 10–15 % wird erwartet. Große* **Taxistände** *befinden sich am Hauptbahnhof, vor großen Hotels, an der V&A Waterfront (nahe dem Busstop und Hotels) und am Flughafen (mit Schalter an der Arrival Hall).*

Rufnummern für Taxis*: ✆ (021) 448-4444 (Excite), ✆ (021) 691-0709 (Cape Town Taxi). Zu* **Minibus-Taxis** *s. o.*

Mietwagen/Campmobile/Mietmotorräder

Weitere Infos s. Allgemeine Infos von A–Z, S. 89f.

Internationale Firmen*: Alle großen Firmen haben Niederlassungen am Flughafen sowie in der Innenstadt (zumeist untere Loop St./Buitengracht/Strand St.).*

Avis/Budget-Rent-a-Car, *✆ (021) 927-8800*
Europcar/Interrent, *✆ (021) 935-8600*
Hertz, *✆ (021) 935-3000*
Sixt, *✆ (011) 230-9999*

Lokale Mietwagenfirmen: *Lokale Mietwagenfirmen bieten sich für Kurzentschlossene und aufgrund ihrer günstigeren Tarife an. Wer weite Strecken durchs Land plant, sollte sich darüber im Klaren sein, dass es meist keine Vertretungen außerhalb von Kapstadt gibt. Bleibt man also wegen einer Autopanne liegen, dauert es eine ganze Weile, bis man Hilfe bzw. Fahrzeugersatz erhält.*

Value Car Hire, *500 m entfernt vom Airport, ✆ (021) 386-7699 bzw. (082) 579-4801, www.valuerentalcar.com.*

Rent a Cheapie: *30 Marine Dr., Paarden Eiland, ✆(021) 510-2808, www.rentacheapie.co.za. Der Tipp für günstige Mietwagen, wenn man stadtnah unterwegs ist. Viele Citi (Chico) Golfs, aber auch neuere Fahrzeuge. Gute Longterm-Raten. Jedoch keine Erlaubnis für das Fahren auf Schotterstraßen (außer bei den 4x4-Fahrzeugen) und Gefahr von vielen Zusatzkosten, falls man sich nicht genau an Regeln hält (genaue GPS-Überwachung!).*

Fun Car Hire, *194 Upper Buitenkant St. (an der Engen-Tankstelle), Vredehoek, ✆ (073) 442-4273, www.funcar.co.za. Vermietung älterer, teilweise kultiger Modelle (z. B. VW Käfer). Die alten Fahrzeuge sind allerdings nicht auf lange Strecken ausgelegt.*

Classic Depot, *21 Union St., Gardens, ✆ (071) 400-8867, www.classicdepot.com. Vermietung von Klassikern (1960er–1980er-Jahre) und Oldtimern. Die Fahrzeuge sind optisch nicht immer ganz proper, aber in technisch gutem Zustand und bezahlbar.*

Campmobile/4x4-Geländewagen

Maui Rentals, *Ecke Michigan/Borcherds Quary Rd., Airport, ✆ (021) 385-1616, www.maui.co.za (gute Internetseite rund ums Campen sowie Reisen mit dem Campermobil in Südafrika). Einer der führenden Campervermieter. Über den Partner* **Britz** *(www.britz.co.za, ✆ (021) 385-0403, selbe Adresse) auch Anmietung gut ausgestatteter Geländewagen mit Campingausrüstung. Annahme/Abgabe auch in Windhoek und Johannesburg möglich.*

Motorradverleih *(rechtzeitig buchen, besonders während der Saison!)*

Auf Motorradvermietung sowie -reisen (mit und ohne Begleitung, kurz und länger) haben sich spezialisiert: **Karoo-Biking** *(in Südafrika: ✆(082) 533-6655, in Deutschland: ✆(0221) 3553-32002, www.karoo-biking.de) und* **SA Motorcycle Adventures** *(✆(082) 788-2152, www.samotorcycleadventures.co.za). Sie bieten 1- und 2-Tagestouren sowie Touren z. B. nach Namibia oder entlang der Ostküste an.*

Organisation von **Harley-Touren** *sowie* **Harley-Davidson-Vermietung**:

Harley Davidson Cape Town, *2 Hospital St., Harbour Edge Building, De Waterkant, www.harley-davidson-capetown.com, ✆ (021) 401-4260. Verleih und Verkauf neuer und gebrauchter Maschinen und Ausrüstung.*

Cape Bike Travel, *125 Buitengracht, Innenstadt, ✆ (021) 424-5013, (084) 606-4449, www.capebiketravel.com. Vermietung von bzw. Touren sowohl mit BMWs als auch mit Harleys.*

Viper Lounge, *✆ (087) 808-3750, www.viperlounge.co.za. Vorwiegend Verkauf, aber z. T. auch Vermietung von Victory Motorcycles und Harleys.*

Wer es kleiner mag, mietet einen **Scooter** *(Größe einer Vespa). Entsprechende Vermieter findet man z. B. in der Long Street, um die Buitenkant St. und im Studentenviertel von Observatory, so z. B.* **African Buzz CC**, *3 James Rd., Observatory, ✆(083) 258-7343. Im Internet kann man buchen bei* **Cape Town Scooter Hire**, *✆(082) 827-2828, www.capetownscooter.co.za.*

5. RUND UM DIE KAPHALBINSEL

Allgemeiner Überblick

Ein Ausflug zum **Cape of Good Hope** gehört zu einem Kapstadt-Besuch. Wenn auch nicht das südlichste Kap Afrikas, spinnen sich viele Gedanken und Legenden um dieses natürliche Wahrzeichen. Irgendwo vor dem Kap sollen sich der warme Agulhas- und der kalte Benguela-Strom treffen, und Betrachter behaupten oft, die Vermischung der Wasser erkennen zu können. Wissenschaftler aber sagen, dass das Aufeinandertreffen weiter östlich stattfindet. Für das **Cape of Good Hope Nature Reserve** (Teil des Table Mountain National Park) selbst sollte man ein paar Stunden Aufenthalt einplanen, evtl. auch ein Picknick hier am Strand oder eine Wanderung, von der aus man auch Schiffswracks sehen kann. Vor den Toren des Parks bietet sich die Gelegenheit, eine Straußenfarm zu besuchen.

Wahrzeichen Kapstadts

Doch nicht alleine das Kap ist den Tagesausflug wert, auch die Fahrt an sich. Auf ihr beeindrucken die Ferien- und ehemaligen Fischerdörfer, die Hafenatmosphäre von **Hout Bay** mit Fischimbissen und Waterfront, der atemberaubende **Chapman's Peak Drive**, die **Pinguinkolonie** bei Simon's Town, die Antikläden in **Kalk Bay,** die bunten Strandhäuser von **St. James** und **Muizenberg**, die historischen **Constantia-Weingüter** und natürlich der **Kirstenbosch National Botanical Garden**. Botaniker werden von der **Pflanzenwelt** der *Capensis* auf dieser Rundtour begeistert sein.

Da die gesamte hier vorgestellte Tour an einem Tag nicht zu bewältigen ist, sollte man sich zunächst auf die Sehenswürdigkeiten südlich von Hout Bay und auf der False-Bay-Seite konzentrieren. Camps Bay, Hout Bay, Muizenberg, das Constantia Valley und der Kirstenbosch National Botanical Garden lassen sich notfalls an einem anderen Tag erkunden. Für die Zeitplanung: Die Weingüter schließen oft bereits am frühen Nachmittag.

Eine ewige Diskussion: „Wie herum"?

info

„Wie herum" soll man um die Kaphalbinsel fahren? Dazu gibt es zahlreiche Argumente, wobei schon die Geschwindigkeit der Umrundung von Bedeutung ist. Denn am Nachmittag bzw. frühen Abend entscheidet sich, ob man z. B. noch in Kalk Bay Fisch essen oder lieber in Camps Bay einen Cocktail bei untergehender Sonne genießen möchte. Die meistgenannten Vor- und Nachteile beider Fahrtrichtungen:

Kapstadt – Hout Bay – Kap – Simon's Town – Muizenberg – Constantia Valley – Kapstadt (gegen den Uhrzeigersinn)
Vorteile: Ein eher langsamer und typischer „Ausstieg" aus dem Rummel von Kapstadt (die Orte werden nach Süden hin zunehmend ruhiger) – schönere Aussichten nach vorne und weniger blendende Sonne am Vormittag entlang des Chapman's Peak Drive –– nach Besichtigung des Kaps zum Entspannen Fisch essen bzw. die Orte Simon's Town und Kalk Bay genießen – nachmittags evtl. Wale in der False Bay.
Nachteile: Spätnachmittags bereits z.T. im Lichtschatten der Berge (wichtig beim Fotografieren der bunten Strandhütten) – stehen ein Weingut im Constantia Valley oder der Kirstenbosch National Botanical Garden auf dem Plan, ist es am Ende des Tages meist zu spät für die Besichtigung – man fährt auf der meerabgewandten Straßenseite.

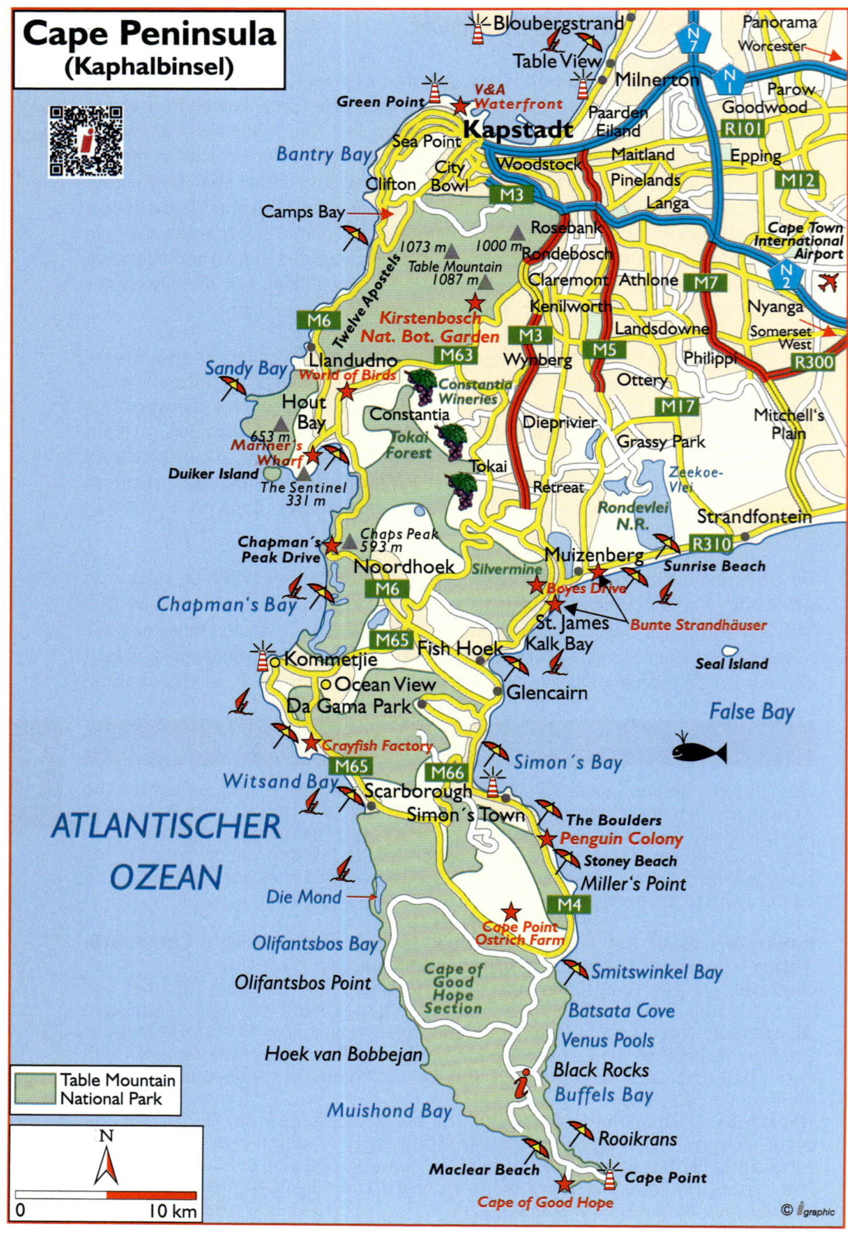

Cape Peninsula
(Kaphalbinsel)
Bloubergstrand
Table View
Milnerton
Panorama
Worcester
Parow
Goodwood
Green Point
V&A Waterfront
Kapstadt
Paarden Eiland
Sea Point
Bantry Bay
Clifton
City Bowl
Woodstock
Maitland
Pinelands
Langa
Epping
Camps Bay
Rosebank
Rondebosch
1073 m
1000 m
Table Mountain 1087 m
Twelve Apostels
Claremont
Athlone
Cape Town International Airport
Kenilworth
Kirstenbosch Nat. Bot. Garden
Nyanga
Landsdowne
Somerset West
Sandy Bay
Llandudno
World of Birds
Wynberg
Philippi
Constantia Wineries
Ottery
Hout Bay
Constantia
Tokai Forest
Diepriver
Grassy Park
Mitchell's Plain
653 m
Mariner's Wharf
Tokai
Duiker Island
The Sentinel 331 m
Retreat
Zeekoe-Vlei
Rondevlei N.R.
Strandfontein
Chapman's Peak Drive
Chaps Peak 593 m
Noordhoek
Silvermine
Muizenberg
Sunrise Beach
Boyes Drive
Chapman's Bay
St. James
Bunte Strandhäuser
Kalk Bay
Fish Hoek
Kommetjie
Seal Island
Ocean View
Glencairn
Da Gama Park
False Bay
Crayfish Factory
Simon's Bay
Witsand Bay
Scarborough
Simon's Town
ATLANTISCHER OZEAN
The Boulders
Penguin Colony
Stoney Beach
Miller's Point
Die Mond
Cape Point Ostrich Farm
Olifantsbos Bay
Smitswinkel Bay
Olifantsbos Point
Cape of Good Hope Section
Batsata Cove
Venus Pools
Hoek van Bobbejan
Black Rocks
Buffels Bay
Muishond Bay
Rooikrans
Maclear Beach
Cape Point
Cape of Good Hope
Table Mountain National Park
N
0
10 km
N7
N1
N2
R101
M12
M3
M7
M6
M63
M5
R300
M17
R310
M65
M66
M4
© igraphic

Kapstadt – Constantia Valley – Muizenberg – Simon's Town – Kap – Hout Bay – Kapstadt (im Uhrzeigersinn)
Vorteile: Schöne Nachmittagssonne auf der Atlantikseite (bestes Licht für einen Sundowner in Camps Bay) – Fahrt auf der meerzugewandten Straßenseite
Nachteile: Die Gefahr, bereits zu viel Zeit im Kirstenbosch National Botanical Garden bzw. im Constantia Valley zu verbringen, ist groß – wer nicht rechtzeitig startet, kommt nicht mehr in den Genuss des Lichtvorteils auf der False-Bay-Seite – gegen das Sonnenlicht fahren auf Atlantikseite.

Kombinationsmöglichkeit: Man fährt auf der Westseite zügig bis Kommetjie, dann in Ruhe zum Kap, von dort nach Simon's Town und Kalk Bay und quert anschließend die Kaphalbinsel nach Noordhoek und genießt den Chapman's Peak Drive, Hout Bay und Camps Bay am späten Nachmittag.

info

Routenbeschreibung

Von Kapstadts Innenstadt der M 6 folgen über **Camps Bay, Hout Bay, Noordhoek** bis nach **Sun Valley**. Von dort auf der M 65 über **Kommetjie** bis zum Eingang des **Cape of Good Hope Nature Reserve/Table Mountain National Park**. Vom Eingang bis hin zum Kap führt eine Parkstraße, von der noch einige Stichstraßen zu anderen Küstenpunkten im Naturreservat abgehen. Zurück am Eingang geht es entlang der M 4, die im Grunde bis in die Innenstadt zurückführt. Mehrmaliges Abzweigen ist aber nötig. An der M 4 liegen u. a. die **Pinguinkolonie, Simon's Town, Fish Hoek, Kalk Bay** und **Muizenberg**. Schneller geht es nördlich von Muizenberg entlang der M 3.

Nennenswerte Routenalternativen sind der **Boyes Drive**, der oberhalb von Kalk Bay und Muizenberg entlangführt, sowie die M 42, M 41 und später die M 63. Die beiden ersten führen entlang der Weingüter im **Constantia Valley**, die Letztere dann vorbei am **Kirstenbosch National Botanical Garden**.

Entfernungen				
Kapstadt (Innenstadt)	▸▸ Hout Bay			21 km
Hout Bay	▸▸ Eingang Cape of Good Hope NR			50 km
Eingang Cape of Good Hope NR	▸▸ Cape Point	▸▸ Cape of Good Hope	▸▸ Eingang NR	ca. 28 km
Eingang Cape of Good Hope NR	▸▸ Simon's Town			11 km
Simon's Town	▸▸ Muizenberg			17 km
Muizenberg	▸▸ Constantia Valley (Groot Constantia)	▸▸ Kirstenbosch National Botanical Garden		24 km
Kirstenbosch National Botanical Gardens	▸▸ Kapstadt (Innenstadt)			13 km
Gesamt: knapp 170 km, die z.T. sehr langsam zu fahren sind (Geschwindigkeitsbegrenzungen, kurvenreiche Strecken).				

Sehens- und Erlebenswertes bei der Rundfahrt um das Cape of Good Hope

Entlang der Westküste zum Cape of Good Hope

Hinweis

Die Strecke bis Camps Bay ist ab S. 180 beschrieben. Adressen zu Unterkünften, Restaurants etc. s. unter Reisepraktische Informationen Kapstadt und Umgebung.

Zwischen Camps Bay und Hout Bay

Hinter Camps Bay passiert man den direkt am Meer gelegenen Ort **Llandudno**, der mit viel Geschick seine Exklusivität bewahrt: Niemals wurde eine Durchgangsstraße gebaut, Geschäfte und Restaurants sucht man hier vergebens und für Auswärtige lockt allerhöchstens der inoffizielle, aber geduldete FKK-Strand **Sandy Bay**. Um diesen zu erreichen, fährt man im Südteil des Ortes zum „Sunset Rocks Parking" und läuft dann noch 15–20 Minuten.

Kurz vor Hout Bay führt eine Straße nach rechts zum **Mount Rhodes** (unterhalb des „Little Lion's Head"), von dem aus man einen schönen Blick über Hout Bay und Chapman's Peak hat.

Hout Bay

Der Hafen von Hout Bay

Der Fischerei- und Touristenort liegt malerisch an der gleichnamigen Bucht, die im Südosten von Noordhoek Peak und Chapman's Peak sowie im Westen vom Karbonkelberg (653 m) und dem kleineren, aber auffälligeren **The Sentinel** (331 m) umgeben ist.

Schon früh wurde die bezaubernde und auch strategisch wichtige Lage des Ortes von den Europäern erkannt. Jan van Riebeeck bezeichnete die waldreiche Bucht **Houtbaaitjen** (kleine Holzbucht) und veranlasste 1662 den Bau einer kleinen Straße. 1681 wurden hier die ersten Farmländereien Südafrikas zugelassen und gut 100 Jahre später begann man mit dem Fischfang. Die weitere Geschichte war abwechslungsreich: 1781 bauten die Franzosen hier drei Forts, wurden dann aber von den Engländern verdrängt, die ihrerseits Fortanlagen errichteten, von denen heute noch die Überreste der **Eastern Battery** am südlichen Ortsausgang (am Chapman's

Peak Drive) zu erkennen sind. 1873 entdeckte man Manganvorkommen in den Constantiabergen, die schließlich in den Jahren vor dem Ersten Weltkrieg abgebaut wurden. Zu dieser Zeit florierte die Fischerei (Hummer, Hecht). Die Menschen machten sich nun daran, Fisch nicht nur zu fangen, sondern auch in Konserven zu verpacken und weithin zu verschicken. Der Hafen entwickelte sich zu einem bedeutenden Standort der südafrikanischen Fischindustrie. Auch heute noch ist die Fischfabrik am südwestlichen Ende des Hafens deutlich sicht- und riechbar. Hier befinden sich zudem die Reste des Gegenstücks zum Fort, der **Western Battery**.

Mittlerweile ist Hout Bay ein beliebtes Wochenendziel. Ein kleines Museum, ein Vogelpark, Bootstouren vom Hafen nach **Duiker Island**, die **Mariner's Wharf** mit maritimen Shops und Restaurants (Austern, Fisch, Imbisse) und dem echten Fischereihafen direkt davor (Atmosphäre pur!), der **Bay Harbour Market** (s. u.) sowie leckerste Fish & Chips im Industriehafen können begeistern. Touren in das Township bucht man am besten über das Touristenamt von Kapstadt.

Sehenswertes in/um Hout Bay

In Hout Bay gibt es einen der größten Vogelparks Südafrikas, die **World of Birds**. Auf dem 4 ha großen Gebiet sind rund 3.000 Vögel und Kleintiere (400 Arten) von Wanderwegen aus zu beobachten. In dem Park leben auch Affen sowie Reptilien.

World of Birds, *Valley Rd., https://worldofbirds.co.za, tgl. 9–17 Uhr.*

Essen und Trinken

An der Mariner's Wharf finden sich Restaurants, im Industriehafen am Ende der Harbour Road gibt es einige **Fischimbisse**. Tipp: **Snoekies** (tgl., meist nur tagsüber) inmitten des Fischereihafens. Frischer, echter und deftiger kann es nicht sein. Ganz am Ende der Straße lockt mit bunten Farben das Imbissrestaurant **Fish on the Rocks** mit Aussicht auf die Hafenausfahrt.

Redaktionstipps

- **Grundsätzlich**: Früh starten, Fernglas, warme und wetterfeste Kleidung (es stürmt oft am Kap, und Regen bzw. Nebel sind auch nicht selten) mitnehmen und **Unterkünfte** auf der Halbinsel vorher reservieren. Zu beachten ist, dass die Strecke inkl. Abstechern **ca. 170–200 km lang** ist. Unbedingt gutes **Kartenmaterial** für die Kaphalbinsel besorgen. Am besten: Cape Peninsula von Slingsby Maps (S. 105).

Die schönsten Naturerlebnisse

- Bootstour zu den **Robben** auf Duiker Island (S. 254).
- Fahrt auf dem **Chapman's Peak Drive** (S. 255).
- **Reiten oder spazieren gehen** am Strand von Noordhoek (S. 255).
- Besuch der **Pinguine** an den Boulders (S. 264).
- Die einzigartige **Fynbos-Vegetation** im Cape of Good Hope NR (S. 259/257).
- Zwischen Juli und November **Wale beobachten** vom Cape of Good Hope aus oder in der False Bay (S. 267).
- **Kirstenbosch National Botanical Garden** (ab S. 275)

Kulturelle Höhepunkte

- **Bay Harbour Market** in Hout Bay (nur Fr–So, S. 252, 254).
- Die **maritime Geschichte** des Cape of Good Hope nachvollziehen im kleinen Museum im Cape of Good Hope NR (S. 261).
- Die Geschichte der Marine und Navy erkunden im **SA Naval Museum** sowie **Simon's Town Museum** (S. 265).
- Die **bunten Strandhütten** von St. James und Muizenberg (S. 270f.).
- Besuch eines **Weinguts** im Constantia Valley (S. 273).

Außergewöhnliche Höhepunkte

- Besuch der **Cape Point Ostrich Farm**, einer Straußenfarm (S. 257), sowie Stöbern in den Antiquitätenläden und Besuch des Fischereihafens in **Kalk Bay** (S. 269).

Am Hafen: *Von der* **Mariner's Wharf** *und den Imbissen am Industriehafen hat man einen herrlichen Blick hinüber zum Noordhoek (754 m) und zum Chapman's Peak (592 m).*

Vom Hafen aus gehen ein- bis mehrstündige **Bootsfahrten** ab, u. a. zur 1.500 m² großen **Duiker Island** (Seehundkolonie mit bis zu 5.000 Seehunden, Vogelwelt). Andere Touren gehen zu Wracks bzw. verbinden eine Champagner-Fahrt nach Camps Bay mit einem Sonnenuntergangserlebnis.

Lohnender Markt

Ein ganz besonderer Anziehungspunkt ist der **Bay Harbour Market** ganz am Ende vom Hafen in einer ehemaligen Fischhalle. Hier wird Kunsthandwerkliches verkauft, Musik gespielt und es werden regionale und auch internationale Leckereien zum Essen angeboten. Ein Hit auch bei den Einheimischen und oft gut besucht. Also früh erscheinen.
Bay Harbour Market, *31 Harbour Rd., www.bayharbour.co.za, Fr 17–21, Sa/So 9.30–16 Uhr.*

Das **Hout Bay Museum** *(Mo–Fr 8–16 Uhr)* in der Andrews Road zeigt eine Ausstellung zur Geschichte Hout Bays, von den Strandloipers bis hin zur modernen Fischindustrie. Zudem organisiert es Naturwanderungen. Entlang der Main Road (M 6) findet man weitere Geschäfte und Restaurants. Am südlichen Ortsausgang passiert die Straße die Überreste der **Eastern Battery** von 1796.

Wandern

Wanderfreunde können den schönen Wanderweg, nahe dem Meer, **zwischen Hout Bay** und **Llandudno** entlanglaufen oder südlich der **Eastern Battery** starten und die ehemaligen **Manganminen** zu Fuß erkunden. Wer sich viel Zeit nehmen will, kann weiter auf den **Chapman's Peak** bzw. den 928 m hohen **Constantiaberg** hinauflaufen, von dem man eine grandiose Rundumsicht über die gesamte Kaphalbinsel hat. Der Aufstieg von der Atlantikseite ist jedoch anstrengend. Unkomplizierter geht es von der anderen Bergseite (Silvermine North Gate, Tokai Fire Lookout), und dabei geht es vorbei an der Elephant's Eye.

Zwischen Hout Bay und Cape of Good Hope Nature Reserve

Atemberaubende Küstenstraße

Weiter Richtung Süden geht es auf dem **Chapman's Peak Drive**, einer der atemberaubendsten Küstenstraßen überhaupt. 150 m über dem Meer und 450 m unter dem Gipfel schlängelt sich die 10 km lange Strecke dicht am Felsen und direkt am Abgrund entlang. Die sagenhaften Aussichten sind kaum zu beschreiben. Bereits kurz hinter Hout Bay locken Picknickplätze mit Ausblicken auf die Hout Bay und den dahinter liegenden, 331 m hohen **The Sentinel** („Die Wache"), der im wahrsten Sinne des Wortes über die Bucht zu „wachen" scheint. Auf etwa halber Strecke führt ein Wanderweg hinauf auf die Berge bzw. zurück nach Hout Bay. Weitere Haltebuchten bieten sich für Foto- und Genießer-Stopps an.

Chapman's Peak Drive: Bau und Probleme

info

Der **Chapman's Peak Drive** wurde zwischen 1915 und 1922 angelegt. Massive Sprengungen waren nötig, um die kühne Konstruktion am Steilabhang der 450 bis 600 Mio. Jahre alten Gesteinsablagerungen zu verwirklichen. Ende der 1990er-Jahre mussten immer wieder Abschnitte kurzzeitig gesperrt werden, da die Eisenstützträger vom Salzgehalt der Luft so sehr angenagt waren, dass bei immer höher werdendem Verkehrsaufkommen nicht mehr für die Sicherheit garantiert werden konnte. Noch schlimmer war, dass laufend Felsbrocken auf die Strecke fielen. Daher entschloss man sich 2002, die Straße komplett instand zu setzen, inklusive der Anbringung von Schutznetzen und des Baus von Überhängen. Über zwei Jahre hat dies gedauert und seither gilt die atemberaubende Straße als sicher. Die Nutzungsgebühr für die komplett restaurierte Straße ist in ihrer Höhe absolut gerechtfertigt (Infos und Tarife unter www.chapmanspeakdrive.co.za).

Schließlich, nach der letzten scharfen Kurve, breitet sich der über 6 km lange, weiße Sandstrand von **Noordhoek**, an der **Chapman's Bay**, vor einem aus. Er ist der **Tidal Lagoon** vorgelagert. Aufgrund der Temperaturen und der starken Strömungen empfiehlt sich das Baden aber nicht. Besser, man nimmt die Chance wahr, mit dem Pferd am Strand entlang zu reiten, was diverse **Reiterhöfe** in der Umgebung von Noordhoek anbieten, oder läuft diesen zu Fuß ab. Zu erreichen ist der Strand gleich über den ersten Abzweig nach rechts: Avondrust Street, dann Mountain (Beach) Road und schließlich Rateklip (Beach) Road. Eine weitere Variante bietet die Anfahrt von Süden: In Kommetjie via Wireless Road und Pilot Way.

Blick vom Chapman's Peak Drive auf Hout Bay und den Sentinel

In und besonders um Noordhoek gibt es eine Reihe von Cafés, Pubs und Restaurants. Eine Shopping Mall in **Sunnydale** versorgt die immer größer werdende Gemeinde. Oberhalb des Ortes, am Oude Kaapse Weg (M 64), liegt das **Silvermine Nature Reserve**, dessen Fynbos-Vegetation, Wanderwege, Mountainbike-Strecken und Picknickplätze viele Kapstädter für einen Wochenendausflug anziehen. In Sunnydale zweigt die Route auf die M 64 ab und kurz darauf wieder rechts auf die M 65 in Richtung Kommetjie.

Wochenendausflug

Die **Imhoff Farm** bietet Ausritte an, daneben vielerlei Aktivitäten für Kinder, 4x4-Off-Roading, ein Labyrinth sowie Paintball und Lasertag. Ein Restaurant lädt zur Verschnaufpause ein und im Farm Shop gibt es alles für den Picknickkorb. Die

Strandlagune von Noordhoek

Farm ist Teil von zwei Naturparks, u. a. dem Nature Park & Wildlife Sanctuary, das der „World of Birds" (Hout Bay, s. o.) angeschlossen ist. Bemerkenswert ist die Brutstation des Afrikanischen Kranichs.

Imhoff Farm, *M65, Kommetjie Rd., Kommetjie, gegenüber Ocean View, ✆ (021) 783-4545, www.imhofffarm.co.za.*

Kommetjie (Afrikaans, „das kleine Becken"), 1815 mit einer Jagdlodge von Lord Charles Somerset ins Leben gerufen, ist heute ein Ferienort mit zahlreichen Wochenendhäusern. Deren Bewohner wahren den ruhigen Charakter, indem sie nur begrenzt Restaurants zulassen. Das ist wohl auch gut so. Auch von hier gibt es einen Weg zur **Strandlagune von Noordhoek** (am Ortseingang nach rechts in die Wireless St. und dieser bis zum Ende folgen). Der **Long Beach** im Ort gilt als einer der besten Surfstrände auf der Kaphalbinsel. Am südlichen Ortsende steht das 1914–1919 aus Gusseisen erbaute schneeweiße **Slangkop Point Lighthouse** *(Besichtigung: Mo–Fr 10–15 Uhr)*. 60 km reicht sein Lichtstrahl. Südlich davon schließt sich das von der Stadt verwaltete **Soetwater Resort** mit sehr schön gelegenen Campingplätzen, sicherem Tidenpool und Picknickplätzen an. Es kann nur von Süden über Witsand angefahren werden.

Vier verschiedene Arten von Kormoranen treffen sich an diesem Küstenabschnitt. Hier finden sie ausreichend Nahrung in Form von Insekten, die ihrerseits hervorragende Brutbedingungen in dem angeschwemmten Seetang haben. **Witsand** war lange Zeit bekannt für seine **Crayfish Factory**, die über 100 Tonnen Hummer jährlich verarbeitete. Die Hummer wurden vorwiegend vor der Küste zwischen Kommetjie und Witsand gefangen bzw. gezüchtet. Früher konnte man hier frischen Hummer kaufen und die Fabrik besichtigen, letztere musste aber schon vor Jahren schließen. Surfer und Kitesurfer lieben diesen Spot, besonders während der windigen Wintermonate. Dann ist hier richtig was los! Die sich hier aufbauende Welle trägt bei den Surfern noch den Namen: „The Swell At Cape Town's Crayfish Factory".

Surfertreff

Die nun folgende Küstenstraße weist eine typische Küsten-Fynbos-Vegetation auf. **Misty Cliffs**, ein kleines Nest mit extravaganten Ferienhäuschen, macht seinem Namen alle Ehren: Unentwegt zieht ein Gischtschleier den Hang des 308 m hohen Platbergs hinauf. Wieder einmal wird deutlich, welchen Einfluss das salzhaltige Meer auf Vegetation und Mensch hat.

Scarborough, das wohl letzte Relikt eines Dorfes aus bedächtigeren Zeiten am Kap, ist bekannt für den (recht kleinen) **Camel Rock** (Main Road) und den einsamen Sandstrand an der dem Ort vorgelagerten Schuster's Bay. Das **Camel Rock**

Restaurant schräg gegenüber dem gleichnamigen Felsen empfiehlt sich durch leckere Fischgerichte. Ab Scarborough führt die Straße durchs Landesinnere, entlang Wiesen mit bunten Blumen, Bäumen und natürlich den Bergen. Achtung! 4 km östlich von Scarborough, wo sich zahlreiche Kunsthandwerkstände (u. a. Steinskulpturen aus Simbabwe) tummeln, nach rechts abzweigen (weiterhin M 65).

Interessantes über Strauße

Kurz vor dem Eingang zum Cape of Good Hope Nature Reserve liegt linker Hand die **Cape Point Ostrich Farm**. Ein Besuch auf der 65 ha großen, 1996 von Deutschen gegründeten Straußenfarm ist auf jeden Fall empfehlenswert. Allein schon die bunt blühenden Pflanzen sowie die Gebäude im kapholländischen Stil sind sehenswert. Anders als bei den Straußenfarmen in Oudtshoorn handelt es sich hier um einen richtigen Farmbetrieb, der Gelegenheit bietet, während der Brutzeit (Sept.–Mai) Strauße in allen Altersstufen zu sehen. Diese schnell wachsenden Tiere – am ersten Tag wiegen sie 800–1.000 g, nach 12 Monaten bereits 100 kg – werden bis zu 80 Jahre alt und können bis 80 km/h schnell rennen. Schon im Alter von 14 Monaten sind sie ausgewachsen und geschlechtsreif. Straußenleder, das zweitstärkste Leder nach dem der Elefanten und das teuerste nach dem Krokodilleder, macht 80 % der Produkte der Farm aus. Im Shop werden Erzeugnisse aus Straußenleder sowie bemalte Eier zu günstigeren Preisen als in Kapstadt angeboten. 20 % der Produktion macht das Straußenfleisch aus. Aus einem 150 kg schweren Tier werden 20–30 kg Fleisch gewonnen, überwiegend aus den Schenkeln. Die langen Flügelfedern werden eingefärbt und als Boas verkauft. Das Restaurant schließlich lockt mit Straußenspezialitäten. Zum Thema Strauße s. auch unter Oudtshoorn auf S. 335.
Cape Point Ostrich Farm, *www.capepointostrichfarm.com, tgl. 9.30–17.30 Uhr.*

Cape of Good Hope Nature Reserve

Information

Buffelsfontein Visitor Centre, 7,2 km vom Gate, ✆ (021) 701-8692, an der Hauptstraße, ein Stück südlich der Abzweigung zum Vasco da Gama Monument Museum. Am großen **Parkplatz am Cape Point** (13 km vom Gate) erhält man ebenfalls Infos. Hier lädt das gute „Two Oceans"-Restaurant (✆ 021-780-9200, tgl. 11–16 Uhr, unbedingt reservieren) zum späten Frühstück bzw. Lunch ein. Parkzeiten: tgl. 7–17, Okt.–März 6–18 Uhr, http://capepoint.co.za. Übernachtungen in **Cottages** ($$$–$$$$) sowie im **Tented Camp** ($$) im Park bucht man über www.sanparks.org.

Europäische Entdeckung durch Bartolomeu Dias

Die ersten Menschen am Kap waren fischende Khoi, die hier wegen des rauen Klimas aber nur bedingt permanente Siedlungen unterhielten. Seit Bartolomeu Dias 1488 auf der Suche nach einem Seeweg nach Asien das Kap als erster Europäer erreicht hat, spinnen sich Wahrheiten, Geschichten, Tragödien und Sagen um diesen geografisch auffälligen Punkt. Dias geriet hier in einen Sturm und nannte das Kap sodann „*Cabo das Tormentas*" („Kap der Stürme"). Bereits wenige Jahre später entschied man sich für einen weniger Furcht einflößenden Namen: **Cabo da Boa Esperança** (Kap der Guten Hoffnung). „Südlichster Punkt Afrikas" und „dort, wo sich die zwei Ozeane treffen" sind gängige, wenn auch falsche Attribute, die dem Cape of Good Hope sowie dem östlich benachbarten Cape Point anhaften.

Ersteres trifft natürlich auf das 140 km südöstlich gelegene Cape Agulhas zu, Zweitgenanntes auf eine Region südlich und östlich des Cape Point. Die Vermischung aus warmen und kalten Strömungen führt letztendlich zu den häufigen Stürmen. Die geografischen Spitzfindigkeiten interessieren hier wenige, denn schon die ersten Seefahrer haben dieses Kap als den Wendepunkt angesehen. Sobald das felsige, oft im Nebel verhüllte und sturmanfällige Cape of Good Hope umrundet war, hatten sie es geschafft.

Der erste Entdecker war Bartolomeu Dias im Jahr 1488, kurze Zeit später folgte 1497 bereits Vasco da Gama, der 1498 auf dieser Reise schließlich auch Indien erreichte. Beiden wurde im heutigen Nature Reserve jeweils ein Monument gewidmet, Dias in Form eines christlichen Kreuzes (Replik des von ihm errichteten

Table Mountain National Park
Cape of Good Hope Section

Sehenswürdigkeiten
1 „Flying Dutchman Funicular" zur Atmospere Watch Station/ Historical Lighthouse
2 Goldfields Centre (Walbeobachtung)
3 Skaife Envoromental Centre
4 Italian Cemetery
5 Old Cannon
6 Blaasbalk Cave

0 – 4 km
Schiffswrack

Kreuzes) und da Gama in der eines Navigationsmals. Die weltbekannte Geschichte um den „Flying Dutchman" („Fliegender Holländer") hat ebenfalls hier ihre Wurzeln. Denn der Kapitän dieses holländischen Schiffs, Hendrik van der Decken, schwor 1680 bei stürmischer See, „dass er das Kap umrunden würde und wenn er auf die Hilfe des Teufels zurückgreifen müsse". Doch dieser konnte (oder wollte) ihm nicht helfen. Der Segler verschwand spurlos und ist seither dazu verflucht, immer wieder im Nebel aufzutauchen – fliegend und mit zerstörten Aufbauten und Segeln –, um andere Seefahrer zu warnen. Vielleicht aber auch, um sie zu erschrecken. Seeleute behaupteten immer wieder, das sagenumwobene Schiff gesichtet zu haben, unter ihnen auch der spätere englische König George V. Daran, dass die Warnung selbst in Zeiten moderner Navigationstechniken noch Bedeutung hat, erinnern zahlreiche Schiffswracks an den Ufern entlang der Kaphalbinsel. Von einigen Wracks sind noch Überreste zu sehen. Bisher letztes Sturmopfer war 2001 der Frachter „Ikan Tanda", der zwischen Scarborough und Slangkop Point auf Grund lief. Das Schiff konnte schließlich noch auf offene See geschleppt werden, musste dort aber versenkt werden.

Sage um den „Fliegenden Holländer"

1939 wurde das nahezu 8.000 ha große Areal am Kap zu einem *Nature Reserve* erklärt und untersteht heute der Nationalparkbehörde, die große Teile der Kaphalbinsel als Table Mountain National Park unter Naturschutz gestellt hat. Die Uferlinie des Nature Reserve misst zwischen Schuster's Bay im Nordwesten und der Smitswinkel Bay an der False Bay über 40 km.

Neben dem Ziel, das Kap zu besuchen, bietet das Nature Reserve aber auch andere, interessante Dinge, z. B.:

Interessantes im Nature Reserve

- eine einzigartige **Fynbos-Vegetation** mit Orchideen, Proteen und Erikaceen. Über 1.300 Pflanzenarten (mehr als in ganz Großbritannien!) wurden bereits gezählt, von denen 15 nur hier vorkommen.
- Die **Tierwelt** hat zwar weniger Bedeutung (nährstoffarmer Bewuchs), doch beeindrucken die Elenantilopen, Bergzebras, Paviane (Baboons), Dassies, Schildkröten, Echsen, Strauße, Buntböcke und andere Bockarten. Es gibt zudem giftige Schlangen, so die Puffotter und die Kobra. Einige Strandabschnitte, besonders an der False Bay, locken bestimmte Wasserratten an.
- Die **Vogelwelt** zählt 150 Spezies.
- Zum **Schwimmen** eignen sich Venus Pool, Bordjiesrif und Buffels Bay auf der False-Bay-Seite.

! Achtung Paviane!

Paviane (Baboons) hocken an der Straße, nähern sich dem Picknick und lieben alles Essbare. Doch sie sind nicht nur neugierig, sondern auch angriffslustig. Daher gilt: **Autofenster schließen und vor allem nicht füttern**! Wer ein Picknick veranstaltet, sollte unbedingt darauf achten, dass die Baboons nicht zu nahe ans Lager kommen. Denn sie haben die Angewohnheit, sich langsam anzuschleichen. Der beste Trick dagegen: mit Steinen nach ihnen zu werfen – das aber rechtzeitig und solange sie noch weit genug entfernt sind.

Neugierige Paviane

Tipps für den Besuch des Cape of Good Hope

- Früh zum Cape Point sowie zum Cape of Good Hope fahren, da ab mittags die Reisebusse kommen. Drei Stunden sollte man mindestens für das Nature Reserve einplanen
- Zeit einplanen für eine **Wanderung**, z. B. entlang des Shipwreck Trails am Olifantsbos Point oder/und eine **Bade- bzw. Picknickpause** an der Buffels Bay (vielleicht tummeln sich ja gerade Wale in der False Bay).
- Die Seitenstraßen sind weniger befahren, und auch die Wanderwege werden nur von einem kleinen Teil der Parkbesucher genutzt.

Sehens- und Erlebenswertes im Cape of Good Hope Nature Reserve

Hinweis

Die hier beschriebene Route zielt darauf ab, zuerst zum Kap zu fahren und auf dem Rückweg die Abzweigemöglichkeiten zu nutzen.

Der Hauptstraße folgend, beeindruckt bereits 800 m hinter dem Gate ein Aussichtspunkt mit einem atemberaubenden Ausblick auf die **Smitswinkel Bay**, einer kleinen Bucht in der **False Bay**. Die „Falsche Bucht" verdankt ihren Namen der Tatsache, dass früher Schiffe versehentlich hier hineingefahren sind in der Annahme, dass sie auf diesem Wege nach Kapstadt gelangen würden.

Weg zum Cape of Good Hope

info

Die zwei Strömungen

Wenn auch nicht direkt vor dem Cape Point, treffen Benguela- und Agulhas-Strom irgendwo 200 km vor der Küste aufeinander. Beide Ströme lassen sich wie folgt charakterisieren:
Benguela-Strom: Vom Süd-Atlantik nordwärts fließend; Geschwindigkeit: 16–40 km pro Tag; Temperatur 14–15 °C. Das Oberflächenwasser wird vom Küstenwind weggeblasen und nährstoffreiches Tiefenwasser kommt hoch. Dieses sorgt für eine starke Planktonbildung, welches wiederum die Nährstoffkette in Gang bringt. Daher gibt es an der Westküste besonders viele Fischschwärme, Robbenkolonien und Seevögel.
Agulhas-Strom: Entlang der Küste von Nordosten kommend. Wird mit dem Auftreffen auf den Benguela-Strom nach Ost-Südost abgedrängt; Geschwindigkeit: 90–230 km pro Tag. Das warme Wasser verdunstet schneller zu Wolken, sodass die Ostküste des Kaplands mehr Regen erhält.

Ein kleiner, wenig genutzter **Wanderweg** führt vom Parkplatz an den **Judas Peak** und von dort weiter oberhalb der Küste bis zum Cape Point. Ein steiler Weg (15 Min.) hinunter zur Klippe verspricht einen Blick auf das kleine **Smitswinkel Bay Village**, das erstaunlicherweise nicht ans Straßennetz angeschlossen und nur über einen Fußweg (Zugang von der Straße nach Simon's Town) zu erreichen ist.

Nach etwa 7 km liegt linker Hand das **Buffelsfontein Visitor Centre**. Angeschlossen ist ein kleines, vornehmlich naturkundlich orientiertes **Museum**.

13 km vom Gate, am großen Parkplatz des **Cape Point** befinden sich ein Souvenirshop, ein Infocenter sowie ein Restaurant mit Außenterrasse, in dem man allerdings den Blick auf die False Bay mitbezahlen muss und vorher reservieren sollte. Daher ist es eine Überlegung wert, sich vorher mit Proviant für ein Picknick an einer der schönen Buchten im Nature Reserve einzudecken. Neben dem Infocenter führt ein befestigter, steiler Weg (über 120 Treppenstufen) hinauf zum **Historical Lighthouse** und einer **Global Atmosphere Watch Station**. Alternativ fährt eine **Zahnradbahn** („Flying Dutchman Funicular") hinauf. Zu Fuß kann man jedoch die vielen schönen Ausblicke und Fotomotive genießen und dabei am Weg eine Vielfalt an Pflanzen und die zwischen den Steinen vorbeihuschenden Geckos beobachten. Das Historical Lighthouse wurde 1860 aus vorgefertigten Eisenteilen auf dem **Cape Point Peak**, 238 m über dem Meer, errichtet. Jedoch erwies sich dieser Leuchtturm als unbrauchbar, da er oft in Wolken oder Nebel gehüllt war. Nachdem an dieser Stelle der portugiesische Liner „S.S. Lusitania" 1911 gesunken war, beschloss man, einen neuen Leuchtturm („**Second Lighthouse**") am südlichsten Zipfel der Landzunge, dem Dias Peak, nur 87 m über dem Meeresspiegel zu bauen. Dieser wurde 1936 elektrifiziert, hat eine Reichweite von 63 km und ist damit der stärkste an Afrikas Küste.

Schöner Spaziergang

Das **Historical Lighthouse Cottage**, in den 1860er-Jahren erbaut, diente zunächst als freie Unterkunft für Besucher. Die Möglichkeit, hier kostenlos zu übernachten, sollte Besucher anregen, die hier in der Einsamkeit lebenden Leuchtturmwärter und ihre Familien zu besuchen. Ab 1977 diente das Gebäude als Labor für atmosphärische Untersuchungen und wurde 1994 Teil des *World Meteorological Organisation's Global Atmosphere Watch Network*. Das ehemalige Wohnhaus des Leuchtturmwärters beherbergt heute einen Souvenirshop.

Nur bei guter Sicht

Ein **Wanderweg** führt von hier weiter zum „Second Lighthouse". Bei Sturm oder schlechter Sicht sollte man jedoch auf diesen Ausflug verzichten. Die angegebenen 1 ½ Std. Wanderzeit sind sehr großzügig berechnet. Man kommt auch mit der Hälfte aus. Bei entsprechendem Wasserstand zeigen sich auf der westlichen Seite die Reste eines Wracks.

Vom Cape Point Parkplatz führt ein Wanderweg hinunter zum **Diaz Beach** (auf Kormorane achten) und zum westlich gelegenen Cape of Good Hope (50 Min. runter, 1 ½ Std. rauf). Dieser Weg verläuft weiter bis Hoek van Bobbejaan und ist Teil des **Good Hope Coastal Walk** (Cape Point – Hoek van Bobbejaan: 12 km).

Rooikrans

11,5 km vom Gate. An diesem kleinen Abzweig beginnen **Wanderwege**, die in beide Richtungen entlang der False-Bay-Küste führen. Hier könnte z. B. ein Teil der Gruppe zum Cape Point bzw. zur Buffels Bay laufen und dort vom Fahrer wieder eingesammelt werden. Festes Schuhwerk ist wegen der relativ steilen Auf- und Abstiege und der felsigen Uferpartien sinnvoll. Ein anderer Weg führt zu einer Klippe, von der es sich gut angeln lässt. Oberhalb des Parkplatzes befinden sich die Wohnhäuser der Parkangestellten und nahebei eine kleine Forschungsstation samt Unterrichtszentrum für Naturprogramme. Ehemals handelte es sich bei den Gebäuden um einen militärischen Stützpunkt.

Cape of Good Hope (Kap der Guten Hoffnung)

Pflichtbesuch

10 km vom Gate abbiegen und dann noch 3,4 km bis zum **Parkplatz Maclear Beach**. Das namengebende Kap galt lange als der geografische Wendepunkt. Doch da der Cape Point über einen Hügel verfügt, wurden dort Leuchtturm und Forschungsgebäude eingerichtet und dem Cape of Good Hope somit seine Bedeutung genommen. Trotzdem gehört der Besuch des Cape of Good Hope zum Pflichtprogramm. Ein Weg führt von hier zum **Cape Point** (1 ½ Std.), in dieser Richtung bergauf. Nach nur einem kurzen Stück geht es nach rechts zu einem schönen Aussichtspunkt mit Blick auf den Cape Point. Der Wanderweg selbst führt über den **Maclear Peak** zum Diaz Beach und schließlich weiter zum Cape Point. In die andere Richtung führt der Weg über 10 km bis Hoek van Bobbejaan und ist, wie oben erwähnt, Teil des **Good Hope Coastal Walk**.

Diaz Cross

8 km vom Gate abbiegen, dann gleich wieder nach rechts. Das Kreuz, ähnlich denen, die sich an anderen markanten Punkten entlang der Küsten zwischen Angola und Mosambik finden, wurde aber nicht von Diaz aufgestellt, sondern, wie das Vasco da Gama Monument, 1965 vom portugiesischen Botschafter gestiftet. Es ersetzte eine Marke für Seefahrer, die vorher dort stand. Auf einer Seite ist das Kreuz schwarz angemalt, sodass Seefahrer es von der False Bay aus gegen die weißen Wolken bzw. den blauen Himmel gut erkennen können. Einige Kilometer weiter auf der Stichstraße erreicht man **Platboom**, eine Küstenlandschaft aus Dünen, Felsen und Strand. Hier gibt es Picknickplätze, und auch hier führt der **Good Hope Coastal Walk** vorbei.

Buffels Bay

7,7 km vom Gate abbiegen. Die Bay ist während der Sommermonate ein beliebtes Ausflugsziel. Ein schöner Strand, wärmeres Wasser als am Atlantik, ein vor Wellen schützender Tidenpool sowie zahlreiche Grill- und Picknickplätze locken viele Besucher an. Schattenspendende Bäume gibt es hier auch. Der **Küstenwanderweg** entlang der False Bay führt hier vorbei.

Beliebtes Ausflugsziel

Bordjiesrif/Kanonkop/Black Rocks

6,6 km vom Gate abbiegen. Nach einem kurzen Stück geht es nach rechts zum **Bordjiesrif**. Die Straße führt vorbei am **Vasco da Gama Monument**, das 1965 vom portugiesischen Botschafter eingeweiht wurde und als Navigationspunkt für Seefahrer dient. Am Bordjiesrif kann man ebenfalls picknicken, grillen und in einem Tidenpool baden, wobei die Plätze an der Buffels Bay schöner sind.

Baden in der False Bay

In nördliche Richtung führt die Stichstraße erst vorbei an dem Startpunkt des zweistündigen Rundwanderwegs zum **Kanonkop**. Früher warnte hier eine Kanone den Hafen von Simon's Town vor ankommenden Schiffen, heute besticht eher die Aussicht auf die False Bay. Die starken Küstenwinde, hervorgerufen durch die steilen Berghänge zwischen den **Black Rocks** und den (natürlichen) **Venus Pools**, werden gerne von Surfern genutzt. Zum Baden eignet sich die Region, mit Ausnahme der Venus Pools, wegen der Wellen und Felsen nicht. Doch Achtung vor den Baboons. Diese erfreuen sich nämlich an den Fischen, die in die Pools gespült werden.

Gifkommetjie

5,7 km vom Gate abbiegen. Der Straße direkt bis Gifkommetjie folgen und unterwegs nicht abbiegen. Es gibt auch die Möglichkeit einer Rundfahrt (s. Karte S. 258). Die Chance, unterwegs Tiere zu sehen, wunderschöne **Ausblicke von zwei Plattformen** aus auf den Küstenabschnitt, zwei kurze Trails hinunter ans Ufer sowie der längere Rundwanderweg nach **Hoek van Bobbejaan** belohnen hier für den Abstecher. Am Hoek van Bobbejaan, einer spitzen Landzunge, tauchen heute noch die Überreste der 1968 gestrandeten „Phyllisia", einem 452-Tonnen-Dampfschiff, auf.

Abstecher zur Olifantsbos Bay

1,8 km vom Gate abbiegen, unterwegs an der T-Kreuzung nach links, bis man knapp 11 km nach dem Abzweig von der Hauptstraße Olifantsbos Bay erreicht. Diese wenig befahrene Strecke hat einiges zu bieten. Bereits auf der Fahrt faszi-

Schiffswracks

nieren die Fynbos-Vegetation sowie Tiere (auch Schlangen). Der Knüller aber ist der 90-minütige **Shipwreck Trail**, der zu den Überresten zweier Wracks führt: „**Thomas T. Tucker**": amerikanischer Frachter, 7.176 t, gestrandet 1942. Das Schiff hatte Kriegsmaterial für die Region des Roten Meeres an Bord. Der Kapitän wollte eigentlich Kapstadt als Zwischenstation anlaufen. Als das Schiff strandete, meldete er zuerst Seenot von der 23 Seemeilen nördlich gelegenen Robben Island. Gründe für die falsche Ortung waren ein um 37° missweisender Kompass, starker Nebel und die Tatsache, dass der nächste Leuchtturm während des Unglücks ausgeschaltet war.

„**Nolloth**": niederländisches Küstenmotorschiff, 347 t, aufgelaufen 1965 am Duikerklip. Es hatte Nahrung und erstklassigen Whiskey in Fässern an Bord. Letztere verschwanden größtenteils. Das Gerücht geht um, die Fischer hätten den Whiskey versteckt, bevor der Zoll ihn konfiszieren konnte.

Vom Cape of Good Hope Nature Reserve nach Muizenberg

Die Straße schlängelt sich zuerst entlang steiler Berghänge. Auch hier sitzen die Baboons gerne am Straßenrand. Nächster interessanter Stopp wäre der Parkplatz 1 km vom Gate. Von hier führt ein Wanderweg hinunter zum malerisch gelegenen Örtchen **Smitswinkel Bay** (s. o.), zu dem ein schöner Sandstrand gehört, das aber über keine Gastronomie verfügt. 3 km weiter ist **Miller's Point** erreicht. Hier lohnt es sich, in das wegen des frischen und guten Fisches geschätzte **Black Marlin Restaurant** einzukehren (✆ *021-786-1621*), bei wenig Wind auf der Außenterrasse bzw. drinnen mit Aussicht). Der kleine Strand und die Salzwasser-Pools erfreuen viele Ausflügler und die Gäste des nahen Campingplatzes. Von hier lassen sich auch gut die Wale beobachten.

Brillenpinguin (African Penguin)

The Boulders, der Küstenstreifen südlich von Simon's Town, erhielt seinen Namen aufgrund der großen, abgerundeten Granitfelsen, die der Verwitterung und dem Angriff des Meeres besser standgehalten haben als die sie ehemals überlagernden Sandsteinformationen des Table-Mountain-Massivs. Zwischen den Granitblöcken laden zwei nette, wellenarme Strände zum Baden ein. Im Sommer sind diese aber ziemlich überlaufen.

Das kleine Paradies, Teil des Nationalparks, weist noch eine ganz andere Attraktion auf, für die Hunderttausende von Besuchern jedes Jahr kommen und sich auf den Boardwalks drängen: Die (**African**) **Penguin Colony**. 1983 fand man hier unter den windgeschützten Büschen ein einsames Pinguin-Pärchen. Mittlerweile haben diese sich vermehrt und andere

Familien angezogen, sodass sich jetzt über 2.000–3.000 Brillenpinguine an dem kleinen Strandabschnitt tummeln. Mittlerweile stagniert die Zahl aufgrund Verschmutzung, Fisch- und Platzmangels sowie Haustierangriffen. Die große Zahl der Pinguine macht auch Probleme. Der Guano führt zur Vernichtung sensitiver Pflanzen und der Lärm der nachtaktiven Frackträger wird von den Anwohnern als störend empfunden. Der Brillenpinguin (*Spheniscus demersus*) steht jedoch auf der Liste der bedrohten Tiere (1900: 4 Mio. Tiere, heute: ca. 70.000). Im südlichen Afrika gibt es auf dem Festland neben Boulders Beach nur noch Brutstätten bei Betty's Bay und in Namibia. Weitere Pinguine leben auf 24 Inseln zwischen Namibia und Algoa Bay, z.B. Dassen Island. Ganz wenige gibt es auch in Angola, Natal und Mosambik. Brillenpinguine wiegen ca. 2–4 kg und tragen den Spitznamen „Eulen des Meeres", da sie nachts im Wasser genauso gut sehen können wie tagsüber. Ihre Beine benutzen sie beim Schwimmen zum Steuern, während ihre kurzen „Flügel" bei der Fortbewegung im Wasser als Propeller eingesetzt werden. **Tipp**: Früh kommen, bevor der große Ansturm beginnt. Und: Die **Pinguin-Kolonie bei Betty's Bay** (S. 454) ist viel weniger besucht.

2.000–3.000 Brillenpinguine

Simon's Town

Die windgeschützte Lage veranlasste die Dutch East Indian Company 1687 dazu, an dieser Stelle einen Hafen einzurichten, den sie nach dem früheren Gouverneur Simon van der Stel benannte. Die „Siedlung" drumherum war die dritte europäische Stadt des Landes. Der Ankerplatz wurde besonders in den Wintermonaten genutzt, da dann die starken „Northeastern"-Winde den Schiffen in der Table Bay arge Probleme bereiteten. 1795 landeten die Briten in Simonstad. Simon's Town wurde zum Brückenkopf der britischen Armee, von wo aus u. a. die siegreiche Schlacht von Muizenberg organisiert wurde. 1801 verließen die Briten Südafrika erneut, um dann 1806 gänzlich zurückzukehren. 1807, als ein holländisches Schiff mit ostasiatischen Sklaven im Hafen lag, befahl die britische Regierung deren Freilassung, da die Sklaverei von den Briten verboten war. Die zumeist muslimischen Menschen siedelten sich in Simon's Town an.

1814–1957 war Simon's Town ein bedeutender britischer **Marinestützpunkt**. Von dieser Epoche zeugen heute noch viktorianische Stadthäuser entlang der Hauptstraße in der Innenstadt sowie Hafen- und Befestigungsanlagen überall. Jetzt ist es die südafrikanische Marine, die ihre Einheiten hier postiert hat. Die Marinewerft repariert Kriegsschiffe aus vielen Ländern und Offiziere in herausgeputzten Uniformen gehören zum Straßenbild. Marineorientierte und andere **Museen** sowie die **Quayside Marina** nahe dem Jubilee Square mit ihren Shops und Restaurants erfreuen sich heute großer Beliebtheit. Aus den alten Geschäften, Pubs und britischen Hotels erwächst allmählich, nach einer langjährigen Durststrecke, eine neue Generation an Antik- und Souvenirshops, Backpackern, Boutique-Hotels und Galerien. Sie alle sorgen für einen wirtschaftlichen Aufschwung. Und auch Simon's Town hat seinen Fish&Chips-Imbiss: **Salty Sea Dog**, direkt an der Marine, links in der Wharf Street. Am Hafen kann man zudem **Bootstouren** (Walbeobachtung, Hochseeangeln) unternehmen sowie Kajaks ausleihen. Beachtenswert sind die kleinen Gassen („Steps"), die von der St. George's Street hinaufführen.

Geprägt durch die Marine

Simon's Town ist als südlichster Punkt an das Kapstädter Metronetz angeschlossen, sodass man auch die Möglichkeit hat, mit der **Metrorail** hierherzufahren. Besonders der Abschnitt zwischen Muizenberg und Simon's Town am Meer entlang ist schön. In der Sommersaison werden gelegentlich sogar Züge mit Restaurationsbetrieb eingesetzt! Wer mit dem Zug kommt, kann am Bahnhof über Handy ein Taxi bestellen und mit diesem weiter zu den Boulders oder sogar zum Kap fahren.

 Hinweis

Noch gibt es das **Warrior Toy Museum** mit einer Ausstellung an Spielzeugautos, Modelleisenbahnen aus aller Welt, Puppen u. v. m. Der Besitzer ist mittlerweile über 90 Jahre alt, und voller Tatendrang. Ecke St. George's St./King George Way.

Sehenswertes in Simon's Town

St. George's Street in Simon's Town

Das stadthistorische **Simon's Town Museum** ist in der „Old Residency" (1777) des damaligen Gouverneurs der Dutch East India Company untergebracht. Neben der Seefahrt (Werften, Marine, Kriegshafen, Schiffswracks, Schiffsbücher) wird auch die Besiedlung durch jagende Khoi, die ersten Menschen in der Region, beleuchtet.
Simon's Town Museum, *Court Rd., ✆ (021) 786-3046, www.simonstownmuseum.org.za, Mo–Fr 10–16, Sa 10–13 Uhr.*

Das näher bei der Innenstadt gelegene **SA Naval Museum** im ehemaligen Magazin, Lager und „Mast-Haus" der Werft (1744 erbaut) befasst sich mit der Marinegeschichte Südafrikas. Der Schwerpunkt liegt auf den beiden Weltkriegen (U-Boote und Kriegsschiffe).
SA Naval Museum, *St. George's St., Naval Dock Yard, ✆ (021) 787-4686, https://sanavymuseum.co.za, tgl. 9.30–15.30 Uhr.*

Der im Jahr 1796 eingeweihte, runde **Martello Tower** (*nahe St. George's St./Martello Rd.*) ist heute das älteste noch erhaltene britische Gebäude in Südafrika. Er wurde einem Verteidigungsturm auf Korsika nachempfunden, an dem sich britische Truppen während der napoleonischen Kriege die Zähne ausgebissen hatten.

Einen knappen Kilometer weiter westlich befindet sich das **Heritage Museum**. 1965, während der Apartheidszeit, wurde Simon's Town zu einer „rein weißen Stadt" erklärt. So wurden 7.000 „Nichtweiße" 1968–1973 auf der Grundlage des *(White) Group Area Act* aus der Stadt verbannt und in Townships umgesiedelt. Eine der letzten war die Familie Amlay, die hier in diesem Gebäude gewohnt hatte. Inzwischen befindet sich im Haus ein Museum zur Geschichte der Umsiedlung – unter der Leitung eines Mitglieds der Familie Amlay.
Heritage Museum, *Amlay House, King George's Way, ✆ (082) 216-260, tgl. 9–17 Uhr.*

In der **Stempastorie** in der Church Street (Kerk St.) komponierte der Dominee M. L. de Villiers die Musik zu „Die Stem van Suid-Afrika“, der ehemaligen südafrikanischen Nationalhymne. Das Museum, in dem Flaggen, Embleme und Wappen aus aller Welt ausgestellt waren, ist aber bis auf Weiteres geschlossen.

Die **Marina/Quayside** (St. George's Street, nahe Jubilee Square) ist die Miniaturausgabe der Kapstädter Waterfront und heute das touristische Zentrum der Stadt. Restaurants mit Blick auf den Hafen und Souvenirshops locken viele Gäste an, hier gibt es auch ein kleines **Infobüro** (*111 St. George's St., zudem hält die Internetseite www.simonstown.com gute Tipps für Touren und Aktivitäten bereit*).

Zu Ehren einer Dogge

info

Just Nuisance, einer dänischen Dogge, deren Bronzeskulptur am Jubilee Square zu sehen ist, wird im **Simon's Town Museum** gedacht. Der 1937 geborene Hund war Maskottchen des britischen Marinestützpunkts vor und während des Zweiten Weltkriegs und wurde sogar als Marinesoldat (Beruf: „Bone-Crusher“, Rang: Matrose zur See) gelistet! Als Soldat durfte der Hund kostenlos Bahn fahren, was zu abenteuerlichen Legenden führte. So soll er z. B. betrunkene Soldaten aus den Pubs in Kapstadt abgeholt und sie heil auf ihre Schiffe im Hafen von Simon's Town zurückgeführt haben, inkl. Bahnfahrt. Oder er wollte angeblich oft nicht aus den Lokalen gehen, nachdem zum Zapfenstreich geblasen wurde. Der Name steht für „Du Quälgeist“, denn nicht selten war der riesige Hund auf den engen Schiffen im Weg. 1944 wurde Just Nuisance mit allen militärischen Ehren beigesetzt. Jedes Jahr am 1. April, dem Geburts- wie Todestag, wird dem Hund zu Ehren auch heute noch eine große Parade abgehalten. Das Grab liegt hoch über der Stadt an der Naval Signal School (Redhill Drive).

Wale!

Sobald man Simon's Town in Richtung Norden verlassen hat, gilt es zwischen Juli und November auf das Wasser zu schauen. Die Chance, dass sich auf der Strecke bis Muizenberg Wale im nahen Wasser tummeln, ist sehr groß. Die **Simon's Town Boat Company** (✆ 083-257-7760, https://boatcompany.co.za) unternimmt Ausflüge zu den Walen.

Glencairn besticht durch einen kleinen Strand und Wanderwege oberhalb der Ansiedlung. Hauptattraktion ist aber **Topstones Ltd.** (*Dido Valley Rd., ✆ 021-786-2020, www.scratchpatch.co.za*), eine der größten Edelsteinfabriken der Welt. Hier kann man bei der Bearbeitung der Steine zusehen und im angeschlossenen Geschäft (Scratch Patch Mineral World) Mineralien und Edelsteine erwerben. Die Firma betreibt auch ein Geschäft an Kapstadts Waterfront.

Der Abzweig des **Glencairn Expressway** (M 6) bietet die Möglichkeit, die Rückfahrt entlang des Chapman's Peak Drive zu unternehmen oder über die Ou Kaapse Road (M 64) – vorbei am Silvermine Nature Reserve – ins Constantia Valley zu fahren.

Fish Hoek

Sieht man einmal ab von dem sicheren und windgeschützten Sandstrand (für Kinder, Surfer, bunte, aber weniger gepflegte Strandhütten, wärmeres Wasser) und den günstigen, wenn auch zumeist wenig attraktiven Unterkünften, ist Fish Hoek wohl keinen langen Stopp wert. Böse Zungen behaupten, dass das immer noch lieblose Erscheinungsbild des Ortes darauf zurückzuführen ist dass bereits seit 1810 und bis in die 1990er-Jahre hinein in Fish Hoek kein Alkohol ausgeschenkt werden durfte. Grund war ein Gesetz von Lord Charles Somerset, der schlechte Erfahrungen mit Transporteuren gemacht hatte, die ihre Waren wegen zu starken Alkoholkonsums nicht rechtzeitig nach Simon's Town beförderten. Auf dieses Gesetz berief sich auch später die Gemeinde, um Trunkenbolde aus der Navy von Simon's Town vom Ort fernzuhalten. Damit war der Fischerort für Geschäftsleute und Investoren unattraktiv und blieb für lange Zeit einzig ein Refugium für Rentner und Familien, die die günstigen Immobilienpreise ausnutzten.

Fast 200 Jahre Alkoholverbot

Zwar ist der Ausschank von Alkohol inzwischen erlaubt, doch kann der äußere Eindruck in der Hauptstraße – trotz einiger getätigter Anstrengungen – wenig begeistern: 1960er-Jahre-„Charme", viele langweilige Geschäfte sowie Werkstätten und Tankstellen bestimmen immer noch größtenteils das Bild. Der Imbiss **Fish Hoek Fisheries** *(43 Main Rd., Mo–Sa)* ist aber allemal eine Einkehr wert! Wer deftige Chips und guten frittierten Fisch mag, der sollte dort mal reinschauen. Eventuell auch, um etwas für ein Picknick oder frischen Fisch für ein Braai mitzunehmen.

Museum zur Stadtgeschichte

Das rührige **Fish Hoek Valley Museum** beschäftigt sich mit der Geschichte von Fish Hoek, hauptsächlich mithilfe von alten Fotografien. Recht interessant sind die Erläuterungen zur Geologie und Archäologie des Umlands (bis zurück zur Steinzeit und Peer's Cave, s. u.) sowie die Ausstellung zum Thema Walfang.
Fish Hoek Valley Museum, *59 Central Circle, ✆ (021) 782-1752, www.capetown.travel/listing/fish-hoek-valley-museum, Di–Sa 9.30–12.30 Uhr.*

Wanderwege

In den Bergen oberhalb von Fish Hoek gibt es einige schöne Wanderwege, die in einer **Broschüre des Touristenamts** (Main Rd., nur unregelmäßig geöffnet) aufgeführt sind. Beliebt ist das Wandern und Picknicken im **Silvermine Nature Reserve**. Auf dem Weg zum Nature Reserve sollte man in die 21st Avenue abbiegen, von der aus ein kurzer, aber steiler Weg die Düne zur **Peers Cave** hinaufführt, in der 1927 neun Grabstätten und ein Skelett aus der Steinzeit (rund 12.000–15.000 Jahre alt) gefunden wurden. Der **Küstenwanderweg Jager's Walk**, der südlich von Fish Hoek beginnt, bietet neben Felsenküste und Sandstrand atemberaubende Ausblicke auf die False Bay.

Kalk Bay

Der kleine Ort, der sich auf einem schmalen Saum zwischen Meer und Berg entlangzieht, wurde im 17. Jh. von einer Handvoll gestrandeter Seeleute gegründet. Benannt und bekannt wurde Kalk Bay durch seine Brennöfen, in denen aus Muschelkalk Baumaterial für die Dutch East India Company gebrannt wurde. Zu

Beginn des 19. Jh. entwickelte sich Kalk Bay mehr und mehr zu einem Fischereihafen, der auch heute noch von großer Bedeutung ist.

Nicht entgehen lassen sollte man sich einen Besuch im Hafen von Kalk Bay. Wenn die bunten Fischerboote in den Hafen einlaufen (meist zur frühen Mittagszeit), kann man den Fischern beim Anpreisen ihres Fangs zuschauen. Da fliegen Fische ans Ufer, und Geldscheine tun selbiges in Gegenrichtung. Die Käufer lassen die Fische dann oft gleich an Land ausnehmen und präparieren.

Seafood

Für frisches Seafood ist der kleine Hafen von Kalk Bay ein lohnender Anlaufpunkt. Direkt vom Kutter können Selbstversorger hier den Fisch kaufen. Gleich daneben schickt **Kalky's Imbiss** den Duft von leckeren Fish & Chips in die Lüfte. Das direkt über dem Hafen thronende, recht teure **Harbour House Restaurant** (✆ 021-788-4136) erfreut sich ebenfalls großer Beliebtheit. Hier kann man schön auf der überdachten Terrasse sitzen und sich Sekt, Hummer und Austern servieren lassen.

Frischer Fisch direkt vom Kutter

Viele Cafés und Restaurants

An der Main Road, in Höhe des Metrorail-Bahnhofs, reihen sich **Antiquitätengeschäfte** und **Galerien** aneinander. Das Stöbern in den alten Sachen macht richtig Spaß. Von Porzellan und Silber, über Bücher und Möbel bis hin zu alten Rasenmähern wird hier alles angeboten. Schade nur, dass das Gepäck im Flugzeug begrenzt ist, doch Transporte nach Übersee können arrangiert werden. Zwischen den Läden gibt es Cafés und nette Restaurants. Der Tipp liegt jedoch gegenüber, unter den Bahngleisen hindurch zu erreichen: Das Pub-Restaurant **Brass Bell** (✆ *021-788-5455*), direkt am Meer: Schmackhafte Fischgerichte im Restaurant, bodenständiges Pubfood in den anderen Räumen, einfaches Bier vom Fass und eine Atmosphäre, gemischt aus Hafenkneipe und Künstlerszene. Diese wohnt, versteckt in kleinen Gassen, oberhalb der Main Street und versucht sich hier und dort mit ebenso versteckten, kleinen Galerien. Die karibisch angehauchte Hemingway-Kneipe **Cape to Cuba** in der Main Street lockt mit rumhaltigen Getränken und Cocktails. Schräg gegenüber serviert das **Olympia Café** u. a. Fisch- und Muschelgerichte (Muscheln im Sud!).

Das **Kalk Bay Theatre** ist in einer alten Kirche mit nur knapp 50 Sitzplätzen untergebracht. Ein Besuch kann abendfüllend werden, wenn man sich auch am Dinner-Programm beteiligen möchte, das meist um 18.30 Uhr mit der Vor- und Hauptspeise beginnt und anschließend um 20.30 Uhr mit der eigentlichen Show fortgesetzt wird.
Kalk Bay Theatre, *52 Main Rd.,* ✆ *(021) 788-7257 (Theater und Restaurant), www.kalkbaytheatre.co.za.*

Sowohl Kalk Bay als auch St. James sind begehrte Ziele von **Wellensurfern**. Oberhalb der beiden Orte kann man über einen Wanderweg das kleine Tunnelsystem der **Boomslang Caves** erkunden (Echo Valley Sign vom Boyes Dr. folgen, insges. 4 km, 2 Std.).

Alternativstrecke

Am südlichen Ortseingang von Kalk Bay (Clairvaux Rd.), kurz hinter dem Hafen, zweigt der **Boyes Drive** zum Berg ab und verläuft oberhalb von Kalk Bay, St. James und Muizenberg um die Kalkbay Mountains, um dann nördlich von Muizenberg wieder auf die M 4 (Main Rd.) zu treffen. Für diese Strecke sprechen eine grandiose Aussicht auf die False Bay und die südlichen Cape Flats.

St. James

St. James, das seinen Namen der gleichnamigen Seefahrerkirche verdankt, wirkt etwas beschaulicher. Hier wohnt man halt, inklusive Blick auf die False Bay. Bemerkenswert sind aber die bunten Holzstrandhäuser nahe dem Bahnhof am Nordende des Ortes. Man kennt sie von Fotos, und immer heißt es dabei „die Muizenburg-Strandhäuser". Hier sind es zwar weniger als am Muizenberg Strand, dafür stehen sie zumeist in einem besseren Licht. Der Strand von St. James, **Danger Beach**, ist beliebt bei Sonnenanbetern, doch die Strömung kann tückisch sein (daher der Name)! Zum Baden nutzt man besser den schönen Tidenpool. Von St. James führt ein befestigter **Küstenwanderweg** zum nahen Muizenberg (ca. 20 Min.).

Muizenberg

Die Geschichte der Stadt unterhalb des 507 m hohen Muizenberg Mountain geht zurück auf das Jahr 1670, als eine Viehstation am Zandvlei eingerichtet wurde. 1743 gründete der holländische Offizier Wynard Muijs einen Militärposten: *Muyssenberg*. 1795 besiegten die Engländer die Holländer in der **Schlacht von Muizenberg**, etablierten sich aber erst ab 1806 in der Region. Zeugnisse der Schlacht von 1795 findet man im **Battlement Open-Air Museum** an der Main Road (200 m südl. vom Bahnhof). Zum Ende des 19. Jh. hin entwickelte sich Muizenberg zu einem vornehmen Strandresort mit Hotels, die reiche Diamantenbarone und die

Muizenbergs farbenfrohe „Edwardian Beach Houses"

Oberschicht von Kapstadt als Wochenenddomizil nutzten. Einige von ihnen, so auch Cecil Rhodes, bauten sich eigene Häuser nahe dem Wasser. Um 1900 konnte sich Muizenberg eines mondänen Rufs erfreuen, der auch die Künstler-Bohème anzog. Muizenburg besitzt nicht mehr den Charme des ehemaligen Künstlerdorfs. Man kann heute einige Galerien, das Casa Labia Cultural Centre sowie das Rhodes Cottage besuchen. Der Immobilienboom am Kap erreichte die Stadt erst spät, doch ist der – wenn auch schleppend vorangehende – Aufstieg an der zunehmenden Zahl von Restaurants, B&B-Unterkünften, Surfshops sowie dem High-Tech-Park **Capricorn** östlich der Stadt zu erkennen.

Einst mondäner Ruf

Hauptattraktion ist ohne Zweifel der **weiße Sandstrand** mit der größten Ansammlung von **bunten Holzbadehäuschen**, die gerne auch als *Edwardian Beach Houses* bezeichnet werden. In knalligen Farben angestrichen, zieren sie so einige Kapstadt-Fotos. Sie werden saisonweise vermietet, dienen als Umkleidekabinen und auch zur Aufbewahrung von Surfboards, die man an dieser (sicheren) Küste gerne nutzt.

Von Süden kommend, passiert man zuerst das **Rhodes Cottage**. Cecil Rhodes erwarb das Haus 1899, denn er genoss die kühle Meeresluft. Er starb hier am 26. März 1902 im Alter von 49 Jahren. Die Einrichtung ist ausgesprochen schlicht, denn das eigentlich als Wohnsitz geplante große Haus (nebenan) wurde erst fertiggestellt, als Rhodes bereits gestorben war. Es kann nicht besichtigt werden. Im „Cottage" sind alte Möbel sowie Relikte und zahlreiche Fotos aus dem Leben des britischen Imperialisten ausgestellt (s. S. 176).
Rhodes Cottage, *242 Main Rd., im Sommer tgl. 10–16 Uhr, im Winter kürzer.*

Die **Casa Labia** ein Stück weiter beherbergt ein Kulturzentrum, in dem wechselnde Kunstausstellungen (afrikanische und moderne Kunst) gezeigt und auch Lesungen, Konzerte und Workshops veranstaltet werden. Sehenswert ist bereits das opulente, 1929 im venezianischen Stil des 18. Jh. erbaute Haus. Das mondän wirkende Restaurant-Café **Casa Labia by Ideas Cartel** (✆ *(081) 409-8544*) ist wegen seiner schmackhaften Gerichte und Törtchen beliebt (Frühstück, Mittagessen). Im Hause wird zudem morgens und nachmittags zum High Tea geladen und man kann hier auch nächtigen.
Casa Labia, *192 Main Rd.,* ✆ *(021) 788-6068, www.casalabia.com, Di–So 10–16 Uhr.*

Kulturzentrum

Das historische Gebäude einige Meter weiter ist **Het Posthuys**. Es wurde 1673 erbaut und ist damit das älteste erhaltene Gebäude an der False Bay. Ein Diorama zur Geschichte der Schlacht von Muizenberg und historische Fotos sind zu sehen. Hinter den Gebäuden kann man die Muizenberg Battlement Site erkunden.
Het Posthuys Museum, *180 Main Rd.,* ✆ *(021) 788-5951, meist nur nach Anmeldung zu besichtigen.*

Naturreservate Zandvlei und Rondevlei

Nördlich von Muizenberg schließt sich das **Zandvlei Estuary Nature Reserve** an, wo über 130 verschiedene Vogelarten gesichtet wurden. Das Naturreservat wird jedoch sehr durch die umliegende Freizeitbebauung eingenommen. Windsurfer, die sich noch nicht in die hohen Wellen wagen, erfreuen sich hier der ruhigen Mündungsgewässer.
Zandvlei Estuary Nature Reserve, *www.zandvleitrust.org.za, Mo–Fr 7.30–16 Uhr.*

Das kleine **Rondevlei Bird Sanctuary/Nature Reserve** liegt um einen, wie der Name schon sagt, runden Lagunensee und ist bekannt für die Artenvielfalt an Wasservögeln, die hier von verschiedenen Beobachtungsstellen auszumachen sind. Und wer noch keine Flusspferde gesehen hat, hat hier ebenfalls Gelegenheit dazu. Ein kleines Museum informiert über die Tierwelt.
Rondevlei Nature Reserve, *nordöstl. von Muizenberg, Zugang über Perth Rd. in Grassy Park, tgl. 7.30–17 Uhr.*

Alternative Strecke von Muizenberg nach Kapstadt

Die schnellste Route zum Indischen Ozean bzw. zurück in die Innenstadt führt entlang der M 3 und streift dabei die Constantia-Weinregion sowie den Kirstenbosch National Botanical Garden. Wer diese Strecke aber ein zweites Mal fahren sollte, kann stattdessen zwischen zwei Alternativen wählen: zum einen die **M 5** weiter im Osten, die im südlichen Abschnitt an einigen Townships entlangführt, aber ansonsten doch recht langweilig ist. Interessant dagegen ist die Fahrt entlang der **Main Road** (**M 4**), die sich zwischen Muizenberg und der City durch verschiedenste Stadtteile zieht. Wer diese Route wählt, erlebt einen guten Querschnitt von Kapstadt. Hier wohnt und arbeitet ein großer Teil der Kapstädter. Es ist immer noch eine der Lebensadern der Stadt.

Im Süden, kurz nachdem man Muizenberg verlassen hat, führt die Straße erst einmal durch **Retreat** und **Heathfield**, zwei Vororte, in denen vorwiegend Coloureds wohnen. Entsprechend lebhaft geht's hier zu, besonders in den Seitenstraßen. **Wynberg** dann war und ist z. T. noch die „englische Hochburg". Der Kernbereich macht den Eindruck einer mittelenglischen Stadt: enge Straßen, Geschäftsarkaden und ein Hauch von englischer Aristokratie. Hier befinden sich u. a. die bekanntesten englischsprachigen Highschools des Landes. **Kenilworth** besteht aus Kleinindustrie und am Rande aus einer mittelständischen Wohngegend.

Claremont ist das Einkaufszentrum der südlichen Stadtteile. Modernste Shoppingarkaden und die beliebte Cavendish Square Mall prägen das Bild dieses Stadtteils. **Newlands**, **Rondebosch** und **Rosebank** sind stark beeinflusst durch die Studenten. Unzählige Kneipen, kleine Restaurants und eine Reihe von Boutiquen säumen die Straße.

Mit **Observatory**, dem Stadtteil des Groote Schuur Hospitals und einer weiteren Kneipenszene, und schließlich **Woodstock** erreicht man dann das klassische innerstädtische Industriegebiet von Kapstadt: Kleine Textilfabriken, Autowerkstätten, Handwerksläden sowie Möbel- und Einrichtungshäuser sind hier die zentralen Einrichtungen, während in den Seitenstraßen kleine Wohnhäuser und alte, heruntergekommene Einkaufspassagen im englischen und kapholländischen Stil zu finden sind. Woodstocks Lagerhallen erfreuen sich einer Renaissance, seit sich hier eine Künstler- und Designerszene angesiedelt hat; Gastronomie und Geschäfte sind ihr gefolgt (s. S. 169f.).

Weiter stadteinwärts wird die Main Road zur Sir Lowry Street, man passiert das Good Hope Centre, das Castle und endet schließlich an der Town Hall im Stadtzentrum. Die Fahrzeit entlang der M 4, verglichen mit der M 3, ist um etwa 45 Minuten länger.

Von Muizenberg entlang der Weinbaugebiete (Constantia Valley) südlich des Table Mountain zurück in die Innenstadt

Sehens- und Erlebenswertes im Constantia Valley (Weingüter von Süden nach Norden)

Von Muizenberg kommend, fährt man nicht auf die Autobahn (M3), sondern folgt ab der Main Road der M42 (beginnt hier als Steenberg Road), später der M41 (nach Westen) und dann der M63 (im Süden als Rhodes Drive beginnend). Die einzelnen hier beschriebenen Sehenswürdigkeiten sind dann jeweils ausgeschildert. Infos zu den Weingütern: *www.constantiavalley.com.*

Steenberg Wine Estate

Das Steenberg Wine Estate ist das älteste Weingut Südafrikas. Die Cape-Dutch-Gebäude gehen zurück bis auf das Jahr 1682. Die erste Besitzerin Catharina Ustings Ras kam 1662 aus der Hansestadt Lübeck hierher. Ein Besuch lohnt insbesondere wegen der Gebäude und des erstklassigen **Restaurants Tryn**. Und wer es sich leisten möchte, kann hier auch nächtigen oder das Spa besuchen. Tagesgäste können sich im **Bistro Sixteen82** kulinarisch verwöhnen lassen. Der hier produzierte Wein ist zwar erstklassig, doch trotz der alten Gebäude fehlt ein wenig die „historische Stimmung". Angeschlossen ist ein wunderschöner 18-Loch-Golfplatz, den sich Hotelgäste, eingetragene Gäste und Clubmitglieder teilen.

Erstklassiges Restaurant

Steenberg Wine Estate, *Steenberg Rd. (M42), ✆ (021) 713-2211, www.steenbergfarm.com, Weinprobe: tgl. 10–18 Uhr, mit Anmeldung.*

Vor dem Weingut befindet sich die **Norval Foundation Sculpture Garden & Gallery**. In einem ausgesprochen schönen, parkähnlichen Garten – der wegen seiner Pflanzenpracht auch weniger Kunstinteressierte begeistern wird – sowie in einem futuristischen Gebäude (mit gutem Restaurant) wird hier moderne südafrikanische Kunst des 20. und 21. Jhs. gezeigt und auch gefördert: Gemälde, Skulpturen und Installationen.

Norval Foundation Sculpture Garden & Gallery, *4 Steenberg Rd., ✆ (087) 654-5900, www.norvalfoundation.org, Mo–Sa 9–17, So 10–16 Uhr, Restaurant Mo–Fr 8–17, Sa–So 8–16 Uhr, Dienstag ist geschlossen, Führungen auf Anfrage.*

Fine Dining

An einer Nebenstraße 200 m westlich des Constantia Nek (M63) versteckt sich ein gastronomisches Juwel: das Restaurant **La Colombe** (Silvermist Wine Estate, ✆ 021-794-2390, https://lacolombe.restaurant). Hier werden beste Zutaten zu wahrsten Gaumenfreuden kombiniert. Das Gemüse stammt aus biologischem Anbau, edelste Käsesorten lässt man selbst nachreifen und wagt auch das ein oder andere Experiment. Dazu gibt es einen grandiosen Ausblick auf das Constantia Valley. Unbedingt reservieren!

Als nächstes fährt man zum Traditionsweingut **Constantia Uitsig**. Ein ansprechend gestalteter Shop verkauft Wein, das Restaurant **Blockhouse Kitchen**

(✆ *021-794-3010*) bietet morgens, mittags und abends bestes Essen, und wer ein Fahrrad mitbringt, kann den schönen Bike Park abfahren (*www.bikeparkatuitsig.co.za*). Dabei geht es natürlich auch an Weinfeldern vorbei.
Constantia Uitsig, *Spanschemat River Rd., www.uitsig.co.za, Weinshop Di–Sa 10–18, So 10–16.30 Uhr.*

Buitenverwachting

Buitenverwachting, „Jenseits aller Vorstellungen", so verrät – frei übersetzt – bereits der Afrikaans-Name, ist die Qualität der Weine. Doch auch die majestätische Eichenallee, das vorzügliche Restaurant sowie das alte Herrenhaus des 1796 gegründeten Weinguts mögen beeindrucken. Hier kann man in herrlicher Atmosphäre unter den schattigen Eichen à la carte speisen. Auch im sozialen Bereich hat Buitenverwachting eine Vorreiterrolle inne. Z. B. erhalten die Arbeiter einen anständigen Lohn und werden nicht – wie auf manchen anderen Gütern durchaus noch üblich – teilweise in „Naturalien" bezahlt. Die Produktion der Weine erfolgt streng nach ökologischen Richtlinien. Besonders die Weißweine haben Maßstäbe gesetzt und es zu internationalem Ruf gebracht.
Buitenverwachting, *37 Klein Constantia Rd., www.buitenverwachting.co.za, Touren nach Voranmeldung, Weinprobe: Mo–Sa 10–15, Verkauf 10–17 Uhr. Restaurant: ✆ (021) 794-0306.*

Klein Constantia

Kapholländischer Stil

Klein Constantia ist 1711 aus der Aufteilung von Constantia hervorgegangen. Seinen Namen erhielt es, da die Anbaufläche kleiner war als die der anderen beiden Anwesen. Das reizende Herrenhaus im **kapholländischen Stil** wurde Ende des 19. Jh. erbaut und ist weniger opulent als das des größeren Bruders. Klein Constantia wird ebenfalls für seine Weißweine geschätzt, besonders für die süßen, die gerne als Dessertweine gereicht werden. Der Knüller darunter ist der *Vin de Constance*, der einem Wein aus dem 18. Jh. nachempfunden wurde, den schon Napoleon und Friedrich der Große zu schätzen wussten. Ein Hauch von Muskat gibt diesem feinen Tropfen die besondere Note.
Klein Constantia, *Klein Constantia Rd., ✆ (021) 794-5188, www.kleinconstantia.com, Weinprobe: tgl. 10–17 Uhr, die letzte Weinprobe ist um 16 Uhr, Lunch-Bistro.*

Groot Constantia (Iziko) (S-9)

Eines der schönsten Beispiele des kapholländischen Baustils stellt das Herrenhaus des Weinguts Groot Constantia dar. Inmitten einer anmutigen Landschaft, umgeben von Weingärten und schattigen Bäumen, kann man leicht nachempfinden, weshalb viele Europäer gerne im Kapland geblieben sind. Kein Wunder also, dass sich hier Touristenströme hinbewegen und die Vermarktung des Weinguts sehr professionell abläuft. Zur Geschichte: 1683 bekam Gouverneur Simon van der Stel aufgrund seiner Verdienste um die Holländisch-Ostindische Handelskompanie das Gut geschenkt. Er sollte ausprobieren, welche landwirtschaftlichen Produkte am besten im Kapklima gedeihen. Bis zum Jahr 1695 pflanzte er 8.400 Bäume an, neben verschiedenen Obstsorten auch Bananenstauden, Olivenbäume und unterschiedliche Reben. Dazu reichten ihm die ursprünglichen 800 ha aber nicht aus, sodass er Gelände von Nachbarfarmen zukaufen musste. Er ließ zudem Eichen aus Europa importieren, in der Hoffnung, deren Holz später für den Fässerbau verwenden zu

können. Doch die Eichen wuchsen hier im milden Klima zu schnell, sodass ihr Holz zu weich und damit für Weinfässer ungeeignet war. Außerdem litten viele Bäume an Innenfäule. Nach seiner Pensionierung 1699 zog Van der Stel in das gediegene Wohnhaus, in dem er als 73-jähriger im Jahr 1712 verstarb. Doch seine Erben hatten den stattlichen Nachlass bald aufgebraucht, und 1716 musste das Gut in vier Teile aufgeteilt werden (alle o. g. Weingüter, bis auf Steenberg). Jener Teil, auf dem das Herrenhaus stand, wurde *Groot Constantia* genannt. In der Folgezeit verkam das Gut weiter und wechselte seinen Besitzer. Erst ab 1778, als Hendrik Cloete, Enkel eines der bekanntesten ersten holländischen Siedler, Groot Constantia kaufte, ging es wieder aufwärts. Der Constantia-Wein wurde weltberühmt, selbst unter Adligen im weinverwöhnten Europa fand er seine Anhängerschaft. Einer der größten Verehrer war Otto von Bismarck. 1885 wurde die Farm samt Wohnhaus an die britische Kolonialverwaltung verkauft. Unter den neuen Herren wurde Groot Constantia erneut Versuchsfarm. Das schöne Wohnhaus diente als Unterkunft für die Landwirtschaftsstudenten, ebenso war die Farmverwaltung hier untergebracht. Am 19. Dezember 1925 brannte das Gebäude aufgrund eines Funkenflugs durch den Küchenschornstein binnen weniger Minuten bis auf die Grundmauern nieder. Man entschied sich, alles neu aufzubauen und das alte Gebäude in ein Museum umzuwandeln. In Alfred Aaron de Pass fand sich ein kapitalkräftiger und engagierter Mäzen, der die Innenräume obendrein mit antiken Möbeln bestücken ließ. Seit 1993 ist das Anwesen Eigentum der Groot Constantia Treuhand-Gesellschaft. Zu besichtigen sind das mit Möbeln und Geräten zur Herstellung von Wein ausgestattete **Museum** und das historische **Herrenhaus**. Im bzw. auf der Gartenterrasse des **Jonkershuis Restaurant** kann man zum Essen die Gebietsweine verkosten. *Fine Dining* bietet das **Restaurant Simon's**.

Berühmter Wein

Groot Constantia, *Groot Contantia Rd./Constantia Main Rd., ✆ (021) 794-5128, www.grootconstantia.co.za, Weinprobe: tgl. 9–18 Uhr (letzte Weinprobe um 17 Uhr), Kellertouren/Museum tgl. 10–17 Uhr (letzte Tour 16 Uhr).*

Snackpause

Das kleine Weingut **Constantia Glen** serviert eine schmackhafte Käseplatte, Tapas und andere Snacks. Dazu einen der hauseigenen Spitzenweine und einen schattigen Platz auf der Terrasse: toll! Constantia Main Rd. (M 41), 4,5 km westlich der M 3, Verkauf Mo–Do 10–17, Fr/Sa 10–20, So 10–18 Uhr, Tasting nach Anmeldung, ✆ (021) 795-5639 oder online, www.constantiaglen.com.

Kirstenbosch National Botanical Garden (S-10)

Am Südost-Abhang des Table-Mountain-Massivs liegt einer der berühmtesten botanischen Gärten der Welt. Inmitten der idyllischen Landschaft, von 100 bis über 1.000 m Höhenlage reichend und sich auf eine großzügige Fläche von annähernd 600 ha erstreckend, ermöglicht die Anlage einen eindrucksvollen Überblick über die Vielfalt der südafrikanischen und im Besonderen der Kapflora. Die Ursprünge gehen auf eine Initiative Cecil Rhodes' zurück. 1895 kaufte er das unberührte, als Kirstenbosch bekannte Gebiet und schenkte es der südafrikanischen Nation. Ihn beeindruckte die ungestörte Welt der Blumen, Büsche und Bäume, die auf dieser Seite des Massivs ausreichend Niederschläge erhält.

Eindrucksvoller botanischer Garten

Der Name geht auf J. F. Kirsten zurück, einen leitenden Beamten der früheren holländischen Regierung. 1913 schuf man schließlich die **National Botanical Gardens**, deren erster Direktor Professor Harold Pearson wurde. Über 4.000 der 18.000 im südlichen Afrika beheimateten Pflanzen sind hier heute zu bewundern. Lohnend ist ein Besuch vor allem im Frühling, wenn unzählige Blumen blühen. Die unterschiedlichen Höhenlagen ermöglichen eine Vielzahl spezifischer Lebensräume für bestimmte Pflanzen. Besonders empfehlenswert ist ein Besuch der **Protea-Felder**, der **Heidegärten**, des **Farnkrauttals**, des **Mathew's Stein-**

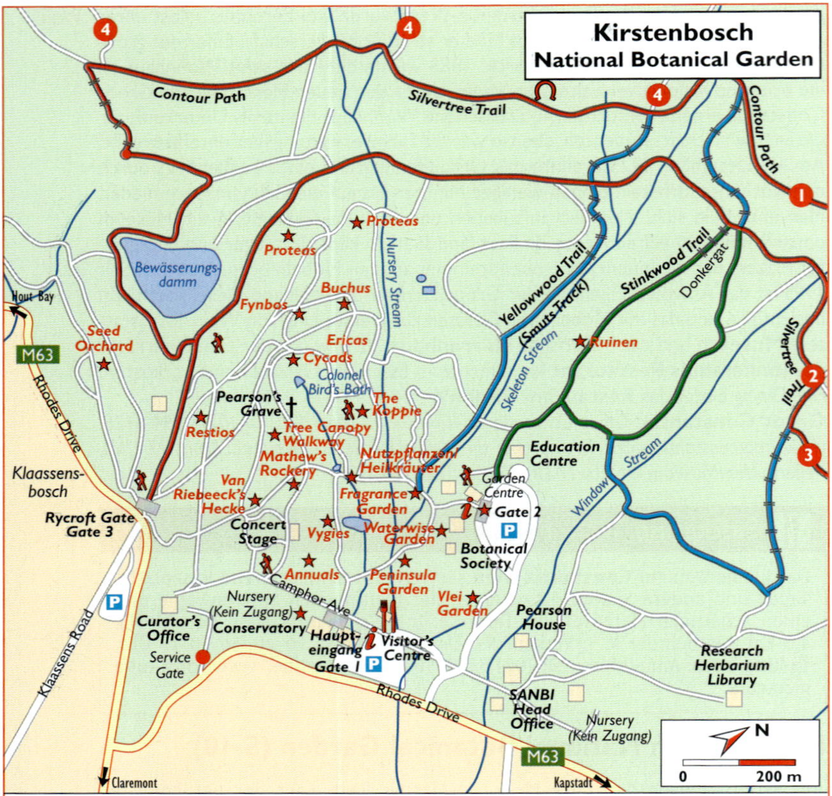

Kirstenbosch National Botanical Garden

Straße/Weg
Stufen/Holzweg
Silvertree Trail (3 Std. 7,75 km)
Stinkwood Trail (45 Min. 1,45 km)
Yellowwood Trail (1,5 Std. 3 km)

1 Dassieklip/zum Contour Path/Aloen
2 Dassieklip/zum Contour Path/Aloen
3 Sleeppad/Aloen
4 Skeleton Gorge/Smuts Track

Übersetzungen:
Buchu = Büsche der Kapflora
Fynbos = „Feine" Büsche der Kapflora
Fragrance Garden = Duftpflanzengarten
Vlei Garden = Marschland-Garten
Annuals = Einjährige Pflanzen
Concert Stage = Konzertbühne/-wiese
Nursery = Gärtnerei
Cycads = Palmfarne
Ericas = Heidekrautgewächse
Seed Orchard = Obstbäume/-saat
Restios = Süßgras-/Seilgrasgewächse, Riedgräser

gartens sowie des **Comptom Herbarium** mit etwa 200.000 verschiedenen subtropischen Pflanzen. Das Herbarium bietet (Hobby-)Botanikern neben der Fülle der vorgestellten (getrockneten und zumeist auf Papierbögen befestigten) Pflanzen zahlreiche zusätzliche Angaben (z. B. Fundort, Sammeldatum, Pflanzengesellschaft, Volksname, Verwendung etc.). Ein toller „Baumpfad", der **Boomslang Tree Canyon Walk**, führt in bis zu 11,50 m Höhe durch die Baumwipfel. Er ist dem Skelett einer Schlange nachempfunden und windet sich auf einer Länge von 130 m durch das **Arboretum**. *Baumpfad*

Über den Ursprung der Kapflora gibt es zwei Theorien, die gemeinsam das heutige Erscheinungsbild der **Vegetation am Kap** erklären:

- Im Verlauf der **Kaltzeiten**, als sich Gletscher von Nordeuropa aus nach Süden schoben, mussten die damals vorherrschenden Vegetationsgürtel nach Süden ausweichen und fanden u. a. am Kap ideale Zufluchtsbedingungen.
- Die andere Theorie besagt, dass die Kapflora schon **immer eigenständig** war und sich entwickelte, als sich Afrika – gemeinsam mit den späteren Landmassen Australien, Neuseeland, Indien, Südamerika und Antarktis – aus dem Urkontinent Gondwana herausbildete. So gibt es als Beweis dafür eindeutige Beziehungen zwischen bestimmten Protea-Arten am Kap und in Australien.

Die Kapflora weist – bedingt durch **besondere klimatische Verhältnisse** – unverwechselbare Charakteristika auf: Es ziehen beispielsweise auch in der trockenen, heißen Sommerzeit Nebelschwaden um den Table Mountain, die nicht nur Feuchtigkeit spenden, sondern auch extrem heiße Temperaturen verhindern. So wächst hier – neben 1.400 anderen blühenden Pflanzenarten – die **Blue Drip Disa**, eine nur in dieser Gegend gedeihende Orchidee. Die Vegetation der Kaphalbinsel aus dichten, strauchartigen Gewächsen wird als „**Fynbos**" bezeichnet. Berühmteste Vetreterin ist die Protea. *Kapflora*

Besichtigung: Der Kirstenbosch National Botanical Garden ist so umfangreich, dass man dort mindestens 3–4 Stunden verbringen kann. Auch ein ganzer Tag wird mit Sicherheit nicht langweilig. Unter den großen schattigen Bäumen lässt es sich gut picknicken. Ein **Restaurant**, ein Selbstbedienungs-Deli, ein Tea Room (kleine Mahlzeiten) sowie ein gut sortierter **Souvenirshop** (große Auswahl von Botanikbüchern, teilweise auch in Deutsch) runden das Bild ab.
Kirstenbosch National Botanical Garden, *Rhodes Drive (M63), Newlands, www.sanbi.org/gardens/kirstenbosch, tgl. Sept.–März 8–19, April–Aug. 8–18 Uhr, Conservatory tgl. 9–17 Uhr. Thementouren mit Erläuterungen nach Ankündigung bzw. Anmeldung. Kostenlose* **allgemeine Touren** *(ca. 90 Min.) starten Mo–Fr um 10, um 11 und um 14 Uhr am Visitor Centre (Gate 1). Weitere Tourinformationen unter ✆ (021) 799-8783.*

Konzerte

Im Sommer finden in den Gärten sonntags, i. d. R. um 17 Uhr, Konzerte aller Art statt. Ankündigungen in den Tageszeitungen, Infos am Info Desk (s. o.), Buchung: www.webtickets.co.za. Ein schöner Anlass für ein Picknick, das man sich auch hier im Restaurant zusammenstellen lassen kann.

6. DIE KLASSISCHEN WEINBAUGEBIETE DER KAPPROVINZEN

Allgemeiner Überblick

Ob als Tagesausflug von Kapstadt oder als erste Etappe auf der Reise durch das Western Cape, ein Besuch der bekanntesten Weinbaugebiete am Kap, die sich vor der Kulisse der blau-violetten Berge erstrecken, gehört einfach dazu. Es bietet sich an, die Region in zwei Abschnitte aufzuteilen:

Der **erste Abschnitt** folgt der beliebten **Vier-Pässe-Fahrt**, die das **Hottentots' Holland Nature Reserve** umschließt. Sie ist in jedem Fall ein Highlight. Man fährt zuerst von Kapstadt aus auf der N 1 bis zur Ausfahrt nach **Stellenbosch** und folgt von dort der R 304 bis zur historischen, von Universität und Weinbau geprägten Stadt. Von dort geht es dann im Uhrzeigersinn entlang der R 310 bis zum alten Weingut **Boschendal** und kurz danach auf der R 45 zum beschaulicheren, von französischen Hugenotten gegründeten **Franschhoek**. Eine Übernachtung lohnt sich schon wegen der ausgezeichneten Gastronomie im Ort. Weiter geht es über den steilen **Franschhoek Pass** mit seinen Aussichtspunkten auf das **Franschhoek-Tal** und bis zur T-Kreuzung mit der R 321. Von hier geht es in Richtung Süden bis zum Obstanbaugebiet um Elgin und Grabouw, wo die Straße auf die N 2 trifft, die einen dann über den **Sir Lowry's Pass** nach **Somerset West** begleitet. Hier bestiecht das historische Weingut **Vergelegen** oberhalb der Stadt. Um die Runde abzuschließen, kann man über die R 44 nach Stellenbosch zurückfahren. Die Alternativen wären der direkte Weg auf der N 2 nach Kapstadt oder einen Aufenthalt am Strand von Gordon's Bay einzulegen.

Tipp

An zahlreichen Wochenenden fährt ein historischer, von Dampfloks gezogener Zug **von Kapstadt nach Elgin** zum Elgin Railway Market (Restaurants und Kunsthandwerkerläden in alter Apfellagerhalle) und von dort am gleichen Tag zurück. Auch andere Strecken. Super! Infos: ✆ (079) 077-5332, www.ceresrail.co.za.

Die **zweite Strecke** liegt vornehmlich nördlich der N 1. Erstes Ziel ist der ebenfalls bekannte Weinort **Paarl**. Er ist zwar weniger attraktiv als Stellenbosch und

Redaktionstipps

Die schönsten Naturerlebnisse

- Die Pässefahrten: **4-Pässe** (S. 284), **Du Toits Pass** (S. 280) sowie **Bain's Kloof Pass** inkl. Wanderung (S. 313).
- Die Big Five Game Parks **Fairy Glen** und **Aqulia Safari** (S. 317).
- Besuch des **Karoo Desert National Botanical Garden** in Worcester (S. 315).

Kulturelle Höhepunkte

- Das geschichtsträchtige **Stellenbosch** (S. 284): Dorp Museum und Spaziergang entlang der Dorp Street.
- **Estate Babylonstoren**: erläuterter Obst-, Gemüse- und Kräutergarten sowie Bistro und Hofladen (S. 297).
- Besichtigung **historischer Weingüter**, z. B.: Boschendal (S. 293), Haute Cabrière (S. 299), KWV (S. 309), Blaauwklippen (S. 292). Weitere empfehlenswerte Weingüter sind: Morgenhof (S. 293), Rust en Vrede (S. 294), Jordan (S. 293), Thelema (S. 294).
- **Huguenot Memorial Museum** in Franschhoek (S. 298) sowie **Language Monument** bei Paarl (S. 306).
- Zu den speziellen „**Weinrouten**" gibt es Broschüren in den Touristenbüros.
- Vor Besuch eines Weinguts erkundigen, ob man sich für ein Essen anmelden muss.
- Besuch eines **Weinguts inkl. Dinner und Übernachtung**: Lanzerac (S. 294).

Franschhoek, wartet jedoch mit ein paar interessanten Weingütern, der KWV-Weinkellerei, dem Sprachenmuseum und dem Sprachenmonument der Afrikaaner auf. **Wellington**, nördlich von Paarl, empfiehlt sich einzig wegen seiner Wein- und Olivenfarmen. Von hier ergibt sich die Möglichkeit, auf den **Bain's Kloof Pass** (R 303) hinaufzufahren. Für die schmale und kurvenreiche Passstraße sollte ein wenig Extrazeit eingeplant werden. Die Landschaft belohnt dafür. Über den Pass hinüber, vorbei an Badestellen (Fluss) und einem Nature Reserve (Wandern), gelangt man zur R 43/46, die in südöstlicher Richtung (evtl. abzweigen auf die schönere Straße über Rawsonville) nach **Worcester** führt. Worcester selbst beeindruckt nur bedingt. Doch die Möglichkeit, eine Brandy-Fabrik sowie die Karoo National Botanical Gardens vor den Toren der Stadt aufzusuchen, spricht für den Abstecher. Die hiesigen Weingüter liegen am Hex River und im Breede River Valley. Auf der N 1 zurück nach Kapstadt, geht es entlang einer teilweise atemberaubenden Gebirgslandschaft. Sollte noch Zeit übrig sein, dann lohnt vor dem Huguenot Tunnel das Abbiegen, um über den bezaubernden **Du Toits Pass** zu fahren, der bei guter Sicht Ausblicke über Paarl bis hin zum Table Mountain verspricht.

Zu **Tulbagh** mit seiner historischen Church Street und dem alten Drostdy s. S. 522.

Entfernungen				
Kapstadt (Innenstadt)	▸▸ Stellenbosch			50 km
Stellenbosch	▸▸ Franschhoek			37 km
Franschhoek	▸▸ Franschhoek und Viljoen's Pass	▸▸ Somerset West		75 km
Somerset West (Innenstadt)	▸▸ Kapstadt (Innenstadt)			45 km = gesamt: 207 km
Nur 4-Pässe-Fahrt: Stellenbosch	▸▸ Franschhoek	▸▸ Somerset West	▸▸ Stellenbosch	130–140 km (mind. 3 Std. reine Fahrzeit)
Stellenbosch	▸▸ Paarl			30 km
Kapstadt (Innenstadt)	▸▸ Paarl			60 km
Paarl	▸▸ Bain's Kloof Pass	▸▸ Rawsonville	▸▸ Worcester	90 km
Worcester	▸▸ Du Toits Pass	▸▸ Kapstadt (Innenstadt)		112 km = gesamt: 262 km

info

Weinbau im Kapland

Schon **Jan van Riebeeck**, der erste Gouverneur am Kap, begann mit dem Weinanbau. Er erkannte schnell, dass sich das Klima am südlichen Ende Afrikas hervorragend für Rebkulturenanbau eignete, sodass er die Herren der Holländisch-Ostindischen Handelsgesellschaft unermüdlich mahnte, ihm Rebstöcke aus Deutschland, Frankreich und Spanien zu schicken. Bereits 1656 – nur sieben Jahre nach seiner Ankunft – erntete er den ersten Wein. Am 2. Februar 1659 schrieb van Riebeeck in sein Tagebuch: „Heute, der Herr sei gepriesen, wurde erstmals aus Kaptrauben Wein gepresst." (aus: Grütter/Zyl: Die Geschichte Südafrikas, a.a.O., S. 11)

info

Kommandeur **Simon van der Stel** ließ im Jahr 1680 über 100.000 Rebstöcke im Constantia Valley anpflanzen, an der östlichen Seite des Table Mountain und im klimatischen Einfluss des Ozeans gelegen. Kurz darauf wurden hier die weltberühmten **Constantia-Dessertweine** hergestellt, die schnell einen ausgezeichneten Ruf an den Höfen Europas erlangten. Selbst Napoleon soll im Monat mehr als zwei Dutzend Flaschen davon getrunken haben.

Einen weiteren Qualitätsschub erhielt der südafrikanische Weinbau, als 1688 **Hugenotten-Familien aus Frankreich** Zuflucht in den Tälern des Kaplands suchten. Sie brachten die Erfahrungen des Weinbaus und differenzierte Kellereikenntnisse (die den ersten holländischen Siedlern fehlten) aus Bordeaux, Burgund und der Provence mit. Damit waren nun auch vom „Know-how" her optimale Möglichkeiten gegeben, Südafrika zu einem der besten Weinbaugebiete der Welt zu entwickeln. Immer mehr Kapweine erlangten Anerkennung, nicht zuletzt wegen der weltumspannenden Verflechtungen der Holländisch-Ostindischen Handelsgesellschaft, die Länder zwischen Europa und Batavia (heutiges Jakarta/Indonesien) versorgte.

Heute produzieren Südafrikas 3.900 Weinfarmer, viele davon im Nebenberuf, auf etwa 450 Weinfarmen bzw. 110.000 Hektar (ohne Tafeltrauben) etwa 11–12 Mio. Hektoliter Wein, wovon über 4 Mio. Hektoliter exportiert werden.

info

Dieser Erfolg ist dem systematischen Ausbau der südafrikanischen Weinwirtschaft zu verdanken, die stark exportorientiert ist, da der produzierte Wein nicht im Lande selbst getrunken werden kann. Für die Einheimischen hat der Drang zum Export eine bittere Seite: Die besonders guten Weine werden nur in limitierten Mengen auf dem heimischen Markt angeboten.

Klimatische und geografische Rahmenbedingungen: Die südafrikanischen Weinbaugebiete haben etwa die gleiche Breitenlage wie jene am Mittelmeer. Der kalte Benguela-Strom an der Atlantikküste mildert die sommerliche Hitze, und da der meiste Regen im Winter fällt, ist ein optimales Wachstumsklima gesichert. Reben sind Tiefwurzler und können sich auch in trockenen Sommern mit Feuchtigkeit aus tieferen Bodenschichten versorgen. Ausgeglichene klimatische Bedingungen gewährleisten gleichmäßige Jahrgänge.

Mikroklimate und Böden bedingen regionale Unterschiede. So sind die Weinbaugebiete Südafrikas in **16 Ursprungsgebiete** unterteilt. Ähnliche Lage sowie gleiche Böden und gleiches Klima gelten als Kriterien für die Gebietsklassifizierung. 61 % der in Südafrika angebauten Weintrauben sind weiß, 33 % rot und 6 % gelten als Tafeltrauben. Knapp 40 % der Weinproduktion werden exportiert.

Die dargestellten Anbaugebiete lassen sich zu **drei großen Weinbaugebieten in der Kapregion** zusammenfassen:
1. Küstenregion (**coastal region**): Gebiete: Stellenbosch, Constantia, Durbanville, Paarl, Swartland und Hermanus. Der kalte Nordwestwind sorgt im Winter für Regenfälle, die sommerlichen Südostwinde dagegen mildern die Hitze. In diesem Raum werden Südafrikas beste Rot- und Weißweine produziert: Cabernet Sauvignon, Shiraz, Pinotage, Pinot Noir und Cinsaut; Chardonnay, Riesling, Clairette, Blanche und Chenin Blanc.

2. Boberg-Region: Das sind die von Gebirgsketten geschützten und damit wärmeren Gebiete von Paarl, Wellington und Tulbagh. Sie sind zudem durch unterschiedliche Bodentypen geprägt. Hier wachsen daher verschiedenste Trauben, aus denen beste Rieslinge, Gewürztraminer und auch Pinotage-, Port- und Schaumweine sowie Sherrys gemacht werden.

Blick über die Weinfelder auf den Kanonkop

3. Breede River Valley/Karoo: Gebiete: Worcester, Robertson, Swellendam sowie die Kleine Karoo. Die Böden bestehen aus kalkhaltigem Schwemmsanden, gelegentlich auch Schiefer. Bei Niederschlägen unter 450 mm/Jahr (oft auch nur 200 mm/Jahr) und den heißen Sommern muss bewässert werden. Bekannt sind diese Anbaugebiete durch ihre sehr trockenen Weißweine (Chardonnay), ebenso werden hier ausgezeichnete Muskat- und andere Süßweine hergestellt.

Weitere Weinbaugebiete finden sich u. a. um **Upington** und **Vredendal/Klawer**.

1972 führte die Regierung das amtliche südafrikanische **Wein-**

siegel zur Klassifizierung und Kontrolle der Weine ein, wobei man sich an europäischen Bestimmungen orientierte. Es muss die Angabe der Herkunft, der Sorte, des Jahrgangs und der Lage erfolgen. Begriffe wie „Estate" und „Superior" wurden festgelegt. So ist die Bezeichnung „Estate" ca. 40 bestimmten Weinkellereien gestattet. Die Bezeichnung „Superior" garantiert, dass der Wein zu 100 % aus der angegebenen Rebsorte gekeltert wurde.

Besuch eines Weinguts: I. d. R. sind die größeren Weingüter zwischen 9 und 16.30 Uhr geöffnet (sonntags oft geschl.). Nur einige bieten Touren an. Nicht immer bekommt man unangemeldet etwas zu essen.

Beispiele von Weingütern in der beschriebenen Region:
Klassisch/historisch: Boschendal (zwischen Stellenbosch u. Franschhoek), Blaauwklippen (bei Stellenbosch), Montpellier (bei Tulbagh) und Vergelegen (Somerset West).
Groß und modern: KWV (Paarl).
Avangardistisch/„Lifestyle": Haute Cabrière (Franschhoek), Anura (Paarl) und Peter Falke (südl. von Stellenbosch).
Gutes Essen: „The Restaurant" (Weingut Waterkloof bei Somerset West), „Lanzerac Manor Kitchen" auf dem gleichnamigen Weingut und „Cattle Baron Grill" (Weingut Saxenburg bei Stellenbosch).
Klein und gut: Jordan, Rust en Vrede und Thelema (Stellenbosch).
Gut für einen Ausflug inkl. Picknick bzw. Snack: Backsberg und Fairview (Paarl), Waterford, Morgenhof und Spier (Stellenbosch), Boschendal (zwischen Stellenbosch und Franschhoek) sowie die tolle Käserei Dalewood (östl. von Klapmuts).
Weingüter, die nichtweiße Besitzer haben: Seven Sisters (Stellenbosch, www.sevensisters.co.za), M'Hudi (östl. von Kraaifontein, https://mhudiwines.co.za) und Tesselaarsdal Wines (Hemel-en-Aarde Valley, www.tesselaarsdalwines.co.za); überall Anmeldung erforderlich.

Wein in Südafrika: Informationen im Internet

https://wine.co.za, www.winelands.co.za, www.wineonaplatter.com, www.weine-suedafrika.de.

Buch-Tipps

- van Zyl, Philip [Hg.]: **John Platter South African Wine Guide**. Vorstellung der Weingüter und Weine, zahlreiche Tipps und Hintergrundinfos. Die „Bibel" für den Kauf vor Ort. Erscheint jährlich in aktualisierter Auflage.
- Platter, John: **My Kind of Wine: People, Places, Food and Stories**. In diesem Buch des Experten (s. o.) geht es nicht nur um Wein, sondern auch um die Winzer, die Weingüter und deren Geschichten.
- Clarke, Jim: **The Wines of South Africa**. Eine gute Info-Quelle, um das Wichtigste über die Weine in Südafrika zu erfahren und um zu wissen, wo man gute Weine kaufen kann.
- Swart, Elamari: **The Essential Guide to South African Wines**. Schönes, tw. wie ein Reiseführer durchs Weinland aufgebautes Buch. In einigen Punkten leider etwas veraltet, aber immer noch lesenswert.
- Gröblinghoff, Gerda und Markus [Hg.] Autor: André Dominé; Fotografie: Armin Faber; Thomas Pothmann:: **Weinabenteuer Südafrika**. Ebenfalls etwas veraltet (2010), doch immer noch lohnend, um Hintergründe zum Weinbau in Südafrika zu erhalten.

Sehens- und Erlebenswertes in den klassischen Weinbaugebieten

Die klassische 4-Pässe-Fahrt (Stellenbosch, Franschhoek, Somerset West)

Die „4-Pässe-Fahrt" in Stichworten:
Mindestens **3,5 Stunden reine Fahrzeit** einplanen. Picknick-Ausstattung mitnehmen, denn es gibt zahlreiche Stopps mit wunderschönen Aussichten. Mit der Besichtigung von ein bis zwei Weingütern und einem Aufenthalt in Franschhoek benötigt man **einen Tag** für die Rundfahrt.
Hellshoogte Pass: Der Pass einige Kilometer östlich von Stellenbosch ist wenig spektakulär. Er verbindet Stellenbosch mit dem Drakenstein Valley. Höhe: 336 m ü. N. *Hellshoogte* bedeutet „Höllenhöhe" und bezog sich ehemals auf die steile Strecke, die die Ochsenkarren nur mühsam bewältigen konnten. Am Anstieg (von Stellenbosch kommend) liegen kurz vor der Höhe linker Hand das **Weingut Thelema**, wo gute Weißweine produziert werden, sowie das **Weingut Tokara**, eher bekannt für seine Rotweine und das gute Restaurant. Der kleine Ort **Pniel** auf der anderen Passseite besticht durch seinen Dorp-Charakter mit ein paar Cafés und dem Pniel Museum.

Pass mit bezaubernder Aussicht

Franschhoek Pass: Ehemals der „Olifants Pass", da Elefanten diesen Weg ausgetrampelt hatten. 1819 wurde der Weg über die 701 m hohe Passhöhe ausgebaut. Eine bezaubernde Aussicht auf das Weinbaugebiet von Franschhoek verlangt einige Fotostopps. Achtung vor den Baboons am Rande der Straße.
Viljoen Pass: Namensgeber war Sir Anthony Viljoen, einer der führenden Köpfe der Farmer der Gegend und politisch sehr engagiert. Höhe: 525 m ü. N.
Sir Lowry's Pass: Auch dieser Bergübergang wurde ehemals von Tieren als Pfad ausgetreten. Diesen baute man 1838 zu einem Pass für die ersten Siedler aus. Benannt wurde er nach Sir Lowry Cole, dem ehemaligen Kap-Gouverneur, auf dessen Drängen der Pass gebaut wurde. Herrliche Aussicht auf die False Bay und die Kaphalbinsel. Aber Achtung! Einziger Haltepunkt auf der 402 m hohen Passhöhe (Hinweisschild).

Stellenbosch

Historische Bausubstanz

Stellenbosch liegt im fruchtbaren Eerste-River-Tal, 111 m über dem Meer. Die zweitälteste Stadt Südafrikas beherbergt als Municipality im Zusammenschluss mit Pniel, Franschhoek und drei Townships etwa 192.000 Einwohner (Stellenbosch Urban Area: 90.000). Sie ist bekannt als Zentrum eines der besten südafrikanischen Weinbaugebiete und als Sitz der renommierten Stellenbosch University (gegründet 1918, ca. 25.000 Studenten). Außerdem ist Stellenbosch berühmt für seinen Reichtum an historischer Bausubstanz. Von allen Siedlungen, die am Kap während der Zeit der Holländisch-Ostindischen Handelskompanie gegründet wurden, ist die Innenstadt von Stellenbosch am besten erhalten geblieben. So kann man in diesem idyllisch gelegenen Städtchen hervorragende Zeugnisse kapholländischer, georgianischer und viktorianischer Architektur bewundern.

Auf einer Inspektionsreise ins Landesinnere kam der Gouverneur **Simon van der Stel** 1679 in das Gebiet und wurde von der Schönheit des Landes gefangen genommen, zumal in dieser Zeit viele Blumen blühten und der Eerste River aufgrund der winterlichen Regenfälle viel Wasser führte. Die Stelle, an der van der Stel campierte, nannte man dann Stellenbosch („van der Stels Busch"). Bereits 1680 ließen sich hier die ersten Siedler nieder und begannen zuerst nur Getreide anzubauen. Ihnen wurde so viel Grund zugesprochen, wie sie selbst bearbeiten konnten. Doch schon nach wenigen Jahren forcierte van der Stel, der ja auch das

Weinanbaugebiete und Vier-Pässe-Fahrt

Hier geht es nach:
1 Kapstadt
2 Tulbagh
3 Bain's Kloof Pass
4 Worcester/Breede River Wine Route
5 Worcester
6 Caledon/Swellendam
7 Betty's Bay
8 Durbanville Wine Route
9 Hermanus/Stanford/Gans Bay

Vier-Pässe-Fahrt

★ **Sehenswürdigkeiten**

1 Die Braak und St. Mary's on the Braak
2 Kirche der Rheinischen Mission (Rhenish Church)
3 Burgerhuis
4 VOC Kruithuis
5 Libertas Parva
6 Oom Samie Se Winkel
7 Dorp Museum/Village Museum
8 Dutch Reformed Mother Church (Moederkerk)
9 Stellenbosch University Botanical Garden
10 Stellenbosch University Museum
11 De Wit House
12 Rupert Museum
13 Oude Libertas Amphitheatre/Destill Centre, Weingüter: Spier, Jordan, Saxenburg und Meerlust
14 Jan Marais, Jonkershoek und Assegaaibosch Nature Reserves, Oude Nectar, Weingut: Lanzerac
15 Weingüter: Thelema, Boschendal, Neil Ellis
16 Weingüter: Kleine Zalze, Blaauwklippen, Waterford und Rust en Vrede; Mooiberg Farm
17 Weingüter: Kanonkop, Morgenhof und Backsberg

Weingut Groot Constantia gründete, auch hier den Weinbau. Mit dem Eintreffen im Weinbau bewanderter Hugenotten im benachbarten Franschhoek kam dann das „Know-how" in die Region. Das machte sich in der Qualität der hiesigen Weine bald bemerkbar. Gemütlich wirkende Häuser wurden gebaut, deren Wände dick, wärmeabweisend und weiß gekalkt waren. Handwerker gestalteten Fenster und Türen aus hartem Yellowwood und Stinkwood, die Dächer waren strohgedeckt. Die angelegten Straßen wurden von Furchen begleitet, die Wasser an jedes Haus brachten. Ebenfalls pflanzte man schattenspendende Eichen an, die größtenteils noch heute stehen und mittlerweile zum „National Monument" erklärt worden sind. Sie verliehen der Stadt auch ihren Spitznamen: *Eikestad*, die Eichenstadt.

Doch Stellenbosch war nicht nur als ein landwirtschaftlicher Mittelpunkt gedacht. Bereits 1682 wurde der Ort Sitz einer örtlichen Behörde und 1685 Gerichtsort für ein Gebiet von rund 25.000 km² und damit für das gesamte Kaphinterland. Der Magistrat kontrollierte die Jäger, die Forschungsreisenden und die Pioniere, die weiter ins Landesinnere vorstießen. Das Stellenbosch der damaligen Zeit war Grenzstadt zum noch nicht von Europäern besiedelten Südafrika (mit Steuerstelle und „law and order"). Simon van der Stel liebte seine Gründung so sehr, dass er jedes Jahr anlässlich seines Geburtstags zurück kam. Er war stets Schirmherr eines Jahrmarkts mit Schießwettbewerben, Spielen und einem Festmahl. Stellenbosch wurde über die Jahrhunderte von drei großen Feuern heimgesucht. Ein Brand zerstörte 1710 viele alte Häuser, die man jedoch wiederaufbaute.

Grenzstation

Bekannte Hochschule

Die **Stellenbosch University**, 1866 als Gymnasium gegründet, erlangte während der Apartheidzeit einen fragwürdigen Ruf. Zum einen galt sie schon damals als eine der besten Unis des Landes, doch sie war auch Kaderschmiede der Apartheid – und auch heute noch sind ca. 60 % der Studenten weiß. Viele spätere Politiker, etwa H.F. Verwoerd, studierten hier, und Afrikaans war nahezu die einzige Unterrichtssprache. Obwohl die National Party, die Dutch Reformed Church und andere „Afrikaaner-Institutionen" hier noch immer ihre Kontakte haben und Afrikaans als Unterrichtssprache dominiert, wandelt sich das Bild zunehmend und immer mehr Kurse und Prüfungen werden in Englisch abgehalten. Die Hochschule samt ihren Studenten hat einen großen Einfluss auf das kulturelle Leben. Theater-, Ballett-, Opernaufführungen, Live-Konzerte, Lesungen und eine rege Kneipenszene gehören in Stellenbosch einfach dazu. Und die Kunstszene mit ihren zahlreichen Galerien kann sich ebenfalls sehen lassen.

Leider ist die Stadt tagsüber ziemlich überlaufen. Touristenbusse aus Kapstadt quälen sich durch die Straßen und an den Sehenswürdigkeiten drängen sich die Besucher. Daher empfiehlt es sich, Stellenbosch am frühen Vormittag oder abends, wenn viele Touristen wieder nach Kapstadt zurückfahren, zu besichtigen. Empfehlenswert ist die Nutzung des Shuttle-Service „**Vine Hopper**", der zu verschiedenen Weingütern fährt (*https://vinehopper.co.za*).

Unterkünfte

1 Lanzerac Hotel & Spa
2 Stellenbosch Hotel
3 Coopmanhuijs
4 Oude Werf Hotel
5 River Manor Boutique Hotel
6 The Avenues Guest Lodge
7 Bonne Esperance
8 Stumble Inn

Restaurants

1 Oude Bank Bldg.
2 Wijnhuis

Die Braak (1)

Die Braak diente einst als Parade- und Exerzierplatz. Ebenso feierte man hier die großen Stadtfeste. Das einzige Gebäude, das auf dem Grün gebaut werden durfte, ist **St. Mary's on the Braak**, die 1852 fertiggestellte anglikanische Kirche. Am südlichen Ende des Platzes steht die **Kirche der Rheinischen Mission (Rhenish Church) (2)**, 1823 erbaut und 1840 durch einen Nordflügel erweitert. Heute wird die Braak als Campus und z. T. als Parkplatzfläche genutzt. Um den Platz herum reihen sich kapholländische, georgianische und viktorianische Gebäude.

Burgerhuis und VOC Kruithuis

Typisches Bürgerhaus

Das **Burgerhuis (3)** an der Bloem Street ist ein typisches Beispiel für ein Haus eines wohlhabenden Bürgers. Es wurde 1797 von Antonie Fick, Enkel eines deutschen Einwanderers, erbaut. Mittlerweile hat die Gesellschaft „*Historical Homes of South Africa*" in dem nur zu Bürozeiten geöffneten Gebäude ihre Räumlichkeiten. Alte Möbel und historische Gemälde können besichtigt werden. Schräg gegenüber, an der Alexander Street, wohnten einst die Kutscher in den **Coachman's Cottages**. Auf der anderen Seite steht das **VOC Kruithuis (4)**, das 1777 errichtete Waffenarsenal der Dutch East India Company. Heute beherbergt es ein kleines Militärmuseum.
VOC Kruithuis, *Ecke Bloem/Market Sts., https://stelmus.co.za/voc-kruit-huis/, Mo–Fr 9–16.30 Uhr.*

Ein Stück weiter entlang der Market Street passiert man die gut ausgestattete **Touristeninformation**. Wer mehrere Weingüter besuchen möchte, sollte sich hier Infos zur „Stellenbosch-Paarl-Weinroute" besorgen. Gleich nebenan, an der Ecke Herte Street, werden kleine und große Kinder gerne einen Blick in das **Toy & Miniature Museum** werfen.
Toy & Miniature Museum, *Market St., https://stelmus.co.za/miniature-toy-museum, Mo–Fr 9–16.30, Sa 9–14 Uhr.*

Die weiß gewaschenen **Cottages** in der Herte Street (Nr. 25–35) wurden 1834 für die befreiten Sklaven errichtet.

Entlang der Dorp Street

Die Dorp Street weist eine der ältesten und besterhaltenen Häuserzeilen Südafrikas auf. Nahezu alle historischen Baustile des Kaps sind hier vertreten. Besonders sehenswert sind:

- **Libertas Parva (5)**, 31 Dorp St./Ecke Old Strand Rd. (Aan de Wagen Rd.): Ein 1783 in typischer H-Form errichtetes kapholländisches Herrenhaus. Hier wohnten viele berühmte Leute, etwa Cecil Rhodes. Ex-Premierminister Jan Smuts hat hier geheiratet. Lange Zeit beherbergte das Gebäude die Rembrandt van Rijn Art Gallery, die aber geschlossen wurde.
- **Vredelust**, 63 Dorp St.: Ein Haus mit einem neoklassizistischen Giebel von 1814, der bereits Unterschiede zu dem vom Libertas Parva aufweist.
- **Oom Samie Se Winkel (6)**, 84 Dorp St.: Der viktorianische Laden von 1904 gehört zu den meistbesuchten Orten in Stellenbosch. Zwischen Souvenirs, Ramsch und Kitsch bietet sich hier die Gelegenheit, alte Postkarten, Antiquitäten, Kleidungsstücke, ausgesuchte Weine, afrikanische Masken, historische Drucke u. v. m. zu erstehen. Das verwinkelte Geschäft lädt wirklich zum Stöbern ein.

Ramsch ohne Ende: Oom Samie Se Winkel

- **La Gratitude**, 95 Dorp St.: Das Gebäude (georgianischer Stil) wurde 1798 von Reverend Meent Borcherds erbaut und diente bis 1835 als Pfarrhaus. Der Giebel mit dem „allsehenden Auge Gottes" ist ein gutes Beispiel frühklassizistischer Baukunst. Das Haus wurde im Laufe der Zeit vergrößert und nach einem Feuer erneuert.
- **Voorgelegen**, 116 Dorp St.: Ursprünglich war das 1797 erbaute Haus (georgianischer Stil) mit einem Strohdach versehen. Später wurde es um ein Stockwerk erweitert, wobei der H-förmige Grundriss beibehalten wurde. Viel Authentisches ist heute noch zu sehen, z. B. die batavianische Kachelung in der Vorhalle sowie die Balken und Decken aus Yellowwood. Hinter dem Haus grenzt ein schön angelegter Garten an das Pfarramt der Rheinischen Mission und den Mühlenbach an.

Dorp Museum (Village Museum) (7)

Das 7.000 m² große Freilichtmuseum ist die eindrucksvollste Attraktion in Stellenbosch, das dem Besucher die einzelnen historischen Baustile am Kap nahebringen will. Man geht von Haus zu Haus, besichtigt dabei Gebäude aus der Zeit zwischen 1709 und 1929 samt Möbel, Mode und Hauseinrichtungen. Die Häuser im Einzelnen:

Ältestes Stadthaus Südafrikas

Das Schreuder-Huis (um 1709) ist das älteste Stadthaus Südafrikas. 1709 wurde der deutsche Söldner Sebastian Schröder von der Holländisch-Ostindischen Handelsgesellschaft (VOC) als Verwalter der alten Mühle eingesetzt, erhielt daraufhin als „Sebastian Schreuder" ein Stück Land, auf dem er dann dieses Haus baute. Hausrat und Möbel entstammen der Zeit von 1690–1720. Beachtenswert sind die alte Küche und die bleiverglasten Fenster.

Das Bletterman-Huis (um 1789) ist mit sechs Giebeln und einem H-förmigen Grundriss ein typisches Haus aus dem 18. Jh. Es wurde von Hendrik Lodewyk Blettermann, dem letzten Friedensrichter der VOC, erbaut. Hausrat und Inneneinrichtung entsprechen einem wohlhabenden Haus aus der Periode 1750–1780.

Ursprünglich hatte das 1782 errichtete **Grosvenor House** ein Strohdach. Später wurden ein zweites Stockwerk und ein Flachdach hinzugefügt, sodass es schließlich 1803 so ausgebaut war, wie man es heute sieht. Es ist ein typisches Beispiel für ein Patrizierstadthaus am Kap. Zahlreiche Gebäude dieser Art standen ehemals in Stellenbosch und Kapstadt. Neoklassizistische Bauelemente, z. B. die Pilaster, unterstreichen den Eindruck wohlhabenden Bürgertums und den englischen Einfluss nach 1795. Die Einrichtung spiegelt die Zeit zwischen 1800 und 1830 wider. Links neben dem Haus befanden sich früher Sklavenquartiere, rechts steht ein altes Kutschenhaus. In der Gartengalerie sind Wanderausstellungen zu sehen.

Auch das **Bergh-Huis** (um 1850) hatte einst ein Strohdach. Später wurde es zu dem jetzigen Erscheinungsbild umgebaut und weist viktorianische Charaktere auf.

Wohnung aus dem 19. Jh.

So muss man sich eine Stellenboscher Wohnung in den Jahren 1840–1870 vorstellen. Der stellvertretende Gerichtsvollzieher Olof Martinus Bergh lebte hier 1837–1877.

In der **Archäologischen Ausstellung** wird dargestellt, wie Wissenschaftler historische Häuser vorfinden, begutachten und schließlich wieder herrichten. An einigen Stellen wurde der Verputz entfernt bzw. offen gelassen, sodass die kapholländische Baukonstruktion zu erkennen ist.

Das imposante, 1876 erbaute **Erfurthuis** wurde nach der deutschen Stadt benannt. Eindrucksvoll sind die schmiedeeisernen Balkone, die das Gebäude komplett umrunden. Heute ist hier die Museumsverwaltung.

Die **Blumen- und Kräutergärten** der einzelnen Häuser wurden so angelegt, wie es während der jeweiligen Epochen üblich war.
Dorp Museum/Village Museum, *18–37 Ryneveld St., https://stelmus.co.za/village-museum, Mo–Sa 9–17, So (Sept.–März) 10–16 bzw. (April–Aug.) 10–13 Uhr. Für den Besuch sollte man mind. 2 Std. einplanen.*

Dutch Reformed Mother Church (Moederkerk) (8)

Die Kirche in der Drostdy Street wurde 1717–1722 auf einem kreuzförmigen Grundriss errichtet und 1863/64 von dem Architekten Carl O. Hager einschließlich des Kirchturms erweitert. Damit erhielt der Bau ein neugotisches Erscheinungsbild. In den Gewölben befinden sich alte Gräber Stellenboscher Familien. **Utopia**, das Pfarrhaus an der Ecke Church Street, datiert von 1799 und ist ein weiteres, typisches, H-förmiges kapholländisches Haus.

Stellenbosch University Botanical Garden (9)

Der botanische Garten der Universität Stellenbosch ist zwar nicht zu vergleichen mit dem Kirstenbosch Botanical Garden, bietet aber, neben anderem, einen guten Überblick über die Sukkulenten und Orchideen, die in der Umgebung von Stellenbosch heimisch sind. Ein Gartenrestaurant lockt zudem mit kleinen Leckereien.
SU Botanical Garden, *Ecke Van Riebeeck/Neethling Sts., http://www.sun.ac.za/english/entities/botanical-garden, tgl. 9–16, Sommer 8–17 Uhr.*

Stellenbosch University Museum (10)

Kap-Kunst

Die Kunstausstellung ist in einem 1907 im Neorenaissance-Stil erbauten Haus untergebracht, das ehemals als Mädcheninternat diente. Sie untersteht der Universitätsverwaltung. Zu sehen sind Gemälde, Skulpturen, Keramiken und Grafiken, vornehmlich von Künstlern aus der Kapregion, aber auch prähistorische Artefakte. Gute Sonderausstellungen.
Stellenbosch University Museum, *52 Ryneveld St., www0.sun.ac.za/museum/, Mo–Sa 9–16.30 Uhr.*

Auf dem Rückweg passiert man das **De Wit House (11)** in der Plein Street, ein Anfang des 19. Jh. erbautes neoklassizistisches Haus. Eine Inschrift erinnert hier an die Hugenotten, die 1688 ins Land kamen.

Südwestlich der Innenstadt

Im **Rupert Museum (12)** wird südafrikanische und internationale Kunst, vorwie-

gend Gemälde aus der Zeit von 1940–1970 ausgestellt. Highlights sind u. a. Werke von Irma Stern (s. S. 174).
Rupert Museum, *Stellentia Ave., https://rupertmuseum.org, Di–Fr 10–17, Sa/So 10–16 Uhr.*

In den Sommermonaten werden im angeschlossenen **Oude Libertas Amphitheatre (13)** Open-Air-Konzerte gegeben. Die Bandbreite reicht von Jazz über Ballett bis hin zu klassischer Musik. Am Oude Libertas Centre findet jeden Samstag der **Slow Market** (*9–14 Uhr, www.slowmarket.co.za*) statt.
Oude Libertas Amphitheatre *am Oude Libertas/Destill Centre, Ecke Libertas/Adam Tas Rds., Tickets: ✆ (021) 809-7473, E-Mail: theatre@oudelibertas.co.za, www.computicket.co.za. Alle Events sind behindertengerecht. Entsprechende Parkplätze können gesichert werden unter ✆ +27 (0) 21 809 7380.*

Ein kurzer Wanderweg führt von der Distillery Road hinauf auf den **Papegaaiberg**. Die Mühe wird mit einer schönen Aussicht belohnt. Den Namen erhielt der Berg in früheren Zeiten, als Militär und Polizei hier Schießübungen abhielten. Zielscheibe war ein hölzerner Papagei.

Südöstlich von Stellenbosch (Jonkershoek)

Im **Jan Marais Nature Reserve (14)**, östlich vom Zentrum an der Merriman Ave., blühen Wildblumen (Mitte Sept.–Ende Okt.). Picknickplätze und ein Labyrinth locken ebenfalls Besucher an. Weiter entlang der Martinson Rd. und dann der Jonkershoek Rd. liegt rechter Hand das historische **Weingut Lanzerac**, dessen Geschichte bis in das ausgehende 17. Jh. zurückreicht (*Jonkershoek Rd., www.lanzerac.co.za, Tasting Room: Okt.–April tgl. 8–19, Mai–Sept. So–Do 8–17, Fr/Sa 8–18 Uhr*). Hier wurde der erste Pinotage überhaupt abgefüllt und auch heute gehört der hier produzierte zu den besten des Landes! Das neoklassizistische Herrenhaus hat zudem einen hervorragenden Ruf als Hotel der obersten Klasse (s. S. 294). Spitzenweine des Hauses sind der *Cabernet Sauvignon* sowie der *Pionier Pinotage*.

Erstklassiges Hotel

4 km weiter liegt auf der linken Seite zuerst das exquisite **Weingut Stark-Condé** (Restaurant, Winetasting) und dann **Oude Nectar**, ein 1780 errichtetes Farmhaus. Die Straße endet am Fuße der 1.504 m hohen **Twin Peaks**. Hier beginnt das 9.800 ha große **Jonkershoek Nature Reserve (14)**. Ein 2 km langer Wanderweg führt durch die Berg-Fynbos-Vegetation des zugehörigen **Assegaaibosch Nature Reserve** (204 ha). Im Wildblumengarten werden die einzelnen Pflanzen vorgestellt, schattige Plätze laden zum Picknicken ein. Im Jonkershoek Nature Reserve kann man längere Wanderungen oder Mountainbike-Touren unternehmen. In der **Jonkershoek Fish Hatchery** werden vor allem Forellen gezogen.

Südöstlich des Areals erstreckt sich das weitgehend unerschlossene, 70.000 ha große **Hottentots Holland Nature Reserve** mit seinen Kloofs, Bergseen und z. T. seltenen Wildblumen. Das Nature Reserve eignet sich aber nur für echte Wandersleute, denn die bis zu 50 km langen Trails erfordern Zeit und Kondition. Der eigentliche Eingang ist die **Nuweberg Station**, die von Südosten (R321) zu erreichen ist. (*Tickets/Permits für die drei Nature Reserves:* **Cape Nature**, *www.capenature.co.za, S. 201*).

Tipp

Auf der **Mooiberge Farm** (8 km südl. vom Zentrum von Stellenbosch an der R 44/Ecke Amandale Rd.) kann man zwischen Nov. und Anfang Jan. (tgl. 9.30–16.30 Uhr) Erdbeeren pflücken. Ein Farmstall, knallige Metallskulpturen und Kinderprogramme sorgen für ein buntes Kaleidoskop. Auch ein Highlight ist gleich gegenüber der Amandale Rd. der **ROOT44-Market** (Fr 15–21, Sa/So 10–18 Uhr, https://root44.co.za), mit allerlei Streetfood-Ständen. Seit dem Umbau leider kein Kunsthandwerkermarkt mehr!
Südwestl. von Stellenbosch lohnt der **Dylan Lewis Sculpture Garden** (Paradyskloof Rd., Paradyskloof, Besichtigung auf Anfrage, www.dylanlewis.com) mit ausdrucksvollen Plastiken einen Besuch.

Hingewiesen sei noch auf das **Weingut Neil Ellis**. In dessen höheren und kühleren Lagen werden ausgezeichnete Weißweine angebaut. Weinprobe: *Hellshoogte Rd./R310, www.neilellis.com, Mo–Fr 10–16.30, Sa und Feiertage bis 17 Uhr.*

info

Stellenbosch Wine Route

Die von der Touristeninformation und Winzern zusammengestellte Weinroute (https://wineroute.co.za) führt zu den berühmtesten Weingütern der Umgebung. In dieser Region, wo die Winde vom Indischen Ozean kühlere Meeresluft einblasen, gedeihen Weinreben besonders gut. Man vergleicht das Klima mit dem der französischen Bordeaux-Regionen. Die Weingüter, deren gepflegte Gebäude oft im kapholländischen Stil erbaut sind, liegen idyllisch zwischen den weiten Weinfeldern. Neben der Möglichkeit, die Weine zu verkosten, kann man oft auch im winzereieigenen Restaurant hervorragend essen. Für einen Besuch sollte man sich Zeit nehmen. Eine organisierte Tour hätte übrigens den Vorteil, dass auch der Fahrer die Weine testen kann. Besonders idyllisch liegen die Weingüter Blaauwklippen, Hartenberg Estate, Morgenhof, Overgaauw, Simonsig, Saxenburg.

Tipp: Picknick zum Lunch, Lunchmenü oder gepflegtes Dinner

Viele der Weingüter bieten **Picknicks zum Lunch** an. Dabei muss man das Essen (meist Brot, Käse, Aufschnitt, Obst etc.) dort kaufen (oft in vorbereiteten Körben), kann dafür aber die schönen Anlagen samt Tischen und Bänken, Schatten spendenden Bäumen, Spielplätzen u. a. nutzen. Das Angebot variiert sehr. Auf Spier gibt es z. B. einen kleinen Delikatessenladen, auf Fairview eher leckere Käsesorten und gutes Brot. Oder lieber ein Lunchmenü mit kleiner Weinprobe? Auf Backsberg wird z. B. bestes, gegrilltes Karoo-Lamm, auf Spier wiederum frisches Bio-Essen angeboten, und im historischen Boschendal Restaurant speist man unter hohen Bäumen. Weitere Weingüter mit Restaurants/Delis: Blaauwklippen, Neethlingshof, Somerbosch, Delheim, Hartenberg Estate, Morgenhof, Welmoed, Saxenburg, Anura. Gepflegtes Dinner bieten u. a. die Restaurants auf Rust en Vrede, Saxenburg und Lanzerac. Für einen Lunch und besonders für ein Dinner in einem der Restaurants sollte man sich unbedingt anmelden.

Empfehlenswerte Weingüter in und um Stellenbosch (die Zeiten beziehen sich auf das Wine Tasting)
Blaauwklippen: 4 km südl. von Stellenbosch (R44). 1688 gegründetes, schön am Fuß des Stellenboschbergs gelegenes Weingut mit historischen kaphol-

ländischen Gebäuden. 110 ha Weinbaufläche. Auf der Veranda wird Wein und Lunch (reservieren!) serviert. Top-Weine: Zinfandel, Cabernet Sauvignon, Shiraz und Special Late Harvest (Dessertwein). Im Spirits Room werden härtere Alkoholika ausgeschenkt, so z. B. der hier produzierte, erstklassige, 3-fach destillierte Gin. www.blaauwklippen.com, Di–Sa 10–18, So 10–17 Uhr.

Boschendal: An der R310, kurz vor der R45 (Richtung Franschhoek). Das über 300 Jahre alte Weingut wurde von Hugenotten gegründet und ist bis heute eines der größten und edelsten Estates des Landes geblieben. Ca. 400 ha Weinbaufläche, Jahresproduktion: 240.000 Kisten. Hier wurde 1978 der erste Blanc de Noir am Kap produziert, ein Roséwein aus dunklen Trauben, der aber mit Weißweinmethoden hergestellt wird. Lohnend ist die Besichtigung des schönen Herrenhauses. Mittags kann man sich im Restaurant leckere Kleinigkeiten oder ein Picknick bestellen. Beachten sollte man auch Sonderveranstaltungen, wie z. B. das „Full Moon Picnic". Herausragende Weine des Guts: Merlot, Pinot Noir, Chardonnay, Sauvignon Blanc, Gewürztraminer und Boschendal Brut. Boschendal, www.boschendal.com, tgl. 10–17.30 Uhr, letztes Tasting um 16 Uhr, Cellar- und Vineyard-Touren, Tastings, Buchung für alles essenziell: online oder ✆ (021) 870-42743.

Morgenhof: 5 km nördlich von Stellenbosch an der R44. 1680 von Hugenotten gegründet und 1993 von der französischen Firma Cointreau-Huchon aus Cognac übernommen. Weniger die Gebäude im französischen Chateaux-Stil überzeugen als vielmehr die Führungen und Picknickgelegenheiten (Lunchboxes werden verkauft). Das Gut liegt unterhalb des von Weinhängen bedeckten Simonsbergs. 80 ha Anbaufläche, Jahresproduktion: 35.000 Kisten. Dank des französischen Einflusses zählen die Weine des Guts zu den „Juwelen am Kap". Herausragende Weine des Guts: Sauvignon Blanc, Noble Late Harvest, Merlot und Chenin Blanc. Morgenhof, ✆ (021) 001-9416, https://morgenhof.com, im Sommer Mo–Fr 9–16.30, Sa/So 10–16.30 Uhr, Rest des Jahres bis 15/16 Uhr.

Spier: R310, südwestl. von Stellenbosch. Großes Weingut mit historischen kapholländischen Gebäuden, aber auch neueren Imitationen. Spier ist touristisch aufgezogen, eignet sich dafür aber hervorragend für Familien mit Kindern: Es gibt u. a. eine Greifvogel-Vorführung, Reitgelegenheiten und Spielplätze. Des Weiteren werden Konzerte und Aufführungen geboten, ein Farmshop verkauft Naturprodukte und Souvenirs, im kleinen Deli-Shop lässt sich ein Picknick zusammenstellen, die Restaurants bieten vorzügliche Speisen und auch der Rosengarten wird einige Liebhaber finden. Auch Segway-Touren im Angebot. Im Sommer Craft Market. Weinbaufläche: 179 ha. Herausragende Weine des Guts: Chenin Blanc und Cabernet Sauvignon. Spier, ✆ (021) 809-1143/7, www.spier.co.za, tgl. 10–17, letzte Weinprobe um 16 Uhr.

Weitere **empfehlenswerte Weingüter** (kursiv: Topwein): **Jordan** (westl. von Stellenbosch; Snacks, Picknicktische; erstklassiges Restaurant (tgl. Lunch, Dinner Do–Sa), schöne Unterkünfte (ab **$$$$**), www.jordanwines.com); **Die Boord**, an der T11; Chardonnay); **Neil Ellis** (R310 in Richtung Franschhoek; Weißweine im Allgemeinen,

Morgenhof überzeugt mit guten Picknickgelegenheiten

info

Oft reift der Wein noch in alten Holzfässern

s. S. 294), **Rust en Vrede** (südl. von Stellenbosch, östl. der R44; Rosengarten, Picknicktische, First-Class-Restaurant (Dinner Di–So); Cabernet Sauvignon); **Thelema** (R310, nahe Hellshoogte Pass; Snacks; Ed's Reserve); **L'Avenir** und **Kanonkop** (5 bzw. 9 km nördl. von Stellenbosch an R44; keine Bewirtung; Pinotage); **Meerlust** (15 km südwestl. von Stellenbosch an R310; keine Bewirtung; Weltklasse-Rubicon); **Waterford Estate** (an T15; 4 km südl. von Stellenbosch, Weißweine); **Vredenheim** (10 km südwestl. von Stellenbosch an der R310, Raubkatzengehege, auch mit Tigern und weißen Löwen, Restaurant, Rotweine); **Ernie Els** (Annandale Rd., 12 km südl. von Stellenbosch, modern, Top-Rotweine und herrliche Aussicht bis Kapstadt); **Somerbosch** (R44, 9 km südl. von Stellenbosch, Lunch unter schattigen Bäumen).

Reisepraktische Informationen Stellenbosch

Information

Stellenbosch Tourism Bureau, *47 Church St., ✆ (021) 886-4310, www.visitstellenbosch.org. Sehr gut organisiertes Touristenbüro. Hier kann man Unterkünfte, Weintouren, aber auch Ausritte in die Weinberge buchen und erhält nützliche Karten.*

Unterkünfte

Grundsätzlich gibt es in Stellenbosch viele schöne **Bed&Breakfast-Unterkünfte** *(ab $$$), doch bezahlt man hier mehr als für die gleiche Qualität in Paarl, Montagu bzw. die Selbstversorger-Cottages in Franschhoek. Stellenbosch ist eben nicht billig. Die Touristeninformation vermittelt auch kurzfristig Übernachtungen.*

Lanzerac Hotel & Spa (1) $$$$$, *Lanzerac Rd., ✆ (021) 887-1132, www.lanzerac.co.za. Historisches Weingut von 1692. Hier wurde 1959 weltweit die erste Flasche Pinotage produziert. Fürwahr ein „Kleinod" in Stellenbosch. Individuell dekorierte, geräumige Zimmer, die alle über einen eigenen Patio verfügen. Nach einem Zimmer mit Ausblick auf die Berge und Weingärten fragen! Weinkeller können besichtigt und hauseigene Weine getestet werden. Oberste Klasse sind die Restaurants (Tipp: Candlelight Dinner), der High Tea, die Kamin Lounge sowie die Cigar & Whisky Lounge. Spa & Wellness-Center, mehrere Pools, Wanderwege durch die Weinberge.*

Stellenbosch Hotel (2) $$$$, *Ecke Dorp/Andringa Sts., ✆ (021) 887-3644, www.stellenboschhotel.co.za. Eines der ältesten Hotels am Platz. Wunderschön restauriert. Zentral gelegen und gutes Restaurant. Hier erlebt man den historischen Charme von Stellenbosch. Die 2-Bedroom-Apartments kosten nur wenig mehr.*

Coopmanhuijs (3) $$$$–$$$$$, *33 Church St., ✆ (021) 883-8207, www.coopmanhuijs.co.za. Bezaubernd eingerichtetes Boutique-Hotel im Herzen der Stadt. Dekor: Cape-Dutch Country Style mit französischen Einflüssen. Gebäude von 1713. Mit Spa, Swimmingpool und feinem Restaurant.*

Oude Werf Hotel (4) $$$$–$$$$$, *30 Church St.,* ✆ *(021) 887-4608, www.oudewerf.co.za. 1802 als Herberge eingerichtet, ist es wohl das älteste Hotel des Landes. Man betritt das Hotel durch das ehemalige Wohnzimmer, dessen Holzboden, Deckenkonstruktion und Antiquitäten bereits beeindrucken. Schön sind die mit weiteren Antiquitäten eingerichteten Zimmer ($$$–$$$$) im alten Gebäude, während die im neueren Teil Räume in gehobenem Standard aufweisen, aber großenteils mit Imitationen eingerichtet sind. Elegantes Restaurant (Cape-Malay-/Fleischgerichte).*

River Manor Boutique Hotel (5) $$$–$$$$, *6–8 The Ave.,* ✆ *(021) 887-9944, www.thelivingjourneycollection.co.za/river-manor. Komfortabel gestaltete Unterkunft in historischem Haus mit schickem Garten. Zentral gelegen mit Zimmern in verschiedenen Preisklassen. Am schönsten sind die Zimmer im Erdgeschoss mit Tür zum Garten. Nahe den Sehenswürdigkeiten, trotzdem ruhig gelegen.*

The Avenues Guest Lodge (6) $$, *32 The Avenue,* ✆ *(021) 887-1843, www.avenuesguestlodge.com. Kleines, persönlich geführtes B&B in historischem Gebäude (Historical Landmark). Solide eingerichtet. 8 Doppelzimmer, davon 3 mit Zugang zum Patio. Selbstversorger-Cottage im Garten. Gutes Preis-Leistungs-Verhältnis.*

Bonne Esperance (7) $$–$$$, *17 van Riebeeck St.,* ✆ *(021) 887-0225 bzw. (082) 390-6659, www.bonneesperance.com. Verschieden große Zimmer, alle mit Bad. Gutes Frühstück, Garten-Patio und Pool. Vor Ort das beste Preis-Leistungs-Verhältnis.*

Stumble Inn (8) $, *14 Market St.,* ✆ *(021) 887-4049, https://stumble-inn-backpackers-lodge-stellenbosch.hotel-mix.de Zentral gelegenes Hostel. 40 Betten (6-, 4- und 2-Bett-Zimmer) mit gut ausgestatteter Küche für Selbstversorger. Insbesondere für Rucksackreisende zu empfehlen. Sehr sauber. Fahrradvermietung. 5 Plätze für Zelte im Garten.*

Vergenoegd Löw The Wine Estate, $$$–$$$$, *1 Vergenoegd Road,* ✆ *(021) 204-3046. Eines der ältesten Weigüter. Alle Zimmer, Suiten und Cottages liegen in herrlicher Abgeschiedenheit inmitten gepflegter Weinberge und Gärten. Wine Tasting Mo–So 10–16 Uhr, E-Mail: tasting@vergenoegd.co.za*

Essen und Trinken

Im **Oude Bank Building (1)**, *Ecke Church/Bird Sts., befinden sich heute u. a. eine Restaurant-Filiale von Boschendal und eine Weinhandlung (Wine Tasting). Auch drumherum gibt es einige Bistros/Cafés etc. Empfehlenswert sind das Café der* **Schoon Bakery** *gleich gegenüber (4 Church St.), wo es u. a. ein leckeres Frühstück gibt, sowie das Eiscafé* **Crème de Levain** *(15 Church St.).*

Wijnhuis (2), *Ecke Church/Andringa Sts.,* ✆ *(021) 882-8928. Hier gibt es unzählige Weine zum Probieren (es können Flaschen gekauft werden). Die Küche ist mediterran angehaucht, zur Auswahl stehen zahlreiche Pasta-Gerichte, aber auch Schnitzel und Steaks.*

Boschendal „The Werf" Restaurant, *Boschendal Wine Estate, R310 nordöstl. von Stellenbosch,* ✆ *(021) 870-4209. Gepflegtes Restaurant im Keller des historischen Manor. Kapgerichte mit französischem Touch. Die hervorragenden Boschendal-Weine runden das Gourmetvergnügen ab. Das Highlight hier ist aber eher das Picknick unter den Bäumen. I. d. R. nur Mittagstisch! Reservierung empfohlen. Es gibt zudem ein Deli-Restaurant mit Außenterrasse.*

Cattle Baron Grill, *Weingut Saxenburg, M12 in Richtung Kuils River, 14 km westl. von Stellenbosch,* ✆ *(021) 906-5232. Exquisites Fleisch (Tipp: Chateaubriand), aber auch einige vegetarische Gerichte. Und der Blick von der Veranda auf Kapstadt und den Table Mountain ist – besonders bei Sonnenuntergang – einfach eine Wucht. Reservierung empfohlen.*

Lanzerac Manor, *Lanzerac Rd., ✆ (021) 887-1132. Neben dem Hotel (s. o.) gehören zum Weingut ein Pub („Taphuis") mit Mahlzeiten sowie eine Whiskey- und Zigarren-Bar. Der Tipp ist aber das historische Restaurant* **Manor Kitchen**, *das in klassischem Ambiente (weiße Tischdecken, Kerzen, Ölgemälde) beste Kap-Küche bietet. Berühmt sind die ausladenden Frühstücks- und Lunch-Buffets. Im Deli kann man sich auch ein leckeres Picknick zusammenstellen, zum vorbereiteten Picknickkorb greifen oder einfache Speisen bestellen. Schön ist es, bei warmem Wetter im Terrassen-Restaurant zu speisen.*

La Pineta, *R44, zwischen Stellenbosch und Somerset West, Abfahrt zum Flugplatz (Rue de L'Aerodrome), ✆ (021) 880-0624. Schön über den Weinbergen gelegenes Haus mit Garten, Veranda und der Gelegenheit, einen schönen Sonnenuntergang zu erleben. Von Steaks über Fischgerichte bis hin zu Karoo-Lamm und auch Pizza gibt es nahezu alles – und das zu fairen Preisen. Nur Vegetarier kommen hier etwas zu kurz. Ihnen bleiben nur ein paar Pizzen und Vorspeisen zur Auswahl. Hier lässt es sich nach dem Besuch von Stellenbosch gut einkehren, man kann z. B. am frühen Abend eine Kleinigkeit essen und dann über Somerset West und die N2 nach Kapstadt zurückfahren.*

Auf dem **Weingut Spier** *(R310 Richtung N2) gibt es drei Restaurants. Das* **Hotel Restaurant** *(✆ 021-809-1100) wirkt mit seiner Weinbar eher gediegen. Im* **Vadas Smokehouse** *(✆ 021-809-1137) locken geräucherte Fleischgerichte und gutes Brot. Das* **Farm Café** *serviert Frühstück und Lunch aus frischen saisonalen und regionalen Zutaten.*

Tokara, *Helshoogte Rd. (R310 Richtung Franschhoek), ✆ (021) 808-5900. Tolles Restaurant nahe der Spitzenklasse auf dem gleichnamigen Weingut. Wechselnde Menüs, saisonal und regional abgestimmt und vor allem toll fürs Auge angerichtet. Hier sollte man unbedingt reservieren. Auch das angeschlossene Bistro* **Tokara Delicatessen** *ist gut und geeignet für die Mittagsrast.*

Pubs und Kneipen

Als Universitätsstadt besitzt Stellenbosch viele **Pubs und Kneipen**, *die günstige Speisen, Bier und Wein servieren. Die meisten befinden sich entlang der Church Street, einige auch an der Dorp Street sowie am unteren Ende der Bird Street, gegenüber der Kirche St. Mary's on the Braak. Viele davon haben eine Veranda, und an Wochenenden wird öfter Livemusik gespielt.*

Festival

Stellenbosch Wine Festival, *Coetzenburg Sports Grounds, www.stellenboschwinefestival.co.za. Über 150 Weingüter stellen sich vor und zu essen gibt es auch einiges. Besonders interessant ist die Teilnahme an einem Wine Workshop, bei dem das Verkosten erlernt werden kann.*

Golf

Stellenbosch Golf Club, *Strand Rd. (R44), ✆ (021) 880-0103, www.stellenboschgolfclub.com. 18 Löcher, 5.581 m, Bar, Restaurant. Meisterschaftskurs, inmitten hügeliger Weinfelder gelegen. Der wunderschöne Platz besticht auch dadurch, dass er geschützt vor den gefürchteten South-Easter-Winden liegt. Viele Bäume.*

Drakenstein Valley

Das Tal sowie der Bergzug zwischen Franschhoek und Stellenbosch erhielten ihren Namen von Gouverneur Simon van der Stel (Drakenstein = Drachenfelsen). Die

Farmer begannen hier vor mehr als 200 Jahren, Weizen, Früchte und Wein anzubauen. Doch gerade mit dem Obst hatte man große Lagerungsprobleme und vieles verdarb. 1886 gelang es erstmals, Trauben bis nach London zu transportieren. Während man zu jener Zeit in Kapstadt für ein Pfund Trauben einen Penny bekam, erhielt man für die gleiche Menge in London 15 Shillinge. Damit war die Fruchtexport-Industrie Südafrikas geboren.

Lange Handelstradition

Kein Weingut im eigentlichen Sinn, jedoch unbedingt besuchenswert ist die **Estate Babylonstoren**. Auf einem mehrere Hektar großen Gebiet wurde ein Park in Form eines botanischen Gartens angelegt, in dem vor allem Früchte, Gewürze und Gemüse angebaut und auf kleinen Schautafeln vorgestellt werden. Ein ganz besonderes Erlebnis und einen mehr als einstündigen Spaziergang wert. Weine können auch verkostet und gekauft werden. Ein Hofladen bietet lokale Köstlichkeiten an. Zudem gibt es ein Spa, ein Restaurant, ein nettes Bistro, eine Bäckerei, die auch Dinner serviert (nur mit Anmeldung) und Übernachtungs-Cottages. Wer noch Lust hat, fährt anschließend 3,5 km weiter gen Nordwesten zur Käserei **Dalewood** und versorgt sich dort mit leckerem Käse für ein Picknick (*www.dalewood.co.za*).

Sonnenuntergang hinter den Drakensteinbergen

Estate Babylonstoren, *20 km nördl. von Franschhoek an der R45, www.babylonstoren.com.*

Das staatliche Versuchsgut **Bien Donné** (R45, 4 km nördl. der Einmündung der R310 von Stellenbosch – Stichstraße nach Nordosten) beeindruckt wegen seines kapholländischen Herrenhauses.

Franschhoek

Die kleine Stadt, 1688 von etwa 200 französischen Hugenotten gegründet (s. u.), zählt heute knapp 4.500 Einwohner (mit Umgebung 18.000). Der Name bedeutet übersetzt „Französisches Eck", womit die bestechende Lage am Ostende des Drakenstein Valley umschrieben ist. Ursprünglich hieß die Region aufgrund der hier herumstreunenden Elefanten „Oliphants Hoek". Franschhoek ist für seine erstklassigen Weine bekannt. Der Charakter eines kleinen Ortes ist weitgehend erhalten geblieben, obwohl sich Franschhoek in den letzten Jahren touristisch mächtig ins Zeug gelegt hat. Boutiquen, Galerien, Straßencafés, gemütliche Herbergen, eine erstklassige Gastronomie und der Franshhoek Village Market am Samstag (Kunsthandwerkliches, Essensstände) locken zahlreiche Besucher an. Unter der Woche geht es es beschaulicher zu. Franschhoek ist daher der Übernachtungstipp der Weinbauregion. Hier kann man fast alles zu Fuß bzw. mit der Wine Tram (s. S. 299) erreichen. Wer gerne durch die Berge wandert, sollte dies im **Mont**

Bekannt für erstklassige Weine

Rochelle Nature Reserve östlich des Ortes tun. Auch Führungen möglich. Tgl. 8–16 Uhr geöffnet. Für längere Touren benötigt man ein Permit (✆ *(083) 270-7291, www.montrochellehiking.co.za*).

info

Wie kamen die Hugenotten ausgerechnet in dieses Tal?

Ab ca. 1685 entschloss sich die Holländisch-Ostindische Handelskompanie, Menschen zu motivieren, sich im Kapland niederzulassen. Man sprach deshalb die Hugenotten an, die durch die Aufhebung des Edikts von Nantes ihre Glaubensfreiheit verloren, sich aber weigerten, ihren protestantischen Glauben aufzugeben und nun ihre Heimat verlassen mussten. So erreichten 277 Hugenotten im April 1688 an Bord der „Oosterland" das Kap. Die meisten erhielten Land in der Umgebung von Drakenstein, wo van der Stel bereits zwei Jahre zuvor Holländer auf 26 Siedlungsplätze verteilt hatte. Natürlich legten die Holländer großen Wert darauf, dass sich die Franzosen assimilierten. Sie durften ihre Sprache beibehalten, doch bereits nach einer Generation beherrschten nur noch die Älteren die Muttersprache.

Viele Namen von Wein- und Obstgütern in der Umgebung weisen heute noch auf die französische Herkunft der Siedler hin, so Bien Donné, Cabrière, La Motte, L'Ormarins und La Dauphine. Und wer einen Blick in südafrikanische Telefonbücher wirft, dem werden dort immer wieder im Lande längst typische Namen wie Du Toit, Fourie, Basson, De Villiers, Viljoen, Le Roux, Thibault, Joubert u. a. begegnen.

Umstrittenes Denkmal

In Franschhoek kann man einiges zum Thema Besiedlung durch die Hugenotten erfahren. Am Ostende der Huguenot Street sticht das **Huguenot Monument** ins Auge. In seiner (burisch angehauchten) Gestaltung oft umstritten, erinnert es an die Vertreibung der Hugenotten aus der europäischen Heimat, ein Thema, das die gläubigen Buren gerne herausgestellt haben, da sie ihre Vorfahren in einer ähnlichen Situation wähnten. Das Monument wurde 1938 – zum 250. Jahrestag der Ankunft der Hugenotten – eingeweiht und besteht aus Granit, der aus der Region um Paarl stammt. Die Zentralfigur stellt eine Frau dar, die in der rechten Hand eine Bibel hält. Die zerbrochene Kette symbolisiert die Loslösung von religiöser Unterdrückung. Die drei Bögen dahinter stellen die Dreifaltigkeit dar. Auf den Bögen ist die Sonne der Rechtschaffenheit zu sehen, darüber das Kreuz. Die Figur steht auf dem Erdball als Zeichen für das Überweltliche. Auch der Teich davor gehört zur Gesamtgestaltung: Er ist Symbol für die Ruhe, die man hier in Südafrika gefunden hatte.

Das **Huguenot Memorial Museum** gleich daneben widmet sich der Geschichte der Hugenotten, überwiegend französischen Calvinisten – von der Zeit der religiösen Verfolgung in Europa, den Anfängen am Kap (als sie den Siedlern aufzeigten, wie guter Wein produziert wird), bis in die heutige Zeit. Im angeschlossenen genealogischen Institut wird auf den Spuren der ersten Hugenotten geforscht.
Huguenot Memorial Museum, *Lambrecht St., https://museum.co.za, tgl. 9–17 Uhr.*

Nicht weit von hier wird im **First South African Perfume Museum** (*Lambrecht St., www.firstsouthafricanperfumemuseum.com, tgl. 9–17 Uhr*) die Geschichte des Parfums erläutert. Viele, teils sehr bunte Parfumflaschen aller Art gibt es zu bewundern. Die angebotenen Workshops (nur mit Anmeldung) machen Spaß.

Auf dem Weingut **L'Ormarins** gilt es, das **Franschhoek Motor Museum** zu besichtigen, wo u. a. der *Wolsey*, Baujahr 1910 steht, den Cecil Rhodes gefahren ist. Weitere der über 220 Fahrzeuge sind u. a. ein *Daimler Bergmeister* von 1936, ein *Ford Model T*, ein *Rolls-Royce Phantom I* von 1928 und ein *Enzo Ferrari* von 2002. Autofans werden hier ihre Freude haben.
Franschhoek Motor Museum, *www.fmm.co.za, April–Nov. Mo–Fr 10–17, Sa/So 10–16, Dez.–März Mo–Fr 10–18, Sa/So 10–17 Uhr.*

Franschhoek Food & Wine Route

info

Entlang dieser Route liegen Restaurants und die zu den „**Vignerons De Franschhoek Valley**" zusammengeschlossenen Weingüter, davon einige, die eigentlich schon zu Paarl zählen: Zu ihnen gehören u. a. Boschendal, L'Ormarins, Bellingham, Môreson, La Motte, La Provence, Dieu Donné, Franschhoek Vineyards, Grande Provence, Haute Cabrière, La Bri, La Couronne, Mouton-Excelsior sowie im Nordosten weitere Weingüter, z. B. Backsberg und Anura. Eine Broschüre vom Touristenamt erläutert die Route (Übersicht: http://franschhoek.org.za/vignerons-de-franschhoek).

 Hinweis

Die **Franschhoek Wine Tram**, eine Kombination aus Straßenbahn- und Bustour, fährt viele Weingüter auf acht separaten Hop-on-hop-off-Touren an (Start/Ziel: Franschhoek Square/32 Huguenot Rd., www.winetram.co.za).

Empfehlenswerte Weingüter in und um Franschhoek (die Zeiten beziehen sich auf das Wine Tasting)
Boschendal: s. unter Stellenbosch, S. 293.
Haute Cabrière: R45 am Franschhoek Pass. Das Weingut steht unter Leitung des Winzers Achim von Arnim, der für seine unkonventionelle Art, die guten Schaumweine nach Richtlinien der Champagner-Branche herzustellen, und für seine guten Vermarktungsstrategien weithin bekannt ist. Herausragend sind auf diesem Gut nicht nur die Führungen, sondern vor allem das exquisite Restaurant, von dem aus man direkt in den in den Berg gehauenen Weinkeller schauen kann. 11 ha Weinbaufläche, Jahresproduktion: 10.000 Kisten. Herausragende Weine: fünf Sekte, vor allem Pierre Jourdan Blanc des Blancs und Brut Sauvage, und der Pinot Noir-Wein. Haute Cabrière, ✆ (021) 876-8500, www.cabriere.co.za, Mo–Fr 10–17, So 10–16 Uhr.
La Motte: R45 (nordwestl. Ortseingang). 1695 gegründetes Weingut, dessen Weinproben zu den besten am Ort zählen. Die zahlreichen historischen Gebäude sind zwar nicht von innen zu besichtigen (der Raum für die Weinproben ist neueren Datums), dafür werden einige Themen-Touren angeboten. Gutes Restaurant (auch Lunch). 95 ha Weinbaufläche, Jahresproduktion: 15.000 Kisten. Große Lavendelfelder (in einem kann man in einem Selbstversorger-Cottage wohnen). Herausragende Weine: Shiraz, Millennium (Blend aus Bordeauxweinen) und Sauvignon Blanc. La Motte, ✆ (021) 876-8820, www.la-motte.com, Di–So 9–17 Uhr. Ausschließlich Kartenzahlung möglich.
Grande Provence: R45 (nordwestl. Ortseingang). Hier wurden zwei historische Weingüter schon vor langer Zeit zusammengelegt, wobei „La Provence" heute zu besichtigen ist. Das Manor House wurde 1756 errichtet. Das erhöht gelegene „Owner's Cottage" bietet eine ausgefallene, luxuriöse (entsprechend teure) Übernachtungsmöglichkeit. In der Probierstube ist eine kleine Kunstausstellung.

info

Exquistes Restaurant. 29 ha Weinbaufläche, Jahresproduktion: 5.600 Kisten. Herausragende Weine: Cabernet Sauvignon und Larmes des Anges. Grande Provence, ✆ (021) 876-8600, www.grandeprovence.co.za, tgl. 10–17.30 Uhr, Kellertouren bitte anmelden unter email: cellar@grandeprovence.co.za.
La Chataigne: 6 km westl. von Franschhoek an R45. Kleines Weingut mit sehr guten Weißweinen. Geführt von einem Schweden. Daher werden die Weine vornehmlich nach Schweden exportiert und einzig hier in Südafrika auf dem Weingut verkauft. Viele Flaschen werden noch per Hand beschriftet. Zum Weingut gehören drei sehr schöne, voll ausgestattete Cottages. La Chataigne, ✆ (081) 847-6902, www.lachataigne.co.za, Wine Tastings nach Vereinbarung.

Reisepraktische Informationen Franschhoek

Information

Franschhoek Wine Valley, *62 Huguenot St., ✆ (021) 876-2861, www.franschhoek.org.za.*

Unterkünfte

Die Touristeninformation vermittelt **Cottages und Zimmer auf Weinfarmen** *($$–$$$). Diese sind gelistet im „Farm Holiday"-Prospekt.*
Le Quartier Français $$$$$, *16 Huguenot Rd., ✆ (021) 876-2151, https://leeucollection.com/SA/le-quartier-francais/stay. Topklasse! Boutique-Hotel in einem viktorianischen Haus (Garten, Pool und Bibliothek). Die Zimmer, Suiten und ein Familien-Cottage, alle individuell eingerichtet und mit eigenem Kamin, liegen zum mit Rosen bepflanzten Innenhof. Zwei der Suiten haben einen eigenen Pool. Für das ausgezeichnete Restaurant sollte man am besten gleich bei der Zimmerbuchung reservieren.*
Leeu House $$$$$, *12 Huguenot Rd., ✆ (021) 492-2222, https://leeucollection.com/SA/leeu-house. Vornehme Unterkunft in altem Cape-Dutch-Haus. Wer es sich leisten möchte: Die große Suite verfügt über ein eigenes Wohnzimmer und eine Patio. Gutes Restaurant im Haus.*
La Chataigne $$$$, *R45, westl. (nahe R301-Abzweig), ✆ (021) 876-3220, (082) 326-3900, www.lachataigne.co.za. Geräumige, ruhig gelegene Selbstversorger-Cottages. Pool im Weinfeld.*
Protea Hotel $$$, *33 Huguenot Rd., ✆ (021) 876-3012, www.marriott.de. Zentral gelegenes 30-Zimmer-Hotel der gehobenen Mittelklasse. Schöner Innenhof mit Pool.*
Bo La Motte Guest Cottages $$–$$$, *Middagkrans Rd., ✆ (078) 698-2859, www.bolamotte.com. 5 schöne Cottages (2–6 Betten) für Selbstversorger auf einer Weinfarm in der Nähe des Ortskerns. Pool, Garten.*
La Provence Vineyard Cottages $–$$, *R45, 3 km westl. von Franschhoek, ✆ (021) 876-3194, http://laprovencevineyards.com/. 4 Cottages, ein Doppelzimmer (auch für Selbstversorger, Küche etc.) auf einer historischen Weinfarm. Alle Cottages haben einen Kamin.*
Auberge Alouette $$, *17 Dirkie Uys St., ✆ (021) 876-3472, www.aubergealouette.co.za. Kleines, nettes und unkompliziertes Guesthouse. Garten und kleiner Pool. Recht zentral gelegen. Frühstück auf Wunsch.*

Essen und Trinken

Franschhoek ist bekannt für seine exquisiten Restaurants, die selbstverständlich eine gute Prise französischer Ideen zu bieten haben. Das kostet ein wenig extra. In der

Touristeninformation gibt es eine nützliche Liste ausgesuchter Lokale und die **Wine Tram** *(siehe S. 299) fährt zahlreiche Restaurants auf den Weingütern an.*
La Petite Colombe at Le Quartier Français *(s. o., ✆ 021-202-3395). Erstklassiges Restaurant mit einer Küche, die eine leckere Mischung aus Kapgerichten und südfranzösischen Rezepten anbietet. Bekannt auch für die ausgezeichneten Desserts und die ausgesuchte Weinkarte. Oft wochenlang im Voraus ausgebucht! Schwester-Restaurant des gleichnamigen Lokals in Constantia (S. 273).*
Haute Cabrière/Cabrière Estate Cellar Restaurant & Terrace, *ein Stück hinauf am Franschhoek Pass, ✆ (021) 876-8500. Unbedingt reservieren! Die Lage oberhalb des Weinguts und des Ortes ist bereits ein Vorteil. Bei der Reservierung nach einem Tisch mit Ausblick fragen (es gibt nur zwei davon). Die Küche ist natürlich auch gut, alle Gerichte werden auf die hauseigenen Weine abgestimmt. Und hinterher: selbst gemachte Schokoladen und/oder die vorzügliche Käseauswahl, abgestimmt auf die guten Tropfen des Hauses.*
Reuben's Restaurant, *Daniel Hugo Rd., ✆ (021) 876-3772. Südafrikanische Speisen, oft mit asiatischen Einflüssen; unkompliziert, aber auf hohem Niveau. Tolle Weinkarte. Reservierung empfohlen.*
Weitere exquisite Restaurants sind u. a. **Le Petite Manoir** *(✆ 021-876-2110),* **Chefs Warehouse At Maison** *(✆ 021-876-2116),* **Le Coin Francais** *(✆ 074-126-0022) sowie für Lunch und Snacks* **Smitten** *(alle R45/Huguenot Rd.).*
Entlang der Huguenot Rd. gibt es zudem eine Reihe von Country Pubs (z. B. **Taki's Pub***), Tea Gardens, trendy Bistros und die* **Tuk-Tuk Microbrewery** *(✆ 021-492-2207), eine Mikrobrauerei mit unkompliziertem Bistro mit mexikanischen Gerichten sowie Tapas, Salaten, Suppen und Pulled Pork.*

Somerset West

Die Stadt, 1819 nach Lord Charles Somerset benannt, liegt unterhalb des Helderberges, der zu den Hottentots Holland Mountains zählt. Ihre Lage am Nadelöhr der N2 sowie dem südlichen Ende der False Bay (Ortsteil Strand) hat der Stadt wirtschaftlichen Aufschwung beschert, ihr dafür aber jeglichen Charme genommen. Einkaufszentren, die N2 und viele Mittelklasse-Wohnhäuser bestimmen das Bild. Einzig das **Lourensford Wine Estate** (*nette Gastronomie, schöner Garten, Foodmarket Fr 17–21 u. So 10–15 Uhr*) und vor allem das historische **Vergelegen** 4 km nordöstlich der Stadt, ein Juwel unter den Weingütern, lohnen wirklich den Besuch. Vergelegen wurde von Willem Adriaan van der Stel gegründet, der 1699 seinen Vater als Gouverneur abgelöst hatte. 1701 wurde das Herrenhaus eingeweiht. Dabei ging nicht alles mit rechten Dingen zu, denn van der Stel hatte sich das Land durch korrupte Machenschaften angeeignet und die Gebäude wurden von Sklaven der Holländisch-Ostindischen Handelskompanie gebaut. Als man später in Holland diesen und anderen fragwürdigen Machenschaften auf die Schliche kam, wurde beschlossen, das großzügige Herrenhaus abzureißen, um keine Nachahmer zu motivieren. Das Vorhaben wurde aber nur bedingt durchgeführt, das jetzige Herrenhaus sieht dem ehemaligen sehr ähnlich und steht auf dessen Fundamenten. Beeindruckend sind die über 300 Jahre alten Kampferbäume. Weingut sowie Herrenhaus, Rosen-, Kamelien- und Kräutergarten können besichtigt werden. Die Parkanlage wird auch als das „Versailles of South Africa" bezeichnet. Das Bistro **Stables** lädt im Sommer zum Lunch bzw. zu einer Nachmittagserfrischung ein. Das elegante Restaurant

River Café *(✆ 021-847-2111)* ist Mi–So zum Lunch und im Sommerhalbjahr Fr/Sa auch zum Dinner geöffnet. Im **Picnic** erhält man mittags Picknickkörbe (*nur im Sommer, vorher bestellen: ✆ 021- 847-2131*). Anbaufläche: 100 ha. Herausragende Weine: *Chardonnay* und *Sauvignon Blanc*.
Vergelegen, *Lourensford Rd. in Richtung Helderberg NR, ✆ (021) 847-2100, für Wine-Tasting-Reservierung (021) 847-2122, www.vergelegen.co.za, Wine-Tasting: tgl. 9–16.30 Uhr, Keller- und Weinbergtouren tgl. 11.30 Uhr.*
Lourensford Wine Estate *liegt kurz dahinter in der Lourensford Ave. (✆ 021-847-2333, https://lourensford.co.za). Hier speist man gut im Restaurant* **Millhouse Kitchen** *(Kuchen, Pizzen, Steaks und vegetarisch, ✆ 079-717-3799).*

Das **Lwandle Migrant Labour Museum**, gleich hinter Somerset West und nahe der N2, befasst sich mit der Geschichte der nichtweißen Wanderarbeiter, die hier in einem Hostel gelebt haben. Tagsüber pendelten sie in die Stadt, ihre weit entfernt lebenden Familien sahen sie nur alle paar Wochen. Neben einer Ausstellung ist das Hostel zu besichtigen, zudem werden Guided Walks zu Familien und Shebeens angeboten. Im **Arts & Crafts Centre** kann man Kunsthandwerk kaufen.
Lwandle Migrant Labour Museum, *Vulindlela St., Lwandle, http://lwandle.com/. Auf der N2 von Kapstadt kommend durch Somerset West, kurz danach am Schild Lwandle abzweigen (Museum ist dann ausgeschildert), Mo–Fr 8–16 Uhr.*

Strand und Gordon's Bay

Vorgelagert an der False Bay liegen die Orte Strand und Gordon's Bay, beliebte Wochenendziele. In **Strand** gibt es einige große Apartmentblöcke sowie eine Art „Waterfront" mit Restaurants und Shops. Ziemlich „betonlastig", aber der westlich davon gelegene Strand ist reizvoll. In **Gordon's Bay** geht es mit kleinen Restaurants, Fischbuden und Boutiquen gemütlicher zu. Der „Bikini Beach" ist beliebt bei Sonnenanbetern. In einem Apartment in Gordon's Bay kann man vor dem Rückflug gut noch ein, zwei Tage entspannen.

info

Biodiversity & Wine Initiative (BWI)

Weinbauern und Farmer bemühen sich heute, Teile ihrer Ländereien wieder in den ursprünglichen Zustand zurückzuversetzen, um die Fynbos-Vegetation und die Ökosysteme des Renosterveld zu retten. Das Weingut Vergelegen war eines der ersten, die sich dieser Initiative angeschlossen haben, inzwischen sind es insgesamt ca. 40 Weinfarmen (www.capetowngreenmap.co.za).

Reisepraktische Infos Somerset West, Strand, Gordon's Bay

Information

Helderberg Tourism Bureau, *186 Main Rd., Bergalo, Somerset West, ✆ (021) 840-1400, www.capetown.travel und www.showme.co.za/helderberg/tourism.*
Gordons Bay Tourist & Accommodation Centre *ist behilflich bei der Suche nach Unterkünften: nur Tel. und Internet: ✆ (082) 929-9583, https://gordonsbaytourism.com.*

Unterkünfte

Erinvale Estate Hotel & Spa $$$$, *1 Erinvale Ave., Somerset West, ☏ (021) 847-1160, www.erinvale.co.za. Vornehmes und elegantes Hotel nahe dem Weingut Vergelegen. Gute Restaurants (Terrasse, Pub, Fine Dining), der Wellness-Bereich sowie eine Golfanlage sprechen für sich, aber auch für den satten Preis. Moderner Cape-Dutch-Stil.*

The Country Guest House $$–$$$, *96 Winery Rd., Somerset West, ☏ (021) 842-2945, (071) 249-6668, www.thecountryguesthouse.co.za. Kleines Weingut an der Stellenbosch-Weinroute (R44). Kann auch als Unterkunft für Stellenbosch (10 Min.) gelten. Das historische Farmhaus, das Restaurant sowie die Cottages und Suiten liegen in einem parkähnlichen Garten mit viel Schatten. Jedes Cottage hat eine eigene Küche und eine kleine Terrasse. Spezielle Arrangements für Reiter und Golfer. Interessante Mehrtages-Arrangements.*

Essen und Trinken

Chorus Restaurant, *Waterkloof Wine Estate, Old Sir Lowry's Pass Rd., Somerset West, ☏ (021) 858-1491. Spitzenküche – französisch/südafrikanisch –, mehrfach prämiert, mit sagenhafter Aussicht auf die False Bay. Das Glas-Beton-Gebäude mag Geschmackssache sein, aber es ist beeindruckend.*

Sage & Thyme Village Coffee Shop, *Shop 28, Circle Centre, Ecke Caledon & Belvedere Rd., Somerset West, ☏ (021) 851-5088. Das Café/Bistro lockt mit gutem Frühstück, leckersten Sandwiches und guten Kuchen. Nur bis 17 Uhr, aber es lohnt sich für den Tagessnack!*

Entlang der Beach Rd. (Old Harbour) in Gordon's Bay finden sich kleine Restaurants, Fischimbisse und Bars in zum Teil romantischer Lage mit Blick auf den malerischen Hafen. Empfehlenswert für Meeresfrüchte und frischen Fisch!

Blick über Gordon's Bay auf die Stellenbosch Mountains

Von Paarl über den Bain's Kloof Pass nach Worcester und zurück nach Kapstadt

Paarl

 Hinweis

Paarl hat sich aus einem Straßendorf heraus entwickelt und erstreckt sich über 14 km von Süden nach Norden. Ohne Auto geht hier also fast nichts.

Fruchtbarer Boden

Paarl ist eine der ältesten Siedlungen des Hinterlands und liegt an den Ufern des Berg River, 132 m über dem Meer. Das Tal erhält rund 700 mm Niederschlag pro Jahr, davon 80 % im Winter. Da die Böden sehr fruchtbar sind, wurde bereits früh damit begonnen, verschiedene Obst- und Gemüsesorten anzubauen. Dies wiederum bildete die Grundlage für die Konservenfabriken. Der erste bedeutende Industriezweig war jedoch der Wagenbau. Die Granitberge lieferten Steine für Grabsteine und Paarl ist auch bekannt für die Herstellung von „*Eau de Cologne*". Heute zählt die Stadt je nach Quelle, um die 130.000 Einwohner (Drakenstein District: 275.000).

Bereits die San und Khoi-Khoi schätzten die guten Weidegründe unterhalb des von ihnen als Schildkröten-Felsen bezeichneten Felsens – bis dann der Wissenschaftler Abraham Gabbema als erster Europäer 1657 das Tal erreichte. Ihm erschien der sonnenbeschienene Granitfelsen nach einem Regen oder im Morgentau in perlenähnlichen Farben. Somit nannte er ihn *Peerlberg (Pearl Rock)*. 1687/88 erfolgte die erste Landvergabe an französische Hugenotten, die das gute Klima für den Weinbauerkannten und die ersten Güter gründeten: Laborie, Picardie, La Concorde, Nancy. Die Khoisan hatten das Nachsehen und zogen allmählich nordwärts.

Bau der ersten Kirche 1720

Die Stadtgeschichte begann um 1720 mit dem Bau der ersten Kirche sowie der Anlage der Main Street samt der charakteristischen Eichen. Viele der historisch bedeutsamen Gebäude wurden zwischen 1710 und 1760 erbaut, so z. B. die **Oude Pastorie (1)** im Jahr 1714. Die Pfarrei wurde 1937 von der Stadt Paarl gekauft, restauriert und in das **Paarl Museum** umgewandelt, in dem allerlei aus der Geschichte und dem Leben in der Stadt gezeigt wurde.
Oude Pastorie, *303 Main St., Mo–Fr 9–16, Sa 9–13, Feiertage 9–14 Uhr.*

Das Haus von Malherbe beherbergt das **Afrikaans Language Museum (Afrikaans Taal Museum) (2)** mit Exponaten zur (europäischen) Sprachgeschichte in Südafrika. Übrigens blieb Holländisch bis 1828 offizielle Amtssprache, wurde dann vom Englischen abgelöst und erst 1925 erhielt Afrikaans den Status der zweiten Amtssprache.
Afrikaans Language Museum, *11 Pastorie Ave. (Innenstadt), ✆ (021) 863-0543, www.taalmuseum.co.za, Mo–Fr 8.30–16.45 Uhr.*

Paarl
Sehenswürdigkeiten
1 Oude Pastorie
2 Afrikaans Language Museum (Afrikaans Taal Museum)
3 Strooidakkerk
4 KWV Kellerei (Emporium)
5 KWV Head Office
6 Afrikaanse Taalmonument) (Language Monument)
7 Nederburg Wine Estate
8 Nelson Wine Estate
9 Wine Estates Fairview und Backsberg, Destillerie Wilderer, Spice Route
Unterkünfte
1 Grande Roche Hotel
2 Zomerlust Boutique Hotel
3 Pontac Manor Hotel
4 Belair
5 Amberg Country Estate
6 Klein Vredenburg
7 Bergriver Resort
Malmesburry
Alphorex St.
Optenhorst
Oosbosch St.
R45
Sanddrift St.
Kweek St.
Bergrivier Boulevard N
Bergrivier
Le Joubert
Plein St.
Breda St.
Dorp St.
Huguenot St.
Ambagsvallei St.
Van der Stel St.
Klein Drakenstein Rd.
Lady Grey Street
Jan Philips Mountain Dr.
Main Srret
Pastorie Ave.
Du Toit St.
Aurora St.
Drive
Market Street
R101
Langhooven Street
Du Toitskloof Pass
Paarl Mountain Nature Reserve
Auret St.
Devine St.
Zion St.
Juno Shop
Jan van Riebeeck
Haarlem St.
Bergrivier Blvd. S
Klein Parys
Worcester
Grand Roche
Phantasie St.
Treurnich St.
R301
Enslin St.
The Mason's Winery
N1
Vendôme
Main Street
Cecilia St.
Arboretum Ave.
Jan Philips Mountain Dr.
Paarl Train Station
Kohler St.
Laborie
Tabak St.
Jones St.
Paarl Mall
Paarl Golf Club
N
0 0,5 1 km
Kapstadt
Franschhoek
© graphic

Die an der Main Street gelegene **Strooidakkerk (3)** (Strohdach-Kirche) wurde am 28. April 1805 eingeweiht. Der berühmteste Architekt der damaligen Zeit, Louis Michael Thibault, soll sie geplant haben. Normalerweise ist die Kirche geschlossen, doch kann man im Kirchenbüro um Zutritt bitten.

info

Paarl und die Afrikaans-Sprache

Paarl spielte eine große Rolle bei der Etablierung der Afrikaans-Sprache. Eine führende Rolle spielte dabei der aus Holland stammende Arnoldus Pannevis, der am Gymnasium der Stadt klassische Sprachen unterrichtete. Ihm fiel in den 1870er-Jahren auf, dass die eigentlich holländisch-flämische Sprache von den meisten Einwanderern holländischer Abstammung nicht mehr verstanden wurde. Durch die geografische Isolierung hatten diese die Beziehung zum Niederländisch verloren und die Sprache wurde obendrein noch durch den Einfluss immigrierter Franzosen und Deutscher, ja sogar der Malaien und Khoi-Khoi verändert. Nach der Überzeugung Pannevis' handelte es sich bereits um eine eigenständige Sprache, das **Afrikaans**. Er diskutierte diese Beobachtung in Kollegenkreisen.

Am 14. August 1875 kam es zu einer historisch bedeutsamen Versammlung im Hause von Gideon Malherbe, einem Farmer, der mit der Tochter des Gymnasialdirektors verheiratet war. Man gründete bei dieser Gelegenheit die „**Genootskap van Regte Afrikaners**", die „Gemeinschaft der echten Afrikaaner" und damit die Afrikaans-Sprache. Innerhalb dieser Institution, die sich zudem der Erforschung der Afrikaans-Sprache widmete, wurde die erste afrikaanse Zeitung, „Die Patriot", am 15. Januar 1876 gedruckt, und zwar mit einer einfachen Druckpresse im Hause von Malherbe. Damit war Afrikaans auch zur Schriftsprache erhoben. Wortschatz und Grammatik wurden aufgelistet, aber erst 1925 wurde Afrikaans neben Englisch als Amtssprache in Südafrika akzeptiert. Heute erstreckt sich die Literatur in Afrikaans auf alle Gebiete der Kultur und Wissenschaft.

Afrikaanse Taalmonument (Language Monument) (6)

Denkmal für eine Sprache

An die Entstehung der Afrikaans-Sprache erinnert das **Afrikaanse Taalmonument** am südlichen Ausläufer des Paarl Rock. Der Entwurf des Monuments stammt vom Architekten Jan van Wyk. Das Denkmal wurde am 10. Oktober 1975 eingeweiht. Es besteht aus zermalmtem Granit der Umgebung, der zu Beton verarbeitet wurde. Die drei sich links am Eingang befindlichen Säulen, die miteinander verbunden sind, symbolisieren den Anteil Afrikas sowie Englands, Hollands (Flamen) und anderer europäischer Länder an der Entstehung der afrikaansen Sprache. In einem Bogen schwingt sich dann eine Verbindung zur 57 m hohen, hohlen Säule hinüber, welche das Afrikaans symbolisiert. Das weder aus Europa noch aus Afrika stammende Malaiisch wird durch die kleine Mauer in der Mitte des Treppenaufgangs dargestellt. Neben der Sprachensäule ragt aus dem Wasser die Republiksäule (26 m hoch) empor, ein mehr politisch gedachtes Symbol, das durch seine Öffnung die Aufgeschlossenheit nach Afrika hin darstellen soll. Diese Säule steht stellvertretend für zwei Staaten Europas (Großbritannien und die Niederlande), die am Entstehen der Republik Südafrika beteiligt waren. Die drei gerundeten Formen im Innenkreis repräsentieren Wunder, Geheimnis und Tradition Afrikas.

Schön angelegte **Wanderwege** mit Ausblicken auf den Table Mountain, Paarl, False Bay und das Weinland und viele bunten Blumen (auch Proteen) umgeben das Monument. Ein kleines Café gibt es auch.

Afrikaanse Taalmonument, *www.taalmuseum.co.za, tgl. 8–16.45, letzter Einlass 16.15 Uhr.*

Symbolträchtig: das Afrikaanse Taalmonument

Rundum lässt sich aber sagen, dass Paarl weder die Geschichte noch das juvenile Flair von Stellenbosch und nicht die Beschaulichkeit von Franschhoek aufweist. Auch die z. T. sehr schönen Weingüter und historischen Bauten in und um Paarl können nicht über den Eindruck einer sehr bodenständigen und wirtschaftlich orientierten Gemeinde hinwegtäuschen. Daher der Tipp: die interessanten Sehenswürdigkeiten anschauen und anschließend weiterfahren.

Interessantes im Umkreis von Paarl

Groot Drakenstein Prison (ehem. Victor Verster Prison), liegt 9 km südlich der N 1 an der R 303/301. Nicht auf Robben Island, sondern in diesem Gefängnis verbrachte Nelson Mandela die letzten 14 Monate seiner Haftzeit. Als er es am 11. Februar 1990 verließ, soll er vor dem Tor das berühmte „Amandla" ausgerufen haben. Das Gefängnis kann nicht besichtigt werden.

Schmetterlingspark

In **Klapmuts**, westlich an der N 1, liegt der größte Schmetterlingspark Südafrikas, in dem es auch andere Tiere aus aller Welt zu sehen gibt: **Exotic Animal World** (*https://exoticanimalworld.co.za, tgl. 9–17 Uhr*). Im **Cheetah Experience Ashia** werden Geparde wieder aufgepäppelt bzw. alte Tiere gepflegt (*633 Eben Farm, Sonstraal Rd., östl von Paarl, www.ashia.co.za, Di–So, nur mit Anmeldung*).

Essen und Trinken

Wilderer (9), ✆ (021) 863-3555, www.wilderer.co.za. Die kleine Destillerie wenige Kilometer südl. von Paarl an der Strecke nach Franschhoek (R 45) produziert einen erstklassigen Grappa, aber auch andere hochprozentige Schnäpse, z. B. leckeren Kräuterschnaps und Gin. In den beiden angeschlossenen Restaurants **Pappa Grappa** und **La Grapperia** gibt es Flammkuchen, Schnitzel, Pizza, Pasta und mehr.

Am eindrucksvollsten mag aber eine Rundfahrt entlang des **Paarl Mountain Nature Reserve** sein. Dazu fährt man südlich der Stadt über den **Jan Phillips Mountain Drive** (vorwiegend Schotterpiste), der im Norden wieder auf die Main Street trifft. Unterwegs beeindruckt der **Mill Water Wild Flower**

Schöne Wanderwege

Garden (Meulwater Botanical Garden) u. a. mit seinen 15 Proteenarten. Von der Straße aus nehmen zudem mehrere **Wanderwege** ihren Anfang, die zwischen 2,4 und 10 km lang sind. Wanderer sollten an Sonnenschutz, Getränke und auch ein Schlangenkit denken. Das Gestein des 14 km langen und 6 km breiten Paarl Mountain ist 500 Mio. Jahre alt und wurde im Laufe der Jahrmillionen durch Erosion freigespült. Drei Erhebungen weist der Berg auf (von Osten beginnend): Paarl Rock, Bretagne Rock und der nur sehr mühsam zu erklimmende Gordon's Rock. Von der Straße und den Wanderwegen ergeben sich schöne Ausblicke. Eine gute Gelegenheit für ein Picknick mit Aussicht.

Wellington

Wellington, 8 km nördlich von Paarl, war einst für die Siedler die letzte Station, um Güter auf robustere Planwagen umzuladen. Diese wurden großenteils hier hergestellt, weshalb der Ort bis 1840 **Wagenmakersvallei** (bei den Huguenotten: **Val du Charron**) hieß. Anschließend benannte man den Ort nach dem *Duke of Wellington*, dem Feldherrn, der Napoleon bei Waterloo schlug. Im **Wellington Museum** wird die lokale Geschichte, von der Steinzeit bis heute, erzählt und im **Ouma Granny's Museum** (*42 Fontein St.,* ✆ *21-873-3093*) kann man erleben, wie die Menschen hier um 1900 gelebt haben.
Wellington Museum, *Ecke Church/College Sts.,* ✆ *(021) 873-4710, http://wellington museum.co.za, Mo–Fr 8–16, an Wochenenden und Feiertagen nach Vereinbarung.*

Beliebt ist der **Wellington Wine Walk**, auf dem kleine Weingüter sowie, je nach Route, ein Olivenproduzent und eine Käserei besucht werden. Die Länge variiert (40 km/2–3 Tage bis zu 75 km/4 Tage). Für Übernachtung und den Transport des Gepäcks wird gesorgt. *Buchungen:* ✆ *(082) 335-8132, www.winewalk.co.za.*

In der **Jorgensen's Distillery** (Versailles Farm, *am Nordende der Regent St.,* ✆ *021-864-1777, www.jorgensens.co.za, Tastings Mo–Fr 11–15, Sa 10–15 Uhr, nur mit Anmeldung*) werden Brandy, Gin und Wodka hergestellt und in der **James Sedgewick Distillery** (*54 bzw. 79 Stokery Rd.,* ✆ *072-415-3440, www.bainswhisky.com, Touren nach Anmeldung*) der in vielen Lokalen am Kap erhältliche Bain's Cape Mountain Whisky.

Zu **Tulbagh** s. S. 522.

info

Paarl Wine Route

Diese Weinroute führt zu einigen historischen Weingütern, aber auch zu empfehlenswerten Restaurants am Wege. Informationen samt Karte bekommt man in der Touristeninformation. Die Weinroute trägt auch den Beinamen **Red Route**, wegen der guten Rotweine, die hier produziert werden. Besonders gut sind: Cabernet Sauvignon, Shiraz und Portweine, doch auch die Weißweine (Chenin Blanc, Viognier) sowie die **Brandys** von KWV sind ein Genuss. Infos zu den Weingütern: https://www.winetourism.com/wineries-in-paarl/.

Empfehlenswerte Weingüter in und um Paarl (zählen teilweise auch zur Stellenbosch Weinroute (geografische Überschneidungen); die Zeiten beziehen sich auf das Wine Tasting):

Anura: bei Paarl; N1 bis zur Ausfahrt zur R44. Nach Süden fahren und gleich hinter der Eisenbahnüberquerung (Brücke) nach links abzweigen auf die Simondium Rd. 2 km weiter geht es links zum auf Lifestyle setzenden Weingut. Die moderne Anlage ist schick, könnte so aber auch auf einem ganz anderen Kontinent stehen. Gut sind insbesondere die Rotweine, auch das Essen ist sehr lecker. Vor allem werden hier gute Käse produziert, die auf Wunsch zum Wein gereicht werden. Anura, ✆ (021) 875-5360, www.anura.co.za, tgl. 9–15 Uhr, Kellertouren.

Backsberg Wine Estate (9): 3 km weiter auf der Simondium Rd. (s. o.). Im Restaurant wird sonntags (im Sommer oft auch an anderen Tagen) ein Fleisch-Buffet direkt vom Grill serviert (Carvery, oft Lamm; reservieren!). Eine gute Idee für einen Snackstopp. Besser vorher anrufen, bei schlechtem Wetter oder auch aus anderen Gründen kann das Grillen ausfallen. Es gibt auch zusammengestellte Picknickkörbe. Herausragende Weine des Guts sind Babylonstoren Cabernet/Merlot, Baby-lonstoren Chardonnay sowie Klein Babylonstoren. Backsberg Wine Estate, ✆ (021) 876-2086, www.backsberg.co.za, Mo–Sa 9–17, So 10–16.30 Uhr.

Fairview (9): Suider-Paarl, an der Verbindungsstraße zwischen R101 und R44 (nahe N1). Fairview ist eines der meistbesuchten Weingüter der Region, denn es hat sich auf Besuche von Familien mit Kindern spezialisiert, zudem wird hier guter Weichkäse aus Ziegen- und Schafsmilch hergestellt. Ein spiralförmiger „Ziegenturm" am Gutseingang weist bereits darauf hin. Obwohl die Farmgröße mit 140 ha angegeben wird, gilt Fairview als kleines Weingut, denn ein großer Teil der Fläche wird anderweitig genutzt. Herausragende Weine des Guts: Merlot Reserve, Shiraz (Reserve), Gamay Noir, Dry Rose, Charles Gerard Reserve und Chardonnay. Im Shop kann man sich fürs Picknick eindecken (Brot, Käse etc.). Fairview, ✆ (021) 863-2450, www.fairview.co.za, tgl. 9–17 Uhr.

KWV: Suider-Paarl, Ecke Kohler/Cecilia Sts. Eigentlich ein Muss ist der Besuch der **KWV-Kellereien (4)**, nahe dem **Head Office (5)**. Die größte südafrikanische Winzergenossenschaft, zugleich eine der größten weltweit, wurde 1918 als **Kooperatiewe Wijnbouwers Vereeniging** gegründet. Die KWV produziert Weine, Ports, Liköre und Spirituosen (vornehmlich Brandy). In über 30 Länder

Das Weingut Backsberg ist bekannt für besondere Weine und frisch gegrilltes Karoo-Lamm

info

exportiert man mittlerweile die Erzeugnisse. Etwa 35 Mio. Liter Wein werden in den Kellereien gelagert, wobei die geräumigsten Holzfässer mehr als 200.000 Liter fassen! In den 1980er-Jahren stammten 90 % des exportierten Weins von der KWV. Heute mischen noch viele andere Genossenschaften im Exportgeschäft mit. KWV-Marken sind u. a. Roodeberg, Laborie und Golden Kaan. Im Laborie, dem Vorzeige-Weingut in der Taillefert Street am Fuße des Paarl Mountain, kann man die Weine gemeinsam mit einem guten Essen genießen. Herausragende Weine und Portweine der Genossenschaft: Weißweine sowie der Shiraz von Laborie, die Top-Reihe von KWV: The Mentors, Abraham Perold Shiraz, Hanepoot Jerepigo, Red Muscadel, Full Tawny Port, die (süßen) Sherrys und die hochdekorierten Brandys (Brandyverkostung mit Schokolade!). KWV, ✆ (021) 807-3007/8, www.kwv.co.za, Weinprobe: Mo–Fr 9–16.30, Sa/So 9–14 Uhr, Touren: Mo–Sa 10, 10.30 u. 14.15 Uhr (engl.), 10.15 Uhr (deutsch), So 11 Uhr (engl.).

Nelson Wine Estate (8): R44, nördl. von Paarl und westl. der R45. Das Weingut wurde 1996 dadurch bekannt, dass es das erste war, wo schwarzen Arbeiterfamilien Land zum eigenen Weinbauüberschrieben wurde, und zwar als Belohnung für gute Arbeit. Auf den überschriebenen 11 ha Land produzierten 17 Familien über einige Jahre erfolgreich ihren eigenen Wein („New Beginnings"), natürlich mit Hilfe des Weinguts. Mittlerweile sind viele Weingüter, u. a. Fairview, diesem Beispiel gefolgt. Leider aber waren viele der Projekte nicht von langer Dauer. Die nachfolgende Generation zog es in die Städte, das Land wurde verkauft. Nelson's Creek produziert u. a. die herausragenden Weine Sauvignon Blanc, Shiraz und fassgereiften Pinotage. Nelson's Creek, ✆ (021) 869-8453, www.nelsonscreek.co.za, Mo–Fr 10–16, Sa 11–16 Uhr (variiert).

Nederburg (7): 7 km nordöstl. von Paarl. Nederburg ist ein weiteres, über die Landesgrenzen hinweg berühmtes Weingut. Es liegt idyllisch innerhalb von Weingärten, das Nederburger Herrenhaus (um 1800) ist ein gepflegtes Beispiel kapholländischer Baukunst. Die Anfänge des Weinguts Nederburg reichen in das Jahr 1792 zurück. Philip Wolvaart, ein deutscher Einwanderer, erwarb das für den Weinbauhervorragend geeignete Gelände und gab ihm den Namen „Nederburgh", nach dem Chef-Advokaten der Holländisch-Ostindischen Handelskompanie. Viele Generationen blieben dem Weinbau treu, erweiterten die Flächen und experimentierten mit neuen Rebsorten. 1937 erwarb Johann Georg Graue aus Bremen die Farm und baute das Haus Nederburg zu seinem heutigen Ruf aus. Er nutzte die Naturgegebenheiten optimal, widmete sich dem Anbau insbesondere von Cabernet Sauvignon- und Riesling-Trauben und verbesserte die Kellereitechniken. Der heutige Winzer, Newald Marais, setzt die Traditionen des Hauses fort.

In Fairview begrüßt eine Ziege Besucher

650 ha Weinbaufläche, Jahresproduktion: 700.000 Kisten, bzw. 50 verschiedene Weine. In den Fässern lagern bis zu 20.000 t Wein. Herausragende Weine: Nederburg Cabernet Sauvignon, Manor House Collection, Noble Late Harvest, Premier Cuvee Brut. Nederburg, ✆ (081) 877-5123, https://nederburg.com, tgl. (außer Di) 10–16 Uhr, Anmeldung empfohlen.

info

Reisepraktische Informationen Paarl und Wellington

Information

Paarl Tourism Bureau, *216 Main Rd./Ecke Auret St.,* ✆ *(021) 872-4842, www.paarl-wellington.co.za, Mo–Fr 8–17, Sa/So 10–13 Uhr.*
Wellington Information Office, *104 Main Rd.,* ✆ *(021) 864-1378, www.paarl-wellington.co.za, Mo–Fr 8–17, Sa/So 10–13 Uhr.*

Unterkünfte

Paarl

Grande Roche (1) $$$$$, *Plantasie St.,* ✆ *(021) 863-5100, www.granderoche.com. Erstklassige (sehr teure) Fünf-Sterne-Herberge auf einem historischen Weingut. Ruhig und idyllisch gelegen. Die Suiten verteilen sich u. a. auf den ehemaligen Stall, das Kutschenhaus, die ehemaligen Sklavenquartiere, aber auch auf die Gärten, die das Haus umgeben. Das Restaurant gehört zu den Topadressen im Land. Bilderbuch-Aussicht vom Restaurant auf die Berge und das Weinbaugebiet. Fine Dining!*
Zomerlust Boutique Hotel (2) $$$$–$$$$$, *193 Main St.,* ✆ *(021) 872-2117. 14-Zimmer-Gästehaus (8 Zimmer im Haupthaus, 4 im alten Stall) in schön restaurierter 19.-Jh.-Villa. Das Haus hat illustre Zeiten erlebt, als sein erster Besitzer, ein Cognac-Produzent, bunte Feste gab. Der Cognac floss damals unter der Straße durch eine „Pipeline" in die heutige Kellerbar. Schöner Garten, Pool und Restaurant. Tipp: die Unterkünfte im alten Stall („Die Stal"). Romantisches Ambiente.*
Pontac Manor Hotel (3) $$$$, *16 Zion St,* ✆ *(021) 872-0445, www.pontac.com. Mitten im Ort, aber ruhig. Große Zimmer und Bäder. Guter, dezenter Geschmack. Restaurant und Bar (guter Weinkeller). Zwei Pools sowie überdachte Veranda mit Blick auf parkähnlichen Vorgarten. Im Garten kann man unter schattigen Bäumen entspannen.*
Belair (4) $$$, *Suid Agter Paarl Rd.,* ✆ *(081) 797-7679, www.belair.co.za. Hier wohnt man ausgesprochen komfortabel und recht günstig nahe der Spice Route und dem Weingut Fairview. Bezaubernd ist der Ausblick von den Hängen des Paarl Mountain. Hier kann man den Alltag hinter sich lassen. Mediterraner Touch.*
Amberg Country Estate (5) $$$–$$$$, *R101 Du Toitskloof Pass, Klein Drakenstein, Paarl,* ✆ *(073) 134-9601, www.amberg.co.za. Tolle, sehr individuelle Selbstversorger-Unterkünfte im Weinland (auch B&B möglich). Unterhalb des Du Toitskloof Pass, ca. 8 km vom Ortskern von Paarl. Hier kann man toll wandern oder einfach abschalten. Lesertipps: das Stone Cottage sowie das Poolside Apartment. Gut geeignet für Familien. Das alpin angehauchte Restaurant* **Amberg Art & Kitchen** *befindet sich auf dem Anwesen (Öffnungszeiten beachten).*
Klein Vredenburg (6) $$, *155 Main Rd.,* ✆ *(021) 872-9898 oder (081) 446-7347, www.facebook.com/kleinvredenburgguesthouse. Das Haupthaus ist georgianisch aus dem Jahr 1813. Die 6 Selbstversorger-Zimmer sind in einem angrenzenden Cape-Dutch-Haus untergebracht. Frühstück auf Bestellung. Gutes Preis-Leistungs-Verhältnis.*

Wellington

Val du Charron Guesthouse $$$–$$$$$, *Groenberg Farm im Bovlei Valley, östl. von Wellington, ✆ (021) 873-1256, https://vdcwines.co.za. Fünf Familien bewirtschaften die Farm (Wein und Oliven) von 1699 im Bovlei Valley, 10 Min. von Wellington entfernt. Ausgesprochen komfortable Zimmer (mit Balkon oder zum Garten), darunter ein großräumiges Familienzimmer. Noch luxuriöser und romantischer sind die drei Suiten im Coach House. Zwei gute Restaurants:* **Pizza Vista** *und* **The Grillroom**.

Zwei weitere empfehlenswerte Working Farms sind: **Oude Wellington** $$–$$$ *(Bainskloof, R303, ✆ (021) 873-2262, www.kapwein.com), produziert neben Wein auch Grappa und Brandy und bietet rustikale Gästezimmer, ein Restaurant sowie Garten, Pool, Alpakas und Lamas. Es wird Deutsch gesprochen. Das* **Bartholomeus Klip Farmhouse**, $$$$$ *(Elandsberg Farms, Bo Hermon Rd., Hermon, ✆ 022-448-1087, www.bartholomeusklip.com) setzt mit seinem wunderschön restauriertem viktorianischen Farmhaus deutlich auf Luxus. Schafe und Weizenanbau. Game Drives durch das 10.000 ha große Nature Reserve (Bonteboks und andere Antilopen). Erstklassige Küche. Im hohen Preis ist alles enthalten.*

Camping

Bergriver Resort (7), *R 303, South Paarl, ✆ (021) 007-1852 od. (082) 829-4131, www.bergriverresort.co.za. Familienresort, Camping und Chalets. Kanuvermietung, riesiger Pool mit Rutsche, Minigolf und Trampoline.*

Essen und Trinken

Hinweis: Die Restaurants auf den Weingütern haben nicht alle täglich geöffnet. Also vor dem Besuch besser erkundigen.

Cucina di Giovanni at Laborie, *Taillefer St., Paarl, ✆ (021) 807-3390. Exquisite traditionelle italienische Küche. Auch Steaks. Außenterrasse. Gut auch für die Mittagspause. Highlights sind die Weine des Guts.*

Noop, *127 Main Rd., Vrykyk, ✆ (021) 863-3925. Nettes, kleines Restaurant mit überschaubarer, jedoch gut ausgesuchter Speisekarte. Karoo-Gerichte, leckere Starter, aber auch Steaks und Burger sowie einige süße Leckereien.*

Für einen Lunch bzw. Kaffee und Kuchen in Paarl empfiehlt sich **Bean in Love** *(289 Main Rd., Paarl, nahe Afrikaans Language Museum, ✆ 021-872-0987 bzw. 083-555-5583), untergebracht in der ehemaligen Baptistenkirche.*

Wer in Kapstadt nicht Mzoli's (S. 220) erleben durfte, kann hier in Paarl **Chippa's Place** *(✆ 082-454-0585 oder 021-868-4757) im nördlichen Township Mbekweni aufsuchen (4895 Mahojane St.). Neben der Schlachterei gibt es Bier und Koteletts (Chops) und oft auch Livemusik. Schlicht, doch stimmungsvoll! Im Township einfach nach Chippa's fragen. Weitere Empfehlungen: das Restaurant im* **Grande Roche** *(S. 311),* **Backsberg Wine Estate** *(S. 309) und* **La Grapperia** *(s. u.).*

Spice Route (9)

Die Spice Route ist ein schöner Komplex an einem Hang westlich von Paarl (Suider Agter Paarl Rd. zwischen R 101 und R 44, www.spiceroute.co.za). Hier locken Restaurants, Destillerien, Galerien, eine Glasbläserei, ein Juwelier, eine Fleischerei, ein Schokoladenproduzent sowie die **CBC Craft Brewery** *besonders viele Wochenendausflügler an. Das CBC-Bier erfreut sich nicht nur in vielen Kapstädter Restaurants großer Beliebtheit. Es werden u. a. auch Weißbiere hergestellt! Tasting Room: tgl. 10–17 Uhr, ✆ (021) 863-2270, www.cape*

brewing.co.za. Im Restaurant **La Grapperia**, *das zur Wilderer-Destillerie (siehe S. 307, ✆ 021-863-4367) gehört, gibt es u. a. leckere Flammkuchen, Pizzen und Tapas.*

Golf

Boschenmeer Golf Estate/Paarl Golf Club, *848 Wemmershoek Rd., Paarl, ✆ (021) 863-1140, www.paarlgolfclub.co.za. 27 Löcher, 6.260 m. Sattgrüner Kurs unter hohen Kiefern, nebenher plätschert der Berg River. Der malerische Kurs besticht auch durch andere, exotische Bäume. Der Kurs ist gut geeignet für Anfänger.*

Bain's Kloof Pass

Hinweis

Der Pass ist nicht geeignet für Wohnmobile. Es bieten sich an der Passstrecke mehrere Gelegenheiten für ein Picknick.

Bain's Kloof (R301) zählt zu den eindrucksvollsten Bergpässen in Südafrika. Auf der Nordostseite, auf halbem Wege zur Passhöhe, befindet sich der tolle Campingplatz **Tweede Tol**, von dem aus schöne **Wanderwege** abgehen. Gegenüber der Campingplatzeinfahrt stürzt sich der **Witte River** ins Tal, in dessen natürlichem Staubecken es sich gut baden lässt. An ihm führt ein 7,5 km langer Wanderweg zwischen Passhöhe und Campingplatz entlang.

Andrew Geddes Bain, ein legendärer Straßenbaumeister in Südafrika, erbaute die Passstraße 1848–1852. Dafür waren 350 Männer tätig, die mit Gewehrpulver die Felsen sprengen mussten. Die Straßenführung ist heute noch unverändert, wenn auch mittlerweile geteert. Sie steht jetzt unter Denkmalschutz und liegt inmitten des **Limietberg Nature Reserve**, das bekannt ist für seine Wanderwege, Bergvögel, die o. g. Staubecken und Aussichtspunkte. Auf der Passhöhe, **Eerste Tol**, stehen neben einem Hotel noch einzelne Häuser, die ehemals zur Zollstation bzw. Händlern gehörten. Viele von ihnen scheinen verlassen, andere werden als Wochenendhäuser genutzt.

Kurz vor Erreichen der R 43/46 bietet sich ein Stopp inklusive Weinprobe und Lunch im **Weingut Bergsig** (*✆ 023-355-1603, www.bergsig.co.za, Weinprobe Mo–Fr 8–17, Sa und Feiertage 9–16 Uhr*) an. Anschließend kann man die landschaftlich schönere Strecke über **Rawsonville** wählen und passiert dabei weitere Weingüter. Nördlich der N1 lockt zudem das Familienresort **Goudini Spa** mit heißen Mineralquellen (s. S. 316).

Reisepraktische Informationen Bain's Kloof Pass

Unterkünfte

An beiden Enden der Passstraße, besonders auf der Westseite, bieten sich Unterkünfte an, zumeist auf Farmen bzw. für Selbstversorger. Teilweise schön, ruhig und einsam, doch die Logistik (Restaurants, Geschäfte) ist umständlich, daher sind die Unterkünfte

in den nächsten Orten (Wellington, Worcester etc.) meist besser geeignet. Die Lodge auf dem Kamm des Bain's Kloof Pass wurde geschlossen.

Camping/Wandern

Tweede Tol, *Limietberg Nature Reserve, Campingplatz und Wanderungen müssen vorher reserviert werden über Cape Nature: ✆ (087) 087-8250, www.capenature.co.za. Wer hier nicht nächtigen möchte, kann die Picknick-Gelegenheit wahrnehmen (Tische, Bänke etc.).*

Worcester

Auf dem Rückweg von seiner Erkundigungstour in die Karoo kam der Abgesandte von Lord Charles Somerset, Johannes Fischer, durch das Breede Valley. Er erzählte dem Gouverneur von den fruchtbaren Böden und der bezaubernden Landschaft Dieser ließ daraufhin 1820 die Ortschaft gründen und benannte sie nach seinem Bruder, dem Marquis of Worcester. Bereits 1822, als die Drostdy (Landvogtei) von Tulbagh durch einen Sturm zerstört worden war, entschloss man sich, die neue Drostdy in Worcester zu etablieren. Das Gebäude steht noch heute am Ende der High Street. Worcester ist heute jedoch eher eine Industrie- und Handelsstadt, die als zentrale „Großstadt" für das Hex River sowie das Breede Valley fungiert. Shopping Malls, Weinabfüllanlagen, Obstmärkte und Kleinindustrie bestimmen das wirtschaftliche Leben. In vielen alten Häusern sind jetzt Geschäfte oder Büros untergebracht. In Worcester ist der Literaturnobelpreisträger von 2003, **J. M. Coetzee**, aufgewachsen. Sein Roman „Der Junge" spiegelt teilweise seine Jugenderlebnisse in Worcester wider.

Literatur-nobel-preisträger

Bis 2019 befand sich in Worcester mit dem KWV-Brandy-Cellar eine der größten Brandy-Destillerien Südafrikas. Hier wurde in 120 „Kochern" Brandy hergestellt. Die Produktion wurde inzwischen näher an den Stammsitz des Unternehmens verlagert, in die Gegend um Paarl. Der südafrikanische Brandy galt schon seit jeher als ein hervorragender Tropfen. Der Top-Brandy von KWV (KWV15) hat bereits Preise als bester Brandy der Welt eingeheimst und dabei auch alle Cognacs hinter sich gelassen. Übrigens wurde der erste Brandy bereits 1672 am Kap destilliert. Nach dem Ende der Apartheid wurde er wieder exportiert, was einen wahren Boom auslöste. Brennereien im gesamten Weinland haben die Produktion seither drastisch hochgefahren. Worcester rühmte sich sogar damit, die erste offizielle „Brandy Route" zwischen Stellenbosch und Worcester zusammengestellt zu haben. Auch heute noch führt die Brandy Route, die sich mittlerweile zwischen Stellenbosch und Oudtshoorn erstreckt, durch die Stadt. Aber viel zu sehen gibt es hier dazu nicht mehr. Infos zur Brandy Route: *www.places.co.za/info/tourist-attraction/r62-brandy-route.html.*

Historische Gebäude, Museen und andere Sehenswürdigkeiten

Das im Jahr 1841 erbaute **Beck House** sowie das **Stofberg House** veranschaulichen, wie typisch viktorianische Landhäuser um die Mitte des 19. Jh. ausgesehen haben.

Beck & Stofberg House, *Baring St./Church Square, Ecke Church St.*

Nach längerer Schließung wurde kürzlich das **Hugo Naudé House** wiedereröffnet. Die Ausstellungen hier erfreuen sich großer Beliebtheit, sie zeigen Werke berühmter Künstler, die in Worcester gelebt haben, z. B. Hugo Naudé, Jean Weltz und Bill Davis.
Hugo Naudé House, *115 Russel St., zw. Porter und Adderley Sts., Mo–Fr 9–12 u. 13–17 Uhr*

Dutch Reformed Church in Worcester, bekannt als „Die Moederkerk"

Das **Kaleidoscope** (**Innovation for the Blind**) befasst sich mit der Erforschung der Blindheit und bietet Blinden Kurse an. Insbesondere hilft es ihnen, sich im Alltag sowie im Berufsleben zurechtzufinden und in die Gesellschaft zu integrieren. An bestimmten Tagen gibt es Programme, an denen Nicht-Sehende und Sehende die Möglichkeit bekommen, gemeinsam die Umwelt haptisch zu erschließen. Im **Blindiana Barista**, einem Coffeeshop, gibt es besten Kaffee, leckere Snacks und gutes Frühstück.
Kaleidoscope/Blindiana Barista, *126 Church St., ✆ (023) 347-2745 (auch betreffs Infos und Führungen), http://innovationfortheblind.org sowie https://worcestertourism.com/kaleidoscope.*

Worcester Museum

Blick in Pioniertage

Im Worcester Museum werden die Handwerkskünste der ersten Pioniere sowie der frühen Landwirtschaft vorgeführt. So gibt es z. B. einen Seifenhersteller, eine alte Farm, einen Schmied und eine Wassermühle. Es wird gezeigt, wie früher Kerzen gedreht, Korn gemahlen, Kaffee geröstet, Zigarren gedreht und – illegal – der berüchtigte *Witblits*-Schnaps destilliert wurden. Eine Dampflok, alte wie moderne Farmgeräte, Traktoren und Autos sind ebenso zu bewundern. Es gibt ein Restaurant. Das Gelände ist in die Jahre gekommen, daher werden derzeit Restaurierungsarbeiten durchgeführt und Teile der Ausstellung können gesperrt sein.
Worcester Museum/Kleinplasie Living Open Air Museum, *Robertson Rd. (R 60/ N 15), ✆ (023) 342-2225/6, www.worcestermuseum.org.za, Mo–Fr 8–16.30, Sa 8–13 Uhr, Restaurant, Weinladen.*

Karoo Desert National Botanical Garden

Flora der Karoo

Auf 143 ha natürlichem und 11 ha präpariertem Grund werden im Karoo Desert National Botanical Garden die Pflanzen der Karoo und anderer Halbwüstengegenden Afrikas vorgestellt und auf interessante Weise erläutert. Ein Wanderweg führt auf eine kleine Anhöhe, von wo aus sich ein hervorragender Blick auf Worcester und das Breede Valley eröffnet. Im Gewächshaus beeindruckt eine der besten Sammlungen von Steinpflanzen.
Karoo Desert National Botanical Garden, *Roux Rd., nördl. N 1, ✆ (023) 342-1298, www.sanbi.org/gardens/karoo-desert, tgl. 7–18 Uhr.*

Reisepraktische Informationen Worcester und Umgebung

Information

Worcester Tourism, *Mountain Mill Mall, Entrance 2, Mountain Mill Dr. (N1-Exit zur R 43), ✆ (023) 342-6244, www.worcestertourism.com. Informationen zu Unterkünften auf Farmen und Weingütern, zur* **Worcester Wine & Olive Route** *(www.worcesterwineroute.co.za), die zu zwölf Weingütern und einer Olivenfarm führt.*

Unterkünfte

Cumberland Protea Hotel $$$, *2 Stockenstroom St., Worcester, ✆ (023) 347-2641, www.cumberland.co.za. 55 Zimmer, das größte Hotel am Platz. Gut ausgestattet, sauber, aber auch ziemlich funktional. Zwei Zimmergrößen (oft gibt es die besseren Zimmer zum kleineren Preis!). Restaurant, Bar, Pool, Tennisplatz, Gym und Dampfbad.*
Nuy Valley Guesthouse $$–$$$, *Werda Farm, ca. 17 km entfernt von Worcester an der Straße nach Robertson, ✆ (023) 342-1258, www.nuyvallei.co.za. B&B-Unterkunft auf 1871 gegründetem Weingut. Empfehlenswert, da sauber, nett, unkompliziert, preiswert und eben auf echter Weinfarm. u. a. Zimmer im Manor, in den alten Weinkellern (für Backpacker), für Selbstversorger und auf Anfrage sogar Caravanplätze! Restaurant im Hause (vorher anmelden!).*
The Habit $$–$$$, *6 Porter St., Worcester, ✆ (023) 342-3538, www.thehabit.co.za. B&B in viktorianischem Haus von 1837. Große Veranda, großer Garten (Grill kann benutzt werden), Pool. Zudem Selbstversorger-Cottages. Der Tipp fürs Wohnen in der Stadt.*
Goudini Spa $$, *Stichstraße zwischen Rawsonville und Breesrivier, ✆ (023) 349-8100, https://goudinispa.co.za. Familienresort, versteckt in einem kleinen Seitental der Bowland Mountains. Heiße Mineralquelle, dazugehörige Bäder und Anwendungen (Massagen etc., mehrere Pools). Kleine Selbstversorgerhäuschen, Rondavel und besser ausgestattete Villas. Grillplätze vor jedem Haus. Zudem* **Camping**. *An Sommerwochenenden unbedingt vorbuchen (oft Mindestaufenthalt). Ein schöner Platz, auch für Spaziergänge. Sollte hier ausgebucht sein, bietet sich ein paar Kilometer nördlich das* **Slanghoek Mountain Resort** *($$–$$$) mit Chalets und Safari-Zelten (✆ 023-344-3138, www.slanghoekresort.co.za) sowie einem schön gestalteten, schattigen Campingplatz an (fast jeder Platz mit eigenem Bad). Hier gibt es einen der schönsten Minigolfplätze des Landes (an einer Koppie mit tollem Ausblick auf das Weinbaugebiet).*

Essen und Trinken

Das o. g. **Nuy Valley Restaurant** *bietet traditionelle Landküche. Die Anfahrt dafür lohnt und die Weinprobe ebenfalls. Fürs Dinner muss man mindestens einen Tag im Voraus buchen.*
Fowler's Grill, *48 Church St., Worcester, ✆ (023) 347-8761. Die besten Steaks weit und breit! Unbedingt vorher reservieren.*
Damas Restaurant, *Kildana Farm in Brandwacht, ✆ (023) 342-1477. Südafrikanische Küche, Tipp: Bobotie Spring Roll und Straußensteak). Ansprechendes Setting unter ehemaligem Farmbecken.*

Golf

Worcester Golf Club, *K. Nelson Ave., ✆ (023) 342-7482, www.worcestergolfclub.co.za. 18 Löcher, 5.711 m, Bar, Restaurant. Windstille und steter Sonnenschein in Worcester haben so manches Spiel am Kap gerettet, wenn es auf der anderen Seite der Berge geregnet hat. „Trockene" Halbwüstenvegetation (Kakteen/Aloen) und ein Bergpanorama bestimmen das Bild.*

Private „Big Five Reserves“

In der Kapregion gibt es mittlerweile mehrere private Naturparks. Zwei davon liegen nahe der N 1: **Fairy Glen**, ✆ (021) 424-9173 bzw. (023) 347-8933, www.fairyglen.co.za, 5 km nördlich von Worcester, und **Aquila Private Game Reserve**, ✆ (0861) 7373-783 bzw. (021) 430-7260, www.aquilasafari.com, an der R 46 bei Touws River. Das luxuriösere **Inverdoorn Private Nature Reserve** (https://inverdoorn.com) liegt weiter entfernt, etwa 60 km nordöstlich von Ceres an der R365. Natürlich können diese kleinen Parks nicht mit den großen Nationalparks konkurrieren, aber wer nicht die Möglichkeit hat, bis zum Addo Elephants Park zu fahren, bekommt hier Gelegenheit, die Big Five zu bewundern. Preise inkl. Unterkunft: **$$$$–$$$$$**.

Giraffe in Fairy Glen

Routenhinweis

Möglichkeiten, um nach Kapstadt zurückzufahren:
a) Direkt durch den **Huguenot Tunnel** oder über den schöneren **Du Toits Pass**. Dieses ist die schnelle Variante.
b) Über die R 43 und durch den Obstort **Villiersdorp** (kleines Regionalmuseum, Tractor & Steam Museum sowie Wild Flower Garden) zur N 2 und dann auf dieser weiter über den **Sir Lowry's Pass** und **Somerset West**.
c) Über die R 43 und durch den Obstort **Villiersdorp** (s. o.) und einige Kilometer dahinter abbiegen auf die R 45, die über den **Franschhoek Pass** ins „klassische“ Weinbaugebiet zurückführt.

7. VON KAPSTADT DURCH DIE LITTLE KAROO NACH PORT ELIZABETH

Allgemeiner Überblick

Heute wird vornehmlich der englische Ausdruck **Little Karoo** verwendet, ebenso wie es *Great Karoo* heißt. Gelegentlich hört man aber auch immer noch das burische **Klein Karoo**. Die Halbwüste erstreckt sich über ca. 300 km von Montagu bis Uniondale und liegt eingebettet zwischen den Langebergen im Süden und den Swartbergen im Norden. Die durchschnittliche Breite beträgt 60 km, womit klar wird, warum sie die „Kleine" ist. Im Gegensatz zur Great Karoo fällt hier gerade so viel mehr Niederschlag, dass die fruchtbaren Böden in den Talsohlen bewirtschaftet werden können, zumindest, wenn zusätzlich bewässert wird. Montagu ist daher bekannt für seine Dessertweine und sein Trockenobst, Ladismith für Obst und Calitzdorp für Portweine. Andere Regionen leben vornehmlich vom Obstanbau, ferner von extensiver Viehwirtschaft – und alle in zunehmendem Maße vom Tourismus. Das Mehr an Niederschlag im Gegensatz zur Great Karoo wird besonders an den Nachmittagen deutlich, wenn eine Wolkenfront wie ein unheimlicher Schleier von Süden über die Langeberge in die Little Karoo einfällt. Selten bringt sie Regen, doch die Luft wird feuchter, und das eine oder andere Mal tröpfelt es dann doch. Trotzdem besticht auch die Little Karoo in erster Linie durch ihre kargen, bergig-hügeligen Flächen, die nur selten von Nutzfeldern unterbrochen sind. Windräder und gelegentliche, einsam wirkende Farmtore unterstreichen, dass die Menschen sich auch hier um ein Auskommen bemühen.

Von Worcester bis zum Hex River Pass passiert die N1 Weinfelder und -hänge, an deren Rändern schon deutliche Anzeichen der nahenden Halbwüste zu erkennen sind. Eine Streckenalternative aus der **Great Karoo** (R318) führt über zwei Pässe in die Little Karoo. Das durch Bewässerung fruchtbare **Keisie-Tal** wirkt dazwischen wie eine Oase und macht deutlich, wie wenig Niederschlag in der Karoo fällt, aber wie viel Potential in ihr steckt. Die alternative Strecke von Worcester durchs Breede-River-Tal findet ihren Höhepunkt in **Robertson**, der Stadt der Rosen und des Brandys. **Montagu** versprüht Gelassenheit und bietet die erste Möglichkeit für eine Übernachtung sowie schöne Wanderwege und heiße Mineralquellen. Von hier

Redaktionstipps

Grundsätzlich

- **Übernachtungen** an Wochenenden/in den Ferien vorher **reservieren**.
- **Fahrt durch die Baviaanskloof Wilderness Area**: vorher planen, buchen und Erkundigungen einholen (Unterkünfte, Zeltmöglichkeit, Befahrbarkeit, evtl. zusätzl. Ausrüstung wie Zelt, Schlafsäcke, Lebensmittel, Getränke etc.).
- Gutes **Kartenmaterial** besorgen, am besten: Swartberg & Klein Karoo sowie Baviaanskloof von Slingsby Maps (S. 105).

Die schönsten Naturerlebnisse

- **Berge um Montagu** (S. 325), Fahrt in den **Seweweekspoort** (S. 332), **Swartberg Pass** (S. 342), **Gamkaskloof/Die Hel** (S. 343), **Cango Caves** (S. 340), **Baviaanskloof** (S. 346).

Kulturelle Höhepunkte

- **Joubert House** in Montagu (S. 326), **Portwein-Farm** in Calitzdorp (S. 333), **Straußenfarm** (S. 338) und **C.P. Nel Museum** in Oudtshoorn (S. 336).

Außergewöhnliche Höhepunkte

- Am Abend unterm Sternenhimmel im Mineral Pool der **Montagu (Avalon) Springs** baden (S. 326).
- **Mineralquellen** am Warmwaterberg (S. 329).
- **Geheimtipp**: die Lodge im bezaubernd und einsam gelegenen **Bosch Luys Kloof NR** (S. 331, 333).
- Auf einer Straußenfarm aus dem 19. Jh. übernachten: **Berluda Farmhouse & Cottages** (S. 344).
- **Bewältigung (!) der Passstrecken** in der landschaftlich tollen Baviaanskloof Wilderness Area (S. 346).
- Wanderungen um die **Eagle Falls Lodge** bei Uniondale (S. 350).

Routenvarianten

folgt die **Route 62** (R62, *www.route62.co.za*) der Längsrichtung der Little Karoo über das beschauliche **Barrydale** mit seiner Vielzahl an kleinen Restaurants entlang der Durchgangsstraße, dann vorbei an „**Ronnie's Sex Shop**", **Ladismith**, **Calitzdorp** bis nach **Oudtshoorn**. Es ist der eindrucksvollste Teil der Strecke und verlockt zu Abstechern, etwa in die Schlucht **Seweweekspoort**. Oudtshoorn ist nicht nur die Stadt der Strauße, sondern als inoffizielle Hauptstadt der Little Karoo auch eine gute Ausgangsbasis für die Erkundung der Cango Caves, der Swartberge und anderer landschaftlicher Leckerbissen. Anschließend heißt es sich zu entscheiden: direkt zur **Garden Route** bei George, nach Norden über den **Swartberg Pass** in die Great Karoo oder aber weiter gen Osten über Uniondale und durchs **Langkloof-Tal** in Richtung Humansdorp.

Tipp

Besonders diese Region eignet sich hervorragend dazu, von der Hauptstraße abzufahren, um über atemberaubende Pässe bzw. durch enge Schluchten in die nördliche Great Karoo (Tipp: das Örtchen Steytlerville nördlich vom Baviaanskloof, S. 460) oder nach Süden hin zum Indischen Ozean zu gelangen.

Die beschriebene Strecke durch die **Baviaanskloof Wilderness Area** ist nur Abenteuerlustigen zu empfehlen, die Zeit und Muße haben, eine raue und schmale, z. T. schwierig und langsam zu befahrene Piste zu meistern. Halbwegs schwindelfrei sollte man auch sein. Eine vielseitige Landschaft aus tiefen Tälern, atemberaubenden Passstrecken, Hochwäldern, einsamen Badegelegenheiten an Flüssen sowie lustigen und

mittlerweile auch einigen besser ausgestatteten Farmunterkünften belohnt jedoch für die Mühen. Wichtig ist, sich vorher zu erkundigen, ob die Piste aktuell mit einem herkömmlichen Fahrzeug zu befahren ist!

Farmstalls

Was einst nur als kleiner Nebenerwerb für Farmer diente, hat sich als beliebter Stopp für Reisende entwickelt: Farmstalls am Straßenrand, besonders entlang der R 62, der N 1 und der Garden Route (N 2), der N7 und anderer größerer Landstraßen. Heute gibt es hier neben frischen Farmprodukten auch Marmeladen, Eingemachtes, Biltong, kalte Getränke, Souvenirs und Kunsthandwerkliches aus der Region zu kaufen, oft werden Kaffee, Kuchen sowie Snacks angeboten. Zudem erhält man Infos und nahe Unterkünfte können gebucht werden.

Entfernungen				
Kapstadt	⏩ Worcester	⏩ Robertson	⏩ Montagu	190 km
Kapstadt	⏩ Abzweig der R 318	⏩ Montagu		240 km
Montagu	⏩ Barrydale			63 km
Barrydale	⏩ Ladismith	⏩ Oudtshoorn		180 km
Oudtshoorn	⏩ De Rust	⏩ Uniondale		116 km
Uniondale	⏩ Kareedouw			124 km

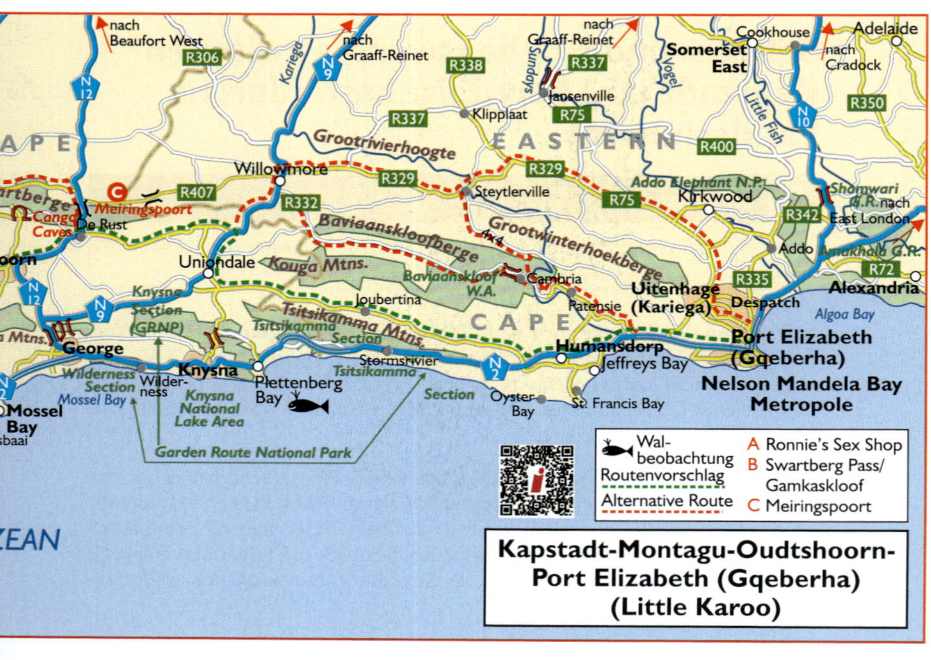

Auch die Seitenpisten in der Little Karoo haben ihren Reiz

 Routenbeschreibung

Von Kapstadt aus entweder N 1 bis Worcester, dann N 15/R 60 über Robertson und abzweigen nach Montagu. Alternative: N 1 bis hinter den Hex River Pass, dann abbiegen auf die R 318 nach Montagu. Weiter bis Oudtshoorn auf der R 62 durch die Little Karoo, das „Kernstück" dieses Kapitels. Von dort gibt es zwei Alternativen: die südliche Strecke (N 12/R 62 und N 9/R 62) oder aber die nördlichere über De Rust (N 12, R 341 und R 339) bis Uniondale und weiter entlang der R 62 über Avontuur und Joubertina nach Osten.

Sehens- und Erlebenswertes zwischen Kapstadt und Port Elizabeth (durchs Landesinnere)

 Hinweis

Zum Weinbaugebiet (Stellenbosch/Paarl) und zu Worcester s. S. 284 und 314.

1. Die schnelle Strecke, **um nach Montagu zu gelangen**, führt von Worcester über Robertson und Ashton, entlang der gut ausgebauten N 15/R 60. Eine Alternativstrecke führt von Worcester über Aan-de-Doorns durchs bezaubernde Sherpenheuwel Valley auf einer großenteils nicht asphaltierten Straße parallel südlich zur N 15/R 60 nach Robertson.

Robertson (Wein, Muskadel, Brandy, Obst, Rosen, Pferdezucht) hat sich in den letzten Jahren nett entwickelt und wartet mit einigen B&Bs, kleinen Restaurants, Boutiquen und Weinläden auf. Bekannt ist die kleine Stadt aber vor allem durch Weingüter wie Graham Beck (auch Sekt). 9 km östlich von Robertson empfiehlt sich der **Sheilam Cactus Garden & Succulent Nursery**, den eindrucks-

vollen Garten mit 2.000 Pflanzen kann man selbst oder auf geführten Touren erkunden (*Führungen nur nach Anmeldung, N60/Klaasvoogds West Rd.,* ✆ *023-626-4133, www.sheilamnursery.com, Mo–Do 8–17.30, Fr 8–16, Sa 8.30–14 Uhr*). In dem Gebiet nördlich von hier verstecken sich ein paar Weinkellereien, Oliven- sowie Lavendelfarmen. Alternativ führt die schöne R 317 parallel südlich der Nationalstraße nahe dem Breede River vorbei an größeren Weingütern. Ashton (Wein, Obst) dagegen bietet nichts Sehenswertes.

Toller Garten

Grundsätzlich ist die N15/R60 eine recht stark befahrene Straße. Viele wählen sie, um schnell zur Garden Route zu gelangen. Reizvoll ist der **Kogmanskloof** zwischen Ashton und Montagu.

McGregor, ein kleiner Ort südlich von Robertson, hat sich zu einem Refugium für Städter entwickelt, die jeglichen Trubel meiden. Alte Farm- und Dorfhäuschen wurden von ihnen restauriert und haben die Immobilienpreise deutlich ansteigen lassen. Kleine Restaurants mit frischen Farmgerichten und ein paar hübsche Unterkünfte locken die wenigen Reisenden. Auf dem Weingut Tanagra (s. u.) werden erstklassige Obstschnäpse gebrannt und hier kann man auch nächtigen. Eine vor Jahrzehnten geplante Passstrecke über die Berge nach Greyton wurde nur z T. von McGregor her gebaut, verläuft sich aber im Nichts. Das Ende dient nun als Startpunkt für Wanderungen in die Berge. Hauptattraktion ist das **Donkey/Eseltjiesrus Sanctuary** (*www.donkeysanctuary.co.za, Do–So 10–16 Uhr*), wo Esel, die als Arbeitstiere dienten, gepflegt werden.

Pflegestation für Esel

In **Bonnievale**, etwas südlich der N15/R60-Strecke Ashton – Swellendam, befindet sich eine der größten **Käsefabriken** der südlichen Hemisphäre (mit Fabrikladen). Im Umkreis gibt es ein paar nette Unterkünfte und jeden Donnerstag kann man mit einem Hop-On-Hop-Off-Bus auf „Wein-Safari" zu verschiedenen Weingütern in der Region bis Robertson fahren (*www.winevalleysafari.com*). Infos zu Bonnievale: *www.infobonnievale.co.za*.

Reisepraktische Infos Robertson, Ashton, McGregor, Bonnievale

Information

Robertson Tourism Bureau, *Ecke Reitz/Voortrekker Sts.,* ✆ *(023) 626-4437, www.robertsonr62.com.*

Tourism Bureau in McGregor, *Ecke Church/Voortrekker Rd.,* ✆ *(023) 625-1954, www.mcgregorvillage.co.za. Permits für Wanderungen und Auskunft zu Mountainbike-Verleihen.*

Lange fuhr oft an Wochenenden ein historischer, **von Dampfloks gezogener Zug** *von Kapstadt u. a. nach Robertson und von dort am gleichen Tag zurück. Ein tolles Erlebnis! Die Strecke nach Robertson wird zurzeit nicht mehr bedient, jedoch andere Orte, wie z. B. Elgin (s. S. 438). Ab wann Robertson wieder auf der Liste sein wird, ist unklar. Infos (auch zu anderen Strecken):* ✆ *(079) 077-5332, www.ceresrail.co.za.*

Unterkünfte

Fraai Uitzicht 1798 $$$$, *Klaasvoogds East Rd., Robertson,* ✆ *(023) 626-6156, www.fraaiuitzicht.com. Schöne Unterkünfte (Cottages, Garden-Suiten) auf*

Weinfarm. Diese kann besichtigt werden und es bieten sich hier zahlreiche Wandermöglichkeiten an. Das Restaurant im Hause ist ebenfalls gut. Es wird deutsch gesprochen. Ein Geheimtipp! Anfahrt: N15/R60 von Robertson 9 km nach Osten folgen, dann links abbiegen.

Tanagra Wine & Guest Farm $$–$$$, *Robertson Rd., McGregor, ✆ (023) 625-1780, www.tanagra-wines.co.za. Liebevoll restaurierte Farm-Cottages, ein Loft sowie zwei tolle, abgeschieden gelegene, modern ausgestattete Häuser („Faraway" ist der Knüller!) auf einer Boutique-Weinfarm (mit Grappa-Destillerie). Alle Unterkünfte mit Kamin und Küche. Ideal zum Entspannen! Nahe Naturschutzgebiet. Die Gastgeber stammen von der Mosel. Kein Dinner, Restaurants gibt es in McGregor (4 km).*

Africamps at Pat Bush $$–$$$, *9 km östl. von Robertson auf die Klaasvoogds West Rd. abbiegen und Schildern folgen, ✆ (021) 300-5694 (Head Office), https://africamps.com. Luxus-Camping (Glamping) in kleinem Fynbos-Naturreservat. Toll ausgestattete Safari-Zelte (55 m², Küche, Balkon).*

Green Gables McGregor $$, *7 Smith St., McGregor 6708, ✆ (023) 625-1626 bzw. (082) 872-3211, www.greengablesmcgregor.co.za. Bezauberndes Guesthouse in einer alten Scheune im englischen Country-House-Stil. Geschmackvoll eingerichtete, reetgedeckte Cottages im Garten. Pool, Restaurant (englische „Hausmannskost" und südafrikanische Landküche). Toller Ausblick auf die umliegenden Weinfelder.*

Gästefarm Merwenstein $$, *Main Rd. 59, Bonnievale (9 km südöstlich des Ortes an der Straße nach Swellendam), ✆ (083) 688-0186, www.merwenstein.co.za. 5 Zimmer auf einem Obst- und Weingut plus zwei Extragebäude mit einfacheren Zimmern. Farmtouren, Dinner nur auf Vorbestellung, ansonsten Selbstversorger. Großzügige Aufenthaltsräume, Pool und Garten. Es wird deutsch gesprochen. Gute Gelegenheit, mehr über das Farmleben zu erfahren, und das zu einem günstigen Preis.*

Bushmanspad Estate $$–$$$, *N15/R60, 15 km südöstl. der Abzweigung in Ashton (bzw. 29 km von der N 2 bei Swellendam), ✆ (023) 616-2961, www.bushmanspad.co.za. Wunderschön am Hang gelegene Selbstversorger-Cottages mit grandioser Aussicht über das Breede Valley (Sonnenuntergang!).*

Robertson Backpackers $, *4 Dordrecht Ave., Robertson, ✆ (023) 626-1280, www.robertsonbackpackers.co.za. Tolle Backpacker-Unterkunft, untergebracht in einem viktorianischen Haus mit schöner Veranda und Garten. Auch 2- und 4-Bett-Zimmer. Organisiert zudem Rafting-Trips auf dem Breede River (✆ 072-385-0081, Sept.–April).*

Camping

Silwerstrand Caravan Park & Resort, *3 km südwestl. von Robertson am Breede River, ✆ (076) 199-4085, www.silwerstrandcaravanpark.co.za. Golfplatz und Squash Courts anbei, Swimmingpool. Schön gelegen, direkt am Fluss.*

Essen und Trinken

In **Robertson** *ist der Tipp das* **Gubas – De Hoek** *(45 Reitz St., ✆ (023) 626-6218), wo neben Fleisch- und mediterranen Speisen auch süddeutsche Gerichte zubereitet werden (vorher reservieren). Hier kann man auch nächtigen. Wer es einfacher mag und mit Burger, Pasta, Steak und Craft-Bier zufrieden ist, geht ins* **Bourbon Street** *(22 Voortrekker Ave., (023) 626-5934, 079-503-2000).*

In **McGregor** *bietet* **Tebaldis at Temenos** *(Ecke Bree/Voortrekker Sts., ✆ (023) 625-1115 oder -1871) exquisite Farmküche. Tagsüber sitzt man auf der Veranda bzw. vor dem Haus, abends im recht eleganten Dining Room.*

Weingüter

Van Loveren Wine Estate, *R317, 16 km von Robertson in Richtung Bonnievale, ✆ (023) 615-1505, www.vanloveren.co.za. Weinprobe Mo–Fr 8–17, Sa 9.30–16, So 11–15 Uhr. Gute Weißweine. Bistro (tgl. 9.30–15.30 Uhr, Frühstück, Pizzen, Snacks).*
Graham Beck, *10 km westl. von Robertson nahe der N 15/R60, ✆ (023) 626-1214, www.grahambeckwines.co.za. Weinprobe Mo–Fr 9–17, Sa/So 10–16 Uhr. Shiraz, Chardonnay und gute Sekte (Cape Classiques).*
Zwei weitere gute Weingüter sind **De Wetshof** *und* **Springfield**. *Mehr über die Weinregion unter www.robertsonwinevalley.com.*

2. Die andere Route folgt zuerst weiter der N 1, die sich hinter dem Weinort **De Doorn** den **Hex River Pass** hinaufwindet, um danach in die weite und trockene Great/Central Karoo zu gelangen. Von der Passstrecke aus hat man noch einmal Gelegenheit, auf das saftig grüne **Hex River Valley** zurückzublicken (Obstanbau, wegen der Hitze vornehmlich Tafeltrauben). Kurze Zeit später biegt die R 318 nach Süden ab und windet sich über zwei weitere Pässe, den **Rooihoogte** und den **Burgers Pass**. Beeindruckend ist der drastische Übergang zwischen trockener Halbwüste und fruchtbaren, bewässerten Tälern. An einem kleinen Aussichtspunkt schaut man hinunter auf das Keisie Valley, das sich dort unten wie eine kleine Oase ausnimmt.

Montagu

Der kleine Ort wurde 1851 gegründet und nach John Montagu, dem damaligen Sekretär der Kapkolonie, benannt. Montagu galt als vorausschauender Politiker, der vor allem für die Durchsetzung der verkehrstechnischen Anschließung des Hinterlands und der Karoo sorgte. Auch der Ort Montagu hat davon profitiert, denn bis 1877 bildete die Passage durch die Kogmanskloof den einzigen Zugang. Dabei musste der Fluss achtmal überquert werden, was einige Verluste mit sich brachte. 1877 legte Thomas Bain einen Tunnel und anschließend den Burgers Pass an. Von da an war Montagu besser zu erreichen. 1899 errichteten die Engländer sogar ein kleines Fort auf dem Berg oberhalb der Stadt, von dem heute noch ein paar Reste zu sehen sind. Vom sog. **Kanonkop** bietet sich ein schöner Ausblick auf die Stadt und die beiden Täler.

Guter Wein und warme Quellen

Berühmt wurde Montagu schließlich wegen seines vorzüglichen Muscadel-Weins sowie der 43 °C warmen **Thermalquellen**. Schon früh bezeichnete es sich als „*Resort Village*". Das trockene Klima, ausgewählte Wanderwege, der „*Old World Charme*" aus britischer Zeit, die zahlreichen historischen Gebäude (24 National Monuments) – von denen heute einige zu Hotels und Gästehäusern umgebaut sind – und nicht zuletzt die Beschaulichkeit machen den Ort am westlichen Ende der Little Karoo zu einem beliebten Ausflugsziel. Besonders im Frühjahr, wenn die Halbwüste blüht, zieht es viele Kapstädter hierher. In jüngerer Zeit macht Montagu zudem durch die Produktion verschiedenster Trockenfrüchte (leckerer Reiseproviant!) auf sich aufmerksam.

Sportbegeisterte seien noch auf die – zum Teil recht anstrengenden – **Wanderwege**, die hervorragenden Möglichkeiten zum Bergsteigen sowie die Mountainbike

Trails hingewiesen. Wer es dagegen lieber gemächlich angehen lässt, sollte sich im Touristenamt über die weithin bekannten Trecker-Touren auf den Langeberg Mountain Mountain informieren, zu deren Programm im Anschluss ein authentisches Potjiekos-Essen gehört.

Sehens- und Erlebenswertes in und um Montagu

1853 erbaut, ist das **Joubert House** eines der ältesten Gebäude des Ortes. Angelegt war es einst als Farmhaus, und die mit Bienenwachs getränkten Pfirsichholzböden sind typisch für die Region. Die viktorianische Einrichtung aus dem 19.Jh. wurde erhalten bzw. der Zeit nachempfunden. Im Kräutergarten wachsen Heilkräuter. Das **Montagu Museum**, untergebracht in einer alten Kirche, ist bekannt für seine Ausstellung zum Thema Medizinkräuter und das dazugehörige Projekt. Wissenschaftler haben nachgewiesen, dass Heilkräuter bereits während der frühen Khoi-Khoi-Kulturen von Bedeutung waren und teilweise auch unsere heutige Medizin beeinflusst haben. Einige der Kräuter werden auch verkauft. Zudem sind im Museum ein paar Kunstwerke der Region ausgestellt. Zum Museum gehören auch die **KWV-Gebäude** *(Ecke Long/Kohler Sts.)*, die die frühe industrielle Zeit symbolisieren und wo heute Fossilien und Landmaschinen zu bewundern sind und die eine Kunstgalerie beherbergen.

Heilkräuter

Montagu Museum/Joubert House, *25 Long St., ✆ (023) 614-1774, Old Mission Church, 41 Long St., ✆ (023) 614-1950, https://montagumuseum.co.za, Mo–Fr 9–16.30, Sa/So 10–12 Uhr.*

Spaziergang durch eine Kloof zu den Springs (Loverswalk plus Badskloof Trail): Startpunkt ist das nördliche Ende der Barry Street. Auf einer 45-minütigen, 2,5 km langen Wanderung (eine Strecke) bietet sich die Gelegenheit, eine unbebaute Kloof selbst zu erkunden. Der Weg ist mit festem Schuhwerk gut zu durchlaufen. Nach Niederschlägen führt der Fluss allerdings meist zu viel Wasser für die Wanderung. Vorher erkundigen. Am nördlichen Ende der Kloof erreicht man die Montagu Springs.

Die 43–45 °C heißen **Montagu (Avalon) Springs** sind ein beliebtes Ausflugsziel. Zur Anlage gehören das Avalon Springs Hotel sowie eine Feriensiedlung. Tagesgäste können die Mineralbäder und das Schwimmbad nutzen. Tagsüber ist zudem das Spa (u. a. Massagen) geöffnet. Schön ist es, sich bei Dunkelheit im Schwimmbad auf dem Rücken treiben zu lassen und in den klaren Sternenhimmel zu schauen. Zuletzt sei noch auf die Cocktailbar am Pool sowie das Hotel-Restaurant hingewiesen.

Blick vom Kanonkop auf Montagu

Avalon Springs, *Anfahrt nördl. über die R318, ca. 3 km von der Stadt, ✆ (023) 614-1150, www.avalonsprings.co.za, Tagesgäste: 8–20 Uhr.*

6 km südöstlich liegt an der R62 das **Montagu Guano Resort** (*✆ 023-100-2972, www.montaguguanocave.co.za, Spa auch für Tagesgäste*), das besonders bei Familien beliebt ist (Traktorfahrten, verschiedene Pools, Aktivitäten). Höhepunkt ist die Guano Cave, in der früher Fledermaus-Guano abgebaut wurde. Heute kann die Höhle teilweise besichtigt werden und beeindruckt durch Felsmalereien und die Fledermaus-Kolonie.

Reisepraktische Informationen Montagu

Information

Tourism Bureau, *24 Bath St., ✆ (023) 614-2471, www.montagu-ashton.info.*

Unterkünfte

Mimosa Lodge $$–$$$, *15 Church St., ✆ (023) 614-2351, https://mimosa.co.za. Ruhige, historische Lodge. 23 individuell gestaltete, schicke Zimmer und Suiten, ausgerichtet zum wunderschönen Garten (eine Oase!). Mehrfach prämiertes Restaurant (Karoo- und Wildgerichte).*

Montagu Country Hotel $$$–$$$$, *27 Bath St., ✆ (023) 614-3125, www.montagucountryhotel.co.za. „Sophisticated" und großenteils im Stil des Art déco eingerichtet. Gutes Karoo-Restaurant im Haus. Dazu Bar, Mineral-Pool, Wellnessangebot und die Gelegenheit, mit einem „American Dream Car" die Umgebung zu erkunden.*

Avalon Springs Hotel $$–$$$, *Uitvlucht St. (3 km vom Ortskern entfernt), ✆ (023) 614-1150, www.avalonsprings.co.za. Resorthotel an den o. g. Mineralquellen in einer Kloof. Wunderschön gelegen. Empfehlung: nach dem Dinner in die warmen Mineralquellen-Pools legen und die Sterne beobachten. Zimmer und Selbstversorger-Chalets- sowie Apartments. Gäste können kostenfrei den Mineral-Pool nutzen.*

Nahezu daneben befindet sich das **Little Sanctuary Estate** *($$, 27 Uitvlugt St., ✆ 072-478-4130, http://little-sanctuary.co.za), ein 2,5 ha großes Privatanwesen mit wundervollem Fynbos- sowie Sukkulentengarten, einem Mineralwasser-Pool und vier schönen, gut ausgestatteten Selbstversorgerapartments – alle mit Balkon und Ausblick. Highlight ist das abseits gelegene Cottage am Berghang.*

De-Bos Guest Farm $–$$, *am Westende der Bath Street (Flussbett durchqueren), ✆ (071) 462-8812, www.debos.co.za. Zimmer, Cottages, Schlafsaal und gute Campingmöglichkeit auf kleiner Farm (Pferde und Wein). Nahe Ortskern. Schattiger Garten. Hier können Gäste auch selbst kochen und grillen. Ein echter Tipp zum Sparen. Pool im Garten.*

Camping

Montagu Caravanpark, *4 Middel St., ✆ (082) 920-7863, www.montagucaravanpark.co.za. Sehr ordentlich, auch Hütten sowie Backpackerunterkunft. Weitere Campingmöglichkeiten auf der benachbarten De-Bos Guest Farm (s. o.), die aber nicht so gut sind wie hier.*

Essen und Trinken

In den Hotels: **Mimosa Lodge** *(ausgesprochen gut! Reservieren) und* **Montagu Country Hotel** *(s. o.).*

Piccolo Tesoro, *28 Bath St., ✆ (076) 246-7402. Hier gibt es zwar „nur" Pizza, doch die kommt kross und lecker direkt aus dem Holzkohleofen.*

Für Frühstück, Snacks, Salate, Vegetarisches oder Süßes empfiehlt sich **The Rambling Rose** *(36 Long St., ✆ 083-401-4503, Mi–So geöffnet).*

Markt

Jeden Samstag (8.30–12.30 Uhr) findet im Euvrard Park gegenüber dem Tourism Bureau ein Markt statt, auf dem neben lokalen Lebensmitteln (Käse, Kuchen, Saucen) auch Kleinkunsthandwerk angeboten wird.

Wandern

Die Wanderwege um Montagu bieten Touren unterschiedlicher Länge und Schwierigkeitsgrade. Beliebt sind der **Cogman's Kloof Trail** *(12 km, 5–6 Std., moderat) und der* **Bloupunt Trail** *(15 km, 6–8 Std., Anstieg bis auf 1.000 m). Nahe den Trailheads gibt es einfache Übernachtungshütten und Campinggelegenheiten.*

Tipp

Zwischen Montagu und Uniondale sowie Prince Albert und der Küste wurde das 30.000 km² große **Gouritz Cluster Biosphere Reserve** (**GCBR**) als zu schützende Naturregion abgesteckt; es umschließt das gesamte Einzugsgebiet des Gouritz River. Hier wird sich in mittlerer Zukunft wohl einiges in Richtung Umweltschutz und Nachhaltigkeit tun. Infos: ✆ (028) 050-0577, https://gouritz.com.

Hinweis

Zu Swellendam sowie zum Marloth Nature Reserve s. S. 435 und zum Anysberg Nature Reserve S. 479.

Kurz vor Barrydale zweigt nach Süden die R 324 nach Heidelberg bzw. Swellendam ab. Sie führt über den nur 350 m hohen, aber bezaubernden **Tradouws Pass**, dessen dunkles Gestein und einsame Lage einen ganz eigenen Charme besitzen. Zu diesem Pass und Suurbraak s. S. 369.

Barrydale

Der kleine Ort, flankiert von den Höhen der Langeberge, wurde 1882 vom Händler John Joseph Barry gegründet. Auf den fruchtbaren Böden – bei Niederschlägen von nur 300 mm/Jahr – gedeihen Obst (Pfirsiche, Äpfel, Birnen) und auch Wein. Hier präsentiert sich bereits 11 km westlich an der R 62 das nette Weingut **Joubert-Tradauw** (*www.joubert-tradauw.com, Mo–Fr 9–17, Sa 10–15 Uhr*) sowie gleich am westlichen Ortseingang der **Barrydale Cellar** (✆ *028-572-1012*), eine Kooporative, die auch Brandy produziert. Hauptanziehungspunkte sind aber die vielen bunten, teilweise urigen Restaurants im Ort an der R 62, die Gerichte aus frischen Farmprodukten zubereiten sowie Burger und Milkshakes anbieten, außerdem Farmstalls und einige Souvenirshops. Das **Diesel & Créme** (✆ *028-572-1008*) etwa lockt seine Gäste mit historischen Autoutensilien und Blechhüttenwerkstattcharakter an.

Gute Restaurants

Die von Cape Nature verwaltete **Boosmansbos Wilderness Area** östlich von Barrydale verspricht auf einer zweitägigen Rundtour erfahrenen Wanderern eine unvergessliche Herausforderung, verfügt jedoch nur über einfache Wanderhütten und Zeltgelegenheiten. Nur von Süden (R322) erreichbar.

Nomen non est omen: Ronnie's (Sex) Shop

Großer Beliebtheit erfreut sich **Ronnie's Sex Shop** an der R62, 28 km östlich von Barrydale. Mit der – irreführenden – Bezeichnung vergrault der gleichnamige Besitzer der angeschlossenen Farm bestimmt viele potenzielle Gäste. Ronnie ist ohne Zweifel ein Unikum, doch die Kneipe hat nichts mit einem Sexshop zu tun. Freunde malten einst zu der Aufschrift „Ronnie's Shop" (eigentlich als Farmshop gedacht) über Nacht das Wort „Sex" hinzu. Es sollte eine verkaufsfördernde Maßnahme sein. Anfangs gab's also Farmprodukte und halt auch Bier, mittlerweile fließt hier überwiegend der Gerstensaft und im neueren Seitentrakt gibt es Snacks. Viele Reisende haben sich seither an den Wänden verewigt. Ein Pool gleich neben dem Laden kann an heißen Tagen für willkommene Abkühlung sorgen. Wer nun, inmitten der Little Karoo, eine ganz einsame Nacht verbringen möchte, der sollte sich in das 150 m entfernte, ehemalige Schäferhäuschen von Ronnie einmieten. Auf Anfrage dürfen auch Zelte aufgebaut werden.

Ronnie's Sex Shop, ✆ *(028) 572-1153*

Warmwasserquellen

Kurz darauf geht es links zu den radioaktiven **Mineralquellen bei Warmwaterberg**. Das Warmwasserbassin ist 24 Stunden geöffnet. Hier kann man campieren (tolle Aussicht auf die Little Karoo) oder einfache, aber adrette Zimmer bzw. schlichte Hütten mieten. Eine Bar mit Snack-Restaurant gibt es auch. Der Name entstammt der Legende, dass einst die Farmer von Touws River über den Berg hierherkamen, um den leckeren Aprikosenschnaps zu genießen – und den nannten sie das „warme Wasser".

Reisepraktische Informationen Barrydale, Warmwaterberg

Information

Barrydale Information Office, *Van Riebeeck St., ✆ (028) 572-1572, http://route62.co.za. Vermittlung von Unterkünften in Gästehäusern und umliegenden Farmen.*

Unterkünfte

Sanbona Wildlife Reserve $$$$$, *Reservierung: ✆ (021) 010-0028, www.sanbona.com. 22 km westl. von Barrydale zweigt eine 25 km lange Piste zum 54.000 ha großen Sanbona Wildlife Reserve ab, wo es neben den „Big Five" Cheetahs, verschiedenste Antilopenarten und Steppentiere auf Fotosafaris zu erleben gibt. Einzigartig sind die Riverine Rabbits („Buschmannhasen", Bunolagus monticularis), die einst typisch waren für die Karoo, aber vom Aussterben bedroht sind. Nicht zu vergleichen mit dem*

Addo Park oder den Parks im Norden, aber wer für Luxus und afrikanisches Tierleben tief in die Tasche greifen kann, wird hier nicht enttäuscht. Besonders schön nächtigt man in den Safarizelten der **Dwyka Tented Lodge**.
Lentelus B&B $–$$, *R62, Joubert-Tradouw-Weinfarm, 11 km westl. von Barrydale, ✆ (082) 579-1246, www.lentelus.co.za. Gemütlich-schicke Unterkünfte (1 Cottage mit 2 separaten Apartments sowie ein weiteres Zimmer im Garten) inmitten von Obst- und Weingärten. Weinproben, Wander- und Mountainbike-Strecken. Bistro, sonst bietet sich hier ein gut gefüllter Picknickkorb mit Zutaten aus den Farmstalls in Barrydale an.*
Warmwaterberg Spa $$, *✆ (028) 572-1609, www.warmwaterbergspa.co.za. Einfache Selbstversorger-Hütten und Zimmer sowie Camping. Am beliebtesten ist aber das historische Bath House (eigene Küche, Kamin). Beschreibung der Mineralquellen-Anlage am Warmwaterberg* *s. S. 329.*
Karoo Art Hotel $$$–$$$$, *30 van Riebeeck St., Reservierung: ✆ (087) 724-4185, www.karooarthotel.co.za. Die „erste" Adresse im Ort. Das kleine Hotel bezeichnet sich mit Recht als „the Karoo's finest boutique hotel". Zu fairen Preisen nächtigt man elegant in dem historischen Gebäude. Die etwas teurere Suite lohnt den Mehrpreis. Gutes Restaurant. Das Hotel wurde kürzlich umfangreich renoviert und die Räume bekamen ein neues Design. Günstig nächtigt man im kleinen* **The Karoo Moon Hotel** $$, *2 Tennant Rd. (Rt. 62), ✆ (028) 572-1008, www.dieselandcreme.co.za, in dessen Diner* **Diesel & Créme** *nebenan* *(s. S. 328)* *man tagsüber einen deftigen Snack einnehmen kann.*

Ladismith

Schon weit vor Ladismith fällt eine gespaltene Bergspitze in den Swartbergen auf, der **Towerkop** (2.198 m). Die Legende behauptet, dass eine erboste Hexe ihren blitzenden Zorn zur Spaltung nutzte. Heute spricht man eher von der „Zahnlücke".

Das 1852 gegründete und nach Lady Juana Smith, der Frau des damaligen Gouverneurs der Kapprovinz, benannte **Ladismith** hat seine Beschaulichkeit und seinen Charme bewahrt. Südafrikaner aus dem Norden des Landes haben dies erkannt und sich hier einen Altersruhesitz geschaffen. Einige Künstler sind ihnen gefolgt und haben Ateliers eingerichtet. Seither haben auch hier die Immobilienpreise angezogen, doch die „Dorpatmosphäre" überwiegt. Es ist der ruhigste Ort entlang der Strecke.

Ertragreiche Landwirtschaft

Der **Eden District** um Ladismith (mit „i" geschrieben, um einer Verwechslung mit dem Ort in Natal vorzubeugen) erstarkte landwirtschaftlich bereits während des „Ostrich Feather Booms" um Oudtshoorn und ist, dank guter Böden in den Talsohlen und Bewässerung, zu einem der größten Aprikosenanbaugebiete der südlichen Hemisphäre gewachsen. Schafe, Milchkühe, Pflaumen, Nektarinen und Pfirsiche tragen ebenfalls zum Wohlstand bei. Viele Farmen haben mittlerweile auf ökologischen Anbau umgestellt. Viel Sehenswertes gibt es in dem Ort nicht, das Umland ist aber umso schöner (s. u.). Käseliebhaber seien noch auf die **Ladismith Cheese Company** hingewiesen (*Schoongesicht Ave., Besichtigung nur nach Anmeldung Mo–Fr, ✆ 028-551-1613, www.ladismithcheese.co.za*), die vorwiegend verschiedene Cheddar-Sorten, Mozzarella und Butter produziert.

Heute ist der kleine Ort Ladismith Ausgangspunkt für Wanderungen in die Swartberge, Rundtouren nach Zoar, Amalienstein, durch den atemberaubenden **Seweweekspoort** sowie das schöne **Hoeko Valley**. Bergsteiger und Mountainbike-Enthusiasten werden ebenfalls ihre Freude an den vielseitigen Möglichkeiten in der Umgebung haben.

Reisepraktische Informationen Ladismith und Seweweekspoort

Information

Tourism Bureau, *Otto Hager Church, South St., ✆ (028) 551-1378.*

Unterkünfte

Bosch Luys Kloof Nature Reserve $$$$, *Strecke Seweweekspoort zum Gamkapoort Dam, ✆ (023) 581-5046, www.boschluyskloof.co.za. Ökologisch eingestellte Lodge mit geräumigen Chalets sowie Zimmern. Wanderwege, Mountainbiking, Ökotrails, 4x4-Strecken, Tierwelt usw. Zudem ein guter Platz, um Sterne zu bewundern. Restaurant.* *Siehe S. 333.*

Mymering Wine & Guest Farm $$–$$$, *2nd Dwarsrivier Rd., 11 km westlich von Ladismith, ✆ (028) 551-1548, www.mymering.com. Suiten mit eigenem Gartenzugang und ein sehr schönes Selbstversorger-Cottage. Auf der Working Farm werden vor allem Tafeltrauben angebaut. Das Idyll, ein echter Geheimtipp, eignet sich hervorragend zum Entspannen und für Ausflüge sowie Aktivitäten in der Umgebung. Essen vorher anmelden.*

Koedoeskloof Country Lodge $$, *Dwarsrivier, 10 km westlich von Ladismith (der van Riebeeck St. folgen), ✆ (082) 331-3648 od. (083) 327-9683, www.koedoeskloof.co.za. Nette Zimmer auf einer Farm, die ein bisschen auf funky Art-déco-Atmosphäre macht – gelungen! Die DwarsBar im Hause serviert weithin bekannte große Burger (z. B. mit Kudu-Patty, aber auch vegetarisch). Camping ist ebenfalls möglich, allerdings nur mit dem Zelt. Ein kleiner Geheimtipp.*

The Country Garden Guest Farm $–$$, *Voorbaat Valley, an der Piste nach Laingsburg, ✆ (023) 111-0133, www.thecountrygarden.co.za. Erholung und ein kleines, familienfreundliches Programm. Unterkunft in gemütlichen Farmcottages. Essen vorher anmelden. Entspannung pur! Beliebt bei Vogelkundlern.*

Gamkapoort Dam Cottages $, *direkt am Gamkapoort Dam, ✆ (072) 925-8421, www.gamkapoortdam.co.za. Einfache Selbstversorgerhütten mit Blick auf den Staudamm. Das Geschäft ist nur mit dem Nötigsten bestückt; es gibt kein Restaurant! Wandermöglichkeiten. Absolute Abgeschiedenheit.*

Camping

Campen kann man sehr schön im Garten des ebenfalls empfehlenswerten **Le Roux B&B $**, *19 Church St., ✆ (028) 551-1439 bzw. (083) 306-2494, www.lerouxbnb.co.za.*

Weitere Campingmöglichkeiten bieten **Farmen im Umland** *(***Infos** *im Touristenamt).*

Essen und Trinken

The Olive Garden *(Pizzen und Burger, ✆ 028-551-1241) an der R62 am Ortsausgang in Richtung Barrydale.* **Gypsy's Gin Bar & Bistro** *(✆ 060-690-3902) und* **Maud se Gat** *(✆ 076-546-0716), beide im Ort an der R62, sind unkomplizierte Alternativen. Maud se Gat bietet u. a. südafrikanische Gerichte sowie Unterkünfte.*

 Hinweis

Wer Zeit für einen Umweg durch eine herrlich einsame Berglandschaft der Little Karoo hat, nehme folgenden **Abschnitt der Kanna-Route**: Westlich von Ladismith über die R 327 nach Süden bis **Van Wyksdorp** (mit nettem Coffee Shop, kleinen Unterkünften, Bushcamps und dem beliebten Spekboom Restaurant) und dann über eine Piste wieder nach Norden über den Rooiberg Pass nach Calitzdorp. Streckenlänge: ca. 80 km. Übernachtungstipp: **Rooiberg Lodge** $$–$$$$, www.rooiberglodge.co.za, ca. 10 km östlich von Van Wyksdorp. Zimmer, geräumige Selbstversorgerhäuser und gutes Restaurant. Camping möglich. Ruhig und mitten in der Natur.

Alte Missionsstationen

Zoar und **Amalienstein** sind zwei alte Missionsstationen, in deren Geschichte auch die Berliner Missionsgesellschaft mitgemischt hat. Amalienstein wurde nach Amalie von Stein aus Berlin benannt, die der Missionsstation finanziell unter die Arme gegriffen hatte.

Seweweekspoort

Enge Schlucht

Kurz hinter Zoar zweigt eine Piste ab (keine großen Camper!), die nach wenigen Kilometern durch die atemberaubende Seweweekspoort, eine enge Schlucht aus roten Felswänden, führt. Sie durchquert die Swartberge und verbindet die Little mit der Great Karoo. Sieben Wochen *(Sewe Weeks)* benötigten die Planwagen einer Legende nach früher, um die Strecke zurückzulegen. Eine andere besagt, ein Schmuggler sei vor den Behörden geflüchtet, habe den sieben Wochen längeren Weg u. a. durch diese Schlucht gewählt und sei so nach Kapstadt durchgekommen. Die „verbogenen" Steinwände sind auf die Riffelungen auf dem ehemals sandigen Meeresboden zurückzuführen, die in der späteren Trockenperiode zu Stein wurden. Die Hin- und Rückfahrt dauert je Richtung etwa 30–40 Minuten. An der Strecke laden Picknickplätze unter Strohdächern ein. Natürlich besteht die Möglichkeit, der Piste weiter gen Westen bis Laingsburg zu folgen. Sie führt vorbei an Obstfarmen, von denen einige Fremdenzimmer anbieten. Wer hier näch-

Zum Gamkapoort Dam geht es steil bergab

tigt, kann die Einsamkeit der Karoo so richtig erleben. Zwischen Ladismith und Laingsburg (ca. 90 km) gibt es keine verlässliche Tankstelle und kein Restaurant.

Alternativ zweigt nördlich des Seweweekspoort nach Osten eine gute, landschaftlich abwechslungsreiche Piste zum **Gamkapoort Dam** ab (führte ehemals bis Prince Albert). Nach 4 km durchquert man das **Bosch Luys Kloof Nature Reserve**. Die dazugehörige Lodge ist ein echter Geheimtipp (s. S. 331)! Kurz darauf geht es auf 10 km steil bergab. 11 km weiter, am Ende der Straße (Sackgasse!), ist schließlich der Gamkapoort-Staudamm erreicht. Die Selbstversorgerhütten hier liegen toll, sind aber nur sehr einfach ausgestattet. Von hier aus blickt man auf den Stausee und die umliegenden Berge. Die Fahrt hierher ist bezaubernd schön, nimmt aber für beide Richtungen (gesamt 50 km) alleine zwei Stunden in Anspruch.

Bezaubernde Landschaft

Warum heißen die **Swartberge** eigentlich nicht „Rot"-Berge? Die ersten Siedler haben die Berge nur aus der Distanz gesehen, und von dort wirken sie schwarz und bedrohlich. Sonne, Geomorphologie und Pflanzen haben darüber hinaus die Außenseite der Bergkette dunkel „gefärbt".

Calitzdorp

Der Ort entstand mit der 1821 offiziell anerkannten Farm Buffelsvlei. 1845 wurde das Gemeindehaus erbaut. 25 km entfernte Mineralquellen machten Calitzdorp bereits vor über 100 Jahren zu einem begehrten Touristenort. Das kleine **Museum** an der Ecke van Riebeeck/Geyser Sts. weiß mehr über vergangene Tage zu berichten. Vom **Hennie Cloete Nature Garden** blickt man auf den Ort, der heute eher als Portwein-Metropole Südafrikas sowie für die Sukkulenten im umliegenden Kannaland (Khoi: „Tal ohne Gras") bekannt ist. Einige Kellereien bieten den Portwein zur Probe an. Zu empfehlen sind dafür besonders **De Krans** und das mehrfach ausgezeichnete Boutique-Weingut **Peter Bayly Wines** 15 km außerhalb. Im Ortskern locken insbesondere in der Queens Street und der van Riebeeck Street kleine Cafés und Restaurants sowie Läden mit Schnickschnack jeglicher Art. Calitzdorp ist ein ansprechender Ort, gut geeignet für die Erkundung der umliegenden Natur, dabei nicht so hektisch wie Oudtshoorn, aber lebendiger als Ladismith.
De Krans, *1 km südl. der R62 am Ortsrand, ✆ (044) 2133-314, www.dekrans.co.za, Weinprobe Mo–Sa 9–16.30, So 10–16 Uhr, Bistro tgl. 10–16 Uhr.* **Peter Bayly Wines**, *15 km außerhalb, an der Piste nach Groenfontein gelegen, ✆ (083) 457-5037, www.peterbayly.co.za, tgl. 9–17 Uhr, Anmeldung empfohlen.*

Portwein-Metropole

Die R62 passiert nun nach ca. 18 km Südafrikas älteste Straußenfarm **Rietfontein Ostrich Palace** (1879). Sie lädt zur Übernachtung ein. Wer hier abends essen möchte, muss sich anmelden (s. S. 334).

1. Alternativstrecke nach Oudtshoorn (½ Std. zusätzlich): Entlang Südafrikas erster Betonpiste (wird bis 2024 vollständig asphaltiert), die südlich parallel zur stillgelegten Eisenbahnlinie (alte, kleine Stationen) und vorbei an Wein- und Straußenfarmen führt. Zuerst zweigt eine Straße zu den warmen Quellen des **Calitzdorp Spa** ab (auch Tagesbesucher) und einige Kilometer weiter zum von Cape Nature verwalteten **Gamkaberg Nature Reserve**. Es verfügt über

einen schönen Campingplatz mit drei relativ einfachen, aber voll ausgestatteten Zeltunterkünften (nur Selbstversorger) sowie einem Staudammpool nahe dem Eingang. Der abseits gelegene Campingplatz Oukraal ist nur mit einem 4x4-Fahrzeug zu erreichen. Im Naturreservat kann man Wanderungen unterschiedlicher Länge (20 Minuten bis hin zu 2 Tagen) unternehmen. Bergzebras, Elenantilopen, Kuhantilopen (Hartebeeste) und sehr selten Leoparden, zudem eine Vielzahl an Vogelarten, bereichern die Tierwelt hier. Kurz vor Oudtshoorn kann man gleich zu den auf S. 338 beschriebenen Straußenfarmen abzweigen.

Wanderungen

2. Alternativstrecke nach Oudtshoorn (1 Std. zusätzlich): Auf der guten und landschaftlich reizvollen Piste durchs nördliche Groenfontein Valley/Kruisrivier. Dabei passiert man das o. g. **Weingut Peter Bayly** und das **Retreat of Groenfontein** (s. u.) sowie einige Läden und Wohnhäuser von Kunsthandwerkern, die sich hier niedergelassen haben, um die Ruhe und die günstigen Immobilienpreise zu genießen. Weiter östlich geht es entlang der **Groot Swartberge** und dem Abzweig zum Swartberg Pass sowie dem zu den Cango Caves und schließlich über die asphaltierte R328 nach Oudtshoorn.

Reisepraktische Informationen Calitzdorp/Groenfontein Valley

Information

Tourism Bureau, *1 Van Riebeek St., ✆ (044) 213-3775, www.calitzdorp.co.za.*

Oase in der Karoo: Retreat of Groenfontein

Unterkünfte

Retreat of Groenfontein $$$–$$$$, *✆ (044) 213-3880 od. (073) 026-8529, www.groenfontein.com. 19 km nordöstl. von Calitzdorp an der Strecke nach Kruisrivier (ausgeschildert als Groenfontein). Wunderschön im Straußenfarmgebiet gelegenes, spätviktorianisches Gästehaus mit 8 Zimmern, darunter Luxussuiten und eine Familiensuite. Es wird deutsch gesprochen. Abendessen inbegriffen. Groenfontein ist gut geeignet für Ausflüge in die Umgebung, bietet aber auch eine Reihe von Wanderwegen auf dem eigenen Gelände. Hier sollte man sich mind. für zwei Nächte einbuchen und dabei die Abgeschiedenheit genießen. Ein echter Tipp!*

Rietfontein Ostrich Palace $$–$$$, *Groenfontein Valley, Abzweig 18 km östl. von Calitzdorp von der R 62, ✆ (044) 050-1109 bzw. (082) 971-8474, www.rop.co.za. Hier nächtigt man in attraktiven historischen Cottages auf der traditionsreichen Straußenfarm. Dinner auf Bestellung, kein Lunch. Allein wegen der Lage und der Unterkünfte ein Tipp.*

Welgevonden Guest House $$, *St. Helena Rd., ✆ (044) 213-3642 bzw. (084) 583-3642, www.welgevondenguesthouse.co.za. 4 Zimmer auf kleiner Weinfarm am Ortsrand. Sehr beschaulich.*

Calitzdorp Spa $$, *25 km südöstlich von Calitzdorp, an einer Nebenstrecke gelegen, ✆ (044) 213-3371, www.calitzdorphotsprings.co.za. Familienresort mit heißen Quellen und Bädern. Warme und kalte Pools. 4- und 6-Bett-Chalets sowie ein Campingplatz. Familienfreundlich. Kein Restaurant. Wirkt zurzeit etwas vernachlässigt.*

Die Dorpshuis $, *4 Van Riebeeck St., ✆ (044) 213-3453, www.diedorpshuis.co.za. Kleine B&B-Unterkunft. Schöner Garten mit Pool. Restaurant mit traditionellen Karoo-Gerichten im Haus.*

Oudtshoorn

Zentrum der Straußenzucht

Mit rund 70.000 Einwohnern ist Oudtshoorn die mit Abstand größte Stadt in der Little Karoo. Sie liegt, von den umliegenden Bergen geschützt, in einem sanften Tal. Ursprünglich gab es an dieser Stelle die Farm „Hartenbeesrivier". Als die Bevölkerung in der Region anwuchs, stellte der Farmbesitzer C. P. Rademeyer 4 ha seines Grundes zur Verfügung und stiftete 1839 eine Kirche. Damit war der Grundstein für die spätere Stadt gelegt. Benannt ist Oudtshoorn nach der Baronesse Gesina E. J. van Rheede van Oudtshoorn, der Frau des Kommissars von George, dem obersten Verwaltungsbeamten für die Region um George, einschließlich der Little Karoo.

Rund um Oudtshoorn gibt es Straußenfarmen

Obwohl die Gegend von Oudtshoorn sehr trocken ist, führen Olifants River und sein Nebenfluss Grobbelaars ausreichend Wasser herbei. So konnte man sich von Anbeginn mit landwirtschaftlichen Produkten versorgen, legte Gärten und Luzerne-Felder an, auf denen sich in den Boomjahren der Straußenfeder-Produktion über 100.000 Strauße tummelten. Die Zeit vor dem Ersten Weltkrieg (1. Boom: um 1870, 2. Boom: vor dem Ersten Weltkrieg) war die wirtschaftlich bedeutsamste Periode, und die reichen Straußenfarmer – als „Feder-Barone" bezeichnet – sowie die zumeist jüdischen Feder-Händler bauten sich „**Straußenpaläste**" und verschnörkelte Villen mit Jugendstileinrichtungen. Ein gutes Beispiel für die „Straußen-Paläste" stellt der 1911 für E. J. Edemeades errichtete „**Pinehurst**" (*186 van Riebeeck Rd.*) dar. Nach dem Ersten Weltkrieg ging es bergab mit der Federschmuck-Produktion. Nur die „Golden Twenties" ließen die Industrie noch einmal kurz aufflackern.

Erst in den 1970er-Jahren begann Oudtshoorn sich seiner eigenwilligen Geschichte wieder bewusst zu werden. Museen, Straußenpaläste und -farmen, für die Touristentouren eingerichteten Show- und Tierfarmen und die wunderschöne Natur im weiten Umkreis sorgen seither für eine lebendige und wachsende Tourismusindustrie. Anfang der 1990er-Jahre gab es Hoffnung, dass Federn erneut in Mode kommen. Doch zur gleichen Zeit schossen in anderen Regionen Südafrikas Straußenfarmen für die Fleisch- und Lederproduktion aus dem Boden und sorgten für eine kolossale Überproduktion an Federn. Der Federn-Sektor in Oudtshoorn fristet heute nur ein Nischendasein. Die vielen Strauße auf den Weiden werden vornehmlich für die Fleisch- und Lederproduktion gehalten. Ein wichtiges wirtschaftliches Standbein der Region ist heute die Produktion von Saatgut.

Oudtshoorn macht auf den ersten Blick einen wenig attraktiven Eindruck. Doch verbergen sich in Seitenstraßen und im Umland so einige architektonische Schätze, zumeist in Form von Sandsteinhäusern, aus den Boomjahren der Straußenfedern.

Die Straußen-Showfarmen, die Nähe zu den Cango Caves und zum Swartberg Pass sowie eine Reihe von Tierparks beleben den Tourismus. Die Gegend ist zudem bekannt für die putzigen **Erdmännchen**, die man hier besonders früh morgens bewundern kann: Touren werden organisiert vom Berluda Farmhouse & Cottages (s. S. 344), der Buffelsdrift Game Lodge (s. S. 340) bzw. von Meerkat Adventures (✆ *084-772-9678, www.fiveshymeerkats.co.za*). Jedes Jahr Ende März/Anfang April lockt das **Klein Karoo National Arts Festival** (*www.kknk.co.za*) vor allem mit viel Livemusik, aber auch Kunstausstellungen, Lesungen, Theatervorführungen. Kurzum: Für eine Woche steht die Stadt Kopf und für diese Zeit muss man Unterkünfte monatelang im Voraus buchen.

C.P. Nel Museum (1)

Das C.P. Nel Museum, untergebracht in einem alten Schulgebäude, zählt zu den besten Kleinstadtmuseen des Landes und dieses als erstes zu besuchen macht

Sinn, um die Geschichte der Region und besonders der Straußenzucht zu verstehen. Akribisch genau wurden alte Möbel, Kleider, Haushaltsgegenstände und Bücher der Straußen-Epoche (1860–1930) zusammengestellt. Eine nachempfundene Apotheke aus der Zeit um 1900 macht deutlich, wie wohlhabend Oudtshoorn war. Am eindrucksvollsten ist der große Raum, in dem sich alles um die Strauße und ihr Federkleid dreht. Strauße gelten im Sport und bei kriegerischen Wettkämpfen als Symbol für „Ausdauer und Geschwindigkeit". Rugbyteams, Wüstenregimenter und edle Herrenclubs, sie alle schmückten bzw. schmücken sich mit Straußenfederemblemen. Ein Archiv sowie eine Bibliothek im Hause können genutzt werden. Ein Blick in die Geschichte des Straßenbaus bietet dabei z. B. Einblicke in den Bau des Swartberg Passes.

Begehrte Straußenfedern

C.P. Nel Museum, *Ecke Baron von Rheede/Voortrecker Sts., ✆ (044) 272-7306, www.cpnelmuseum.co.za, Mo–Fr 8–17, Sa 9–13 Uhr.*

Historische Wohnhäuser

Das 1909 erbaute **Le Roux Townhouse (2)** gehörte dem Straußenbaron Hendrik Josephus Le Roux und seiner Frau Adie, die es während ihrer Besuche in der Stadt nutzten und oft honorige Gäste hierher einluden. Später vermachten sie es den Kindern. Als die Boomjahre vorbei waren, wurde das Geld knapp. Dieser Tatsache ist es zu verdanken, dass nahezu gar nichts in dem Haus verändert wurde und es immer noch so aussieht wie in den 1930er-Jahren. Beachtenswert sind die Jugendstil-Glaspaneele und -Lampen sowie die mondäne Inneneinrichtung. Auch die Linoleumböden wurden erhalten. Damals galten sie als fortschrittlich.

Le Roux Townhouse, *146 High St., ✆ (044) 272-3676, Mo–Fr 9–13, 14–17 Uhr.*

Einen Straßenblock entfernt lohnt ein kurzer Blick in die opulente **Dutch Reformed Church (3)** der niederländisch-reformierten Moedergemeente *(www.moeder.co.za, Di, Do u. Sa 9.30–11.30 Uhr).*

Opulente Häuser zeugen von der Zeit der wohlhabenden Straußenbarone

Arbeidsgenot (4) ist das Haus des afrikaanssprachigen Dichters C. J. Langenhoven. Der Autor mag den meisten unbekannt sein, aber wer sich für die Wohnverhältnisse im „historischen" Oudtshoorn interessiert, kann hier etwas über die typische Mittelklasse-Einrichtung der Zeit ab 1905 erfahren.
Langenhoven House/Arbeidsgenot, *Jan van Riebeck St., zwischen Church und St. Saviour St., ✆ (044) 203-8600, www.cjlangenhoven.co.za, Mo–Fr 9–13, 14–16 Uhr.*

Straußenfarmen

Zwei Straußenfarmen südlich von Oudtshoorn haben sich darauf spezialisiert, Besuchern alles über Straußenzüchtung zu zeigen und zu erklären:

Alles über die Straußenzucht

Safari Ostrich Show Farm (5): *Auf der R328 in Richtung Mossel Bay, ca. 6 km von Oudthoorn, ✆ (044) 272-7312, www.safariostrich.co.za, tgl. 8–16 Uhr, Touren jeweils zur vollen Stunde.* Beeindruckend ist das sandsteinerne Haupthaus von 1910. Die Farm zählt heute über 2.500 Strauße. Es gibt ein Restaurant und einen Souvenirshop.
Highgate (5): *Auf der R328 8 km in Richtung Mossel Bay, dann nach rechts abbiegen, ✆ (044) 272-7115 od. (071) 076-9964, www.highgate.co.za, tgl. 8–17 Uhr, Touren (auch deutschsprachig), letzte Tour 16 Uhr.* Dies ist die interessanteste *Ostrich Show Farm*, da auf der Tour alle Vorgänge gezeigt werden, u. a. wie Straußenfedern präpariert, Eier im Inkubator ausgebrütet, Spezialaufträge ausgeführt und Straußeneier bemalt werden und was bei der Aufzucht zu beachten ist. Angeschlossen ist ein kleiner botanischer Garten. Mit Restaurant und Souvenirshop. Tipp: Kombiticket (Tour und Mahlzeit, u. a. Straußenfleisch und -eiergericht).

info

Strauße – die größten Laufvögel der Welt

Der Strauß ist der größte heute lebende Vogel und wegen seiner auffälligen Erscheinung zugleich einer der bekanntesten. Große Männchen können bis zu 135 kg schwer und 2,60 m hoch werden, wobei der Hals fast die Hälfte der Körpergröße ausmacht. Weibchen werden nur bis zu 1,90 m hoch und 110 kg schwer. Der Kopf, der größte Teil des Halses und die Beine sind nackt, aber die Augenlider haben lange, schwarze Wimpern. Jeder Fuß hat zwei starke Zehen, die längere ist mit einer stärkeren Klaue versehen.

Das Gefieder des Männchens ist schwarz, ausgenommen die weißen Schmuckfedern an den Flügeln und am Schwanz (oft gelb-braun). Mit dieser Farbe können die Männchen nachts die Brut verhältnismäßig unauffällig beschützen, während die Weibchen dann auf Futtersuche sind. Wegen dieser Schmuckfedern ist der Bestand an Straußen zunächst stark vermindert worden; erst später wurden Straußenfarmen gegründet. Das Gefieder des Weibchens ist braun. Die Federn zur Flügelspitze hin sind ebenfalls weiß. Umgekehrt wie bei den Männchen, können so die Weibchen tagsüber die Brut bewachen.

info

Strauße sind tagaktiv und außerordentlich wachsam. Ihr langer Hals gestattet ihnen, schon in großer Entfernung Feinde festzustellen. Sie leben in sehr trockenen Gebieten, stammen ursprünglich aus der südwestlichen Sahara und durchstreifen auf der Nahrungssuche das offene Land oftmals in starken Trupps. Während feuchter Perioden teilt sich die Gruppe in Familien, bestehend aus einem Paar mit Küken und Jungtieren. Ein Hahn oder eine Henne führt den Trupp. Wenn die Gruppe vertrautes Gebiet verlässt oder an eine Wasserstelle kommt, treibt das Leittier die Jungtiere vor sich her, um einen eventuellen Angreifer aus der Deckung zu locken. Erstaunlicherweise können Strauße zur Not auch schwimmen.

Strauße fressen nahezu alles: bevorzugt Pflanzen, Früchte, Samen und Blätter, doch auch kleine Tiere, wie Eidechsen und Schildkröten. Um die Verdauung zu fördern, finden zudem beträchtliche Mengen an Sand und Steinen und selbst Metallstücke den Weg in ihren Verdauungstrakt. Die harten Materialien zerkleinern die Nahrung im Magen.

Besonders die weißen Straußenfedern sind beliebt

Jede Henne legt 6 bis 8 etwa 15 cm lange und bis zu 1,5 kg schwere Eier (= 24 Hühnereier). Die Schale eines Eis ist so hart, dass sie 120 kg Gewicht standhalten kann. Das Brüten besteht mehr darin, das Nest zu beschatten, als es warm zu halten. Die Männchen brüten bei Nacht über den Eiern, die Weibchen bei Tage (s. o.). Gegen Ende der sechswöchigen Brutzeit werden die am meisten entwickelten Eier am Rand des Nestes zusammengebracht. Die Küken können kurz nach dem Schlüpfen laufen und einen Monat später schon eine Geschwindigkeit von 50 km/h erreichen. Im Alter von vier bis fünf Jahren werden sie fortpflanzungsfähig. Strauße können bis zu 40 Jahre alt werden.

Erwachsene Strauße sind sehr wachsam und können auf Strecken bis zu 3 km bis zu 70 km/h laufen und so den Feinden entkommen. Nähert sich trotzdem ein Feind, kann der Tritt eines Straußes selbst für Löwen tödlich sein. Eier und Küken können jedoch Schakalen und sonstigen Räubern zum Opfer fallen.

 Tipp

Auch von Outdshoorn aus bietet sich die Möglichkeit, Ausflüge über nahe Pässe und durch grandiose Schluchten zu unternehmen. Natürlich liegt es auch nahe, von hier aus zur Garden Route abzuzweigen.

Sehenswertes nördlich von Oudtshoorn (entlang der R 328) (6)

Cango Wildlife Ranch and Cheetahland

Auf der wie ein Zoo angelegten Ranch leben z. B. Krokodile, Geparde (Cheetahs), weiße Löwen, Schlangen, Kamele, Mini-Hippos, Otter. Einen besonderen Thrill verspricht das Käfigtauchen im Krokodilbecken. Im Restaurant wird u. a. Krokodilfleisch serviert *(auch abends geöffnet)*.
Cango Wildlife Ranch and Cheetahland, *R 328, 3 km nördl. von Oudtshoorn, ✆ (044) 272-5593, www.cango.co.za, tgl. 8.30–16.30/17 Uhr, geführte Touren.*

Buffelsdrift Game Lodge

Erdmännchen-Safaris

Die Buffelsdrift Game Lodge ist ein luxuriöser, privat geführter Safaripark mit den typischen afrikanischen Tieren, z. B. Hippos, Elefanten, Giraffen, Zebras, Rhinos und einer Reihe von Antilopen. Sehr angenehm anzuschauen, jedoch kein Wildpark. Einzigartig dagegen sind die Erdmännchen (Meerkat), die auf gesondert organisierten Safaris zu bewundern sind. Übernachtung in gut ausgestatteten Safarizelten ($$$$). Tgl. Gamedrives und Elefantenfütterung.
Buffelsdrift Game Lodge, *R 328, 8 km nördl. von Oudtshoorn, ✆ (044) 272-0000, www.buffelsdrift.com.*

Cango Ostrich Farm

Die Straußenfarm bietet ebenfalls geführte Touren zum Thema Straußenzucht und -federproduktion. Im Angebot unterscheidet sie sich kaum von den beiden erstgenannten Farmen (s. S. 338).
Cango Ostrich Farm, *R 328, 15 km nördl. von Oudtshoorn, ✆ (044) 272-4623, www.cangoostrich.co.za, Touren tgl. 8–16.30 Uhr.*

Rus en Vrede Waterfall

Ein Stück weiter entlang der R 328 zweigt eine Piste zu dem 11 km entfernten Parkplatz des Wasserfalls ab (nochmals 2 km von der Piste ab durch ein Gate und vorbei an einem Picknickareal). Von dort sind es 200 m zu Fuß zum ca. 80 m steil herabstürzenden Rus en Vrede Waterfall. Dieser bildet darunter einen typischen kleinen See, der von Felsen umgeben ist. An diesem lauschigen Ort lässt es sich gut picknicken. Das Wasser wird übrigens als Trinkwasser für Oudtshoorn genutzt.

Cango Caves

Unterirdisches Zauberreich

Die Cango Caves gehören zu den größten und ausgedehntesten Tropfsteinhöhlensystemen der Welt. In der Höhle herrschen 18°C (leichte Kleidung), und 416 Stufen sind auf der „Heritage-Tour" zu bewältigen. Die „Adventure Tour" ist nur für körperlich Fitte zu empfehlen. Auch wer unter Klaustrophobie oder Übergewicht leidet, sollte diese Tour meiden. Es gibt ein Restaurant sowie einen Curioshop am Eingang. Touren müssen vorher anmeldet werden – am besten online!
Cango Caves, *R328, 30 km nördl. von Oudtshoorn, ✆ (082) 303-0029, www.cangocaves.co.za, einstündige Heritage Tour, tgl. 9–16 Uhr zur vollen Stunde; 1½-stündige Adventure Tour, tgl. 9.30–15.30 Uhr zur halben Stunde.*

Wunderwelt der Tropfsteinhöhlen

info

Unter Tropfstein versteht man verschieden geformte Gebilde, die vorwiegend aus Kalziumkarbonat $CaCo_3$ bestehen. Sie entstehen, wenn kalkreiches Wasser aus Gesteinsfugen herabtropft und verdunstet. An den Decken der Tropfsteinhöhlen bilden sich herabhängende Stalaktiten. Am Boden wachsen ihnen dann Stalagmiten entgegen. Manchmal verbinden sich Stalaktiten und Stalagmiten zu Stalagnaten als durchgehende Tropfsteinsäule.

Der Eingang zu den Cango Caves wurde schon in Urzeiten von San als Behausung genutzt, die auch die Wände bemalten. Doch ohne tragbares Licht konnten die Bewohner der Vorzeit nicht weit in die Höhle eindringen. Nur Fledermäuse verirrten sich in der Tiefe. Ihre Skelette wurden vom durchsichtigen Kalzit versteinert.

1780 stolperte zufällig ein Hirte in die Höhle, als er einem verwundeten Bock folgte, der hier verschwunden war. Der Mann erzählte die Entdeckung seinem Aufseher und dieser informierte den Farmbesitzer van Zyl über den Höhleneingang. Hochinteressiert, führte dieser bald darauf die erste Expedition tief in die Höhle und gelangte bis in den heute als van Zyl's Hall bekannten Höhlenabschnitt. Dieser weist eine imposante Größe von 98 m Länge, 49 m Breite und 15 m Höhe auf und birgt ein besonders sehenswertes Tropfsteingebilde, die Cleopatra's Needle (9 m hoch, schätzungsweise 150.000 Jahre alt).

Nach und nach gelangten Forscher weiter, bis sie nach 762 m vom Eingang glaubten, an das Ende des Höhlensystems gekommen zu sein. Bis hierher bezeichnet man die Höhle als Cango 1. Sie wurde so ausgestattet, dass Touristen die Schönheit dieser Unterwelt bequem bewundern können. Die größte Höhle im Abschnitt Cango 1 ist 107 m lang und 17 m hoch, die höchste Tropfsteinformation ist eine 12,5 m hohe Säule in Botha's Hall.

Das Geheimnis um den weiteren Verlauf der Cango-Höhlen wurde erst in neuerer Zeit geklärt. 1956 begutachtete eine Expertenkommission die Höhlen und fand heraus: Wenn draußen der Atmosphärendruck fiel, strömte Luft aus der Höhle hinaus; stieg dagegen der Luftdruck draußen, so floss frische Luft in die Höhlen. Diese Beobachtung führte zu der Vermutung, dass es eine Fortsetzung der Höhlen geben musste. Allerdings versperrten verzwickte Tropfsteinformationen und Felsen den Weg. Davon fasziniert, opferten zwei der Berufs-Guides, James Craig-Smith und Luther Terblanche, Jahre später einen großen Teil ihrer Freizeit, um das Geheimnis zu lüften. Im Devil's Workshop folgten sie einem Luftzug, der sie

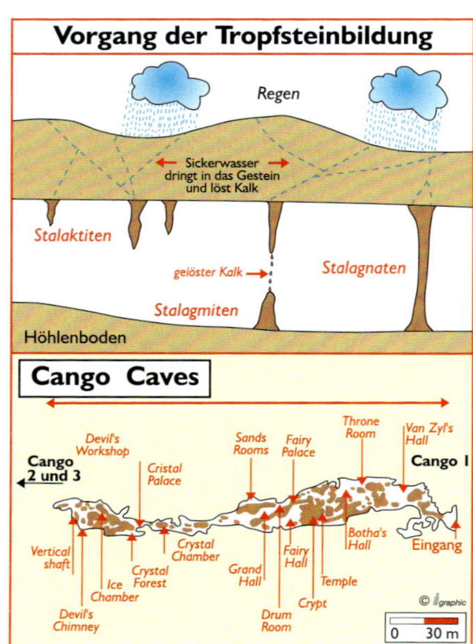

info

zu einem schmalen Spalt führte. Monatelang vergrößerten sie die kleine Öffnung und gelangten schließlich am 17. September 1972 in ein neues Wunderland, das sie Cango 2 nannten und welches eine Gesamtlänge von 270 m aufweist.

Zur weiteren Erkundung wurden Spezialisten eingeladen. Sie fanden am Ende einen Wasserlauf, der Richtung Eingang zurücklief und sich etwa 20 m unterhalb der Höhlenebene befand. 1975 pumpte man das Wasser so weit ab, bis man dem Wasserablauf folgen konnte und in die Fortsetzung des Höhlensystems, Cango 3, gelangte. Der neu entdeckte Abschnitt erwies sich mit 1.600 m Länge als doppelt so lang wie Cango 1 und 2 zusammen. Die erste Halle in Cango 3 alleine weist eine Länge von 300 m auf! Und man vermutet, dass dies noch nicht das Ende der Höhle ist (Cango 2 und 3 sind für Besucher nicht zugänglich).

Swartberg Pass und Gamkaskloof (Die Hel)

 Hinweis

Die Passstrecke ist auf der Nordseite nicht asphaltiert, auf der Südseite zwar im unteren Teil asphaltiert, weiter oben aber schmal und steil. Wohnmobile/Camper sind nicht erlaubt. Wer nicht schwindelfrei ist, sollte die Strecke nicht fahren. Ebenso ist einer Befahrung bei bzw. nach einem Regen abzuraten, da dann Pkw leicht ins Rutschen geraten.

Spektakulärer Pass

Dieser so atemberaubende wie grandiose Pass wurde zwischen 1881 und 1886 unter Leitung von Thomas Bain, Sohn des ebenso berühmten Straßenbauers Andrew Geddes Bain (u. a. Bain's Kloof Pass) erbaut. Er zeichnete auch für andere, wagemutige Passstrecken, z. B. die Old Cape Road zwischen Knysna und George, den Prince Alfred Pass und den Robinson Pass zwischen Oudtshoorn und Mossel Bay verantwortlich. Für den Bau des Swartberg Pass wurden ihm 240 Sträflinge zugeteilt und eine Summe von 40.000 Rand. Als der 1.586 m hohe Pass schließlich 1887 eingeweiht wurde, hatte Bain nur 29.000 Rand verbraucht. Fast alles wurde per Hand gegraben und gehackt, gesprengt wurde mit Schießpulver bzw. mit einer ganz eigenwilligen Methode: Man erhitzte die Felsen mit Feuer und schüttete dann kaltes Wasser darüber. Mehr über den Bau und die ersten abenteuerlichen Fahrten über den Pass erfährt man im Archiv sowie der Bibliothek des C.P. Nel Museum in Oudtshoorn.

Tolle Fotostopps

Der südliche Anstieg ist vom Tal aus gut zu erkennen und schmiegt sich dicht an den Abhang der Swartberge. Auf der Nordseite durchfährt man zuerst ein Hochplateau, um schließlich durch das rote Felsgestein, an mehreren Hängen entlang und am Ende durch eine enge Schlucht bis in die Great Karoo nahe Prince Albert (s. S. 477) zu gelangen. Immer wieder verlocken spektakuläre Aussichten zu einem Fotostopp. Eine Fahrt entlang der 72 km langen Strecke **Oudtshoorn – Prince Albert** dauert mindestens 2 Stunden. Alternativ und etwas schneller kann man östlich wieder zurückfahren nach Oudtshoorn durch den **Meiringspoort** mit seinen aufregenden Sandsteinformationen (rote Klippen). Die über 14 km lange Schluchtdurchfahrt durch die Swartberg-Kette verbindet erneut Great und

Little Karoo miteinander, folgt dem Groot River und überquert diesen insgesamt 26-mal. Auf halbem Weg durch die Schlucht kann man sich einen Wasserfall (kurzer Wanderweg, 700 m) anschauen bzw. in dem Pool unter den Fällen baden. Ein Erfrischungsstopp im netten **Klaarstrom Hotel** ($$, *Main Rd.,* ✆ *084-576-7633*) samt Pub und Restaurant im putzigen Karoo-Dorf **Klaarstroom** lohnt ebenfalls. Auch die bunt eingerichteten Zimmer dieses Hotels sowie die Gartenveranda sind zu empfehlen

Abstecher zum Gamkaskloof

Schotterpiste in „die Hölle"

Nördlich der Swartberg-Passhöhe biegt eine 50 km lange Schotterpiste ab zum **Gamkaskloof** („**Die Hel**" = die Hölle). Für die einfache Strecke benötigt man gut 2 Stunden! Das Tal erreicht man bereits nach 37 km. Die erst 1962 erbaute Trasse ist nur bei gutem Wetter und umsichtiger Fahrweise mit einem normalen Pkw zu bewältigen. Richtig schön wird es auf den letzten, sehr steilen Kilometern, wenn die Piste ins grüne **Tal des Gamkas River** und eines Nebenflusses abfällt. Seit 1840 wurde das Tal landwirtschaftlich genutzt, obwohl es bis 1962 keine Zufahrt gab. Alles musste bis dahin mit Lasttieren hergebracht werden. Doch trotz der Piste hat der letzte Farmer 1991 aufgegeben – die meisten waren bereits 1972 weg. Nun verwaltet Cape Nature das 1.570 ha große Areal, das zum 121.000 ha großen **Swartberg Nature Reserve** gehört, welches als Teil der Cape Floral Region 2004 den Status einer Unesco World Heritage Site erlangte.

Im **Museum** am Infocenter erfahren Besucher mehr zur Geschichte. Es können auch Mountainbikes ausgeliehen werden. **Selbstversorger-Unterkünfte** u. a. auch von Cape Nature (*www.capenature.co.za*) betrieben, gibt es in den grundrenovierten Häusern der ehemaligen Bewohner. Zudem findet man schöne, schattige Campingplätze, die aber einfach ausgestattet sind. Ein Bushcamp liegt oberhalb des Gamkas River. Lebensmittel und Getränke sollte man mitbringen, wobei es einen kleinen Shop 5 km hinter (westlich) der Taleinfahrt gibt. Auf Vorbestellung werden hier auch sehr einfache Unterkünfte und Speisen angeboten.

Auf dem Weg in „Die Hel"

Mountainbike-Strecken

Sowohl der Pass als auch die Strecke in den Gamkaskloof sind beliebt bei Mountainbikern. Zum Gamkaskloof führt sogar ein Rennen: „**To Hell and Back**".

Die beschriebene Strecke führt von Oudtshoorn nach **De Rust**, einem viktorianisch angehauchten Örtchen mit einigen Cafés und Unterkünften und netten Geschäften. Bereits 14 km vor De Rust, bei **Dysselsdorp**, werden in der

kleinen **Liquorice Extracting Plant** aus den im Umkreis wildwachsenden Süßholzwurzeln (*glycrrhiza glabra*) Extrakte und Öle hergestellt, die z. B. für die Herstellung und Anreicherung von Sambuca, Medikamenten und Tabakprodukten gebraucht werden. Gelegentlich, meist während bzw. kurz nach der Erntezeit (Juni–Okt.), werden Führungen angeboten (*Anmeldung erforderlich: ✆ 044-251-6050*). Ob und in welcher Form die dann wirklich stattfinden, ist aber doch etwas Glückssache.

Reisepraktische Infos Oudtshoorn, De Rust, Gamkaskloof

Information

Tourism Bureau Oudtshoorn & De Rust, *80 Voortrekker St., Ecke Baron van Reede St., neben dem Museum, ✆ (044) 279-2532, www.oudtshoorn.com.*

Cape Nature *befindet sich hinter dem Tourism Bureau in Oudtshoorn, ✆ (087) 087-3002, 7.30–16 Uhr. Infos und Reservierungen von Hütten und Campingplätzen sowie Permits für die umliegenden Nature Reserves, u. a. in „Die Hel". Gamkaskloof/The Hell Office: ✆ (087) 087-3943. Für Wanderungen im gesamten Swartberg Nature Reserve sind Permits erforderlich.*

Unterkünfte

Adley House (4) $$$–$$$$, *209 van Riebeeck St., Oudtshoorn, ✆ (044) 272-4533, www.adleyhouse.co.za. B&B in einem viktorianischen Haus von 1905. Jedes der 12 Zimmer im historischen Trakt ist individuell eingerichtet, und der Garten – inkl. Pool – lädt auch zum Verweilen ein. Ruhig gelegen. Darauf achten, dass man nicht in den zwei Zimmern des neueren „Annex" untergebracht wird (das lohnt nicht).*

Africamps Klein Karoo (1) $$–$$$, *knapp 2 km nördlich der Stadt von der R 328 abzweigen (ausgeschildert), ✆ (021) 300-5694 (Buchungsbüro), www.africamps.com. Luxus-Camping (Glamping). Toll ausgestattete Safari-Zelte (55 m², Küche, Balkon), auf Bestellung Essen zum Selberkochen in der eigenen Küche/auf dem Grill.*

Bakenskraal Ostrich Palace (6) $$$–$$$$, *5 km südlich der Stadt nahe der N 12. ✆ (073) 614-5405, http://bakenskraalostrichpalace.com. Luxuriöse Unterkunft in einem ehemaligen Straußenpalast. Die angeschlossene Farm wird noch bewirtschaftet. Tolle Zimmer und Suiten, eine großzügige, das Haus umschließende Veranda, ein Pool sowie ein gutes Restaurant unterstreichen den hohen Standard. Stargazing-Programme im Angebot!*

Queens Hotel (2) $$–$$$, *5 van Reede St., Oudtshoorn, ✆ (044) 272-2101, www.queenshotel.co.za. Wunderschön restauriertes historisches Stadthotel. Pool, gutes Restaurant, Bar. Leider oft mit Busgesellschaften ausgebucht.*

Berluda Farmhouse & Cottages (1) $$–$$$, *15 km nördl. an der Straße zu den Cango Caves, gegenüber Cango Ostrich Farm abbiegen, ✆ (083) 259-1288, www.berluda.co.za. Liebevoll restauriertes Farmhaus von 1832 (dieser Teil war ehemals die Montana Guest Farm) sowie im Haupthaus tolle und sehr individuelle, gut ausgestattete Zimmer – zumeist mit Veranda und direktem Gartenzugang. Es gibt zwei Pools, davon einen Salzwasserpool. Leckeres und gutes Essen (vorher bestellen), ausladendes Frühstück. Auf der Farm werden Strauße gezüchtet, die Betreiberfamilie besitzt außerdem in Oudtshoorn eine Brutstation für Straußeneier, die besichtigt werden kann. Gut geeignet, um jenseits des Trubels in Oudtshoorn zu entspannen sowie um von hier aus Tagesausflüge in die Karoo oder zur Garden Route zu unternehmen. Gutes Preis-Leistungs-Verhältnis. Touren zu den Erdmännchen werden arrangiert. Der Tipp in der Umgebung von Oudtshoorn.*

Numbi Valley Permaculture Farm $$, *ca. 8 km südöstl. von De Rust, ☏ (072) 191-8672, http://numbivalley.webs.com. Die ökologisch betriebene Farm bietet mit einem bezaubernden Selbstversorger-Cottage eine Oase in der Little Karoo. Hier kann man baden, gesund essen, wandern oder einfach ausspannen. Yoga und Massagetherapien sowie Kräuterbäder.*

Die historischen Gebäude des Berluda Farmhouse

Bisibee B&B (5) $, *171 Church St., Oudtshoorn, ☏ (044) 272-4784, www.bisibee.co.za. B&B in ruhiger Lage, mit viel Grün umgeben. Auf Wunsch kann Straußensteak-Dinner im Garten serviert werden (vorher anmelden).*

Miles B&B Guesthouse $$ **(3)**, *104 Kerk St., Wesbank, ☏ (044) 272-4311, www.milesguesthouse.com. Unspektakuläres, aber günstiges und sehr sauberes Guesthouse (B&B oder Selbstversorger). Garten, Zimmer mit Balkon, Pool. Der Preistipp für Oudtshoorn.*

Die Hel/Booplaas $–$$, *5 km westl. der Taleinfahrt zum Gamkaskloof, ☏ (087) 808-5730, www.diehel.com. Unterkünfte in ehemaligen Farmhäusern, Camping, Shop, Restaurant. Privat geführt von den Nachfahren ehemaliger Farmer. Auch die* **Fountain Guest Farm** *(☏ 087-808-5730, www.gamkaskloof.co.za) ist empfehlenswert.*

Olivier's Rust $–$$, *9 Schoeman St., De Rust, ☏ (063) 652-9540 od. (062) 460-5084, www.oliviersrust.co.za. Geräumige Selbstversorger-Apartments in schattigem Garten. Pool.*

Camping

Kleinplaas Holiday Resort (1), *171 Baron van Reede St., Oudtshoorn, ☏ (044) 272-5811, www.kleinplaas.co.za. Großer Campingplatz, innenstadtnah. Günstig und gut ausgestattet sind auch die* **Selbstversorger-Chalets** *($$).*

Essen und Trinken

Restaurants aller Preisklassen liegen an der **Baron van Reede Street**.

Im **Karoopot (1)** *(6 Van Reede St., ☏ 044-203-5459) bestechen vor allem – der Name verrät es bereits – die Karoo-Gerichte (Karoo-Bobotie, Karoo-Curry und Karoo-Lamm). Es werden aber auch Burger sowie gutes Frühstück serviert.*

Beliebt bei den Einheimischen ist **Nostalgie (2)** *(74 Baron van Reede St., ☏ 044-272-4085). Das Restaurant ist auf Karoo-Küche spezialisiert und verwendet Rezepte, die seit Jahrhunderten in Familienbesitz sind. Viele Rezepte mit Straußfleisch!*

Im **Jemima's (3)** *(94 van Reede St., ☏ 044-272-0808) gibt es ebenfalls traditionelle Gerichte (Lamm, Bobotie, Strauß), hier sitzt man an weiß gedeckten Tischen.*

Sehr gute Küche (Wildsteaks, Salate, Burger, Pizzen) bietet **De Oude Meul** *(Old Mill, ☏ (044) 272-7308, Unterkunft: $$–$$$) 15 km nördlich von Oudtshoorn an der R 328. Hier sitzt man auf der Holzterrasse oder innen neben dem alten Mühlrad. Nochmals 9 km nördlich davon lockt das* **De Kombuys** *(☏ (044) 272-7255) mit exquisiten Wagyu-Rind-Gerichten (teuer, ebenfalls Unterkunft: $$$$).*

Alternativroute: Von Willowmore entlang der R332 durch die Baviaanskloof Wilderness Area zur Küste bei Port Elizabeth

Willowmore

Die kleine Stadt, einsam gelegen zwischen Uniondale, Graaff-Reinet sowie der Zufahrt zum u. g. Baviaanskloof, bietet sich für einen Übernachtungsstopp an, denn die Strecke von hier bis nach Patensie ist mühsam und lang. Willowmore ist vorwiegend landwirtschaftliches Kleinzentrum (Wolle, Mohair, Saatgutzucht und Luzerne), versprüht dabei aber einen angenehmen, südafrikanischen Karoo-Dorp-Charakter mit touristischer Infrastruktur. Beachtenswert sind hier, in Steytlerville und am Westende der Zufahrt zum Baviaanskloof die kleinen Craftshops, Läden mit lokalem Kunsthandwerk (auch ein Mohair-Geschäft) sowie ein paar Lokale zum Einkehren.

Snack, Shop & Sleep

Ein willkommener Stopp ist **Sophie's Choice** an der N9, 19 km südwestlich von Willowmore. Neben Snacks und Kuchen werden hier in plüschiger Atmosphäre auch Antiquitäten und Schnickschnack verkauft. Eine heimelige Unterkunft bietet die angeschlossene Farmvilla **Keurfontein** (www.keurfontein.co.za).

Alternative: Neben der beschriebenen Strecke ist eine Fahrt über das nette Karoo-Städtchen **Steytlerville** und von dort zum Addo National Park eine mögliche Variante. Zu Steytlerville s. S. 460.

Baviaanskloof Wilderness Area

Hinweise und Tipps

Unbedingt vorher **Infos einholen** in Willowmore, Uniondale oder auf der anderen Seite in Patensie bzw. Humansdorp. Und dort auch nach einer Karte fragen! Die beste ist Baviaanskloof von Slingsby Maps (S. 105).
Die Piste ist im östlichen Abschnitt meist einspurig (Ausweichmöglichkeiten), geht dort über zwei steile Pässe mit Abhängen. **Treibstoff** ist kaum zu bekommen, und wenn dann nur in Studtis/Sandvlakte. Auch das letzte Geschäft befindet sich dort (am Wochenende geschl.). Am besten in Willowmore oder Uniondale **volltanken** und genug zu trinken sowie **Proviant** für ein Picknick mitnehmen. Die beworbenen kleinen Restaurants im Westteil sind nicht immer geöffnet.
Die Piste ist ab dem westlichen Parkeingang (24 km östl. von Studtis) in Richtung Osten i. d. R. in einem für normale Pkw **nicht befahrbaren Zustand** (Wasserdurchfahrten, Bodenfreiheit): vorher erkundigen – und im Park heißt es „4x4 only"! Nach Regenfällen ist es unmöglich, die Strecke zu befahren, selbst mit einem Geländewagen wird es dann schwierig.
Für die Strecke Willowmore – Port Elizabeth benötigt man mindestens 7 Std. reine Fahrzeit! Alleine von Willowmore nach Hankey sind es 200 km, bis Port Elizabeth fast 300 km, davon 175 km Piste. Besser mit **8–9 Std**. rechnen.

Wer **nicht schwindelfrei** ist bzw. sich mit seinem Fahrzeug nicht sicher fühlt, der sollte bis Sandvlakte fahren und dort umkehren.
Die **Flussläufe** sind bei Normal- bzw. Niedrigwasser passierbar und alle auch unter Wasser mit Beton befestigt.
Für die Benutzung der **Zeltplätze und Wanderwege** im Park ist ein **Permit** nötig: erhältlich bei der Parkverwaltung am Komdomo Caravan Park im östlichen Parkabschnitt bzw. telefonisch/via Internet bei Eastern Cape Parks (s. u.). Von Westen kommend fragt man in Willowmore bzw. Uniondale nach. Für Unterkünfte bzw. das Campen auf den Farmen/in den Lodges (im Westteil bis zum Parkeingang hinter Sandvlakte, bzw. östl. des Gate nahe u. g. Baviaanskloof Lodge) ist kein Permit erforderlich. Doch gilt: Rechtzeitig vorbuchen!
Die Baviaanskloof Wilderness Area bietet sich hervorragend zum **Wandern** an. Festes Schuhwerk, genügend Proviant und Trinkwasser sowie eine Portion Wandererfahrung sind erforderlich, um sich hier zu bewegen. Die schönsten Tageswanderungen im Baviaanskloof beginnen bei **Bergplaas**, **Rooihoek** oder **Geelhoutbos**. **Go Baviaans** bietet neben Unterkünften den Cedar Falls Trail (4–6 Std. plus Zeit für Lunch und Baden) sowie den anstrengenderen Leopard Trail (2–4 Tage, ein Tipp für naturverbundene Wanderer) an. Start ist am Cedar Falls Base Camp, etwa 50 km südöstlich von Willowmore, www.gobaviaans.co.za.

Streckenführung

Schlechte Piste

3 km südlich von Willowmore von der N 9 abzweigen auf die Schotterpiste R 332 in Richtung Baviaanskloof. Von hier nun immer der Ausschilderung in Richtung Humansdorp und/oder Patensie folgen. Die Straßennummer ist später nicht mehr angeschrieben. Östlich von Sandvlakte wird es mühsam und langsam (Durchschnittsgeschwindigkeit: 20 km/h). Ab kurz vor Patensie ist die Straße wieder asphaltiert. Zwischen Sandvlakte und Cambria durchquert man die eigentliche Wilderness Area: Bei der Ein- bzw. Ausfahrt registriert man sich bei den Parkrangern.

Einfahrt in die Nuwekloof

Was gibt es zu sehen (von Westen kommend)?

Sechs der sieben Biome Südafrikas finden sich im Baviaanskloof: Fynbos, Nama-Karoo, Thicket (Dickicht), Grassland, Savanne und Wald. Die ersten 25 km sind wenig spektakulär und führen auf die schöne Nuwekloof (Schlucht) zu, durch die sich die Straße windet. In sie hat der Baviaanskloof River sein Bett geschnitten, um weiter östlich eine Tallandschaft zu schaffen, die im Norden von den Baviaanskloof- und im Süden von den Kouga-Bergen begrenzt ist. Einige Farmen leben von extensiver Weidewirtschaft, Gemüse-, vereinzelt Obst- und Olivenanbau. Zahlreiche Farmen werben mit Unterkünften bzw. kleinen Attraktionen (Höhlen, 4x4-Strecken). Doch oft ist niemand zu Hause. Beachtenswert ist der kleine **Baviaans Craft Shop**, ca. 8 km östlich der Ausfahrt aus dem Nuwekloof. Die Landschaft ist beeindruckend, denn immer wieder ändert sich die Geomorphologie. Verkantete, gekippte und „verbogene" Bergformationen, rötliche und gelbe Sandsteinriesen, trockene Halbwüstentäler sowie grüne Flussauen lösen sich laufend ab. Alles war einst von einem großen Meer überdeckt. Rechts und links tauchen zwischen den Hängen in nahezu gleichen Abständen Kloofs (Schluchten) auf.

UNESCO-Weltnaturerbe

Ab 24 km östlich von Studtis führt die schmale, oft steile Piste durch die unbewohnte Baviaanskloof Wilderness Area, die ihren Namen mit Recht trägt und als Teil der Cape Floral Region 2004 zum UNESCO-Weltnaturerbe erklärt wurde. Nur wenige Reisende fahren hier durch, immer wieder tauchen Tiere auf, u.a. Dyker, Böcke, Paviane und Dassies. Die angekündigten (ca. 12) Nashörner und die Bergleoparden erspäht man hingegen selten. Die Aussichten von den Passhöhen sind phänomenal. An einem Abschnitt geht es über eine mit saftigem Gras bedeckte Hochebene („Bergplaas"). Hier stehen die Chancen gut, größere Tiere zu sehen. Auf diesem östlichen, 100 km langen Streckenabschnitt erscheint jegliche Zivilisation in weiter Ferne. Geduld ist gefragt, denn die Piste erlaubt meist nur Schneckentempo. Wer noch genügend Zeit hat, sollte eine Wanderung zum Kouga River am Picknickplatz Smitswinkel bzw. ein Stück weiter zum Stausee bei Rooihoek unternehmen.

Erst nach mehreren Stunden erreicht man wieder bewohntes Gebiet, die Vorboten von Patensie im Gamtoos Valley. Die Talböden dort sind fruchtbar und das Küstenklima warm-feucht. Zitrusfrüchte und Gemüse gedeihen prächtig. Geplant ist, auch dieses Tal in naher Zukunft dem Park zuzuteilen. 3 km westlich von Kodomo lohnt der 7 km weite Abstecher zur eindrucksvollen Staumauer des Kouga Dam (Picknickplatz). Patensie ist ein reiner Versorgungsort. Alles in allem ist die Tour durch den Baviaanskloof zwar mühevoll, aber mit Sicherheit ein besonderes Highlight.

Reisepraktische Informationen Baviaanskloof WA, Willowmore

Information

Municipality Tourism Bureau/Baviannskloof Tourist Info, *✆ (044) 923-1702 (Willowmore), ✆ (049) 835-0484 (Steytlerville), www.baviaans.co.za. Infos, Karten zur gesamten Region und Links zu Unterkünften. Auch die Touristenbüros in Uniondale, Patensie und Humansdorp informieren über die gesamte Region. Unbedingt nach dem Zustand der Piste fragen und Unterkünfte vorher buchen! Für Unterkünfte und Permits im Park ist* **Eastern Cape Parks** *zuständig. Buchungsstation: Komdomo Camp an der Ostseite des Parks, ✆ (082) 452-5078, www.visiteasterncape.co.za. Eine empfehlenswerte Karte ist* **Slingsby's Baviaanskloof Map** *(www.slingsbymaps.com).*

Unterkünfte/Essen und Trinken

In **Willowmore***: Die beste Unterkunft ist* **The Old Jail B&B $$$***, Blignaut St., ✆ (076) 792-0622. Vier Zimmer (B&B) sowie ein Selbstversorger-Haus im alten Gefängniskomplex.*
Uriger und schlichter ist **The Willow Historical Guest House $$–$$$***, 70 Wehmeyer St., ✆ (044) 923-1574 bzw. (076) 083-6357, www.willowguesthouse.co.za. Hier wohnt man in liebevoll restaurierten Karoo-Cottages. Mahlzeiten werden im Haupthaus serviert.*
Der **Willowmore Caravan Park** *erfüllt mit ein paar schattigen und mit Gras bestandenen Plätzen durchaus seinen Zweck: ✆ (044) 923–1116. Leckere Snacks gibt es innerorts entlang der Knysna Street, so z. B. im Belly Deli und in Lou's Place.*
Unterkünfte entlang der Zufahrten zum Park *(Essen immer vorher anmelden!): Die Empfehlung für Nichtcamper ist östlich des Parks das* **Tia Ghee Tent Camp $$***, 9 km vor Patensie: Gut ausgestattete Safari-Zelte. Gut geeignet als Startpunkt von Wanderungen. Zudem geführte Wanderungen: ✆ (042) 283-0739 od. (072) 377-2525, https://www.tiaghee.co.za. Eine Alternative nahe dem Ost-Eingang ist die* **Baviaanskloof Lodge $$***, wo man bei Obstfarmern wohnt (✆ 083-378-5407, www.baviaanskloofflodge.com). Westlich des Parkgates, im Tal zwischen Nuwekloof und Sandvlakte empfehlen sich die Selbstversorger-Unterkünfte* **Duiwekloof Lodge $$** *(✆ 083-282-5482, www.duiwekloof.co.za, Frühstück und Dinner auf Bestellung, auch Camping) und* **Makkedaat Cave $–$$** *(✆ 044-934-1012, 044-9231-921 bzw. 082-215-5175, www.makkedaat.co.za, geschlafen wird unter einem ausgebauten Höhlen-Überhang, auch Camping, nette Wanderrouten). Luxuriös und romantisch gelegen sind die modernen Gebäude auf der Olivenfarm* **Kamerkloof $$$** *in Studtis (✆ 087-700-4466 bzw. 083-602-1253, www.kamerkloof.co.za, Selbstversorger, nach Anmeldung auch mit Essen). Auf einem Hügel mit Ausblick auf die Berge bieten die weit auseinanderliegenden Chalets der* **Sederkloof Lodge** *Erholung vom Feinsten (***$$$$$** *für Vollpension, 78 km südöstl. von Willowmore, ✆ 087-700-4330, www.sederkloof.co.za, geführte Wanderungen). Einfach, aber ausreichend sind die* **Baviaanskloof Guest Cottages $$** *(✆ 044-874-3450 bzw. 087-700-3551, www.baviaans.co.za/listing/baviaanskloof_guest_cottages, drei Selbstversorger-Cottages für 3–11 Personen).*
Unterkünfte im Park*: Schön gelegene Campingplätze sind Rooihoek und Doodsklip (nahe Stausee). Selbstversorgerhütten: Hier eignen sich die in Geelhoutbos am besten, denn von hier beginnt eine schöne, eintägige Wanderung. Toll gelegen sind auch* **Bruintjieskraal Campsite & Glencoe Cottages $$** *(35 km westl. von Patensie, ✆ 084-515-0993, www.bruintjieskraal.co.za, neun schattige Plätze), die parkeigene* **Komdomo Campsite** *(27 km westl. von Patensie, ✆ 042-283-7912 od. 043-492-0881, www.visiteasterncape.co.za) sowie das nordöstlich gelegene* **Kudu Kaya Camp** *(✆ 087-700-8195, 060-424-4720, www.kudukaya.co.za, 17 schattige Campingplätze). Die drei letzteren liegen nahe dem Groot River (Badestelle), sind aber oft von Gruppen ausgebucht; hier kann es auch laut werden.*

Essen und Trinken

Restaurantempfehlungen im Park lassen sich schwer nennen: Einige Farmen und kleine Roadside-Cafés bieten Mahlzeiten entlang des Weges an, sind aber nicht immer geöffnet. In den Unterkünften muss eine volle Mahlzeit meist im Voraus angemeldet werden – falls sie überhaupt angeboten wird. Vorher in einem der o. g. Touristenbüros erkundigen und grundsätzlich genügend Essen und Trinken mitnehmen.

Uniondale

Landwirtschaftliches Zentrum

Uniondale wurde im Anglo-Burischen Krieg als die einzige Stadt Südafrikas berühmt, die von englischen Truppen beschützt wurde. Heute ist es ein landwirtschaftliches Zentrum (Schafe, Äpfel), das sich vorwiegend zum östlich gelegenen Langkloof Valley hin orientiert. Es gibt einige einfache B&Bs und Gästehäuser sowie gute Infos zum Baviaanskloof im Tourism Bureau. Nennenswert sind die **Wassermühle** mit dem angeblich größten Mühlrad Südafrikas, die Aloe-Fabrik (Produktverkauf), die kleine Möbelfabrik auf einer nahen Farm (Karoo-Möbel), das rekonstruierte englische Fort sowie die **San-Felszeichnungen** in der Umgebung.

Der letzte Streckenabschnitt beginnt südlich des Uniondale Poort bei **Avontuur**, von wo aus man alternativ über den **Prince Alfred's Pass** direkt zur Garden Route bei Plettenberg Bay bzw. Knysna fahren kann. Diese Strecke ist bei trockenem Wetter für alle Fahrzeuge zu bewältigen, erfordert jedoch Geduld.

Reisepraktische Informationen Uniondale und Umgebung

Information

Tourism Bureau, *Kerk St. 1/Ecke Voortrekker St., ✆ (044) 752-1076 od. (074) 934-5412, www.uniondale.co.za.*

Unterkünfte

Eagle Falls Lodge $$, *34 km südwestl. von Uniondale an der Piste, die nördlich parallel zur N 9 durchs Kammanassie Valley führt, ✆ (084) 943-1614, www.eaglefalls.co.za. Toll gelegene Selbstversorger-Hütten, ein Haupthaus mit 5 Zimmern sowie ein Campingplatz. Der Clou ist die Hütte hoch über einer Klippe mit Blick auf den Wasserfall! Von den anderen Zimmern aus schaut man auch ins Tal und auf die Berge dahinter. Abendessen und Frühstück sollten angemeldet werden. Es kann auch gecampt werden. Die Wasserfälle stürzen 30 m in die Tiefe. Badegelegenheiten, tolle Wanderrouten. Kein Luxus, dafür Natur pur. An Wochenenden kann es voll werden! Alternative Anfahrt: Von Oudtshoorn kommend auf der N 9 abbiegen nach Buffelsdrif (zwischen Km-Steinen 41 und 42) und der Piste 10 km folgen, dann an Kreuzung rechts und noch weitere 3 km.*

The Cottages B&B $$, *Voortrekker St., ✆ (044) 752-1354 bzw. (082) 470-3749, www.uniondale.co.za/cottages. Im Ort gelegene Cottages im Cape-Dutch-Stil. Sehr persönlich geführt. Mit Voranmeldung werden traditionelle Karoo-Gerichte bereitet. Der Garten lädt zu einer gemütlichen Teepause ein. Ist dort ausgebucht, bietet das* **Ouwerf Gastehuis $$** *(56 Vortrekker St., ✆ 064-687-3983, https://ouwerfgastehuis.co.za), untergebracht in der alten Schule, eine ansprechende Alternative im Ort, ebenso das kleine, renovierte* **Schulteheim Hotel $$** *(2 Taylor St., ✆ 044-752-1007), das den Charme der alten Zeit versprüht.*

Camping

Uniondale Caravan Park, *Voortrekker St., ✆ (044) 752-1266, sehr einfach.*

Langkloof Valley und Joubertina

Zwischen Avontuur und Kareedouw erstreckt sich das Kerngebiet des fruchtbaren und weiten **Langkloof Valley**, das für seine Apfelplantagen um und westlich von Joubertina bekannt ist. Beeindruckend ist die Landschaft während der Apfelblüte (Nov./Dez.). Das Tal war wegen seines warmen Klimas und der guten Böden eines der ersten Inlandgebiete Südafrikas, das landwirtschaftlich genutzt wurde. Die südliche Tsitsikamma-Bergkette schützt es vor kalten Winden und zu viel Regen. Das wird besonders nachmittags deutlich, wenn sich – meist vergebens – eine riesige Wolkenwand vom Meer her über die Berge wölbt, um dann zu versuchen, im Tal abzuregnen.

Haus an der Klippe in Eagle Falls

Mehr oder weniger parallel zur Straße verlaufen die Gleise einer stillgelegten **Schmalspurbahn**. Früher wurde diese bei der Apfelernte genutzt, später noch für Sonderfahrten. Das ist Geschichte und die Anlagen sind verrottet. In **Joubertina**, dem Zentrum des Tals, erinnert eine alte Dampflok am Bahnhof an die guten Zeiten der Bahn. Die **Little Kloofneck Route**, eine anspruchsvolle und landschaftlich beeindruckende Schotterpiste, führt von Joubertina aus in einem 57 km weiten Bogen durch die Berge nördlich des Städtchens. Ansonsten bietet sich die Region als Basis für Wanderungen und Mountainbike-Touren in der Umgebung an.

Reisepraktische Informationen Joubertina

Unterkünfte/Restaurant

Wer Ruhe, Farmleben bzw. Natur mag, ist in dieser Region richtig, ansonsten locken eine Autostunde entfernt bereits die Lodges und B&Bs der Garden Route.

Die Kraaltjie Guest House & Caravan Park $–$$, *R62, 1 km westl. von Joubertina, ✆ (082) 498-1045, www.diekraaltjie.co.za. Der Name verrät eigentlich schon alles: Gästehaus mit 12 Zimmern in und um ein altes Farmhaus. Einfach (einige Zimmer mit geteiltem Bad), aber adrett. Dazu ein Campingplatz, ein Restaurant und ein Pub. Hier hat man alles Nötige für wenig Geld.*

Oder man genehmigt sich einfach einen Burger in **Joub's Diner** *an der R62 mitten im Ort.*

Bei **Kareedouw**, einem kleinen Städtchen, das sich vornehmlich der Holzverarbeitung verschreibt, führt die R402 zum östlichen Beginn der **Garden Route**. Eine Legende behauptet, ein paar Weiden auf dem Gelände der heutigen Assegaaibosch Lodge bei Kareedouw stammen von Setzlingen, die einst von Napoleons Grab auf St. Helena entwendet wurden. Wer noch Grillgut, Biltong oder andere Fleischwaren benötigt, der sollte dem weithin beliebten **Kareedouw Slaghuis** am Ostende der Baken Street einen Besuch abstatten. Hier wird noch traditionell gearbeitet!

8. GARDEN ROUTE UND KÜSTENSTRECKE VON PORT ELIZABETH (GQEBERHA) NACH KAPSTADT

Allgemeiner Überblick

Die Kernstrecke folgt ganz einfach der N 2. Der Abschnitt vom Tsitsikamma National Park (Teil des Garden Route NP) bis Mossel Bay wird offiziell als die **Garden Route** beschrieben, die eines der beliebtesten Touristenziele Südafrikas darstellt. Manche Quellen dehnen den Begriff *Garden Route* heute aus bis Swellendam bzw. zum Cape Agulhas, dem südlichsten Punkt Afrikas. Ein Highlight ist allemal die gesamte Strecke.

Damit ist dieser Abschnitt eigentlich schon erläutert – wärehn da nicht die vielen Gelegenheiten zu **Abstechern** von der N2. Bereits vor **Plettenberg Bay**, einem schön gelegenen, aber sehr stark besuchten Küstenort, zweigen Stichstraßen ab, z. B. in die Berge, entlang der alten N 2 (R 102) oder auch zum Monkeyland und Birds of Eden. Vor **Knysna** führt eine andere Piste nach Norden durch den **Knysna Forest**, Heimat der legendären Knysna-Elefanten und größtes zusammenhängendes natürliches Waldgebiet Südafrikas. Zwischen Plettenberg Bay und Riversdale bieten sich immer wieder Gelegenheiten, auf Stichstraßen an die Küste zu fahren. Faustregel: Je weiter der Weg zur Küste, umso einsamer ist diese. Die abwechslungsreiche Landschaft mit den ewig langen Sandstränden und Lagunen, Felsklippen, Flussmündungen sowie den Feuchtwäldern steigt vom Meer aus stark an und wird immer wieder unterbrochen von tiefen und sehr schmalen Schluchten. Erst dahinter thronen die Berge, mit Höhen zwischen 1.400 und 1.700 m. Sie halten 80 % der Niederschlagsmenge der Küste (bis zu 2.500 mm/Jahr) von der nördlich angrenzenden **Little Karoo** fern. In den Bergen – entlang der gesamten Strecke – gibt es einige Wanderwege.

Auch die Backroads der **Wilderness Area** (Teil des Garden Route NP) zwischen Knysna und George, u. a. die

Redaktionstipps

Grundsätzlich

- Viele „**Schätze**" entlang der Garden Route liegen an den **wenig befahrenen Seitenstraßen**.
- Mind. **4 Tage Zeit** nehmen.
- **Redaktionstipps** zu PE und zu einzelnen Streckenabschnitten S. 357, 369, 379, 411, 426.
- In der Hochsaison (Nov.–April) **Unterkunft im Voraus** reservieren.
- Die **Wale** zeigen sich nur Juni/Juli bis November.
- Die **Strömungen** im Indischen Ozean können bereits dicht an der Küste tückisch sein! Vorher bei Einheimischen bzw. im Touristenamt erkundigen, wo das Baden sicher ist.

Die schönsten Naturerlebnisse und Parks

- **Addo Elephant NP** (S. 369). Luxuriöser, dafür teurer: **Shamwari GR** und **Amakhala GR** (S. 377).
- **Wale beobachten**: Plettenberg Bay, Witsand, De Hoop Nature Reserve, Hermanus
- Die **Storms-River-Mündung** (S. 387).
- **Backroad-Touren**, z. B. hinauf zum Prince Alfred's Pass (S. 394), entlang der Old Cape Road (S. 396) und den Montagu Pass hinauf (S. 415).
- Wale, Dünen und Küstenvegetation im **De Hoop Nature Reserve** (S. 440).

Kulturelle Höhepunkte

- **Bartolomeu Dias Museum**, Mossel Bay (S. 421).
- Die historischen Gebäude und besonders das Museum in **Swellendam** (S. 434).

Außergewöhnliche Höhepunkte

- **Transport** (Eisenbahn) **Museum** in George sowie dort mit dem **Outeniqua Power Van** auf den Montagu Pass (S. 413).
- Mehrtägige, lange im Voraus zu buchende (!) **Wanderungen**: Tsitsikamma/Otter Trail (S. 383), Oystercatcher Trail (S. 425), Whale Trail im De Hoop NR (S. 440).
- Entspannen in einem **B&B** bzw. **Selbstversorger-Cottage** an der kleinen, bezaubernden **Victoria Bay** (S. 406) oder im **Gourikwa Reserve** (S. 427).

Old Cape Road, haben ihre Reize. Nicht zu vergessen die Abstecher zur Straußenstadt **Oudtshoorn**, zu Küstenorten wie Gouritsmond, Still Bay und Witsand und die Orte entlang der letzten Etappe zwischen dem Walbeobachtungsort **Hermanus** und **Somerset West**. Über die kapholländische Geschichte informiert das Museum in **Swellendam**. **Private Game Reserves**, meist nicht weit von der N 2, und die z. T. atemberaubenden **Pässe** ins Inland verlocken ebenfalls zu Umwegen.

Weitere Highlights entlang der Strecke sind die **Seen und Lagunen der Wilderness Area**, das beeindruckende Eisenbahnmuseum in **George**, die Dünenlandschaft des **De Hoop Nature Reserve** sowie an folgenden Punkten die Möglichkeit, zwischen Juli und November **Wale zu beobachten**: Plettenberg Bay, Witsand, De Hoop Nature Reserve und Hermanus.

Interessante Geschichte

Nicht minder interessant und Folge der geografischen Begebenheiten ist die Geschichte der Region. Zuerst lebten hier **Khoi-San**, die sich von Fischerei, mehr noch von Jagd und Viehhaltung ernährten. Sie wurden von den Europäern ins Hinterland verdrängt. Mittlerweile hat man erkannt, dass ihrer Geschichte auch eine größere Bedeutung zukommen sollte. Doch immer noch wird hauptsächlich auf die Geschichte der Kolonisation gesetzt: In Mossel Bay erinnert ein großer Museumskomplex u. a. an **Bartolomeu Dias**, der 1488 als erster Europäer südafrikanisches Land betreten hat. Im **Tsitsikamma National Park** (Teil des Garden Route NP) fasziniert nicht nur die raue Küste, sondern hier wird anhand der Storms-River-Schlucht und anderer tiefer Schluchten deutlich, warum die ersten Siedler die

Küste mieden und durch die trockene Karoo zogen. Die Schluchten, die bis an die Berge reichen, konnten sie mit ihren Planwagen nicht durchqueren, und für den Bau von Brücken fehlten bis ins 20. Jh. Know-how und finanzielle Mittel. Orte wie Knysna konnten über Jahrhunderte nur per Schiff oder umständlich über holprige Pisten erreicht werden. Und wenn es eine Chance gab, auf dem Landweg zur Küste zu gelangen, dann nur über gewagte Passstrecken. Die Geschichte der Besiedlung näher zu betrachten ist maßgebend, um zu verstehen, warum die Garden Route so faszinierend ist.

Besonderer Tipp

Ein besonderes Erlebnis sind **mehrtägige Wanderungen** entlang der Küste, z. B. über den **Otter Trail** (Tsitsikamma), den **Oystercatcher Trail** (Boggomsbaai) oder im De Hoop Nature Reserve. Die Wandertouren sollten alle jeweils frühzeitig gebucht werden.

Inlandsstrecke oder in diesem Kapitel beschriebene Route?

1. Man kann den Routenempfehlungen des Buchs folgen und inlands nach Port Elizabeth (Gqeberha) sowie zurück entlang der N 2 nach Kapstadt fahren.
2. Nicht jeder hat Zeit, beide Routen zu fahren. Es besteht auch die Möglichkeit, von Osten kommend, wie folgt zu fahren: Küstenstrecke bis George – Oudtshoorn – Montagu – Swellendam – De Hoop Nature Reserve – Cape Agulhas – Hermanus – entlang der Küste nach Kapstadt.

Wandern auf dem Oystercatcher Trail

 Hinweis

s. auch Kapitel Reiseroutenvorschläge ab S. 133.
Für den Besuch des Addo Elephant NP sowie die Besichtigung einiger Sehenswürdigkeiten in Port Elizabeth sollte man mind. einen Extratag einplanen.

Routenbeschreibung (Garden Route)

Die Hauptroute folgt ganz einfach der N2. Abzweige und Umwege werden im Text beschrieben. Dafür bieten sich zahlreiche Möglichkeiten, so z. B. für: Knysna Forest, diverse Passstrecken, Oudtshoorn, Still Bay und Witsand, De Hoop Nature Reserve, Cape Agulhas, Hermanus, Greyton und Genadendal.

Entfernungen (direkte Strecke)				
Port Elizabeth (Gqeberha)	▸▸ Addo Elephant Park	▸▸ Port Elizabeth (Gqeberha) (inkl. Rundfahrten im Park)		ca. 150–170 km
Port Elizabeth (Gqeberha)	▸▸ Storms River Bridge			170 km
Storms River Bridge	▸▸ Plettenberg Bay	▸▸ Knysna		99 km
Knysna	▸▸ George			61 km
George	▸▸ Oudtshoorn (inkl. Cango Caves, Straußenfarm)		▸▸ Mossel Bay	205 km
George	▸▸ Mossel Bay			50 km
Mossel Bay	▸▸ Swellendam			170 km
Swellendam	▸▸ De Hoop Nature Reserve (inkl. Rundfahrt im Park)		▸▸ Cape Agulhas	ca. 145 km
Cape Agulhas	▸▸ Elim	▸▸ Hermanus		112 km
Hermanus	▸▸ Küstenstraße	▸▸ Somerset-West	▸▸ Kapstadt	142 km
Gesamt (inkl. Addo Elephant NP und Oudtshoorn)			ca. 1.200 km +300 km für Umwege	
Schnellste Strecke zwischen Port Elizabeth (Gqeberha) und Kapstadt (N 2)				755 km

Sehens- und Erlebenswertes entlang der Küstenstrecke zwischen Port Elizabeth und Kapstadt

Port Elizabeth (Gqeberha) / Nelson-Mandela-Bay-Metropole

Port Elizabeth (Gqeberha), das Zentrum der Nelson-Mandela-Bay-Metropole liegt an der Mündung des kleinen Baakens River und erstreckt sich über 16 km entlang der Algoa Bay. Trotz schöner und sicherer Strände bietet die fünftgrößte Stadt des Landes relativ wenig. Im Stadtkern gibt es ein paar historische Bauten, doch sieht man ihm sofort an, dass er zu einer Zeit zwischen Hügeln und Meer angelegt wurde, als die jetzigen Ausmaße nicht in Erwägung gezogen wurden. Nahezu dörflich erscheinen die Gebäude und Villen aus der viktorianischen Zeit auf dem 60–90 m hohen Plateau „The Hills" oberhalb der Innenstadt. Das moderne Leben hat ohne Zweifel einen großen Bogen um diese Gegend – immer noch als „Central" bekannt – gemacht. Zu steil waren die Straßen für den Verkehr, zu hoch die Kriminalitätsrate und zu wenig zukunftsweisend die Politik der Stadtväter, als dass „Downtown PE" hätte boomen können. Ganz im Gegenteil: Port Elizabeth hat sich hin zu den Vororten orientiert. Suburbane Shopping Malls, mittelständische Vorstadtsiedlungen, riesige Industrieareale in entfernten Randgemeinden (z. B. Uitenhage (Kariega)) oder inmitten der Hafenanlagen, Strukturen wie in den Umbruchszeiten während der 1970er-Jahre in Amerika haben auch hier ihre Spuren hinterlassen. Am markantesten ist der Beton-Highway, der wie ein Schutzwall Innenstadt und Hafen trennt.

Dörfliche Atmosphäre

Mit Sicherheit ist „**PE**" (Gqeberha) kein Höhepunkt einer Südafrikareise. Während der letzten Jahre hat sich die touristische Situation nur bedingt verbessert: Die Innenstadtgeschäfte sind in die Malls am Stadtrand abgewandert. Große, historische Gebäudekomplexe in der Innenstadt, wie die ehemalige Post und das Presse-Viertel, wurden von Firmen übernommen, sodass der öffentliche Zugang verwehrt ist. Stadtplanerisch hat sich zudem auch hier an vielen Punkten die langweilige Betonkultur der 1960er/70er-Jahre breitgemacht. Nur weiter nach Osten, in Humewood und Summerstrand, direkt an der Algoa Bay, locken Strand, Casino, Boardwalk Mall, Restaurants und Hotels Besucher an. Die Eisenbahnfahrten mit dem urigen Apple Express wurden eingestellt, sollen aber in naher Zukunft auf einem kürzeren Streckenabschnitt wieder aufgenommen werden. Zu empfehlen ist ein Besuch des historischen Townships New Brighton mit einer organisierten Tour.

Redaktionstipps

- Das historische **N° 7 Castle Hill Museum** sowie der Blick hinunter vom Campanile-Turm (S. 362).
- Im **Bayworld Museum Complex** beeindrucken das Main Museum sowie der Snake Park (S. 363).
- Das **South End Museum** informiert über die Zerstörung eines Stadtteils während der Apartheid (S. 362).
- Am besten wohnt man nahe dem Strand (Humewood, Summerstrand, z. B. in der **Pine Lodge**) oder im **Hacklewood Hill Country House** (S. 365f.).

Ein Tag ist also mehr als genug, um das kulturelle Angebot (South End und andere Museen, Kunstgalerie, Opernhaus) zu nutzen, sich die historischen Gebäude anzuschauen und anschließend in die Fluten des Indischen Ozeans zu springen. Tauchinteressierte können um PE viele Tauchschulen finden, da das Meer und die Lagunen hier als relativ sicher gelten. Führungen durch die Fabrikanlagen von VW in Uitenhage (Kariega) sollte man vorher anfragen, der VW AutoPavilion kann dagegen auch spontan besucht werden.

Geschichte und Wirtschaft

Stadtname

Der Name **Port Elizabeth** („PE") ist noch immer die geläufigste – und deshalb hier verwendete – Bezeichnung, offiziell heißt die größte Stadt des Eastern Cape aber seit Februar 2021 **Gqeberha**. **Nelson-Mandela-Bay-Metropole** ist die Benennung des städtischen Großraums und damit auch des Verwaltungsgebiets. Dazu zählen neben Port Elizabeth Uitenhage (seit 2021: Kariega), Despatch, Bethelsdorp, Redhouse, Motherwell u. a. Städte der Region.

Als erster Europäer landete **Bartolomeu Dias** 1488 in der Algoa Bay. Die geschützte Bucht wurde von da an als Ankerplatz genutzt, um Proviant und Trinkwasser zu bunkern. So kamen die Portugiesen und später die anderen europäischen Seefahrernationen regelmäßig in die Bay. Dabei strandeten einige Schiffe und mussten verlassen werden. Heute noch kann man nach ihren Überresten tauchen. Die eigentliche Stadtgründung erfolgte 1799, als die Briten **Fort Frederick** errichteten. Es ist das älteste britische Bauwerk in Afrika südlich der Sahara. Den Anlass bot damals Frankreich, das plante, die Rebellen im Gebiet von Graaff-Reinet zu unterstützen. Von 1817 bis 1850 überwachte das Militär vom Fort aus die Ankunft britischer Siedler. Allein im Jahr 1820 trafen 5.000 Siedler ein. Ihren **Namen** verdankt die Stadt dem damals amtierenden Kap-Gouverneur Sir Rufane Donkin, der 1820 die Siedlung nach seiner zuvor in Indien verstorbenen Frau Elizabeth benannte.

Viertgrößter Hafen in Südafrika

Heute ist Port Elizabeth (967.000 Einw.) eine quirlige Industrie- und Hafenstadt, in deren Großraum (Nelson-Mandela-Bay-Metropole) über 1,2 Mio. Menschen leben. Bedeutendste Industrie ist der **Fahrzeugbau** (Ford, Isuzu, VW). Über die Hälfte aller Industriebeschäftigten sind direkt oder indirekt in der Automobilindustrie oder in den Zulieferfirmen tätig. Auch andere Industrien wie Textil-, Möbel- und Konservenfabriken haben sich hier niedergelassen. Bedeutung hat zudem der **Wollhandel**. Die Wollbörse (Wool & Mohair Exchange) hier ist die größte in Südafrika. Der **Hafen** ist in puncto Umschlagsmenge der viertgrößte in Südafrika (nach Durban, Richards Bay und Saldanha Bay). Er verfügt über einen modernen Containerterminal sowie eine große Erzverladestation. Dank des Ausbaus des Tiefwasserhafens **Port of Ngqura** 20 km nördlich hat seine Bedeutung zugenommen. Port Elizabeth ist außerdem Bischofssitz und hat eine **Universität** und ein Technikum.

Hinweis

In der Touristeninformation gibt es ein Heftchen zum **Donkin Heritage Trail**. Darin sind 51 historische Gebäude und Punkte entlang einer 5 km langen Strecke aufgeführt. Ebenfalls interessant ist der kurze Aufstieg vom Rathaus hinauf zum u. g. Donkin Reserve: Hier wird an den Leidensweg im Freiheitskampf gegen die Apartheid erinnert.

Donkin Street Houses

Sehenswertes in der Innenstadt

Am besten parkt man am **Donkin Reserve**. Die Anlage mit dem offenen, grasbewachsenen Platz wurde von Sir Rufane Donkin initiiert. Im Gedenken an seine verstorbene Frau Elizabeth, Namensgeberin der Stadt, ließ er hier eine Steinpyramide errichten. Beachtenswert sind die in Stufen angelegten **Donkin Street Houses** an der Nordseite, erbaut 1860–1870. Zu jener Zeit begann die britische Kolonialverwaltung, sich mehr für Port Elizabeth zu interessieren, und Kaufleute investierten größere Summen. Hauptattraktion ist heute aber **Südafrikas größte Flagge**, zusammen mit einem bunten Mosaik. Beides soll aufmerksam machen auf den Freiheitskampf. Der 1861 erbaute **Leuchtturm** beherbergt die **Touristeninformation** und kann be-stiegen werden. Von oben bietet sich ein guter Ausblick über Stadt und Hafen. Darunter befindet sich ein Memorial zum Gedenken an den Freiheitskampf während der Apartheid.

Ausblick über Stadt und Hafen

Auffällig ist das Gebäude des **King Edward Hotel** an der Westseite des Platzes. Als Wohnhaus konzipiert, konnte es als erstes mit einer überdachten Ladenzeile aufwarten. Diese diente später als Café und Lounge des Hotels, das nach langjähriger Schließung 2016 wieder in Betrieb ging, dann aber erneut geschlossen wurde. Zwei Querstraßen nördlich vom Platz sind die restaurierten **Upper Hill Street Houses** in der gleichnamigen Straße zu bewundern.

Market Square (1)

Am Fuße von „The Hills“ öffnet sich der Market Square. Hier wird deutlich, wie in den 1960er/70er-Jahren an der Architektur gepfuscht wurde. Neben den lieblosen modernen Bauten finden sich im Umkreis noch einige interessante Gebäude: die alte **City Hall** mit ihrem Uhrenturm (1858–1862), die 1903 erbaute **City Library** (viktorianisches Prunk-Interieur), das **Old Post Office** und ein Stück die Hauptstraße entlang nach Süden die **Feather Market Hall**, seit über 100 Jahren das Konzert-, Veranstaltungs- und Konferenzentrum der Stadt.

Algoa Bay
Grahamstown, East London
Port Elizabeth Station
Donkin Reserve
Westbourne Oval
St. Georges Park
Cricket Stadium
Settlers Park
CENTRAL
SOUTH END
HUMERAIL
Victoria Park
Victoria Park Valley Station
Airport
Terminals
Wallmer, Humansdorp, N2
Wallmer
Apple Express zzt. stillgelegt
Humerail Shopping Centre
Govan Mbeki Ave.
Settlers Hwy.
Cape Rd.
Russell Rd.
Walmer Blvd.
Walmer Rd.
Heugh Rd.
Allister Miller Dr.
Brickmakers Kloof
Valley Rd.
Upper Valley Rd.
Forest Hill Rd.
La Roche Dr.
Albany Rd.

Port Elizabeth (Gqeberha)

INDIAN OCEAN
Yachthafen
Terminals
Öltanks
Homewood Road Station
King's Beach
Humewood Rd.
M4
Pommern St.
Passat St.
Chapman Ave.
Perrot Ave.
Windermere Rd.
Killarney Rd.
Beach Rd.
Summerstrand
Driftsands Dr.
Marshall Rd.
Ferndale Rd.
HUMEWOOD
Glengarry Cr.
Chalmers Rd.
Napier Rd.
La Roche Dr.
M11
N
0 400 m
© graphic

Sehenswürdigkeiten

1 City Hall, Market Square und Feather Market Hall
2 Campanile
3 N° 7 Castle Hill Hist. Museum
4 Fort Frederick
5 South End Museum
6 Nelson Mandela Metropolitan Art Museum
7 Bay World (Main Museum, Oceanarium & Snake Park)
8 Pioneers Memorial-Synagoge
9 Red Location Museum (zzt. geschlossen)
10 Mohair Headquarters

Unterkünfte

1 Hacklewood Hill Country House
2 The Windermere
3 The Grand Hotel
4 The Kelway
5 PE Backpackers
6 Jikeleza Lodge
7 Roots Backpackers
8 Humewood Hotel
9 Unterkünfte in Humewood und Summerstrand

Restaurants

1 Blackbeard's Seafood Tavern, De Kelder, Ziggy's R&R Bar & Grill
2 Old Austria
3 Fischimbisse am Hafen
4 Natti's Thai Kitchen

Bemerkenswert sind noch die Replik des **Dias Cross** auf dem Platz (in Erinnerung an Bartolomeu Dias, der 1488 die Algoa Bay entdeckte) und das **Monument to Prester John** hinter der City Hall, ein koptisches Kreuz, das dem damals verehrten Königspriester zu Ehren errichtet wurde. Unter der monströsen Autobahntrasse durch geht es nun ins Eisenbahn- und Hafengebiet.

Campanile (2)

Rundumblick

Von diesem Turm aus, der 1923 im Andenken an die Siedler des beginnenden 19. Jh. fertiggestellt wurde, eröffnet sich ein ausgezeichneter Rundumblick auf die Innenstadt und vor allem den Hafen. Dreimal am Tag läuten die 23 Glocken, währenddessen sollte man sich nicht unbedingt im Glockenturm aufhalten. Das Glockenwerk ist das größte in Südafrika. Für den Aufstieg auf den 52 m hohen Turm gilt es, 204 Stufen zu bewältigen. Zurück geht es wieder den Berg hinauf.
Campanile, *www.nmbt.co.za/listing/campanile_memorial.html, Mo–Fr 9–16, Sa 9–15 Uhr.*

N° 7 Castle Hill Historical Museum (3)

Das Wohnhaus wurde 1827/28 vom irischen Pfarrer Francis McCleland an dieser Stelle erbaut und gilt damit als eines der ältesten noch erhaltenen Siedlerhäuser der Stadt. Für nur drei Guineas erwarb er das Grundstück von der Stadt unter der Bedingung, hier innerhalb von 13 Monaten ein solides, ansehnliches Haus zu errichten. Als Baumaterial wählte er Sandstein und Gelbholz, was der Verwitterung gut standhalten sollte. 1962 kaufte die Stadt das Haus vom damaligen Besitzer zurück, restaurierte es und bemühte sich, es so einzurichten, wie ein bürgerliches Haus Mitte des 19. Jh. ausgesehen haben mag. Beeindruckend ist die Küche im Keller, in der man u. a. eine handbetriebene Waschmaschine bewundern kann. Im Hinterhof befindet sich ein Raum, in dem Spielzeug und Puppen aus jener Zeit ausgestellt sind.
N° 7 Castle Hill Historical Museum, *7 Castle Hill, ✆ (041) 582-2515, Mo–Fr 10–16.30 Uhr. Mittagspause jeweils 13–14 Uhr, Führungen auf Anfrage*

Fort Frederick (4)

Das Steinfort wurde 1799 von den Briten errichtet, um die Mündung des Baakens River zu schützen, vor allem vor den Franzosen. Kampfhandlungen hat das Fort nie erlebt. Namensgeber war Frederick, Duke of York. Heute können das Munitionslager und das Wachhaus besichtigt werden sowie die Anlage selbst (Blick über den Hafen).
Fort Frederick, *Belmont Terrace, tgl. Sonnenaufgang bis -untergang.*

Von hier ist es nicht weit zu den **Cora Terrace Houses** in der Bird Street. Diese nach 1856 erbauten Häuser dienten als Truppenunterkunft, die feineren waren die Offiziershäuser. Weiter geht es zum **St. George's Park**.

South End Museum (5)

Wie in Johannesburg (Sophietown) und Kapstadt (District Six) wurde auch in Port Elizabeth während der Apartheidszeit mit South End ein bunter, von unterschiedlichsten Menschen bewohnter Innenstadtbezirk ausradiert und die nicht-weiße Bevölkerung auf Townships verteilt. Bereits 1948 begann man mit der Umsiedelung und wenige Jahre später wurden die Gebäude niedergerissen. An die guten und die schlechten Zeiten erinnert das Museum mit vielen Fotos und Dokumenten.
South End Museum, *Ecke Walmer Blvd./Humewood Rd., ✆ (041) 582-3325, https://southend-themuseum.co.za, Mo–Fr 9–16, Sa/So 10–15 Uhr.*

Sehenswertes abseits der Innenstadt

Nelson Mandela Metropolitan Art Museum (6)

Ursprünglich wurde die Galerie einzig als Ausstellungsort für britische Kunst des 19. Jh. genutzt. Heute werden auch Werke von Künstlern aus den Kapprovinzen sowie junge Nachwuchstalente gezeigt. Neben Ölgemälden und Radierungen sind Mixed-Media-Bilder, asiatische Kunstwerke, Keramiken und Video-Art zu sehen. Es gibt auch Sonderausstellungen.
Nelson Mandela Metropolitan Art Museum, *St. George's Park, 1 Park Drive (Central), ✆ (041) 506-2000, www.artmuseum.co.za, Mo–Fr 9–16 Uhr (Di vormittags geschl.), an manchen Samstagen ist geöffnet, vorher telefonisch nachfragen.*

Bayworld (7)

Der Komplex ist in drei Teile untergliedert:
Main Museum: Die naturwissenschaftliche Abteilung beschäftigt sich vornehmlich mit der maritimen Tierwelt, doch es gibt auch ausgestopfte Landtiere zu sehen. Beeindruckend ist das Skelett eines ausgewachsenen Wals. Hinzu kommen Erläuterungen zum Thema Dinosaurier. In der wissenschaftlichen Abteilung wird erklärt, wie Meeresströmungen verfolgt werden und welche Auswirkungen sie auf Klima und Umwelt haben. In der anthropologischen Abteilung wird die Lebensweise der Xhosa, der Bevölkerungsgruppe, die vornehmlich nordöstlich von Port Elizabeth lebt, vorgestellt und sie erzählt die Geschichte der ersten Menschen an der Algoa Bay.

Maritimes Leben

Oceanarium: Zahlreiche Fischarten beleben das große und mehrere kleinere Aquarien. Hier werden Shows mit Pinguinen und Seehunden vorgeführt.

Snake Park: Verschiedene Schlangenarten bis hin zum riesigen Python können hier bestaunt werden. Im feucht-warmem Klima des Tropenhauses gedeihen bunte und verschlungene Tropenpflanzen, zwischen denen exotische Vögel frei herumfliegen.
Bayworld *(Port Elizabeth Museum Complex, Oceanarium, Snake Park), Marine Drive, Humewood, ✆ (041) 584-0650, www.bayworld.co.za, Mo–Fr 9–16.30 Uhr.*

Pioneers Memorial-Synagogue (8)

Das Gottesaus entstand 1903 und diente der jüdischen Gemeinde, die sich aus überwiegend geflohenen osteuropäischen Juden, seit der Einweihung 1912 bis 1954 als kultureller und religiöser Mittelpunkt. Seit 1986 ist das Gebäude mit einer Fassade im Art-Nouveau-Stil Nationaldenkmal.
Pioneers Memorial Synagogue, Raleigh St.

Red Location Museum (9) (zzt. geschlossen)

Geschichte der Apartheid

Bereits der Weg hierher vermittelte einen Eindruck von einem Township – doch genau das führte 2013 zur Schließung des modernen, erst 2005 eröffneten Museums, das sich auf gelungene Weise mit der regionalen Geschichte der Apartheid und des Widerstands beschäftigte. Dafür hatte man viel Geld investiert und einen architektonischen Prachtbau hingestellt. Ironischer-, aber verständlicherweise veranlasste das die Anwohner zu Protesten. Ihre Blechhütten verfügen heute noch über eine unzureichende Wasserzu- und -abfuhr, die Straßen sind marode, die Arbeitslosigkeit

hoch, ganz zu schweigen von der Kriminalitätsrate. Der Aufruhr gipfelte in Gewalt, das Museum wurde geschlossen. Die Protestler entwendeten oder zerstörten das Interieur. Eine Wiedereröffnung ist zwar geplant, aber scheinbar immer noch in weiter Ferne …

Red Location Museum, *Ecke Olof Palme/Singaphi Sts., im Township New Brighton.*

Mohair Headquarters (10)

Die Karoo-Region nördlich von Port Elizabeth steht für nahezu 60 % der Weltproduktion von Mohair-Wolle. Daher hat man sich entschlossen, dieses auch in PE publikumswirksam zu fördern. Hier am Hauptquartier können sich Künstler und Händler umfassend informieren bzw. ausstellen. In einem Geschäft werden ausgesuchte Mohair-Produkte angeboten, aber auch sachkundig beraten. Zudem gibt es gelegentlich Kunstaustellungen rund ums Thema Mohair.

Mohair HQ, *Ecke Forsdyce Rd/6th Ave., Walmer, www.mohair.co.za, normale Ladenzeiten.*

St. Croix Motor Museum

Das Museum zeigte bis vor einigen Jahren eine tolle Oldtimer-Ausstellung mit teilweise über 100 Jahre alten Autos. Leider musste es die ehemaligen Ausstellungsräume im Vorort Newton Park verlassen. Nun sucht der private Sammler und Autoenthusiast Eben de Vos eine neue Bleibe für die über 80 Fahrzeuge. Auf entsprechende Ankündigungen zu achten, lohnt sich definitiv! Oldtimerfans können unter ✆ (083) 463-5286 erfragen, wo man die Autos jetzt sehen kann.

Cape Recife

Ein Ausflug zum Cape Recife führt über die Beach Road nach Süden. Wo die Bebauung endet, liegen bereits ruhige Strände. Kurz vor dem Ziel biegt man erneut ab und meldet sich für das Nature Reserve an. Im Infocenter werden die Naturgegebenheiten erläutert, aber auch, wie verletzte und ölverschmutzte Pinguine wieder aufgepäppelt werden (*Fütterung tgl. 10 und 15 Uhr*). Der Leuchtturm direkt am Kap kann zu unregelmäßigen Zeiten besichtigt werden. Ansonsten genießt man hier den frischen Wind und die Aussicht aufs Meer oder spaziert entlang einem 5 km langen Trail. Folgt man der Hauptstraße weiter Richtung Westen (Sea View), tauchen hier und dort Picknickplätze und Familienresorts auf.

Leuchtturm am Cape Recife

Reisepraktische Informationen Port Elizabeth (Gqeberha)/Nelson-Mandela-Bay-Metropole

Information

Nelson Mandela Bay Tourism, *Donkin Reserve im Donkin Lighthouse Building, Innenstadt, ✆ (041) 582-2573/5, (041) 585-8884, www.nmbt.co.za. Informationen, Vermittlung von Unterkünften und Tickets für Veranstaltungen. Der hier erhältliche* **Nelson Mandela Bay Pass** *(www.nelsonmandelabaypass.co.za) erlaubt kostenlosen Eintritt zu nahezu allen Attraktionen in und um die Stadt (auch Parks, z. B. Addo NP). Am* **Boardwalk** *(Shop 48, gegenüber Hobie Beach, Marine Dr., Summerstrand) und am* **Flughafen** *(✆ (041) 581-0456) gibt es ebenfalls Infostände.*

Wichtige Telefonnummern/Krankenhäuser/Apotheken

Polizei: *✆ 10111*
Notruf/Ambulanz: *✆ 10177*
St. Georges Hospital: *40 Park Drive, Settler's Park, ✆ (041) 392-6111, 24 Std. geöffnet.*
Netcare Greenacres Hospital: *Ecke Cape/Rochelle Rds., Greenacres, ✆ (041) 390-7000, 24 Std. geöffnet.*
8–23-Uhr-Apotheke: *Mount Road Medicine Depot, Govan Mbeki Ave., ✆ (041) 484-3838 od. 483-5781*
Deutsches Honorarkonsulat, *s. S. 91*

Unterkunft

Hacklewood Hill Country House (1) $$$–$$$$, *152 Prospect Rd., Walmer, ✆ (041) 581-1300 bzw. 502-3050, www.hacklewood.co.za. Vornehme viktorianische Villa, der man ansieht, dass sie beim Bau noch weit vor der Stadt lag. Gemütlicher Garten, Pool, viele Antiquitäten und geräumige Zimmer. Der Clou ist das Fine-Dining-Restaurant im Haus.*

The Grand Hotel (3) $$, *Athol Fugard Terrace, Innenstadt, ✆ (041) 582-4753. Ehemals ein wirkliches Grand Hotel, bietet das Haus heute eine einfache Unterkunftsmöglichkeit in der Innenstadt. Von den 42 Zimmern haben nicht alle ein eigenes Bad. Trotzdem kann man hier ein wenig am grandiosen Charme besserer Zeiten schnuppern – und das bei einem guten Preis-Leistungs-Verhältnis. Unbedingt vorher reservieren, da oft ausgebucht durch große Gruppen, Konferenzen o. ä.*

Unterkünfte in Humewood und Summerstrand (9)

Hier findet man, vor allem entlang von **Beach Road** *und* **Marine Drive**, *Hotels, B&Bs und Apartments aller Preisklassen. Sie liegen günstig zum Strand sowie zu Restaurants und bieten ein vernünftiges Preis-Leistungs-Verhältnis. Wer mit Kindern reist, sollte dies bei der Buchung angeben. Sehr oft schlafen Kinder unter 19 Jahren in Port Elizabeth kostenfrei! Bei den hier gelegenen Hotels ist zu bedenken, dass man sich mitten im Geschehen befindet und gerade die dem Meer zugewandten Zimmer gleichfalls zur recht lauten Straße hin liegen.*

The Windermere (2) $$$–$$$$, *35 Humewood Rd., Humewood, ✆ (041) 582-1656, https://thewindermerehotel.co.za. Von außen ein unscheinbares, historisches Vorstadthaus. Innen aber mit Geschmack schlicht und modern eingerichtet. Kleiner Garten im Innenhof. Pool. Weitere Empfehlungen:*

Das **Suiten-Hotel The Courtyard** $$$–$$$$, *✆ (041) 583-4655; die* **City Lodge** $$–$$$, *✆ (041) 584-0322; sowie die* **Road Lodge** $$, *✆ (041) 583-4404, alle über https://clhg.com. Alle nahe Boardwalk.*

Palm Beach Guest House $$–$$$, *4 Scarborough St., Humewood, ✆ (041) 583-2493, www.palmbeach-guesthouse.co.za. Ein gut eingerichtetes Gästehaus nahe Strand und Aquarium, individuell. B&B und Selbstversorger möglich.*

The Beach Hotel $$$–$$$$, *Marine Drive, Summerstrand, ✆ (041) 583-2161 bzw. 502-3050, www.thebeachhotel.co.za. Mehrfach prämiertes Hotel der oberen Mittelklasse. Historische Atmosphäre. Nahe dem Hobie Beach und am Boardwalk Casino. 58 geschmackvoll eingerichtete Zimmer, davon einige mit Blick auf den Ozean. Drei Restaurants im Hause, darunter das elegante und beliebte* **Ginger Restaurant** *(u.a. Außenterrasse mit Ozeanblick).*

Humewood Hotel (8) $$, *33 Beach Rd., ✆ (041) 100-0123, https://stayphg.co.za. Etwas biederer und im Chic der 1950er/60er-Jahre ausgestattet. Einige Zimmer mit Meerblick. Gutes Preis-Leistungsverhältnis.*

Pine Lodge Resort $$–$$$$, *Marine Dr. (Zufahrt zum Recife Lighthouse), Summerstrand, Schoenmakerskop, ✆ (041) 583-4004, https://pinelodge.co.za. Resort mit gut ausgestatteten Kiefernholzhütten (Selbstversorger). Nahe dem Strand! Auch günstige bzw. Mehrbett-Chalets sowie Camping. Restaurant und Sundowner-Bar. 10 Autominuten zur Innenstadt.*

The Kelway (4) $$–$$$$, *Brookes Hill Drive, Humewood, ✆ (041) 584-0638, www.thekelway.co.za. Das Hotel hat sich augenscheinlich ganz dem Motto Holz verschrieben. Bereits von außen beeindrucken die hölzernen Balkone. Schicke, vernünftig ausgestattete Zimmer, einige mit Blick zum Meer. Mit Restaurant und Pool. Nahe Boardwalk, Bayworld und Strand.*

JH Jugendherbergen/Backpacker Lodges

Einige der genannten und andere Backpacker-Unterkünfte findet man im Internet unter www.hostelz.com/hostels/South-Africa/Eastern-Cape/Port-Elizabeth.

Jikeleza Lodge (6) $, *44 Cuyler St., Innenstadt, ✆ (041) 586-3721, https://jikelezalodge.co.za. Beliebte Backpacker Lodge. Schlafräume, Doppel- und Familienzimmer. Garten, Tourarrangements zu den Tierparks.*

PE Backpackers (5) $, *7 Prospect Hill Rd., Innenstadt, ✆ (041) 586-0697 bzw. (082) 531-5201, www.pebackpackers.za.org. Backpacker Lodge in über 100 Jahre altem Stadtgebäude. Schlafräume und ein Doppel-/Familienzimmer. Ruhig gelegen in Seitenstraße.*

Roots Backpackers (7) $, *24 Bayly Rd., Broadwood, ✆ (083) 843-7677. 8 km westlich von Humewood in ruhigem Wohngebiet. Gut ausgestattet, Zwei- und Mehrbettzimmer.*

Camping

Entlang dem **Marine Drive** *zwischen Summerstrand und Schoenmarkerskop gibt es mehrere Campingplätze direkt am Wasser. Das* **Pine Lodge Resort** *(s. o.) ist der Tipp, da es am nächsten zur Stadt liegt, einen direkten Zugang zu einem Strand hat und hervorragend ausgestattet ist.*

Positiv zu erwähnen ist auch **The Willows** *(17 km von Innenstadt, Marine Dr., Willows, ✆ (041) 396-2000, https://thewillowspe.co.za). Es ist großzügiger angelegt und direkt am Meer. Rondavel und Hütten verschiedener Größe (2–8 Betten), einige Camping Sites zum Wasser hin (Wind!). Tidenpools.*

Essen und Trinken

Blackbeard's (Seafood Tavern) (1), *Chapman Manor Hotel, 1 Lady Bea Crescent, Brooke's Hill, Humewood, ✆ (041) 584-0678. Erstklassige Meeresfrüchte, aber auch Fleischgerichte, z. B. Straußensteak. Die Portionen sind groß. Gute Weinkarte.*

Old Austria (2), *24 Westbourne Rd., Innenstadt, ✆ (041) 373-0299. Rustikale, österreichische Küche (Leberknödel, Jägerschnitzel mit Spätzle), jedoch bekannt wegen seiner exzellenten Fischgerichte. Sehr empfehlenswert.*

De Kelder (1), *39A Marine Drive/Ecke 6th Ave., Summerstrand, ✆ (041) 583-2750. Gute Fleisch- und Fischgerichte. Ausgesuchte Weinkarte.*

Fischimbisse am Hafen (3), *Lower Valley Rd., Hafengebiet südl. der Innenstadt. In den Imbissen gibt es frische Fischgerichte, frittiert, aber auch gegrillt. Dazu verschiedene Saucen und natürlich Beilagen. Hier gehen die Einheimischen hin, besonders zur Mittagspause.*

Natti's Thai Kitchen (4), *5 Park Lane, St. Georges Park, ✆ (041) 373-2763. Tgl. Dinner, super Thai-Küche mit scharf gewürzten Speisen. Legere Atmosphäre. Besser reservieren.*

Ziggy's R&R Bar & Grill (1), *Alpine/Marine Dr., Pine Lodge Resort (s. o.), ✆ (041) 583-3789. Leckere Cocktails, gute Fischgerichte, Tapas, Burger. „Down to Earth", aber der Blick auf das Meer bei Sonnenuntergang ist einfach toll. Oft Livemusik.*

Da die Restaurantszene in PE nicht besonders aufregend ist, kann man getrost auf die Hotel-Restaurants bzw. die günstigen Fisch- und Pubgerichte in den Strandlokalen (z. B. **Barney's Tavern**, *am Boardwalk Beachfront, gegenüber Road Lodge Hotel) zurückgreifen.*

Pubs/Livemusik/Nightlife

Direkt am Wasser gelegen ist **The Boardwalk Beachfront** *(Shark Rock Pier/Humewood Strand, gegenüber Road Lodge) am Marine Drive in Humewood. Hier gibt es einige Bars und das Pub-Restaurant* **Barney's Tavern** *(Pubfood, Seafood) mit Außendeck. Auch tagsüber beliebt ist ein Stück weiter das* **Something Good Roadhouse** *(Marine Dr., Humewood, ✆ (041) 583-6986) in Strandnähe, mit Drive-In und Meerblick; Fastfood und Pizza. Wer es etwas ruhiger mag, der sollte im* **Verandah Restaurant** *im Beach Hotel (s. o.) einen Cocktail trinken und dabei aufs Meer schauen. Für Fans von Microbreweries gibt es die* **Bridge Street Brewery** *(1 Bridge St., South End, ✆ (041) 581-0361; Craft-Bier, Burger, Pizza, Steaks) sowie die* **Richmond Hill Brewing Co.** *(2 Alabaster St., South End, ✆ (066) 472-6352; Craft-Bier, gute Whiskeys, Gins und Rums). Allgemein bietet sich für den Abend die Stanley Street (zw. Glen und Mackay Sts. sowie die drei Parallelstraßen südlich davon bis zur Russell Rd./R 102) in Richmond Hill mit Lokalen aller Art an. Die* **Champions Sports Bar & Grub** *(76 Cape Rd., Ecke Salisbury Ave., Millpark, ✆ (041) 373-0936) bietet genau das, was der Name verrät. Eine einfache Bar für Jedermann/-frau mit Essen und Sport-TVs. Ein beliebtes Jazzlokal im Township ist* **Jeya Jazz Corner Tavern** *(Sidwell Ave., nahe Cresswell Ave., Sidwell, ✆ (041) 454-7567; Billardtische und Essen). Empfehlung: Besuch im Rahmen einer organisierten Musik-Township-Tour; wer auf eigene Faust unterwegs ist, sollte vorher telefonisch anfragen, ob geöffnet ist. Beliebt ist auch der* **KK Jazz Club** *(48 Mendi Rd., New Brighton).*

Einkaufen

The Boardwalk, *Marine Drive (zwischen Lodge Rd. u. 1st Ave.), Summerstrand (am Casino). Imposantes Shoppingcenter mit vielen Wasserflächen. Alle bekannten Geschäfte, zudem einige Souvenir- und „Strand"-Läden.*

Walmer Park Shopping Centre, *Ecke 14th und 16th Ave., Walmer, www.walmerparkshoppingcentre.co.za. Geschäfte aller Art, besonders für den täglichen Bedarf. Wenig Souvenirartikel. Noch größer und beliebteste Mall der Einheimischen ist das* **Greenacres Shopping Centre** *in Newton Park/Mount Croix (Cape/Ring Rd.).*

Touren/Sightseeing

Die Anbieter von **Township-Touren** *wechseln oft, sodass zu empfehlen ist, sich in der Touristeninformation (s. o.) nach aktuellen Anbietern zu erkundigen. Dort gibt es auch die Broschüre „***Culture Vulture Route***“, auf der eine Route für Selbstfahrer beschrieben ist, die u. a. auch in Townships führt.* **Raggy Charters** *organisiert Bootsfahrten in der Algoa Bay (Walbeobachtungen) und zu den Inseln St. Croix, Jahleel und Benton Island (Seehund- und Pinguinkolonien), ✆ (073) 152-2277, www.raggycharters.co.za.*

Besichtigung des VW-Werks: *103 Algoa Rd., Uitenhage (Kariega). Die kostenlose Fabriktour (Mo–Fr 9, 12 Uhr, 1–2 Std., ab 8 Jahren) muss vorher angemeldet werden: ✆ (041) 994-5941, www.autopavilion.co.za. Im modern angelegten AutoPavilion (Mo–Fr 8.30–16 Uhr) sind alle VW-Typen ausgestellt, die seit 1951 in Südafrika gebaut bzw. verkauft wurden; hier wird die Geschichte von VW in Südfrika erläutert.*

Inwieweit der **Apple Express** *wieder fahren wird, stand bei Redaktionsschluss noch nicht fest. Touren mit dem historischen Zug sollen aber angeboten werden, wobei der Zug wohl nur zwischen Kings Beach, Humewood und Chief Dawid Stuurman International Airport pendeln wird. ✆ (072) 931-9813, aktuelle Informationen unter www.appleexpresstrain.co.za.*

Tauchen

Tauchen in der Algoa Bay ist sehr beliebt. Entsprechend bieten einige Unternehmen Tauchkurse an, z. B. **Pro Dive Scuba Instruction**, *Pro Dive Centre, 189 Main Rd., Walmer, ✆ (041) 581-1144 bzw. (082) 895-5905, https://prodivepe.co.za.*

Strände

Die Strandgebiete beginnen ca. 2–3 km südlich der Innenstadt mit dem **King's Beach**. *Anschließend folgt der* **Humewood Beach**. *Beide Strände werden überwacht, besitzen Einrichtungen für Kinder (Pools etc.), sind an Sommerwochenenden dafür aber voll. Ruhiger sind weiter südlich* **Hobie Beach** *und* **Summerstrand**, *die sich beide gut für einen Strandspaziergang eignen. Um das Kap herum wird es felsiger, unterbrochen von kleinen Strandabschnitten.* **Sardinia Bay** *beeindruckt mit seinen Dünen und nur wenigen Menschen.*

Verkehrsmittel

Flughafen/Autovermietungen

Chief Dawid Stuurman International Airport, *Alister Miller Drive, Walmer (4 km vom Zentrum, 2 km von Humewood). Help Desk, ✆ (041) 507-7319/48, Fluginfos, ✆ (086) 727-7888, www.airports.co.za. Für den Transfer in die Stadt stehen keine öffentlichen Busse, aber Taxis und Minibusse bereit. Alle* **Mietwagenfirmen** *haben am Flughafen Niederlassungen.*

Bahnhof/Eisenbahnverbindungen

Bahnhof, *östlich der Innenstadt, hinter dem M4-Highway, ✆ (041) 507-4169. Der* **Shosholoza Meyl** *verkehrt 3-mal wöchentlich von und nach Johannesburg, ✆ (086)*

000-8888, www.shosholozameyl.co.za. Fahrzeit: ca. 18 Std. Bei Drucklegung war der Fahrbetrieb ausgesetzt.

Überlandbusse

Busbahnhof, *Greenacres Shopping Centre, Ring Rd., Newton Park (3 km vom Zentrum). Alle großen Unternehmen bedienen tgl. die Garden Route bis Kapstadt. Nach Johannesburg verkehrt der Bus meist über Nacht. Buchungen über* **Computicket** *(✆ (0861) 915-800, http://online.computicket.com/web) möglich.*

Translux, *✆ (041) 392-1303, https://res.prasa.com/translux/Information/Routes,* **Greyhound**, *✆ (041) 363-4555, https://greyhound.co.za,* **Intercape Mainliner**, *✆ (021) 380-4400, https://www.intercape.co.za.*

Regionale Busse

Regionale Kleinbusunternehmen halten am **Bahnhof** *bzw. unter der M 4 nahe dem Bell Tower. Die lokalen* **Minibusse** *haben ihren großen „Stand" an der Strand Street (unter der M 4), nahe der Abzweigung Russell Rd.*

Die innerstädtischen öffentlichen Busse werden von der **Algoa Bus Company** *bedient, ✆ (080) 142-1444, www.algoabus.co.za.*

Taxis

Hurter Cabs, *✆ (041) 585-5500*

Den Fahrdienst **Uber** *gibt es auch in PE: die App runterladen und schauen, ob ein Fahrer in der Nähe ist.*

Minibustaxis *verkehren entlang Humewood Rd./Beach Rd./Marine Drive und halten an den vorgegebenen Busstationen.*

Nördlich von Port Elizabeth

Addo (Elephant) National Park

Anfahrt: *N 2 in nordöstlicher Richtung bis zur Abfahrt 761, von dort führt die R 335 direkt zur Hauptparkzufahrt (12 km nördlich des Ortes Addo). Fahrzeit/km: 1 Std. von Port Elizabeth/70 km. Main Gate: tgl. 7–19 Uhr, andere Gates (Matyholweni Gate im Süden, Zuurberg Section, bei Kirkwood) schließen meist um 16.30/17 Uhr.*

Der Park ist zwischen Darlington im Nordwesten und Kenton-on-Sea im Südosten in sechs Sektionen und die Main Camp Game Viewing Area aufgeteilt. Hinzu kommt die **Marine Section** der Algoa Bay, u. a. mit einigen Inseln. Der Abschnitt des Elefantenparks wird als **Main Camp Game Viewing Area** bezeichnet. Verwirrend sind oft die verschiedenen Zufahrten und Ausschilderungen. Das o. g. **Main Gate** sollte grundsätzlich das erste

Redaktionstipps

- Die Elefanten und Löwen im **Addo NP** sieht man am besten frühmorgens oder bei Sonnenuntergang, Erstere besonders an den Wasserstellen.
- Auch die **Küstendünen** und die **Berge in den nördlichen Sections** beeindrucken.
- **Übernachtung** (S. 374ff.) rechtzeitig buchen! Unkompliziert: **Main Camp/Addo Rest Camp**. Main Camp Game Viewing Area: **Spekboom Tented Rest Camp**. „Out of Africa"-Feeling: **Gorah Elephant Camp**. Außerhalb des Parks: **Avoca River Cabins**. Nahe dem Meer: **Dungbeetle River Lodge**. Camping: nahe der Flussmündung des Sundays River (über Colchester).

Zum Teil nur per Geländewagen

Ziel sein. Die Zuurberg, Kabouga und Darlington Sections können mit einem normalen Pkw nur bedingt erkundet werden (*Zuurberg Pass, von Norden über R 400, Mvubu Camping Site*), auf einigen Abschnitten nur mit Geländewagen (*Permit erforderlich!*). Die **Nyathi Section** ist auf Gäste der dortigen Camps beschränkt. Die mehrteilige **Woody Cape Section** erstreckt sich entlang der Küsten und ist über Colchester, Alexandria und von Kenton-on-Sea erreichbar, von wo aus Pisten in den Park führen. Zum Meer muss man das letzte Stück laufen. Die **Colchester Section** erreicht man von Süden über den Ort Colchester, von Norden von der Verbindungspiste zwischen Addo und N 10.

Die **Addo Main Camp Viewing Area** umfasst 8.600 ha, zuzüglich der 15.000 ha der **Zuurberg Section** sowie der 30.000 ha der nordwestlichen Sections (**Kabouga, Darlington**). Die **Colchester Section** im Süden wird stetig mit weiteren Tieren besiedelt. Wunderschön sind auch die Küstenabschnitte (samt Ozean) zwischen Colchester und Kenton-on-Sea (**Woody Cape**). Hier beeindrucken vor allem die riesigen weißen Dünen sowie die Lagune des Sundays River. Die Piste zur Flussmündung ist privat, gehört also nicht zum Park. Man erreicht sie über den Campingplatz an der N2 (hinter der Tankstelle) am Ort Colchester. Dort bezahlt man und gelangt nach 3,5 km, zumeist entlang dem Fluss und vorbei an den gewaltigen Dünen, zur Lagune an der Mündung. Eine tolle Strecke und der Campingplatz direkt am Fluss ist ebenfalls ein Tipp!

Heimat der „Big Seven“

Heute kann sich der Addo NP der „Big Seven“ rühmen (Elefant, Löwe, Leopard, Büffel, Nashorn, Glattwal, Weißer Hai). Er zieht sich von der Nama-Karoo nordwestlich des Lake Darlington über die Zuurberg Mountains bis hin zum größten Küstendünengebiet der südlichen Hemisphäre im Südosten, hinzu kommt die Meeresfläche vor der Küste inkl. **Bird** und **St. Croix**, zu denen 3–6-stündige Bootstouren von Port Elizabeth aus angeboten werden. Auf St. Croix lebt die weltgrößte Brutkolonie des African Penguin (s. auch S. 264f.). Insgesamt wird die Größe des Parks mit 186.000 ha angegeben, jährlich zählt man über 300.000 Besucher.

Geschichte des Parks

Als die ersten Siedler in der Gegend sesshaft wurden, begannen sie, das

Rettungsaktion für Elefanten

Land zu roden. Doch sehr bald hatten sie Konkurrenten, die wie sie Besitzansprüche an das Land stellten: Elefanten! Da diese immer wieder angelegte Felder verwüsteten, beauftragte die Kap-Regierung 1919 den Berufsjäger Jan Pretorius damit, die Elefanten auszurotten. Bereits nach einem Jahr waren 120 Dickhäuter erlegt, doch mittlerweile empfand die Bevölkerung Mitleid mit den Tieren und protestierte gegen weitere Tötungen. Nur elf Elefanten überlebten das Massaker. Diese Tiere waren aufgrund der Verfolgung gereizt und gefährlich. Daher sollte Harold Trollope, der bereits Erfahrungen im Kruger Park gesammelt hatte, ein Schutzgebiet für die Elefanten einrichten. 1931 wurde ein 2.000 ha großer Lebensraum als Nationalpark bereitgestellt, der im Laufe der Jahre auf 8.600 ha (nur Main Camp Area) anwuchs. Das gesamte Gebiet wurde mit elefantensicheren Zäunen umgeben. Die *Citrus Corporation* lieferte in der Folgezeit ganze Berge verdorbener Orangen an, die den Elefanten sehr gut schmeckten und sie allmählich wieder friedlicher stimmten. Letztendlich hatte das natürlich auch zur Folge, dass diese Elefanten – und auch ihre Nachfahren – sehr auf Zitrusfrüchte ansprechen und gleich am Parkeingang darauf hingewiesen wird, keine Zitrusfrüchte mit in den Park zu nehmen.

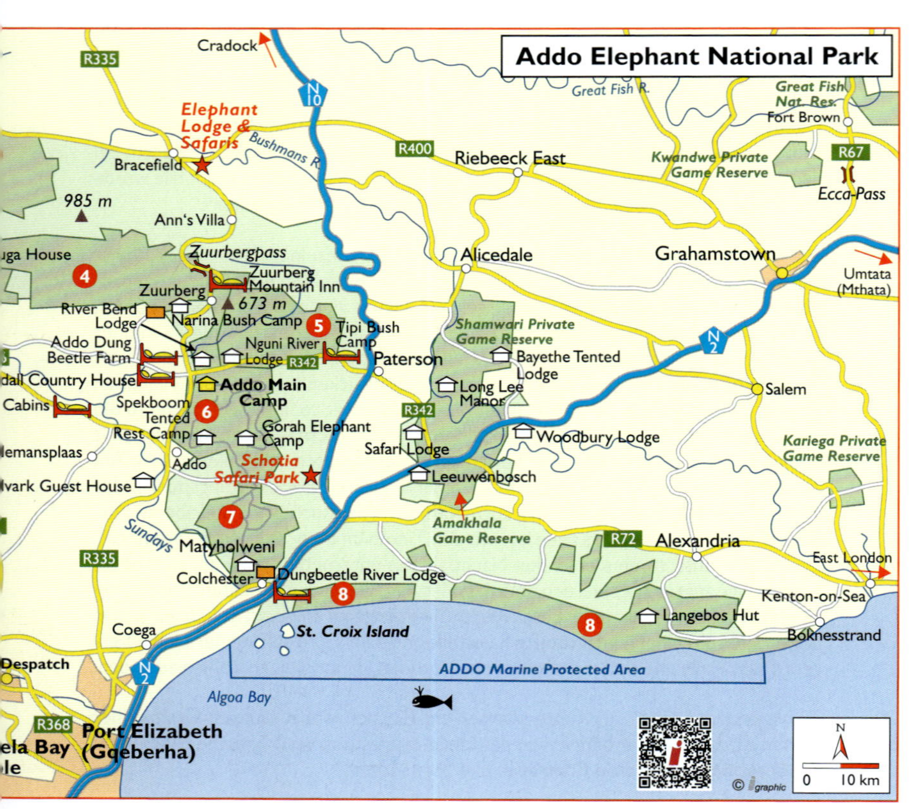

Wasserstelle im Addo Elephant National Park

 Hinweis

Bitte nicht **über Elefanten-Dung** fahren. Denn in ihm legen die Dungbeetle (Mistkäfer) ihre Eier ab. Außerdem gilt: Dungbeetle haben immer „Vorfahrt" (entsprechende Schilder beachten!).

Main Camp Viewing Area und Colchester Section

Mittlerweile ist die Population wieder auf über 600 Elefanten angewachsen. Entlang einer Rundstraße in der Main Camp Viewing Area sowie der Strecke durch die Colchester Section, die auf kleine Beobachtungshügel und an Wasserlöcher führen, kann man die Elefanten beobachten. Am Parkeingang erhält man Informationen, wo die Dickhäuter gerade zu finden sind. Die Addo-Elefanten sind kleiner als die in anderen Parks. Da sich die Herde nur aus den ehemals verbliebenen elf Elefanten fortpflanzen konnte, haben sich nur die Gene für die kleineren Elefanten durchsetzen können. Zudem bei den weiblichen Elefanten auch nur die, die keine Stoßzähne haben. Mittlerweile wurde der erste „große" Elefant aus dem Kruger Park in eine Herde eingeführt.

Kleine Elefanten

Seit 1961 wurden im Park Schwarze Nashörner (Spitzmaulnashorn = Black Rhino, damals sehr selten zu sehen, heute sind es etwa 50), Büffel (ca. 400), Kudus, Elenantilopen und andere Savannentiere ausgesetzt. Heute gibt es sogar wieder Löwen, Hyänen, ein paar Hippos und Leoparden (Löwen und Leoparden nur in kleiner Zahl). Weitere Tiere im Park sind Zebras, Kuhantilopen, Springböcke, Schakale und verschiedene Schildkrötenarten. Besonders beeindruckend ist auch die Vielfalt an Vögeln. Es wurden über 170 Vogelarten gezählt, darunter so unterschiedliche Arten wie Strauße, Habichte, Falken und Teichhühner. Auf **Nachtfahrten** kann man mit etwas Glück auch Erdwölfe, Stachelschweine, Springhasen und Eulen sehen. Am kleinen Stausee im Main Camp gibt es einen weiteren Beobachtungspunkt, der gerne von Elefanten und manchmal auch Nashörnern besucht wird und abends ausgeleuchtet wird. Besonders nahe ist man den Tieren im tiefer gelegenen „Versteck". Die ausdrücklich zu empfehlenden Nachtfahrten unternimmt der Ranger, müssen aber vorher angemeldet werden. Impalas, Giraffen, Geparden (Cheetahs) sucht man vergebens, denn die hat es in dieser Region niemals gegeben. Fazit: Es handelt sich in erster Linie um einen Elefanten-Park und alle anderen Tiere spielen nur eine untergeordnete Rolle und sind zumeist, bis auf die Büffel, in nur kleinen Zahlen zu finden.

Kurze Bäume

Die Vegetation besteht aus Kletterpflanzen und Bäumen, wobei kaum ein Baum höher als 4 m ist, da er vorher bereits von den Elefanten gestutzt wird. Typische Bäume sind der Spekboom, der Karoo Boer Bean und der Guarrie.

Wer gerne wandert und dieses bereits im Park getan hat, sei darauf hingewiesen, dass der Spekboom Trail (12-km-Rundweg, 3–4 Std.) zeitweise nicht zu benutzen ist.

Hinweis

Alle Tierparks in dieser Region sind malariafrei!

Abseits der Touristenpfade

Eindrucksvoll, wenn auch rau und nur für Geländefahrzeuge zugelassen, ist der **Bedrogfontein Trail** im Westen des Parks. Die 45 km lange Strecke führt vom Kabouga Gate (bei Kirkwood) durch Wälder, über die Zuurberg Mountains und hinein in die Nama-Karoo sowie weiter bis zum Darlington Lake. Elefanten gibt es hier nicht, dafür aber Black Rhinos. 5–6 Std. Fahrzeit, Anmeldung bei der Parkverwaltung erforderlich. Unbedingt über Pistenzustand informieren! Übernachtungsmöglichkeiten: Kabouga House und Mvubu Campsite.

In der **Woody Cape Section** gibt es zwei **Wanderwege durch die Welt der Dünen**, den 8 km langen **Dassie Trail** sowie den 36 km langen, zweitägigen **Alexandria Trail**. Letzterer führt auch durch Küstenwälder. Höhepunkt ist die Besteigung einer der bis zu 150 m hohen Dünen. Insgesamt erstrecken sich die Dünenfelder über 50 km und bedecken eine Fläche von 158 km². Die Dünen an der Algoa Bay gelten übrigens als die am schnellsten wandernden Sanddünen der Welt.

Zuurberg, Kabouga und Darlington Sections

Information

Zuständig ist die **Parkverwaltung im Addo Elephant Park**. Anfahrt zur Zuurberg Section: R335, 1,4 km südlich der Main Camp-Zufahrt. Dort abzweigen nach Westen und der Straße in die Berge folgen (ausgeschildert). Gate: tgl. 7.30–16.30 Uhr (variiert). Die Strecken, die weiter in die westlichen Sektionen führen, sind nur für Geländefahrzeuge geeignet. Der **Streckenabschnitt nördlich des Zuurberg-Passes** zur R 400 war lange gesperrt, die Strecke ist wieder geöffnet, aber man sollte sich vorher über den wetterbedingten Zustand erkunden, besonders, wenn man keinen 4x4 fährt.

Dieser Parkabschnitt befindet sich westlich des Main Camp. Wie der Name bereits verrät, handelt es sich z. T. um einen „Bergpark“, wobei die Berge eher als hohe Hügel zu bezeichnen sind und deren Vegetation z. T. durch Küsten-Nebelwälder bestimmt ist. Dennoch gibt es auch hier Savannentiere zu sehen. Zusätzlich wurden die gefährdeten Bergzebras ausgesetzt. Die **Zuurberg Section** eignet sich gut für **Wanderungen**. Es gibt einen ein- und einen vierstündigen Trail. Ausritte mit ausgeliehenen Pferden sowie „Elephant Back Safaris“, also Elefantenritte, sind möglich. Das historische **Zuurberg Mountain Manor** liegt an einer früher stark frequentierten Passstraße. Nach Westen hin öffnet sich das Gebiet zur Karoo und die Vegetation hat sich den trockeneren Gegebenheiten angepasst.

Wanderungen und Ausritte

Der **Lake Darlington**, ein Stausee, hat heute den gleichnamigen Ort mit Wasser bedeckt. Am See gibt es einfache Hütten für Selbstversorger. Weiter südöstlich, in der **Kabouga Section**, befindet sich das gut ausgestattete **Kabouga House** (Steinhaus, nur Selbstversorger) sowie der rudimentär ausgestattete Mvubu Campground.

Reisepraktische Informationen Addo Elephant NP & Umgebung

Information

Der Addo Elephant NP erstreckt sich verwaltungstechnisch mittlerweile vom Darlington Dam im Nordwesten bis hin zur Küste bei Kenton-on-Sea.

Das **Main Visitor Centre** *befindet sich 12 km nördlich von Addo, nahe der R335, ✆ (042) 233-8600, Buchung/Infos: www.sanparks.org, ✆ (012) 428-9111,* **Main Gate** *geöffnet: 7–19 Uhr. Wer von Süden (N2 bei Colchester) in den Park fahren möchte, kann dieses durch das* **Camp Matyholweni-Gate** *tun (7–17 Uhr). Öffnungszeiten der anderen Gates aktuell erfragen.*

Barefoot Elephant Lodge, *Zuurberge, ca. 19 km nördl. des Zuurberg Mountain Inn, ✆ (083) 283-2359 (Buchung), https://barefootaddo.co.za. Elephant Encounters (mit Spaziergang und Fütterung) sowie komfortable Cottages ($$$$$). Anfahrt nur mit 4x4, ansonsten Abholung arrangieren.*

Bootstouren zu Bird und St. Croix Island, *✆ (073) 152-2277, www.raggycharters.co.za. Abfahrt am Algoa Bay Yacht Club im Port Elizabeth Harbour. Unbedingt im Voraus buchen! Dauer 3–4 Stunden.*

Unterkunft

Buchungskontakte für Nationalparks s. o. Buchungen innerhalb von 72 Stunden können direkt über den Park erfolgen.

Unterkünfte im Addo Elephant NP

(Abschnitt Main Camp) und in den Nyathi, Colchester und Woody Cape Sections

Main Camp (Addo Rest Camp), *mehrere Selbstversorgerhäuser ($$–$$$), in denen 2–6 Personen unterkommen können sowie Safari-Zelte und Forest Cabins ($$–$$$) für zumeist 2 Personen. Das Main Camp ist das größte Camp im Park. Hier gibt es auch einen Campingplatz, ein Restaurant, ein Geschäft und die Möglichkeit, Ausritte zu buchen. Am Abend kann man auf der eigenen Veranda sitzen und bisweilen vorbeilaufende Tiere beobachten. Anfahrt über R 335 (12 km nördl. von Addo). Die Empfehlung ist das* **Spekboom Tented Rest Camp** *($$–$$$) mitten im Park. Hier übernachtet man in schönen Safari-Zelten.*

Camp Matyholweni *$$–$$$, im Süden der Matyholweni Section. Schöne Lodge mit reetgedeckten Häusern. Zzt. nur für Selbstversorger! Über eine separate Straße erreicht man die* **River Bend Lodge** *mit luxuriösen Suiten und einer exklusiven Villa, ✆ (042) 233-8000, https://riverbendcollection.co.za ($$$$–$$$$$). In der* **Woody Cape Section** *gibt es einfache Hütten am zweitägigen Wanderweg (über SAN Parks buchen). Puren Luxus verspricht das* **Gorah Elephant Camp** *($$$$$) in der Main Camp Viewing Area. Hier wohnt man in bestens ausgestatteten Safari-Zelten auf einer ehemaligen Farm. Das alte Farmgebäude von 1856 versprüht einen Hauch von „Out of Africa“. Buchung: ✆ (044) 501-1111, Lodge: (042) 235-1123/4, http://gorah.hunterhotels.com.*

An der Mündung des Sundays River

Unterkünfte in den westlichen Sektionen

Zuurberg Mountain Manor/Village $$$–$$$$, *☎ (042) 233-8300, https://zuurbergmountainvillage.co.za. Anfahrt: den Schildern zum Addo Elephant NP auf der R 335 folgen. 10 km nördl. vom Ort Addo geht nach links eine 16 km lange Piste zum Hotel ab. Das historische Hotel liegt an der ehemaligen Hauptstraße über die Zuurberge. Hier wurden damals Durchreisende verköstigt und ihnen ein Nachtlager geboten. Heute bestechen die gemütliche Atmosphäre im alten Hauptgebäude (Kaminzimmer, Bar, rustikales und gutes Restaurant), die „alten" Zimmer des Hotels, die komfortablen Cottages sowie der Spa-Bereich. Bei der Reservierung Öffnungszeiten der Parktore erfragen! Gute Package-Preise (z. B. 3 Tage inkl. Wellness).*

Kabouga Cottage $$, *einsam gelegenes Selbstversorger-Chalet weitab vom Elefantenpark (1 Std. Fahrzeit vom Main Camp) und nur mit einem Geländewagen zu erreichen. Etwas für Naturliebhaber, aber nicht als herkömmliche Unterkunft geeignet. Es gibt auch eine Campinggelegenheit. Über SAN Parks buchen.*

Narina Bush Camp $$–$$$, *23 km nördl. des Main Camp. Ein kleines, aber sehr beliebtes Camp mit nur wenigen Safari-Zelten. Selbstversorger. Der sanitäre Bereich muss geteilt werden, kein Strom. Oft lange im Voraus ausgebucht. Erreichbar nur mit Fahrzeug mit guter Bodenfreiheit. Über SAN Parks buchen.*

Unterkünfte außerhalb des Parks

Woodall Country House $$$$$, *5 km vom Park entfernt an der R 335 (nördl. von Addo), ☎ (042) 233-0128 bzw. (083) 357-2102, www.woodall-addo.co.za. Luxus-Gästehaus mit gutem Restaurant. Charmante Unterkunft auf einer malerischen Zitronenfarm. Health Spa. Tolle Game Drives im hauseigenen Fahrzeug.*

Wer nicht so viel ausgeben möchte, dem seien die **Rosedale Organic Farm $$,** *Main Rd., Addo, ☎ (042) 007-0451, (083) 433-0822 bzw. (083) 329-8775, www.rosedalebnb.co.za, als B&B-Unterkunft (reetgedeckte Häuschen, Bio-Zitrus-Farm), die* **Avoca River Cabins $$,** *14 km westl. vom Ort Addo an der R 336, ☎ (074) 248-3940 bzw. (082) 677-9920, www.avocarivercabins.co.za, als B&B und Selbstversorger-Unterkunft (sehr schön ist das* **Treetops-Cottage***) sowie das* **Tipi Bush Camp $$,** *8 km westl.*

von Paterson an der R 342, ✆ (082) 821-9944 bzw. (083) 951-0008, www.tipibushcamp.com, wo man in Tipi-Zelten (6 m Durchmesser, eigenes Bad, bis zu 4 Personen, Küche, Selbstversorger) nächtigt, empfohlen. Weitere preiswerte Unterkünfte bieten sich zuhauf entlang der R 335 an.

Dungbeetle River Lodge $$–$$$$, *76 Aqua Vista Crescent, Cannonville/Colchester, südl. der N2, ✆ (041) 468-0091 bzw. (082) 655-5322, https://dungbeetle.co.za. Gästehaus direkt am Sundays River (Blick auf die weißen Dünen der Colchester Section), nahe der Flussmündung. 6 Zimmer. Bootstouren auf dem Fluss können arrangiert werden.*

Ein Leser empfiehlt die **Addo Dung Beetle Farm $$–$$$**, *von R 335 1,4 km vor Addo NP-Zufahrt nach Westen abbiegen in Richtung Zuurberg Mountain Inn, ✆ (083) 974-5802, (073) 997-7660 od. (083) 399-4129, www.addodungbeetle.co.za. Übernachtung in Bush Cabins, Chalets und lustigen Betonstein-Häuschen. Der Besitzer ist Ranger und unternimmt Führungen in den Addo NP.*

Camping

Im **Addo Elephant NP** *gibt es einen Campingplatz am Main Camp, das Campen im Zuurberg-Abschnitt ist dagegen rudimentär. Nahe dem Kabouga Guest House in der gleichnamigen Section gibt es das tolle, aber rudimentäre* **Mvubu Camp**. *Einige* **Gästehäuser** *entlang der R336 bieten Campingelegenheiten. Der offizielle Campingplatz am Ort* **Addo** *sowie der Ort Addo selbst sind nicht zu empfehlen.*

Essen und Trinken

Das **Restaurant im Hauptgebäude des Main Camp** *im Addo Elephant NP ist oft ausgebucht, eine rechtzeitige Reservierung macht Sinn, da Bustouren das Restaurant häufig komplett belegen.*

Das **Zuurberg Mountain Village** *(s. o.) hat ein Restaurant mit typischen südafrikanischen Gerichten. Weitere, z. T. günstige Restaurants gibt es in und um den Ort Addo – ausgeschildert an der R 335. Immer beachten: Wenn man im Park wohnt, muss man vor Schließung der Gates (i. d. R. 19 Uhr) zurück sein.*

Private Game Reserves

Besonders östlich des Addo Elephant NP haben sich private Game Reserves angesiedelt. Die drei bekanntesten sind:

Schotia Safaris Private Game Reserve

Anfahrt: *N 10, 4 km nördlich des Straßendreiecks N 2/N 10, an der Einmündung der Piste zum Ort Addo.*

Hohe Tierdichte

Schotia veranstaltet Halbtagesprogramme/Touren zum Thema Großtiere in Afrika. Man behauptet hier, die höchste Dichte an Tieren in Afrika zu haben, darunter 40 Großsäugetierarten (u. a. Löwen, Rhinos, Büffel, Elefanten, Giraffen, Hippos, Krokodile und Antilopen). Die Erläuterungen sind gut, aber die Tierdichte macht nachdenklich. Nach vier Stunden Fahrt geht es in die größte Open-Air-Lapa Südafrikas, wo ein üppiges Mahl (nicht jedem wird nun das Wildgericht schmecken …) gereicht wird. Schotia bietet auch verschiedene Unterkünfte ($$–$$$, *Lodge, Safari-Zelte, einsame Honeymoon-Suite*) sowie eine morgendliche Fotosafari in den Addo-Park. Anmeldung: ✆ *(042) 235-1368 bzw. (083) 654-8511, www.schotiasafaris.co.za.*

Shamwari Game Reserve

Anfahrt: *von Port Elizabeth der N 2 in Richtung Grahamstown folgen. Nach ca. 70 km führt eine Schotterpiste nach Norden zum Reservat (gut ausgeschildert).*

Luxuriöse Unterkünfte

Shamwari kann nur besuchen, wer auch in einer der neun Unterkünfte nächtigt ($$$$–$$$$$). Die Auswahl reicht vom historischen Manor House über moderne Safari-Lodges bis hin zu schönen Zeltunterkünften im Explorer Camp. Das Private Game Reserve wurde 1992 gegründet, der Name stammt aus der Shona-Sprache (Shamwari = „Freund"). Ziel des Schutzgebietes ist, Tiere, die hier einst heimisch waren, wieder in der Region anzusiedeln. Dafür wurden mehrere Farmen aufgekauft. Das Areal umfasst zzt. 25.000 ha, soll aber auf gut 30.000 ha erweitert werden. Angeboten werden verschiedene Aktivitäten, so z. B. Fotosafaris, Kochkurse, Freiwilligendienste, Vogelbeobachtungstouren, Kinderprogramme sowie Erläuterungen im Wildlife Rehabilitation Center. Die Größe des Reservats und die mit Vorsicht angelegten Pisten bringen es mit sich, dass die Game Drives bis zu 4 Stunden dauern. Die Landschaft hier (nahe am Meer, offene Flächen, Hügelland) ist starken Tagestemperaturschwankungen ausgesetzt, also warme, windfeste Kleidung und Sonnenschutz mitbringen. Nahezu alle interessanten Tiere Afrikas gibt es zu sehen: Nashörner (schwarze und weiße), Elefanten, Zebras, Giraffen, Wasserböcke, Flusspferde („Hippos"), Impalas, Gnus, Springböcke, Affen, Strauße und auch Löwen. Zudem beeindruckt eine reichhaltige Vogelwelt. Das Gezwitscher in den Sträuchern sowie die bunten Federkostüme sind kaum zu verfehlen.

Amakhala Game Reserve

Südlich von Shamwari bietet das 8.500 ha große Amakhala Game Reserve Safari-Erlebnisse zu etwas günstigeren Preisen. Hier haben sich mehrere Farmen zusammengeschlossen und die inneren Farmzäune niedergerissen. Jede der zehn Lodges bewirtet eigenständig ihre Gäste, jede hat ihr eigenes Flair und bietet eine andere Art der Unterkunft (Chalets, Safari-Zelte, Farmhaus). Oft ergibt sich die Gelegenheit, mit den Besitzern zusammenzusitzen. So ist in Amakhala alles viel persönlicher. Die nachmittäglichen Game Drives führen durch eine bezaubernde Savannenlandschaft. Die Farmen südlich der N 2 liegen an der Randstufe zum Bushmans River. Zu erleben gibt es eine Vielfalt an Antilopen, Giraffen, Fischadlern und Zebras, daneben wurden Büffel, Löwen, Leoparden, Nashörner und Elefanten angesiedelt. Nach dem morgendlichen Game Drive kann man sich auf eine Flusssafari (1 Std.) begeben, bei der Snacks serviert werden und Fischadler zu beobachten sind. Die abendlichen Game Drives werden oft mit einem Dinner am Lagerfeuer gekrönt.

Auf ein luxuriöses und teures Game Reserve etwas außerhalb des Reisegebiets dieses Buches soll hier noch hingewiesen werden: Im **Pumba Game Reserve** (*35 km östlich des Amakhala GR an der N 2, ✆ 046-603-2000, 041-502-3050, www.pumbagamereserve.co.za*) gibt es nämlich die seltenen weißen Löwen in freier Wildbahn zu bewundern.

Ein Großteil des Tages wird schlafend verbracht

Reisepraktische Informationen Shamwari GR und Amakhala GR

Information und Buchung

Shamwari Game Reserve, ✆ *(041) 509-3000 (Lodge),* ✆ *(042) 203-1111 (Reservierung), www.shamwari.com.*
Amakhala Game Reserve, *Reservierung:* ✆ *(041) 450-5658, www.amakhala.co.za.*

Unterkunft

Es gibt verschiedene Unterkunftstypen im **Shamwari GR $$$$$**: *Vom historischen restaurierten* **Long Lee Manor** *(Herrenhaus), wo sich das zentrale Büro, ein Restaurant und ein wunderschöner Garten mit Swimmingpool befinden, über restaurierte* **Farmhäuser** *aus den 1860er-Jahren bis hin zu luxuriösen* **Safari-Lodges**, *in denen keine Wünsche offen bleiben, und einem gut ausgestatteten Zelt Camp (***Explorer Camp***). Wer in einer kleinen Gruppe reist, kann ein Farmhaus exklusiv mieten.*
Unterkunft im **Amakhala GR $$$$$**: *Auch hier sind Game Drives und Mahlzeiten dabei. Halbpension ist immer inkl. Am luxuriösesten ist die* **Bush Lodge** *mit strohgedeckten Chalets sowie Safari-Zelten, Außenduschen, jeweils eigenem Pool, Massageangebot und Wohlfühl-Accessoires. Interessanter ist das* **Leeuwenbosch Country House** *mit Zimmern im historischen Farmhaus, aber auch im umgebauten Stall mit Designermöbeln. In der* **Safari Lodge** *sollte man nach einem Chalet mit schöner Aussicht über das Tal fragen. Wer in einem gut ausgestatteten Safari-Zelt nächtigen möchte, wähle das* **Woodbury Tented Camp**. *Im Stil der Kolonialzeit um 1920 sind die Zelte im* **Quatermain's Camp**. *Insgesamt gibt es 10 Lodges und Safari-Zeltlager.*

Zitrusplantagen

Südwestlich des Addo National Parks erstreckt sich das **Sundays River Valley** mit seinen riesigen Zitrusplantagen, von denen ein Drittel der gesamten Zitrusernte Südafrikas stammt. Bereits im frühen 19. Jh. versuchten sich hier Siedler, ihnen folgten Hohenhuther Missionare. Obwohl die Böden hervorragend waren, farmten sie glücklos. Es gab einfach zu wenig Wasser. Um den Bedarf an Wasser zu decken, wurden Kanäle und Tunnel vom Gariep River (Oranje) bis hierher gebaut und 1922 der Darlington Dam angelegt. Hauptort ist das ländlich-verschlafene **Kirkwood**.

Die Küstenstrecke zwischen Port Elizabeth und George

Lagunenartige Flussmündung

Die ersten Kilometer westlich von Port Elizabeth sind wenig interessant, auch nicht die südliche Landstraße über **Sea View**. Der Zeitaufwand für den Umweg lohnt nicht. Beeindruckend ist weiter westlich die N 2-Überquerung des **Gamtoos River**, einer der vielen Flüsse, die sich in immer mehr oder weniger gleichen Abständen voneinander in den Indischen Ozean entleeren. Er ist bis hin zum Gourits River der einzige Fluss, der sich im Unterlauf nicht durch harte Felsmassive nagen musste und sein Wasser weit aus dem Inland holt. Kurz hinter der Brücke führt die alte R 102 über einen Pass zum Abzweig an die lagunenartige Mündung des Flusses (**Gamtoos River Mouth**). Die Anfahrt erscheint konfus, denn insgesamt sind es ca. 20 km von der N 2 dorthin. Alternativ nimmt man die 12 km kürzere, holprige Schotterpiste entlang des Flusses (hinter der alten Brücke rechts). An der Flussmündung gibt es weißen Sandstrand, ein Nature Reserve sowie einen Campingplatz. Nördlich der alten Brücke empfiehlt sich das **Ferry Hotel** $$ *(Zimmer, Camping, Bootstouren, ✆ 042-287-0758, https://ferryhotel.co.za).*

Jeffrey's Bay/Humansdorp/St. Francis Bay

Surferparadies

Diese drei doch sehr verschiedenen Orte bilden in gewissem Sinne eine Wirtschaftseinheit. **Jeffrey's Bay** (*JBay*), der bekannteste, trägt den Beinamen *Surfer's Paradise*. Denn am sog. *Supertube*, einer Felsrinne vor der Küste, brechen sich elf verschiedene Wellenarten. Alljährlich finden hier internationale Meisterschaften statt. Auch Muschelsammler zieht es her, denn die Tide schwemmt bis zu 400 unterschiedliche Muschelarten ans Ufer. Ein Besuch des **Shell Museum** direkt am Infocenter lohnt allemal. Sonst ist der Ort eine große Wochenendsiedlung, z. T. mit gediegenen Villen direkt am Meer, andernorts mit einfacheren Apartments und dank einer riesigen Mall am nördlichen Ortsrand im Wachstum begriffen. **Aston Bay**, südlich davon wurde bekannt durch die **Marina Martinique**, eine „*Gated Community*" mit Kanälen, Bootsanlegern am Haus und Restaurants. Auf der anderen Seite der kleinen Dammbrücke erreicht man das verschlafenere **Paradise Beach** mit z.T. richtig kleinen Ferienhäusern (hinter der Küstenlinie).

Der Fischereihafen **Port St. Francis** wird immer mehr durch die hiesige Marina bedrängt. Die anlandenden Fischer müssen zunehmend mit den Freizeitkapitänen um die Plätze streiten. Im *Balobi Seafood Market* am Hafen lässt es sich gut und mit Ausblick speisen. Der Ort **St. Francis Bay** fällt dadurch auf, dass es wohl eine strikte Baurichtlinie gibt: ein Obergeschoss, Reetdach, weiße Außenwände. Vor Ort findet man viele B&Bs (nicht immer geöffnet). In **Cape St. Francis** ganz im Süden geht es beschaulich zu. Ozean und Strand haben noch Vorrang vor noblen Ferienhausadressen. Das gleichnamige Resort lädt B&B-, Apartment- und Cottage-Gäste ein. Wer mit Kindern reist, kann hier zu vernünftigen Preisen die wahre Pracht der Gegend genießen. Der Leuchtturm ist nach Absprache zu besichtigen. Surfer lieben dieses Fleckchen ebenso. Im September lockt das **Calamari Festival** Besucher nach St. Francis.

Redaktionstipps

- Zwischen **Humansdorp und George** liegt das Herzstück der Garden Route: mind. 2 Tage Zeit nehmen. Sehenswürdigkeiten im Gebiet **The Crags** Beachtung schenken (S. 388).
- **Für eine Basis entscheiden**, von wo aus das Gebiet erkundet werden kann, z. B. Plettenberg Bay oder Knysna.

Erlebnisse von Humansdorp bis George

- **Outdoor/Adrenalin-Fans**: im Storms River Village über die Angebote informieren (S. 387), Bungee Jumping von der Bloukrans Bridge (S. 385).
- **Walbeobachtung** in Plettenberg Bay (S. 389).
- **Knysna Forest**, Fahrt über den **Prince Alfred's Pass** (S. 394) und entlang der **Old Passes Road** (S. 409).
- **Hausboottour** über die Knysna Lagoon (S. 399).
- In **Wilderness** in Strandnähe oder am Fluss übernachten und tagsüber am schönen langen Strand spazieren gehen (S. 406).
- **Kanu-Tour** in der Wilderness Area (S. 405).

Übernachten

- **Storms River Mouth Restcamp** (S. 387): Hütten direkt am Meer! **Tranquility Lodge** (S. 387). Geheimtipp: das sympathische **Plettenberg Bay Game Reserve** (S. 389); **Hog Hollow Country Lodge** (S. 391) und **Tsala Treetop Lodge** (S. 390); **Fish Eagle Lodge** (S. 400); **B&Bs/Cottages** an der **Victoria Bay** (S. 406).

Oyster Bay weiter im Westen ist ein vergleichsweise kleiner Ferienort mit begrenzter Infrastruktur für Reisende (gut ausgestatteter Campingplatz, Lodge, Pub und Restaurant) sowie einem tollen Strand und einer Flusslagune. **Humansdorp**, eine typische südafrikanische Kleinstadt, ist das eher langweilige Versorgungszentrum der Region und zugleich Mittelpunkt eines Milchvieh- und Schafzuchtgebiets. Das örtliche Museum befindet sich in der Bureua Street (*Mo–Fr 10–15 Uhr*).

Reisepraktische Informationen Jeffrey's Bay/Humansdorp/ Cape St. Francis Bay/Oyster Bay

Information

Jeffrey's Bay: *Ecke da Gama Rd./Dromedaris St. (Shell Museum), ✆ (042) 293-2923, www.jeffreysbaytourism.org; ✆ (042) 296-0594, www.infojeffreysbay.com.*
St. Francis Bay: *✆ (042) 294-0076, www.stfrancistourism.co.za.*

Unterkunft

Diaz 15 $$$$–$$$$$, *15 Diaz Rd., Jeffrey's Bay, ✆ (042) 293-1779, www.diaz15.co.za. Luxuriös eingerichtetes Haus, direkt an der Stranddüne. Fast alle Suiten mit Meerblick (es gibt auch welche ohne). Tolles Frühstück, Pool, nahe zu den Restaurants im Ort.*
Oyster Bay Lodge $$$–$$$$, *Oyster Bay, ✆ (042) 297-0150 bzw. (082) 700-0553, www.oysterbaylodge.com. Direkt am Ozean gelegen in einem 235 ha großen Naturreservat. Komfortable und großzügig ausgestattete Häuschen sowie etwas günstigere Zimmer, Restaurant. Auf Wunsch Picknick in den Dünen, Ausritte, Dünensafaris. Ein Ort zum Abschalten!*
Cape St. Francis Resort $$–$$$$, *St. Francis Bay, ✆ (042) 298-0054 bzw. (082) 494-3755, www.capestfrancis.co.za. Wunderschön gelegenes Resort, direkt hinter dem Strand. Voll ausgestattete Villas, Selbstversorger-Cottages sowie Apartments (B&B auf Wunsch). Fischrestaurant und Wellnessangebote.*
Beach Music $$–$$$, *33 Flame Crescent, Jeffrey's Bay, ✆ (042) 293-2291 bzw. (082) 876-4340, www.beachmusic.co.za. Am Surferstrand „Supertubes". Selbstversorger-Apartments, einige mit Meerblick. Vernünftig ausgestattet.*
Backpacker-Unterkünfte *finden sich besonders in der Ortsmitte von* **Jeffrey's Bay**.

Camping

Der Campingplatz von **Jeffrey's Bay** *liegt ca. 1 km nördl. des Ortskerns an der Da Gama Road, direkt am Wasser, ✆ (042) 200-2269. Achtung, hier kann es sehr windig sein.*
Waterberry Park, *Candlewood Cl., St. Francis Bay, ✆ (082) 785-6513, www.waterberrypark.co.za. Wunderschön angelegt. Bietet alles von einfachen Zeltplätzen über Luxusplätze für Motorhomes bis hin zu Tipis, einer Familien-Suite und Backpacker-Schlafsälen.*
Das **Oyster Bay Resort**, *63 Roman St., Oyster Bay, ✆ (042) 011-0029 bzw. (072) 419-6683, www.oysterbaygetaway.co.za, ist sauber, bietet für alle etwas und ist besonders auf Familien mit Kindern ausgerichtet. 5 Min. zum Strand. Auch Chalets.*

Essen und Trinken

Es gibt in allen Orten eine Reihe von Ferien-Restaurants: in Jeffrey's Bay etwa **De Viswijf**, *55 Diaz Rd., ✆ (042) 293-3921, gute Weinkarte und vielseitige Speisen. Das* *teurere* **Walskipper Restaurant**, *Marina Martinique, ✆ (042) 292-0005 bzw. (082) 800-9478, sei erwähnt wegen des schönen Blicks auf Hafen und Bucht und des guten Seafoods (unbedingt reservieren). Cape St. Francis:* **Joe Fish**, *Da Gama Rd., ✆ (042) 298-0054, leckeres Seafood (Tipp: die Calamari); Eisbein gibt es übrigens auch. Im* **Full-Stop-Café** *gegenüber, ✆ (042) 940-0174, gibt es günstige deftige Kost, eine Bar und ein Sundowner-Deck. In St. Francis empfiehlt sich die* **St. Francis Brewing Co. & Grill House**, *167 St. Francis Dr., ✆ (063) 274-3743, mit Pubküche und leckerem Bier.*

Wandern

Zwischen Oyster Bay und Cape St. Francis gibt es den bis zu 65 km langen Wanderweg **Chokka Trail** *entlang der Küste und über die Dünen. Verschiedene Etappenlängen sind möglich. Führungen werden arrangiert. Info: ✆ (073) 825-0835 od. (082) 394-7363, www.chokkatrail.co.za.*

Garden Route National Park

Die ehemals als Wilderness National Park, Tsitsikamma National Park und Knysna Lagoon/Estuary bekannten Gebiete sowie einige andere Regionen entlang der Küste zwischen Mossel Bay und Port Elizabeth wurden unter dem Begriff **Garden Route National Park** zusammengefasst und werden von der Nationalparkbehörde verwaltet. Im Buch werden oft die alten Bezeichnungen benutzt, da die einzelnen Gebiete zumeist unter den alten Namen fungieren, aber als „Section“ (z. B. Tsitsikamma Section) bezeichnet werden.

Bis nach **Woodlands** tut sich entlang der N2 nicht viel, und das vor dem Ort angekündigte Informationszentrum für den Nationalpark entpuppt sich als der Oudebosch Farmstall mit Souvenirs und einem Café.

Was bedeutet „Garden Route“?

info

Die Definitionen des Abschnitts der „Garden Route“ gehen auseinander, wobei man generell davon ausgeht, dass sie im Osten mit Humansdorp bzw. der **Tsitsikamma Section** (Teil des Garden Route NP) beginnt und im Westen auf der Höhe **Still Bay (Stilbaai)** endet. Andere Quellen nennen **Mossel Bay** oder auch **Swellendam** als westliche Grenze.

Die Bezeichnung „Garden Route“ verlockt zu der Annahme, dass man einen Garten Eden voller Blumen und Blütenteppichen vorfindet. Dem ist nicht so. Es gibt natürlich bunte Pflanzen, doch zumeist sind es dunkelgrüne Wälder und vor allem die nur zur Blütezeit farbige Fynbos-Vegetation, die die Flora bestimmen. Die **Bezeichnung „Garden Route“ ist historisch zu verstehen**: Für die ersten Europäer war dieses Gebiet im Vergleich zum Binnenland und das, was die Segler auf der Anreise entlang der Küste nördlich von Kapstadt gesehen haben, so herrlich fruchtbar und deftig in den Farben, dass sie es als „Garten“ empfanden. Aufgrund der mediterranen Temperaturen, der tropischen Niederschlagsmengen und der Fruchtbarkeit der Böden schien hier alles zu gedeihen. Aber keine Angst: Die Schauer sind zwar heftig und kommen oft, sind aber auch von kurzer Dauer. Oft fallen sie auch nachts.

info

Dramatische Küstenlandschaft im Tsitsikamma NP

Niederschlagsmengen/Jahr: Tsitsikamma NP (küstennah): 1.200–1.500 mm, Knysna: 750 mm, De Hoop NR: 380 mm.

Ein **geomorphologisches Problem** stellte sich den ersten Siedlern auf dem Abschnitt zwischen Gourits und Storms River in den Weg: Die Schluchten, die die Flüsse in die Sedimente der sog. Küstenterrasse gefressen haben, waren zu tief, um sie mit den Ochsenkarren zu durchqueren, und die Berge dahinter zu hoch, um über sie hinwegzukommen. Lange Zeit war das Gebiet um Knysna sinnvoll nur auf dem Seeweg zu erreichen. Die **Schluchten** sind bis zu 230 m tief, obwohl die Flüsse so klein erscheinen. Der Grund liegt in den **Hebungen und Senkungen des Meeresspiegels** während der letzten 150 Mio. Jahre. Es gab Zeiten, da reichte das Meer bis an die heutigen Berge heran, und andere, da lag die Küste bis zu 60 km weit draußen im Ozean.

Auffallend sind die vielen **Kiefern- und Eukalyptusgewächse** an der Garden Route. Einer der ersten Forscher und später auch verantwortlich für die Landwirtschaft und zugleich den Erhalt der Natur entlang der Garden Route war der Franzose François de Vaillant. Um die bereits abgeholzten Areale wieder aufzuforsten bzw. grundsätzlich kahle Regionen zu begrünen, entschied er sich für die großflächige Anpflanzung von widerstandsfähigen Kiefern bzw. schnellwachsenden Eukalyptusbäumen. Heute weiß man, dass die Kiefern für die Bodenversauerung sowie zahlreiche Waldbrände und der Eukalyptus für den hohen Verbrauch an Grundwasser verantwortlich zu machen sind. Die Kiefer gilt als „Feind" der Fynbos-Vegetation.

Was hat die Garden Route touristisch zu bieten? Noch vor den u. g. Aktivitäten steht die Natur im Vordergrund. Die küstennahe Region zeichnet sich durch malerische Buchten, einsame Strände, hohe Kliffe, Felswände und z. T. urweltliche Wälder aus. Aussichtspunkte, Nationalparks, Scenic Routes, Wanderwege u. v. m. gilt es zu erleben und erkunden.

Zwei weltberühmte Wanderwege

Der **Tsitsikamma Trail** und vor allem der **Otter Trail** gehören zu den schönsten Wanderrouten des Landes. Für beide Trails gilt eine rechtzeitige Anmeldung (Buchung mehrere Monate im Voraus empfohlen, ab 12 Monate vorher möglich), denn es wird nur eine begrenzte Zahl an Wanderern zugelassen. Die Buchung erfolgt über die Nationalparkbehörden, es empfiehlt sich, gleich Alternativdaten anzugeben.

Otter Trail: Er beginnt am **Storms River Mouth Restcamp**, hat eine Länge von 48 km und endet im Nature's Valley. Der Trail dauert 5 Tage. Unterwegs stehen vier einfache Hütten für die Übernachtung zur Verfügung. Die Etappen sind zwischen 4,6 km (ca. 3 Std.) und 13,8 km (ca. 8 Std.) lang. Es darf nur **in westliche Richtung** gewandert werden. Auf der Wanderung müssen Flüsse durchwatet und Felsen überwunden werden. Die Einsamkeit der faszinierenden Küstenlandschaft belohnt für alle Mühen. Zudem gibt es Gelegenheit zum Schnorcheln.

Tsitsikamma Trail: Dieser Trail ist 72 km lang, beginnt am De Vasselot Campingplatz im **Nature's Valley**. Übernachtet wird in fünf Hütten entlang der Strecke. Er führt durch die Waldareale, vorwiegend unterhalb der Berge, und endet entweder am Tsitsikamma Total Village, am Storms River Village oder am Storms River Mouth Restcamp. Es darf nur **in östliche Richtung** gewandert werden. Gemeinsam mit dem Otter Trail bildet der Wanderweg eine kreisförmige Route.

Voraussetzungen/Ausrüstung/Kleidung

- Wichtig! Eine gute **Gesundheit** ist Voraussetzung.
- Die trockensten Monate sind Juni und Juli.
- **Kleidung**: Regenschutz, Windjacke, mind. eine Ersatzgarnitur normale Kleidung, festes Schuhwerk für die Wanderung, leichte Schuhe für die Camps, langärmelige Hemden als Sonnenschutz, warme Kleidung im Winter bzw. für die Abende, Sonnenhut.
- **Ausrüstung**: Wetterfester Rucksack, wasserdichte Säcke, Schlafsack, 2 Wasserflaschen, Waschzeug, Handtuch, Campingkocher, -töpfe und -geschirr, Becher, Besteck, Streichhölzer, Taschenlampe, Kerzen.
- **Kalorien- und vitaminreiche Nahrungsmittel**: Nudeln, Instantsuppe, Schokoriegel, getrocknete Früchte, dehydrierte Fertiggerichte, Obst, Tomaten, Kaffee/Tee, Milchpulver, Energiedrinks.
- **Sonstiges**: Badezeug, Sonnenbrille, Sonnencreme, kleines Erste-Hilfe-Set, evtl. Schnorchelutensilien (Maske, Flossen).

Doch nicht jeder möchte bzw. kann sich diesen Strapazen hingeben. Daher hat man für die nicht ganz so Sportlichen den **Dolphin Trail** ins Leben gerufen. Er ist nur 20 km lang und schließt drei komfortable Übernachtungen in Lodges/Gästefarmen ein. Zudem wird das Gepäck immer zum nächsten Lager gebracht. Die Wanderung beginnt am Storms River Mouth Camp, führt nach Osten entlang der Küste bzw. durch die Tsitsikamma-Wälder und endet am letzten Tag in einer Lodge mit Wellnessangebot. Obwohl weniger anstrengend, sollte man auch für diesen Trail entsprechend ausgerüstet und vorbereitet sein. Eine gewisse Kondition und Wanderlust sind ebenso Vorraussetzung. Infos: ✆ (042) 280-3588, www.dolphintrail.co.za.

Tsitsikamma Section (Teil des Garden Route NP)

Der Name stammt aus der Khoi-Sprache und bedeutet klares oder sprudelndes Wasser. Beide Parkareale umfassen einen schmalen, 113 km langen Abschnitt entlang der Küste. Das Gebiet ist gekennzeichnet durch dichte Wälder mit z. T. sehr altem Baumbestand, hohem Regenfall, vielen Bächen und Flüssen, Schluchten sowie einer malerischen Steilküste. Die Hauptattraktionen sind die **Storms River Gorge** (Ausblick von der Storms River Bridge), der **Storms River Mouth**, die Küstenwanderwege und der Strand am Nature's Valley. Doch die wahre Schönheit und grandiose Natur dieser Landschaft bleiben nur dem Wanderer vorbehalten:

Sehenswertes (von Osten nach Westen)

Meisterleistung der Ingenieure

Auf den ersten Kilometern führt die N2 durch Wiesen- und dann Waldregionen und passiert dabei die beliebte **Tsitsikamma Lodge**. Kurz darauf erreicht man die 192 m lange **Storms River Bridge** (ehem. *Paul Sauer Bridge*). 1956 erbaut, war die Brücke die erste ihrer Art und führt in 139 m über die schmale Schlucht. Ein Spaziergang über die Brücke verdeutlicht, welche Meisterleistung die Ingenieure damals vollbracht haben. Das **Tsitsikamma Total Village** direkt hinter der Brücke, benannt nach dem Erdölkonzern, beherbergt neben der Tankstelle Snack-Restaurants, Souvenirshops, Outdoor-Anbieter sowie ein kleines Infocenter für den Nationalpark. Gut 3 km weiter führen rechter Hand eine Piste und ein 15-minütiger Waldwanderweg zum **Big Tree**, einem 37 m hohen Yellowwood-Baum (Umfang: 8,5 m, Alter: 800 Jahre).

Das **Storms River Village**, 1 km südlich der N2, bietet Unterkünfte jeder Art, Geschäfte, eine Microbrewery, aber vor allem Outdoor-Aktivitäten (Baumwipfel-Wanderungen, Mountainbiking, Holzfäller-Touren u. a.). Früher führte die ehemali-

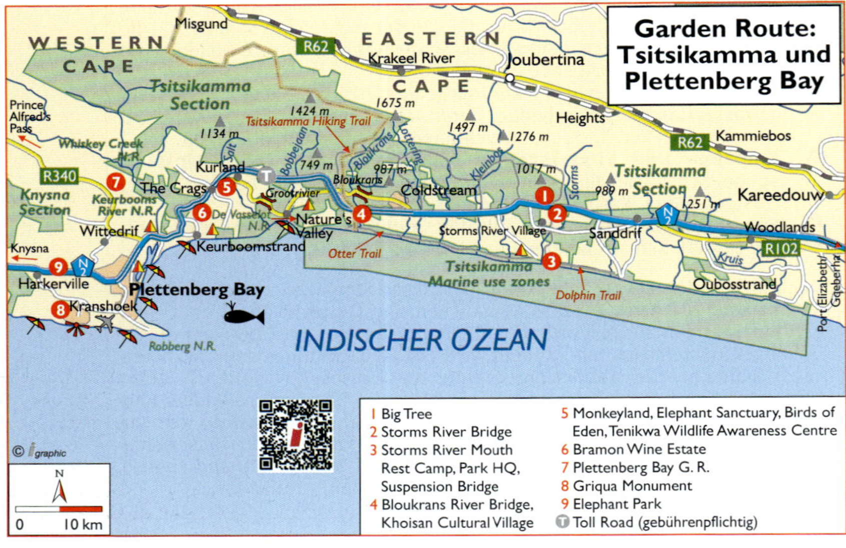

ge Hauptstraße hier durch, um sich dann 4 km östlich über den (Old) Storms River Pass und die „Old Bridge" zu quälen. Heute erobern eher Wanderer, Mountainbiker und Geländewagen-Freaks die abenteuerliche Piste.

Suspension Bridge am Storms River Mouth

Das „leicht erreichbare Highlight" der Tsitsikamma Section ist das **Mündungsgebiet des Storms River** („*Storms River Mouth*"), zu dem eine Stichstraße 6 km westlich vom Storms River Village hinunterführt (kostenpflichtiger Parkeintritt). Die letzten 4 km vor der Ankunft am Parkplatz sind atemberaubend. Zuerst fällt die Straße steil ab zum Meer, dann bieten sich zwei schöne Haltebuchten für den direkten Ausblick aufs Meer an.Am Ende der Straße befinden sich die Parkbehörde, ein Restaurant, ein Geschäft, ein Campingplatz und die beliebten Cottages. Am Tage ist das „Herzstück des Parks" stark besucht, was für eine Übernachtung spricht. Denn in Ruhe abends dem Meeresrauschen zu lauschen und die sich an den Felsen brechenden Wellen zu beobachten ist ein besonderes Erlebnis.

Vom Restaurant aus sollte man eine kurze Wanderung durch einen für die hiesige Küste typischen Feuchtwald unternehmen (30 Min. je Richtung). Ziel ist die **Suspension Bridge**, eine Hängebrücke über der Mündung des Storms River. Der Weg ist befestigt, jedoch an manchen Stellen steil und etwas mühselig. Wer nicht gut zu Fuß ist, sollte nicht auf die schaukelnde Brücke gehen. Auf der anderen Flussseite führt ein steiler, kaum befestigter Pfad zu einem einmaligen Aussichtspunkt hinauf. Für den Aufstieg (ca. 40 Min.) gilt es, fit zu sein. Hinunter ist es keineswegs einfacher (gutes Schuhwerk, ausreichend Wasser mitnehmen).

Unterhalb des Restaurants legen kleine Boote zu einer Fahrt in die **Storms-River-Schlucht** ab. Die schöne Bootsfahrt vermittelt einen guten Eindruck von den Schluchten entlang der Garden Route. Kajaktouren sowie Touren für Taucher und Schnorchler können ebenfalls gebucht werden.

Beliebt bei Bungee-Jumpern

Zurück auf der N2 fällt gleich hinter der nächsten Flussüberquerung ein riesiges Sägewerk auf. Bleibt man auf der kostenpflichtigen N2, taucht ca. 12 km westlich des Abzweigs der R102 die **Bloukrans Bridge** auf. Mit 216 m ist sie die höchste Brücke entlang der Garden Route und eignet sich hervorragend als Adrenalin-Schocker, selbst für die kühnsten Bungee-Jumper. Eine entsprechende Infrastruktur ist östlich der Brücke eingerichtet: Souvenirläden, Inforaum über den Bau der Brücke, Backpacker Lodge, Aussichtsplattform, Bungee-Jumping-Anbieter, Campingplatz etc. Im **Khoisan Cultural Village** wird Kunsthandwerk der Khoi verkauft und etwas zu deren Geschichte erzählt.

Landschaftlich schöner als die N2 ist die alte R102, die zuerst nahe dem Bloukrans River und dann, nach Durchqueren des Nature's Valley, 25 km vor Plettenberg Bay wieder auf die N2 trifft. Im Osten führt sie noch durch langweilige Aufforstungsgebiete, um dann am **Bloukrans Pass** (ungeeignet für große Wohnmobile) steil abzufallen und sich durch nahezu unberührte Schluchtenvegetation zu schlängeln. Etwas westlich davon beeindruckt der Ausblick auf die Bloukrans Bridge. Ein *Scenic Drive* kurz vor der Kreuzung mit der N2 führt hoch auf die Klippen über dem Meer und bietet spektakuläre Ausblicke.

Scenic Drive

Ein Stück weiter kreuzen sich R102 und N2 (die bis zur 2. Einmündung der R102 nichts zu bieten hat). Nach wenigen Kilometern auf der R102 wird an zwei Aussichtspunkten (mehr gibt es nicht) deutlich, warum dieses die auserwählte Strecke sein sollte: Die Ausblicke aufs Nature'sValley, die Lagune und das satte Grün im Tal des Groot River sind grandios. Unten angelangt, erreicht man erneut ein Stück Nationalpark: **Nature's Valley/De Vasselot Section**. Hier gibt es einen Campingplatz der Nationalpark-Behörde, kurze Wanderwege und den alles übertreffenden **Strand**. Ein Eldorado für Naturfreunde.

Der Ort **Nature's Valley** mit kleinen B&Bs und Selbstversorger-Häuschen, einer Lodge und einem Pub-Restaurant wirkt beschaulich. Genießen kann man den schönen Strand, Strandspaziergänge (Empfehlung: Salt River Mouth-Rundwanderweg, ca. 2 Std.) oder eine bis zu 7 km lange Kanutour auf dem Groot River.

Reisepraktische Informationen Tsitsikamma Section & Umgebung

i Information

Nationalparkbehörde: *Storms River Mouth, ✆ (042) 281-1607, www.sanparks.org, sowie am Eingang zur Nature's Valley Section, (044) 531-6700. Weitere* **Infocenter** *an der Storms River Bridge, ✆ (042) 280-3561, und im Storms River Village, ✆ (042) 281-1098.*

Unterkunft

Zentrale Buchungsadresse für Nationalparks s. S. 107.

Im **Storms River Village** *gibt es eine Reihe von B&B-Unterkünften, Selbstversorger-Hütten, ein Hotel und mehrere Backpacker-Unterkünfte. Zudem findet sich an der* **Bloukrans Bridge** *(N2) eine Backpacker-Unterkunft samt Campingplatz.*

Tsitsikamma Lodge & Spa $$–$$$$, *N2, 8 km östl. der Storms River Bridge, ✆ (042) 280-3802, zentrale Reservierung: ✆ (0861) 748-374 bzw. (046) 624-8525, www.riverhotels.co.za. Rustikal angelegte Holzlodge. Übernachtet wird in separaten Holzhäusern („Log Cabins" mit Blick auf Berge). Pool, Spa, Restaurant, schöne Gartenanlage und Feuerstellen. Nahe einiger Waldwanderwege. Ideal für Familien mit Kindern.*

Misty Mountain Reserve $$$$–$$$$$, *Blue-Lillies-Bush-Abzweig, 4 km östl. der Storms River Bridge (den Schildern folgen), ✆ (042) 280-3004 bzw. (079) 715-4621, www.mistymountainreserve.co.za. Schön oberhalb der Klippen gelegenes Mini-Resort. Tolle Aussichten auf das Meer. Übernachtet wird auch hier in gut ausgestatteten Holzhäusern. Restaurant im Hause. Ein Leser empfiehlt alternativ die nahe* **Fernery Lodge $$$–$$$$$**, *Forest Ferns Estate, Bluelilliesbush, ✆ (042) 280-3588/-3876 bzw. (081) 422-9617, www.forestferns.*

co.za. Die Lodge steht auf einem 30 m hohen Felsen mit Blick auf eine tiefe Schlucht mit Wasserfall sowie den Ozean. Schöne Zimmer und Restaurant.

Tranquility Lodge B&B $$$, *130 St. Michaels Ave., Nature's Valley, ✆ (044) 050-0262 bzw. (083) 264-5221, www.tranquilitylodge.co.za. Im Wald, doch direkt hinter der ersten Düne gelegen. Zum Strand sind es 3 Min. Ein idealer Platz zum Ausspannen. Guter Service und leckeres Frühstück, Pool, Jacuzzi, schattiger Garten, Kanus für Ausflüge in der Lagune. Tolle Honeymoon Suite. Fürs Lunch/Dinner bietet sich der Pub nebenan an.*

Tsitsikamma Village Inn $$–$$$, *Darnell St., Storms River Village, ✆ (042) 281-1711, www.tsitsikammavillageinn.co.za. Historische Lodge unter großen alten Bäumen. Old-World-Charme. Hier wohnt man in individuellen, historischen Cottages, alle mit eigenem kleinem Garten. Ein Idyll! Mit Restaurant, 60er-Jahre-Diner, Pool und Microbrewery.*

**Storms River Mouth Restcamp $$–$$$$**, *Tsitsikamma Section, Storms River Mouth, National Parks Board, ✆ (012) 428-9111 (kurzfristige Buchung: ✆ (042) 281-1607), www.sanparks.org. Selbstversorger-Hütten für 2–8 Personen. Beeindruckend ist die Lage direkt am Meer, wobei die Einrichtung eher spärlich ist. Nicht täuschen lassen vom Besucherandrang während des Tages. Sind die „Durchreisenden" erst einmal weg, gehört den Gästen das Meer und die Flussmündung ganz allein. Darauf achten, dass man ein Haus direkt am Meer erhält! Wer es einfacher (kein Strom, keine Küche, Gemeinschaftsbäder) haben möchte, bucht eine Forest Hut ($). Diese liegen teilweise unter Bäumen am Campingplatz. Tipp: Die Hütten 22–27. Rechtzeitig reservieren! Restaurant am Storms River Mouth.*

Tsitsikamma Backpackers $–$$, *54 Formosa St., Storms River Village, ✆ (042) 281-1868 bzw. (081) 320-3977, www.tsitsikammabackpackers.co.za. Wie der Name verrät: Unterkunft für Rucksackreisende. DZ, Schlafsaal, Selbstversorgerhaus, Zelte, bedingt Camping. Oft ausgebucht.*

Camping

Die Campingplätze **De Vasselot Restcamp**, *✆ (044) 531-6700, im Nature's Valley und das* **Storms River Mouth Restcamp** *gehören zur Nationalparkbehörde. Letzteres kann von sich behaupten, nahezu direkt am Meer zu liegen. Bei der Reservierung nach einem Platz mit Meerblick fragen (Campingplätze/Hütten).*

Outdoor-Aktivitäten

Stormsriver Adventures, *Darnell St., Storms River Village, ✆ (042) 281-1836, www.stormsriver.com, hat die Konzession für Outdoor-Aktivitäten im Park (Holzfäller-Fahrt, Cable Slide/Canopy Tour im Wald u. a.).*

Canopy Tour: *Hierbei gleitet man an einer Winde hängend an Stahlseilen entlang, die von Baum zu Baum in 30 m Höhe gespannt wurden. Die Touren dauern 3–4 Std., denn nebenbei wird auch die Flora erläutert. 10 „Slides" werden in Gruppen von bis zu 8 Leuten durchgeführt. Vorher reservieren, da sehr gefragt.*

Untouched Adventures, *am Park Office am Storms River Mouth, ✆ (073) 130-0689 bzw. (076) 959-2817, www.untouchedadventures.com, organisiert Bootsfahrten in die Storms-River-Schlucht (Abfahrt/Buchung im Restcamp), Kayaking, Tubing (Traktorreifen), Tauchen und Schnorcheln.*

Bungee-Jumping *von der Bloukrans Bridge, Reservierung: ✆ (042) 281-1458 bzw. (071) 109-6872, www.faceadrenalin.com. Wer erst einmal schauen möchte, kann auch nur zur Sprungplattform laufen.*

Zurück auf der N 2 gelangt man in ein Gebiet, das als **The Crags** (engl. „Klippen") bekannt ist. Hier haben sich neben den u. g. Parks auch Weingüter (Empfehlung: Bramon Wine Estate, guter *Sauvignon Blanc*-Sekt, Lunchrestaurant), kunsthandwerkliche Betriebe, Animal Sanctuaries sowie Lodges und Restaurants angesiedelt. Sie machen durch Ankündigungen an der Straße auf sich aufmerksam.

Monkeyland und Birds of Eden

Im naturbelassenen, 12 ha großen **Monkeyland** leben über 700 Affen 11 verschiedener Arten, vorwiegend aus Afrika, aber auch von anderen Kontinenten, friedlich zusammen. Eine 45-minütige Tour führt durch den Park. Dabei werden die Lebensweisen der Tiere eindrucksvoll erläutert. „Monkeys" sind übrigens Affen mit Schwanz (zum Steuern beim Fliegen durch die Baumwipfel), während „Apes" keinen Schwanz aufweisen (z. B. Schimpansen). Die Hängebrücke durch die Baumwipfel ist mit 128 m eine der längsten Afrikas.

Einzigartiger Vogelpark

Zur Gesamtanlage gehört auch **Birds of Eden**. Der einzigartige Vogelpark ist mit einem relativ weitmaschigen, riesigen Netz überspannt. Dabei wurde die vorhandene Landschaft auf 2 ha abgedeckt. Ein schwieriges Unterfangen, das viel Sorgfalt und Geduld benötigte. Mit wärmenden Dämpfen wird eine Tropenwelt geschaffen, die die buntesten Vögel aus aller Welt beherbergt. Technisch nicht einfach zu bewerkstelligen, denn die kalten Winde an dieser Küste müssen dabei so beherrscht werden, dass die Vögel nicht leiden. Mittlerweile leben über 3.500 Vögel (220 Arten) unter dem Netz, darunter Greifvögel wie Adler und Habichte. Es werden Führungen angeboten. Es ist angebracht, festes Schuhwerk anzuziehen, da man, wenn auch zumeist über Boardwalks, ebenfalls durch die Natur läuft. Für beide Parks sollte man inkl. Anfahrt einen ganzen Tag einplanen. Restaurants bieten jeweils Speisen und Getränke an.
Monkeyland/Birds of Eden, *15 km östl. von Plettenberg Bay, Kurland-Village-Abzweig nehmen, www.monkeyland.co.za, www.birdsofeden.co.za, beide tgl. 8–17 Uhr.*

Das **Elephant Sanctuary** (*www.plettenbergbay.elephantsanctuary.co.za, tgl. 8–17 Uhr*) gleich neben Monkeyland ist eher etwas für Familien mit Kindern. Hier wird zwar einiges zum Leben und Verhalten der Dickhäuter erläutert, aber im Wesentlichen geht es darum, Elefanten hautnah zu erleben bzw. zu berühren. Dazu stehen Spaziergänge mit Elefanten oder auch das Tagesprogramm Elephant-Keeper-For-A-Day auf dem Programm. Dafür muss man sich online anmelden, der Besuch des Parks ist aber auch spontan möglich.

Wildkatzen und Cheetahs

Das **Tenikwa Wildlife Awareness Centre** (✆ *(044) 534-8170, www.tenikwa.com, tgl. ab 9 Uhr*) befindet sich ca. 6 km entlang der Forest Hill Road. Das Ehepaar Freeman hat sich zur Aufgabe gesetzt, afrikanische Wildkatzen sowie Cheetahs zu pflegen bzw. sie vor der Ausrottung in der Küstenregion zu schützen. Das große Gehege ist fürwahr mehr als ein Zoo! Wildkatzen aus aller Welt (Löwen, Tiger, Cheetahs, Jaguare, Hyänen u. v. m.) werden im nahen **Jukani Wildlife Center** (N2, ✆ *(044) 534-8409 od. (082) 979-5683, www.jukani.co.za, tgl. 9–17 Uhr*) gezeigt.

Vor Plettenberg Bay, kurz vor Erreichen der Brücke über den Keurbooms River, führt gegenüber dem netten **Farmstall Thyme & Again** eine Stichstraße (4 km) nach Keurboomstrand zum **Arch Rock Resort** und dem Restaurant **Enricos** (siehe

S. 392). Von hier und einem Aussichtspunkt an der Straße lassen sich Wale beobachten. Ein Strandspaziergang führt vom Parkplatz in 25 Min. zum **Arch Rock**.

Am späten Nachmittag treffen sich allerlei Tiere an den „grünsten" Stellen

Stanley Island ist die einzige Privatinsel an Südafrikas Garden Route. Die Inhaber errichteten auf der 28 ha großen Insel ein wahres Naturrefugium. Kanu fahren, Schwimmen, Fischen, Wandern und Bootstouren gehören zu den angebotenen Aktivitäten. Die Übernachtung erfolgt in reetgedeckten Selbstversorger-Häusern und -Apartments ($$$–$$$$), um die gerne früh morgens die Zebras herumlaufen. Ein Ort zum Entspannen; allerdings gibt es kein Restaurant.
Stanley Island, *Anreise über die Keurbooms River Bridge (7 km östl. von Plettenberg Bay), dann anrufen, ein Fährboot wird geschickt. ✆ (083) 276-6929, www.stanleyisland.com.*

Wer vor Plettenberg Bay auf die R340 abzweigt (dort nach ca. 12 km in Uplands nach rechts, wie ausgeschildert, abzweigen), gelangt zum 2.200 ha großen **Plettenberg Bay Game Reserve**. Hier, am Fuße der Berge und nahe zweier Flüsse, können heute Elefanten, Rhinos (auch White Rhino), Leoparden, Zebras, Giraffen, zahlreiche Antilopenarten, Krokodile und andere Tiere in (begrenzter) Wildbahn beobachtet werden. Geboten werden Game Drives und Ausritte durchs Gelände – auch für Nicht-Gäste der Lodge. Die schönen und komfortabel eingerichteten Unterkünfte befinden sich im 1822 von Baron von Pletten im damaligen Kolonialstil erbauten Wohnhaus sowie in der Belle Balance Bush Lodge mit seinen zehn, romantischen, großzügigen und unterschiedlich gestalteten Zimmern. Ausblicke auf die Tierherden und die dahinterliegenden Berge versprühen einen Hauch von „Out of Africa". Das Game Reserve ist ein Tipp für diejenigen, die die Umgebung von Plettenberg erkunden, aber dem Trubel dort entgehen wollen.

Plettenberg Bay

Beliebter Ferienort

„Plett", wie es die Südafrikaner nennen, ist einer der beliebtesten Ferienorte des Landes. Kein Wunder, bei der Lage am Hang oberhalb einer tollen Sandstrandbucht. Der Gouverneur Joachim van Plettenberg errichtete hier 1778 ein Seezeichen, um damit den Anspruch der Holländisch-Ostindischen Handelskompanie auf die Bucht zu dokumentieren. Das Zeichen wurde 1964 von der *Historical Monuments Commission* ins South African Cultural History Museum in Kapstadt gebracht. Die Holländer nutzten die Bucht als Hafen für das Verschiffen von Holz aus dem Hinterland, woran heute nur noch Ruinen eines 1788 erbauten Schuppens erinnern. Eines der meistfotografierten Gebäude Südafrikas ist das **Beacon Island Hotel**, an dessen Stelle sich früher eine von Norwegern erbaute Walfangstation befand. Mit dem Abzug der Norweger 1920 begann Plettenbergs Entwicklung zum Freizeitort.

Die Meinungen über Plett sind heute geteilt. Für die einen wirkt es zu touristisch und herausgeputzt, für die anderen erfüllen sich hier ungeahnte Urlaubs- und Investitionsmöglichkeiten. Gleich vorweg: Historische Attraktionen sucht man vergebens. Dafür aber locken **Unterkünfte aller Preisklassen**, die Natur, der bezaubernde Strand, Naturparks und ein großes Angebot an Attraktionen im weiteren Umkreis. Die touristische Infrastruktur ist hervorragend ausgebaut. Es gibt einiges zu erleben in Plett. Eine Attraktion ist der kilometerlange **Strand**, der auch mit schönen Muscheln aufwarten kann. Toll sind Wanderungen im **Robberg Islands Nature Reserve** südlich der Stadt, die u. a. zu einer nahezu 2.000 Tiere zählenden Robbenkolonie sowie zur **Nelson Cave** führen. Letztere wurde bereits vor über 100.000 Jahren von Menschen bewohnt. Man nimmt an, dass dort bei der Landung der ersten europäischen Entdecker Khoi lebten. Unterschiedliche Streckenlängen möglich (alles Rundwege): The Gap (30 Min.), Witsand (2 Std.) sowie der die Spitze erreichende Wanderweg The Point (4–5 Std.). Unbedingt die heiße Tageszeit meiden (kein Schatten!).

Robbenkolonie

Das **Old Nick Village**, eine kleine Ansiedlung von Häusern an der N2, ist mit kunsthandwerklichen Geschäften gespickt. Am interessantesten sind die Töpferei- und Webereiprodukte sowie die Weberei selbst (Mungo Mill), die man besichtigen darf. Auf Führungen wird gezeigt, wie die Webteppiche und -behänge hergestellt werden. Mittwochs findet zudem ein Obst- und Gemüsemarkt statt.

Der Ausblick vom **Signal Hill** oberhalb des Ortes bietet eine unvergessliche Panoramaaussicht auf Plettenberg Bay und die Küste. Einzigartig sind die ca. 90-minütigen Walbeobachtungstouren (Juli–Nov.), bei denen man nicht nur bis zu vier Walarten zu sehen bekommt, sondern auch Delfine und die Robbenkolonie auf Robberg Island.

Ausflüge ins Umland schließen Touren nach Osten in die Crags (s. S. 388), an den Keurboom-Strand und bis hin zur Tsitsikamma Section (Nature's Valley und Storms River Mouth), und zu weiteren Wanderwegen ein. Nach Westen in die Knysna-Berge und -Wälder, an kaum besiedelte Küstenabschnitte sowie nach Knysna. Wer sich körperlich so richtig verausgaben möchte, der kann für einen Tag auf den nahen Flüssen eine **Kanutour** unternehmen. Achtung! Es ist heiß und wer auf dem Keurboom River paddelt, muss die Tiden mit einplanen.

Reisepraktische Informationen Plettenberg Bay/The Crags

Information

Informationsbude, *Melville's Corner/Main St.*

Das **Plettenberg Bay Tourism Centre** *befindet sich um die Ecke in der Kloof St., ✆ (044) 533-4065, www.plett-tourism.co.za.*

Infos zur Region **The Crags**: *✆ (083) 654 9007, https://www.garden-route-info.co.za/routes/town/274/the-crags.*

Unterkunft

Tsala Treetop Lodge $$$$$, *10 km westl. von Plett, ausgeschildert an der N2, ✆ (044) 532-8228 (Lodge), (044) 501-1111 (Reservierung), http://tsala.hunter*

hotels.com/home. Wald-Lodge der Luxusklasse. Die Zimmer und Chalets sind in den Baumkronen mit Stegen verbunden. Jedes Chalet mit eigenem Kamin und Badewanne. Gute, persönliche Betreuung, aber auch eine der teuersten „Tree Lodges" im Lande.

Beacon Island Resort $$$$–$$$$$, *Beacon Island Crescent, auf Insel, Plettenberg Bay, ✆ (044) 533-1120/4480 bzw. (065) 513-0151, www.tsogosun.com. Toller Blick von Restaurant, Bar und Terrasse auf die Bucht. Die Zimmer sind eher klein für den Preis. Das Ambiente ist „floridianisch" geprägt. Die Vorteile liegen in der einzigartigen Insellage und den Ausblicken. Nicht alle Zimmer mit Meerblick!*

Hog Hollow Country Lodge $$$$$, *17 km östl. von Plett, The Crags, (Ausschilderung an der N2), dann 1,3 km nach Süden, ✆ (082) 896-5975, www.hog-hollow.com. 16 individuell eingerichtete Zimmer im „African Decor Cottage Style" mit je eigenem Kamin und herrlichen Ausblicken auf das Flusstal und die Tsitsikamma-Berge. Die Mahlzeiten werden am Pooldeck oder drinnen im gemütlichen Speiseraum bei Kerzenlicht serviert. Die Gastfamilie hilft bei der Organisation von Erkundungen. Im privaten Nature Reserve gibt es Wander- und Reitwege (Pferde können ausgeliehen werden).*

Plettenberg Bay Game Reserve $$$$–$$$$$, *Anfahrt und Beschreibung s. S. 389, ✆ (044) 535-0001, www.plettgamereserve.com.*

Belle Balance Bush Lodge $$$$$, *✆ (084) 444-4408, www.bellebalance.co.za.*

Piesang Valley Lodge $$–$$$, *Piesang Valley Rd., ✆ (044) 533-6283 bzw. (072) 519-0244, www.pvl.co.za. Rustikal gestaltete Lodge in einem kleinen Seitental. 2,5 km zum Strand. Schöner Garten mit schattenspendenden Bäumen. Pool. Hier wohnt man etwas abseits vom Trubel in Plett.*

La Vista $$–$$$$, *17 Rosheen Crescent, Plett, ✆ (044) 533-5407 bzw. (071) 012-1303, www.lavista.co.za. Herrlicher Ausblick, schöne Zimmer, nur 5 Minuten zum Strand und zu diversen Restaurants. Tolles Frühstücksbuffet. Auf Wunsch und Anmeldung wird auch ein Dinner auf der Terrasse serviert. Oft drei Nächte Minimum.*

Africamps at Ingwe $$–$$$, *The Crags, an der N 2, ✆ (021) 300-5694, www.africamps.com. Luxus-Camping (Glamping). Toll ausgestattete Safari-Zelte (55 m², Küche, Balkon). Frühstück und Dinner können bestellt werden, müssen aber in der eigenen Küche bzw. am Grill selbst zubereitet werden.*

Forever Resort – Plettenberg $–$$, *Keurbooms Nature Reserve, am Ufer des Keurbooms River: auf der N2 6 km nach Osten, Abzweig nach links, ✆ (044) 535-9309, www.foreverplettenberg.co.za. Sehr geräumige und saubere Selbstversorger-Chalets inmitten einer wunderschönen Natur (Flussufer). Pool, Kanuverleih, Wanderwege – toll für Outdoor-Orientierte. Schattiger Caravan- und Campingplatz direkt am Fluss. Kein Restaurant!*

Arch Rock Seaside Accommodation $$–$$$, *direkt am Wasser, 7 km östl. von Plett abzweigen in Richtung Keurboomstrand, dann Straße 4 km bis ans Ende fahren. ✆ (021) 0200-444, www.archrock.co.za. Häuser für Selbstversorger. Die moderneren bzw. die rustikalen stehen in der zweiten Reihe, ganz vorne sind aber die Klassiker – direkt am Strand! Leider sind die Hütten im Sommer oft ausgebucht. Daher unbedingt rechtzeitig vorher reservieren!*

Backpacker

Nothando Backpackers $, *5 Wilder St., ✆ (044) 533-0220, www.nothando.com. Schlafsäle, Familien- und Doppelzimmer, nahe zum Hauptstrand.*

Camping

Forever Resort *(s. o.). Der am besten ausgestattete Campingplatz am Ort. Nahebei, an der Lagune, liegt der große* **Keurbooms Lagoon Caravan Park**

(✆ (044) 533-2567, www.keurboomslagoon.co.za), dieser ist zwar nicht ganz so schön wie das Forever Resort, aber okay. Neben der Arch Rock Seaside Accommodation (s. o.) campt man ganz nahe dem Strand und es gibt viele schattige Plätze; Buchung über **Arch Rock Resort**, *✆ (044) 535-0068, https://archrockresort.com (es werden auch Apartments oberhalb vom Strand vermietet).*

Essen und Trinken

Cornuti Stella Luna Restaurant, *Ecke Odland/Perestrella St., ✆ (087) 700-7791. Beste Pizza der Stadt (dünn und kross). Tolle Auswahl an Pasta- und Fischgerichten.*

The Lookout Deck, *Lookout Beach/Hill St., ✆ (044) 533 1379. Sehr beliebt zum Frühstücken, für den Sundowner und auch fürs Dinner. Unterhalb des Ortes. Prächtiger Ausblick auf Strand und Ozean. Vielfältige Speisekarte, lockere Atmosphäre.*

Enricos, *296 Main St., ✆ (044) 535-9818. Nettes, italienisches Ausflugslokal direkt am Keurbooms Main Beach. Kleine und große Speisen (besonders gut: Fischgerichte, Salate und Pizza) auf der Terrasse oberhalb vom Strand. An Wochenenden und während der Ferienzeit recht voll. Anfahrt unter Arch Rock Seaside Accommodation (s. o.).*

Delfin- und Walbeobachtung/Touren

Die beste Möglichkeit, Delfine von ganz nah zu erleben, bietet sich auf einer 2-stündigen, geführten Seakayaktour mit **Dolphin Adventures**, *Central Beach, ✆ (083) 590-3405, www.dolphinadventures.co.za. Walbeobachtungstouren:* **Ocean Blue Adventures**, *✆ (083) 701-3583), www.oceanadventures.co.za. Ocean Blue besitzt ein Permit, um mit dem Boot bis auf 50 m an die Wale heranzufahren.*

Townships: *KwaNokuthula und New Horizons. Touren und Privatunterkünfte dort vermittelt das Touristenamt.*

Kanutouren

Auf dem nahen Keurbooms River kann man kurze und bis zu 2 Tage dauernde Kanutouren unternehmen. Beiderseits des Flussufers, im **Forever Resort** *(S. 391) sowie gegenüber bei* **Keurbooms River Ferries**, *die auch Bootstouren anbieten (✆ (044) 254-3551, www.ferry.co.za), werden Boote verliehen. Wer auf dem* **Whiskey Creek Overnight Canoe Trail** *paddeln möchte, kann über* **Cape Nature** *(✆ (087) 087-9262, www.capenature.co.za) Kanus und die Selbstversorgerhütte im Keurbooms River Nature Reserve (Whiskey Creek Cabin) buchen. Die Hütte liegt 7 km nördlich der Lagune und kann per Fahrzeug oder Kanu erreicht werden (2–3 Std. je Richtung). Tipp: mindestens für zwei Tage buchen.*

Golf

Plettenberg Bay Country Club, *Piesang Valley Rd., Plettenberg Bay, ✆ (044) 533-2132, https://plettcountryclub.co.za. 18 Löcher, 5.954 m, Bar, Restaurant. Gilt als einer der landschaftlich reizvollsten Plätze der Garden Route: Große uralte Yellowwoods und Eichen.*

Busse und Flüge

Haltestelle von **Intercape** *und* **Greyhound**: *Shell Ultra City Tankstelle an der N2 (2 km in den Ort). Der* **Flugplatz** *von Plett wird von CEM Air mehrmals wöchentlich von Johannesburg und Kapstadt aus angeflogen. Info: ✆ (0861) 236-247, (011) 395-4473, www.flycemair.co.za.*

Wale und Delfine: Wusston Sie, dass ...

info

- der **Southern Right Whale** (Glattwal) so heißt, weil er genau „richtig" war zum Fangen? Denn nach seiner Tötung blieb er an der Wasseroberfläche, und so konnte man ihn gut an Land ziehen,
- die Kälber des Glattwals in den 3–5 Monaten an der Küste Südafrikas täglich **200 Liter Milch** von den Müttern erhalten, um Kräfte aufzubauen für die Reise zur Antarktis,
- die **Zahl der Glattwale** vor der Küste Südafrikas auf über 3.500 geschätzt wird, mit einer jährlichen Zunahme von ca. 7 %,
- das bei den Walen oft beobachtete Auftauchen und **Schlagen mit der Schwanzflosse** als Kommunikation, Ausdruck der Freude und auch zum Verscheuchen von Parasiten dienen,
- die **Schwimmgeschwindigkeit** eines Wals bei 5–8 km/h und die eines Delfins bei bis zu 35 km/h liegt,
- ein Glattwal frühestens nach 3, im Schnitt nach 5–6 Jahren wieder gebären kann,
- Wale und Delfine **über und unter Wasser sehen** können,
- bezahnte Delfine und Wale hauptsächlich Fische und Tintenfische fressen,
- Delfine und Wale ihre Nahrung vornehmlich mithilfe eines **Echosystems** finden. Dabei senden sie hohe Frequenzen aus und erkennen ihre Nahrung durch die Reflexion des ausgesandten Tons. Auf diese Weise können die Tiere bis zu 10 km weit kommunizieren,
- die Lebenserwartung eines Glattwals bei **90–100 Jahren** liegt,
- der **Walfang erst 1986 offiziell verboten** wurde,
- sich **37 Wal- und Delfinarten** vor der Küste Südafrikas aufhalten?
- Mehr zu Walen s. S. 67.

Streckenhinweis

Es gibt jetzt drei Möglichkeiten, nach Knysna zu gelangen:

1) Von Plettenberg Bay nach Westen über die **N 2**.
2) Ein kurzer Umweg führt am Flughafen vorbei und weiter über eine Seitenpiste an die Küste westlich von **Kranshoek**, von dessen Klippen aus sich ein atemberaubender Ausblick auf den Ozean eröffnet. Das Gebiet ist Teil des Garden Route National Park (Eintritt). Hier wurde einer der schönsten Picknickplätze entlang der Garden Route angelegt. Drei anspruchsvolle Wanderwege, ein 6 km langer rund um das Tal samt Wasserfall, der 9 km lange **Kranshoek Coastal Day Walk** sowie der **Harkerville Coast Hike Trail** (24 km, 2 Tage, Buchung des Letzteren über Forststation: ✆ 044-382-5863) erfreuen sich immer größerer Beliebtheit. Kranshoek wurde von Griquas (Nachkommen der Khoi-Khoi) gegründet, als diese vor den immer weiter vordringenden weißen Siedlern eine Nische für sich suchten. Kranshoek ist auch von Harkerville von der N2 aus zu erreichen (12 km westl. von Plett, an Tankstelle abbiegen).
3) Die umständlichste und längste, dafür ausgefallenste Variante führt über die Berge. Dafür fährt man ein Stück zurück auf der N 2 nach Osten und nimmt dann die R 340, die unterhalb des Prince Alfred's Pass (s. S. 394) auf die R 390 trifft. Diese führt durch den **Knysna Forest** hinab nach Knysna. Während bzw. nach stärkeren Regenfällen gilt es, sich nach dem Zustand der Schotterpiste zu erkundigen.

Weiterfahrt nach Knysna

Am Noetzie Beach

Entlang der N 2 bis Knysna reihen sich immer mehr „kleine Attraktionen" auf. Es scheint, als wenn der einst so dichte Wald immer häufiger für Farmstalls, weitere Animal Sanctuaries bzw. Unterkünfte freigegeben wird. Im Folgenden seien ein paar der Sehenswürdigkeiten entlang der Strecke genannt. Weitere machen durch Wegweiser auf sich aufmerksam:

- Im **Knysna Elephant Park** (*tgl. 9–15 Uhr*) widmen sich zehn Elefanten den Besuchern. Der Park wird besonders Kindern Spaß bereiten, etwa wenn sie beim Füttern helfen dürfen. Zweimal täglich finden Elephant Walks statt. Reservierung erforderlich: ✆ *(044) 532-7732, https://knysnaelephantpark.co.za.*
- Der **Pheasant Hoek Scenic Way**, der kurz hinter der Harkerville-Abfahrt nach Norden abzweigt, verspricht bezaubernde Ausblicke, bevor er weiter westlich wieder auf die N2 trifft.
- Im **Garden of Eden** gibt es einen Picknickplatz und verschiedene Waldlehrpfade. Für den zum **Big Tree** sollte man mind. 30 Min. planen.
- Neben den **Brackenhill Falls** gibt es eine Reihe von kleineren Kaskaden.
- **Noetzie Beach & River** (auch: Knoetzie geschrieben). Eine Stichstraße dorthin geht vor Knysna ab, gegenüber der Einfahrt zur R 339. Auf halber Strecke beeindruckt der Ausblick auf Knysna. Vom Parkplatz oberhalb der Steilküste beginnt ein steiler Abstieg zu einem tollen Strand. Hier fließt der Noetzie River in den Ozean. Idyllisch! Die kleine Bucht ist bekannt wegen ihrer drei „Castles", burgähnlicher Gebäude, in denen sich heute luxuriöse Unterkünfte befinden (✆ *087-941-75590, https://noetziecastles.co.za*). Auf der Ostseite des Flusses liegt das kleine **Sinclaire Nature Reserve**.

Abstecher: Knysna Forest und Prince Alfred's Pass

Entlang des „Elephant Walk" – R 339 von Knysna nach Avontuur

 **Hinweis**

66 km der insgesamt 77 km langen Strecke ist Schotterpiste. Für die einfache Strecke bis Avontuur benötigt man 2 Stunden reine Fahrzeit. Detaillierte Infos zu den Strecken im Knysna Forest erhält man im SAN-Park-Office in Knysna (siehe S. 398).

8 km östlich von Knysna, mitten im Township, zweigt die R 339 nach Norden ab. Die Straße führt durch den **Knysna Forest** und über die **Outeniqua Mountains**.

Sie folgt dabei dem sog. **Elephant Walk**, der Strecke, die die Elefanten vor 200 Jahren auf der Flucht vor den immer weiter vordringenden Menschen genommen haben. Heute sollen einige wenige Tiere im Wald leben, die aber sehr scheu sind. Auf einer über ein Jahr lang im Wald installierten Kamera tauchte jedoch nur immer der gleiche Elefant auf. Beeindruckend ist die Landschaft, die vornehmlich von Wäldern geprägt ist, die im nördlichen Abschnitt forstwirtschaftlich genutzt werden. Unvergesslich bleiben insbesondere die Ausblicke. Zudem gibt es einige nette Picknickplätze (Tische, Bänke, Grill), besonders schön sind der schattige Dal Van Varings Picnic Spot (nördlich von Diepwalle) sowie der in einem Flusstal gelegene Diep Rivier Picnic Spot 7 km nördlich von De Vlug. Erster interessanter Stopp von Knysna aus ist noch vor Diepwalle der **Big Tree** („**King Edward VII Tree**"), ein 650 Jahre alter Yellowwood-Baum. Er ist 39 m hoch und besitzt einen Umfang von 7 m. Ein kurzer Pfad führt in den Wald.

Von Wäldern geprägt

Bei **Diepwalle** (Wald-Museum, Übernachtung s. S. 396) kann man durch den Wald über den schmalen **Kom-se-Pad** (s. u.) nach Knysna zurückfahren und einen der **Elephant Walk/Terblans-Wanderpfade** erlaufen (je 6,5–9 km lang, 6–9 Std., vorher anmelden bzw. sich erkundigen, s. auch S. 396). Man kann auch auf der R 339 bleiben, die nach wenigen ansteigenden Kilometern den o. g. Picknickplatz sowie den atemberaubenden Aussichtspunkt **Spitskop** passiert. Die steile, ca. 1,5 km lange Piste zum Aussichtspunkt hinauf lohnt die Mühe, denn hier oben liegt einem nahezu alles zu Füßen: die Knysna Lagoon, der Indische Ozean, die umliegende Berg- und Tallandschaft. Mit 933 m ist diese Bergspitze die höchste im Umkreis.

Tolle Aussicht

Von hier aus bietet sich die Möglichkeit, nach Knysna umzukehren und 4 km nördlich in **Kruisvallei** auf die ebenfalls schöne **R340** abzubiegen, die nach Plettenberg Bay führt. Oder aber man fährt von Kruisvallei weiter in Richtung **Avontuur**: In diesem Gebiet sind viele Bäume abgeholzt worden bzw. sind die Neuanpflanzungen noch sehr niedrig. Dadurch eröffnen sich immer wieder atemberaubende Panoramen. Nahezu unbemerkt überquert man dann den von Thomas Bain 1862–1866 erbauten **Prince Alfred's Pass**. Über ihn sowie die **Old Passes Road** (s. S. 409) wurde Knysna früher vom Land her versorgt. Benannt ist der Pass nach dem englischen Prinzen, der 1867 herkam, um Elefanten zu jagen. 17 km nördlich des Abzweigs der R340 nach Plettenberg Bay (ca. 49 km von der N 2) lädt in **De Vlug** eine rustikale Lodge samt Forellenfarm zum Übernachten ein bzw. 1 km weiter ein uriger Pub zu einem Drink (der auch einfache Unterkünfte anbietet). Das **Langkloof-Tal** bei Avontuur zeigt sich von einer ganz anderen Seite. Hier ist es warm, um einiges regenärmer und Obstbäume bestimmen das Bild (s. S. 351).

Zurück zur Garden Route führen, abgesehen von der Anfahrtsstrecke, zwei Straßen. Die östliche führt durchs Langkoof-Tal und dann von Kareedouw über die R 402 nach Woodlands, die westliche über den Outeniqua Pass bzw. Montagu Pass nach George.

Knysna und der Coastal Forest

Das südliche Afrika ist überwiegend durch weite, offene Savannenlandschaften charakterisiert. Nur 1 % der Staatsfläche Südafrikas ist mit Wald bedeckt. Die ausgedehntesten Wälder befinden sich in dieser Küstenregion. Sie erstrecken sich auf einer Länge von 177 km zwischen George und Humansdorp und einer durchschnittlichen Breite von 16 km auf der Küstenterrasse zwischen Meer und den Outeniqua sowie Tsitsikamma Mountains. In der Tiefe dieser Wälder gibt es uralte Bäume (bis zu 800 Jahre), Farne, Kletterpflanzen und Wildblumen, denn sie erhalten hier genügend Niederschlag (mind. 750 mm/Jahr, oft bis zu 1.300 mm). Von Natur aus sind hier Stink- und Yellowwood-Bäume heimisch. Doch als die ersten Europäer das wertvolle Holz für sich entdeckten, begann der Raubbau. Vor allem die uralten Hartholzbäume wurden rücksichtslos gefällt. Das Holz benutzte man zum Bau von Schiffen, später wurden daraus Bahnschwellen hergestellt. 1939 gelang es endlich, die Abholzung unter staatliche Kontrolle zu bringen. Seither regeneriert sich der Wald wieder. Besonders nördlich von Knysna findet man wieder große Areale der ursprünglichen Bäume.

Uralte Bäume

Der **Kom-se-Pad Scenic Drive** (s. auch S. 396), der nördlich von Knysna (über **Old Cape Road** westl. der Innenstadt) durch die wunderschöne Waldlandschaft von **Gouna und Diepwalle Forest** führt, besticht durch alte Yellowwood-, Stinkwood- und Ironwood-Bäume. 125 Baumarten, zahlreiche Farne, das von den Bäumen hängende Moos („Old Man's Beard") und 35 Waldvogelarten gibt es zu erleben. Der schöne Grootdraai- und andere Picknickplätze sowie die beliebten Wanderwege **Terblans Walk** (Teil des Outeniqua Hiking Trail) sowie die verschiedenen **Elephant Walks** (s. o.) runden das Bild ab. Infos erhält man im Touristenamt bzw. in der Diepwalle Forest Station, wo man im **Forest Legends Museum** mehr über den Wald erfahren kann.

Knysna

Der Name der im Großraum gut 76.000 Einwohner zählenden Kleinstadt stammt aus der Khoi-Sprache. Seine Bedeutung ist nicht ganz geklärt, doch scheint *Knysna* (sprich: Neiss-na) so viel zu heißen wie „Ort des Holzes". An der Einfahrt in die 20 km² große Knysna-Lagune stehen zwei hohe Sandsteinkliffe, als **The Heads** bekannt. Als Gründer des Städtchens (zuerst noch zwei Städte: Mellville und Newhaven) gilt George Rex (1765–1839), der 1797 als hoher englischer Offizier nach Südafrika kam. 1804 kaufte Rex die Farm *Melkhout Kraal,* weitere folgten. Als Rex 1839 starb, besaß er praktisch das ganze Land um Knysna, mehr als 10.000 ha. Rex' Aktivitäten beschränkten sich nicht alleine auf die Landwirtschaft. Er war vielmehr davon überzeugt, dass Schiffe die enge, felsenreiche Passage bei den Heads passieren könnten und veranlasste, die Tiefe auszuloten und richtete eine Lotsenstation ein. 1817 lief die „Podargus" sicher in die Lagune ein. Damit begann Knysnas Aufschwung als Seehafen. Die Holzindustrie entwickelte sich zunehmend, da endlich Transportmöglichkeiten bestanden.

Wichtiger Seehafen

Ein „Goldrush" nördlich von Knysna sorgte 1876 für nur kurze Aufregung. Der Ort Millwood (s. S. 410) wurde in Rekordzeit aus dem Boden gestampft, doch bereits 1890 schloss die letzte Goldmine wieder. Als 1928 die Eisenbahnlinie die Stadt an die Außenwelt anschloss, verlor der Hafen schlagartig an Bedeutung. Noch heute ist Knysna bekannt für seine Möbel aus Stink- und Yellowwood. Im **Timber Village** (*Welbedacht Lane, westl. des Stadtkerns, ✆ (072) 024-1032*) kann man der Produktion von Holzmöbeln zusehen und Produkte erstehen. Knysna war lange für seine **Austern** bekannt. Auch wenn es die Austernzuchtstation auf Thesen Island nicht mehr gibt, gilt Knysna immer noch als *Oyster Capital*, nur kommen sie heute größtenteils von der

Westküste (Saldanha Bay) und z. T. noch von kleinen Zuchtstationen entlang der gesamten Garden Route. Die hiesige Lagune erwies sich schnell als zu warm für die Austernzucht. Knysna ist heute eine florierende Stadt, die vor allem vom Tourismus lebt. Hinzu kommen immer mehr ausgesuchte Geschäfte und Kunstgalerien; selbst die Mall's zielen in erster Linie auf betuchte Urlauber ab. Eine Errungenschaft des Booms ist die **Knysna Waterfront** (Knysna Quays), die mit ihren Souvenirläden, Juwelieren und besonders den vielen Restaurants Feriengäste anlockt. Zudem gibt es hier ein Hotel, Apartments und von hier starten Bootstouren durch die Lagune und ins offene Meer, z. B. auf einem nachgebauten Schaufelraddampfer. Der einzige Reiz des heute mit Apartmenthäusern zugebauten **Thesen Island** südlich der Innenstadt sind die schönen Restaurants an der Südwestspitze. Die schattige **Main Road** (N2) und ihre Nebenstraßen warten mit Geschäften, Restaurants, Malls und Stripmalls auf. Die Hektik wird durch den Durchgangsverkehr der N2 verstärkt. Fazit: Knysna bietet dem Reisenden alles, nur nicht Ruhe. Dafür muss man ins Umland ausweichen.

Knysna Waterfront

Zwei beliebte Festivals sind das **Timber Festival** der Holzfäller um Ostern und das **Oyster Festival** Anfang Juli, bei dem sich nicht alles nur um die begehrte Auster dreht, sondern auch sportliche Events (Radtouren, Laufen bis hin zu einem Marathon, Bootsrennen) im Mittelpunkt stehen. Golfer werden es wissen: Knysna verfügt über tolle **Golfplätze**. Der Knüller, wenn auch von vielen Bewohnern und besonders Ökologen bis zur letzten Minute bekämpft, ist der international anerkannte Golfplatz **Pezula Estate** zwischen dem Eastern Head und Noetzie Beach (*www.pezulagolfestate.com*). Wer hier spielt, hat eine grandiose Aussicht auf das Meer. Dafür aber ist die gesamte Region für das normale Publikum gesperrt und selbst in Noetzie wird es selbst den Einheimischen schwer gemacht, sich am eigenen Strand frei zu bewegen. Erst in letzter Minute konnte das Vorhaben verhindert werden, Wasser für die Bewässerung der Grüns aus der Noetzie Lagune abzupumpen.

Sehenswertes in und um Knysna (von Osten nach Westen)

Noch bevor man von Osten kommend die Stadt erreicht, weist ein Straßenschild zum Friedhof, wo die letzte Ruhestätte von George Rex (**George Rex Grave**) als Attraktion angekündigt ist. Gerüchte besagen, dass Rex ein unehelicher Sohn von Englands König George III. und einer Quäker-Frau war.

Blick auf The Heads

Kurz darauf zweigt eine Straße zu **The Heads** ab, die am Abzweig zur **Leisure Isle** (Ferienhäuser, kleiner Strand) und kurz vor dem Ziel an der Stichstraße (*Coney Glen Dr.*) zum schönen **Coney Glen Beach** führt. Folgt man dieser Stichstraße, die zuerst steil ansteigend zum Gipfel des östlichen „Head" führt, erreicht man über einen kurzen Weg einen **Aussichtspunkt** (ausgeschildert). Von den hölzernen Balkonen aus hat man den wohl besten Blick sowohl auf das Meer und die Meerenge zwischen den Heads als auch auf die Lagune selbst. Unten, am oft überfüllten Parkplatz am Ende der Straße zu den Heads befinden sich Restaurants, ein paar Unterkünfte und Souvenirgeschäfte, ein Tauchausrüster (auch: Schnorcheln) sowie das kleine **NSRI Aquarium** (*tgl. geöffnet*) der Küstenschutzbehörde. Es informiert über die Flora und Fauna der Knysna-Lagune. Ein kleiner, etwas beschwerlicher Fußweg entlang der Felsen führt nahezu zur Spitze des östlichen „Head". Von hier aus bieten sich schöne Fotomöglichkeiten (Lagune, Felsen, Leuchtfeuer und Berge im Hintergrund).

Innenstadt

Kulturelle Hauptattraktion

Das Heimatmuseum im **Millwood House** in der Queen Street darf wohl als kulturelle Hauptattraktion angesehen werden. Es wurde aus Yellowwood errichtet und diente als Wohnhaus an den Goldfeldern von Millwood (s. u.), bevor man es auseinandernahm und in Knysna wieder aufstellte. Ihm ist das **Parkes Cottage** (*Ecke Queens/Pitt Sts.*) als Erweiterung angeschlossen. Beide illustrieren anhand von Fotografien und Artifakten die Geschichte der Stadt. Weiterhin verdienen die **Angling Collection**, die **Maritime Collection** (Geschichte des Hafens, *im Old Gaol, Ecke Queen/Spring Sts.*) sowie der **Motorcycle Room** (*Thesen Harbour*) Erwähnung. Nicht zu übersehen ist schließlich die 1855 errichtete **St. George's Church** an der Main Street, deren Innenarchitektur auf Yellowwood-Holz beruht. Beachtenswert ist die alte und kleinere Kirche.
Alle **o.g. Museen**: *✆ (044) 302-6320, www.knysnamuseums.co.za, Kernzeiten: Mo–Fr 9–16, Sa 9–12 Uhr.*

Das 10 ha große **Pledge Nature Reserve**, 10 Gehminuten nördlich der Innenstadt, sei denjenigen ans Herz gelegt, die sich in Kürze über die Fynbos-Flora der Region informieren möchten. Viele der über 100 Pflanzen- und Baumarten sind hier markiert, und an die 100 Vogelarten sollen hier schon gesichtet worden sein.

Umgebung von Knysna

Die **Knysna National Lake Area** ist ein Naturschutzgebiet, das die Lagune inklusive Estuary, Sümpfen mitsamt Fauna und Flora umfasst. Als Teil des Garden Route National Parks untersteht es der Nationalparkbehörde, die ein **Infocenter** auf der Südwestseite von Thesen Island unterhält (*✆ 044-382-2095 bzw. 302-5600*). Hier bekommt man Infos über den Knysna Forest, der zur Knysna Lakes Section zählt und in dem es Park-Unterkünfte im Wald (Treetop Forest Chalets, Camping-Decks, Gästehaus in Diepwalle) gibt. Das Naturschutzgebiet der Lagune hat eine Größe von 106 km². In dem einzigartigen Ökosystem –

The Heads säumen die Einfahrt zur Lagune

einem ausgewiesenen Wasservogelgebiet – hat z. B. das *Seahorse*, eine bedrohte Seepferdchenart, seine Heimat. Naturschutz wird großgeschrieben. Die Wassersportaktivitäten stehen mit dem Ökosystem im Einklang.

Fahrt im Schaufelraddampfer

Zum **Featherbed Nature Reserve** ist keine Zufahrt mit einem Pkw möglich. Schaufelraddampferfahrten dorthin starten vom westlich der Knysna Waterfront gelegenen Anleger. Das Schutzgebiet erkundet man auf einem 2,3 km langen Wanderweg und bei einer geführten Geländewagentour. Klippen, Höhlen, Milkwood-Bäume, Seevögel, Duiker u. v. m. werden die Naturfreunde faszinieren. Auf Wunsch wird auch ein Lunch gereicht. Die etwa 4-stündigen Touren sind toll gemacht und es ist nicht so überlaufen wie auf den Heads an der Ostseite.

Knysna rühmt sich seiner ethnischen Vielfalt und daher werden verschiedene **Touren in die Townships Jadah Square** und **Khayalethu** angeboten, darunter auch eine Tour zur Judah Rastafarian Community, der größten Rastafari-Gemeinde Südafrikas.

Reisepraktische Informationen Knysna

Information

Tourism Bureau, *40 Main Rd., ✆ (044) 382-5510, www.visitknysna.co.za. Infos auch über Noetzie, Sedgefield, Buffalo Bay (Buffels Bay) und Brenton. Hier kann man sich auch über Wanderungen entlang der Küste und durch die Wälder sowie über Township-Touren erkundigen.*

Unterkunft

Tipp: *Günstiger und ruhiger wohnt man außerhalb des Stadtzentrums, z. B. nahe The Heads oder noch besser westlich des Ortskerns und dort nördlich der N2.*

Belvidere Manor $$$–$$$$, *10 km westl. von Knysna an der Straße nach Brenton-on-Sea, ✆ (044) 387-1055 bzw. (064) 836-4664, www.belvidere.co.za. Gehobene Unterkunft mit 28 historischen Cottages (1–3 Schlafzimmer) und „It's teatime"-Ambiente. Das Haupthaus, ehemals ein Farm-Manor, ist ein National Monument. Es stammt von 1849, wurde nach 1870 um ein Stockwerk erhöht und von einer schottischen Familie bewohnt. Die Aussicht vom Belvidere Estate auf die Knysna Lagoon ist einmalig. Das Restaurant ist gut und das (sonnige) Frühstück auf der Veranda des Manor Houses wird unvergesslich bleiben. Leider liegt diese Hügelseite schon vor Sonnenuntergang im Schatten. Auf Angebote außerhalb der Saison achten!*

Candlewood Lodge $$$–$$$$, *8 Stinkhout Cres, Old Place, Knysna, ✆ (078) 907-3378, www.candlewood.co.za. Schön oberhalb und doch nahe der Stadt gelegene B&B-Lodge mit Blick über die Lagune. Individuell eingerichtete Zimmer, einige davon mit Balkon und Ausblick. Die Storm Suite ist geräumiger und eignet sich für Familien mit Kindern. Schöner Garten, Pool und gutes Frühstück.*

Knysna Houseboats $$$–$$$$, *Büro: Sawtooth Lane, TH 34 First Floor, Thesen Islands, ✆ (044) 382-2802, www.knysnahouseboats.com. Das ist schon was Besonderes: Mit einem kleinen Hausboot über die Lagune schaukeln und die Beine baumeln lassen oder den Kranichen ganz nahekommen. Keine Vorkenntnisse für die Bootsführung erforderlich. Mindestaufenthalt: 2 Nächte (Dez.: 3 Nächte).*

Knysna Log-Inn $$$–$$$$, *14 Gray St., ✆ (044) 382-5835, www.log-inn.co.za. Das zentral gelegene Hotel rühmt sich damit, die größte „Blockhütte" der südlichen Hemisphä-*

re aufzuweisen, und alles wurde nur mit natürlichen Materialien konstruiert. Doppel- und Dreibettzimmer, Pool, Jacuzzi und Sauna. Motto des Hauses: „Stay in Tune with Nature".

Portland Manor $$$–$$$$, *13 km entlang der Old Cape Rd. in Richtung Rheenendal (ca. 21 km nordwestl. von Knysna), Rheenendal,* ✆ *(044) 388-4604, www.portlandmanor.co.za. Das altehrwürdige Herrenhaus (1864, engl. Landhausstil) liegt hoch über Knysna mit einem weiten Blick über Landschaft und Berge. Pool, Pub, gutes Restaurant, gediegene Leseräume, Wanderwege durch Wälder und um Seen, seltene Vögel und selbst Bonteboks, Strauße und Zebras gibt es hier. Ein Ort zum Entspannen von der Hektik der Garden Route – dazu eignet sich bereits der schattig-tropische Garten. Es lohnt aber nur, wenn man mind. 2 Tage bleibt. 19 Zimmer, sechs davon im Manor House (historisches Ambiente). Dazu Selbstversorger-Cottages.*

Brenton-on-Sea Chalets $$–$$$, *15 km südwestl. von Knysna, 197 Agapanthus St., Brenton-on-Sea,* ✆ *(061) 546-0484, www.brentononseachalets.co.za. Selbstversorger-Chalets (toller Ausblick aufs Meer) sowie ein größeres Haus, das separat gemietet werden kann. Nah am Ozean, der Strand hier an der Buffalo Bay (Buffels Bay) ist grandios! Gut für Spaziergänge. Nachteil: es gibt kaum Restaurants in Brenton-on-Sea.*

Fish Eagle Lodge $$–$$$, *Welbedacht Lane, 1,5 km westl. von Knysna von N2 abbiegen, dann ca. 1,3 km und schließlich Stichweg folgen,* ✆ *(044) 382-5431, www.fisheaglelodge.co.za. Bezaubernd gelegenes Haus mit Blick auf Lagune und Berge. Ruhig, abseits des Rummels von Knysna. Pool. 9 Zimmer (DZ und Selbstversorger-Apartments mit Küche). Die Gastgeber sind ein aus Deutschland eingewandertes Ehepaar. Keine Kinder unter 10 Jahren. Tipp für Knysna.*

Island Vibe Backpacker $, *67 Main Rd.,* ✆ *(044) 382-1728, www.islandvibe.co.za. Zentral in der Innenstadt und nahe der Waterfront. Schlafsäle, 2- und 3-Bettzimmer. Kleine Bar und Außenterrasse.*

Übernachtungen im Township *können über das Touristenamt arrangiert werden, Kontakt s. o. Infos auch auf http://wanduknysna.weebly.com.*

Camping

Es gibt mehrere Campingplätze im Umkreis von Knysna, wobei der in **Buffalo Bay** *(Buffels Bay, 21 km von Knysna,* ✆ *(044) 383-0045, www.buffalobay.co.za, nur Caravane/Wohnmobile) am schönsten liegt (Blick aufs Meer, aber windig). Nahebei ist der Caravan- und Zeltplatz* **Buffelskop** *(21 km von Knysna,* ✆ *(060) 998-6999, www.knysna.gov.za/play-here/buffelskop-caravan-park, auf dem Hügel über dem Ort (toller Ausblick, weniger Wind). Das* **Woodbourne Holiday Resort** *(George Rex Drive,* ✆ *(044) 384-0316 bzw. (072) 466-1459, www.woodbourneknysna.com) hat dafür die beste Ausstattung, liegt nahe der „Heads" und bietet günstige Unterkünfte in kleinen Chalets.*

Mit 1 km am absolut nächsten zur Innenstadt liegt der unspektakuläre **Monk's Caravan Park** *(Ecke Main Rd./Holiday Park Crescent,* ✆ *(044) 382-2609, www.monkscaravan.co.za, auch Chalets). Ein besonderer Knüller sind die* **Knysna Forest Camping Decks** *in der Diepwalle Section des Knysna Forest (22 km über die R 340 nach Uniondale,* ✆ *(044) -302-5606, www.sanparks.org). Hier wurden Holzdecks im Wald mit einem Boardwalk verbunden und auf diesen kann man sein Zelt aufstellen. Zelte können auch ausgeliehen werden.*

Essen und Trinken

Am ersten Abend kann man nicht viel falsch machen, wenn man sich an der **Knysna Waterfront** *nach einem Restaurant umschaut. Empfehlungen:* **34° South**,

✆ (044) 382-7331 bzw. (082) 419-3434, Seafood nach Rezepten aus aller Welt: Austern, Sushi, Paella, Spezialitäten aus Mosambik; **O'Pescador**, *✆ (044) 382-3476, leger, aber gutes Essen, portugiesische Meeresfrüchte-Küche, z. B. Sardinen, Scampi und Piri-Piri.*

Am Südende von Thesen Island haben sich mittlerweile einige Lokale angesiedelt, so z. B. **Tapas & Oysters**, *✆ (044) 382-7196. Rustikal (Raw Bar). Neben Tapas und Austern auch Sushi und gute Cocktails. Mit weißen Tischdecken sowie Kerzen bestückt ist das ausgesprochen beliebte* **Sirocco** *(✆ 044-382-4874). Natürlich stehen auch hier Austern, Fisch und Meeresfrüchte oben an, aber auch die Steaks (Rind, Kalb und Strauß) und die Salate sind lecker. Zudem viele Fusion-Cuisine-Gerichte, einige mit asiatischem Touch, Pizzen und eine schöne Aussicht über die Lagune, besonders von der Bar auf dem Dach.*

Wer keine Fischgerichte mag oder unkompliziert essen möchte, findet die größte Auswahl in den **Malls** *rund um die Main Road. Hier gibt es Filialen von Steers, Wimpy etc. sowie ein paar Cafés, Pubs und einfache Restaurants.*

Außerdem zu empfehlen sind das **Caffe Mario**, *17 Hedge St., ✆ (044) 382-7250, erstklassige Pizza und Pasta-Gerichte, und hinterher: guter Espresso sowie der gemütlich-lockere* **Olde's Pub & Grill**, *14 Gray St., Ecke Rawson, ✆ (044) 382-6514. Lecker sind die Spare Ribs, ansonsten typisches Pubfood. Am Wochenende oft Livemusik und Braai.*

Im Rahmen einer organisierten **Township-Tour** *gibt es oft die Möglichkeit, traditionelle afrikanische Gerichte wie etwa Chakalaka, Pap oder Potjiekos zu probieren. Infos beim Touristenamt bzw. auf www.visitknysna.co.za oder. s. u.*

Unternehmungen/Wanderungen/Choo-Tjoe Train

Die **Featherbed Company** *unterhält eine Fähre zum gleichnamigen* **Featherbed Nature Reserve**. *Abfahrt vom Terminal am Remembrance Drive (Cruise Café), ✆ (044) 382-1693, www.knysnafeatherbed.com. Der Trip dauert ca. 4 Std., inkl. Wanderungen.*

Infos zu Townships *(Touren, Projekte): ✆ (044) 375-0303, www.sinethemba.net; ✆ (044) 382-1129, www.knysnarotary.co.za.*

Erläuterte **Wanderungen in das Gebiet der Knysna-Elefanten** *unternimmt der Tierforscher Gareth Patterson ca. 4-mal im Monat (✆ (044) 386-0100, www.garethpatterson.com).* **Venture Beyond** *unternimmt erläuterte Wanderungen in den Knysna Forest (www.venturebeyond.co.za). Für beide gilt: frühzeitig anmelden!*

Der legendäre historische **Outeniqua Choo-Tjoe Train**, *der einst zwischen George und Knysna verkehrte, bemüht sich, in naher Zukunft auf einer Teilstrecke (später dann auf gesamter Länge) wieder seinen Betrieb aufzunehmen. Aktuelle Infos: www.outeniquachootjoe.com.*

Golf

Simola Golf & Country Estate, *nordwestl. der Stadt, ✆ (044) 302-9677, www.simola.co.za. 18 Löcher, 6.294 m, Hotel, Bar, Restaurant, Wellness-Spa, Mountainbike-Verleih. Platz designt von Jack Nicklaus und wunderschön in Hügellandschaft eingepasst.*

Busse

Überlandbusse *(Intercape etc.) halten auf der Strecke Port Elizabeth – Kapstadt am alten Bahnhof von Knysna, nahe der Waterfront.*

Direkt hinter der N 2-Brücke über den nordwestlichen Zipfel der Knysna-Lagune zweigt eine Stichstraße ab, die an der historischen **Belvidere Estate** vorbeiführt. Die ältesten Gebäude sind die Kirche (1855), das Herrenhaus (1849) und das Bell Cottage (ca. 1835). Heute befinden sich hier ein Hotel (s. o.) und viele Feriendomizile.

Ein Stück weiter erreicht man einen Aussichtspunkt. Besonders mit der Nachmittagssonne im Rücken bietet sich ein toller Blick auf Lagune und Knysna. Endpunkt ist schließlich **Brenton-on-Sea**, ein Ferienhausort mit einigen B&Bs und Selbstversorger-Unterkünften. Von hier aus blickt man auf die naturbelassene **Buffalo Bay** (Buffels Bay, Buffelsbaai), an deren Strand es sich sehr gut wandern lässt. Im Ort gibt es einen kleinen Laden, in dem Ferienwohnungen und -häuser vermietet werden – unter der Woche bzw. in der Nebensaison oft zum Schnäppchenpreis! Das nahe **Featherbed Nature Reserve** ist nur mit dem Boot von Knysna aus zu erreichen (s. S. 401).

Strand zum Wandern

Zwei Routenalternativen nach George im Überblick

1) Die erste Alternative führt weiter **entlang der N 2** und bietet Lagunenlandschaften, Strände und mit Sedgefield und Wilderness zwei Orte, die alle touristischen Infrastrukturen aufweisen. Zudem ist diese Strecke die weitaus schnellere (Fahrzeit Knysna – George: ca. 50 Min. für 60 km).
2) Die zweite Route führt entlang der **Outeniqua Mountains** und der **Old (Seven) Passes Road**. Sie war die ehemalige Hauptstrecke zwischen Knysna und George, ist aber in einigen Abschnitten nicht asphaltiert. Obwohl nur 12 km länger als die o. g. Strecke, beträgt die reine Fahrzeit mindestens 1 ½ Stunden. Rechnet man den lohnenden Abstecher zur Ghosttown Milkwood, hinunter zum Meer und andere ein, kann aus dieser Strecke nahezu eine Tagestour werden – allemal dann, wenn auch noch eine Wanderung auf dem Programm steht. Als Kontrast zu den Ebenen bzw. der Küste macht diese Route jedoch Sinn. Es besteht am westlichen Ende zudem die Möglichkeit, wieder hinunter nach Wilderness zum Übernachten zu fahren.

1. Alternativstrecke: Von Knysna nach George entlang der N 2

Die Strecke führt bis hinter Wilderness parallel zur Küste, zumeist direkt hinter dem ersten Dünenkamm. Nur der erste Abschnitt hinter Knysna und die Strecke von Wilderness bis George bzw. Glentana (N 2) verlässt die Küste. Der atemberaubendste Abschnitt ist ohne Zweifel der um Wilderness, denn hier ist die Straße dem Meer am nächsten, auch der kurze Abstecher zur Wilderness Section des Garden Route National Park lohnt. Auch hier gilt es, die N 2 so oft als möglich zu verlassen, denn die wahren landschaftlichen Schätze verbergen sich sowohl jenseits der Küstendünen als auch entlang der sog. **Lake Road** (**Die Vlei Road**), die zwischen dem Baywater Village (2,5 km westl. von Sedgefield) und Wilderness nördlich der „Vleis" verläuft.

Abstecher von der N 2

5 km westlich der Knysna Lagune zweigt im Goukamma River-Tal eine Stichstraße nach **Buffalo Bay** (Buffels Bay) ab, ein kleiner Ferienort auf einer schmalen Landzun-

ge, von den Einheimischen nur kurz „Buffs" genannt. Nennenswerte Übernachtungsstätten gibt es hier nicht (nur Selbstversorger-Apartments und zwei Campingplätze), dafür aber Beschaulichkeit und die Gelegenheit zum Strandspaziergang bis nach Brenton-on-Sea. Das von Cape Nature geführte **Goukamma Nature Reserve**, dessen Hauptquartier und Selbstversorgerhäuschen an der Straße nach Buffalo Bay liegen, beeindruckt durch die Sandklippen, die oft versandete Flussmündung, Seevögel (u. a. Sekretäre, Fischadler), Affen und Buschböcke. Am Parkoffice kann man Kanus ausleihen. Das Naturreservat richtig zu erkunden, erfordert etwas Zeit. Zuerst muss man sich mit einer Handseil-Fähre selbst über den Goukamma River ziehen, um ins Naturgebiet zu gelangen. Einen weiteren Zugang gibt es hinter dem Lake Pleasant Hotel ein Stück weiter auf der N2 (Unterkünfte s. S. 407).

Kanutouren möglich

Wilderness National Lakes Area

Noch vor Sedgefield macht eine andere Landschaftsform auf sich aufmerksam: „**The Lakes**". Der 20 km lange Küstenabschnitt bis zum Pass westlich des Ortes Wilderness wurde geprägt durch zwei uralte Dünenketten, eine direkt am Meer, die andere, größere, am Berghang hinter den Seen. Zwischen diese Dünen floss das von den Bergen kommende Wasser (Touws River, Serpentine und andere kleine Flüsse) und bildete eine Seenkette, deren Seen wiederum durch kleine Dünen voneinander getrennt sind.

Garden Route: Zwischen Knysna und George

0 Wanderwege (Trails)

1 Cradock Pass Trail
2 Tierkop Trail
3 Groeneweide Trail
4 Woodville Trail
5 Start-/Zielpunkt: Outeniqua Hiking Trail
6 Woodcutter's Trail
7 Millwood Mining Trail
8 Elephant Walk
9 Terblans Walk

0 Sehenswürdigkeiten

1 Garden of Eden/Big Tree
2 Stinkhout Draal Scenic Way (Pheasant Hoek)
3 Brackenhill Falls
4 Featherbed Nature Reserve
5 Kom-se-Pad Scenic Drive (schmal, evtl. 4x4)
6 Gericke's Point
7 Cape Dune Molerat Trail
8 Map of Africa

Wie Perlen an einer Kette reihen sich von Osten her **Swartvlei**, **Rondevlei**, **Langevlei** und **Island Lake** aneinander. Letztere fließen über Serpentine und Touws River ab, der Swartvlei dagegen über die Swartvlei Lagune ins Meer. Ruigtevlei und Groenvlei gehören nur bedingt dazu („Vlei" in Afrikaans = Sumpfsee). Der Salzgehalt der Seen nimmt zum Meer hin zu. Auch die Knysna Lagune, das Keurbooms Estuary und andere Küstenabschnitte haben sich auf ähnliche Weise gebildet.

„Grüner Sumpf"

Der **Groenvlei** („grüner Sumpf") ist der einzige wirkliche Süßwassersee der Region. Er liegt höher als die anderen Seen und kann somit nicht von Ebbe und Flut beeinflusst werden. Wasser fließt einzig von den ihn umliegenden Bergen und Dünen hinein. Schaut man im Frühling ganz flach über das Wasser, ist ein grüner Grasschleier auf dem Wasser wahrnehmbar. Die **Lake Pleasant Chalets & Lodges** am Westende des Sees bieten eine familienfreundliche Unterkunft in Selbstversorgerhütten bzw. schattigen Campingplatz in diesem kleinen Paradies.

Der kleine Ort **Sedgefield** hatte sich über Jahrzehnte geschickt dagegen gewehrt, vom Tourismus überrollt zu werden. Doch in nur wenigen Jahren hatte sich das Bild gewandelt. Seit der Jahrtausendwende wuchs Sedgefield immer weiter zum Meer hin, sodass dort mittlerweile auch aller Platz verbaut ist. Die Region um die N 2 herum verkommt dagegen mehr und mehr zur „*Service Area*". Natürlich stimmt es ein wenig traurig, aber auch Sedgefield verlangt ein Stück vom (Tourismus-) Kuchen. Hohe Häuser und bauliche Schandflecken wurden vermieden, sodass man sagen muss, wenn es schon sein soll, dann eben so.

Die Straße überquert als nächstes den **Swartvlei**, den größten Salzwassersee Südafrikas. Eine Stichstraße führt gleich hinter der Brücke zum **Swartvlei Beach**. Der weiße Sandstrand und ein Spaziergang zu den Kliffs am Gericke's Point im Westen (Aussicht!) lohnen den kurzen Abstecher.

Ostabschnitt der Wilderness Section

Kurz darauf folgt an der N 2 ein Abzweig nach rechts zum Swartvlei: **Lake Road/ Die Vlei (Sand) Road**. Nach gut 3 km ist die Einfahrt zum östlichen Abschnitt der Wilderness Section erreicht. Dieser Parkabschnitt ist naturbelassen und daher besonders beliebt bei Vogelkundlern, die sich die Brackwasservögel anschauen möchten. Der sandige **Cape Dune Molerat Trail** nördlich des Rondevlei (bis zu 6 km lang/2–3 Std.) ist sehr empfehlenswert. Er führt auf die mit Fynbos und Proteen bewachsene Inlandsdüne. Unterkünfte und andere Freizeitaktivitäten werden in diesem Parkabschnitt nicht angeboten. Der Rondevlei trägt zu Recht seinen Namen, so rund ist er. **Wilderness Dune Beach** und die **Flat Rocks** (Abfahrt bei Tankstelle am Kreisel;

Für saubere Strände wird an der Garden Route gesorgt

Views Boutique Hotel) ein Stück weiter entlang der N2 geben eine weitere Gelegenheit für einen kurzen Spaziergang bzw. einen Ausblick aufs Meer.

Wilderness Section

Die Landschaft zwischen dem Goukamma Nature Reserve im Osten und dem Touws River im Westen ist großenteils zur 2.600 ha großen **Wilderness Section** und damit **Teil des Garden Route National Park** zusammengefasst worden. Im Einzelnen umfasst das Gebiet den Mündungsbereich des Touws River, einen 18 km langen Strandabschnitt, die Wilderness sowie die Swartvlei Lagoon, den Serpentine River als auch die Seen Island Lake, Rondevlei, Ruigtevlei und Swartvlei. Die Parkgrenzen sind nur vage auszumachen, und selbst die Karten unterscheiden sich da manchmal. Für die Erkundung der Lakes Area tut das aber nicht viel zur Sache.

Reiche Flora und Fauna

Das **Nebeneinander von Salz-**, **Brack-** und **Süßwasser** sorgt für eine vielfältige Flora und Fauna. Deshalb zählt diese Gegend zu den artenreichsten Wasservogel-Gebieten Südafrikas (u. a. Flamingos, Löffler). Die Uferzonen der Seen sind mit den unterschiedlichsten Schilfgewächsen zugewachsen, je nach Salzgehalt des Wassers.

Interessant ist auch, dass die einzelnen Seen nicht nur von den Bergflüssen (Touws, seinem Nebenfluss Serpentine und vier weiteren) mit Wasser gespeist werden, sondern in hohem Maße auch von dem Flutwasser, das vor allem über die Wilderness-Lagune und den Serpentine eindringt. Ferner speisen aufsteigendes Grundwasser und höchstwahrscheinlich auch durch die Küstendünen einsickerndes Seewasser die Gewässer des Hinterlands. Die Seen zwischen Island Lake und Swartvlei sind übrigens nicht durch den Serpentine miteinander verbunden, sondern durch einen natürlichen Kanallauf.

Aktivitäten im Park: Der erste Stopp sollte am **Ebb & Flow Park Headquarter**, zwischen dem Wilderness Dune Beach und Wilderness (noch östlich der Touws River Bridge, ausgeschildert als „Wilderness National Park" bzw. „Ebb & Flow"), sein. Hier erhält man alle nötigen Informationen.

Wanderwege

Lohnende Wanderungen

Es gibt eine Reihe von Wanderwegen im Park für **1- bis 5-stündige Wanderungen** entlang des geschwungenen Serpentine-Flusses, durch die Dünen oder um die einzelnen Seen herum. Auf dem 10 km langen Rundweg **Pied Kingfisher Trail** hat man die Chance, alle typischen Gegebenheiten des Parks in weniger als 4 Std. zu erleben (Strand, Dünen, Flüsse, Vögel, Vegetation). Der Trail beinhaltet aber einige weniger reizvolle Straßenabschnitte. Er beginnt und endet am Ebb & Flow Visitor Centre.

Kanu fahren und Segeln

Da die Flüsse wenig Strömung aufweisen und die Seen zu klein für große Wellen sind, gehören **Kanutouren** zu den beliebtesten Freizeitaktivitäten. Die normalen Touren dauern 2–5 Std. und führen zu Picknickplätzen und einem Wasserfall (inkl. Fußweg). Highlights sind die unregelmäßig stattfindenden **3- bis 4-tägigen Kanutouren zwischen Wilderness und Sedgefield**. Übernachtet wird dabei in einfachen Camps. Gestellt werden nur der Guide, die Betten (ohne Bettzeug) und die Hütten. Nahrung, Schlafsack, wetterfeste Kleidung, Campingkocher und Getränke müssen mitgebracht werden.Diese Tour muss vorher reserviert werden. Boote für die kurzen Strecken können nahe dem Visitor Centre über einen Kanuverleih ausgeliehen werden. Hier gibt es auch **Stand-Up-Paddle-Borde** (SUP) zu mieten. **Segeln** gehört zu den Angeboten, ist aber nicht so einzigartig, wie es von offizieller Seite dargestellt wird.

Mountainbiking und andere Aktivitäten

Ferner werden **Para**- bzw. **Hanggliding** (an den Kliffs – Abfahrt bei der Tankstelle am Kreisel, Views Boutique Hotel – und an der „Map of Africa"), **Mountainbiking** (in die Outeniqua-Berge), **Fischen** (Süß- und Salzwasser) und **Ausritte** (Binnenseen, Strand) im Park bzw. im Ort Wilderness angeboten.

Feriendomizil

Der kleine Ort **Wilderness** hat sich zu Recht zu einem Feriendomizil mit Resort-Hotels, B&Bs (viele davon auf der Meerseite – super gelegen!), Backpacker-Unterkünften und zahlreichen Campingplätzen gemausert. Das Umland mit der Wilderness Lakes Area, dem langen Sandstrand und den Tagesausflugsmöglichkeiten von Plettenberg Bay im Osten bis hin nach Mossel Bay im Westen machen den Ort an der Mündung des Touws River besonders attraktiv. Die negative Seite dieses Touristenbooms: Binnen weniger Jahre wurde die Küstendüne auf 12 km nahezu zugebaut.

Zu sehen gibt es in Wilderness selbst nichts, doch in der Touristeninformation wird man gut beraten betreffs der vielfältigen Möglichkeiten, die die Umgebung zu bieten hat. Hingewiesen sei noch auf einen bezaubernden Aussichtspunkt oberhalb (nördlich) von Wilderness, die sog. „**Map of Africa**". Dazu fährt man die schmale Straße aus dem Ort hinauf und folgt den Schildern nach links. Der Blick nach Norden in das schluchtartige und sehr gewundene Flusstal lässt eine natürliche Karte von Afrika in seinen Umrissen erahnen. So haben es bereits die ersten Siedler vor ein paar Hundert Jahren gesehen.

Blick auf die ehemalige Bahnlinie

Die N 2 steigt westlich von Wilderness an (ab hier mehrere Radarfallen!) und erreicht an einer scharfen Kurve den **Dolphin Viewpoint**. Ausblicke zurück über die Küsten- und Lagunenlandschaft und nach Westen in das Mündungsgebiet des Kaaimans River verdienen den kurzen Stopp. An der Flussmündung macht die viel fotografierte Eisenbahnbrücke des Outeniqua Choo-Tjoe Train eine sanfte Kurve. Von Wilderness kommend, ist ein waghalsiges Manöver über die viel befahrene Bergstraße nicht notwendig. Von dem Parkplatz auf der Fahrtseite führt ein Fußweg unter der Straße hindurch zum gegenüberliegenden Parkplatz und zu einem Aussichtspunkt weiter oben.

Näher an George zweigt eine 3 km lange Stichstraße von der N2 ab hinunter zur **Victoria Bay**. Vor wenigen Jahren noch ein Geheimtipp, füllt sich das kleine Tal an der Bay heute während der Ferienmonate sowie im Sommer besonders an Wochenenden. Der Sandstrand, ein sicherer Tidenpool, die günstigen Surfbedingungen, ein einfaches Restaurant sowie ein paar nette B&B-Unterkünfte direkt am Meer lohnen den Abstecher. Wer mit dem Zelt unterwegs ist, wird den toll oberhalb der Bay gelegenen Campingplatz in guter Erinnerung behalten; er ist im Ostteil einfach, im Westteil mit eigenen Badehäuschen ausgestattet. Besonders schön ist der Aufenthalt, wenn abends die Tagesgäste verschwunden sind. Victoria Bay wurde 1777 als Holzhafen für die Region um George gegründet. Als sich der Hafen samt einem weiteren in der Nachbarbucht als zu klein erwies, wich man auf Knysna aus.

Reisepraktische Informationen Sedgefield, Wilderness, Wilderness National Lake Area, Wilderness Section und Victoria Bay

Information

Sedgefield: *30 Main Service Rd., ✆ (044) 343-2007.*

Wilderness: *✆ (044) 877-0045 bzw. (021) 914-1044, www.visitgeorge.co.za.*

Wilderness Section des Garden Route NP: *Das* **Ebb & Flow Park HQ** *befindet sich 4 km östl. von Wilderness (ausgeschildert als „Wilderness National Park" an N2).* **Gates**: *South Camp tgl. 7–18 Uhr (danach aber noch besetzt für „Late Arrivals"), North Gate 7.30–15.30 Uhr, ✆ (044) 877-1197 bzw. (044) 302-5600, www.sanparks.org. Infos sowie Permits für Wanderungen bzw. die Nutzung der Gewässer (Kanu fahren etc.). Kanuverleih:* **Eden Adventures**, *Fairy Knowe Hotel (s. u.), ✆ (044) 877-0179, www.eden.co.za. Auch Organisation von Kloofing/Abseiling.*

Victoria Bay: *Unregelmäßig geöffnetes* **Infocenter** *am Ende der Straße nach Victoria Bay, ✆ (044) 889-0123 bzw. (071) 474-0754 (Lands End Lodge Info), ansonsten erhalten Sie alle Informationen über das Infocenter von George, ✆ (044) 877-0045, www.visitgeorge.co.za.*

Unterkunft

Wilderness Manor Guest House $$–$$$, *397 Waterside Rd., am Ufer der Wilderness Lagune, Wilderness, ✆ (044) 877-0264, www.manor.co.za. Elegantes Gästehaus, im Kolonialstil mit afrikanischem Touch eingerichtet. Ausgesprochen gemütliche Aufenthaltsräume, kleine Bibliothek und Billardraum. Zimmer mit Balkon zur Lagune und zum Garten. Mountainbikes, Kanus und Strandutensilien können ausgeliehen werden.*

Übernachtungstipps

Unschlagbar schön, direkt am Meer in Victoria Bay, liegt das **Lands End Guest House** ($$$$, ✆ 044-889-0123, am besten buchbar über AirBnB). Es bietet Zimmer für Selbstversorger und verwaltet ein paar benachbarte Selbstversorger-Häuser ($$–$$$). Selbst tagsüber ist es hier ruhig, abends dann hat man das Meer fast für sich alleine. Eine Wucht! Rechtzeitig reservieren (Zimmer mit Blick aufs Meer im Obergeschoss). Am gleichen Sträßchen, nur einfacher ausgestattet, liegt noch das **Silver Spray** ($$, ✆ (083) 253-9744, www.silverspray.co.za, Haus sowie zwei Apartments; nur Selbstversorger).

Teniqua Treetops $$–$$$$, *Anfahrt: 5 km östl. von Sedgefield nach Norden auf die Piste nach Barrington abbiegen. Nach 15,5 km erreicht man die Zufahrt. ✆ (044) 356-2868, www.teniquatreetops.co.za. Urige Holzhäuser (2–4 Personen) nur für Selbstversorger. Teilweise toller Blick auf die Karatara River Gorge. Man wohnt hier aber nicht hoch in den Baumwipfeln, sondern im niedrigeren Küstenwald. Wanderwege auf dem Grundstück, kein Restaurant. Ein Ort zum Entspannen. Alternativ bietet die* **Fernhill Guestfarm & Tented Treehouses $$–$$$** *(Fernhill, Highway West, Rheenendal, ✆ 079-403-6585, www.fernhillguestfarm.co.za) oberhalb von Wilderness an der Seven Passes Road an. Hier wohnt* *man in Safarizelten „auf dem Lande" bzw. im gemütlichen Gästehaus, zwischen Kühen, Bergen, Wanderwegen und Wäldern. Nur Selbstversorger (nächstes Restaurant 15 km entfernt bzw. in Knysna (20 km).*

Africamp at Oakhurst $$–$$$, *Hoekwil Rd., Wilderness, ✆ (021) 300-5694, www.africamps.com. Luxus-Camping (Glamping) auf einer Farm oberhalb des Ortes. Toll ausgestattete Safari-Zelte (55 m², Küche, Balkon). Frühstück und Abendbrot kann gestellt werden, muss man sich aber selbst zubereiten.*

The Pink Lodge on the Beach $$$, *45 Die Duin, Wilderness, ✆ (044) 877-0263, www.pinklodge.co.za. Direkt oberhalb des Strandes gelegen. Helle und große Zimmer, fast alle mit Blick aufs Meer. Schöner Garten Richtung Meer. Besser geht es nicht. Romantik pur!*

Moontide Guesthouse $$–$$$, *Southside St., Wilderness, ✆ (044) 877-0361, www.moontide.co.za. Acht individuell gestaltete Zimmer und Cottages direkt an der Touwsrivier-Lagune. Tolles Frühstück, super Service. 5 Minuten zu Fuß zum Strand bzw. 10 Minuten in den Ort. Hier kann man geschützt vor dem Rummel entspannen, ist aber dennoch dicht am Geschehen.*

Lake Pleasant Chalets & Lodges $$, *4 km östl. von Sedgefield (am Groenvlei), ✆ (044) 343-1985, www.lake-pleasant.co.za. Ruhig am Groenvlei und nahe Goukamma NR gelegen. Rustikale, gut ausgestattete Holzchalets und ein weitläufiger, schattiger* **Campingplatz**, *Imbiss-Restaurant, schöne Wanderwege rundherum, viele Sportmöglichkeiten (Squash, Tennis, Mountainbiking, Bootsverleih) und Spielgelegenheiten für Kinder. Sauna, Jacuzzi, Pool. 3 km zum einsamen, breiten Sandstrand am Ende der Straße.*

Fairy Knowe Hotel $–$$, *1 Dumbleton Rd., 3 km östl. von Wilderness (Ausschilderung von der N 2), ✆ (044) 250-0300, www.fairyknowehotel.co.za. Direkt am Touw River mit Zimmern zum Fluss und den Gartenanlagen. Zudem Rondavels. Nahe dem Nationalpark, dafür nicht so günstig zu den Stränden gelegen. Das legendäre Hotel versprüht ein wenig den altbackenen Charme der 1970er-Jahre, wurde aber vor nicht allzu langer Zeit renoviert und liegt abseits des Trubels in Wilderness. Die Anlagen sind großzügig und der Preis ist günstig für das Gebotene. Fahrrad- und Bootsverleih.*

Village Inn Guesthouse/B&B $, *197 George Rd., Wilderness, ✆ (044) 877-1187, www.villageinn.co.za. 10 vernünftig ausgestattete Zimmer, teilweise mit Meerblick (und der N 2 davor …). Wirkt etwas zusammengewürfelt, dafür preislich nahezu unschlagbar, sauber und mitten im Ortskern mit vielen Restaurants.*

Goukamma NR $$–$$$, *16 km westl. von Knysna, an der Straße nach Buffalo Bay (Buffels Bay), ✆ (087) 087-8250, www.capenature.co.za. Voll ausgestattete, strohgedeckte Rondavels und kürzlich renovierte Häuser ($$) an der Lagune nahe Buffalo Bay, paradiesisch am Groenvlei gelegene Bushcamps sowie höher gelegene, im Wald versteckte Forest Lodge-Häuser (beide $$, Hochsaison: $$$$). Für Selbstversorger sehr empfehlenswert!*

Wilderness Section *(Teil des Garden Route NP)* $–$$$, *am* **Ebb & Flow Park HQ** *(s. S. 405) einchecken. Gut ausgestattete Holzhütten (Forest Cabin/Log Cottage) ($$–$$$, nahe Wald und im Rest Camp nahe Fluss), zudem große Familienhäuser ($$$) und im Nordteil des Parks einfache Rondavels ($, schlicht und im Sommer zu heiß). Alles Selbstversorgerbasis, kein Shop und Restaurant im Park! Campingplatz am Rest Camp (s. u.). Gutes Preis-Leistungs-Verhältnis, doch zum Zimmer-/Hüttenpreis kommt der Parkeintritt hinzu. Lage: Am Nordende der Wilderness Lagoon, ca. 1,5 km zum Strand. Buchung über Nationalparkbehörde: www.sanparks.org.*

Beach House Backpackers $, *Western Rd., Wilderness, ✆ (044) 877-0549, www.wildernessbeachhouse.com. Backpacker (mit Restaurant-Ausblick!) fast am Strand! Doppelzimmer – z. T. mit Strandblick – und Schlafsäle. In zwei Minuten ist man am Wasser!*

Fairy Knowe Backpackers $, *1 Dumbleton Rd. (neben gleichnamigem Hotel, s. o.), Wilderness, ✆ (081) 250-0300, www.wildernessbackpackers.com. Auf einer Farm nördl. der Lagune, nahe Wilderness. DZ, Schlafsaal, Camping. Großzügiger angelegt als das Beach House, aber weiter zum Strand. Einfaches Essen auf Bestellung.*

Camping

Strandnah (hinter der Düne) liegt der Campingplatz am **Swartvlei Beach** *(2 km westl. von Sedgefield, von N 2 abbiegen in Richtung Strand, ✆ (083) 530-8143, www.caravansa.co.za/swartvlei-caravan-park-sedgefield-western-cape). Nicht alle Plätze bieten Schatten! Der Platz am* **Ebb & Flow Headquarter** *der Wilderness Section (s. o.) ist am besten ausgestattet (Tipp: das* **North Camp** *ist ruhiger). Der* **Victoria Bay Caravan Park** *(✆ (044) 889-0081, www.sacampsites.co.za) hingegen liegt herrlich oberhalb der Bay (Aussicht) und zugleich strandnah. Die westlichen Plätze hier sind renoviert und jeder Platz hat seinen eigenen Sanitärbereich! Der Tipp für die Nebensaison. In der Saison oft ausgebucht (versuchen!). Toll ist auch der Platz an den o. g.* **Lake Pleasant Chalets & Lodges** *östlich von Sedgefield.*

Essen und Trinken

In **Sedgefield** *gibt es eine Reihe kleiner Restaurants, z. B. die* **Trattoria da Vinci** *(Paul Kruger St., ✆ (044) 343-1867) und das besonders bei den Einheimischen beliebte und unscheinbare* **Montecello Restaurant** *(30 Main Service Rd./N2, ✆ (082) 373-2738). In den* **Strip Malls** *an der N 2 finden sich noch weitere kleine Lokalitäten.*
Im **Ortskern von Wilderness** *(George Rd.) reicht die Variationsbreite von Fisch- und Fleischgerichten über Holzofenpizza bis zu mediterranen Genüssen. Eine Empfehlung hier ist das mehrfach prämierte Restaurant* **The Girls** *(Palms Garden Square, 1 Owen Grant Str., ✆ (044) 877-0445), wo bestens zubereitete lokale Gerichte serviert werden. Unbedingt vorbuchen. Ein Stück die George Road hinunter gefällt das italienische Restaurant* **Pomodoro** *(✆ (044) 877-1403). Ein hervorragendes Hotelrestaurant ist das* **Serendipity** *(Freesia Ave., ✆ (044) 877-0433 bzw. (082) 449-9701), wo auf höchstem Niveau beste südafrikanische Gerichte gezaubert werden. Der ultimative Tipp sind die weithin berühmten Steaks im* **Joplin's** *(Die Duin, 2 km östl. vom Ortskern von Wilderness, ✆ (073) 347-8896). Auch hier gilt es zu reservieren!*

2. Alternativstrecke: Von Knysna nach George entlang der Outeniqua Mountains und der Old (Seven) Passes Road

Hinweis

Viele Abschnitte sind nicht asphaltiert. Bei Regen werden diese Abschnitte rutschig. Dann heißt es, entsprechend vorsichtig zu fahren. Und immer daran denken: Kein Kurvenschneiden! Es kann unvermittelt ein Auto entgegenkommen.

Die Straße ist die ehemalige Hauptverbindung zwischen Knysna und George. Sie führt oberhalb der Küstenebene und schlängelt sich dabei an Berghängen, durch

Farbenpracht an der Old Passes Road

Flusstäler, Wälder und fruchtbare Agrarflächen. Letzteren und der Tatsache, dass die Ingenieure vor über 100 Jahren noch nicht in der Lage waren, eine trockene Furt durch die Lagunenebene zu bauen, verdankt die abwechslungsreiche Strecke ihre Existenz. Unterwegs stelle man sich einmal vor, wie die ersten Autos sich die kurvigen Passstrecken entlang gequält haben und wie unerreichbar damals für die meisten die heute so stark frequentierte Lagunen- und Küstenebene gewesen ist. Hier oben blühte das Leben, liefen Kühe und Schafe, wurden Äcker bestellt, und Orte wie Rheenendal und Karatara waren wichtige Stationen auf der beschwerlichen Reise. Nun aber scheint die Zeit auf der Hochebene stehengeblieben zu sein, selten trifft man auf ein Fahrzeug, und Geschäfte und Tankstellen gibt es kaum. Die Straßenverwaltung gibt sich ebenfalls wenig Mühe, die Schlaglöcher fachgerecht zu reparieren. Aus einer ehemaligen Lebensader wurde eine vergessene Backroad, einzig frequentiert von Farmern und ein paar wenigen Touristen. Diese Chance gilt es zu nutzen und den Gegensatz zu erleben, den Meer, fruchtbare Hochebene und Berge verleihen. Besonders reizvoll sind die Passstrecken und Strecken, die in Flusstäler hinunterführen. Hier regiert der Wald und die Gesänge der Vögel sind einmalig.

Wenig befahrene Route

Entweder man nimmt kurz hinter Knysna, direkt hinter der Lagunenbrücke, die Piste über den **Phantom Pass**, bekannt für die artenreiche Vogelwelt, oder aber man fährt 2 km weiter westlich von der N2 über die Asphaltstraße in Richtung Rheenendal. Nach einigen Kilometern treffen beide Straßen wieder aufeinander – von hier bis Milkwood zieht sich nun der Rheenendal Ramble hin, ein Abschnitt, der mit kleinen Farmküchen, Shops, Wanderwegen und Natur auf sich aufmerksam macht. Kurze Zeit später geht es vorbei am historischen **Portland Manor Hotel** (s. S. 402). **Totties Farm Kitchen & Country Store** (inkl. Tankstelle, General Store und Post, ✆ *(044) 389-0092*) ein Stück weiter linker Hand, noch vor Rheenendal, lohnt unbedingt einen Stopp. **Rheenendal**, die größte Ansiedlung bis George, ist ein verschlafenes „Kuhdorf".

Kurzer Goldrausch

Ein 10-km-Abstecher führt von Rheenendal nach **Millwood**. Hier brach 1876 ein Goldrausch aus, der Hunderte von Glücksrittern anzog. Binnen kurzem wurden in Millwood 75 Häuser erbaut, einschließlich Bank, Postamt, Tanz-, Musikhalle und sechs Hotels. Nur 400 Menschen wohnten in festen Häusern, 700 Goldsucher begnügten sich mit Zelten. Das Gold war schnell abgebaut. So rasch, wie alle kamen, verschwanden sie wieder, ließen teils sogar Maschinen zurück. Zwei Gebäude stehen heute noch, von dem eines jetzt ein **Museum** beherbergt. Das nette **Café** ist nur unregelmäßig geöffnet, sodass man Proviant mitnehmen sollte. Der 6 km lange **Millwood Mining Trail** ist einfach zu erlaufen. Eine Seitenpiste führt den Fluss zur bezaubernden **Jubilee Picnic Site** hinauf, wo ebenso nach Gold gesucht wurde. Wer einen Hauch von Pioniergeist in sich verspürt, sollte sich den halben Tag Zeit nehmen, um den alten Glücksrittern auf die Schliche zu kommen.

 **Beschreibung der „Garden Route" im 17. Jh.**

„We built habitations of wood ... and sowed various seeds to enjoy the fruit thereof, such as pumkins, melons, onions and coriander ... the soil is excellent, and free from stones, though there are various hills. These, as also the valleys, abound with verdure and plants with sweet smelling flowers. The trees are numerous and large. In all parts it is watered by voluminous rivers and abundant and fine springs ... There is an infinite number of wild animals of extraordinary size, such as deer, wolves, seals, buffaloes, wild boars, monkeys and also tigers and elephants."
Tagebucheintrag eines 1630 bei Plettenberg Bay gestrandeten Seemanns

Weiter auf der **Old** (**Seven**) **Passes Road** beginnt nahe der Flusstäler jedes Mal der ursprüngliche Wald, zurück auf den Ebenen herrscht dann unendliche Weidefläche vor, hinter der sich majestätisch die Outeniqua-Berge erheben. An einigen Stellen führen Straßen zurück in die Lagunenebene. Zu empfehlen sind entweder die Strecke über Hoekville oder über Wilderness Heights. Erstere beschert einen schönen Ausblick über Wilderness, die zweite führt an der Abfahrt zur „Map of Africa" (s. S. 406) vorbei. An der Old Passes Road beginnen einige **Wanderwege**. Infos zu diesen geben die Touristenämter sowie die Forst- und Parkbehörden. Zwischen Hoogekraal Pass und Woodville beginnt rechter Hand der schöne, aber beschwerliche **Outeniqua Trail** (Dauer mind. eine Woche). 6 km westlich zweigt eine Stichstrecke zu einem BigTree ab, einem der höchsten Yellowwood-Bäume der Gegend. Südlich von George erreicht die Straße die N 9/N 12.

George

Die Stadt, benannt nach König George III., liegt malerisch am Fuße der Outeniqua Mountains, die Höhen bis zu 1.597 m (Cradocks Peak) erreichen. George ist der Hauptort entlang der Garden Route, liegt 226 m über dem Meer und zählt ca. 75.000 Einwohner (Großraum: 218.000 Einwohner). 1811 wurde hier die zweite Landvogtei nach der britischen Kap-Besetzung gebaut. Das Innenstadtbild ist geprägt durch die breiten, eichengesäumten Straßen. Der legendäre **Sklavenbaum (Old Slave Tree) (1)**, eine große Eiche vor dem Touristenbüro in der York Street, ist so alt wie die Stadt selbst. Hier sollen Sklaven bei Versteigerungen angekettet worden sein. In die Baumrinde sind Teile der Eisenketten eingewachsen. 1842 erbaute man die **Dutch Reformed Church (3)** (*Ecke Courtenay/Meade*

Redaktionstipps

Erlebnisse George bis Mossel Bay

- **Outeniqua Transport Museum & Power Van** und **Bartolomeu Dias Museum Complex** (S. 421).
- Schöne **Passstrecken** zwischen Küste und Karoo, besonders der **Montagu Pass** (S. 415ff.).
- Ein **Abstecher nach Oudtshoorn** (S. 335) ist auch möglich.
- **Botlierskop Game Reserve** (S. 417).

Übernachten

- **Ana's Place** oder **The Point Hotel** (S. 423).

Sts.), deren schöne Kanzel aus Stinkwood sowie die Pfeiler und die Kuppel aus Yellowwood an die nahe gelegenen Wälder erinnern. Das Abholzen der Wälder nahm über die Jahrhunderte solche Ausmaße an, dass die Regierung 1936 beschloss, jedes weitere Baumfällen für die nächsten 200 Jahre zu verbieten.

George behauptet von sich, die „**Golfstadt**" Südafrikas zu sein. Erste Abschlagversuche wurden bereits 1885 getätigt. Zwei weltberühmte Plätze breiten sich heute westlich der Stadt aus. Ansonsten wirkt George eher geschäftig. Malls, Banken und Industrieunternehmen bestimmen den Stadtcharakter. Erwähnt seien die kleinen **Garden Route Botanical Gardens** (*49 Caledon St., 2. Eingang mit hier genannten Öffnungszeiten weiter hoch auf der Caledon St., kurz vor den Bahnschienen, ✆ (044) 874-1558, www.botanicalgarden.org.za, tgl. 7.30–17.30 Uhr*), in denen die Vegetation der Region erläutert wird. Das Umland dagegen wartet mit schönen Unterkünften (z. B. Wilderness, Victoria Bay, Herolds Bay) auf und eignet sich hervorragend als Ausgangsstation für Bergwanderungen, Mountainbike-Touren, Strandaufenthalte sowie für Rundfahrten über Pässe und durch Schluchten

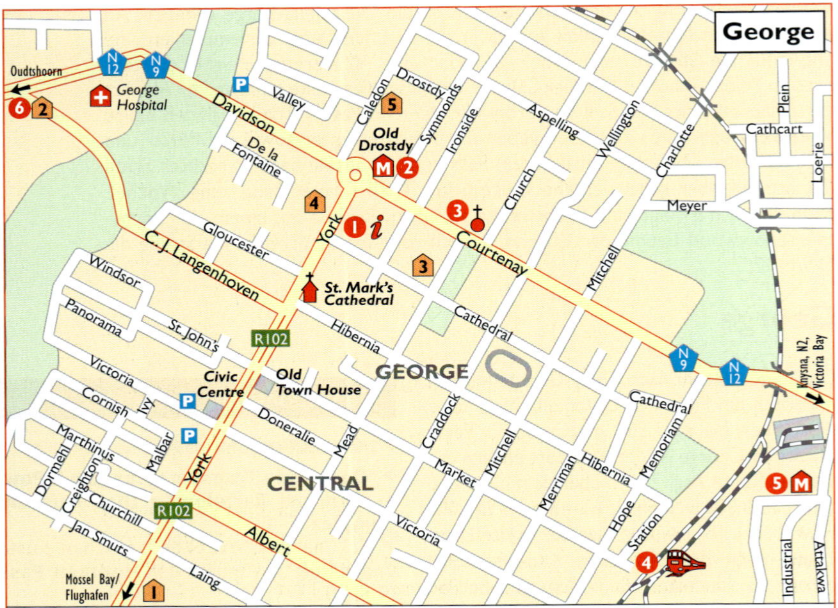

George

Sehenswürdigkeiten
1 Sklavenbaum (Old Slave Tree) und Touristeninformation
2 George Museum
3 Dutch Reformed Church
4 George Station (Bahnhof)
5 Outeniqua Transport Museum und Abfahrt des Power Van
6 zum Montagu Pass und Outeniqua Pass

Unterkünfte
1 Blue Whale Resort, Dutton's Cove
2 Fancourt Hotel & Country Estate, Outeniqua Inn
3 Oakhurst Hotel
4 Premier Express Inn
5 N° 10 Caledon Street

© graphic

(s. S. 417). Der Flughafen wird mehrmals täglich von Kapstadt, Johannesburg und auch Port Elizabeth bedient. Wer also nicht genügend Zeit für die gesamte Garden Route mitbringt, kann hier seine Reise beginnen bzw. beenden.

Sehenswertes in und um George

George Museum (2)

Das George Museum ist in der **Old Drostdy** (1813), dem ehemaligen Verwaltungsgebäude des Bezirks, untergebracht und beschäftigt sich mit Themen von lokalem und überregionalem Interesse. Dass George eine zentrale Rolle in dieser Region innehatte und hat, macht die umfangreiche Ausstellung der Druckpressen und historischen Schreibmaschinen deutlich. Weiterhin beeindruckt eine Sammlung verschiedener Grammophone sowie die Darstellung der Geschichte der Missionsstationen in der Kapprovinz. In der Abteilung zur Holzwirtschaft werden alte Geräte und die Bedeutung des Holzeinschlags erläutert. Weitere Räume sind gespickt mit historischen Fotos und Haushaltsgegenständen aus vergangenen Epochen.
George Museum, *9 Courtenay/York Sts., ✆ (044) 873-5343, Mo–Fr 8–16.30, Sa 9–12.30 Uhr.*

Muss für Eisenbahnfans

Der alte Bahnhof, die **George Station (4)** in der Memoriam Street, wurde schön restauriert und könnte in naher Zukunft wieder Endstation des historischen Outeniqua Choo-Tjoe Train werden, der wegen Gleisschäden und aus Kostengründen seit 2010 außer Betrieb ist. Er soll, falls sich Investoren finden, zunächst auf einer Teilstrecke, später dann auf gesamter Länge zwischen George und Knysna wieder seinen Betrieb aufnehmen. Infos: *www.outeniquachootjoe.com.*

Outeniqua Transport Museum (5) und Outeniqua Power Van

Das Museum ist ein Muss für Eisenbahnfans. In einer riesigen ehemaligen Paketverladehalle hat man ganze Züge aus nahezu allen Epochen der südafrikanischen Eisenbahngeschichte zusammengestellt. Besonders eindrucksvoll sind die Luxuszüge aus der Zeit vor dem Zweiten Weltkrieg: Silbergedecke in den Speisewagen und holzvertäfelte Schlafabteile verführen zu Tagträumen. Außerdem sind 13 Dampflokomotiven, Rangierloks, Autos aller bekannten Marken aus der Zeit von 1935 bis 1990 (selbst ein *Rolls-Royce*, *Borgwards*, *Studebakers*, ein *Lloyd* sowie ein *Kadett A* fehlen nicht) und ein paar Relikte zur Schifffahrt am Kap ausgestellt.

Der einzigartige **Outeniqua Power Van** fährt auf 3- bis 5-stündigen Touren hinauf zum Montagu Pass. Der Power Van ist eine starke, kleine Zugmaschine, die den Zügen beim Hinauffahren des steilen Passes „behilflich" war und auch für Reparaturarbeiten genutzt wurde. Heute finden bis zu zehn Personen darin Platz und er ist rundum verglast. Zwischendurch wird zum Picknick angehalten. Wer sich sportlich betätigen möchte, kann sich an der Abfahrtstation hinter dem Museum ein Mountainbike ausleihen, dieses im Power Van mitnehmen und vom Pass wieder hinunterrollen. Diese Unternehmung muss vorher reserviert werden, da der Power Van nur bedingt nach Fahrplan und nur bei Auslastung fährt (s. dazu S. 415).
Outeniqua Transport Museum, *2 Mission Rd./Industrial Rd., ✆ (044) 801-8289, Mo–Fr 8–16.30, Sa 8–14 Uhr.*

Reisepraktische Informationen George und Herolds Bay

Information

George Tourism, *124 York St., zwischen Courtenay und Cathedral Sts., ✆ (044) 801-9295, www.visitgeorge.co.za.*

Unterkunft

Fancourt Hotel & Country Estate (2) $$$$$, *5 km westl. der Innenstadt, an der Montagu St., ✆ (044) 804-0000, www.fancourt.co.za. Absolute Luxusklasse. Man wählt zwischen den wunderschön restaurierten Zimmern im 150 Jahre alten Manor House sowie den Zimmern und Suiten, die sich in neueren Gebäuden befinden. Das Haupthaus dient als allgemeines Aufenthaltsgebäude. Golfspielergruppen sollten nach dem separaten Cottage fragen. Die vier Restaurants bieten für jeden etwas (italienisch, Fine Dining, leichte Kost und Barfood). Die Grünanlagen sind natürlich spitze und ein Spa mit allem Schnickschnack ist ebenfalls im Komplex.*

Blue Whale Resort (1) $$, *12 km südl. von George, ✆ (065) 745-9008, www.bluewhale.co.za. Anfahrt: Von der N2 abbiegen an der Ausfahrt Yorck St./Pacaltsdorp. Dann 6 km nach Süden (durch Pacaltsdorp durch und ein Stück auf Schotterpiste). Zehn bestens ausgestattete Selbstversorger-Häuser, acht davon bieten einen atemberaubenden Blick auf das Meer. In einem privaten Naturreservat. Kein Restaurant! Das Resort wurde von einem Leser empfohlen.*

Dutton's Cove Lodge & Restaurant (1) $$–$$$, *Rooidraai Rd., Herolds Bay, ✆ (044) 851-0155 oder (079) 381-3638, https://duttonscove.co.za. Einzige Lodgeunterkunft am Ort. Wunderschön am Berg gelegen mit tollem Ausblick auf die Herolds Bay. Einen schönen Ausblick hat man auch von den gegenüber gelegenen* **Dolphin-View-Selbstversorger-Chalets** $–$$ *(2–8 Personen), ✆ (044) 851-0110, www.mydolphinview.com.*

Oakhurst Hotel (3) $$–$$$, *Ecke Meade/Cathedral Sts., ✆ (044) 874-7130, www.oakhursthotel.co.za. Reetgedecktes Country Inn der oberen Mittelklasse. Eher ausgerichtet auf Geschäftsreisende. Zentral gelegen. Im Hause befinden sich ein gutes Restaurant und eine gemütliche Bar (mit Kamin). Das Gebäude ist zwar neu, doch die innenarchitektonische Mischung aus Cape-Dutch-Stil und Safari-Lodge ist durchaus gelungen. Die Zimmer sind klein, aber geschmackvoll eingerichtet. Der Tipp für die Innenstadt.*

Premier Express Inn George (4) $$, *123 York St., ✆ (086) 111-5555, www.premierhotels.co.za. Modern gestaltetes Innenstadthotel mit 50 (kleinen) Zimmern. Oft günstige Sonderpreise! Restaurant und Bar im Haus.*

N° 10 Caledon Street (5) $$$$, *10 Caledon St., ✆ (044) 873-4983. Beliebtes, innenstadtnahes B&B. Garten, Zimmer teilweise mit Balkon. Tipp: ruhigeres Zimmer zum Garten buchen. Angeboten wird auch ein Selbstversorger-Cottage. Gutes Frühstücksbuffet. Es wird Deutsch gesprochen.*

Outeniqua Inn (2) $–$$, *70 CJ Langenhoven Rd., ✆ (063) 564-6488. Gepflegtes B&B-Kleinstadthotel mit Pool und Garten. Zimmer größtenteils geräumig. Der Preis-Leistungs-Tipp!*

Geheimtipp*: Das abgeschiedene* **Ballots Bay Treehouse** $$$–$$$$$, *5 Beach Rd., Ballots Bay, ✆ (083) 632-0684 bzw. (021) 558-5614, www.ballotsbay.co.za. Schönes Holzchalet für bis zu 8 Personen direkt am Wasser mit eigener Bucht. Nur Selbstversorger. Am besten übers Internet/AirBnB buchen.*

Camping

Neben dem tollen Campingplatz an der **Victoria Bay** *(s. S. 406) gibt es noch die schattigen und besser ausgestatteten Plätze im* **Glentana Caravan Resort** *auf halber Strecke zwischen George und Mossel Bay (N2-Exit Glentana), ✆ (044) 879-1536, www.glentanaresort.co.za. Einigermaßen windgeschützt durch die bewachsene Stranddüne. Der* **Dwarswegstandoord** *ein Stück weiter westlich liegt sogar am Wasser (https://dwarswegstrandoord.co.za/woonwapark).*

Essen und Trinken

Fine Dining im **Henry White's**, *im o. g. Fancourt Hotel, ✆ (044) 804-0535. Gaumenfreuden in passendem Ambiente. Tafelsilber, Kerzenlicht, gute Weine und ohne Zweifel eine exquisite, oft experimentierfreudige Haute Cusine. Unbedingt reservieren!*
101 Meade, *101 Meade St., ✆ (044) 874-0343. Restaurant der gehobenen Klasse mit elegantem Ambiente, Qualität und Preis sind ausgewogen. Angeboten werden Speisen aller Art: Fischgerichte, Steaks, Lamm, aber auch Wild. Von Zeit zu Zeit gibt es sogar Eisbein. Der Tipp für George.*
Das **Dutton's Cove** *in Herolds Bay, 21 Rooidraai Ave., ✆ (044) 851-0155, ist beliebt wegen der tollen Aussicht und besonders der besonderen Sonnenuntergangsstimmung. Curries, Steak- und Fischgerichte.*

Einkaufen

Der **Lederhändler** *verrät sich schon durch seinen Namen. Die Fabrik samt Factory Store befindet sich Ecke PW Botha Boulevard/Pearl Sts. Bestes* **Beef-Biltong** *bekommt man in der* **Niqua Biltong Den**, *25 Courtenay St. (N12), ✆ (044) 874-0296.*

Golf

Der **Fancourt Country Club**, *eine der berühmtesten Golfanlagen Südafrikas, liegt 5 km westlich der Innenstadt. Zwei der drei 18-Loch-Meisterschaftsplätze wurden von der Golflegende Gary Player entworfen. ✆ (044) 804-0030, www.fancourt.co.za.*
George Golf Club, *C.J. Langenhoven St., ✆ (044) 873-6116, www.georgegolfclub.co.za. 18 Löcher, 5.800 m. Ebenfalls ein Topplatz, auf dem auch Meisterschaften ausgetragen werden. Er gilt als der „grünste und satteste" Platz im Kapland und liegt wunderschön.*

Outeniqua Power Van

Fahrten mit dem **Power Van** *starten vom Outeniqua Transport Museum (2 Mission Rd./Industrial Rd.). Unbedingt vorzeitig nach dem Fahrplan fragen und reservieren: ✆ (044) 801-8239 bzw. per E-Mail: opv@mweb.co.za.*

Rundfahrt: Montagu Pass und Outeniqua Pass

Hinweis

Dauer einer Rundfahrt: ca. 2 Stunden. Von George ein Stück in Richtung Oudtshoorn fahren und dann auf die ausgeschilderte Piste zum Montagu Pass abzweigen. Wohnmobile und Camper sind nicht zugelassen.

Der Montagu Pass wurde bereits 1844–1847 von Henry Fancourt White erbaut und schlängelt sich auf gut 13 km über einen Kamm der **Outeniqua Mountains** (*Outeniqua* stammt aus der Khoi-Sprache und heißt: „Menschen, die Säcke mit Honig tragen"). Mit seiner Fertigstellung wurde die Barriere zwischen dem zentralen sowie dem östlichen und westlichen Kapland überwunden. 9 km der Gesamtstrecke mussten mithilfe von Schießpulver freigesprengt werden. Bis 1951 diente die Straße als Hauptverbindung zwischen George und der Karoo. Die nicht asphaltierte, oft sehr schmale Trassenführung ist ein Erlebnis. Für nicht ganz Schwindelfreie sei erwähnt, dass entlang aller Abhänge eine solide Steinmauer gesetzt ist. Unterwegs passiert man die Reste einer ehemaligen Schmiede, unterquert die Viadukte der Eisenbahntrasse und hat auf der Passhöhe von ca. 800 m die Möglichkeit, einem Wanderweg bis zum Outeniqua Pass zu folgen. Nördlich des Passes befindet sich Südafrikas erstes Hopfenanbaugebiet, denn hier scheinen Böden und Klima zu stimmen, was nicht oft vorkommt im Land.

Schmale Straße

Am Ende der Strecke trifft die Straße bei **Herold** auf die N 9. Ein Stück weiter nach Westen bietet sich die Gelegenheit zu einem Abstecher nach **Oudtshoorn**.

Weinprobe

Zu einem Stopp nahe dem Montagu Pass bei Herold lädt **Herold Wines** ein, eine kleine Winery, die tolle kleine Lunch-Gerichte serviert sowie leckeren und preiswerten Wein bietet (für beides 48 Std. vorher anmelden). Die netten Gastgeber bieten auch Übernachtungsmöglichkeiten in Cottages an. ✆ (072) 833-8223, www.heroldwines.co.za, Mo–Sa 10–16 Uhr (Lesertipp).

Hinunter nach **George** geht es nun über den 1951 eingeweihten, ebenfalls etwa 800 m hohen **Outeniqua Pass**. 1943 wurde mit dem Bau begonnen, über 500 italienische Kriegsgefangene mussten dabei Zwangsarbeit leisten. Die Aussichten auf die Küstenebene von George sind von hier eindrucksvoller als vom Montagu Pass. Mehrere Aussichtspunkte, die nur auf einer Fahrt talwärts anzufahren sind, geben Gelegenheiten für einen Fotostopp. Einer dieser Aussichtspunkte ist nach den „4 Passes" benannt, die man von hier aus sehen bzw. erahnen kann: Outeniqua Pass, Montagu Pass, den Pass der Eisenbahnlinie sowie den **Cradock's Pass**. Letzterer war der 1815 fertiggestellte Vorgänger des Montagu Passes. Er verlief auf der gegenüberliegenden Bergzunge oberhalb der Montagu-Trasse, war nur knapp 10 km lang, dafür aber viel zu steil. Ochsenwagen benötigten bis zu 18 Stunden, bis sie oben angekommen waren. Heute kann man auf einer Wanderung noch Überreste des Cradock's Passes erkennen.

„4 Passes"

Am Montagu Pass

Literaturtipp

„**The Romance of Cape Mountain Passes**" von Graham Ross. Erzählt die Geschichte aller Pässe und Schluchtdurchfahrten in den Kapprovinzen. Auch gut ist „Passes & Poorts: Getaway's Top 30 Scenic Mountain Routes in the Western Cape" von Marion Whitehead. Beide nur noch antiquarisch erhältlich.

Über Pässe und durch Schluchten

Ausflugsmöglichkeiten von George und der Wilderness Area

- Von George den historischen **Montagu Pass** hinauf, dann nach **Oudtshoorn** (Straußenfarmen, Cango Caves) und zurück über den **Outeniqua Pass**. Alternative: Zurück über den **Robinson Pass** (R 328). Dauer: 1 Tag.
- Von George den historischen **Montagu Pass** hinauf, dann nach **Oudtshoorn** (Straußenfarmen, Cango Caves) und über den legendären **Swartberg Pass** nach **Prince Albert**. Dort übernachten. Am nächsten Tag durch den **Meiringspoort** nach De Rust und zurück über Oudtshoorn und den **Outeniqua Pass** nach George. Dauer: 2 Tage.
- Von George den historischen **Montagu Pass** hinauf, dann nach **Oudtshoorn** (Straußenfarmen, Cango Caves) und über den legendären **Swartberg Pass** nach **Prince Albert**. Dort übernachten. Am nächsten Tag früh los über die N 1, Laingsburg, Vleiland und durch den **Seweweekspoort** nach **Calitzdorp** (Portwein-Metropole Südafrikas). Hier evtl. übernachten oder weiter über den **Robinson Pass** (R 328) oder den **Outeniqua Pass** nach George oder Mossel Bay. Dauer: 2–3 Tage.
- Von George entlang der **Old Passes Road** (Seven Passes Road) nach Knysna. Dort dann den **Prince Alfred's Pass** hinauf nach Avontuur. Zurück dann über **Oudtshoorn** (Straußenfarmen, Cango Caves) und entweder den historischen **Montagu Pass** oder den neueren **Outeniqua Pass** zurück nach George. Dauer: 2 Tage, der erste ist recht lang: Übernachten in Oudtshoorn.

Infos zu Pässen: ✆ (083) 658-8888, www.mountainpassessouthafrica.co.za

Die Strecke zwischen George und Kapstadt

Südlich von George liegt ein weiterer schöner Strandort, **Herolds Bay**, wo es neben Badevergnügen einen attraktiven Aussichtspunkt Voëlklip View Point (auf Strand und Meer) zu erleben gibt. Um ihn zu erreichen, muss man vom Ende der Straße am Strand 400 m durch den Wald laufen (mit dem Auto: Abzweig von R404 westlich des Ortes). Viele Selbstversorger-Übernachtungsmöglichkeiten, aber auch ein sauberer, windgeschützter Campingplatz und eine Lodge bieten Gelegenheit zu zwei oder mehr Tagen am Meer. Baden lässt es sich wellensicher im Tidenpool direkt am Strand.

Great und **Little Brak River** sind zwei weitere Flussmündungen, die heute als Strandzugänge genutzt werden. Auch hier findet man schöne, weiße Sandstrände vor, doch sind diese – nach südafrikanischen Maßstäben – oft überlaufen.

Am N2-Exit 401 (Little Brak River) geht es in Richtung Norden zum **Botlierskop Game Reserve**, einem 4.200 ha großen Game Park mit Unterkünften in Selbstversorger-Villas, Häusern und luxuriösen Safari-Zelten (Ausblicke auf Berge und den Little Brak River). Im Preis der Häuser und Villas sind Game Drives und alle Mahlzeiten (sehr gut!) inklusive: Für die Anwendungen im angeschlossenen Spa zahlt man natürlich extra. Tagesbesuche sind auch möglich. Die Giraffen, Büffel, Nashörner, verschiedene Antilopenarten und eine einzigartige Vogelwelt haben bereits viele Besucher begeistert. Zudem gibt es ein Lions Sanctuary (Kontaktdaten s. S. 417).

Auch Tagesbesuche möglich

Kurz vor Mossel Bay führt die R328 hinauf und über den 1867–1869 erbauten, 860 m hohen **Robinson Pass** nach Oudtshoorn. Thomas Bain, legendärer Konstrukteur von über 20 Passstraßen im Kapland (z. B. Prince Alfred's Pass, Swartberg Pass, Old Passes Road), zeichnete auch für diesen verantwortlich. Die Trassenführung wirkt großzügig im Vergleich zu den anderen Pässen über die Outeniqua Mountains. Das geologische Terrain bot einfach bessere Voraussetzungen. Zwischen Mai und Juli blühen die Proteen am Wegesrand und riesige Flächen von Fynbos-Vegetation erfreuen das Auge. Auf der Nordseite, ca. 10 km vor Oudtshoorn, passiert die R328 zwei Straußenfarmen, **Highgate** und **Safari Ostrich Show Farm** (s. S. 338). Der Robinson Pass löste übrigens den ersten Pass über die Outeniqua Mountains, den bereits 1689 erstmals erwähnten **Attaqua's Kloof Pass** weiter westlich als Traverse ab. Dieser folgte noch einem ehemaligen Trampelpfad der Elefanten und erfreut heute 4x4-Enthusiasten (nur von West nach Ost zu befahren. Anmeldung erforderlich: ✆ *(044) 631-0900, www.bonniedale.com*).

Fynbos-Vegetation

Mossel Bay

Der erste Europäer, der in die weite Bucht eingefahren ist, dürfte Bartolomeu Dias gewesen sein. Er ließ hier am 3. Februar 1488 ankern, nachdem er das Cape of Good Hope, dass er wegen schlechten Wetters aber gar nicht sehen konnte, umsegelt hatte. Hier fand also die erste Landung durch Europäer an der Ostküste Südafrikas statt. Doch Dias behielt die Bucht in schlechter Erinnerung. Als er

Anstalten machte, Kontakt mit den hier lebenden Khoi aufzunehmen, wurde er mit einem Steinhagel empfangen, sodass er sich entschloss, nach der Aufnahme von Frischwasser, sofort weiter zu segeln. Der Streit entwickelte sich übrigens wegen der Nutzung der Trinkwasserquelle. Die Portugiesen umgingen dabei – wohl unwissend – Stammesrituale der Khoi. Dias nannte die Bucht *Aguada de São Bras* („Wasserstelle des St. Braize"), denn die Seeleute fanden das Wasser am Tage des hl. Braize. Eine andere Legende behauptet dagegen, Dias hätte den Ort als *Angra dos Vaqueiros* („Bucht der Kühe") bezeichnet, denn wie gerne hätten die Portugiesen Vieh bei den Hirten eingetauscht, um nach langer Seefahrt die Fleischvorräte aufzufüllen. Erst Vasco da Gama, der am 20. November 1497 hier ankam, konnte friedliche Beziehungen zu den Khoi-Hirten knüpfen. Ausschlaggebend für das Gelingen war ein Tauschgeschäft: Da Gama tauschte seine rote Mütze sowie ein paar Armreifen gegen einen Ochsen. Nach diesem Bartergeschäft wurde getanzt und musiziert. Fortan diente Mossel Bay für viele portugiesische Schiffe als Anlaufpunkt, um die Fleisch- und Frischwasservorräte wieder aufzufüllen. Und 1500 eröffnete der Kapitän Pedro d'Ataide sogar eine „Nachrichtenbörse": Er hinterließ am alten **Milkwood-Baum** neben der Quelle Seeschuhe, in die er einen Brief für später eintreffende Seefahrer steckte. Daraus entwickelte sich eine Tradition, und seither gilt der Baum als das erste „Postamt" Südafrikas. Er steht heute auf dem Gelände des Bartolomeu Dias Museum Complex.

Südafrikas erstes „Postamt"

Anfang des 17. Jh. erreichten die Holländer das Kap und vertrieben allmählich die Portugiesen. Der Ort verdankt schließlich den holländischen Seefahrern van Caerden und de Houtman seinen Namen. Wegen der vielen Muscheln nannten sie ihn *Mosselbaai*. Seefahrer sammelten hier gerne **Muscheln und Austern,**

auch heute noch werden Schalentiere aus der Bay in ganz Südafrika verkauft. 1729 kamen die ersten Siedler, und 1734 nahmen die Holländer schließlich offiziell Besitz von der Region. Ein Steinzeichen und das Monogramm der Holländisch-Ostindischen Handelskompanie wurden von dem damaligen Kap-Gouverneur Jan de la Fontaine errichtet. 1787 wurde ein Kornspeicher gebaut und bereits im Juli des Folgejahres konnte der erste Weizen verschifft werden. Von diesen Tagen an wurde Mossel Bay Hafenstadt für das südliche Kapland und die Kleine Karoo. Einen Aufschwung erlebte der Ort mit der Einrichtung einer **Walfangstation** inklusive Verarbeitungsbetrieb im Jahr 1827. In den Boomjahren der **Straußenfeder-Produktion** in der zweiten Hälfte des 19. Jh. wurden hier pro Jahr bis zu 800.000 kg Federn verladen. Als das Geschäft mit den Federn nachließ, wurde Mossel Bay Umschlagplatz für Ocker, Wolle und Obst.

Bedeutender Hafen

Bis in die zweite Hälfte des 20. Jh. hinein fristete Mossel Bay das Dasein eines verschlafenen Hafennestes mit ein paar wenigen Ferienresorts. Dann aber wurden 1984 50km vor der Küste, südwestlich von Mossel Bay, Gasfelder entdeckt. Mossgas (gehört zu PetroSA) ließ Südafrikas erste Unterwasser-Pipeline legen und errichtete im Hinterland eine große Raffinerie, die u.a. aus Gas Benzin produziert. Vor allem während des Teilembargos in der Apartheidzeit erlebte die Stadt einen erneuten Boom. Leider hat diese Entwicklung lange Zeit auf das Stadtbild abgefärbt. Neben einigen wenigen historischen Gebäuden überwiegt der Ausblick auf die nahen Industrieanlagen und den Hafen, die Innenstadt macht einen eher sachlichen Eindruck, sieht man einmal ab vom Museumstrakt und ein paar netten Antiquitäten- und Ramschläden an Bland und Marsh Street.

Gas-vorkommen

Mittlerweile hat sich jedoch im Bereich **The Point** ein touristisch attraktives Areal mit zahlreichen Restaurants und Unterkünften im Umfeld sowie einem netten Campingplatz entwickelt. Zudem wurden an den Klippen prähistorische Höhlen gefunden, die von einer menschlichen Besiedlung vor über 160.000 Jahren zeugen. Das Stadtgebiet von Mossel Bay zählt heute gut 60.000 Einwohner, im Großraum leben etwa 135.000 Menschen.

Highlights sind der **Bartolomeu Dias Museum Complex** und das Gebiet am **Cape St. Blaize/The Point**. Die beworbenen Walbeobachtungsmöglichkeiten können nicht mit den günstigeren Bedingungen in Plettenberg Bay, Hermanus bzw. dem De Hoop Nature Reserve mithalten. Vom **Hafen (1)** aus starten Bootstouren zur Seehund- und Pinguinkolonie auf **Seal Island** in der Mossel Bay.

Nachbau des Schiffes von Dias

Bartolomeu Dias Museum Complex (2)

Hinter dem Namen verbergen sich mehrere Museen und Sehenswürdigkeiten an einem Ort. **Old Post Office Tree und Spring**: Hinter dem alten Baum, der als „Nachrichtenbörse" für die Seefahrer diente (s. o.) befindet sich die Quelle, die die ersten Seefahrer genutzt haben. Einem Seemannsstiefel nachempfundenes, kleines Monument dient auch heute noch als Briefkasten.

The Maritime Museum: In dem ehemaligen Sägewerk wird die Geschichte der Entdeckung Südafrikas durch die portugiesischen Seefahrer erläutert. Höhepunkt ist der Nachbau von Dias' Karavelle. Diese Replik wurde 1987/88 zur 500-Jahr-Feier von Dias' Ankunft von Portugal nach Mossel Bay gesegelt. Gegen eine

Zusatzgebühr kann man das Schiff besichtigen. Man stelle sich einmal vor, dass das Schiff nur 23,5 m lang, 6,6 m breit und dabei nur 130 t schwer gewesen ist. Auch auf die Seefahrtsgeschichte nach den Portugiesen wird eingegangen. Eine Ausstellung zeigt historische Seefahrtskarten, teilweise aus der Zeit um 1500. Eine kleine Abteilung widmet sich modernen Tauch- und Forschungsgeräten.

Shell Museum & Aquarium (im Shirley Building): Das Gebäude wurde 1902 als zusätzlicher Getreidespeicher gebaut und ein Abschnitt darin als Sägemühle genutzt. Später hatte der Ire Joe Shirley hier seine Metallwerkstatt. Heute beeindruckt eine Ausstellung zum Thema Muscheln, wobei die Bedeutung der Muscheln für die Menschen erläutert wird. Neben einem Aquarium ist das Skelett eines ehemals 476 kg schweren Hais zu sehen.

Granary: In dem originalgetreuen Nachbau des ersten Speichers (1787) für Getreide und Wolle in Mossel Bay ist heute das Infocenter des Museums untergebracht.

Munro's Hoek: Die etwas abseits gelegenen alten Reetdachhäuser dienten nach 1831 einem gewissen Mr. Munroe als Verarbeitungsstätte für Seehundfelle und auch als Taverne, eine der ersten am Ort. Die Gebäude sind nicht zu besichtigen.

Ethno Botanical Garden & Braille Trail: In dem kleinen Naturreservat und entlang eines Lehrpfads sind die Pflanzen zu sehen, die einst schon Dias zu Gesicht bekam. Dabei wird erläutert, welche Bedeutung sie für die Khoi, San, Xhosa und die ersten Siedler hatten und haben. Der Weg wurde so angelegt, dass Blinde die Pflanzen fühlen und riechen können.

Heimatkunde

Culture Museum: Das Heimatkundemuseum, ehemals an der Market Street ansässig, wurde in den Dias Museum Complex integriert, vornehmlich im Maritime Museum. Viele der Ausstellungsstücke blieben aber verpackt, werden also nicht mehr gezeigt. Schade eigentlich, denn das Sammelsurium aus Feuerwehr-Utensilien, alten Möbeln, Bildern aus dem Anglo-Burischen Krieg, Khoi-Handwerkzeugen und -Kleidern erzählte von der abwechslungsreichen Geschichte der Stadt.

Bartolomeu Dias Museum Complex, *1 Market St., nahe Nordostende der Church Street, oberhalb des Hafens, ✆ (044) 691-1067, www.diasmuseum.co.za, Mo–Fr 8.15–17, Sa/ So 9–16 Uhr.*

The Point (3)

Die Spitze der Landzunge, **The Point**, bietet sich mit ihren verschiedenen Restaurants für eine Verschnaufpause an. Man kann nicht nur den wunderschönen Ausblick auf das offene Meer genießen, sondern auch das 1864 erbaute **St. Blaize Lighthouse (4)** *(Mo–Fr 10–12 u. 12.30–15 Uhr)* sowie die **Cape St. Blaize Cave (5)** besichtigen, in der früher Khoi gelebt haben. An der Höhle beginnt der gut 13 km lange **St. Blaize**

Die „Muschelbucht"

Hiking Trail, der sich entlang der felsigen Klippen schlängelt. Wer vorhat, diesem Trail weiter zu folgen, sollte vorher einen Rücktransport (mit dem Taxi) organisieren.

An diesem Abschnitt, unterhalb des Golfplatzes, wurden weitere Höhlen entdeckt: die **Pinnacle Point Caves/Point of Human Origins**. Hier lebten vor über 160.000 Jahren, als der größte Teil Afrikas unter Eis lag und unbewohnbar war, Menschen, die bereits Kulturtechniken ausübten (systematischer Fischfang, Fleischverarbeitung, Wandfarben, Nutzung von Feuer, um aus Steinen Werkzeuge zu fertigen etc.). Es werden eineinhalb bis vierstündige Touren angeboten, jedoch nur nach vorheriger Anmeldung: ✆ *(079) 640-0004, www.humanorigin.co.za.*

Reisepraktische Informationen Mossel Bay

Information

Mossel Bay Tourism Bureau, *Ecke Church/ Market Sts.,* ✆ *(044) 691-2202, www.visitmosselbay.co.za. Infos nicht nur zum Ort, sondern auch zur Garden Route.*

Unterkunft

Botlierskop Game Reserve (2) $$$$$, *einige Kilometer nördl. vom N2-Exit 401 (Little Brak River),* ✆ *(044) 333-0021, www.botlierskop.co.za, s. S. 417.*

Ana's Place (1) $$–$$$, *89 Rodger St.,* ✆ *(044) 691-3820 bzw. (082) 928-0262, www.anasplaceapartments.co.za. Tolle Unterkunft in einem modernen, ausgesprochen schicken Haus oberhalb der Stadt. 3 Selbstversorger-Zimmer, schön gestaltete Aufenthaltsräume, zudem zwei Häuser, Frühstück auf Anfrage. Super Ausblick von den Terrassen!*

Eight Bells Mountain Inn (2) $$$, *am Fuß des Robinson Pass (R328), 35 km nördl. von Mossel Bay,* ✆ *(044) 631-0000, www.eightbells.co.za. Inmitten der Berge gelegenes Landhotel im britischen Kolonialstil mit Zimmern, Rondavel und Logcabins. Bezaubernder Garten. Zugehörig sind ein Restaurant und ein kleiner Pub. Das Hotel ist gut geeignet, um sich vom Trubel der Garden Route zu erholen bzw. Karoo und Küste von hier aus zu erkunden. Pakete für Wanderer mit Sandpiper Cottages (S. 427).*

Protea Hotel Mossel Bay (3) $$$ (–$$$$), *Ecke Church/Market Sts.,* ✆ *(044) 691-3738, www.marriott.com. Historisches Hotel gleich neben dem Museumskomplex. Der „karibische" Charakter der Zimmer stimmt zwar nicht mit dem eigentlichen Ambiente überein, aber ansprechend sind die Zimmer allemal. Leider ist der Blick auf die Bay großenteils verbaut. Im Hause gibt es ein gutes Seafood-Restaurant und eine Cocktailbar mit Aussicht.*

The Point Hotel (4) $$$$, *Point Rd.,* ✆ *(044) 110-0388, www.pointhotel.co.za. Große, z. T. sogar Familienzimmer. Direkt am Kap und oberhalb des tosenden Meeres! Alle Zimmer mit Balkon zum Meer. Restaurants im Hause (s. u.).*

Point Break Self Catering (5) $$–$$$, *7 Point Rd., Cape St. Blaize,* ✆ *(044) 690-7782, www.pointvillage.co.za. Selbstversorger-Apartments in verschiedenen Gebieten von Mossel Bay, besonders aber am Point. Einige mit Meerblick.*

Santos Express (6) $–$$$, *unterhalb des Museumskomplexes,* ✆ *(044) 691-1995, www.santosexpress.co.za. Hier schläft man in Schlafwagenwaggons. Die „Zimmer" (1- bis 4-Bett-Abteile) sind entsprechend klein und einfach (keine Handtücher!), aber in Ordnung. Luxuriöser und mit Balkon ausgestattet sind die Royal Suites ($$$). Backpacker kommen im Schlafsaal-Waggon unter ($). Restaurant und Pub. 30 m vom Strand.*

Mile Crunchers Backpacker (7) $, *7 Church St.,* ✆ *(044) 690-4462, https://milecrunchers.co.za. Schlafsäle sowie 4-, 3- und 2-Bettzimmer. Bunt und unterhaltsam. Und zelten* *kann man auch – indoor! Dafür aber nur begrenzter Platz. Große Gemeinschaftsküche. Recht zentral gelegen, nur zum Point sind es 2 km.*

Camping

De Bakke Chalets & Santos Caravan Park (8), *George Rd., nordwestl. der nahen Innenstadt, ✆ (044) 690-3760, www.debakkesantos.co.za. Schön an Bay und Strand, doch oft laut wegen der Tagesbesucher. Es gibt auch Chalets.*
Point Caravanpark, *✆ (044) 690-3501, www.westerncape.gov.za/facility/point-caravan-park, an der Ostspitze der Stadt. Oft ausgebucht, liegt der Park doch günstiger zu Restaurants und Aktivitäten als der Santos Caravan Park.*
Von vielen Lesern als bester Platz der Region bezeichnet: **Dibiki Holiday Resort**, *11 km zur Innenstadt in Hartenbos. N 2, Exit Nr. 397, nach Überquerung des River, ✆ (044) 695-1532, www.dibiki.co.za. Viele Grasplätze, aber kaum Schatten. Zudem gut ausgestattete Selbstversorger-Chalets und Safari-Zelte. Strandnah.*

Essen und Trinken

Café Gannet, *Market St., Bartolomeu Dias Museum Complex (s. o.), ✆ (044) 691-1885. Vorzügliche Fischgerichte in schickem Dekor. Tische im Garten (reservieren!). Angeschlossen ist die* **Blue Oyster Cocktail Bar** *(der Name verrät bereits das Angebot).*
Fork & Train Restaurant at Santos Express, *am Strand unterhalb (nordwestl.) des Museumskomplexes, ✆ (044) 691-1995. Pub-Restaurant im Vorbau der Eisenbahnwaggons, z. T. mit Blick aufs Meer. Durchschnittliche Küche (Burger, Steaks, Meeresfrüchte – sogar Austern!). 200 m nördlich davon am Strand lädt* **Jackal on the Beach** *(43 George Rd., ✆ 044-690 4567) in seinen riesigen Pavillon ein zu Gourmet-Burgern und -Pizzen sowie Seafood: tolle Aussicht, gutes Craft Beer! Als „cool" gilt das* **Kaai4Braai** *am Wasser unterhalb des Museumskomplexes (✆ (079) 980-3981). Unter einem Zelt direkt am Wasser werden Potjiekos, ganzer Fisch, Kebabs und Grillfleisch über einem offenem Feuer zubereitet. Für Vegetarier gibt es nur Salate und frisch gebackenes Brot.*
Ponto Grille, *Point Rd., ✆ (044) 690-5574. Wunderbare Aussicht (Tisch mit Ausblick reservieren!), besonders vom Biergarten auf dem Dach. Das Essen ist eher solide Standardkost. Schön sitzt man bei gutem Wetter auch auf den Terrassen des* **Big Blu** *(✆ (044) 691-2010), des* **Delfinos** *(✆ (044) 6905247) und des* **Kingfisher** *(✆ (044) 690-6390), alle an der Point Rd.*

Golf

Mossel Bay Golf Club, *Südende der 17th Ave., ✆ (044) 691-2379, www.mosselbaygolfclub.co.za. 18 Löcher, 5.763 m. Imposante Lage hoch oberhalb des Indischen Ozeans. Es wird gewarnt: Hügelige Etappen erfordern auch Beinarbeit!*

Bootstouren nach Seal Island mit der „Romonza"

Abfahrt im Mossel Bay Harbour. ✆ (044) 690-3101, https://romonzaboattrips.co.za, u. a. 45-minütige Bootstouren tgl. 10–16 Uhr. Immer zur vollen Stunde.

Östlich von Mossel Bay beginnt das **Winterregengebiet** des Kaplands. Die Niederschlagsmengen sind hier deutlich niedriger und liegen an der Küste bei ca. 400 mm/Jahr, steigen besonders an den Bergen aber auf ca. 600 mm/Jahr an. Damit ist das Gebiet für die Landwirtschaft gut geeignet (Weizenanbau, Wildblumenzucht,

Schafe, Milchkühe und Straußenzucht). Riesige Felder und Weiden umgeben die N 2 und bilden mit ihren hellen Farbtönen immer wieder einen eleganten Kontrast zur dunklen Silhouette der Langeberg-Kette. Die Landschaft ändert sich schlagartig, hat aber ihren Reiz. Weiter westlich wird Wein angebaut, und die **Region Grabouw/ Eglin/Villiersdorp** zeichnet für die Hälfte der Obsternte am Kap verantwortlich.

Routenalternativen

1. Entlang der N 2 passiert man die 64 m hohe **Gourits Bridge** (ehemals Bungee-Jump, zzt. kaum angeboten), sowie zwei „Big Five"-Naturreservate: Das exklusivere, mit 12.000 ha größere **Gondwana Game Reserve** liegt 30 km nordwestl. von Mossel Bay an der R 327. Die **Garden Route Game Lodge** 5 km östl. von Albertinia an der N 2 erinnert eher an Safariparks in Europa. Hier sind auch Tagesbesucher willkommen. Der verschlafene Ort **Albertinia** ist bekannt wegen einiger Antiquitätengeschäfte und der Tatsache, dass sich hier die Fabriken befinden, die Saft, Gelee und vor allem Kosmetika aus Aloen herstellen. Den Fabrikladen an der N 2 sollte man unbedingt mal besuchen.

2. Die küstennahe Strecke über Boggomsbaai, Gouritsmond und Still Bay ist erlebnisreicher. Sie führt durch eine Landschaft mit niedriger Meeres-Fynbos-Vegetation. Im Hintergund: die Berge als eindrucksvoller Kontrast. Einige Streckenabschnitte sind nicht asphaltiert.

Oystercatcher Trail

Um nach **Boggomsbaai** zu gelangen, verlässt man die N2 15 km westlich von Mossel Bay (kurz hinter Mosgas) in Richtung Süden. In dem verschlafenen Nest bietet sich die Möglichkeit, ein paar Tage in den liebevoll ausgestatteten, geräumigen, wenn auch etwas in die Jahre gekommenen **Sandpiper Cottages** zu nächtigen und den nahezu menschenleeren Strand sowie Relikte aus Khoi-Zeiten zu erleben. Das Team der Sandpiper Cottages organisiert auch geführte Wanderungen auf dem sog. **Oystercatcher Trail**. Dabei wird für Unterkunft, Gepäcktransport sowie die Grundausstattung gesorgt und auf Wunsch Verpflegung gestellt. Mitzubringen sind entsprechende Kleidung, festes Schuhwerk, Sonnenschutz, Freude am Wandern und Interesse an der Natur. Ein wirkliches Erlebnis, denn besonders der westliche Teil des Trails gehört zweifelsohne zu den schönsten im Land. Der Name bezieht sich auf den gleichnamigen Vogel, der hier überall am Strand zu sehen ist. Dieser knackt keine Austern, dafür aber Muscheln. Begleitet wird man von engagierten und kundigen Guides, die nicht nur die Natur aufschlussreich erläutern, sondern auch zum Leben in Südafrika viel zu erzählen haben.

Unterwegs auf dem Oystercatcher Trail

Redaktionstipps

Erlebnisse Mossel Bay bis Kapstadt

- Ruhe genießen im **Gourikwa Reserve** (S. 427)
- **Wandern**: **Oystercatcher Trail** (S. 425), **in den Bergen** nördlich von Heidelberg und Swellendam (S. 431/434).
- **Fähre bei Malgas** über den Breede River (S. 433).
- **De Hoop NR**: Wale, Strand und Dünen, Outdooraktivitäten (S. 440).
- **Wale beobachten**: **Witsand** (S. 432), **Hermanus** (S. 451).
- **Küstenstrecke**: **Rooiels** bis Gordon's Bay **bei untergehender Sonne** (S. 455).
- Missionstationen/Kirchen: **Genadendal** und **Elim** (S. 438/447).
- **Cape Agulhas**, Afrikas südlichster Punkt (S. 445).
- Kaum bekannt: **Bontebok NP** (S. 437), **Weingüter bei Hermanus** (S. 452), **Harold Porter National Botanical Garden** (S. 454).
- Orte mit Erholungswert: **Still Bay** (S. 428), **Greyton** (S. 427), **Arniston** (S. 444).

Übernachten

- **Sandpiper Cottages** (S. 427), **The Anchorage** (S. 429), **Skeiding Guest Farm** (S. 432), **The Hideaway** (S. 436); **Malagas Hotel** (S. 433), **Cliff Lodge** (S. 449).

Der Trail erstreckt sich über ca. **50 km zwischen Mossel Bay** und **Gouritsmond**, passiert felsige Küstenabschnitte und Höhlen, in denen einst die Khoi lebten. Es geht über tolle Sandstrände und riesige Dünen. Baden im Meer oder in Rock Pools ist ebenfalls möglich.

Man kann den Trail in 4 Tagen ganz erlaufen, aber auch Abschnitte auswählen, wobei die weiter entfernten Teilstrecken vom Naturerlebnis her interessanter sind, da sie gänzlich abseits der Ortschaften liegen. Es gibt zudem verschiedene Angebotspakete, vom „All-Around Package" bis hin zu „Ich mache alles selbst" (bis auf Guide!). Der Tipp: So viel wie möglich arrangieren lassen, denn das gibt Ruhe, um sich ganz auf die tolle Wanderung einzustellen. Unter dem Strich kommt das kaum teurer. Der Schwierigkeitsgrad der Wanderung liegt bei leicht bis mittel. Hier und dort muss man über kantige Felsen klettern, die meiste Zeit geht es aber entlang eines Pfads bzw. über endlose Strände. Der Ort **Vleesbaai** – heute ein verträumter Ort mit Ferienhäusern – ist übrigens eine der ältesten europäischen Siedlungen in Südafrika. Von hier aus wurden bereits die Portugiesen mit Proviant, vorwiegend Fleisch (daher der Name), versorgt.

Oystercatcher Trail: *Unbedingt im Voraus buchen – am besten schon von Europa aus: ✆ (082) 078-1696, www.oystercatchertrail.co.za.*

Reisepraktische Informationen Albertinia und Boggomsbaai

Information

Tourist Office, *31 Station Rd., Albertinia, ✆ (028) 735-1000 bzw. (081) 411-5496.*

Unterkunft/Essen und Trinken

Albertinia Hotel $–$$, *Main Rd., Albertinia, ✆ (028) 735-1030, www.albertiniahotel.co.za. Landhotel seit 1900 mit 10 Zimmern. Urig, preiswert, jedoch ziemlich „down to earth" und aus der Zeit gefallen. Beliebt sind das hauseigene Restaurant (Steaks, Pizza, Burger in üppigen Portionen) und bei den Locals am Wochenende die Bar.*

Voëlroepersfontein Guest House & Writers Retreat $$, *4 George St., ✆ (028) 735-1016, https://vrfguesthouse.co.za. Ein echter Geheimtipp! Eine ehemalige Verlegerin hat das Anwesen eines Kirchenoberhauptes gekauft und daraus ein bezauberndes Gästehaus mit 5 Zimmern gemacht. Toll eingerichtet, Bibliothek, wunderschöner, großer Garten mit zwei alten Fig Trees, eine Küche für Selbstversorger, leckeres Frühstück. Hier kann man auch ein paar Tage abspannen.*

Sandpiper Cottages (& Spa) $$, *s. o., ✆ (081) 071-6735, www.sandpiper.co.za. Gut ausgestattete Selbstversorger-Häuser. Nutzung eines kleinen Spas möglich, Anwendungen (Massagen etc.). Im Ort gibt es keine Geschäfte und kein Restaurant, aber auf Anfrage kann man ein solides Abendessen bekommen.*

Gameparks

Gondwana Game Reserve $$$$$, *R327, nordwestl. von Mossel Bay, ✆ (044) 333-0200 bzw. (021) 555-0807 (Reservierung), www.gondwanagr.co.za. Luxus pur, Unterkünfte in geräumigen und gut ausgestatteten Chalets, Villas und gemütlichen Safari-Zelten. Alles inklusive, bis auf alkoholische Getränke. Oft Mindestaufenthalt (3 Nächte).*
Garden Route Game Lodge $$$$, *N2, 5 km östl. von Albertinia, ✆ (028) 735-1200, www.grgamelodge.co.za. Ansprechende Zimmer und, als Tipp, die unwesentlich teureren Chalets, am besten die an den Wasserlöchern. Anfragen, ob im Paket auch die Game Drives enthalten sind!*

Gouritsmond

Es gibt nicht viele Gründe, den Abstecher zu dem kleinen Ort an der Mündung des Gourits River zu unternehmen, doch einer könnte die Beschaulichkeit sein. Wenige Touristen, nur kleine Selbstversorger-Ferienhäuser, eine beachtliche Flussmündung (der Gourits River ist immerhin der größte Fluss im Reisegebiet) und gute Angelmöglichkeiten. Hier wurden die drei größten Kabeljaue, die jemals gefischt wurden, an Land gezogen. Es gibt nur einen Supermarkt, einen Pub, einen einfachen Campingplatz, aber keine Hotels. Wer die Küste nahezu ganz für sich haben möchte, reist an einem Wochentag an.

Reisepraktische Informationen Gouritsmond (Gourits Mouth)

Unterkunft
Über www.gourits.co.za findet man Unterkünfte. Manch Reisender hat auch Glück gehabt und spontan ein einfaches, aber schön gelegenes Ferienhaus vor Ort gefunden: Dazu fragt man am besten zuerst im Supermarkt bzw. im Pubrestaurant am Ortseingang an. Achtung! Meist nur Barzahlung.

Camping
Es gibt einen einfachen Caravanpark am Ort, ✆ (028) 713-7855.

Gourikwa Reserve

Nach 8 km entlang der parallel zur Küste verlaufenden Asphaltstraße liegt linker Hand das **Gourikwa Reserve**. Das ursprüngliche Naturschutzgebiet brannte 2008 weitgehend nieder und musste samt Unterkünften für zehn Jahre schließen. Inzwischen wurde es unter neuem Namen wiedereröffnet: Im heutigen Gourikwa Reserve werden Küsten- und Fynbosvegetation geschützt, ebenso die **Fishing Pools** der Khoi. Besucher können in Apartments, Häusern und – am schönsten – in den Fisherman Houses nahe dem Wasser nächtigen. Einfach toll und nicht überlaufen.
Gourikwa Reserve $$–$$$, *✆ (087) 702-9126, www.gourikwa.co.za.*

info

Fishing Pools der Khoi

Die Küste zwischen Mossel Bay und Kapstadt und auch anderen Landesteilen weist einige Eigenarten auf: Geröll und Felsbrocken aus hartem Quarzit bilden die Uferzone, in der früher die Khoi-Khoi an mehreren Orten entlang der Küste sog. **Fishing Pools** angelegt haben. Die Pools wurden ausgehoben, indem man die Steine aus einem Areal herausnahm. Während der Flut schwammen die Fische in diese Pools, aus denen sie die Khoi dann bei Ebbe in einen künstlichen „Seitenkanal" lockten. Hier warteten dann die Frauen und sammelten sie ein. Heute stehen die Pools unter Denkmalschutz. Gefischt haben die Khoi übrigens nur im Winter, denn dann waren ihnen die Nächte in der Karoo zu kalt.

Still Bay

Vom Gourikwa Reserve führt eine 47 km lange Schotterstraße bis nach Still Bay. Beeindruckend sind auch hier wieder die Fynbos-Büsche und Proteen, wenn sie im August/September blühen. Noch vor Still Bay passiert die Piste den kleinen, hübschen Fischerort **Melkhoutfontein**. Der Ort liegt nicht am Meer, denn die Fischer haben es bevorzugt, windgeschützt, landeinwärts zu leben.

Erholsame Naturareale

Der Fischerei- und (vor allem) Urlaubsort **Still Bay** (Stilbaai) liegt beiderseits der Flussmündung des Goukou River und trägt den Beinamen „*The Bay of Sleeping Beauty*", denn von hier aus ist der gleichnamige Berg oberhalb von Riversdale sehr schön zu sehen. Die Bucht, die Strände sowie die Flussmündung haben ihren eigenen Charme und in den nahen Naturarealen kann man die Küstenvegetation erkunden. **Pallinggat**, ein altes Farmhaus, beherbergt das Touristenbüro und ist bekannt für die „gezähmten" Aale im Gartenteich *(tgl. Fütterung, meist um 11 Uhr)*. Im Gebäude erläutert eine Ausstellung die Funde aus einer nahen Höhle, die bereits vor 70.000 Jahren bewohnt gewesen sein soll. Ca. 6 km nördlich an der R 305 lädt die **Inverroche Destillery** zu Ginproben ein (✆ *(028) 754-2442, www.inverroche.co.za, für Tasting Anmeldung erforderlich*).

Auch bei Still Bay gibt es historische **Fishing Pools** der Khoi. Man kann sie gut bei Ebbe auf einem Spaziergang am Strand der **Skulpiesbaai** (Still Bay-West) erkunden. Still Bay selbst gefällt mit seinem gemächlichen Treiben. Kurze Kajaktouren auf dem Fluss sind möglich und im kleinen **Fynbos Park** in Still Bay-East wird die lokale Flora gut erklärt. **Jongensfontein**, 10 km westlich, ist ein ruhiger, aber im Wachsen begriffener Küstenort – wobei der mitten im Ort platzierte Campingplatz samt Chalets in der Saison für ziemliches Leben sorgt.

Auf einer rauen, aber landschaftlich reizvollen Piste geht es weiter nach **Witsand**. Auf etwa halber Strecke zweigt eine Piste nach **Puntjie** an der Mündung des Duiwenhoks River ab. Das Örtchen ist berühmt dafür, das besterhaltene historische Fischerdorf an dieser Küste zu sein. Doch wegen des Besucherandrangs entschlossen sich die Bewohner, das Dorf mit einer Schranke abzuriegeln. Nördlich davon, im Landesinneren, hat sich das Nest **Vermaaklikheid** zu einem echten Geheimtipp für Ruhesuchende gemausert (*kleine Selbstversorgerunterkünfte, einfache Gerichte bis 16 Uhr im* **Oasis Restaurant**).

Reisepraktische Informationen Still Bay (Stilbaai)

Information

Tourism Bureau, *Langenhoven St., ✆ (028) 754-2602, www.stilbaaitourism.co.za.*

Unterkunft

The Anchorage Accommodation $$, *2,5 km vom Strand entfernt am Goukou River (Ostseite) gelegen, ✆ (028) 754-3730. Nach Wahl: B&B oder Selbstversorger. Fünf Units (gute Kücheneinrichtung, gute Grills) und geschmackvoll ausgestattete Räume. Schöne Ausblicke von den Terrassen auf den Fluss. Reichhaltiges Frühstück (nur Mo bis Fr!). Es wird deutsch gesprochen. Kanuverleih.*

Still Bay River Lodge $$, *Main Road East, Still Bay-East, ✆ (060) 995-8278. Oberhalb des Flusses gelegenes, historisches Cape-Dutch-Haus. Die Zimmer sind jedoch sehr einfach. 2 km zum Strand. Nur B&B, aber im fußläufig erreichbaren* **Stables Restaurant** *gibt es einfache Gerichte.*

Ansonsten gibt es in Still Bay zahlreiche Selbstversorgerunterkünfte sowie das schmucke **Charlotte House B&B** $$–$$$, *27 Weideman Str., ✆ (076) 592-1794 bzw. (082) 087-3280, www.charlottehouse.co.za, 500 m zum Strand). Infos im Touristenamt bzw. am Infokasten am Ortseingang (vor der Brücke).*

Camping

Ellensrust Caravan Park, *nahe dem Strand von Still Bay-East, ✆ (028) 713-7848, www.ellensrustcaravanpark.co.za. Caravan Park, einfache Rondavels. In* **Jongensfontein**, *10 km westl., gibt es einen Campingplatz mit Selbstversorgerhütten, ✆ (028) 713-7850.*

Essen und Trinken

Die Lappiesbaai, *✆ (028) 754-2748. Beliebtes Fischrestaurant direkt am Strand von Still Bay-East. Das beste Steak, gute Burger und krosse Pizza gibt es dagegen im* **On the Rocks**, *Ecke Main/Doris Roads in Still Bay-East, ✆ (028) 754-2367. Wer es etwas feiner mag, speist in* **Hanlie's Bistro**, *✆ (072) 746-1943, an der Brücke bzw. dem Tipp im Ort,* **Dave's Kitchen** *(bezahlbare, lokale und internationale, teils innovative Gerichte, gute Steaks, 4 Buitekant St., ✆ (028) 754-2640) – beide in Still Bay-West, und bei beiden sollte man reservieren.*

Strandspaziergang in Still Bay

Zurück auf der N 2: Riversdale

Der burisch angehauchte Ort am Fuße des Sleeping Beauty Mountain (der Berg sieht aus wie eine sich ausstreckende Frau) hat gut 16.000 Einwohner und dient als Zentrum der Landwirtschaft zwischen Mossel Bay und Swellendam. Entsprechend zweckmäßig geht es hier zu. Riversdale wird gerne als Basis für Outdoor-Unternehmungen (Wandern, Mountainbiking etc.) im nahen Langeberg-Gebiet genutzt. Kapholländische Kultur kann man im historischen **Farmhaus Zeekoegat** (1795) erleben. Im **Julius Gordon Africana Museum** (*29 Lower Long St., ✆ (028) 713-7939, Mo–Fr 10–15, Sa 10–12*) sind Werke von Jan Volschenk, Johannes Meintjes und anderen südafrikanischen Malern sowie auch San-Zeichnungen aus der Region ausgestellt. Hier erfährt man auch mehr über die Geschichte des Ortes.

Grüne Landschaft

Abstecher: In Riversdale zweigt die R 323 nach Norden ab und steigt wenige Kilometer an zum großzügig angelegten **Garcias Pass**, ein Werk des legendären Straßenbauers Thomas Bain. Bereits auf halber Anhöhe ändert sich die Szenerie schlagartig, und es offenbart sich eine – auf den ersten Blick an die Highlands von Schottland erinnernde – grüne Landschaft. Dann erreicht die Straße die

Zwischen Riversdale und Kapstadt

Little Karoo, es wird um einiges wärmer, aber auch karger. Die Küstenbewohner bezeichnen die Strecke daher als „Fluchtweg bei schlechtem Wetter". Hier eröffnen sich nun Perspektiven für verschiedene **Alternativstrecken**:

Die **Little Karoo** (Montagu oder Oudtshoorn) erkunden oder bis hin zur N I in der **Great Karoo** fahren. Sollte Letztere das Ziel sein und die Route mit dem Schlenker durch die **Seweweekspoort** (keine großen Camper!) gewählt werden (zusätzlich ca. I Std.), bedeutet das, in Riversdale oder Ladismith vollzutanken, denn die Strecke Riversdale – Seweweekspoort – Laingsburg misst 195 km und weitere Tankstellen gibt es nicht.

Heidelberg beeindruckt nur durch seinen Namen, denn der wurde wirklich der deutschen Stadt abgeguckt. Die Wirtschaft basiert auf Schafzucht und Weizenanbau. Biltong-Fans seien noch auf die Biltong Factory (*Eksteen St., gleich hinter der I Stop Tankstelle*) hingewiesen. Zudem eignet es sich alternativ zu Riversdale als Basis für Wanderungen im Langeberg, in der **Boosmansbos Wilderness Area** bzw. im **Grootvadersbosch Nature Reserve** (hier gibt es bis zu 60 m hohe Redwood-Bäume).

Reisepraktische Informationen Riversdale und Heidelberg

Information

Riversdale, *Van Den Berg St., ✆ (028) 713-7953, https://explorersgardenroute.co.za. Infos auch zu Farmunterkünften und Hütten in kleinen, privaten Game Reserves.*
Heidelberg, *33 Fourie St., ✆ (071) 091-3510 bzw. (028) 722-1068, https://explorersgardenroute.co.za.*

Unterkunft

Riversdale Travel Lodge $, *10 Main St., Riversdale, ✆ (028) 713-2473. Von außen „langweilig-modern", dafür aber Zimmer zum günstigen Preis. „Special Rate" für Backpacker. Restaurant und Pub im Haus. Organisation von Outdooraktivitäten in der Umgebung (Abseiling, Reiten, Mountainbiking etc.).*
Sleeping Beauty Guest House $–$$, *3 Long St., Riversdale, ✆ (028) 713-1651 bzw. (082) 674-7639, www.sleepingbeautyguesthouse.com. Das ehemalige Pastorenhaus (1856) ist liebevoll restauriert. 6 Doppelzimmer und ein geräumigeres Familienzimmer. Dinner muss angemeldet werden. Schöner Garten und ein Labyrinth, bepflanzt mit Sukkulenten.*
Skeiding Guest Farm $$–$$$, *nahe N2 (ausgeschildert), 12 km westl. von Heidelberg, ✆ (082) 451-4965, www.skeiding.co.za. Vornehmlich eine Straußen- und Merinofarm, es werden aber auch Kühe gehalten und Ackerbau betrieben. Man wohnt entweder in einem Zimmer im Haupthaus oder in netten Selbstversorger-Cottages (zwei davon im Cape-Dutch-Stil) bzw. einem luxuriösen Zimmer-Apartment. Gekocht wird typisch südafrikanisch (vorher anmelden). Eine hervorragende Gelegenheit, auszuspannen und die Arbeit auf einer Farm kennenzulernen.*
Dibiki Riversdale Holiday Resort $–$$, *8 Truter St., Riversdale. Vernünftig ausgestattete Selbstversorger-Hütten, Campingplatz und Pool. Eine Gelegenheit, die Reisekasse zu schonen.*

Boosmansbos Wilderness Area/Grootvadersbosch Nature Reserve

Grootvadersbosch Nature Reserve, *Heidelberg, ✆ (028) 492-0001, zu buchen über Cape Nature, ✆ (087) 087-8250, www.capenature.co.za. Bitte beachten: Seit dem 1. April 2022 darf kein Brennholz mehr in CapeNature-Reservate gebracht werden, um die Auswirkungen des Polyphagen Schrotbohrers auf Bäume abzumildern. Selbstversorger-Unterkünfte und Schutzhütten entlang der Trails, auch Campsite.*
Eine schöne Alternative dazu bieten die Cottages auf der **Farm Grootvadersbosch** *($–$$) an der R322, 12 km östl. von Suurbraak (19 km nordwestl. von Heidelberg), ✆ (082) 412-5991, www.grootvadersbosch.co.za. Frühstück und Dinner auf Bestellung. Nature Walks.*

Witsand und Malgas

Witsand, zusammengewachsen mit dem benachbarten **Port Beaufort**, liegt an der Mündung des Breede River. Bedeutend waren einst der Fischfang sowie der kleine Hafen, denn der Fluss ist von Malgas an schiffbar. Heute dominiert der Tourismus. B&Bs, ein Caravanpark, Selbstversorger-Apartments, das Restaurant in der Breede River Lodge und das Strandlokal Anchorage Beach Restaurant sorgen für die Gäste im Ort und auch flussaufwärts. Die wiederum genießen die schönen Strände und erfeuen sich an den **Walen**, die sich von Juni bis November in der vorgelagerten **St. Sebastian Bay** in großer Zahl tummeln. Die Wale lieben die Ruhe und das wärmere Wasser an der Flussmündung und kalben hier besonders gerne.

Eine Alternativstrecke zum De Hoop NR und weiter nach Bredarsdorp geht etwa 20 km nördlich von Witsand ab zur Siedlung Malgas. Bis hier ist der Breede River auf gut 50 km schiffbar, bis er bei Witsand in den Ozean fließt. Die traditionsreiche handgezogene Fähre wurde 2020 durch eine kleine, motorisierte **Pontonfähre** ersetzt, die kurze Überfahrt ist immer noch ein Erlebnis. Im Malagas Hotel kann man unterschiedlichste (Haus-) Boote mieten. Eine Piste führt von hier Richtung Bredarsdorp.

Die Pisten zwischen Mossel Bay und Malgas sind rau und staubig, aber gut zu befahren

Reisepraktische Informationen Witsand und Malgas

Information

Witsand Tourism, *✆ (071) 344-7790 bzw. (082) 922-9905, www.witsand.com; https://explorersgardenroute.co.za.*

Unterkunft

Breede River Lodge $–$$$, *Port Beaufort, ✆ (072) 767-3779, www.breederiverlodge.co.za. Zimmer, Studios, Fisherman-Cottages und Selbstversorger-Apartments (1 und 2 Schlafzimmer). Nahezu alle mit Blick auf den Fluss. Restaurant. Bootstouren, Stand-Up-Paddling, Kitesurfen können arrangiert werden. Sicherlich die praktischste Adresse vor Ort.*

Malagas Hotel $$–$$$, *an der Fähre in Malgas, ✆ (028) 542-1049, www.malagashotel.co.za. Individuell eingerichtete Zimmer im Hotel und in anliegenden Gebäuden. Restaurant (südafrikanische Gerichte) und Pub (Lunches), Veranda mit Blick auf den Breede River und schöner Garten. Wasseraktivitäten (Kanu fahren, Angeln, Sunset-Bootsfahrten) werden arrangiert. Ein komfortabler, netter Platz zum Entspannen. Hausboote für Trips auf dem Breede River werden am Hotel vermietet (mind. 4 Tage).*

Immer mehr Lodges, auch mit Unterkunft für Selbstversorger, haben am **Breede River** *unterhalb von Malgas eröffnet. Empfehlungen:* **Tides River Lodge** $$–$$$$, *201 Lemoen-tuin, ✆ (072) 247-8164, www.tideslodge.co.za, vermietet Häuser am Fluss; die* **Mudlark Riverfront Lodge** $$$, *✆ (082) 733-0236 bzw. (028) 542-1161, www.mudlark.co.za, bietet 5 Zimmer (Mahlzeiten anmelden).*

Whale Watchers Inn $$, *Protea Rd., Witsand, ✆ (028) 537-1825, www.whalewatchersinn.com. Sauberes, strandnahes B&B mit 9 Apartments (auch Selbstversorger) und einem Garden Cottage. Die Gastgeber helfen gerne beim Organisieren von Touren in die Umgebung.*

Barry's Holiday Accommodation & Witsand Backpackers $–$$, *89 Main Rd., ✆ (082) 850- 4318, Witsand, www.witsand.co.za. Der Name verrät es bereits: Von Selbstversorger-Unterkünften und Ferienhäusern über B&B (vorher Frühstück anmelden) bis hin zu Backpacker-Schlafsälen gibt es alles, auch DZ mit Meeresblick.*

Swellendam

Swellendam (heute 38.000 Einw.) ist neben Tulbagh die drittälteste Stadt Südafrikas, nach Kapstadt und Stellenbosch. Sie liegt malerisch am Fuße der Langeberg-Range. Der Distrikt wurde 1743 ins Leben gerufen und Swellendam dann 1746/47 gegründet. Man benannte es nach dem Gouverneur Hendrik Swellengrebel und seiner Frau Helena ten Damme. Im Jahr 1795 war Swellendam für einige Monate sogar Hauptstadt. Die damaligen Siedler ärgerten sich so sehr über die Misswirtschaft der Holländisch-Ostindischen Handelsgesellschaft, dass sie den Landvogt A.A. Faure am 18. Juni absetzten, eine eigene Republik ausriefen und Hermanus Steyn zu ihrem Präsidenten erkoren. Doch der „Staat" bestand nur drei Monate, bis durch die britische Okkupation eine neue Regentschaft eintrat.

Kurze Zeit als Hauptstadt

Ein wirtschaftlicher Boom trat Mitte des 19. Jh. ein, als das „Empire" von Barry & Nephews für regen Handel zwischen Swellendam und Kapstadt sorgte. Die Kaufleute führten sogar eigene Banknoten ein und verschifften die Produkte (vor allem Wolle) aus der Overberg-Region über den Breede River nach Port Beaufort und von dort weiter auf regelmäßig verkehrenden Handelsschiffen nach Kapstadt. Obwohl 1865 große Teile der Stadt einem Feuer zum Opfer fielen, sind bis heute zahlreiche georgianische, viktorianische und vor allem kapholländische Gebäude erhalten geblieben. Auch heute noch stehen Wollverarbeitung und Weizenanbau im Vordergrund, neben Rapsanbau und Milchviehwirtschaft.

Beeindruckende Kirche

Im Zentrum (*36 Voortrek St.*) befindet sich das 1838 erbaute **Oefeningshuis**, das ehemals als Kirche und später als Schule für freie Sklaven diente. Auffällig ist die riesige **Dutch Reformed Church** östlich des Zentrums. 1910 erbaut, beeindruckt sie durch die gotischen Fenster sowie Stilelemente aus der Renaissance und dem Barock.

Drostdy Museum

Hauptattraktion von Swellendam ist der Museumskomplex am östlichen Ortsausgang. Das Drostdy Museum besteht aus mehreren Gebäuden. Der Besuch startet an der Touristeninformation, führt dann zur alten Drostdy und danach folgt man dem vorgeschlagenen Rundweg:

Die Drostdy: Das schneeweiße Gebäude wurde 1747 für den ersten Landvogt als Wohnhaus, Magistratsresidenz und Gerichtssitz gebaut. Später erfolgten Umbauten und Vergrößerungen. 1846 verkaufte die Regierung die Drostdy, die bis 1939 in Privatbesitz blieb. Dann kaufte sie der Staat zurück und richtete das Museum ein. Heute sind Möbel aus allen Epochen zu bewundern und die Geschichte der Stadt ist anhand von historischen Fotos, Karten, Gemälden und anderen Gegenständen gut nachzuvollziehen. Eindrucksvoll ist die Küche mit ihren Neben-

Recht unscheinbar wirkt die Drostdy

räumen, in denen u. a. alte Küchengeräte zu sehen sind. Am Hang oberhalb der Drostdy steht die **Lecture Hall**, ehemals der Pferde- und Kutschenstall.

Herb Garden: Im Küchengarten wurden über die Jahrhunderte Gemüse, Gewürze und andere Küchenpflanzen angebaut.

Mayville: Das Wohnhaus, 1853–1855 erbaut, ist ein Beispiel für den architektonischen Übergang vom kapholländischen zum georgianisch-viktorianischen Stil: Es hat ein Stroh-Walmdach, aber ohne Giebel. Die doppelten Glastüren und großen Schiebefenster sind viktorianisch, ebenso wie der größte Teil der Einrichtung. Bei einem geführten Rundgang wird erläutert, wie sich das Haushaltswesen im 19. Jh. verändert hat. Nita Steyn, die letzte Bewohnerin, schenkte Mayville 1974 dem Museum, machte aber zur Auflage, dass ein Rosengarten nahe dem Haus gepflanzt wird.

Architektonischer Richtungswechsel

The Old Goal: Das alte Gefängnis wurde kurz nach dem Bau der Drostdy errichtet und 1828 durch den Anbau für die Wohnung des Gefängniswärters erweitert. Heute befinden sich in den Räumen eine Ausstellung über die Khoi, die vor den Siedlern um Swellendam lebten, sowie der Souvenirshop. Die Zellen können im Hinterhof besichtigt werden. Für die Rechtsprechung waren der Landvogt und die ihm untergeordneten „Heemraden" zuständig. Größere Fälle wurden nach Kapstadt verwiesen.

Ambagswerf (Gewerbegarten): Hinter dem alten Gefängnis wurden z. T. alte Gebäude restauriert, z. T. neue im alten Stil erbaut. In ihnen und auf der freien Fläche werden alte Handwerkskünste vorgeführt und erläutert. Es gibt u. a. eine Schmiede, die Werkstatt eines Wagenmachers, eine Dreschtenne, eine alte Wassermühle, einen Backofen, eine Gerberei, eine Kupferschmiede und eine Küferwerkstatt.

Zanddrift: Ein Farmer aus Bonnievale schenkte das Gebäude 1975 dem Museum. Man baute es dort ab und hier wieder auf. Interessant ist die Geschichte des Hauses: 1769 erbaut, wurde es bis 1880 immer wieder erweitert. Heute beherbergt es ein Restaurant, das aber nur zu bestimmten Anlässen geöffnet ist.

Drostdy Museum, *18 Swellengrebel St., ✆ (028) 514-1138, www.drostdy.com, Mo–Fr 9–16.45, Sa/So 10–15 Uhr.*

Sehenswürdigkeiten in der Umgebung von Swellendam

Das Dorf **Suurbraak** liegt 25 km von Swellendam entfernt an der R324 am Fuße des Tradouw Passes. Es wurde 1812 von Missionaren der *London Missionary Society* gegründet und wird heute z. T. vom Drostdy Museum verwaltet. Auf einer Fahrt in die Kleine Karoo bietet es einen schönen Zwischenstopp. Auch der **Tradouws Pass**, der die Region Overberg mit der Little Karoo verbindet, bietet bezaubernde Ausblicke und interessante Gesteinsformationen.

Das **Marloth Nature Reserve** in den Langebergen direkt nördlich von Swellendam ist über 14.000 ha groß, und weitere 16.500 ha kaum genutzten Privatgeländes werden von hier verwaltet. Das Reservat dient dem Erhalt der im November blühenden Berg-Fynbos-Vegetation (Proteen, 25 Erika-Arten) sowie der noch intakten Wälder (Yellowwood, Wilde Oliven, Cherrywood, Birnen u. a.). Hier leben Duiker, Böcke, Baboons, Dassies, Stachelschweine und (seltener) Bergleoparden. Kurze Wanderungen (1–4 Std., der **Duiwelsbos Trail** führt z. B. zu einem Wasserfall samt Rock Pool) und auch mehrtägige entlang des **Swellendam Hiking Trail** (Permit erforderlich) sind möglich. Übernachtet wird dabei in zwei einfachen, voll ausgestatteten Selbstversorger-Hütten; Schlafsäcke muss man mitbringen. Moun-

Schutz der Fynbos-Vegetation

tainbiking ist ebenfalls beliebt. Das Informationsgebäude liegt am Parkeingang nördlich von Swellendam, nahe dem Golfplatz.
Marloth Nature Reserve, ✆ *(028) 514-1410 (Info), (087) 087-8250 (Reservierung), www.capenature.co.za. Parkoffice: nördl. von Swellendam, nahe dem Golfplatz.*

Reisepraktische Informationen Swellendam

Information

Tourist Bureau, *191 Voortrek St.,* ✆ *(028) 514-3270.*

Unterkunft

Rotterdam Boutique Hotel $$–$$$, *Anfahrt: 8 km nach Osten auf N 2, dann in Buffelsjags River 1 km nach Süden und dann nach rechts, über die Eisenbahn (Schildern folgen),* ✆ *(082) 565-6789, www.therotterdam.co.za. Bezaubernde Unterkunft auf alter Cape-Dutch-Farm. 19 Zimmer in zwei historischen Gebäuden. Hier kann man entspannen, spazieren gehen und auch am Farmleben teilnehmen. Gutes Restaurant.*
The Hideaway B&B $$$, *10 Hermanus Steyn St.,* ✆ *(028) 514-3316. Mehrfach prämierte B&B-Unterkunft im historischen Ortskern, nahe Museumskomplex. Luxuriös eingerichtet und ein überaus leckeres Frühstück. Teilweise Garten-Cottages. Indoor-Pool, kleiner Souvenirladen sowie Garten und Verandas zum Entspannen.*
Riverside Cottages $$, *40 km westl. von Swellendam in Stormsvlei an der R317 (300 m nördl. N2),* ✆ *(082) 698-6498, www.stormsvlei.co.za. Schöne Cape Dutch Cottages auf der Farm Avontuur. Man kann auch im alten Post- sowie Schulgebäude ($$$) nächtigen. Selbstversorger. Direkt vor dem Haus fließt der Riversonderend (Baden, Kanu fahren).*
Africamps at Kam'Bati $$–$$$, *an der N 2 18 km westl. von Swellendam nach Norden abzweigen,* ✆ *(063) 170-4222 bzw. (021) 300-5694 (Reservierung), www.africamps.com. Luxus-Camping (Glamping). Toll ausgestattete Safari-Zelte (55 m², Küche, Balkon). Frühstück und Dinner (Braai-Pack) können bestellt werden, müssen aber in eigener Küche/auf dem Grill selbst zubereitet werden.*
Entlang der Voortrek Street gibt es mehrere empfehlenswerte B&B-Unterkünfte ($$, selten $$$) in Cape-Dutch-Häusern, z. B. **Moolmanshof** *(Nr. 217,* ✆ *(083) 287-6764, www.annascollection.com/moolmanshof) und* **La Sosta** *(Nr. 145,* ✆ *(028) 514-1470, www.lasostaswellendam.com, italienisches Restaurant).*
Marloth Lodge $, *5 Lichtenstein St.,* ✆ *(082) 494 8249, https://marlothlodge.business.site. Schlafsaal, Doppelzimmer und auch Camping. Schöner Garten. Kochgelegenheit. Outdoor-Angebote.*
Rothman Manor $$$–$$$$, *268 Voortrek St.,* ✆ *(028) 514-2771. Leserempfehlung: „Traumhaft schön! Cape-Dutch-Romantik, toller Garten mit Pool. Wird von einem deutschen Ehepaar betrieben und hält absolut, was es verspricht."*
Mountain View $$, *37 Drostdy St.,* ✆ *(076) 981-6889), www.mountainviewswellendam.co.za. Schöne Hangla-ge, Pool, große Braai-Area und Garten. Tipp für Selbstversorger!*

Camping

Schön sind die Campingmöglichkeiten im **Bontebok NP** *(siehe S. 437). Zudem sind zu empfehlen:* **Umshanti** *(10 km nordöstl. am Buffeljagsdam,* ✆ *(072) 601-0797, www.umshanti.co.za, Freizeit- und Outdooraktivitäten, Hütten) sowie* **Kam'Bati River Resort** *(20 km westl. abzweigen von der N2,* ✆ *(087) 012-5356, www.kambati.co.za, familienfreundlich, Boote, Angeln, kleine und größere Hütten).*

Essen und Trinken

La Sosta Restaurant, *145 Voortrek St., ✆ (028) 514-1470. Hervorragendes italienisches Restaurant. Es gibt i. d. R. drei Menüs zur Auswahl (eines vegetarisch). Reservieren!*
Roosje Van de Kaap, *5 Drostdy St., ✆ (028) 514-3001, www.roosjevandekaap.com/swellendam-restaurant. Top-Restaurant im Ort (Dinner meist nur bis 19 Uhr). Traditionelle südafrikanische Küche mit kapmalayischer Note. Das Gebäude diente einst als Stall für die Drostdy. Hier kann man auch stilvoll übernachten.*
Republic of Swellendam, *25 Swellengrebel St., ✆ (060) 607-0166. Modernes Ambiente. Gute Steaks, Salate, krosse Pizzen und auch landestypische Gerichte. Dazu Gin-Verkostung, gute Weine und Craftbiere. Innen- und Außenbereich. Am Wochenende reservieren. Zwei nette Frühstücks-/Lunch-Restaurants mit schattigem Außenbereich sind das* **Old Gaol on Church Square** *(241 Voortrek St., u.a. Cape-Dutch-Gerichte wie Chicken Curry, Lamm, Bobotie) sowie das* **Grace + Merci** *(8A Voortrek St., gegenüber der großen Dutch Reformed Church, Gerichte mit dem gewissen Pfiff). Und wer einfach eine leckere, dünne und krosse Pizza möchte, auch zum Mitnehmen, geht ins* **Woodpecker** *(270 Voortrek St.).*

Bontebok National Park

Buntböcke (Bonteboks) mögen offenes Grasland

Der kleinste der südafrikanischen Nationalparks schützt vor allem den **Bontebok** (Buntbock). Buntböcke sind im Strand-Veld-Gebiet westlich und östlich des Kap Agulhas, südlich der Caledon-Berge und in der südlichen Karoo heimisch. Bis auf 17 Exemplare war diese Tierart ausgerottet, bis man sich 1931 entschloss, einen Park für sie einzurichten. Die Zahl der Buntböcke ist dank der Schutzmaßnahmen weltweit auf über 3.000 Exemplare gestiegen, in diesem Park leben etwa 200. Buntböcke lieben offenes Grasland, ohne oder nur mit wenigen Bäumen und Büschen bestanden. Sie äsen morgens und nachmittags, und bei heißem Wetter liegen sie im Schatten. Ihre Feinde waren Löwen, Leoparden, Geparde und Hyänen. Da diese Tiere mittlerweile in freier Wildbahn ausgerottet sind, stellt nur noch der Schabrackenschakal einen Feind für jung geborene Kälber dar. Die Buntböcke wiegen etwa 90 kg, sind 1 m hoch und haben Hörner, die bis zu 43 cm lang werden können.

Die Landschaft des 33 km² großen Gebiets wurde in dem Zustand belassen, wie ihn die ersten europäischen Siedler angetroffen haben dürften. Besonders im Frühling erfreut den Besucher ein farbenprächtiger Blumenteppich. Außer Buntböcken leben hier Kap-Grys-Böcke, Rehantilopen, Bergzebras, Hartebeeste und Springböcke. Von der Straße, die sich durch das Gelände zieht, kann man die Tiere beobachten. Zwei kurze **Wanderwege** (1,5 und 2 km lang) beginnen am Restcamp. An der Badestelle am Campingplatz kann man in den Breede River springen.
Zufahrt zum Nationalpark: *Östl. von Swellendam an der N 2. Erstes Gate: Okt.–April 7–19, Mai–Sept. 7.30–18 Uhr.*

Reisepraktische Informationen Bontebok National Park

Information

Visitor Office, *Am Parkeingang, ✆ (028) 514-2735 (Info), (028) 514-3206 (Reservierung), www.sanparks.org. keinerlei Versorgungsinfrastruktur.*

Unterkunft/Camping

Moderne Selbstversorger-Holzhäuschen ($$) im **Restcamp Lang Elsie's Kraal**, *alle mit Veranda, mit Aussicht auf den Langeberg sowie den Breede River. Der bestens ausgestattete* **Campingplatz** *(Strom bis 21.30 Uhr) liegt am Breede River.*

Routenalternative: Durchs Inland nach Kapstadt

Abstecher führen entlang der R 406 nach **Greyton** und **Genadendal**: Ersteres ist ein idyllischer Wochenendort mit kleinen Shops und Boutiquen, B&Bs, Cafés, Antiquitätenläden etc., während der zweite eine 1737 gegründete, immer noch genutzte Missionsstation der *Herrenhuther Glaubensgemeinschaft* (Mährischer Missionsorden) aufweist. Das **Genadendal Mission Museum** (*✆ (028) 251-8582, Mo–Do 8.30–17, Fr 8.30–15.30, Sa 10–14, So 13.30–15.30 Uhr*) erstreckt sich über drei historische Gebäude und erläutert die Geschichte der Missionsstation. Alte Musikinstrumente, u. a. die älteste Orgel Südafrikas, bereichern die Ausstellung.

Beide Orte gelten als schöne Basisstationen für Wanderungen in die **Riviersonderendberge**. Tipp: Eine einstündige Wanderung in die Schlucht (Noupoort) im **Greyton Nature Reserve** nördlich von Greyton unternehmen.

Heiße Quellen

Caledon an der N2 ist ein vorwiegend landwirtschaftlich orientierter Ort. Der Flecken verdankt seine Entstehung den heißen Quellen, die hier mit Temperaturen um 50°C aus dem Boden sprudeln. Pro Tag sind es 900.000 Liter des eisen- und mineralienhaltigen und damit vermeintlich heilenden Wassers. 1709 baute der erste Siedler, Ferdinand Appel, ein kleines Haus für kranke Gäste. Das war der Ursprung Caledons, das man nach dem Gouverneur Earl of Caledon benannte. Heute sind die Quellen von dem großen Casino- und Spa-Hotel **The Caledon** umschlossen (*www.tsogosun.com, Tagesbesuche möglich*). Sehenswert ist zudem der 10 ha große **Caledon Wildflower Garden** (*gleich nördl. der N 2, Blumenschau im September*). Die Umgebung von Caledon wird vor allem zum Weizenanbau und zur Schafzucht genutzt. Einen Stopp wert ist der **Dassiesfontein Farmstall** (*13 km westl. Caledon an der N 2*). Neben regionalen Farmprodukten (Marmelade, Obst, Käse etc.) gibt es ausgesuchte Souvenirs, Antiquitäten u. v. m. zu kaufen. Im Restaurant-Café werden leckere Snacks zubereitet. Auch gut schmeckt es in den beiden Restaurants des Weinguts **Wildekrans** (*R 43, gleich südl. von Bot River und der N 2, https://wildekrans.com*). Sowohl im feinen Restaurant als auch in der „Holzklasse" wird man gut bedient und satt.

Weiter westlich passiert die N 2 bei Elgin das größte Obstanbaugebiet am Kap, wo man noch schnell die Vitaminvorräte an einem Farmstall auffrischen kann. 3,3 Mio. Apfelbäume gibt es in der Region, 50 % des gesamten Apfelanbaus und 27 % des südafrikanischen Apfelexports stammen von hier. An Sommerwochenenden finden oft spezielle Märkte im Ort statt. Der **Elgin Railway Market** befindet sich in der alten Bahnhofshalle (Souvenirs, Essensstände aller Art; *Mi, Fr–So*). Auf dem Weingut

Elgin Vintners $$–$$$ (*Appletiser Rd., Elgin,* ✆ *(021) 848-9587, https://elginvintners.co.za*) kann man nicht nur Weine probieren, sondern auch schön nächtigen. Übrigens ist die Umgebung die kühlste Weinregion am Kap. Die nördlich von Bot River und Elgin gelegenen Groenland-Berge sind ein beliebtes Wandergebiet. Weitere Infos zur Region: www.elgingrabouw.co.za.

Tipp

An zahlreichen Wochenenden fährt ein **historischer**, **von Dampfloks gezogener Zug** von Kapstadt nach Elgin und von dort am gleichen Tag zurück. Auch andere Strecken. Super! Infos: www.ceresrail.co.za.

Kurz hinter Elgin geht es über den atemberaubenden **Sir Lowry's Pass**, der auf der anderen Seite in die Cape Flats hinunterführt. Die Aussicht von der Passhöhe auf die Flats, die False Bay und das Tafelbergmassiv im Hintergrund ist einmalig. Aber Achtung! Der Abzweig zum Parkplatz kommt sehr plötzlich auf der Passhöhe!

Einmalige Aussicht!

Reisepraktische Informationen Greyton

Information

Tourism Bureau, *29 Main Rd., Greyton,* ✆ *(028) 254-9564, www.greytontourism.com, www.greytonweekends.co.za.*

Unterkunft

Greyton Lodge B&B $$–$$$, *51 Main Rd., Greyton,* ✆ *(082) 376-6667, www.greytonlodge.co.za. Kleinstadt-Boutique-Lodge im englischen Stil. Schöner Garten, in dem am Wochenende auch mal Livemusik geboten wird. Die Unterkünfte verteilen sich auf mehrere, liebevoll restaurierte Cottages im Ortskern.*

The Post House $$–$$$, *22 Main Rd., Greyton,* ✆ *(028) 254-9995, http://theposthouse.co.za. Im ehemaligen Postgebäude von 1860 werden geschmackvoll und modern ausgestattete Zimmer angeboten. Café, stilvolle Bar und Garten.*

High Hopes $$–$$$, *89 Main Rd., Greyton,* ✆ *(060) 828-0884, www.highhopes.co.za. Ein wirklich reizendes B&B. Gemütliches, wenn auch etwas kitschig eingerichtetes Haus mit 5 Zimmern (eines auch für Selbstversorger), alle zum Garten hin. Dieser ist mit vielen Rosen, einem kleinen Stausee und schattenspendenden Bäumen ein Highlight. Üppiges Frühstück, Wellness-Angebot.*

Essen und Trinken

Es gibt eine Reihe Restaurants und Cafés im Ort. Nett ist es im **Abbey Rose** *(19 Main Rd.,* ✆ *(028) 254-9470 bzw. (083) 262-1244), wo ein Potpourri aus den beliebtesten Speisen Südafrikas angeboten wird. Man kann auch draußen sitzen. Im* **Old Potters** *(16 Main Rd.,* ✆ *(028) 254-9690) gibt es hausgebrautes Bier, aber auch leckeres Frühstück und Lunch. Hier kann man auch übernachten (Zimmer und Cottages,* $$–$$$*)*

The Jam Tin, *im 2 km entfernten Township Aster Laan, Boschmanskloof,* ✆ *(063) 570-8230 bzw. (063) 157-3901. Gedeckt wird im privaten Haus von Dora van der Burg, die kapmalayische Mahlzeiten anbietet. Nicht nur ein kulinarisches, sondern auch ein kulturelles Erlebnis. Vorher anmelden, denn während Corona hatte Dora bis auf Weiteres geschlossen.*

Weiter durch die Region Overberg

Swellendam zählt bereits zur Region **Overberg** („Hinter dem Berg", gemeint sind die Hottentots-Holland-Berge), die sich vornehmlich westlich und südlich der Stadt ausbreitet und den Beinamen „*Foot of Africa*" trägt: Schaut man auf die Karte, ist ein Fuß zu erkennen, dessen Zehen die Kaps im Süden darstellen. Da es sich um den südlichsten Zipfel des Kontinents handelt, ist der eigenwillige Begriff durchaus akzeptabel. Overberg ist eine der bedeutendsten Kornkammern des Landes. Im Norden werden zudem Obst und Wein angebaut. Auf den endlosen Feldern stolzieren vereinzelt vom Aussterben bedrohte Paradieskraniche *(Blue Crane)*, Südafrikas Nationalvogel, von denen es noch knapp 26.000 geben soll. Davon leben die meisten hier und in der Karoo. Ansonsten besticht Overberg vornehmlich durch seine Küstenorte und natürlich das Nadelkap, das **Cape Agulhas**, die südlichste Spitze Afrikas.

De Hoop Nature Reserve

Zufahrt: Abzweig von der Piste zwischen Malgas und Bredasdorp, nahe Wydgelee. Von Swellendam kommend, zweigt man 13 km westlich auf der N 2 nach links ab auf eine Schotterstraße in Richtung Wydgelee. **Toröffnungszeiten**: I. d. R. tgl. 7–18 Uhr. Es gibt einen Shop und ein Restaurant im Park.

Wenig besuchtes Reservat

„*Jewel of the Western Cape*" steht auf vielen Broschüren und das 34.000 ha große Naturreservat ist zudem als Teil der Cape Floral Region UNESCO-Welterbe. Wegen der umständlichen Anfahrt über die Piste kommt bis heute nur eine begrenzte Zahl an Reisenden hierher. Damit wäre der erste Pluspunkt des Naturreservats genannt. Die historischen Cottages als romantische Unterkünfte, die Dünen und die unberührte Küste sind weitere, wenn auch teure. Die Naturlandschaft steht im Vordergrund. Bereits der erste Eindruck lässt die Herzen höherschlagen: Kurz hinter dem Main Gate erreicht die Straße die fast 200 m hohe Kante der 5 Mio. Jahre alten Inland-Sandsteinklippe. Ein toller Blick über die davor liegende Küstenebene eröffnet sich dem Betrachter: Das 14 km lange „Vlei", mit dem Flusslauf des Salt River, 5 km entfernt am Horizont ein weißes, nur z. T. bewachsenes Dünenmeer und dahinter das tiefblaue Meer, dessen Küstenzone als *Maritime Reserve* geschützt ist. Dieser Ausblick fasziniert umso mehr, als man ihn so nicht erwartet hätte.

Reiche Fauna

Unten im Tal angekommen, heißt es dann: Achtung, **Schildkröten** auf der Straße! Und nicht zu vergessen die anderen **Reptilien**, von denen es an die 50 Arten im Park geben soll, davon die Hälfte Schlangen. Dazu 259 **Vogelarten** (82 % aller im Western Cape vorkommenden) und etwa 86 **Säugetierarten**, darunter neun Antilopenarten, Cape Mountain-Zebras, Baboons, Strauße und von Juni bis November die **Wale und Delfine**. Acht Wal- (zumeist Southern Right Whale) und fünf Delfinarten sind es. Noch beeindruckender ist deren Zahl. An einem Novembertag hieß es, dass aus dem Flugzeug um die 200 Wale auf dem Abschnitt zwischen Cape Infanta und Arniston gezählt wurden. Die Ranger begründeten das mit erhöhten Meerestemperaturen, nährstoffreichem Wasser und der Ruhe vor dem Naturreservat, da kein großer Hafen in der Nähe ist und die Schiffsroute weiter von der Küste entfernt liegt. Eine Fahrt bis zum Parkplatz am Straßenende gehört zum Pflichtprogramm. Dort führt ein Weg den **Dünenkamm** hinunter

Küstenebene und Dünenmeer in De Hoop

zum Meer. Dann kann man sich eine Bucht aussuchen (der dritte Strand östlich des Parkplatzes ist der schönste), um z. B. auf einem ausgewaschenen Stein sitzend auf das Wasser und die Tidenpoole zu schauen oder aber in die Fluten zu springen. Gewarnt sei vor der starken Sonne, nicht nur im heißen „Vlei"-Kessel, sondern auch am Wasser: Sonnenschutz nicht vergessen! Im Westteil des Parks herrscht vor der Küste starke Strömung (Infos einholen!).

Karge Flora

Die **Pflanzenwelt** vermag das ungeschulte Auge nicht so sehr zu begeistern. Salzresistente Pflanzen in heißen und trockenen Regionen (Niederschlag: 380 mm/Jahr) sehen halt nicht so bunt aus und wirken eher buschig-rau. Der auffälligere Dünen-Fynbos (Proteen, Erika-Arten) verhindert die Fortbewegung der Dünen. Es gibt im Park ca. 1.500 Spezies an Fynbos-Pflanzen.

Erkundungen

- **Mit dem Auto** lässt sich das Naturreservat natürlich am einfachsten erkunden. Die Ausstellung am **Park Office** erläutert die naturkundliche und auch anthropologische Geschichte. „Pflichtziel" ist der **Parkplatz am Koppie Alleen**: Wale beobachten, Strände, Tidenpoole etc. (s. o.). Nach Südwesten führt die Straße auf wenigen Kilometern bis nach **De Mond**. Doch die Flussmündung des Salt River ist schon lange versandet, da die Dünen langsam westwärts wandern und den Ausfluss abgeschnitten haben. Über einen unterirdischen Abfluss entwässert der Fluss trotzdem. Zu sehen gibt es hier aber nichts, denn ein Teil der „Mündung" ist gesperrt (Militärgebiet).

Mittags wird es heiß

- Wer sich entsprechend ausgerüstet hat (Getränke, Nahrung, Sonnenschutz etc.), kann einige der kürzeren **Wanderwege** (ab 3 km, am Vlei oder am Meer) erlaufen oder aber auch Strecken mit einem gemieteten **Mountainbike** oder **Quad** abfahren. Geführte **Kajaktouren** auf dem Vlei sind ebenfalls möglich. Für alle Unternehmungen gilt: Früh starten, denn ab 10 Uhr fängt die Sonne an zu brennen.
- Lohnend ist eine Teilnahme an einer **geführten Tour**. Diese sind themenbezogen: Maritim, Tierwelt im Park oder Sport (u. a. Fahrrad).

- Der Parkabschnitt um den 612 m hohen **Potberg** ist weniger besucht, denn er liegt abgeschnitten im Nordosten und kann nur durch Verlassen des Westabschnitts und eine Anfahrt über die Piste Wydgelee – Malgas erreicht werden. Falls man aus Malgas/ Witsand kommt, am besten also gleich dorthin fahren. Der Inselberg aus Sandsteinen und Quarziten verspricht eine schöne Aussicht, auch aufs Inlandgebiet. Ein 10 km langer **Wanderweg** führt auf die Spitze und zurück. Am Potberg liegt die Forschungsstation des Parks. Sie beschäftigt sich vor allem mit dem vom Aussterben bedrohten Kap-Geier *(Cape Vulture)*, dem man sich nur im Rahmen einer Tour nähern darf. Dank der Parkinitiative leben wieder über 200 Exemplare in der Gegend (1971: ca. 45) und brüten nahezu 60 Paare. Die Kap-Geier legen nur ein Ei pro Jahr, eine wenig effiziente Fortpflanzung. Um die Kleinen abzuhärten, fressen erst die erwachsenen Tiere, und nur was übrig bleibt, bekommen die Jungen.

Schutz der Kap-Geier

- Es besteht die Möglichkeit, den sog. **Whale Trail** zu erlaufen (Dauer: 5 Tage, Länge: 54 km). Eine Reservierung ist erforderlich! Übernachtet wird in gut ausgestatteten Steinhütten. Die Tagesetappen sind zwischen 7 und 15 km lang und erfordern mittlere Kondition. Gestartet wird auf dem Potberg. 3 ½ Tage des Trails führen entlang der Küste. Endpunkt ist Koppie Alleen. Dort wird man abgeholt und zum Startpunkt zurückgebracht. Ein Bringservice (Gepäck, Nahrungsmittel) zu den Hütten wird angeboten. Die Lebensmittel müssen aber vorher eingekauft werden. Die beste Zeit für den Trail ist die kühlere Zeit zwischen Ende Juli und Anfang November, wenn auch Wale beobachtet werden können. Da die zugelassene Zahl an Wanderern begrenzt ist, sollte man für diese Hochsaison bis zu einem Jahr im Voraus bei *Cape Nature* reservieren. Zugelassen sind Gruppen von 6 bzw. 12 Personen, vielleicht hat man das Glück, dass man sich einer Gruppe anschließen kann. Zur Grundausstattung gehören u. a.: Wanderschuhe, Regenjacke, Schlafsack, Sandalen fürs Wasserwandern auf den Felsen und Taschenlampen für Höhlen.

Fünftägige Wanderungen

- Die *De Hoop Collection* bietet auch kürzere Trails an, so in unregelmäßigen Abständen den **viertägigen De Hoop Trail**. Übernachtet wird für drei Nächte in dem bezaubernd restaurierten Farmhaus Melkkamer auf der anderen Seite des Vlei. Zum Programm gehören eine 10 km lange geführte **Wanderung entlang des Vlei** und eine fachkundige Führung entlang der **Küstenzone um Koppie Alleen**. Im Preis ist alles inklusive (Führungen, alle Mahlzeiten, z. T. die Getränke, Unterkünfte). Ein wirklicher Tipp! Zudem gibt es Kajak- und Mountainbike-Touren verschiedenster Längen.

Die Melkkamer Houses liegen direkt am Vlei

Reisepraktische Informationen De Hoop Nature Reserve

Information

Park Office, ✆ *(021) 422-4522 bzw. (071) 260-7805, www.dehoopcollection.com; über Cape Nature, www.capenature.co.za,* ✆ *(087) 087 8250, bucht man den „Whale Trail".*

Unterkunft/Camping/Essen

Fast alles, außer dem „Whale Trail", wird von der **De Hoop Collection** *verwaltet:* ✆ *(021) 422-4522, www.dehoopcollection.com. Die Unterkunftsmöglichkeiten sind vielseitig, jedoch teuer, weshalb man sich überlegen sollte, maximal eine Nacht zu buchen oder aber von Malgas bzw. Bredasdorp aus früh anzureisen. Im Preis inbegriffen sind in der Regel Frühstück und Abendessen. Folgende Optionen stehen im Reserve zur Verfügung: historisch gehaltene, aber etwas langweilige* **„Equipped"-Cottages** *($$$–$$$$) für Selbstversorger (4–6 Pers.), des Weiteren die größeren* **Opstal Vlei Cottages** *($$$$, 2–4 Pers., Tipp, wenn auch teurer) sowie die* **Opstal Houses** *($$$$–$$$$$, jeweils 6–8 Personen). Etwas günstiger ist die Opstal Stable Suite ($$$). Das* **Melkkamer Manor House** *und das* **Melkkamer Vlei House** *($$$$$) stehen nur bedingt zur Verfügung. Eine Teilbelegung der größeren Häuser ist nicht möglich. Die strandnahe, einsam gelegene* **Lekkerwater Beach Lodge** *($$$$$, www.naturalselection.travel) wurde luxuriös renoviert und steht mit ihren sieben Zimmern nur größeren Gruppen zur Verfügung. Günstiger sind die* **Camping-Rondavels** *($$$, kein eigenes Bad und ohne Verköstigung!). Zudem gibt es einen – recht tristen –* **Campingplatz** *(rechtzeitig buchen!). Ein* **Restaurant** *befindet sich am Visitor Centre.*

Tipp

Etwa 10 km nördlich der Hauptpiste zw. Malgas und Swellendam (nordwestl. vom De Hoop NR) liegt das **Renosterveld Research Centre**, dessen Naturareal mit 500 ha Renosterveld-Vegetation eines der größten zusammenhängenden Gebiete dieser Vegetationsart darstellt. Diese wird hier geschützt. Es gibt Selbstversorger-Unterkünfte (http://overbergrenosterveld.org.za).

Bredasdorp

Streit um Stadtgründung

Bredasdorp bildet mit seinen 20.000 im weiteren Umfeld lebenden Einwohnern das wirtschaftliche Zentrum des **Suidpunt**, der Südspitze Afrikas. 1838 von Michiel van Breda, einem der ersten Merinoschaf-Züchter Südafrikas, gegründet, hat es bereits nach wenigen Wochen für Aufsehen gesorgt. Ausgerechnet um den Standort der zu bauenden Dorfkirche stritten van Breda und eine andere Ortsgröße, Pieter Volteney van der Byl. Resultat: Noch im selben Jahr wurde ein zweiter Ort (mit zweiter Kirche) wenige Kilometer entfernt gegründet: Napier.

Getreidesilos, Agrarhandel und die Verwaltung des Distrikts Overberg prägen das Bild. Das **Bredasdorp Shipwreck Museum** zeigt Strandgut von vor der Küste aufgelaufenen Schiffen, das **Bottle Museum** eine imposante Flaschensammlung.
Shipwreck Museum, *im Pastorat, 6 Independent St.,* ✆ *(028) 424-1240, während der Saison Mo–Fr 9–16.30, Sa 10–16, So 11–16 Uhr.*

Ein sehr erfolgreiches Community Project ist die **Kapula Candles Factory & Gallery** (*13 Cereal St., ✆ (028) 425-1969, www.kapula.com*). Handgefertigte und kunstvoll bemalte Kerzen repräsentieren das „positive Lebensgefühl im heutigen Südafrika".

Ins benachbarte **Napier** verschlägt es die Besucher wegen der kleinen Pubs und Restaurants, des Farm Stall (gutes Essen, frisches Brot), der hutzeligen Ramschläden mit alten Sachen, der Erdbeeren (Erntezeit: Frühsommer) oder des „Sweet Potatoe Festival" im Juni.

Nuwejaars Wetlands Special Management Area

Um und südlich von Bredarsdorp haben sich über 20 Farmer zusammengetan, um die Landschaft, besonders die Niederungen und Vleis in Form eines Naturreservats zu schützen. Sogar Büffel und Nilpferde wurden eingeführt, denn sie soll es hier vor 300 Jahren gegeben haben. Es wurden bereits erste Besucherprogramme gestartet. Diese schließen auch die Besuche der Weinfarmen um Elim ein. Infos im Touristenamt von Bredarsdorp oder unter ✆ *(079) 517-9032, www.nuwejaars.com.*

Arniston/Waenhuiskrans

Hübsches Fischerdorf

Arniston sowie das ihm südlich angeschlossene **Waenhuiskrans** sind ein beliebtes Ziel. Es wartet mit dem hübschen, über 200 Jahre alten Fischerdorf **Kassiesbaai** mit z. T. restaurierten Fischerhütten, kleinen, bodenständigen Fischrestaurants sowie einem schönen und sicheren Sandstrand auf, der immer wieder von beeindruckenden Felsformationen unterbrochen wird. Der Name Arniston stammt von einem britischen Truppenschiff, das 1815 in der Nähe gestrandet war. Dabei kamen 372 Menschen ums Leben. Der Ort ist zum Baden eine bessere und ruhigere Alternative als Hermanus und bietet zudem Ausflugsmöglichkeiten zum Cape Agulhas oder zum De Hoop Nature Reserve.

Auch bei Waenhuiskrans gibt es historische **Fishing Pools** der Khoi-Khoi. Ihr Alter schätzt man auf bis zu 5.000 Jahre. Von den einheimischen Fischern werden sie immer noch genutzt. Um zu den Pools zu gelangen, nimmt man die Straße (dann Piste) im Süden nach Waenhuiskrans und läuft das letzte Stück, da die sandige Piste dort nicht für normale Fahrzeuge befahrbar ist. Die Pools befinden sich an der **Waenhuiskrans Cave**, einer riesigen Höhle, die so groß ist, dass es heißt, ein Ochsenkarren könne hier problemlos wenden. Die Pools sind nur bei Ebbe zu sehen und die Höhle meist nur durch einen kleinen Seiteneingang, ebenfalls bei Ebbe, zu erreichen. Wegen der spitzen Felsen ist festes Schuhwerk für die Erkundung zwingend notwendig.

De Mond Nature Reserve

Wer sich für die Vogelwelt der Küste interessiert, sollte noch vor Struis Bay nach Osten auf die Piste zum **De Mond Nature Reserve** *(Mo–Fr 7.30–16, Sa/So 7.30–17 Uhr)* abzweigen. Es liegt an der Mündungslagune des Heuningnes River und ist bekannt für die seltenen Seeschwalben-Arten, die hierherkommen. Der 7 km/ 4 Std. lange **Sterna Trail** berührt alle interessanten Punkte. Es gibt ein größeres Selbstversorger-Cottage im Park, das von Cape Nature verwaltet wird.

Struis Bay/Struisbaai

Der kleine Ort **Struis Bay** (Struisbaai), 1859 gegründet, lebt auch heute noch bedingt vom Fischfang, was an der kleinen Fischereiflotte im Hafen gut zu erkennen ist. Trotzdem verdrängt der „Kap-Tourismus“ diesen Sektor zunehmend, und kleine Ferienhäuser bestimmen zunehmend das Erscheinungsbild. Am nördlichen Ortseingang erinnern die historischen, reetgedeckten Fischerhäuser, **Hotagterklip Cottages**, an alte Zeiten. Direkt nördlich des Hafens findet man historische **Fishing Ponds** der Khoi. Schön anzuschauen sind die bunten Fischerboote im Hafen, gleich dort, wo in der Hawe (Harbour) Road der **Fischimbiss JJ's** zum Lunch-Snack einlädt und die Fischer oft den frischen Fisch direkt vom Kutter verkaufen. Am Hafen können Seakayaks ausgeliehen werden und starten die Bootstouren ums Kap (Infos im Visitor Centre).

Nach Osten hin erstreckt sich der mit 14 km **längste, ununterbrochene Sandstrand Südafrikas**. Er säumt die Bucht, in der sich zeitweise auch Wale aufhalten. Struis Bay ist gewiss kein Höhepunkt, doch mit seinem Strand und der touristischen Infrastruktur eher als Übernachtungsort am Kap zu empfehlen, als das 6 km entfernte Agulhas, dessen beengte, touristische Infrastruktur langsam „aus den Nähten platzt“.

Übernachtungsstopp

Cape Agulhas

Die südlichste Region Afrikas ist Teil des 220 km² großen **Agulhas National Park**, der sich von hier bis zu einem Gebiet westlich von Die Dam erstreckt und bekannt ist für die migrierenden Seevögel sowie die Kap-Flora. Geografisch betrachtet, handelt es sich nicht nur um das südlichste Kap, sondern es wird von den meisten Wissenschaftlern auch als offizielle Trennungslinie zwischen Indischem und Atlantischem Ozean bezeichnet. Die große Landebene des Overberg Districts fällt an dieser Stelle allmählich ins Meer ab und wird als „Agulhas Bank“ bezeichnet. Das Meer ist hier 250 km seewärts ziemlich flach (bis max. 110 m). Erst danach fällt es steil in die Tiefe ab. Das hiesige Gewässer gilt als einer der besten Fischfanggründe der Welt. Zum Namen „Cape Agulhas“ finden sich zwei Erklärungen: Portugiesische Seefahrer hätten dieses Kap als „Nadelkap“ (port. *Agulhas* = Nadel) bezeichnet, denn hier habe ihr Kompass ohne jede Abweichung genau nach Norden gezeigt. Oder aber mit den Nadeln waren die scharfen Riffe gemeint.

Zusammentreffen von Atlantik und Indischem Ozean

Direkt hinter dem Leuchtturm befindet sich der „**Southernmost Point**“ und der Punkt, „**where the Oceans meet**“. Eine Gedenkplatte unterstreicht dessen Bedeutung. Von der kleinen Anhöhe neben dem Leuchtturm kann man weiter aufs Meer schauen und

Fototermin am südlichsten Punkt Afrikas

bei klarer Sicht vielleicht die Überreste des Wracks des weiter westlich aufgelaufenen Schiffes „Meisho Maru 38" erkennen, übrigens eines von bisher 140 Schiffen, die an diesem 100 km langen Küstenabschnitt ihr Ende fanden. Zum Wrack kann man fahren und hier beginnt der 5,5 km lange **Rasperpunt Hiking Trail**, ein Rundwanderweg, der an historischen „Fish Traps" vorbei sowie auf die Küstenanhöhe führt (mind. 2½ Std.). Den Besuch und die Besteigung des 1848 eingeweihten **Leuchtturms** sollte man sich nicht entgehen lassen. Er war der dritte Leuchtturm Südafrikas (andere Quellen sagen der vierte) und beherbergt heute ein Leuchtturmmuseum *(tgl. 9–17 Uhr)*. Erläutert werden die Funktion eines Leuchtturms, die Struktur der starken, als „Vergrößerungsglas" genutzten Glasscheiben und die Bedeutung anderer Leuchttürme.

Reisepraktische Infos Bredasdorp, Arniston, Cape Agulhas/Struis Bay

Information

Cape Agulhas Tourism Bureau, *19 Long St., Bredasdorp, ✆ (028) 425-5581, in Struis Bay: 1 Main Rd., ✆ (028) 435-6700, www.overberg-info.co.za. Hilft bei der Suche nach Unterkünften, z. B. auch auf Farmen. Kleines Infobüro am* **Leuchtturm** *in Agulhas, ✆ (028) 435-7185.*

Agulhas National Park, *✆ (028) 435-6078, www.sanparks.org. Büro im Ort Agulhas: 214 Main Rd.*

Unterkunft

Cape Agulhas Country Lodge $$$, *9 Main Rd., L'Agulhas, ✆ (028) 435-7650, https://www.agulhascountrylodge.com. 8 Zimmer mit Balkon, z. T. Meerblick (nicht aufs Kap). Gute Küche (Seafood, französisch angehaucht), Bar, Tea Garden. Die Besitzer helfen beim Organisieren von Unternehmungen (Mountainbiking, Wanderungen, Tauchen, Bootstouren etc.).*

Arniston Hotel & Spa $$–$$$$, *Beach Rd., Arniston, direkt am Meer, ✆ (028) 445-9000, www.arnistonhotel.com. Hotel der oberen Mittelklasse. Viele Zimmer mit Blick aufs Meer. Swimmingpool, gutes Restaurant (Fisch, südafrikanische und französische Küche) mit Terrasse zum Meer. Als „One of the best Hideaways" prämiert. Im Spa (Massagen, Gesichtsbehandlung, Hot Stone etc.) kann man sich verwöhnen lassen.*

Agulhas National Park, *Buchung online über www.sanpark.co.za oder ✆ (012) 428-9111. Mehrere Häuser stehen Selbstversorgern zur Verfügung (kein Restaurant im Park): Für Paare eignen sich die* **Rhenosterkop Cottages** *($$–$$$, ehem. Farmhäuschen) im Landesinneren. Der besondere Tipp aber sind die 22 nahe am Meer gelegenen* **Chalets im Agulhas Rest Camp** *($$–$$$$): toller Ausblick auf das Meer; 1–2 Schlafzimmer. Ein empfehlenswerter letzter Stopp vor der Ankunft in Kapstadt! Das 500 m von den Chalets entfernte historische Farmgebäude* **Lagoon House** *($$$$–$$$$$) ist eher geeignet für Großfamilien. Wer zu viert (bis zu 8 Betten) reist, findet auch im historischen Farmhaus Bergplaas (landeinwärts) eine geräumige Unterkunft.*

Arniston Lodge $$, *23 Main Rd., Arniston, ✆ (028) 445-9175, www.arnistonlodge.co.za. 4 Doppel- und ein Einzelzimmer in einem reetgedeckten Doppelhaus, Bar und Pool, Restaurants in der Nähe. Es wird deutsch gesprochen. Leser-Empfehlung.*

Arniston Seaside Cottages $$–$$$, *Huxham St., Arniston, ✆ (028) 445-9772 bzw. (082) 426-9910, www.arnistonseasidecottages.co.za. Geräumige und gut ausgestattete, reetgedeckte Häuschen für Selbstversorger. Nicht direkt am Meer.*

*Zudem gibt es noch zahlreiche 1- bis 3-Zimmer-***B&Bs** *sowie* **Selbstversorger-Unterkünfte** *in und um* **L'Agulhas/Struisbaai**.

Camping

L'Agulhas Caravan Park, *in L'Agulhas, ✆ (028) 435-6015, und* **Struisbaai Caravan Park**, *✆ (028) 435-6820. Durch starke Winde und nur geringen Sonnenschutz (kaum Bäume) sind die Plätze in dieser Region nicht besonders attraktiv. Notfalls gibt es Selbstversorger-Apartments am Struisbaai Caravan Park.* **Arniston** *verfügt über den relativ windgeschützten* **Waenhuiskrans Caravanpark & Bungalows**, *✆ (028) 445-9620 bzw. (073) 562-9989. Im Nationalpark gibt es keine Campingmöglichkeiten.*

Essen und Trinken *(s. auch unter Unterkünfte)*

In Kassiesbaai empfiehlt sich das kleine Fischlokal **Wanda's Waenhuis** *(vorher anrufen, ob geöffnet! ✆ 078-367-6672, auch Steaks und Pasta) und* **Willeens Art, Craft & Restaurant** *(direkt am Wasser, auch Bobotjie und gegrillten Fisch).*
In Struis Bay gibt u. a. den **The Michael Collins Pub** *in der Mall (21 Malvern Dr., ✆ (028) 435-7979), den Seafood-Imbiss* **JJ's/Catch Cook** *am Hafen sowie eine Reihe von Lokalen in Cape Agulhas entlang der Hauptstraße durch den Ort. Tipps: das bodenständige* **Zuidste Kaap** *(Pubfood, Fischgerichte) und nebenan* **Gavin's Trattoria** *(beste Pasta und auch gutes Frühstück).*

Elim

Drei Kilometer nördlich von Struis Bay zweigt man ab Richtung Elim, von wo es dann weiter geht nach Gansbaai. Vor Elim durchquert die Straße eine Salzpfanne und passiert die südlichsten Weingüter Afrikas, so z. B. **Black Oystercatcher Wines**, in dessen Gebäuden auch das **Fraser's Folly Craft Beer**, an der R 43, gebraut wird und probiert werden kann. Die Weine dieser Region profitieren von den kühlen Winden und den eisenhaltigen Böden.
Oystercatcher Wines & Fraser's Folly Craft Beer, *9 km südöstl. von Elim, ✆ (028) 482-1618, http://blackoystercatcher.co.za und https://frasersfolly.co.za, Tasting Di–Fr 10–16, Sa 11–15 Uhr.*

Gründung des Mährischen Missionsordens

Elim ist eine kleine Ortschaft, die 1824 von Ordensbrüdern des *Mährischen Missionsordens (Herrenhuther)* unter der Leitung von Hans Peter Hallbeck gegründet wurde. Hallbeck begann seine Missionsarbeit mit drei Familien aus Genadendal und legte als erstes das Motto fest: „*Penibel, sauber, produktiv sein*". Die Ordensgemeinschaft hat dem kleinen Ort eine überdimensional große Kirche mit sehr guter Orgel beschert. Die Akustik in der **Kirche** ist einzigartig, da teils Tropenhölzer von alten Schiffen beim Bau verwendet wurden und diese „gut mitschwingen".

Der kleine Ort rühmt sich, die **älteste Kirchenuhr Südafrikas** zu besitzen. Sie wurde ca. 1775 von dem bekannten Uhrmacher Prasse aus Zittau gebaut und anschließend in der Kirche in Herrenhuth angebracht. Um 1900 wurde sie dort stillgelegt. Kurz vor dem Ersten Weltkrieg kam der Geistliche aus Elim nach Herrenhuth, hörte von der ungenutzten Uhr und nahm sie daraufhin mit nach Elim. Kleine, reetgedeckte Häuser säumen die parallelen Dorfstraßen in einer jeweils langen, nahezu ununterbrochenen Reihe. Das Antlitz des Ortes gilt als so pittoresk, dass das ganze Dorf heute unter Denkmalschutz steht und bereits mehrfach als das „*Most Laid Back Village*" ausgezeichnet wurde. Das **Heritage Centre** fungiert als Dorfmuseum. Die 1883 erbaute und bis 1972 betriebene **Water Mill** wurde vom größten, 1990 restaurierten Holzwasserrad des Landes angetrieben. Auch die Dorfbäckerei ist hinter der Kirche zu finden. Alle 1.900 Bewohner von Elim gehören heute noch dem deutschen Orden an. Die Grundstücke, auf denen ihre Häuser stehen, sind im Besitz der Kirche. Elims Handwerker sind für erstklassige Reetdächer bekannt, ihre Arbeit ist international gefragt.

Künstlerdorf

18 km westlich von Elim liegt die Künstlerkolonie **Baardskeerdersbos** (✆ *(071) 644-4001, https://baardskeerdersbosartroute.format.com*), benannt nach einem in der Region ansässigen, spinnenartigen Käfer (Baardscheerder), der u. a. menschliche Barthaare zum Bau seiner Nester verwendet. Die Städter besuchen nun gerne die Galerien, Pubs, Cafés und Maklerbüros. 10 km weiter biegt nach Norden eine Piste ab zum privat geführten **Platbos Indigenous Forest** (✆ *(076) 923-3349, www.platbos.co.za, einfache Hütten, Zelte und Camping*), wo man noch einen intakten und natürlichen Wald bewundern und selbst beim Anpflanzen neuer Bäume mithelfen kann.

Alternativ führen von Elim kleine Stichstraßen zur R 317 und vorbei an Die Dam, Buffelsjags und Pearly Beach nach Gansbaai. **Die Dam** (✆ *(028) 482-1710 bzw. (082) 819-4664, www.diedam.co.za*) ist ein einfaches, aber sauberes Holiday Resort mit Holzchalets ($) und Campingplatz; es ist vor allem auf Angelurlauber ausgerichtet. In Buffelsjags werden Abalone gezüchtet und Pearly Beach ist bereits dem Immobilienboom verfallen, wobei es hier noch günstige B&B- bzw. Selbstversorger-Unterkünfte gibt.

Dyer Island und Danger Point

Nicht weit von der Küste liegt die 20 ha große **Dyer Island**, benannt nach einem schwarzen Amerikaner, der hier zu Beginn des 19. Jh. ein Einsiedlerleben führte und Guano abbaute. Heute bevölkern über 3.000 Brillenpinguine (*African Penguin*) das Eiland und zahlreiche Vögel verbringen hier ihre Brutzeit. Auf dem nahen, kleineren Geyser Island lebt eine große Anzahl von Robben. Die Wasserstraße zwischen Insel und Festland, bekannt als Shark Alley, lockt die Adrenalin-Junkies an. Sie werden zum sog. Cage Diving mit Booten aus Gansbaai bzw. Kleinbaai hergebracht, in Käfigen auf einen Meter Tiefe herabgelassen und warten dort auf den Weißen Hai. Damit sich die Raubfische sicher zeigen, wird häufig angefüttert. In der Anfangszeit des „Shark Booms" wurden sie zudem noch provoziert. Das hat aber zu Fehlverhalten geführt, z.B. zu Hai-Angriffen an anderen Küstenabschnitten. Mittlerweile ist man bemüht, sogar aufs Anfüttern zu verzichten.

Danger Point, die Landspitze ein Stück weiter westlich, hat sich am 26. Februar 1852 einen Platz in der Geschichte gesichert. Damals lief hier das britische Schiff „Birkenhead" auf Grund und begann zu sinken. Der Käpitan gab darauf den bis dato üblichen Befehl: „*Every man for himself*". Doch die Soldaten an Bord reihten sich nach Rang auf und ließen die Frauen und Kinder zuerst von Bord. Sie wussten, dass es zu wenige Boote gab, und verhinderten somit eine Panik. 442 Menschen ertranken dennoch. Doch ihr Verhalten hat die neue Regel „Frauen und Kinder zuerst" ins Leben gerufen. Den **Leuchtturm** vom Danger Point kann man besteigen und nebenan auch nächtigen. Große Abschnitte von der Landspitze sind heute nicht zugänglich, weil dort **Abalone** („Perlemoen"), eine seltene und wohlschmeckende Molluskenart, geerntet werden. Die jährlichen Ernten sollen den vertretbaren Normen entsprechen. Bewiesen ist aber, dass über die Hälfte der Ernten entlang der Küsten Südafrikas illegal sind und die Abalone vom Aussterben bedroht ist. Daher wird scharf kontrolliert und abgeschirmt. Der größte Teil der südafrikanischen Ernte wird exportiert, vor allem nach Fernost.

Bedrohte Mollusken

Gansbaai/Gans Bay

Zwischen all den Resort- und Touristenorten entlang dieser Küste hat sich **Gansbaai** (Gans Bay) noch den Charakter eines Fischerstädtchens erhalten, obwohl auch hier der Tourismus seine Spuren hinterlassen hat. Es gibt eine Fischfabrik und die Trawler im Hafen sind auch größer als in den meisten anderen Küstenorten. Gansbaai ist immerhin die größte Ansiedlung entlang der Küste zwischen Hermanus und Mossel Bay und zudem Ausgangspunkt zu einigen der genannten Sehenswürdigkeiten.

Eine Übernachtung empfiehlt sich eher in einem der zahlreichen Gästehäuser im 7 km entfernten **De Kelders**, wo in den frühen 1990er-Jahren die **Klipgat Strandloper Caves** entdeckt wurden. Sie können auf einem 25-minütigen, etwas felsigen Weg vom nahen Parkplatz besucht werden (besser bei Niedrigwasser). Ein 7 km langer Wanderweg führt von der Höhle entlang der Küste bis Gansbaai. Eigentlich stammt der Name des ruhigen Örtchens von einer ganz anderen Höhle, der **Drup Kelders Cave**, die jedoch nicht zu besichtigen ist, da sie sich auf einem Privatgelände befindet. Bereits vor 50.000–60.000 Jahren sollen in den Höhlen Menschen gewohnt haben. Zu dieser Zeit war der Wasserstand des Meeres viel niedriger und die Küste befand sich 3–7 km entfernt vom heutigen Festland.

Schön zum Übernachten

Reisepraktische Informationen Gansbaai (Gans Bay) und Elim

Information

Gansbaai Tourism Bureau, *Great White Junction, Main Rd., ✆ (021) 000-8626, https://xplorio.com/gansbaai, www.overberg.co.za.*
Elim Infos, *im Heritage Centre, ✆ (086) 123-4777, www.overberg.co.za.*

Unterkunft

Grootbos Nature Reserve $$$$$, *Abzweig zwischen De Kelders und Stanford, ✆ (028) 384-8008, www.grootbos.com (s. S. 449). Grootbos liegt oberhalb der Walker Bay und bietet spektakuläre Ausblicke auf die Bay. Unterkünfte in exklusiven Cottages. Im Preis inkl. sind Führungen durch die Vegetation, Ausritte und alle Mahlzeiten. Ökologisch nachhaltig geführt.*
Cliff Lodge $$$$–$$$$$, *6 Cliff St., De Kelders, ✆ (028) 384-0983, www.clifflodge.co.za. Tolle Aussicht über die Bay vom Pool und von drei der fünf Zimmer aus. Die Lodge liegt oberhalb der Felsklippe am Wanderweg zur 20 Min. entfernten Klipgat Cave. Mehrfach prämiert. Der Tipp!*
Sea Star Cliff $$$$–$$$$$, *41 Cliff St., De Kelders, Gansbaai, ✆ (028) 384-0396, www.seastarcliff.co.za. Moderner und luxuriöser Komfort, dazu ruhige, herrliche Lage mit tollem Ausblick aufs Meer. Eine gute Alternative, falls die Cliff Lodge ausgebucht sein sollte.*

Danger Point Lighthouse Cottage $$–$$$, *direkt am Leuchtturm, ✆ (021) 449-2400. Selbstversorger-Cottage mit sechs Betten. Einfach, aber grandios. Mit 4 Personen reduziert sich der Preis ($$).*

White Shark Guest House $$–$$$, *2 Geelbek St., Kleinbaai, ✆ (082) 777-4814 bzw. (060) 989-1647, www.whitesharkguesthouse.co.za. Sechs großzügig eingerichtete Gästezimmer, einige mit Meerblick. Schöne Lounge und gute Kücheneinrichtung für Selbstversorger. Frühstück inkl. Das beliebte Great White House Restaurant (s. u.) liegt gegenüber.*

Camping

Der schönste Campingplatz in der Region befindet sich im **Uilenskraal Mond Resort**, *nahe der R 43 südöstlich von Gansbaai. ✆ (028) 050-0894. Er liegt nah am Meer und ist sehr sauber. Es gibt auch einfache Chalets.*

Essen und Trinken

The Great White House, *5 Geelbek St., in Kleinbaai, ✆ (028) 384-3273. Hier treffen sich die „Cage Diver" und hier gibt's den Fisch so richtig frisch. Berühmt ist die Küche für die Calamari-Steaks. Gemütliche Cottages werden auch vermietet.*

Blue Goose, *22 Hoop St., Gansbaai, ✆ (071) 863-1514. Schickes Restaurant (Meeresfrüchte, Fisch, Steaks) mit guter Weinkarte. Nahezu Fine Dining.*

Thyme at Rosemary's, *13 Main Rd., Gansbaai, ✆ (028) 007-0416 bzw. (072) 884-4936. Südafrikanische Gerichte sowie Fischplatten und Salate in viktorianischem Ambiente.*

Weitere Fischrestaurants gibt es am **Hafen von Gansbaai**.

Die Lodges und B&Bs in **De Kelders** *sind gerne behilflich bei der Reservierung in weiteren Restaurants. In De Kelders gibt es so einige Geheimtipps.*

Cage Diving/Walbeobachtungstouren

Mehrere Unternehmen bieten Touren vom Hafen in Kleinbaai zur Shark Alley an, z. B. **Sharklady Adventures**, *14 Geelbek St., ✆ (028) 313-2306, www.sharklady.co.za. Ein anderes Unternehmen ist* **Dyer Island Cruises**, *5 Geelbek St., ✆ (082) 801-8014, www.whalewatchsa.com, das etwa von Juli bis Nov. auch Walbeobachtungstouren veranstaltet.*

Grootbos Private Nature Reserve

Dies ist eine wahre Traumlandschaft für Liebhaber der Fynbos-Vegetation. Das 2.500 ha große Reservat liegt über den Dünenausläufern der **Walker Bay** mit Panoramablick bis zum Cape of Good Hope. Die Unterkünfte liegen schön verteilt, Trittpfade laden zur Erkundung der Umgebung ein. Gemüse und Salate kommen aus eigenem Anbau, dazu werden oft kulinarische Spezialitäten wie Langusten und lokale Fische gereicht. Badestrände in der Nähe. Die deutschen Gastgeber, Familie Lutzeyer, kümmern sich bestens um die Gäste. Grootbos hat für die Einrichtung einer Gärtnerschule für die Arbeiter sowie die Bemühungen um den Erhalt der Fynbos-Vegetation das Fair-Trade-Siegel erhalten. Kontaktdaten s. S. 449.

Stanford

Weiter entlang der Strecke geht es durch das idyllische, touristisch aufstrebende Stanford, wo an der R326 die **Birkenhead Brewery** zu Touren einlädt *(11 und*

15 Uhr, Anmeldung unter ✆ (028) 341-0013, Wein- und Bier-Tasting tgl. 10–17 Uhr, www.walkerbayestate.com). Im angeschlossenen Pubrestaurant wird das „gesunde" Bier (ohne Konservierungsmittel) ausgeschenkt, bis 20 Uhr gibt es auch Essen. 7 km östlich von Stanford an der R 326 lockt das **Klein River Cheese Farmstead** (*Mo–So 9–16 Uhr, ✆ (028) 341-0693, http://kleinrivercheese.co.za*) mit Kostproben und Picknickkörben. Antikshops, Galerien und Bistros säumen die Hauptstraße von Stanford. Zwei Ausnahmerestaurants, Mariana's und Springfontein (s. u.), locken besonders an Wochenenden Gourmets in den kleinen Ort, der zudem als Geheimtipp für Vogelliebhaber gilt. Erläuterte **Bootstouren** auf dem **Klein River** führen durch ein wahres Vogelparadies und Farmer bieten auf Anfrage persönliche Touren über ihre Farmen an. Der **Stanford Vineyard Tram**, ein von einem Traktor gezogener Aussichtswagen, klappert in Ruhe umliegende Weingüter ab. Die Fahrt endet am Stausee mit einer Weinverkostung.

Hermanus

Der vor allem bei Kapstädtern beliebte Badeort nahe der Sandstrände der Walker Bay verfügt über eine erstklassige touristische Infrastruktur. In den Sommermonaten, vor allem in der Weihnachtszeit, herrscht Hochbetrieb. Kite-Surfer kommen gerne in die Lagunen-Region, denn hier bläst der richtige Wind und die Wellen sind nicht zu hoch. Die Fischerei, schon lange ausgelagert in einen Hafen am Südende der Stadt, hat heute kaum noch Bedeutung. Ein Höhepunkt ist die Zeit von Ende August bis November, wenn die Wale bisweilen bis in die Bucht hineinkommen und von verschiedenen Aussichtspunkten auf den Klippen in der Stadt aus bewundert werden können. Eigens „für die Wale" wird im September ein **Whale Festival** zelebriert. Wer nicht sicher ist, ob Wale in der Bucht sind, der sollte auf den **Whale Crier** achten. Gekleidet in eine auffällige Tracht, eine Mischung aus Tirolerhut, Fischerhemd und Uniformhose, sowie mit einem verbogenen Horn bestückt, meldet er die Wale an und trägt vor seiner Brust ein Schild, auf dem die Standorte der Meeressäuger erläutert sind. Eine alte Tradition hat das aber nicht. Erst 1991 hat ein findiger Geschäftsmann das touristische Potential des bis dahin verschlafenen Hermanus erkannt und durch den viel fotografierten *Whale Crier* in aller Welt publik gemacht. Heute gibt es in Hermanus Unterkünfte, Restaurants und Geschäfte aller Art.

„Walmelder" in Tracht

Old Harbour Museum

Da sich in Hermanus einst das Walfangzentrum dieses Küstenabschnitts befand, hat man am Old Market Square oberhalb des alten Tidenhafens heute das **Old Harbour Museum** (**Whale House Museum**) eingerichtet. Dort sind zahlreiche Relikte aus der Zeit der Walfänger und auch anderer Fischer zu sehen. Der Walfang, aber auch die Lebensweise der Wale werden erläutert. Eine einmalige Audioanlage ist mit einer Boje in der Bucht verbunden, sodass man die Geräusche der Wale mitverfolgen kann. Der kleine Hafen selbst mit den Fischerbooten bietet zudem ein schönes Fotomotiv.

Angeschlossen an das Museum ist das benachbarte **Old Schoolhouse**, wo historische Fotos zeigen, wie der Ort einmal ausgesehen hat. Wie in alten Zeiten die Walfänger kann man heute in ähnlichen Ruderbooten mitfahren. Infos zu den sog. **Old Habour Cruises** gibt es im Museum bzw. in der Touristeninformation.

Tour mit dem Ruderboot

Old Harbour Museum (**Whale House Museum**), *Market Square, ✆ (028) 312-1475, www.old-harbour-museum.co.za, Mo–Sa 9–16.30, So 12–16 Uhr.*

Der befestigte, meist gut begehbare **Cliff Walk** führt auf 11 km entlang der Klippen, die die Walker Bay umgeben. Er beginnt im Westen am New Harbour und führt bis zum Grotto Beach im Osten. Klippen, ausgewaschene Höhlen und tolle Aussichtspunkte belohnen für das Auf und Ab. Im nahen **Fernkloof Nature Reserve** (*www.fernkloof.org.za, tgl. 6–19, im Winter 7–19 Uhr*) kann man schön wandern. Über 1.100 verschiedene Pflanzen des Berg-Fynbos sind zu entdecken.

Weingüter bei Hermanus

Erstklassige Weingüter, wie z. B. **Creation** (*✆ (028) 212-1107, www.creationwines.com, tgl. Food-and-Wine-Pairing, Buchung über Webseite essentiell*), **Bouchard Finlayson** (*✆ (028) 312-3515, www.bouchardfinlayson.co.za, Mo–Fr 9–16.30, Sa/So bis 10–16 Uhr*) und **Hamilton Russel** (*✆ (028) 312-3595, www.hamiltonrussell vineyards.com, Mo–Fr 9–17, Sa 10–14 Uhr*) schmücken die Hänge und Hügel im Hemel & Aarde Valley nördlich von Hermanus (R 320). Spitzenklasse sind besonders deren Pinot Noirs, Burgunder und Chardonnays, die vom kühl-maritimen Klima profitieren. Der **Hermanus Wine Hoppers** fährt die Weingüter täglich von Hermanus an (*Stall 18, Village Market Stall, Market Square St., Hop-on-Hop-off, ✆ (076) 991-2498, www.hermanuswinehoppers.co.za*).

Reisepraktische Informationen Hermanus und Stanford

Information

Hermanus Tourism, *Old Station, Ecke Mitchell/Lord Roberts Sts., Hermanus, ✆ (028) 313-8930, https://hermanus-tourism.co.za; www.hermanus.co.za.*

Stanford Tourism, *16 Queen Victoria St., ✆ (028) 341-0340, www.stanfordinfo.co.za.*

Unterkunft

Eine Unterkunft nahe zum Old Harbour und dem Zentrum von Hermanus ist sinnvoll. So kann man die Wale, das Museum und die besten Restaurants zu Fuß erreichen. Weiter entfernte Gästehäuser sind dafür natürlich preiswerter.

Marine Hotel $$$$$, *Marine Dr., Hermanus, ✆ (028) 313-1000 bzw. (021) 794-5535 (Reservierung), www.themarinehotel.co.za. Ausgesprochen elegantes, hell gestaltetes Hotel direkt an der Klippe. Nahe Old Harbour. Aussicht und Service sind prima. Ruhig und minimalistisch gehalten.*

Auberge Burgundy $$$–$$$$, *Harbour St., Hermanus, ✆ (028) 312-1201, www.auberge.co.za. Schickes Boutique-Hotel, das einem mediterranen Stadthaus nachempfunden ist. Schlichtes, aber exquisites Design. Nahe Old Harbour. Tipp: die unwesentlich teurere Penthouse Suite 1 mit Blick aufs Wasser und eigenem Wohnzimmer.*

Whale Rock Lodge $$–$$$$, *26 Springfield Ave. (1,5 km zum Old Harbour), Hermanus, ✆ (028) 313-0014/5, www.whalerock.co.za. Elf schöne, individuell eingerichtete Zimmer. Toller Swimmingpool. Reetgedecktes Haus mit eindrucksvoller Kunstsammlung.*

Windsor Hotel $$–$$$, *49 Marine Dr. (nahe Old Harbour), Hermanus, ✆ (028) 312-3727, www.windsorhotel.co.za. In die Jahre gekommenes Hotel, dafür aber gutes Preis-Leistungs-Verhältnis. Tipp: Zimmer im 2. Stock mit Meerblick, besonders zur Zeit der Wale. Es gibt zudem Selbstversorger-Apartments gleich neben dem Hotel.*

Stanford Hills Africamps $$–$$$, *2 km nördl. von Stanford (Schild an R 43), ✆ (021) 300-5694 (Reservierung), www.africamps.com. Luxus-Camping (Glamping). Toll ausgestattete Safari-Zelte (55 m², Küche, Balkon) am Fuße der Klein River Mountains. Restaurant.*

Beluga House $$–$$$, *10 Westcliff Rd., Hermanus, ✆ (028) 313-0968, www.belugahouse.com. Erfrischendes Ambiente. Die Zimmer sind zwar nicht besonders groß, dafür aber öffnen sich ihre Türen zum Garten bzw. zum Pool hin. Persönlich geführt.*
Bay View Apartments $$–$$$$, *East Cliff, 216 Main St., Hermanus, ✆ (082) 461-8253, www.bayviewhermanus.com. Selbstversorger-Apartments verschiedener Kategorien, viele mit tollem Blick auf die Walker Bay. 1 km zum Zentrum. Großer Pool direkt vor der felsigen Uferlinie, aber kein Strand.*
Hermanus Backpackers $, *26 Flower St., Hermanus, ✆ (028) 312-4293, https://hermanusbackpackers.com. Saubere und freundliche Doppel- und Familienzimmer, Schlafsäle, Swimmingpool, Garten. Nahe zum Old Harbour.*

Camping

Der **Onrus Caravan Park**, *De Villiers St., Onrus River, ✆ (028) 316-1210/-1704, liegt 5 km westl. von Hermanus direkt an der Bay, nur durch Milkwood-Bäume von dieser getrennt. Tidenpool!*

Essen und Trinken

The Burgundy, *Marine Dr./Market Square, Hermanus, ✆ (028) 312-2800, www.burgundyrestaurant.co.za. Hervorragende Fischgerichte, aber auch Steaks (Rind und Strauß), Pasta und Burger. In einem ehemaligen Fischerhaus. Falls das Wetter mitspielt, Tisch im Garten bzw. auf der (sog.) Veranda reservieren.*
Nicht weit von hier schmiegt sich das berühmte Fischrestaurant **Bientang's Cave** *(✆ (028) 312-3454, www.bientangscave.com) in die Felswand oberhalb des Old Harbour. Von August bis Ende November stehen die Chancen also gut, von hier Wale zu sehen. 11.30 bis 16, im Sommer und bei gutem Wetter auch Fr/Sa bis 20 Uhr geöffnet!*
Das **Rock Restaurant** *direkt oberhalb des New Harbour, ✆ (028) 312-2920, https://therockhermanus.co.za, erfreut sich großer Beliebtheit. Neben Seafood, Sushi und Curries werden hier auch gute Thai-Gerichte serviert. Dazu die Aussicht auf das Meer und Cocktails.*
The Milkwood & Beach Hut, *8 km vom Old Harbour, am Strand in Onrus, ✆ (028) 316-1516. Traditionelle Fisch- und Steakgerichte in idyllischer Lage. Down to Earth. Gutes Frühstück. Bar mit leckeren Cocktails und Tapas.*
Um den **Market Square** *über dem Old Harbour gibt es zudem zahlreiche andere Restaurants aller Preisklassen und Geschmacksrichtungen. Ein Tipp hier ist das* **Fishermans Cottage** *mit bestem Seafood und guten Weinen. Besser reservieren: ✆ (028) 312-3642.*
Rossi's, *10 High St., ✆ (028) 312-2848, https://rossis.co.za. Beliebter Italiener mit leckerer, dünner Pizza.*
Indisch gewürzte Snacks gibt es im Imbiss **Village Food Halaal**, *Shop #7, Long St.*
Von weit her kommen Gourmets nach Stanford, um sich auf der 5 km außerhalb von Stanford gelegenen Farm **Springfontein** *die 3- bis 5-Gänge-Menüs zweier holländischer Starköche in ihrem Restaurant* **Kromme Watergate** *auf der Zunge zergehen zu lassen (unbedingt vorher reservieren, entlang Moore Rd., dann Wortelgat Rd., ✆ (028) 341-0444, www.springfontein.co.za). Auf Springfontein kann man auch übernachten ($$$). Eine gute Idee, denn die Weinverköstigung und das entsprechende Pairing beim Dinner stehen ja auch noch an.*

Einkaufen

Wine Village, *Hemel-en-Arde Craft Village (Ecke R 43/Main Rd., Sandbaai-Kreuzung, ✆ (028) 316-3988, www.winevillage.co.za). Riesige Auswahl an südafrikanischen Weinen (600 Weingüter). Größere Mengen können weltweit verschickt werden.*

The New Junk Shop, *9 Queen Victoria St., Stanford, ✆ (028) 341-0797. Lange eine Institution in der Long Street, verkauft der „Junk Shop" nun in Stanford alles nur Erdenkliche aus Blech, Kupfer und anderen Metallen.*

Walbeobachtungstouren/Seakayaking/Rundflüge
Hermanus Whale Cruises, *148 Westcliff Rd./Stil St., ✆ (082) 369-8931, www.hermanus-whale-cruises.co.za. Zweistündige Bootsfahrten zu den Walen. Abfahrt am New Harbour, Juni–Dez. 9,12, 14 und 16 Uhr.*
Walker Bay Adventures, *Old Harbour/Marine Dr., ✆ (082) 739-0159, www.walker bayadventures.co.za. Geführte Seakayaktouren (Meer, Hafen, Klein-River-Lagune).*
African Wings, *✆ (082) 555-7605, www.africanwings.co.za. Rundflüge über die Wale und entlang der Küste.*

Entlang des Clarence Drive (R 44) über Kleinmond nach Gordon's Bay

Weniger der Ort als seine Umgebung machen **Kleinmond** interessant, besonders für Naturfreunde. Es heißt, in einem Radius von 10 km können nahezu alle Habitate der Kapregion erlebt werden: Buchten, Felsklippen, Strände, Lagunen, Dünen, Wasserfälle, Brackwasserseen, Berge und Höhlen – ein ganz besonderes Highlight sind die **Wildpferde** im **Rooisand NR** 6 km östlich. Dem Ort vorgelagert am Meer ist ein netter **Wanderweg**, teilweise als Boardwalk ausgelegt. Als Startpunkt für den Spaziergang bietet sich der kleine Hafen am Westende von Kleinmond an (Harbour Rd.). Tipp: Der Weg nach Westen zur Palmiet Lagoon ist schöner (3 km hin und zurück). Der ehemals idyllische **Hafen** selbst wurde komplett neugestaltet und wird jetzt gerne von Touristen besucht, v. a. wegen seiner Shops (Souvenirs, alte Bücher und Schallplatten, Keramik, Kleidung etc.) und Restaurants. Tipps: **Kabel Joe`s** (Seafood), **Bistro 14** (Frühstück/Lunch) und **Vannie Hoek** (Fischimbiss).

Spaziergang zur Palmiet Lagoon

Landeinwärts erstreckt sich das menschenleere **Kogelberg Nature Reserve**, oft als *Heart of the Cape Floral Kingdom* bezeichnet. Wanderwege und Mountainbikestrecken führen durch das Areal. Die **Oudebosch Eco Cabins** für Selbstversorger wurden nach ökologischen Gesichtspunkten errichtet (*Buchung: www.capenature.co.za*).

Für Naturliebhaber

Wer sich näher mit der Vegetation beschäftigen möchte, dem sei der **Harold Porter National Botanical Garden** in **Betty's Bay** ans Herz gelegt. Vier Vegetationszonen der Kapflora (Dünen, Berge, Fynbos-Heide, Feuchtgebiete) werden vorgestellt. Neben den 80 Vogelarten sind die Wasserfälle und der Protea Garten zu bestaunen. Im Restaurant kann man während der Parköffnungszeiten essen bzw. sich für ein Pickinick im Park eindecken. Es gibt mehrere Wanderwege (30 Min.–3 Std.). Über Betty's Bay thront übrigens ein Felsen in Form eines Elefanten.
Harold Porter National Botanical Garden, *R 44, Betty's Bay, ✆ (028) 272-9311, www.sanbi.org, Mo–Fr 8–16.30, Sa/So bis 17 Uhr, im Sommer oft länger.*

Am **Stony Point** westlich von Betty's Bay (*2411 Wallers Rd., Mooi Hawens*) lebt eine weitere **Kolonie von Brillenpinguinen** (*African Penguins*). Schilder weisen dorthin. Der Besuch hier ist viel angenehmer als im überlaufenen Simon's Town. Ein kurzes Stück weiter wartet die Düne am **Silversands Beach** darauf, erklommen zu werden.

Cape Hangklip, die Felsnase abseits der Hauptstraße, hat früher von Osten kommende Seefahrer glauben lassen, es handele sich bereits um das Cape of Good Hope. Auf diese Weise fehlgeleitet, liefen sie immer wieder in die folgende Bucht ein, in der Annahme, so in den Kapstädter Hafen zu gelangen. Das Kap selbst lag dann im Nebel, und die Cape Flats wirkten auf sie wie die flache Küste nördlich von Bloubergstrand. So erhielt die Küste den Namen „**False Bay**" (Falsche Bucht). Das Cape Hangklip samt Leuchtturm ist nur über Pringle Bay erreichbar!

Kleiner Ferienort

Ein Stück weiter zweigt nach links eine Straße ab zum Ferienort **Pringle Bay** mit Wochenendhäusern, kleinen Restaurants, ein paar B&Bs und einem schönen Strand, an dem es sich gut spazieren gehen lässt. Die R 44 nimmt schließlich noch einen kleinen Pass, und ganz unerwartet breitet sich vor einem ein einzigartiges Panorama über die False Bay und die Kaphalbinsel aus. In dem Ort **Rooiels** lädt der viel besuchte **Drummond Arms Pub** zum Essen und Trinken ein. Ruhiger ist es zwei Eingänge daneben im Arts Café **Something ELS** (u. a. gutes Frühstück und Kunst aus Südafrika) oder gegenüber im Restaurant **Gossip Corner** (Steaks, Salate, Pizza – pfiffig zubereitet). Von nun an verleiten etwa alle 500 m Parkbuchten entlang der Panoramastraße, dem sog. **Clarence Drive**, v. a. am Spätnachmittag bzw. zum Sonnenuntergang zu Fotostopps. Einige Kilometer weiter, an der **Kogel Bay**, kann man noch einen Tidenpool nutzen bzw. im sog. *Recreational Park* picknicken und auch zelten (toll gelegen, allerdings nicht sehr sauber). Gerne wird diese Straße auch mit dem Chapman's Peak Drive verglichen.

Zu bedenken gilt, dass man von hier aus noch eine Stunde Fahrzeit bis in Kapstadts Innenstadt benötigt. Da lohnt sich die Überlegung, in **Gordons Bay** zum Hafen/Bikini Beach abzubiegen und dort bei Sonnenuntergang zu dinnieren. Ein paar nette, unkomplizierte Fischrestaurants laden dazu ein. Zu Somerset West s. S. 301.

Reisepraktische Informationen Kleinmond und Hangklip

Information und Unterkunft

Zuständig für die Region von Kleinmond bis Rooiels ist das Touristenamt in **Kleinmond**, *29 Main Rd., ✆ (028) 271-8474, www.kleinmondtourism.co.za. Es vermittelt Unterkünfte in der Region. Meist handelt es sich um B&Bs und Selbstversorger-Unterkünfte.* **TriBay Holiday Accomodation** *hilft ebenfalls bei der Unterkunftssuche: ✆ (082) 775-6518 bzw. (082) 444-4802, https://tribayaccommodation.co.za.*
Ein Leser empfiehlt die Selbstversorgerunterkunft **Van den Bergs Guesthouse and B&B** $$–$$$, *3273 Albertyn Dr., Betty's Bay, ✆ (082) 883-2807, https://vandenbergs.co.za. Ein modernes Haus mit fünf Zimmern und teilweise Ausblick auf das Meer.*
Hangklip Hotel $$, *Hangklip, ✆ (060) 692-2963, https://thehangkliphotel.com. Kleines, einfaches Hotel mit Selbstversorger-Chalets und Zimmern. Ruhige Lage, bodenständiges Restaurant, beliebt bei Bikern sowie bei Kapstädtern, die am Wochenende mal aussteigen wollen.*

Camping

Palmiet Caravan Park, *am Palmiet River, Kleinmond, ✆ (028) 271-8458 bzw. (028) 271-8400 (Municipality). Wunderschöne Lage an der Lagune, in Strandnähe. Schwimmen im Fluss möglich, viele Plätze bieten Schatten, die höher gelegenen (der Tipp!) Blick aufs Meer. Am Wochenende oft voll und laut. Sollte hier besetzt sein, bietet sich der Platz auf der Ostseite von Kleinmond an (Tel. wie oben), liegt höher am Hang.*

9. VON PORT ELIZABETH DURCH DIE GREAT KAROO NACH KAPSTADT

Allgemeiner Überblick

Drostdy, Durst und dauernd Sonne! Mit diesen Worten lässt sich dieses Reisegebiet auch charakterisieren. Historische Städte wie Graaff-Reinet mit dem nahen geologischen Wunder des Valley of Desolation, die bezaubernden Bergwald-Landschaften des Zuurbergs, die Halbwüste Great Karoo, die pittoreske Beschaulichkeit von Orten wie Aberdeen, Steytlerville, Prince Albert und Matjiesfontein, all das steht meist im Schatten der Garden Route. Doch sollte man die verborgenen Reize dieser Region nicht übergehen. Bereits kurz hinter Port Elizabeth (Gqeberha) beginnt die Savanne. Weidewirtschaft und bewässerter Landbau bestimmen in Richtung Karoo zunehmend das Bild.

Erster Stopp sollte der **Addo Elephant NP** (s. S. 369) sein. **Somerset East**, die letzte große Ansiedlung vor der Halbwüste, lebte lange vom Tabak – heute eher vom Ökotourismus. Anschließend übernehmen Zeugenberge und ewige Weiten die Szenerie, die Weidewirtschaft ist rein extensiv, Bäume gibt es nur noch an den Flussläufen. Hier ist das Herz des **Mohair Country**, das sich von Port Elizabeth (Gqeberha) über Alicedale, Jansenville und Graaff-Reinet bis nach Beaufort West hinzieht. Kleine Shops und Farmstalls verkaufen Produkte aus Mohairwolle und vermarkten sich mit Unterkünften als „Mohair Meander" *(www.mohair.co.za)*. Im etwas abseits der Route gelegenen Ort Jansenville erfährt man im **Mohair Experience Museum** (*Bridge St./R 75*) noch mehr über die weiche Wolle. Die Faszination der Halbwüste kann nicht oft genug hervorgehoben werden. **Graaff-Reinet** taucht, wie später auch Beaufort West, wie eine Oase in diesem „Meer der Trockenheit" auf. Grüne Bäume und Grasflächen lockten schon vor über 200 Jahren Siedler in diese Kleinstädte. So bezaubernd Graaff-Reinet mit seinen weißen kapholländischen Gebäuden ist, so bedauerlich ist es, dass **Beaufort West** heute unter dem massiven Verkehr entlang der N 1 zu leiden hat. Doch der nahe **Karoo NP** versöhnt mit seiner unscheinbaren Pracht.

Redaktionstipps

Grundsätzlich

- Unterkünfte und den Tisch fürs Abendessen in den Nationalparks **vorher reservieren**.
- **Addo Elephant NP**: Die grauen Dickhäuter sind am besten **frühmorgens** oder **bei untergehender Sonne** an den Wasserstellen zu beobachten.
- Immer etwas **zu trinken** dabeihaben und **frühzeitig tanken**. Die Abschnitte zwischen den Raststätten sind in der Karoo groß (Nebenstrecken).
- Gute Infos über die Karoo: **www.karoospace.co.za**

Die schönsten Naturerlebnisse

- **Addo Elephant NP** (S. 369) und die Bergwelt in der **Zuurberg Section** (S. 373).
- Zebras und Natur im **Mountain Zebra NP** (S. 462).
- Die Weite der **Great Karoo** (ab S. 464).
- Ausblick ins **Valley of Desolation** (S. 471).
- **Karoo NP** bei Beaufort West (S. 475).

Kulturelle Höhepunkte

- **Graaff-Reinet**: Sukkulenten in der **Obesa Nursery**, alte Gebäude und Museen (S. 467).
- Ein wenig schräg: das abgelegene Örtchen **Nieu-Bethesda** (S. 472).
- Unkonventionell, verschlafen, aber mit Charme: **Prince Albert** (S. 477). Noch mehr Karoo-Dorp ist **Steytlerville** (S. 460). Der ehemalige Erholungsort **Matjiesfontein** (S. 480).

Außergewöhnliche Höhepunkte

- **Biltong Festival** (Juni/Juli) in Somerset East (S. 466).
- Die **Great Karoo bei Sonnenaufgang** erleben.
- **Sternwarte** bei Sutherland (S. 481).

Lohnende Umwege können zu den Bergzebras im **Mountain Zebra NP** und durch die Great Karoo von Graaff-Reinet über Willowmore nach Klaarstrom und weiter bis **Prince Albert** führen, das seine Existenz einem überaus kurzen Goldrush, dem daraus entstandenen Hotel, einigen Pionieren des Obstanbaus und der Lage nördlich des Swartberg Passes verdankt. Wer noch einen halben Tag zur Verfügung hat, sollte von Prince Albert aus den folgenden Schlenker, großenteils über Pisten, unternehmen (atemberaubende Aussichten und Einblicke in die Einsamkeit der Karoo): Swartberg Pass – Oudtshoorn – Calitzdorp – Seweweekspoort – Laingsburg. Möglichkeit für eine Übernachtung gibt es im **Anysberg Nature Reserve**. In **Matjiesfontein**, ehemals begehrtes Ausflugsziel der Kapstädter Oberschicht, hat man vor 100 Jahren die Zeit angehalten. Zwei kleine Museen, der alte Bahnhof und ein altbritisch angehauchtes Hotel rechtfertigen den Stopp. **Sutherland**, 100 km nördlich, bricht wegen seiner Höhe nicht nur

Kälterekorde im Winter, sondern ist eines der Zentren für Astronomen auf der südlichen Erdhalbkugel. Die Sternwarte ist für Besucher zugänglich.

Routenbeschreibung

Hinweis

Der nördliche Streckenabschnitt des Zuurberg Pass (im Addo Elephant NP) zur R 400 war nach starken Regenfällen lange gesperrt, ist jetzt wieder befestigt und freigegeben. Während bzw. nach starken Regenfällen kann sie jedoch erneut leiden bzw. ist mit einfachen Pkws nicht zu empfehlen. Reisende mit normalen Pkw sollten sich vorher im Main Visitor Center über den Zustand informieren.

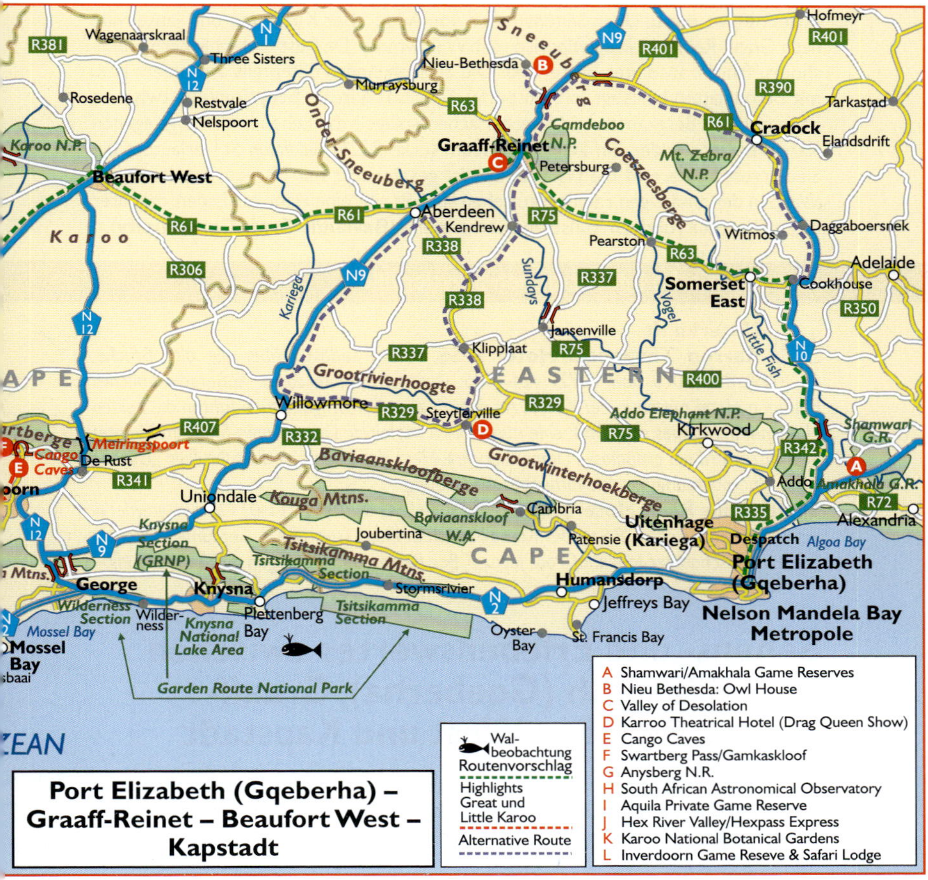

Port Elizabeth (Gqeberha) – Graaff-Reinet – Beaufort West – Kapstadt

Walbeobachtung
Routenvorschlag
Highlights Great und Little Karoo
Alternative Route

- A Shamwari/Amakhala Game Reserves
- B Nieu Bethesda: Owl House
- C Valley of Desolation
- D Karroo Theatrical Hotel (Drag Queen Show)
- E Cango Caves
- F Swartberg Pass/Gamkaskloof
- G Anysberg N.R.
- H South African Astronomical Observatory
- I Aquila Private Game Reserve
- J Hex River Valley/Hexpass Express
- K Karoo National Botanical Gardens
- L Inverdoorn Game Reseve & Safari Lodge

Nördlich von Port Elizabeth (Gqeberha) zweigt die R 335 von der N 2 zum Addo Elephant NP ab. Von diesem ist die Strecke nach Paterson (R 342) gut ausgeschildert. Von Paterson bis zum Flecken Long Hope auf der N 10 und dann auf einer Stichstraße zur R 63. Über Somerset East bis nach Graaff-Reinet. **Umweg**: Der Schlenker zum Mountain Zebra NP führt weiter entlang der N 10 bis Cradock und von dort über die R 61 und eine Stichstraße zum Park. Von dort entlang der R 61 bis in die Sneeuberge, und auf der N 9 nach Graaff-Reinet.

Graaff-Reinet – Beaufort West – Kapstadt: N 9 bis Aberdeen, dann R 61, schließlich N 1. Von hier Abstecher nach Prince Albert: Am schnellsten geht es von der N 1 entlang der R 353 und zurück zur N 1 entlang der R 407. Eindrucksvoller, von Graaff-Reinet aus der N 9, vorbei an Willowmore und der R 341, bis De Rust folgen, von dort auf N 12 durch Meiringspoort und auf die R 407 bis Prince Albert fahren.
Alternative: Willowmore – Klaarstrom (R 407, großenteils befestigt). Zur Strecke über den Swartberg Pass und durch die Seweweekspoort s. S. 332 und S. 342.
Alternative dazu: Über Seitenstraßen von Addo über Kirkwood und Jansenville nach Graaff-Reinet bzw. Steytlerville nach Willowmore, De Rust und schließlich Oudtshoorn fahren: absolutes Hinterland! Die Straßen sind größtenteils asphaltiert bzw. mit Betonplatten befestigt (oft einspurig). Tipp: Das adrette **Steytlerville**, zwischen Baviaanskloof, Bergkanten und Karoo-Flächen, spiegelt das Leben in der abgelegenen Karoo bestens wider. Ein kleines Museum (*Ecke R329/Middleton St.*) erläutert die Siedlergeschichte, und die Hauptstraße ist geschmückt mit Flaggen, auf denen die Wappen der ansässigen Familien zu sehen sind. Es gibt eine Handvoll Läden, darunter einen Shop der rührigen Kunsthandwerkerszene (**Baviaans Craft Community**).

Reisepraktische Informationen Steytlerville

Unterkunft

Karroo Theatrical Hotel $–$$, *4 km südöstl., über die alte Brücke, ✆ (049) 835-0010 bzw. (072) 424-7185, www.karroohotel.co.za. Außergewöhnliches Boutique-Hotel mitten in der Karoo! An den meisten Samstagabenden führen die beiden Hotelinhaber Jaques und Mark eine musikalisch begleitete Drag-Queen-Show im Theater auf. Dazu wird ein grandioses Dinner serviert. Herz des Hotels ist die schrullige „Oscar's Bar". Übernachtung nur mit vorheriger Anmeldung.*

Steytlerville Royal Hotel $–$$, *20 Piet Retief St., ✆ (049) 011-0111, www.steytlervilleaccommodation.co.za. Reizendes Karoo-Kleinstadt-Hotel (seit 1897). Geräumige Zimmer, großer und schattiger Innenhof, Pool, Jacuzzi, Bar, Restaurant. Massagen auf Vorbestellung.*

Sehens- und Erlebenswertes zwischen Port Elizabeth (Gqeberha), Graaff-Reinet, Beaufort West und Kapstadt

Die Szenerie entlang der N10 ist nicht herausragend, trotzdem landschaftlich recht sehenswert. Je weiter man nach Norden fährt, desto trockener wird es, und die kleinen Orte überleben mehr recht als schlecht. In Middleton sind ein paar historische Häuser erhalten. Cookhouse ist heute bekannt für seinen Windrad-Park, der zu 25 % der Gemeinde gehört, 1 % der Einnahmen aus der Stromproduktion fließt in soziale Projekte. Wer weiter gen Cradock fährt, sollte 36 km nördlich von Cookhouse am **Daggaboer Farmstall** anhalten und die leckere Farmsuppe samt Roosterkoek probieren bzw. im Shop nach Mohair-Produkten stöbern. 10 km vor Cradock lockt ein weiterer Farmstall, der **Mooo se Lekke Padstal**, mit Pies, Roostekoek-Burgern, Framer's Frühstück (inkl. Boerwors). Hinweis: Das beliebte **Fairworld Fine Wool Museum**, ehemals in Cookhouse, wurde zusammen mit dem urigen, historisch aufgezogenen **Van Aardt Family Museum** auf die Mulberry Grove Farm am Great Fish River, 38 km nördlich (!) von Cradock verlegt. Ein Besuch lohnt sich, führt aber abseits des hier beschriebenen Weges (*nur nach Anmeldung: fynwol@mweb.co.za*). Die Museen sind nicht regelmäßig geöffnet.

Entfernungen				
Port Elizabeth (Gqeberha)	▸▸ Addo Elephant NP			69 km
Addo Elephant NP	▸▸ Somerset East	▸▸ Graaff-Reinet		264 km
Graaff-Reinet	▸▸ Beaufort West			205 km
Beaufort West	▸▸ Prince Albert	▸▸ Matjiesfontein		290 km
Matjiesfontein	▸▸ Kapstadt			237 km (Gesamt 1.065 km)
Addo Elephant NP	▸▸ Mountain Zebra NP	▸▸ Graaff-Reinet		402 km
Graaff-Reinet	▸▸ N 9/ R 341–R 407	▸▸ Prince Albert	▸▸ N 1	405 km

Hinweis

Zum Abstecher zum Addo Elephant NP s. S. 369. Weiter mit Somerset East S. 465.

Alternative: Über Cradock und den Mountain Zebra National Park

Cradock

Cradock wurde 1813 unter Gouverneur Sir John Cradock als militärischer Stützpunkt gegründet. Zur Zeit der Apartheid geriet Cradock oftmals in die Schlagzeilen, da sich hier eine Basis des ANC befand. 1985 erreichte der Widerstandskampf seinen Höhepunkt, als vier führende UDF-Mitglieder in der Nähe auf brutalste Weise umgebracht wurden („*Slaying of the Cradock Four*"). Im Zuge der Wahrheitsfindung wurde bewiesen, dass ein Terrorkommando der Regierung damals dafür verantwortlich war.

Zentrum der Region

Heute zählt Cradock 36.000 Einwohner und ist agrarwirtschaftliches Zentrum der Region. Touristisch hat es nicht viel zu bieten, außer einer heißen **Mineralquelle** nördlich der Stadt (Cradock Spa), einem kleinen Museum mit Haushaltsgegenständen und Möbeln im ehemaligen Wohnhaus von **Olive Schreiner**. Die Schriftstellerin stammte aus einer Farmerfamilie des ausgehenden 19. Jh. und engagierte sich für Frauenrechte und gegen den Rassismus ihrer Zeit.
The Great Fish River Museum, *87 High St., Mo–Fr 8–16 Uhr.*
Olive Schreiner House, *9 Cross St., Mo–Fr 8.30–16.30 Uhr.*

Die **Dutch Reformed Mother Church** (Moeder Kerk) im Zentrum der Stadt ist der Londoner Kirche *St. Martin's in the Field* nachempfunden. Im **Vusubuntu Cultural Village** kann man Kunsthandwerk der Xhosa erstehen und sich über die Xhosa-Kultur sowie die Apartheid informieren (südlich der Innenstadt, an der N10).

Reisepraktische Informationen Cradock

Information

Tourist Office, *JA Calata St., ✆ (048) 801-5113, https://visitcradock.co.za.*

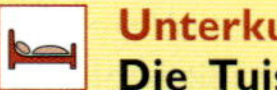

Unterkunft

Die Tuishuise/Victoria Manor $$, *36 Market St., ✆ (048) 881-1650, https://tuishuise.co.za. Unterkünfte in historischen Karoo-Stil-Stadthäusern (Selbstversorger). Hauptgebäude ist das größere Victoria Manor, ein viktorianisches Haus mit 22 Gästezimmern. Sehr gutes Restaurant und gemütlicher Pub. Alles liebevoll mit Antiquitäten eingerichtet.*

Albert House B&B $–$$, *40 Dundas St., ✆ (072) 782-8615. Viktorianisches Haus von 1843 mit einem schönen Garten, Grillplatz und einem deftigen, englischen Frühstück. Alle Zimmer sind mit Gartenzugang. Es gibt auch günstige Backpacker-Unterkünfte.*

Camping

Cradock Spa, *Marlowe Rd., 5 km nördlich der Stadt, ✆ (048) 881-2709. Mit seinen warmen Schwefelquellen wirkte zuletzt ziemlich heruntergekommen. Nur bedingt gepflegte Campingplätze (Gras, z. T. Schatten) und Selbstversorger-Chalets. Unser Tipp: besser im* **Moutain Zebra NP** *campen.*

Essen und Trinken

Victoria Manor, *s. o. Leckeres Karoo-Dinner in gepflegter Atmosphäre. Vorbestellung erwünscht.*

Karoo Deli&Restaurant, *8 Albert St., ✆ (065) 598-1724. Typische Karoo-Küche, von morgens bis meist 17 Uhr. Deftiges Frühstück, aber auch Salate, frisches Brot und Kuchen. Echte „Boerekos" gibt es, wenn auch nur an bestimmten Tagen (vorher reservieren) und nur ab Gruppen von mindestens 10 Personen, im beliebten* **Karookraal**. *Für einen Festpreis kann man so viel essen, wie man möchte (Getränke aber mitbringen). Nachfragen lohnt, vielleicht ist bereits eine Gruppe gebucht und man kann mitmachen. Farm Lemoenhoek, nahe R 337, 5 km von der Innenstadt, ✆ (072) 227-6730.*

Mountain Zebra National Park

Der Nationalpark wurde bereits 1937 eröffnet, nachdem man erkannt hatte, dass die Kap-Bergzebras (es gibt auch noch die Hartmann Bergzebras) vom Aussterben bedroht waren. Neben den Zebras lebt hier eine Reihe anderer Savannentiere, etwa Elenantilopen, Springböcke, Kudus, Duiker und Büffel (Cheetahs und Nashörner sollen folgen). Das Kap-Bergzebra gilt als eines der seltensten Wirbeltiere. Sein natürlicher Lebensraum beschränkt sich auf die hoch gelegenen Kapregionen südlich des Gariep (Oranje) River. Heute zählt man wieder knapp 3.000 Bergzebras, davon ca. 1.500 Kap-Bergzebras, von denen nahezu die Hälfte in Parks lebt (Angaben

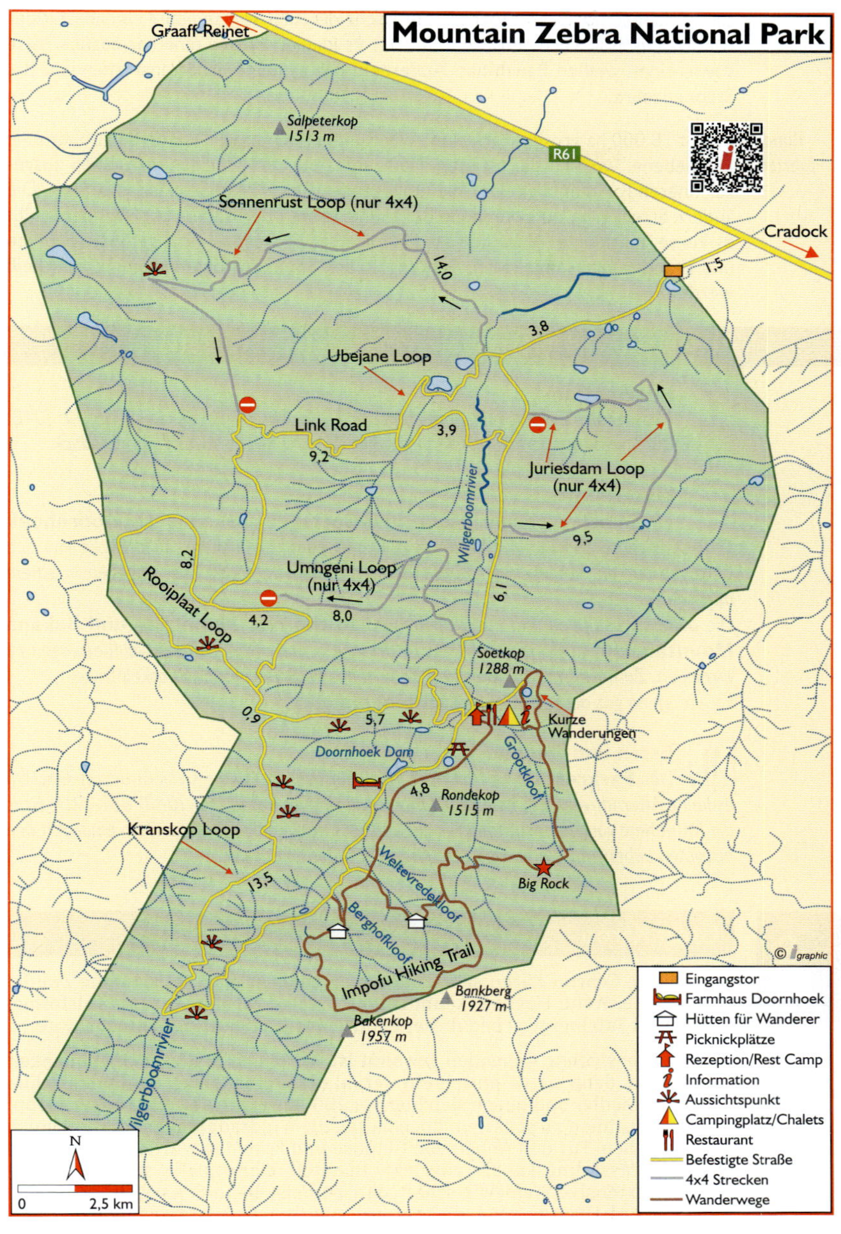
Mountain Zebra National Park
Graaff-Reinet
Cradock
R61
Salpeterkop 1513 m
Sonnenrust Loop (nur 4x4)
14,0
1,5
3,8
Ubejane Loop
Link Road
9,2
3,9
Juriesdam Loop (nur 4x4)
9,5
Wilgerboomrivier
8,2
Rooiplaat Loop
Umngeni Loop (nur 4x4)
8,0
4,2
6,1
Soetkop 1288 m
0,9
5,7
Kurze Wanderungen
Doornhoek Dam
Grootkloof
4,8
Rondekop 1515 m
Kranskop Loop
13,5
Weltevredekloof
Big Rock
Berghofkloof
Impofu Hiking Trail
Bankberg 1927 m
Bakenkop 1957 m
Wilgerboomrivier
N
0
2,5 km
© graphic
Eingangstor
Farmhaus Doornhoek
Hütten für Wanderer
Picknickplätze
Rezeption/Rest Camp
Information
Aussichtspunkt
Campingplatz/Chalets
Restaurant
Befestigte Straße
4x4 Strecken
Wanderwege

schwanken sehr). Das Bergzebra unterscheidet sich von seinen Artgenossen der ostafrikanischen Savannen dadurch, dass es kleiner ist und eine rot-braune Nase sowie einen weißen Bauch hat. Außerdem hat es keine Schattenstreifen wie das Steppenzebra.

Rundfahrten

Im gut 28.000 ha großen Park sind zwei Rundfahrten möglich: Eine führt über eine Hochebene, wo sich die meisten Tiere aufhalten und von der man einen ausgezeichneten Rundumblick über die umliegende „Out of Africa"-Landschaft hat. Die andere Strecke verläuft durch die Berg- und Talwelt der Karoo. Für Wanderer gibt es kurze, markierte Wege um das Main Camp, es werden auch geführte Fahrten und Wanderungen angeboten. Achtung! In den Sommermonaten kann es sehr heiß werden.

Reisepraktische Informationen Mountain Zebra National Park

Information

Mountain Zebra NP, *April–Sept. tgl. 7–18, Okt.–März tgl. 7–19 Uhr, ✆ (048) 801-5700/1, www.sanparks.org. Anfahrt: Über R61, 10 km nordwestl. von Cradock.*

Unterkunft

20 **Selbstversorger/2-Zimmer-Cottages** ($$) *sowie das* **Doornhoek Guest House** *($$$$, vier Betten, i .d. R. nur ganz zu buchen). Tolle Blicke von den Cottages auf die umliegenden Berge. Das Farmhaus versteckt sich dagegen in einem abgeschiedenen Tal.*
Die äußerst rustikalen und abgeschiedenen **Umthombo Mountain- und Bakana Mountain Huts** *($$, jeweils bis zu 10 Personen) sind nur mit einem Geländewagen zu erreichen. Zum Zimmer-/Hüttenpreis kommt der Preis für Nationalparkeintritte.*
Es gibt einen gut ausgestatteten **Campingplatz**.

Essen und Trinken

Das **Parkrestaurant** *ist ab 7 Uhr geöffnet, die Küche schließt um 21 Uhr. Da es keine Alternativen gibt, ist eine Tischreservierung im Voraus (✆ (048) 881-2211) bzw. die Mitnahme von Lebensmitteln für die Cottages notwendig. Es gibt zudem einen mit den nötigsten Lebensmitteln ausgestatteten Shop im Nationalpark.*

info

Great Karoo

Obwohl die Central Karoo sehr eintönig erscheinen mag, ist sie ohne Zweifel voller Reize. Weite Flächen, kaum Bäume, riesige Farmen, bizarre Felsformationen und Tafelberge geben dieser Landschaft eine ganz persönliche Note.

Wer dicht besiedelte Gegenden gewohnt ist, wird sich in dieser Unendlichkeit wohlfühlen, denn sie vermittelt ein Gefühl der Freiheit. Dies erkannten schon die ersten Siedler und ließen sich hier vor 200 Jahren nieder. Die Wasserknappheit machte ihnen zu schaffen, doch halfen die Windradpumpen, dieses Manko auszugleichen. Für den Anbau von Gemüse und Früchten wurden in Talsohlen kleine Bewässerungskanäle angelegt. Haupteinnahmequelle stellt bis heute aber die extensive Weidewirtschaft dar. Zumeist handelt es sich um **Schaf- und Ziegenhaltung**, denn diese Tiere sind am widerstandsfähigsten, was

info

Wüstennahrung und knappes Wasser angehen. Daher fehlt das Karoo-Lamm auch heute noch auf keiner Speisekarte. Doch seit Jahren haben die Farmen arge wirtschaftliche Probleme. Die Fleischpreise sind zu niedrig, Wolle und Felle nicht mehr so gefragt. Viele mussten aufgeben und an die Nachbarn verkaufen.

Erstaunlich ist die **Vegetation** in der Karoo: Im Frühling blühen viele Pflanzen. Selbst während der anderen Jahreszeiten leuchtet hier und da eine Pflanze auf. Blickt man schräg über die Flächen, erhält man den Eindruck, dass die Wüste dicht bewachsen ist. Läuft man über die Fläche, stellt man jedoch fest, dass die Pflanzen weit auseinander stehen und dass sie meist nicht blühen, sondern aus dornigen Sträuchern bestehen.

Die Weite der Great Karoo

Das Wort „**Karoo**" geht auf „**Kurú**" zurück, das in der Khoi-Sprache bedeutet: trocken, harsch und widerstrebend (Barren). Für die Halbwüste haben es die Khoi als „**Land des Durstes**" verwendet. In Stichworten: **Fläche**: ca. 250.000 km² (Angaben variieren). Zählt man die Bo-Karoo und übergreifende Abschnitte der Süd-Kalahari, der Klein Karoo und des Gebietes bis zur Atlantikküste hinzu, sind es rund 500.000 km². **Durchschnittlicher Niederschlag** und **Höhe** über Null der Ebenen: 260 mm/Jahr, 900 m. **Höchster Berg**: Sneeuberg (2.504 m). **Typische Pflanzen**: Sukkulenten und Dornbüsche, 7.000 Pflanzenarten. **Durchschnittliche Sommer-/Wintertemperatur**: 33 °C/18 °C (es kann nachts Frost geben). **Hauptregenzeit**: März und April. Die **Trockengebiete Namaqualand**, **Kalahari und Karoo** bedecken nahezu 50 % der Fläche Südafrikas. **Beste Tageszeit**, die Karoo zu bereisen: Früh morgens, wenn die Sonne aufgeht. Informative Internetseite: https://karoospace.co.za.

Somerset East

Das Gebiet der heutigen Stadt Somerset East war Ende des 18. Jh. Teil einer Farm, auf der u.a. Louis Trichardt wirtschaftete, der erkannt hatte, dass sich das Gebiet gut für den **Tabakanbau** eignet. Nachdem Trichardt weiter nach Norden gezogen war, eröffnete hier der damalige Gouverneur, Lord Charles Somerset, 1815 eine Versuchsfarm für Tabak, die die Truppen im Norden und Osten der Provinz versorgen sollte. 1827 überließ man die Hänge am Bosberg den Wesley-Missionaren. Sie errichteten als erstes eine kleine Kapelle, aus der dann später das Pfarrhaus hervorging, das heute das **Somerset East Museum** beherbergt. In diesem ältesten Gebäude der Stadt sind Möbelstücke und Haushaltsgegenstände zu sehen. Am interessantesten aber sind das Gebäude selbst, die 700 Rosenbüsche sowie der kleine Gewürzgarten.

Somerset East Museum *(The Old Parsonage), Beaufort St., am Fuße des Bosberg, ✆ (042) 243-2079. Mo–Fr 8–12.30 & 14–16.30 Uhr*

Berühmtestes Kind der Stadt war der Maler Walter Battiss, der später viel gereist ist und lange Zeit in Amerika gelebt hat. Er bewohnte mit seiner Familie ein Haus in der Poulet Street, vormals eine Offiziersmesse. Battiss war ein etwas introvertierter Zeitgenosse, in seinen Fantasien lebte er in einem selbst gegründeten Staat. Diesen nannte er „*Fook Island*". Die Idee von dieser kleinen selbst geschaffenen Oase verewigte er nicht nur in seinen Bildern, sondern er fing auch an, *Fook Island*-Briefmarken und sogar *Fook Island*-Geld zu entwerfen. Mit dieser Währung bezahlte er so einige Rechnungen im Ausland, ohne dass dies immer auffiel. Nach seinem Tod vermachte er der Stadt 18 seiner Werke, und die Stadt eröffnete daraufhin das **Walter Battiss Art Museum** in dem o. g. Haus. Neben seinen Werken kann man auch Gemälde anderer Künstler bewundern. Zusätzlich gibt es verschiedenste Wanderausstellungen.

Fantasiestaat

Walter Battiss Art Museum, *Ecke Poulet/Beaufort Sts., ✆ (042) 243-1448, www.somerset-east.co.za, Mo–Fr 10–14 Uhr und auf Anfrage*

Heute ist Somerset East ein Zentrum der Mohairwollproduktion, und in etwas feuchteren Lagen werden auch Zitrusfrüchte angebaut. 3 km entfernt befindet sich das **Bosberg Nature Reserve**, in dem es u .a. auch Bergzebras zu sehen gibt. In erster Linie lädt der Park aber zu Wanderungen ein. Viele Besucher von Somerset East nutzen die zahlreichen Stauseen in der Gegend zum Angeln.

Reisepraktische Informationen Somerset East

Information

Tourism Somerset East, *im Walter Battiss Art Museum, Ecke Poulet/Beaufort Sts., ✆ (042) 243-1448, www.somerset-east.co.za.*

Unterkunft/Essen und Trinken

Avondrust Guesthouse $$, *Ecke Rawson/18 Louis Trichardt Sts., ✆ (083) 736-8922. Charmantes B&B mit 10 (teils klimatisierten) Zimmern in einem historischen Haus. Pool, schöner Garten.*

Herberg Manor $$, *53 Louis Trichardt St., ✆ (066) 265-1116. Fünf Zimmer im Obergeschoss einer großzügig angelegten Villa. Ein Zimmer mit Balkon und Ausblick über den Ort. Dinner mit Voranmeldung.*

Angler & Antelope Guesthouse $$–$$$, *2 College St., ✆ (079) 488-1361, www.anglerandantelope.co.za. Hier wohnt man in schön renovierten historischen Kirchengebäuden. Leckeres Karoo-Essen und tolle Whiskey-Auswahl in der Bar. Hier steigen auch gern Angler ab (daher der Name), die sich dem Flyfishing verschrieben haben.*

Camping

Die Kaia, *R 335, 4 km südl., ✆ (078) 579-3959, www.diekaiaresort.co.za. Camping direkt am Fish River. Zudem* **Zelthütten** *($). Bootsverleih, Farmerlebnis.*

Festival

Jedes Jahr findet im Juni oder Juli das **Biltong Festival** *statt. Dazu reisen Liebhaber des Trockenfleisches aus dem ganzen Land an.*

Graaff-Reinet

Die „Perle der Karoo" ist eine Kleinstadt mit etwa 50.000 Einwohnern. Bereits 1786 gegründet, ist sie die viertälteste Stadt Südafrikas. Die nach dem Gouverneur Cornelis Jacob van de Graaff und seiner Frau Cornelia Reynet benannt Stadt wurde in der Flussschleife des Sundays River angelegt, da man sich davon damals einen natürlichen Schutzwall gegen die Angriffe der Xhosa versprach. Zu dieser Zeit war Graaff-Reinet ein Versorgungszentrum für die Farmer. Bereits 1794 gründete die Kapregierung einen Verwaltungssitz, den Drostdy. Doch wurden in der Verwaltung nur wenige Angestellte eingesetzt. Und die versprachen in Zeiten der Unruhen kaum militärische Hilfe. Unzufrieden mit diesem Zustand und der ihrer Ansicht nach zu freundlichen Behandlung der Khoi-San, vertrieben die Bürger 1796 den von den Engländern eingesetzten Landdrost und erklärten Graaff-Reinet zum eigenständigen Staat (Erste Burenrepublik). Dieser Zustand hielt nicht lange an. Truppen wurden entsandt, um die Regierungsgewalt wieder zu übernehmen. Doch blieb Graaff-Reinet für die Kolonialherren bis zu Beginn des 19. Jh. ein unruhiges Pflaster. Die Bürger lehnten sich immer wieder auf. Viele von ihnen waren so unzufrieden, dass sie ihre Farmen verließen, sich dem Großen Trek von Pretorius und Maritz anschlossen und nach Norden zogen.

Gründung einer Burenrepublik

Trotz der Zwischenfälle entwickelte sich Graaff-Reinet im 19. Jh. zum bedeutenden Handelsposten und ist heute einer der historischen Glanzpunkte des Landes. Der Ort verfügt, vor allem dank der „Save Reinet Foundation" der Rupert-Familie, über **220 denkmalgeschützte Gebäude** aus allen Zeitepochen. Keine andere Stadt in Südafrika erreicht diese Zahl nur annähernd. Hauptwirtschaftszweig der Region ist, bedingt durch die geringen Niederschläge, noch immer die **Angoraziegen**- und **Merinoschafzucht**. Viele Farmer haben jedoch die **Straußenzucht** als zweites Standbein gewählt. Der Tourismus nimmt, auch dank des die Stadt umgebenden Camdeboo National Park, ebenfalls zu, was an der steigenden Zahl an Boutiquen und Restaurants abzulesen ist. Nennenswerte Wirtschaftsbetriebe sind die Großschlachterei (große Mengen an Wildfleisch für den Export in die EU werden hier verarbeitet) sowie die **Obesa (Nursery) Plantation** südlich der Stadt. Letztere ist ein Muss für Sukkulenten-Fans. 350.000 Pflanzen von 7.000 Spezies werden hier jährlich gezogen und weltweit verkauft. Toll ist das Kak-

Graaff-Reinet liegt idyllisch in der Flussschleife des Sundays River

teen-Labyrinth! Ein Besuch sollte vorher angemeldet werden (✆ *079-496-8067, https://obesanursery.com*). Den Grundstock für die Pflanzenzucht legte der Vater des heutigen Besitzers vor Jahrzehnten in der **Obesa Nursery (11)** (*49 Murray St., tgl.*), deren Besuch ebenfalls lohnt. Wie durch einen teilweise fast undurchdringlichen Wald läuft man hier zwischen bis zu 8 m hohen Kakteen und Sukkulenten. Hier kann man auch kleine Pflanzen kaufen.

Sehenswertes in Graaff-Reinet

In der Innenstadt im Umkreis von 500 m um das Drostdy Hotel gibt es reihenweise historische Gebäude, die man in Ruhe zu Fuß an einem Tag besichtigen kann. Für Pausen locken die Gartenterrasse des Drostdy und weitere Lokale in der Innenstadt. Am besten man beginnt den Rundgang am gut ausgestatteten **Tourist Office** im Old Library Museum (s. u.), wo es hilfreiches Kartenmaterial gibt.

Graaff-Reinet

Sehenswürdigkeiten
1 Old Library Museum Touristeninformation
2 The Drostdy
3 Stretch's Court
4 The Old Residency
5 Reinet House
6 Urquhart House
7 Graaff-Reinet Pharmacy
8 Hester Rupert Art Museum
9 Dutch Reformed Church
10 Taxidermy (Geschäft)
11 Obesa Nursery

Unterkünfte
1 Camdeboo Cottages
2 Avondrust
3 Drostdy Hotel
4 Karoopark Guesthouse

Drostdy (2)

Das Drostdy wurde kurz nach der Stadtgründung errichtet und diente den Engländern als Verwaltungssitz. Nach Streitigkeiten zwischen Einwohnern und Beamten wurde das Gebäude zu einem Hotel umfunktioniert, das im Laufe der Jahre immer weiter vergrößert und erst in jüngerer Vergangenheit wieder in den ursprünglichen Zustand versetzt wurde. Die Innenräume wurden so hergerichtet, wie sie Mitte des 19. Jh. ausgesehen haben mögen. Das Hauptgebäude ist heute die Eingangshalle des Hotels.

Hinter dem Hauptgebäude befindet sich der **Stretch's Court (3)**, eine kleine Kopfsteinpflasterstraße mit sieben Häuschen, die früher als Sklavenunterkünfte dienten. Mitte des 19. Jh. kaufte Kapitän Stretch diese Häuser, teilte das Gebiet in Parzellen auf und verkaufte sie wieder an (freie) Schwarze. 1966 gingen sie in den Besitz der „Vereinigung historischer Gebäude Südafrikas" über, die sie völlig restaurierte und dem Hotel übergaben. Heute beherbergen sie Hotelapartments.

Fünf historische Gebäude bzw. Museen in Graaff-Reinet unterliegen der städtischen Museumsverwaltung und sind mit vergünstigten Kombi-Eintrittskarten zu besichtigen.

Old Library Museum (1)

Im Old Library Museum gibt es u. a. zwei sehr interessante Abteilungen:
Zum einen kann man **Bilder des Fotografen William Roe** bewundern, der in der zweiten Hälfte des 19. Jh. das Land bereist hat. Besonders eindrucksvoll sind die Fotografien vom alten Graaff-Reinet. Zum anderen gibt es eine **geologisch-paläontologische Abteilung**, die Funde von über 200 Mio. Jahre alten Sauriern ausstellt. Diese lebten in der Karoo, als es sich noch um eine sumpfige Ebene handelte. Zu dieser Zeit war der afrikanische Erdteil noch Teil Gondwanas, des riesigen Urkontinents, bestehend aus der Antarktis, Südamerika, Australien und dem heutigen Afrika. Damals war die Karoo noch zentraler Teil des Kontinents. Die Oberfläche war das, was heute die Bergspitzen sind. Die heutigen Steine wurden aus den Sand- und Tonablagerungen geschaffen, die die Flüsse in das Karoobecken eingeschwemmt hatten. Millionen Jahre später hob sich der Kontinent und die Flüsse begannen sich in die Sandsteinschichten einzugraben. Langsam entstand das heutige Landschaftsbild. Tierkadaver wurden häufig von den Flüssen mitgerissen und in die Ebenen gespült, wo sie in den später ausgetrockneten Lehmpfannen „konserviert" wurden. Farmer stoßen auch heute immer wieder auf Fossilien. Bei den meisten Funden handelt es sich um Übergangsformen vom Wasser- zum Landtier. Bekanntestes Exemplar ist der *Pareiasaurus*, ein Reptil, das bis zu einer Tonne wiegen konnte, bei einer Länge von 3 m. Später ist es aus diesem Gebiet ausgewandert, man hat Überreste bis nach Sibirien gefunden. Es besteht die Möglichkeit, mit einem im Museum ausgestellten *Permit* **Fundstellen von Sauriern** auf umliegenden Farmen zu besichtigen. Solange das geplante Museum im Township noch nicht eröffnet ist, gibt es hier auch eine Ausstellung über den Freiheitskämpfer **Robert Sobukwe**.

Dinosaurier-ausstellung

Old Library Museum, *Church St., zwischen Somerset und Parsonage Sts., ✆ (049) 892-4248, www.graaffreinetmuseums.co.za, Mo–Fr 9–17 Uhr.*

The Old Residency (4)

Typisch für ein Stadthaus des 19. Jh. ist die H-förmige Gliederung des Hauses. Die Ausstellung befasst sich mit dem englischen *Midland Regiment* und einer großen Sammlung an Sportwaffen. Dazu muss man wissen, dass das Vogel- und Tontaubenschießen in der Region eine große Bedeutung hatte bzw. hat.

The Old Residency, *Ecke Parsonage/Murray Sts., ✆ (049) 891-0664, www.graaffreinetmuseums.co.za, Mo–Do 8–13 u. 13.45–16.30, Fr 8–13 u. 13.30–16, Sa/So 9–13 Uhr.*

Reinet House (5)

Alltagsgegenstände aus dem 19. Jh.

Ursprünglich diente das 1812 erbaute Gebäude als Pfarrhaus. Heute beherbergt es als Museum eine Sammlung von Möbeln, Küchengeräten, Kinderspielzeug und Haushaltsgegenstände aus dem 19. Jh. Im Hinterhof ist eine **Wassermühle** zu besichtigen. In einer Scheune befinden sich alte landwirtschaftliche Geräte, vom Pferdewagen bis zur Heugabel. Auf dem Gelände befindet sich auch das **Military History Museum** (*nur Mo–Fr*). Es erzählt die Geschichte der Stadt während des Anglo-Burischen Krieges und vom Schicksal der Regimenter aus Graaff-Reinet in den Weltkriegen. Eine besondere Attraktion ist die **größte Weinrebe der Welt**. Ihr Umfang maß 1983 noch 3,1 m, doch befiel sie eine Pilzkrankheit, sodass sie beschnitten werden musste und heute aus mehreren Teilen besteht. Als Souvenir eignet sich eine Flasche des im Hause destillierten, scharf schmeckenden „Whithond".

Reinet House, *am Ende der Parsonage St., ✆ (049) 892-3801, www.graaffreinetmuseums.co.za, Mo–Do 8–16.30, Sa/So 9–13 Uhr.*

Urquhart House (6)

Im ehemaligen Clegg's Midland Hotel sind heute das Familienarchiv sowie die Stammbäume der Anwohner untergebracht. Man darf in den historischen Unterlagen stöbern. Die viktorianischen Möbel und die alte Küche sind nur bedingt sehenswert.

Urquhart House, *Somerset St., in der Nähe des Market Square, ✆ (049) 892-5650, www.graaffreinetmuseums.co.za, Mo–Do 8–13 u. 13.45–16.30, Fr 8–13 u. 13.30–16 Uhr.*

Giant Flag Project

Seit einigen Jahren plant man, nahe der Stadt eine 66 ha große südafrikanische Flagge auf dem Grund anzulegen, die noch aus dem All zu erkennen sein soll. Das 1-Mrd.-Rand-Projekt muss aber erst einmal finanziert werden. Teuer wird v. a. der schwarze Bereich, der durch Solarkollektoren dargestellt werden soll. Für die bunten Farben werden rund 2,5 Mio. Pflanzen sorgen, u. a. aus der Obesa Nursery. Das Projekt soll über 700 permanente „grüne" Jobs schaffen. Der Eindruck drängt sich auf, dass seit geraumer Zeit Stillstand herrscht. Infos: www.giantflag.co.za.

Weitere interessante Punkte sind die historische **Graaff-Reinet Pharmacy (7)** in der Caledon Street, das **Hester Rupert Art Museum (8)** in der ehemaligen **Dutch Reformed Mission Church** (*Church St., https://rupertartmuseum.co.za, Mo–Fr 9–12.30 u. 14–17, Sa/So 9–12 Uhr*, Werke südafrikanischer Künstler) und die 1886 eingeweihte **Dutch Reformed Church (9)** am Nordende der Church Street. Sie wurde der Kathedrale von Salisbury nachempfunden. Am besten macht man sich selbst ein Bild von der Stadt, die dem Besucher fast wie ein Puppenhaus erscheinen mag, so herausgeputzt sind die unzähligen kleinen Häuschen. Im Industriegebiet östlich des Ortskerns befindet sich mit der **Karoo Taxidermy** (*15 van der Bijl St.,www.karootaxidermy.com*) einer der größten Tier-Präparations-Betriebe Südafrikas. Besichtigungen sind möglich, mögen allerdings nicht jedermanns Geschmack treffen. Ein zugehöriges Geschäft **(10)** liegt in der Innenstadt, Ecke Church/Middle Sts. Das **Recollection Rides** (✆ *(027) 724-830475*), ein tolles Museum mit historischen Automobilen, wurde bis auf Weiteres geschlossen, soll aber wieder eröffnen. Interessierte sollten sich unbedingt nach dem Stand der Dinge erkundigen.

Valley of Desolation

Gewaltige Steinsäulen

Teil des Camdeboo National Park. **Anfahrt**: Etwa 5 km entlang der Straße nach Murraysburg fahren und dann nach links abbiegen. Bereits die Anfahrtsstrecke ist den Ausflug wert. Zuerst steigt die Straße entlang eines kleinen Tals steil an. Nach etwa 6 km beeindruckt der Ausblick auf das fast 500 m tiefer gelegene Graaff-Reinet und die Camdeboo-Ebene. Die **Spandau-Koppe** schräg gegenüber erhielt ihren Namen von einem deutschen Reiteroffizier, den sie an die Spandauburg in seiner Heimat erinnerte. Nach weiteren 3 km endet die Straße an einem Parkplatz, von dem aus man in 5 Min. zu Fuß bei den Aussichtsplattformen ist. Das Tal wurde

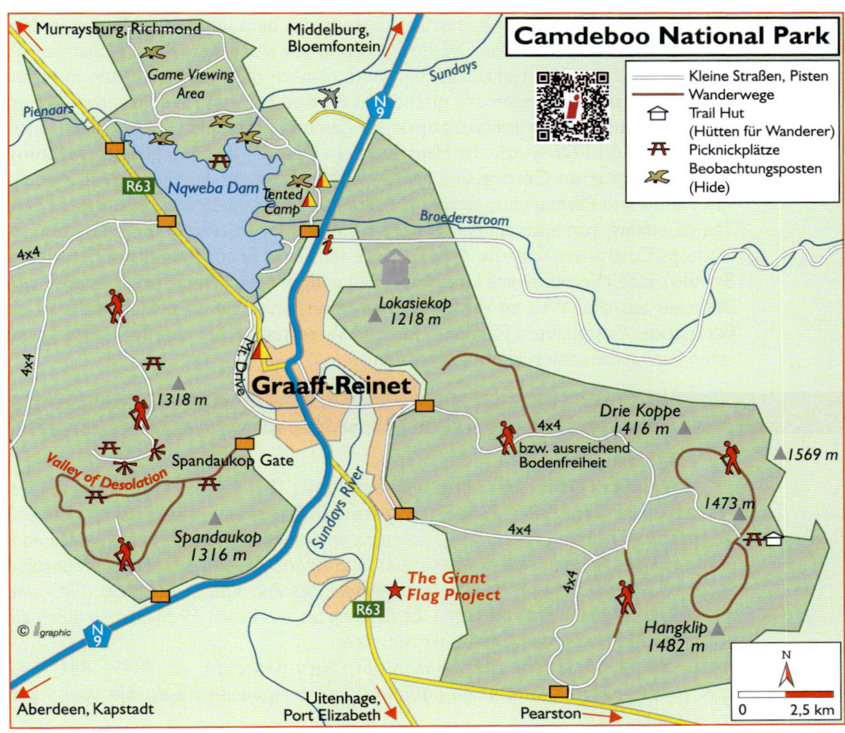

im Laufe von Jahrmillionen durch Verwitterungserosion geschaffen. Dabei „zerplatzen" die Steine durch den schnellen Wechsel von warmer und kalter Luft sowie Nässe und Trockenheit, was beides Schrumpfungs- und Ausdehnungsprozesse hervorruft, denen die Steine nicht standhalten konnten bzw. können. Hierbei sind verschiedenste Felsformationen entstanden, Steinsäulen von über 100 m Höhe ragen senkrecht auf. Auf dem **Rundwanderweg** gelangt man nach ca. 30 Min. wieder zum Parkplatz. Das Tal selbst ist besser von Graaff-Reinet aus zu erkunden.

Camdeboo National Park

Der Park (Karte s. S. 471) wurde 1975 angelegt, seither erweitert auf heute rund 20.000 ha und umschließt mittlerweile die Stadt fast ganz. Kernstück ist der **Nqweba Dam**, dessen Wasserflächen unzählige Vogelarten anlocken. Auch das **Valley of Desolation** gehört dazu. Mehrere Savannentiere wurden eingebürgert, u. a. Duiker und verschiedene Springbockarten. Auch Bergzebras leben hier. Den Park kann man auf mehreren **Wanderwegen** erkunden (45 Min.–2 Tage). Auskünfte hierzu erteilt das Visitor Centre des Parks, 2 km nördlich der Stadt an der N 9 (✆ *049-892-3453, www.sanparks.org*).

Abstecher nach Nieu-Bethesda

Karoo-Charme

50 km nördlich von Graaff-Reinet liegt abseits das bezaubernde, 1875 gegründete Örtchen Nieu-Bethesda. Der Ort sprüht nur so vor trockenem Karoo-Charme und ist dabei total schräg angehaucht. Hier lebte nämlich die skurrile Künstlerin Helen Martins ganz zurückgezogen und machte das Nest so berühmt. In dem von ihr kreierten **Owl House** stehen ihre Skulpturen aus Zement, Draht und Glas, vor allem Eulen. Nach ihrem Tod 1976 wurde das Haus zu einem Museum. Im benachbarten **Kitching Fossil Exploration Centre** sind bis zu 253 Mio. Jahre alte Fossilien sowie Modelle von Tieren und Pflanzen aus diesem Zeitalter zu sehen. Mehr Interessantes zu dem Thema erfährt man auch auf der Ganora Farm (s. u.). Mittlerweile locken nette Coffeeshops, Gasthäuser, Kunsthandwerker, Galerien (Tipp: **Frans Boekkooi Sculpture Studio**), eine Microbrewery samt Käse-Deli und ganz einfach die urige Atmosphäre Besucher aus aller Welt an. Verschiedenste Unterkünfte bieten sich ebenfalls an, ob Backpacker, Gästehäuser, Farmen oder ein Wasserturm. Nur eine Tankstelle sowie einen Bankautomaten sucht man vergebens.

Reisepraktische Informationen Graaff-Reinet und Nieu-Bethesda

Information

Tourism Office, *17 Church St., Graaff-Reinet, ✆ (049) 892-4248, www.graaffreinet.co.za. Hier kann man auch* **Farmunterkünfte** *sowie* **-besichtigungen** *und* **Township-Touren** *buchen. U. a. können ein im Aufbau befindliches Sobukwe Museum (uMasizakhe) und das Grab des bekannten Anti-Apartheid-Aktivisten Robert Mangaliso Sobukwe besucht werden. Er war Mitbegründer des Pan African Congress (PAC) und organisierte 1960 die Proteste gegen die Passgesetze, bei denen 69 Menschen durch die Polizei erschossen wurden (Sharpeville Massacre).*

Infos zu Nieu-Bethesda: *Martins St, Nieu-Bethesda, ✆ (049) 841-1642 bzw. (072) 742-7113, http://nieu-bethesda.com; www.nieubethesda.info oder www.graaffreinet.co.za.*

Unterkunft

Avondrust (2) $$, *40 Somerset St., ✆ (083) 377-4381. Tolle, große Villa in viktorianischem Stil. Großer Garten mit lustigen Figuren und alten Möbelstücken darin. Von mehreren Lesern empfohlen.*

Drostdy Hotel (3) $$$–$$$$, *30 Church St., ✆ (049) 892-2161, (021) 427-5900 (Reservierung), https://newmarkhotels.com. Ein Klassiker unter Südafrikas Country Hotels. Die ehemalige Landvogtei („Drostdy") sieht wieder aus wie zu Beginn des 19. Jh. Dazu wurden Antiquitäten zusammengetragen und der gesamte Komplex aufwendig restauriert. In den ehemaligen Sklavenhäusern im Stretch's Court wohnt man heute u. a. in Familien-Suiten. Schön sind auch die historischen Unterkünfte im Ferreira Court. Lesertipp: Zimmer 1704. Exzellentes Restaurant.*

Karoopark Guesthouse (4) $$, *81 Caledon St., ✆ (049) 892-2557, www.karoopark.co.za. Zentral in der Stadt gelegene, gemütliche Unterkunft, die für jeden etwas bietet. Im historischen Vorderhaus kann man speisen, eine große Bar lädt zum Sundowner ein. Die Zimmer verteilen sich über ein parkähnliches Gelände. Die Auswahl reicht vom kleinen 1-Personen-Zimmer über geräumige Doppelzimmer und Suiten bis zu Selbstversorger-Apartments. Pool und Bar. Es werden Exkursionen in die Umgebung angeboten.*

Camdeboo Cottages (1) $$–$$$, *16 Parliament St., ✆ (049) 892-3180, www.camdeboocottages.co.za, www.facebook.com/Camdeboo. Hier kann man von „urigen Kleinodien" sprechen: denkmalgeschützte Cottages aus dem 19. Jh., viele mit alten Yellowwood-Böden, für Selbstversorger. Pool und Innenhof. Der Preishit im Ort. Es gibt auch moderne Zimmer mit Veranda.*

Mount Camdeboo Private GR, *✆ (021) 427-5900 (Reservierung), https://newmarkhotels.com. Auf 14.000 ha gibt es Antilopen, Strauße, Zebras, Vögel und sogar Nashörner und Geparde zu erleben. Das benachbarte* **Samara Private GR** *(✆ (031) 262-0324 bzw. (049) 940-0059, www.samara.co.za) ist mit 28.000 ha noch größer und verspricht die Big Five, Unterkünfte in einer alten Farm-Villa oder alleinstehenden Cottages vom Feinsten – wer mag, kann sogar unter freiem Himmel nächtigen. Für alle Optionen gilt:* **$$$$$**, *im Preis enthalten sind alle Mahlzeiten und Ausfahrten – und die Ruhe der Karoo. Anfahrt: R 75 25 km nach Süden, dann nach Osten auf R 63, nach 5 km nach Norden abzweigen auf die Piste (Petersburg Rd., ausgeschildert).*

Nieu-Bethesda

Unterschiedlichste Unterkünfte, so z. B. im runden, rustikalen **Water Tower (Tower B&B)** $–$$, *✆ (049) 841-1642, www.nieu-bethesdatourism.com. Weitere unter https://nieubethesdatourism.co.za (auf „Accommodation", dann „Self-Catering" klicken). Farmempfehlungen:* **Ganora Guestfarm** $$, *etwa 8 km nordöstlich von Nieu-Bethesda, ✆ (049) 841-1302 bzw. (082) 698-0029, www.ganora.co.za. Selbstversorger- sowie B&B-Unterkünfte auf einer Schafsfarm. Tolle Exkursionen (San-Felszeichnungen, Fossilien, medizinische Pflanzen).* **Groenvlei Farm** $, *✆ (082) 659-2456, www.groenvlei.co.za. 1- bis 4-Zimmer-Cottages auf einer echten Farm, 37 km westlich von Nieu-Bethesda. Authentisches Karoo-Feeling!*

Camping

Profcon Resort, *88 Somerset St., ✆ (084) 208-2340, https://profconresort.co.za. Mitten in der Stadt. Acht saubere Rasenstellplätze mit jeweils eigenem Schattenplatz. Auch Zimmer, Apartments und Chalets. Einfaches Restaurant, Pool und Bar anbei. Sehr familienfreundlich.*

Am Staudamm im **Camdeboo NP** *gibt es ein kleines* **Camp** *mit 4 voll eingerichteten* **Selbstversorger-Safari-Zelten** *($$–$$$, Gemeinschaftsküche) sowie einem* **Campingplatz** *mit 15 Stellplätzen, ✆ (049) 892-4248, www.sanparks.org.*

Essen und Trinken

Im beliebten **Frontiers Restaurant**, *3 Parsonage St., Graaff-Reinet, ✆ (063) 872-0916, werden leckere, mit Finesse zubereitete südafrikanische Gerichte serviert. Das* **De Camdeboo Restaurant** *im Drostdy Hotel (s. o.) ist exquisit, allerdings teuer. Lecker und relativ preiswert speist man im* **Karoopark Guesthouse** *(s. o.), im Vorgarten des* **Coldstream Restaurant** *(3 Church St., ✆ (082) 923-8384) bzw. im* **Hello You** *(52 Somerset St., ✆ (082) 225-8918).*

Nieu-Bethesda

The Brewery & Two Goats Deli, *Pienaar St., ✆ (081) 015-7996. Leckerer Kaffee, selbstgebrautes Bier sowie Käseplatten, Kuchen und andere Kleinigkeiten.*

Schienentrolley

Blaauwater Railways, *✆ (082) 573-0827. Tubby ist ein kleiner Wagen, der früher zur Inspektion der Eisenbahngleise des Bezirks verwendet wurde. Heute können sich Besucher auf zweistündigen Touren auf den Lootsberg befördern lassen. Die Aussicht ist herrlich und es besteht die Möglichkeit, auf der Fahrt Kudus und kleinere Antilopen zu beobachten.*

Hinweis

Zur Routenalternative über De Rust, durch den Meiringspoort und nach Prince Albert s. S. 477.

Die Strecke nach Beaufort West beeindruckt erneut durch die Weite der Karoo. Wer die Strecke über **Aberdeen** wählt, durchquert das Gebiet mit der größten Mohair-Produktion Südafrikas. Die für einen Ort dieser Größe architektonische Vielfalt ist Zeuge einer bewegteren Zeit. Auch Besichtigungen echter Karoo-Farmen werden mittlerweile angeboten. Es tut sich also was, kurz mal vorbeischauen lohnt sich allemal. Im **Kamdebo Padstal** (*35 Hope St., Kreuzung R61/N9*) gibt es Souvenirs, u. a. aus Mohair-Wolle, und Snacks. Der Garten im **The Blue Door** (*18 Voortrekker St.*) eignet sich hervorragend für eine Pause mit Apple Tart, Milkshake oder einem Karoo-Gericht.

Beaufort West

Oase der Karoo

Beaufort West wurde 1818 auf dem Gelände der Farm *Hooijvlakte* gegründet. Initiator war Kapgouverneur Lord Charles Somerset, unterstützt von der Dutch East India Company. Schon bald wurde ein Bewässerungsprojekt ins Leben gerufen und die Stadt ergrünte, was ihr die Beinamen „*Oasis in the Karoo*“ und „*Heart of the Karoo*“ einbrachte. Beaufort West, das heute 34.000 Einwohner zählt, ist auch bekannt für seine Birnbäume, die die großen Straßen säumen und im September/Oktober zu blühen beginnen – in einem Gebiet mit knapp 250 mm Niederschlag pro Jahr!

In der Stadt gibt es einige alte Häuser und Kirchen zu sehen. Das **Beaufort West Museum** zeigt neben historischen Gegenständen auch eine Ausstellung zu Ehren des weltbekannten Herzchirurgen **Christiaan Barnard** (s. S. 172). Er wurde hier 1922 als Sohn eines Pfarrers geboren. Sein Grab befindet sich im Garten des Pfarramts. Das Museumsgebäude, 1867 fertiggestellt, diente lange Jahre als erstes Bürgermeisteramt in der Karoo. Damals mussten viele Farmer Hunderte von Kilometern hierherreisen, um amtliche Dinge zu regeln.

Berühmter Sohn der Stadt

Beaufort West Museum, *87 Donkin St., ✆ (023) 415-2308, Mo–Fr 7.45–16.45, Sa 9–12 Uhr.*

Trotz kleiner Sehenswürdigkeiten sowie gemütlicher B&B-Unterkünfte – leider ist Beaufort West durch Lärm und Abgase des massiven Durchgangsverkehrs geprägt.

Karoo National Park

Der Park wurde 1979 eingerichtet und seitdem auf heute über 800 km² vergrößert. Ziel war es, die typische Flora und Fauna der Karoo-Halbwüste zu erhalten und der Allgemeinheit zugänglich zu machen. Das Parkgebiet reicht bis in die Nuweveld Mountains mit Höhen bis zu 1.911 m hinauf. Im Sommer wird es in den Ebenen extrem heiß, im Winter ist es besonders abends in den Hochlagen sehr kalt.

Große Temperaturunterschiede

Durch den Park führen Lehrpfade wie der **Fossil Trail** (400 m, 250 Mio. Jahre geologische Geschichte), der **Bossie Trail** (800 m, 65 verschiedene Pflanzen) sowie der 5 km lange, anstrengende **Pointer Trail** nahe dem Visitor Center (nur mit Führung), im Park gibt es den 11 km langen **Fonteintjieskloof Trail** (4–5 Std., Schlucht, Plateau, Aussicht, Permit erforderlich) und den dreitägigen **Springbok Hiking Trail** (27 km, Basishütte, Hochplateau, im Voraus reservieren), außerdem mehrere Allradstrecken unterschiedlicher Länge und Schwierigkeit (vorher reservieren, tw. Aufpreis). Infos: *www.sanparks.org*. Ranger führen morgens Wanderungen mit Erläuterungen durch. Am Damm bietet sich zudem ein Platz zur **Vogelbeobachtung** an. Für Pirschfahrten rentiert sich der **Morning Drive**. Die **Vegetation** besteht vornehmlich aus Zwergsträuchern, Gräsern und

Nuweveld Mountains im Karoo NP

Typische Karoo-Vegetation

Zwiebelgewächsen. Letztere haben die Eigenschaft, während ungünstiger Jahreszeiten unterirdisch auszuharren. Typischer Vertreter der Halbwüste ist der „Karoo-Busch", der eher einer Kräuterpflanze als einem Busch ähnelt. Man sieht ihn auch entlang der Landstraßen, denn er bedeckt die größten Flächen der Karoo. Zur interessanten **Tierwelt** zählen Löwen, Steppentiere, Bergzebras und Raubvögel (u. a. Bussarde, Adler). Neben Elen- und Kuhantilopen, Spring- und Spießböcken leben auch Strauße hier. Über die wenigen Black Rhinos hört man wenig, denn man hat Angst vor Wilderern. Insgesamt wurden 67 Säugetierarten im Park gezählt. Und in keinem anderen Park auf der Welt gibt es so viele Schildkrötenarten, wie hier. Weiterhin sind besonders die **fossilen Funde** sehenswert, die entlang dem gleichnamigen Trail erläutert werden. Man hat bereits Knochen in der Karoo gefunden, die von reptilienartigen Säugetieren stammen, die vor über 240 Mio. Jahren hier gelebt haben. Zu jener Zeit war die Karoo noch ein Feuchtgebiet.

Unterkünfte und einen Platz im Restaurant sollte man vorher buchen. Infos zu Geologie, Tierwelt und zur Geschichte der Region vermittelt das **Interpretive Centre**, 1 km vorbei am Main Camp.

Reisepraktische Informationen Beaufort West und Karoo NP

Information

Tourism Centre, *59 Donkin St. (Clyde House), ✆ (023) 415-1488 bzw. (087) 700-8210, https://beaufortwest.net. Auch Infos über Farmunterkünfte in der Karoo.*
Karoo NP, *✆ (023) 415-2828/9 bzw. 414-7080, www.sanparks.org, Gates geöffnet 5–22 Uhr, Rezeption 7–19 Uhr.*

Unterkunft

Es gibt zahlreiche Unterkunftsmöglichkeiten aller Preisklassen entlang der Hauptstraße, der **Donkin Street**. *Diese ist aber zugleich auch die* **N1**, *nachts kann der Lkw-Verkehr sehr störend sein. Also: Zimmer nach hinten hinaus buchen.*
Matoppo Inn $$, *7 Bird St., ✆ (023) 415-1055, www.matoppoinn.co.za. Wunderschöne B&B-Unterkunft in einem historischen Drostdy-Haus (1834). 9 Zimmer, luxuriös eingerichtet. Pool und Garten. Ruhig gelegen. Auf Vorbestellung gibt es ein typisches Karoo-Dinner.*
Beaufort Manor $$, *13 Bird St., ✆ (023) 415-2175, www.beaufortmanor.co.za. Elegante Lodge mit Cottages und sehr ansprechenden Zimmern, Pool, Restaurant (Dinner auf Vorbestellung). Ruhige Lage.*
Lemoenfontein Country House $$–$$$, *De Jagers Pass Rd. (2 km nördl. von Beaufort West), ✆ (023) 415-2847, https://lemoenfontein.co.za. War bereits im 19. Jh. als Jagdfarm etabliert. Heute wohnt man in einem der 12 klimatisierten Zimmer mit großen Türen zur Veranda. Im Game Reserve sind Zebras, Giraffen und verschiedene Antilopen zu sehen. Wandermöglichkeiten und Eco-Touren bieten ein wirkliches Karoo-Erlebnis, zum Dinner steht ein 3-Gänge-Menü an.*
Ko-Ka-Tsara Bush Camp $$–$$$, *nördl. von Beaufort West. R381 in Richtung Loxton, nach 7 km abzweigen, ✆ (023) 415-2753, www.kokatsara.co.za. Das Bush Camp liegt in einem 10.000 ha großen Naturreservat (Giraffen, Bergzebras, Antilopen etc.) und bietet rustikale, sehr geräumige Selbstversorger-Chalets.* **Camping** *auf Anfrage. Zu den Aktivitäten zählen u. a. Game Drives. Auf Vorbestellung werden Salate, Sandwiches und Grill-Pakete zusammengestellt.*

Im 5 km entfernten **Karoo NP** *gibt es* **Selbstversorger-Unterkünfte** *($$–$$$) in 1- und 2-Parteien-Häusern. Die Ausstattung ist schlicht, aber absolut ausreichend. Das Embizweni Cottage liegt einsam im Park, 50 km von der Rezeption. Das Park-Restaurant ist gut.*
Young's Budget Accommodation $, *143 Donkin St., ✆ (023) 414-3878/9, http://youngshalfwayhouse.co.za. Ansprechende Low-Budget-Unterkunft. Saubere 4-Bett-Zimmer. Kleiner Garten.*

Camping

Schön liegt der **Campingplatz des Karoo NP**, *doch die schattigen Plätze sind oft schnell vergeben. Eine Alternative:* **Steenbokkie Nature Reserve**, *7 km entlang der R61 in Richtung Aberdeen, ✆ (083) 540-4573, www.steenbokkie.co.za. 20 meist schattige Plätze, gut ausgestattet. Hier gibt es auch klimatisierte Zimmer mit Bad und Selbstversorgerhütten ($). Kinderfreundlich.*

Essen und Trinken

Entlang der **Donkin Street**, *vor allem in Richtung Kapstadt, befindet sich eine Reihe von* **Familienrestaurants** *und* **Steakhouse-Ketten** *(z. B. Spur Steakhouse, 18 Barkly St.). Einfach ausgestattet, aber mit besten Karoo-Lammgerichten lockt der* **4Sheep Deli** *(3 Donkin St.) und im* **Karushi** *(95 Donkin St.) kann man sich zum Lunch auch gut ein Paket für unterwegs zusammenstellen lassen. Die Spezialität hier ist „Karoo-Sushi" (daher der Name) aus Boerewoers.*

Etwas Besonderes

Wer einmal einen so richtig netten, kleinen Karoo-Dorpie besuchen möchte, fährt von Beaufort West auf der R 381 110 km nach Norden nach **Loxton**. Unterkünfte, Camping und Restaurant gibt es. Lassen Sie sich überraschen.

In **Leeu-Gamka** gibt es einen kleinen **Friedhof**, auf dem gefallene Soldaten des Englisch-Burischen Kriegs begraben wurden, u. a. Soldat Schultz, der mit 2,12 m größte Soldat der britischen Armee. Ihm wurde zu Lebzeiten von den Khoi der Spitzname *Leeu-Gamka* verpasst (*Leeu* = „Löwe" in Afrikaans; *Gamka* = „Löwe" in Khoi). Seinen Namen hat der Ort aber seiner Lage in der Nähe des Zusammenflusses der Flüsse Gamka und Leeu zu verdanken.

Schlenker über Prince Albert

Empfehlenswerter Abstecher

Anstelle der N1 zu folgen, empfiehlt sich ein kleiner Umweg über **Prince Albert**: Dazu fährt man hinter Leeu-Gamka auf die R353 ab. Schon allein diese Strecke und später der Weg zurück zur N1 (R328/407) lohnen den Schlenker, denn hier gehören Straße und Karoo dem Reisenden nahezu alleine. Prince Albert ist ein recht verschlafenes Nest, so wie man sich das inmitten der Karoo eben vorstellt. Dabei werden die Wolle der Angoraziegen (Mohair), Oliven, Aprikosen, Feigen, Käse, Weine und andere Produkte aus der Umgebung im ganzen Land geschätzt. Die schön herausgeputzten kapholländischen und viktorianischen Gebäude, teilweise aus den Goldgräber-Jahren (1890–1891), können sich sehen lassen. In jüngerer Zeit wurden sich die Einwohner ihrer Schätze bewusst, inzwischen stehen zahlreiche Häuser unter Denkmalschutz. Mehrere kleine B&B-Häuser, Farmunterkünfte sowie ein lokales **Museum** haben ihre Türen geöffnet. Außerdem laden Straßenmärkte (jeden Samstag), Cafés, kunsthandwerkliche Geschäfte und Galerien zu einem Bummel ein. **The Showroom** (*43 Church St., ✆ (023) 541-1563*) bringt Theater- und Filmaufführungen, und es kursieren sogar einige Geistergeschichten im Ort … Am besten lernt man etwas über Prince Albert, wenn man sich ins liebevoll renovierte **Swartberg Hotel** begibt, wo nicht nur alte Fotos an frühere Zeiten erinnern, sondern auch bis zu 90 Jahre alte Gästebücher in der Lounge. Ein Tipp für Käsefreunde: Hofladen der **Gay's Guernsey Dairy** südlich des Ortskerns (*4 Church St., www.gaysguernseydairy.com*).

Hübsches Karoo-Städtchen

Manch einer ist schon für zwei Nächte in Prince Albert hängengeblieben, hat nachts den klaren Sternenhimmel bewundert und sich tagsüber auf Erkundungstour zum nahen Swartberg Pass (S. 342) bzw. zum 60 km entfernten Meiringspoort (S. 342) begeben. Oudtshoorn lässt sich von hier übrigens auch gut auf einer Tagestour erkunden. Vorteil: In Prince Albert entgeht man dem touristischen Rummel dort. Wanderkarten und Permits für die Swartberge sind in der Touristeninformation erhältlich.

Reisepraktische Informationen Prince Albert

Information

Tourism Bureau, *neben Fransie Pienaar Museum, 42 Church St., ✆ (023) 541-1366, https://princealbert.org.za.*

Unterkunft

Swartberg Hotel $$–$$$, *77 Church St., ✆ (023) 541-1332, www.swartberghotel.co.za. Altes, hervorragend restauriertes Hotel (National Monument) mit Landrestaurant (südafrikanische Küche) und einer hübschen Bar. Viele Antiquitäten und alte Gästebücher. Zimmer im historischen Gebäude und etwas komfortablere in angeschlossenen Cottages im bezaubernden Garten. Mit Pool und Spa.*

Dennehof $$–$$$, *20 Christina de Wit St., Ortsausgang, ✆ (023) 541-1227 bzw. (082) 854-9301, https://dennehof.co.za. Historische Farm mit bezaubernd eingerichteten Zimmern und einem tollen Selbstversorger-Cottage im Karoo-Stil. Reichhaltiges Frühstück, Dinner nur mit Anmeldung. Mountainbike-Verleih, geführte Touren in „Die Hel".*

Saxe-Coburg Lodge $$–$$$, *60 Church St., ✆ (069) 567-7913, www.saxecoburg.co.za. Viktorianisches Karoo-Haus von 1865. Direkt im Ortskern. 5 Zimmer, eine Honeymoonsuite sowie ein kleines 2-Zimmer-Garden-Cottage. Dazu ein schöner Garten.*

Weltevrede Fig & Guestfarm $$–$$$, *25 km westl. von Prince Albert, ✆ (087) 095-6229, www.figfarm.co.za. 3 schöne kleine Cottages sowie 2 große für Familien, alle gemütlich eingerichtet. Auf der Farm werden Feigen gezüchtet und gerne zeigt man, wie das geht. Ein Tipp für diejenigen, die einmal abschalten wollen.*

Olienhof Cottages & Caravan Park $–$$, *20 Hope St., ✆ (023) 541-1687. Einfache, doch schön in einem Garten gelegene Selbstversorger-Cottages. Dazu sauberer Campingplatz mit großenteils schattigen Plätzen, viele davon mit Strom. Die sanitären Anlagen sind okay, aber nicht mehr auf dem neuesten Stand.*

Essen und Trinken

Im historischen Ambiente isst man im **Restaurant im Swartberg Hotel** *bzw. in dessen Annex, wo es unkomplizierter zugeht und man auf der Terrasse sitzen kann. Kleine Restaurants finden sich entlang der* **Church Street**, *u. a. einfache Snacks und Frühstück im* **Lazy Lizard** *(✆ 023-541-1379) bzw. Leckeres im Café der Kochschule* **African Relish** *(✆ 023-541-1386).*

Leserempfehlung: **Karoo Kombuis**, *18 Deurdrif St., ✆ (023) 541-1110 bzw. (076) 069-3833, hervorragende Karoo-Gerichte (alkoholische Getränke mitbringen, reservieren!).*

Noch ein Tipp für wahre Karoo-Fans

Wer einen Abstecher nach **Merweville** nördlich der N1 unternimmt, erlebt ein weiteresn echtes, verträumtes Karoo-Dorpie. Übernachten (und auch Campen) kann man in der **Springbok Lodge** ($–$$, https://springboklodgemerweville.yolasite.com). Essen gibt es im **Soet Karoo Coffie** in der Schule, oder man bereitet sich im Lapa der Lodge selbst etwas zu.

Laingsburg

Das unspektakuläre, 1881 gegründete Laingsburg hat sich zum Zentrum der umliegenden Farmwirtschaft (Früchte, Luzerne, Schafe) entwickelt und ist beliebter Zwischenstopp für die Trucker. In die Schlagzeilen geriet Laingsburg 1981, als der Buffels River und zwei seiner Nebenflüsse überliefen und nahezu die Hälfte des Ortes überschwemmten. Ein Drittel der Gebäude wurde zerstört. Der Pegelstand von damals wird an der N1 gegenüber der Kirche angezeigt. Das **Flood Museum** (gegenüber Shell Ultra City) informiert über die Ereignisse. Dort finden sich auch die Touristeninformation und Kunsthandwerkershops einer lokalen Kooperative. Von Laingsburg aus führt eine Straße (teils Piste) nach Süden bis nach Riversdale. Wer diese wählt, sollte den zusätzlichen Schlenker durch die **Seweweekspoort** (s. S. 332, keine großen Camper!) unternehmen. Der Umweg bedeutet 2 Std. extra an Fahrzeit.

Flutkatastrophe

Lohnend ist ein Abstecher zum **Anysberg Nature Reserve** südlich von Laingsburg. Es liegt wunderschön in der Berglandschaft der Karoo und bietet eine günstige Gelegenheit, die Natur (Berg-Fynbos, Vogelwelt, Steenbok-Antilopen, Sterne gucken) hautnah zu erleben. Es werden u. a. ein- bis zweitägige Ausritte angeboten. Das Main Camp befindet sich in einem alten Farmhaus, die restaurierten, aber einfachen Unterkünfte in den ehemaligen Häusern der Arbeiter. Witzig: Der Swimmingpool ist das ehemalige Farmbecken, an dem eine Holzveranda angebracht wurde.

Im Anysberg NR

Ziel für Naturfreunde

Die Anfahrt führt über das Main Gate, 48 km südlich von Laingsburg bzw. 50 km nördlich von Ladismith. Von dort sind es dann noch 24 km zum Camp. Die beiden anderen Zufahrten – von Montagu bzw. Touws River – sind nur mit Allradfahrzeug zu empfehlen. In jedem Fall sollte man sich über den Zustand der Pisten erkundigen. Der Nachteil für viele Reisende wird sein, dass man sich in den tollen Hütten (kein Strom, keine Handtücher, dafür aber Gas-Kühlschrank, Kocher, Bettwäsche) bzw. auf dem Campingplatz selbst versorgen muss. Die nächsten Geschäfte und Restaurants sind in Laingsburg bzw. Ladismith.

Reisepraktische Informationen Laingsburg und Anysberg NR

Information

Tourism Bureau, *im o. g. Flood Museum, Laingsburg, ✆ (023) 551-1868, https://laingsburglocal.co.za.*

Unterkunft/Essen und Trinken

Gut ausgestattet ist das **Laingsburg Country Hotel $$–$$$**, *Voortrekker Rd., ✆ (023) 551-1009, www.laingsburg.co.za; Restaurant, Pool, direkt an der Hauptstraße (was aber nicht stört). Günstiger ist das* **Herambi Guesthouse $–$$**, *Ecke Swartberg/Willem Destroo Sts., ✆ (023) 551-1947, www.laingsburgaccommodation.co.za, mit B&B-Unterkünften in schönem, viktorianischem Gebäude und Selbstversorger-Unterkünfte im Haus gegenüber. Abendessen nach Voranmeldung! Ruhig gelegen. Einfache Speisen (Pizza, Steak, Karoo-Gerichte) und simple, aber adrette Unterkünfte gibt es im* **Grand Hotel $$**, *Stasie St. 1, ✆ (023) 551-1038.*

Wer in den **Selbstversorger-Häusern** *($$) im* **Anysberg NR** *nächtigen möchte, muss sich bei Cape Nature anmelden: ✆ (087) 087-8250, www.capenature.co.za.*

Matjiesfontein

Quelle der jungen Mädchen

Eigentlich hieß die kleine Siedlung zu Beginn *Matjesgoed*, benannt nach einer Binse, aus der ehemals schöne Matten hergestellt wurden. Dieses Handwerk verschwand aber um 1850 aus der Gegend, und man besann sich eines schöneren Namens: *Matjiesfontein* (sprich: *Maikies-fon-täin*), „Quelle der jungen Mädchen". Der Ort wurde später zu einer kleinen Bahnstation umfunktioniert, an der die Dampflokomotiven ihren Kühlwasservorrat auffüllten. Der Schotte James Douglas Logan, ein Pionier, der sich sein erstes Geld in Südafrika als Gepäckträger in Kapstadt verdiente, kaufte 1884 das Land um die Bahnstation. Aus ein paar Bretterverhauen machte er eine „Oase im Nichts". Logan belieferte die nach Norden fahrenden Züge mit Proviant und etablierte hier einen Kurort für die Reichen. Besonders Lungenkranke genossen das trockene Klima. Ein nobles Hotel rundete das Bild ab und die Prominenz vom Kap entdeckte ihr Wochenendrefugium. Von weither kam die High Society: Betuchte Persönlichkeiten, wie der Sultan von Sansibar, mieteten gleich den ganzen Ort und luden nur auserwählte Gäste ein. VIPs wie Cecil Rhodes, Edgar Wallace, Olive Schreiner und Lord Randolph Churchill (Vater von Sir Winston) verweilten ebenfalls hier. Während des Anglo-Burischen Kriegs diente der Ort als englisches Truppenlager, das Hotel wurde zum Lazarett umgebaut. Danach geriet Matjiesfontein etwas in Vergessenheit, erst 1968 wurde es restauriert.

Heute bietet der Ort eine willkommene Gelegenheit, einen Imbiss einzunehmen und zwischen den viktorianischen Gebäuden umherzuwandern. Die alten Straßenleuchten wurden eigens aus London importiert. Wärmstens empfohlen sei übrigens, die letzte Nacht vor Kapstadt im **Lord Milner Hotel** zu verbringen. Die restaurierten Gästezimmer mit ihren schweren Holzfußböden haben ihren Reiz: Sie sind mit antiken Möbeln ausgestattet, teilweise verfügen sie über einen Kamin, eine Suite hat einen eigenen Pool, andere, moderne Zimmer liegen am Fluss. Abends bietet sich die Gelegenheit, unter dem Sternenzelt das Festmahl sacken zu lassen. Natürlich kann man hier auch mehr Nächte verbringen, tagsüber das bezaubernde Umland oder auch Sutherland erkunden, in der Karoo wandern oder ganz einfach ausspannen.

Ideal für eine Rast

Im Bahnhof kann man die alten Eisenbahnerräumlichkeiten samt Stellwerk bestaunen, daneben zeigt das **Marie Rawdon Museum** ein Sammelsurium von Relikten aus vergangenen Zeiten, so eine große Sammlung historischer Fotoapparate, eine alte Apotheke, Badezimmer-Utensilien aus der „Ära ohne fließendes Wasser", verschnörkelte Küchengeräte, vornehme Kleider aus der Zeit um 1900 u. v. m. Über die Geschichte des südafrikanischen Transportwesens informiert das **Transport Museum** hinter dem Hotel. Eine Kaffeestube, eine historische Tankstelle und ein Souvenirshop runden das Bild ab. Eine Rundfahrt durch den Ort mit anderthalb Straßen im roten Londoner Doppeldeckerbus wird vom Hotel angeboten. An zahlreichen Nachmittagen kommt gegen 16 Uhr richtig Leben auf im Ort, wenn der „Blue Train" oder die „Rovos Rail" hier für eine Stunde anhalten.

Reisepraktische Informationen Matjiesfontein

Unterkunft und Information

Lord Milner Hotel $$–$$$$, ✆ *(023) 561-3011, www.matjiesfontein.com. Stilvolles Hotel in viktorianischem Gebäude. Viele Antiquitäten und historische Räume. Besonders originell: Unterkünfte in der ehemaligen Polizeistation sowie einem Cottage. Zum Dinner wird das Horn geblasen und der Absacker in der* **Laird's Arms Bar** *aus dickem Holz sollte schon einen besten Brandy wert sein. Zimmer 29 hat einen Kamin, und Zimmer 32 besticht durch zwei parallel gesetzte Badewannen. Günstiger ($$) nächtigt man in den Anbauten im Garten, dem* **Matjies Motel**.

Sutherland: gedämpftes Licht für Sternengucker

info

Von der N 1 zweigt die R354 zum 110 km entfernten Sutherland in der Northern Cape Province ab. 17 km östlich des einsam-verschlafenen, 1857 gegründeten Ortes steht das **South African Astronomical Observatory**, eines der größten Sternen-Teleskope der Erde (umringt von mehreren kleineren Teleskopen). Im angeschlossenen Institut forschen Astronomen aus aller Welt. Im Ort selbst, an der Hauptstraße, kann man im **Sutherland Planetarium** (www.sutherlandplanetarium.co.za) einem Sternen-Showproramm folgen. Es lohnt sich!

Sutherland liegt zum einen so einsam in der Karoo, dass kein Streulicht das Beobachten der Sterne stört, und zum anderen herrscht hier meist ein nahezu wolkenloser Himmel, was nachts aber so kalte Temperaturen beschert, dass Sutherland als der kälteste Ort Südafrikas gilt. Im Winter friert es nachts sogar.

info

Die Ehre der internationalen Sternenkunde hat ihren Preis: Nachts darf nur gedämpftes Licht eingeschaltet bzw. es muss mit Vorhängen verdunkelt werden. Straßenbeleuchtung (mit „kaltem" Licht) gibt es erst seit einigen Jahren.

Besichtigung der Sternwarte: einfache Touren Sa 8–15, geführte, ausführliche Touren i. d. R. Mo–Sa 10.30 und 14.30 Uhr. Oft gibt es an wolkenfreien Samstagabenden die Möglichkeit, durch ein Teleskop zu schauen. Abend-Touren i. d. R. Mo–Sa (Aug.–Mai um 20, Juni/Juli um 18 Uhr).
Infos: ✆ (076) 900-0308 sowie www.saao.ac.za und www.salt.ac.za, Touranmeldung (nur online!) erforderlich!

Bis 2028 wollen Südafrika und Australien 75 km nordwestlich von Carnavon ein weitaus größeres (1 km²) Radio-Teleskop errichten (www.sarao.ac.za).

Im **Sutherland Planetarium**, mitten im Ort, werden zudem tagsüber Sternenshows in einem 3D-Kino (abends auch Teleskop-Show) geboten (www.sutherlandplanetarium.co.za). Das Highlight aber sind die allabendlichen Vorführungen von **Jurg Wagener** auf seinem Anwesen Sterland (s. u.). Jurg ist ein begeisterter Hobby-Astronom und hat seine eigenen Teleskope.

Reisepraktische Informationen Sutherland

Unterkunft

Kambrokind B&B $$, *19 Piet Retief St., ✆ (071) 491-2446, www.sutherlandaccommodation.com. Einfaches, sehr liebevoll geführtes B&B mit Infocenter zum Thema Sternengucken.*
Eine nette Farmunterkunft mit zwei Selfcatering- und zwei einfachen Cottages sowie Stargazing Sessions (Anmeldung erforderlich) ist die **Rooikloof Guestfarm $$**, *3 km außerhalb, ✆ (062) 116-0401, https://rooikloof.co.za*
Sterland Accommodation *(✆ (082) 556-9589, https://sutherlandinfo.co.za) betreut verschiedene Gästehäuser ($$) und den* **Sterland Caravan Park** *(1 km südl. des Ortes, nur z. T. schattenspendende, aber gut unterhaltene Plätze, auch Zelte). Jurg Wagener (s. o.) organisiert Sternbeobachtungen. Des Weiteren gibt es hier eine geologische Ausstellung. Im einfachen* **Sutherland Hotel** *($$, 96 Piet Retief St., ✆ (023) 571-1096) kann man ebenfalls nächtigen. Das Restaurant* **Boorgat** *(✆ (083) 357-6537) ist empfehlenswert, dessen Unterkunftsmöglichkeiten ebenso $$).*

Touws River und Hex River Valley

Der nächste Ort an der N 1 ist das unscheinbare **Touws River**, 1877 gegründet von der Eisenbahngesellschaft (ein paar alte Dampfloks im ehemaligen Depot erinnern noch daran). „Touws" bedeutet in der Khoi-Sprache „Tor", für die einstigen Siedler und Reisenden war hier das „Tor zur großen Halbwüste", der Great Karoo.

Big Five in der Karoo

10 km außerhalb von Touws River, an der R46, wartet das 10.000 ha große **Aquila Private Game Reserve** mit sehr unterschiedlichen Karoo-Landschaften auf. Es gibt u. a. ein Feuchtgebiet, wo sich übers Jahr betrachtet an die 170 Vogelarten blicken lassen. Die meisten Besucher aber kommen wegen der „Big Five" und anderer Savannentiere, wobei diese nicht alle in freier Wildbahn herumlaufen. Walking Safa-

ris, Ausritte, Quad-Touren, ein Kinderprogramm sowie typische Karoo-Gerichte runden das Angebot ab. Ein Rundum-Sorglospaket zur Beobachtung der afrikanischen Tierwelt. Dafür ist der recht hohe Preis angebracht. Auch Tagesbesucher sind willkommen, sorgen jedoch tagsüber an der Lodge für reges Treiben.

In der Nähe (über die R43) betreibt das ebenso große **Inverdoorn Game Reserve** zwischen R355 und R356 u. a. ein Cheetah-Programm für Besucher. Giraffen, Antilopen, Löwen, Büffel, Hippos, Nashörner, Elefanten und andere Tiere durchqueren das Gelände. Im Gegensatz zum etwas günstigeren Aquila Game Reserve geht es hier ruhiger zu. Die Unterkünfte der Safari Lodge sind eher dezent gehalten.

Fruchtbares Tal

Hinter Touws River fällt die N 1 geradezu in das saftig grüne **Hex River Valley**. In dem heißen Tal gedeihen Früchte hervorragend und werden ausgesprochen süß. Das kommt besonders den Tafeltrauben zugute. Wer etwas Zeit hat, sollte über die Nebenstraßen, parallel zur N 1, durchs Tal fahren. Infostelle und Einkehrmöglichkeit ist der **Veldskoen Padstal** an der N 1 (4,5 km nordöstlich von De Doorns).

Reisepraktische Informationen Touws River und Hex River Valley

Information

Hex River Valley, *De Doorns Wine House, Voortrekker St., ✆ (073) 238-2026, www.hexrivervalley.co.za.*

Unterkunft

Infos im o. g. Veldskoen Padstal. Unterkünfte im Tal sind meist Selbstversorger-Chalets bzw. B&Bs. Empfehlung: **Farm Cottages at Au d`Brady Route $$–$$$**, *nördl. Ortsteil von De Doorns, ✆ (023) 256-2204 u. (082) 409-7443. Großzügig angelegtes viktorianisches Farmhaus mit schattiger Veranda. Selbstversorger-Cottages und bedingt Camping. Dinner nur nach Voranmeldung. Der Clou ist das total abgelegene Cottage: mitten in einem einsamen Kloof (nur mit 4x4 erreichbar) und mit natürlichem Pool vor der Tür. Ein Erlebnis!*

Aquila Private Game Reserve $$$$–$$$$$, *R46, 10 km westl. von Touws River, ✆ (021) 430-7260, www.aquilasafari.com. Reetgedeckte Cottages. Im Preis inkl. sind alle Mahlzeiten sowie Game Drives und andere Touren.*

Inverdoorn Game Reserve $$$$$, *✆ (021) 422-0013, https://inverdoorn.com. Luxuriöse Safari-Zelte, Chalets und etwas günstigere Zimmer in der Lodge, Preis inkl. Mahlzeiten und Aktivitäten.*

Hexpas Express (Hexpas Ecotrek)

Ein alter **Trecker** *zieht Passagieranhänger auf der alten Eisenbahnlinie hinauf zum Hex River Pass (4–7 Std.): wunderschöne Landschaft, historische Tunnel und grandiose Ausblicke. Startpunkt: Veldskoen Farm Stall. Auch Mountainbiketouren und Wanderungen. Buchung: ✆ (073) 238-2026, https://hexrivervalley.co.za/directory/hexpas-ecotrek.*

Über **Worcester**, den **Du Toits Pass** bzw. den **Huguenot Tunnel** und durch das Weinbaugebiet um Stellenbosch und Paarl geht es nach Kapstadt. Wer die längere und mühsamere, jedoch sehenswerte Strecke über den **Bain's Kloof Pass** nach Paarl wählen möchte, der biege bei Worcester nach Norden ab, s. dazu S. 314f.

10. NÖRDLICH VON KAPSTADT

Allgemeiner Überblick

Dieses Reisegebiet ist ausgesprochen facettenreich und wird oft unterschätzt. Dabei gibt es so viel zu erleben: sandige und felsige Küsten, Meeresfrüchte-Spezialitäten, Rooibos-Plantagen, einsame Bergregionen, Halbwüsten, zwischen August und Oktober *Flower Shows* in fast jedem Ort, den atemberaubenden Richtersveld NP (nur mit 4x4) sowie einiges mehr.

Vorweg sei jedoch darauf hingewiesen, dass viele Einrichtungen, auch hier genannte Touristenbüros, oft nicht besetzt sind. Besonders weiter nördlich sind von Sonntag bis Dienstag viele (bis alle) der Restaurants in den kleinen Ortschaften nicht geöffnet.

Die Küstenorte Table View, **Bloubergstrand** und Big Bay sind berühmt für den einmaligen Blick auf den Table Mountain und die Silhouette von Kapstadt, besonders eindrucksvoll bei Sonnenuntergang. Im September stehen **Darling** und dessen Blumenreservate in vollster Blüte und das **Buffelsfontein Game Reserve** lockt mit afrikanischer Tierwelt und guten Unterkünften. Der **West Coast Fossil Park** bzw. die alte kapholländische **Farm Kersefontein** seien als ausgefallene, besuchenswerte Punkte erwähnt.

Die Saldanha Bay samt Langebaan Lagoon ist durch zwei Extreme gekennzeichnet, zum einen den vogelreichen **West Coast National Park**, zum anderen den riesigen Hafen (Erzverladung, bald auch Container), der vor Augen führt, mit welchem Aufwand Rohstoffe transportiert werden.

Redaktionstipps

Grundsätzlich

- Am Wochenende und zur Langustensaison **Unterkünfte** an der Westküste **vorher reservieren**. Das gilt auch für die Flower Season (Aug.–Okt.) im gesamten Norden.
- Für Lobster und Langusten gelten beschränkte Fangmengen (s. dazu auch S. 488).
- Wegen der vielen Pisten und einsamen Strecken in diesem Gebiet: **genügend Getränke/Snacks** dabeihaben. Reservereifen kontrollieren; frühzeitig auftanken. Vorsichtig auf Pisten fahren.
- **Fernglas** nicht vergessen.
- Gutes **Kartenmaterial** besorgen, am besten Cederberg, Tankwa Karoo von Slingsby Maps (S. 151).
- Gute **Infoseite**: www.capecountryroutes.com
- Gute **Buchungsseite**: www.lekkeslaap.co.za
- Fahrten in der **Dämmerung vermeiden**: Tiere auf der Straße!

Die schönsten Naturerlebnisse

- Frühlingsblumenmeer in und um **Darling** (Aug.–Okt.) sowie weiter im Norden (S. 490).
- Vögel beobachten im **West Coast NP** (S. 494).
- **Strandwanderungen** unternehmen.
- Atemberaubende Landschaft in der **Cederberg Wilderness Area** (S. 512).
- Abgeschiedenheit des **Tankwa Karoo NP** (S. 520).
- Fahrt über den **Bain's Kloof Pass** und dort auch Wanderungen unternehmen (S. 313).
- Einsamkeit und Felswüste im **Richtersveld NP** (S. 530)
- Besuch des **Namaqua National Park** bzw. des **Goegap Nature Reserve** bei Springbok während der Flower Season (S. 529)

Kulturelle Höhepunkte

- Besuch der Ausgrabungsstätte des **West Coast Fossil Park** (S. 497).
- Clanwilliam: Heimat des **Rooibos-Tees** (S. 505).
- **San-Zeichnungen** in und um die **Cederberge** (S. 507) sowie Besuch der **Rheinischen Mission** in Wupperthal im Wiederaufbau (S. 507).
- Spaziergang durch die kapholländische **Church Street von Tulbagh** (S. 522).

Außergewöhnliche Höhepunkte

- 2 Tage auf der **Farm Kersefontein** (S. 496).
- Seafood-Extravaganz: in einem **Open-Air-Restaurant** an der Westküste: z. B. **Strandkombuis** (S. 492), **Die Strandloper** (S. 497), **Muisbosskerm** (S. 504). Frische Meeresfrüchte essen in **Paternoster** (S. 499).

Nordwestlich davon führt die Route nach **Paternoster**, einem Fischerörtchen, das sich dem Immobilienboom nicht länger entziehen konnte, seinen Charme dabei aber bewahrt hat. Dann verläuft die Straße parallel zur Küste bis nach Lambert's Bay. Diese Küstenstrecke wird auch als **Seafood Route** bezeichnet, da es hier unzählige Muschel- und Crayfish-Aufzuchtstationen gibt, deren Produkte in den Restaurants auf verschiedene Weise zubereitet werden. Von Juli bis November können Wale an der Küste auftauchen, denn sie lieben die kühlen und nährstoffreichen Meeresströmungen.

Das Gebiet nördlich von Kapstadt

A Bloubergstrand/Big Bay
B Herrenhuther Missionsstation
C West Coast Fossil Park
D Karsefontain Guest Farm
E Open-Air-Strandrestaurant Muisbosskerm
F Rooibos Tea Estate/ Elandsberg Eco Reserve
G Oudrif Öko-Lodge
H Bushman's Kloof Resort/ Wilderness Reaeive
I Bidouw Valley
J Kagga Kamma
K Buffelsfontein G.R.
L Hantam Nat. Botanic Garden

Routenvorschlag
Alternative Route
Walbeobachtung
0 60 km

© igraphic

Cederberg Wilderness Area

Nördlich geht dieser Teil des Kaplandes über ins aride **Namaqualand**, das im Frühjahr mit unberechenbarem Blütenzauber aufwartet. Inlands, in der Umgebung von **Clanwilliam** und Citrusdal, ist es nicht ganz so trocken. Zudem wird bewässert, sodass neben Tabak und Weizen auch Wein und Zitrusfrüchte gedeihen. Berühmt ist der Rooibos, der aromatisch schmeckenden Tee liefert. Auch hier erblüht im Frühjahr ein Meer von Blumen.

Die **Cederberg Wilderness Area** gehört zu den faszinierendsten und spannendsten Wildnisgebieten im Western Cape. Das bis zu 2.000 m hohe Gebirge östlich des Olifants River mit seinen langen trockenen Tälern bildet eine einsame und raue Landschaft, mit teils irrwitzigen Felsformationen. Wanderer, Kletterer und Naturfreunde werden ihre Freude haben. Über das ganze Gebiet verteilt findet man neben Felszeichnungen eine große Vielfalt an Bergfauna. Nicht zu vergessen die einzigartige Flora mit der knochig-hartnäckigen Clanwilliam-Zeder sowie der Schneeprotea, die in Höhen um 2.000 m wächst. Übrigens ist bereits die Anfahrt auf der R303 von Ceres im Süden über Op die Berg (dort nach rechts abbiegen auf die Straße nach Kagga Kamma, dann jedoch weiter über Mount Ceder) mehr als spannend und führt von Süden bei Kromrivier an die Berge heran. Zum Teil (gute) Schotterpiste.

Kagga Kamma bietet die Möglichkeit, in der zerklüfteten Landschaft San-Zeichnungen anzusehen und auf einem Game Drive die heimischen Tiere zu beobachten. Der **Tankwa Karoo National Park** ist touristisch weniger erschlossen und eher ruhebedürftigen Selbstversorgern zu empfehlen. Die Unterkünfte sind grandios.

Die Region um **Ceres** gehört zu den reichsten Obstanbaugebieten Südafrikas. Der kleine Ort **Tulbagh** fiel 1969 einem Erdbeben zum Opfer, doch verstanden es Historiker und Architekten, ihn in seiner ganzen Schönheit zu restaurieren. Reizende „Dorpies“ wie Porterville und Riebeek Kasteel sind kein Muss, versprechen aber einen gewissen Freizeit- und Erholungswert –, denn hier ticken die Uhren langsamer. Wer ein paar Tage mehr Zeit hat, dem seien die Ausflüge ins **Namaqualand**, an die **Diamantenküste** und vor allem zum **Richtersveld National Park** ans Herz gelegt. Für Letzteren benötigt man aber einen Geländewagen.

Entfernungen				
Kapstadt	▸▸ Bloubergstrand			19 km
Bloubergstrand	▸▸ Darling	▸▸ West Coast NP-Rundfahrt	▸▸ Langebaan	ca. 140 km
Langebaan	▸▸ Saldanha	▸▸ Vredenburg	▸▸ Paternoster	55 km
Paternoster	▸▸ St. Helena	▸▸ Lambert's Bay		138 km
Lambert's Bay	▸▸ Clanwilliam			62 km
Clanwilliam	▸▸ Cederberg WA	▸▸ Kagga Kamma		155 km
Kagga Kamma	▸▸ Tulbagh	▸▸ Bain's Kloof Pass	▸▸ Kapstadt	258 km
Gesamt (ohne Fossil-Park-Alternative)				827 km
Alternative Fossil Park und Farm Kersefontein			zusätzlich ca. 60 km	

Routenbeschreibung

Von Kapstadt nach Norden auf der R 27 bis kurz vor Bloubergstrand. Von dort weiter auf der R 27, nach ca. 12 km auf der R 307 über Mamre nach Darling. Alternative dazu: R 27 bis 31 km hinter Bloubergstrand fahren, dann gegenüber von Grotto Bay auf die Darling Hills Road (Piste) abbiegen und der Ausschilderung bis Darling folgen. Hierbei passiert man u. g. Groote Post Winery. Von dort über die R 315 wieder zur R 27 und bis zum West Coast NP-Abzweiger. Danach über Langebaan nach Saldanha und von dort aus auf der R 45 in Richtung Vredenburg. Hier den Hinweisschildern folgen und abbiegen in Richtung Paternoster.

Volltanken!

Von Paternoster über Stompneus und St. Helena nach Laaiplek. Nahe der Küste in Richtung Elands Bay und Lambert's Bay fahren. Von Elands Bay der Ausschilderung nach Lambert's Bay folgen (zum Teil inlands). Dort dann die Küste verlassen und auf der R364 bis Clanwilliam fahren. Weiter durch die Cederberg Wilderness Area führt eine gut befahrbare Schotterpiste. Nach ca. 120 km ab Clanwilliam trifft man auf die Abzweigung (links) nach Kagga Kamma. Für diese Strecke gilt es, in Clanwilliam vollzutanken! Weiter nach Ceres den Hinweisschildern folgen. Nach Tulbagh führt die R303 und wenig später dann die R46. Von Tulbagh zurück nach Kapstadt: R46 (ist schöner) vorbei an Wolseley, dann rechts auf die R303 abzweigen und über den Bain's Kloof Pass (schmale Asphaltstraße!) bis nach Wellington. Schließlich über Paarl und die N1 nach Kapstadt.

Hinweis

Bedrohter Crayfish

Ende 2016 hat der WWF den Red Lobster (West Coast Rock Lobster/Crayfish) auf die „Rote Liste" bedrohter Meerestiere (https://wwfsassi.co.za/sassi-list/) gesetzt, nachdem der ursprüngliche Bestand um 98 % (!) geschrumpft war. Damit war der Verkauf bzw. der Verzehr für die folgenden Jahre stark beschränkt. Mittlerweile ist das Fangverbot wieder etwas gelockert, jedoch die Fangmenge stark beschränkt. Alle Hinweise auf den Crayfish und entsprechende Festivals im folgenden Text gelten daher nur unter Vorbehalt. Auf keinen Fall sollte man Crayfish direkt von der Straße kaufen, da es sich dabei nur um illegale Fänge handeln kann!

Sehens- und Erlebenswertes nördlich von Kapstadt

Entlang der Atlantikküste zwischen Kapstadt und Paternoster

In **Bloubergstrand** gilt es, Kapstadt und den Table Mountain von einer der meistfotografierten Seiten zu betrachten – mit dem aufschäumenden blau-grünen Meer im Vordergrund. Das **Blue Peter Hotel** direkt am Strand eignet sich für einen ersten Snack (Pizza, Pubgerichte). Das **On the Rocks** (*45 Stadler Rd.*) etwas südlich davon bietet ebenfalls schmackhafte Gerichte mit Meeresblick. **Big Bay**, gleich dahinter, ist ein relativ neues Projekt mit Ferienapartments oberhalb der Mittelklasse. Schicke Restaurants in der ersten Reihe (hinter der Küstendüne) bieten ausgesuchte Leckereien, während „in zweiter Reihe" in der Mall auch ein Ableger des beliebten Fischimbisses *Snoekies* zu finden ist.

Philadelphia, auf der Karte ein unscheinbares „Dorp" neben der N7, hat sich in den letzten Jahren gemausert. Heute findet man hier ein paar kunsthandwerkliche Geschäfte, Galerien und Cafés. **Mamre**, ursprünglich *Groene Kloof* genannt, ist ein Anfang des 18. Jh. von deutschen Missionaren der Herrenhuther Glaubensgemeinschaft gegründetes Städtchen inmitten einer hügeligen Landschaft, mit weißen, reetgedeckten Häusern und natürlich einer Kirche. Hier lehrten die Geistlichen die verarmten Khoi, neben dem christlichem Glauben auch verschiedene handwerkliche Fähigkeiten, wie Mauern, Schmieden oder Nähen.

Gründung deutscher Missionare

Ein Umweg über das geschäftige **Malmesbury**, ein weiterer Ort mit riesigen Silos, lohnt wegen dessen Stadtarchitektur, die alle Epochen Südafrikas abdeckt, sowie wegen des **Malmesbury Museum** (*1 Prospect St., ✆ (022) 487-1133, Mo–Do 9–14, Fr 9–13 Uhr, historische Stadtfotos und Geschichte der Juden in der Stadt*).

West Coast Flowers

Zwischen August und Oktober verwandelt sich die West-Coast-Region in ein Meer von wilden Blumen. Besonders schöne Gebiete findet man in und um **Darling** (z. B. Waylands Wildflower Reserve knapp 5 km südl. an der R 307), im **West Coast National Park** sowie an der Küste um **Cape Columbine** und **Lambert's Bay**. Im Landesinneren ist **Clanwilliam** das Zentrum der Blütenpracht. Die Informationszentren in Darling, Saldanha und Clanwilliam bieten geführte Touren und informieren, wo welche Blumen gerade blühen. Die Blüten öffnen sich zwischen 10 und 16 Uhr und da sie sich in Richtung Sonne drehen, ist es empfehlenswert, morgens Richtung Westen und nachmittags Richtung Osten zu fahren. **Infos**: West Coast Flower Hotline: ✆ (063) 724-6204, für diejenigen, die weiter nach Norden fahren: Namaqualand Flower Line: ✆ (079) 294-7260 oder (072) 760-6019.

Im Frühling bunter Blumenteppich

Wer in dieser Region ein Weingut besuchen möchte, sollte die **Groote Post Winery** zwischen Mamre und Darling auswählen (*Stichstraße zur Küste nach Grotto Bay*). Die historische **Cape Dutch Farm** produziert seit 1999 besten Wein (✆ *(022) 492-2825, www.grootepost.com, Tasting: tgl. 10–16 Uhr*). Im Haus gibt es ein hervorragendes Lunch-Restaurant (*Mi–So 12–14.30 Uhr, reservieren!*) und auf den einstigen Rinderweiden tummeln sich heute u. a. vom Aussterben bedrohte Quagga-Zebras sowie Antilopen und Strauße.

Darling

Die kleine Stadt wurde 1853 gegründet und nach dem Leutnant-Gouverneur der Kapprovinz benannt. In der Umgebung fand die südlichste Schlacht des Anglo-Burischen Krieges statt, und noch heute erinnert ein Monument an die burischen Helden, die sich bis hierhin durchgeschlagen haben. In Darling wurden die ersten Merino-Schafe ausgesetzt, dank eines nautischen Irrtums. Damit begann die Schafzucht im nördlichen Kapland. Heute werden hier auch Rinder gehalten und Wein angebaut.

Merino-Schafe

Interessant ist das **Darling Flower Reserve**, das sich, je nach Jahr und Blütenpracht, auf verschiedene Farmen südlich des Ortes verteilt (s. o). Während hier im Sommer Kühe grasen, erblühen die Weiden im Frühling zu einem bunten Teppich. Doch nur zu bestimmten Zeiten können die Farmen im Frühling (Aug.–Okt.) besucht werden. In der Touristeninformation erhält man aktuelle Karten über die Standorte der schönsten Blumen. Während der dritten oder vierten Woche im September findet in Darling die **Wild Flower Show** (✆ *068-151-5692, www.darlingwildflowers.co.za*) statt.

Das **Darling Museum**, zugleich auch die Touristeninformation, zeigt eine große Auswahl an lokalen Utensilien (Kleidung, Bilder, Haushaltsgeräte, landwirtschaftliche Geräte etc.). Bedeutend war einst die Produktion von Butter. Ein alter Mähdrescher lässt die Frage offen, ob so ein Ungetüm überhaupt funktioniert haben kann.
Darling Museum, *Ecke Pastorie und Hill St., ✆ (022) 492-3361, www.facebook.com/darlingmuseum, Mo–Do 9–16, Fr –15, Sa/So 10–15 Uhr.*

Insgesamt ist die Stadt liebenswert anzusehen mit ihren kleinen Häuschen, den zahlreichen Cafés, dem beschaulichen Treiben auf der Hauptstraße und den **31 Wandmalereien** entlang der Akkerboom Lane. Am Bahnhof steht ganz groß: **Evita se Perron** (Perron steht im Afrikaans für Bahnsteig). Der in Südafrika bekannte und sehr beliebte Kabarettist **Pieter-Dirk Uys** (*https://pdu.co.za*) hat hier lange seine Show gezeigt, in der er als „Evita Bezuidenhout" Politiker und andere Persönlichkeiten auf die Schippe nimmt – jedoch meist in Afrikaans und sehr spezielle Themen betreffend. Aufgrund seines fortgeschrittenen Alters finden diese Shows nur noch sehr selten statt. Man sollte sich also vorher genau über das Programm erkundigen. Der gesamte Bahnhof wurde zu einem skurrilen Souvenirladen samt Restaurant, bunter Gartenanlage und Museum umfunktioniert: Zu entdecken gibt es urige Skulpturen von Tieren und Politikern, alte Fotos und Bücher im Buchladen, Relikte aus Apartheidzeiten, kunsthandwerkliche Produkte des lokalen Community Trust, Gemälde und vieles mehr.
Evita se Perron, *Old Darling Station, 8 Arcadia St., ✆ (022) 492-2101, https://evita.co.za, https://evitaseperron.com.*

Kurioses Sammelsurium

Kurz vor dem Abzweig nach Yzerfontein von der R 27 weisen landeinwärts Schilder zum **!Khwa ttu – San Cultural Centre**. Auf einer alten Farm finden hier u. a. Fortbildungen für San statt. Das Traditional Village, die Fotoausstellung und die Erläuterungen zur Geschichte der San im Heritage Center, eine Fahrt über die Farm (Antilopen,

Zebras, Gnus, Strauße) sowie ein Snack im Restaurant lohnen den Abstecher. Wer mehr Zeit mitbringt, kann auch ein E-Bike ausleihen bzw. hier nächtigen und den Sonnenuntergang sowie den Nachthimmel genießen.
!Khwa ttu, ✆ *(022) 492-2998, www.khwattu.org, tgl. 9–17 Uhr, verschiedene Touren mit unterschiedlichen Schwerpunkten.*

Reisepraktische Informationen Darling

Information

Tourism Bureau, *Darling Museum, Ecke Pastorie/Hill Sts.,* ✆ *(022) 492-3361, www.hellodarling.org.za. Das Tourist Bureau informiert über* **Unterkünfte auf Farmen** *sowie für* **Selbstversorger**.

Unterkunft

Darling Lodge $–$$, *22 Pastorie St.,* ✆ *(022) 492-3062, www.darlinglodge.co.za. Sehr gut ausgestattetes B&B in einem alten Stadthaus. Zimmer im viktorianischen Haupthaus und drei Garden Suiten um den Pool. Sehr nette Gastgeber und ein Frühstück, das für den ganzen Tag ausreicht. Dinner auf Bestellung.*
Maison de L`Amour $$, *21 Mount Pleasant St.,* ✆ *(022) 492-3139, www.maisondelamour.net. Romantische, vielleicht etwas kitschige, aber tolle Unterkunft. Zimmer und ein geräumiges Garten-Cottage. Ein kleiner Geheimtipp.*
!Khwa ttu – San Cultural and Educational Centre, ✆ *(022) 492-2998, www.khwattu.org. Die* **Unterkünfte in den Cottages** *($$–$$$) samt Blick über die Ebene bis hin zum Meer sowie die vernünftig ausgestatteten Zelte im* **Bush Camp** *($–$$) bzw. der* **Bush Lodge** *($–$$, en-suite) gefallen sehr, haben aber nichts mit der Kultur der San zu tun. Sehr schön sind die relativ neuen, luxuriöser gestalteten* **Hilltop Suiten** *($$$).*

Essen und Trinken

Im **Old Forge 1910 Bar & Restaurant** *(7 Lang St.) gibt es deftige Pubkost, Bier und gute Laune. Das* **Ciao Darling Restaurant & Bar** *(10 van der Stel St.) bietet italienische Speisen und gute Weine. Das* **Café Mosaic** *(Ecke Main Rd./Pastorie St.) schafft einen gekonnten Spagat zwischen Café-Bistro am Tag und Late Night Sports Pub bis 2 Uhr morgens. Ansonsten sind der Bahnhof (***Evita se Perron***, s. o.) und* **Hilda's Restaurant** *(Groote Post Winery, nur Lunch, Mi–So, Reservierung erforderlich, s. u.) zu nennen.*

Weinkellerei, Microbrew und Fleischerei

Groote Post Winery, *an der Stichstraße zur Küste nach Grotto Bay,* ✆ *(022) 492-2825, www.grootepost.com.*
Darling Brew, *48 Caledon St.,* ✆ *(076) 092-8313, https://darlingbrew.co.za. Nette, überregional bekannte Microbrewerie mit Tasting Room (Mo–Sa 8–17, So 8–16 Uhr).*
Die **Fleischerei** *(Vliesmarket) in Darling (***Meat Market***, 13 Main St.,* ✆ *(022) 492-2633, Mo–Fr 7–17.30, Mi 7–16, So 7–13 Uhr) ist eine Wucht. Hier gibt es eine große Vielfalt an Wurstwaren, u. a. auch Kudu-Carpaccio. Alles kann vakuumiert werden.*

Veranstaltungen/Feste

Evita se Perron *(Kabarett), Buchungen:* ✆ *(022) 492-2101, https://evita.co.za.*
Wild Flower Show, *September (siehe S. 490),* ✆ *(068) 151-5692, www.darlingwildflowers.co.za.*

Yzerfontein

Lime Kiln in Yzerfontein

Yzerfontein wurde im 19. Jh. als Hafen für den Abtransport des in der Nähe gewonnen Salzes gegründet. Bekannt wurde der Ort als Fischereihafen. Während der Hechtmakrelen-(Snoek) Saison kann man auch heute noch im Hafen beobachten, wie Händler, Restaurant- und Ladenbesitzer direkt von den einlaufenden Fischerbooten frischen Fisch einkaufen. Die Zeiten, als Großhändler und Küchenchefs aus Kapstadt zum Einkaufen hierherkamen, gehören jedoch der Vergangenheit an. Mittlerweile hat sich Yzerfontein in rasantem Tempo zum Ferienort mit Apartments und Ferienhäusern der Großstädter entwickelt. Der Immobilienboom hat auch vor diesem Ort nicht haltgemacht. Besonders südlich des Ortskerns, bereits über Pearl Bay hinaus, wird viel gebaut. Am Tourist Bureau sowie an einigen älteren Häusern in der Umgebung sind **Lime Kilns** zu entdecken. In den runden Öfen wurden früher Muscheln und Wasser so lange erhitzt bis sie zu einer breiartigen Paste wurden. Diese ließ man so lange trocknen, bis sich eine Substanz entwickelte, die als Zementersatz für den Bau von Häusern verwendet werden konnte.

Reisepraktische Informationen Yzerfontein

Information

Tourist Bureau, *50 Main Rd., ✆ (022) 451-2985, www.yzerfonteintourism.co.za.*

Unterkunft

Kaijaiki Country Inn $$, *36 Park Rd., ✆ (022) 451-2858, www.kaijaiki.co.za. Ansprechendes, relativ preiswertes Guesthouse mit vier schönen Zimmern. Bistro und Café im Haus. 400 m zum Wasser.*

Selbstversorger-Unterkünfte *und* **B&Bs** *bucht man am besten – unter Angabe von Wünschen (Meerblick, Frühstück etc.) über das* **Touristenbüro**. *Zwei Empfehlungen:* **Harbour View B&B** $$$, *8 Arum Crescent, ✆ (022) 451-2615, tolle Aussicht;* **Emmaus-on-Sea** $$, *30 Versveld St., ✆ (022) 451-2650.*

Camping

Yzerfontein Caravan Park, *Dolfyn St., direkt hinter der Stranddüne. „Down to Earth", groß und sauber, mit schattigen und vor allem windgeschützten Plätzen. Zudem einfache* **Chalets**. *✆ (022) 451-2211, www.swartland.org.za. Eine wirkliche Empfehlung.*

Essen und Trinken

Ein beliebtes „Open-Air-Seafood-Restaurant" ist die **Strandkombuis**, *✆ (022) 481-1003. Unbedingt im Voraus reservieren.*

West Coast National Park
Elandspunt
Jutten Island
Jutten Bay
South Head
Saldanha Bay
nach Saldanha
zur R27
Militärisches Sperrgebiet
Rietbaai
Langebaan Beach
Club Mykonos
Strandloper Restaurant
Schaapen Island
Plankiesbaai
Stoney Head
Park HQ
Langebaan
nach Velddrif
Postberg Section
Tsaarsbank
Langebaan Gate
Seeberg Aussichtspunkt
Kraalbaai
Mooimaak
R27
(Hausboote)
Langebaan Lagoon
Pantalis a Lemos 1978
Churchaven
Jo Anne's Beach Farm
ATLANTISCHER OZEAN
Aussichtspunkt
Geelbek Visitor's Centre
Duinepos
Dünen
16 Mile Beach
Abrahamskraal
Vogelbeobachtung
Toiletten
Aussichtspunkt
Walbeobachtung
Schiffswrack
Asphaltstraße
Schotterpiste
Wanderwege
Mountainbiking
Zugang beschränkt
R27
© igraphic
N
0
3 km
West Coast Gate
nach Kapstadt/ Buffelsfontein N.R.

10 km südwestlich von Yzerfontein liegt die knapp 3 km² große **Dassen Island**, auf der neben 68.000 Brillenpinguinen auch viele andere Vögel nisten. Die Insel kann nicht betreten werden, doch manchmal bieten Fischer Bootstouren um die Insel an.

Buffelsfontein Game & Nature Reserve

Naturreservat

8 km nördlich vom Abzweig von der R27 nach Yzerfontein/Darling liegt an der Ostseite der Straße das 1.600 ha große Naturreservat. Hier gilt es verschiedene Antilopen, Zebras, Strauße, Büffel, zwei Nashörner, Giraffen und in Gehegen Cheetahs und Löwen zu entdecken. Auch Tagesbesucher sind zu den Game Drives willkommen (um 9 und 14 Uhr, jeweils 2–3 Std.). Natürlich ist dies nicht der Kruger NP, aber das Erlebnis ist es wert – vielleicht auch nur als Tagesausflug von Kapstadt aus!
Übernachten: *Elegante* **Cottages** *direkt am Wasserloch und nahe dem* **Restaurant** *($$$–$$$$, ✆ (072) 356-4797); etwas abseits gelegen sind: einfache* **Selbstversorger-Apartments** *($$–$$$), ein sehr gut ausgestattetes* **Haus für Gruppen** *(mind. 6 Personen), einfache* **Zelte** (**Bush Camp**) *an den Dünen ($). Camping auf Anfrage. An den Wochenenden sollte man frühzeitig reservieren. ✆ (022) 451-2824, https://buffelsfontein.co.za.*

West Coast National Park

Der 33.000 ha große Park reicht von Yzerfontein bis nach Langebaan und umfasst die Langebaan Lagoon mit ihrem klaren blauen Wasser. 35 % der Salzmarschen und fast 40 % der noch unberührten Strandfelder Südafrikas finden sich hier. Diese Feuchtgebiete beherbergen bis zu **250 Vogelarten**. Jedes Frühjahr treffen Zugvögel aus Europa und Asien ein. Neben Austernfischern, Kormoranen, Flamingos, Pinguinen und verschiedensten Möwenarten gibt es eine rund 70.000 Vögel umfassende Kaptölpel-Kolonie sowie auch Strauße. Die **Vegetation** des Parks wird durch Sandfelder mit diversen Büschen dominiert. Besonders zwischen August und Oktober ist ein Meer von Wildblumen zu sehen. Erklärungen zu Flora und Fauna hält das **Geelbek Visitors Centre** am Südende der Lagune bereit. Von dort werden geführte Wanderungen angeboten. Hier befinden sich ein Restaurant (*in der Saison tgl. 9–17 Uhr*) und im Garten ein Picknickplatz. Der zweigeteilte Rundwanderweg **Geelbek Trail** beginnt hier und führt in die Dünen (9 km) sowie zur Küste (7 km). Zudem gibt es bis zu zweitägige Wanderrouten sowie Mountainbikestrecken.

Im Norden des Parks, direkt am Atlantik, lädt der Picknickplatz **Tsaarsbank** mit kleinem Kiosk (unregelmäßige Öffnungszeiten, Toiletten) zur Pause ein. Von hier aus kann man am **16 Mile Beach** entlangwandern. Baden sollte man aufgrund der Temperaturen und der Felsen lieber auf der Lagunenseite in bzw. nahe **Kraalbaai**, wo ebenfalls ein Picknickplatz eingerichtet wurde. Die Landschaft erinnert an Griechenland.

Wer nicht so sehr an der Vogelwelt bzw. Küstenflora interessiert ist, sollte überlegen, ob der Ausflug hierher lohnt. Die Straße führt vornehmlich inlands durch den Park (Churchaven ist gar nicht und die Postberg Section nur zur Flower Season im Aug./Sept. zugänglich). Nur an der Tsaarsbank und einem Loop am Abrahamskraal gelangt man an den Atlantik. Einzig noch der Zugang zur Lagune nahe Kraalbaai stellt etwas Besonderes dar.

Reisepraktische Informationen West Coast National Park

Information

Geelbek Information Centre, ✆ *(022) 772-2144/5, www.sanparks.org, Gates: 7–18 Uhr, Sept.–März bis 19 Uhr.*

Unterkunft

Die **Kraalbaai-Hausboote** *($$$$–$$$$$), ✆ (076) 017-4788, www.kraalbaailuxuryhouseboats.com, für bis zu 15 bzw. 24 Personen liegen wunderschön in der Lagune, sind aber permanent verankert (also keine Fahrten). Selbstversorger, ein Catering-Service kann jedoch gebucht werden. Das tolle* **Jo Anne's Beach Cottage** *($$–$$$$, bis zu 8 Pers.) in Churchaven, das historische* **Farmhaus Abrahamskraal Cottage** *($$–$$$, bis zu 6 Pers.) sowie das einfachere* **Steytler Cottage** *($$, 2 Pers.) bucht man über das Nationalparkbüro oder über deren Website www.sanparks.org.*
Der Tipp aber sind die vom Community Project verwalteten, nett in den Dünen gelegenen elf **Selbstversorger-Duinepos Chalets** *($$–$$$), ✆ (022) 707-9900. Sie stehen etwas dicht beieinander, sind gut eingerichtet und verfügen über je 2 Schlafzimmer. Ansonsten muss man nach Yzerfontein, Langebaan oder ins Buffelsfontein NR ausweichen.*

Tipp

Alljährlich Ende August findet die **Hopefield Fynbos Show** im gleichnamigen, schick herausgeputzten Städtchen statt. Dabei werden 200 Spezies der Renosterveld-, Sandveld, Rietveld and Wetland-Gebiete vorgestellt.

Langebaan

Der stetig wachsende Ferienort **Langebaan** bietet ausreichend Übernachtungsmöglichkeiten für Vogelfreunde an, die schon in den frühen Morgenstunden auf Beobachtungstour gehen und z. B. nach den Flamingos Ausschau halten wollen. Ansonsten lockt der Ort mit allen möglichen Wassersportaktivitäten in der Langebaan Lagoon wie Angeln, Wasserski, Segeln, Tauchen, Seakayaking, Stand Up Paddling und besonders Kitesurfen. Zentraler Punkt mit Restaurants, Infocenter und Anbietern diverser Aktivitäten ist die **Bree Street**, die von der Durchgangsstraße zum Main Beach abzweigt. Langebaan verfügt mit Supermärkten, Unterkünften etc. über eine ausgezeichnete Infrastruktur für Reisende. Am nördlichen Ortsausgang von Langebaan biegt man links in Richtung Club Mykonos ab und folgt der Straße und den Ausschilderungen bis nach Saldanha.

Reisepraktische Informationen Langebaan

Information

Tourist Office, *120 Oostewal Rd., ✆ (086) 132-1777, www.westcoastway.co.za/langebaan. Hier werden Selbstversorger-Apartments und -Häuser vermittelt.*

Unterkunft

Club Mykonos *$$$–$$$$$, Leentjiesklip Rd., nördl. von Langebaan, an der Bay, ✆ (022) 707-7000, www.clubmykonos.co.za. Große Ferienanlage im griechischen-mediterranen Stil. 1- bis 3-Zimmer-Apartments, Restaurants, Bars, Spa, Casino. Alle Annehmlichkeiten, aber wenig Flair für einen Urlaub in Südafrika.*

Thali Thali Game $$–$$$, *Zoutekuilen Farm, R 27 (Tankstelle), gegenüber Zufahrt nach Langebaan, ✆ (082) 372-8637, www.thalithali.co.za. Hier gibt es besonders für Familien etwas zu erleben. Game Drives (Antilopen, Büffel, Strauße, Giraffen), Nature Walks, Bogenschießen etc. Wer hier nächtigen möchte, hat die Wahl zwischen gemütlichen Safari-Zelten, dem Farmhouse oder Selbstversorger-Chalets. Restaurant.*
The Farmhouse Hotel $$–$$$, *5 Egret St., ✆ (022) 772-2062 bzw. (072) 633-0516 (Reservierung), www.thefarmhousehotel.co.za. Restauriertes Country-Haus von 1860, über dem Ort gelegen: tolle Aussicht über die Lagune, besonders vom guten, hauseigenen Restaurant. Schöne Zimmer, ein Cottage und eine Penthouse-Suite, alle mit eigenem Ofen.*
Langebaan Beach House $$, *5 Jacoba St., ✆ (022) 772-2625, www.langebaanbeachhouse.com. Zwei Selbstversorgerapartments, allerdings nur für erwachsene Gäste, Hochsaison: 2 Nächte Mindestaufenthalt.*

Kersefontein Guest Farm

Kersefontein, bereits seit 1770 in Familienbesitz, bietet **Unterkünfte auf einer historischen kapholländischen Farm**. Es gibt Zimmer im bzw. am Herrenhaus, das mit (z. T. sehr imposanten) Antiquitäten eingerichtet ist, die großenteils seit Generationen der Familie gehören. Das Dinner (vorher anmelden) wird an einer langen Mahagoni-Tafel serviert und ausschließlich bei Kerzenlicht mit dem Gastgeber, Julian Melck, eingenommen. Julian erzählt den Gästen gern über Land und Leute. Umgeben ist man dabei von alten Silberschalen und historischen Gemälden. Vom Garten her weht eine angenehme Brise in den Raum.

Kersefontein ist in erster Linie eine Rinderfarm, daneben gibt es noch Schafe und Pferde (Ausritte auf Anfrage). Der Gästebetrieb dient einzig der Erhaltung der historischen Gebäude. Diese, samt aller Räume im Haupthaus darf man ungestört besichtigen. Kinder sind willkommen und werden Freude haben, einen landwirtschaftlichen Betrieb mit den vielen Tieren zu erleben. Ferien auf dem Bauernhof auf Südafrikanisch. Baden im Berg River direkt vor dem Haus ist möglich. Mountainbikes und Boote können ausgeliehen werden. Wer einen Rundflug machen möchte, sollte das beim Hausherrn, einem begeisterten Flieger, im Voraus anmelden. Die Unterkünfte sind ebenfalls mit Antiquitäten ausgestattet. Es gibt zwei einzelne Zimmer zur Hauswiese hin, zwei weitere, die sich zudem noch ein eigenes Wohnzimmer teilen (gut für Familien) sowie Zimmer im alten Herrenhaus. Abseits liegt ein weiteres Haus mit eigener Küche, das man ganz für sich alleine hat. Kersefontein ist nicht nur eine Übernachtungsstätte, sondern kann für sich allein als lebendig-historische Sehenswürdigkeit angesehen werden. P.S.: Vor der Abfahrt unbedingt noch ein Glas Kersefontein-Honig erstehen ...
Kersefontein Guest Farm ($$–$$$), R45 bis Hopefield, dort in Richtung Veldrif abzweigen. Nach 14 km vor den Silos nach rechts abbiegen. Schild: Kersefontein, nach weiteren 2 km, direkt hinter der Brücke über den Berg River, geht es nach links zur Farm. ✆ (083) 454-1025, www.kersefontein.co.za.

Camping

Oostewal Holiday Resort, *121 Oostewal Rd., ✆ (022) 772-2442, https://sbm.gov.za/resorts. Gut ausgestattet, adrett, windgeschützt, sauber und relativ zentral im Ort. Nur etwas eng ist es. 15 Chalets ($). 5 Min. zum Wasser.*

Essen und Trinken

Die Strandloper, *Strand nördl. von Langebaan, ✆ (022) 772-2490 bzw. (083) 227-7195. Bereits legendäres Open-Air-Seafood-Restaurant. Mittagessen ab 12 Uhr, Dinner ab 18 Uhr. Relativ hoher Einheitspreis, für den man jedoch so viel essen kann, wie man möchte. Alkoholische Getränke können mitgebracht werden, da nur begrenzte Auswahl besteht. Ein Community Project. Je nach Wetter/Saison oft geschlossen (aktuell erkundigen). Reservierung empfehlenswert!*

Boesmanland Plaaskombuis, *Strand im Club Mykonos, ✆ (022) 772-1564. Die edlere Variante des Strandlopers. Buffet-Restaurant. Wettergeschützte Außenterrasse mit Blick aufs Wasser. Neben allem, was das Meer zu bieten hat, werden auch andere Leckereien angeboten, z. B. Potjie, Süßkartoffeln etc. Anmeldung notwendig!*

Entlang der **Bree Street** *gibt es eine Reihe Restaurants und Pubs, wobei* **Pearly's**, *direkt am Strand (Bree St./Beach Rd., ✆ (022) 772-2734), mit seiner ausladenden Speisekarte, den guten Cocktails und dem Blick auf die Lagune (Sonnenuntergang!) für die meisten der Favorit ist.*

West Coast Fossil Park

Bis zu 5 Mio. Jahre alte Knochen im Fossil Park

In den 1940er-Jahren stieß man hier beim Phosphatabbau auf Fossilien. Nach Schließung der Minen wurde 1999 der Fossil Park als öffentlich zugängliche Ausgrabungsstätte eingerichtet. Dadurch sollte sowohl die Fossilienforschung als auch der Tourismus gefördert werden. Das Museum im modernen Infocenter sowie geführte Touren ins Labor und zur Ausgrabungsstätte verdeutlichen die Geologie der Region vor mehr als 5 Mio. Jahren. Ein feuchtes Klima kam zu dieser Zeit vielen Tieren zugute, z. B. der Kurzhalsgiraffe und dem Afrikanischen Bären. Die Ausgrabungen stehen unter der Leitung des South African Museum in Kapstadt.

West Coast Fossil Park, *R45, 4 km westl. von Langebaanweg, ✆ (022) 766-1606, https://fossilpark.org.za, Di–So 9–15 Uhr, es gibt regelmäßig geführte Touren. Café-Restaurant, ✆ (022) 772-0358.*

Saldanha

Saldanha wurde Anfang der 1970er-Jahre als Massenguthafen für den Export von Erzen ausgebaut. Mit 7.434 ha ist der Hafen der flächengrößte in Afrika. Für den Erztransport aus Sishen wurde eine 860 km lange Eisenbahnstrecke gebaut. Jährlich werden 37 Mio. Tonnen Erz von bis zu 3,8 km langen Zügen über 7 km lange Förderbänder auf die Schiffe verladen – mit einer Kapazität von 8.000 t pro Stunde. Der Hafen ist tief genug, um Frachter mit einer Größe von 250.000 t aufzunehmen. Neben dem Erz werden Stahlerzeugnisse aus dem hier angesiedelten Stahlwerk, Kupfer aus dem Namaqualand und Obst aus der Region Citrusdal umgeschlagen. Weitere große Hafenanlagen sind im Bau, um den mittlerweile überforderten Containerhafen

Verschiffung von Erzen

von Kapstadt zu entlasten. Natürlich ist Saldanha kein schöner Ort. Wer nicht eine Mischung aus Industrie, Hafen, Natur und Kleinstadt-Atmosphäre erleben möchte, kann sich den Umweg hierher getrost sparen.

Ein guter Blick auf den Hafen bietet sich von **Marcus Island**. Die Insel ist durch einen breiten Damm mit dem Festland verbunden. Um dorthin zu gelangen, muss man sich südlich der Stadt am Hafen-Gate melden, fährt dann rechts an der Fischfabrik vorbei und zweigt beim Hinweis „Breakwater" nochmals nach rechts ab. Mit etwas Glück sind gegen Abend die an Land kommenden **Pinguine** auf Marcus Island zu sehen.

Der kleine Fischerort **Jacobsbaai** (Jacobs Bay) nördlich von Saldanha galt lange als Geheimtipp. Er versprühte „Old-World-Atmosphäre". Mittlerweile wurden jedoch zahlreiche weiße Ferienhäuser errichtet, die z. T. als Alterssitz wohlhabender Städter und Farmer dienen. Dennoch geht es hier ruhig zu. Die touristische Infrastruktur bilden das kleine Hafenrestaurant *Weskusplek*, ein paar Selbstversorger-Unterkünfte, beschauliche Gästehäuser sowie eine schöne Backpacker-Unterkunft.

Reisepraktische Informationen Saldanha und Jacobs Bay

Information

Info Center, *Ecke Main/Piet Rietief Sts., Vredenburg, ✆ (022) 715-1142, www.capewestcoast.co.za („Peninsula Region").*

Unterkunft

Saldanha Bay Hotel $$–$$$, *51 Main Rd., Saldanha, ✆ (022) 714-1264, https://saldanhabayhotel.co.za. Gepflegtes Mittelklassehotel an der Waterfront. 58 Zimmer, teilweise mit Balkon und Meerblick, Restaurant/Lounge (Blick aufs Wasser), Cocktailbar, Pool.*

Abalone Guesthouse $–$$, *1 7th Turn, Jacobs Bay, ✆ (082) 395-3616, http://abalonejacobsbaai.co.za. Gemütliche B&B-Unterkunft in ruhiger und wassernaher Lage.*

Oranjevlei Guestfarm $$, *✆ (022) 714-2261. Unterkunft auf alter Cape Dutch Farm 8 km nördl. der Stadt (R 399). Die 9 Zimmer liegen teils in den umgebauten Stallungen. Es gibt ein Restaurant. Blick über die Saldanha Bay. Reiten, Traktortouren und Wanderwege.*

Essen und Trinken

Blue Bay Café, *48 Gracillaria Cres., Blouwaterbaai, ✆ (022) 714-1177. Elegantes Restaurant mit Cocktailbar. Schöner Ausblick auf den Hafen, besonders bei Sonnenuntergang. Gute Fleisch- und Fischgerichte, exquisit serviert. Tipp: die Saldanha-Muscheln.*

Camping

Oasis/Jacobs Bay Backpacker $, *Main Rd., ✆ (073) 302-5835, https://oasis.jacobsbaybackpackers.co.za. Zelte, Doppelzimmer, Selbstversorgerhaus, Schlafsaal, Glamping, Camping und ausgesprochen lockere Atmosphäre, 400 m zum Strand.*

Tabakbaai Holiday Resort, *Westende der Diaz Rd., am Atlantik, ✆ (022) 714-2248, https://sbm.gov.za/tabakbaai-holiday-resort. Viele schattige Camping- und Caravanplätze. Hier gibt es auch Chalets ($$).*

Vredenburg, wie eine Trutzburg auf einem Hügel thronend, ist das Shopping- und Verwaltungszentrum der West Coast und damit in keiner Weise sehenswert. Bekannt ist der Ort wohl nur dadurch, eine der heißesten Städte des Landes zu sein.

Paternoster

1790 entdeckte ein holländischer Kapitän diesen Teil der Küste. Die Herkunft des Namens Paternoster bleibt ein wenig schleierhaft. Eine Theorie besagt, dass er etwas mit dem ersten Pastor zu tun hat, „*unserem Vater*". Paternoster ist heute ein idyllischer Ferienort mit weiß verputzten Häusern, schönen Stränden, netten Geschäften und Restaurants. Von den etwa 1.900 Einwohnern sind 1.150 Khoi, die schon seit Generationen Fischfang an der Küste betreiben. Hauptbeschäftigung stellte über Jahrzehnte das Fangen und Verarbeiten von Crayfish (Langusten/Cape Lobster) dar. Die Crayfish-Saison geht traditionell von Mitte November bis Ende April. Allerdings steht der Crayfish seit 2016/17 auf der „**Roten Liste**" des WWF und wurde seither nur begrenzt wieder zum Fang freigegeben (s. S. 488). Zum Glück hat sich Paternoster längst ein zweites ökonomisches Standbein geschaffen: Heute überwiegt hier der Tourismus, wiewohl in einer eher sanfteren Form. Streng wird darauf geachtet, dass die historischen Häuser ihren Charakter bewahren, neue Häuser in weiß und klein gehalten werden und sich kein großes Hotel ansiedelt. Bei einem Strandspaziergang kann man Fischer beim umständlichen und altmodischen Einholen der Netze beobachten. Es sind ältere Männer, die Jugend ist bereits in die Städte abgewandert. Ein Grund dafür sind auch die international begrenzten Fangmengen.

Idyllischer Ferienort

Der 3 km außerhalb liegende **Leuchtturm Cape Columbine** ist ein wichtiger Navigationspunkt für Schiffe, die sich der südafrikanischen Küste nähern. Er steht im **Cape Columbine Nature Reserve**, wo es die Küstenvegetation zu erkunden gibt.

Reisepraktische Informationen Paternoster

Information

Paternoster Tourism, *Fish Market am Main Beach,* ✆ *(022) 752-2323, Infos und Unterkünfte: https://stayinpaternoster.co.za/the-ultimate-paternoster-bucket-list bzw. www.paternoster.co.za.*

Unterkunft

Strandloper Ocean Boutique Hotel $$$$–$$$$$, *am Nordende des Ortes,* ✆ *(083) 654-3001, www.strandloperocean.com. Tolle Lodge mit schönen Zimmern, 5 davon direkt zum Strand hin und 6 in einem schönen Courtyard. Gutes Restaurant, Spa und großer Pool. Leider ziemlich teuer.*

Paternoster Dunes $$$$, *18 Sonkwas St.,* ✆ *(022) 752-2217 bzw. (079) 892-8289, www.paternosterdunes.co.za. Stilvoll gestaltete Lodge unmittelbar am Meer. 5 Zimmer, eine Suite sowie 2 nahe Selbstversorger-Unterkünfte. Teilweise mit Blick aufs Meer (z. T. selbst vom Badezimmer aus) sowie direktem Strandzugang! Von der Terrasse kann man den Sonnenuntergang genießen. Hausbar und Spa. Der Tipp für Paternoster.*

Paternoster Lodge $$–$$$, *64 St. Augustine Rd.,* ✆ *(083) 551-7502 oder (083) 691-0929, https://paternosterlodge.co.za. Gästehaus mit 7 Zimmern. Hier kann man nichts falsch machen. Nettes Restaurant mit Blick auf den Atlantik.*

Farr Out $$–$$$$, *17 Seemeeu Cres., ✆ (022) 752-2222, www.farrout.de. Gästehaus mit 2 Zimmern für je zwei Personen, einem Apartment, je mit Terrasse oder Balkon, und Glampingoption. Holzgefeuerter Zuber im Freien. Gastgeber Deon organisiert Touren im Beach Buggy. Mindestaufenthalt: 2 Nächte.*

Paternoster Hotel $$, *St. Augustine Rd., ✆ (022) 752-2703/-2773, https://.paternosterhotel.co.za. Dorfhotel, das so gar nicht mehr in den Urlaubsort zu passen scheint. Gutes Preis-Leistungs-Verhältnis. Restaurant im Haus. Im urigen Pub treffen sich Touristen und Locals. Mindestens 2 Nächte Aufenthalt.*

Sea Shack $, *Cape Columbine NR, ✆ (079) 820-6824, https://seashack.co.za. 10 einfach ausgestattete Strandhütten sowie 3 Safari-Zelte. Alles direkt am Meer! Bäder/WCs müssen geteilt werden, Handtücher mitbringen. Nur Selbstversorger, aber Paternoster ist ja nur 5 km weit weg. Möglichkeiten zum Grillen. Alles ökologisch angelegt.*

Weitere Unterkünfte: Die komfortablen **Selbstversorger-Cottages** *($$–$$$) am* **Lighthouse Cape Columbine**, *✆ (021) 449-2400. Selbstversorger-Unterkunft:* **„Stay In Paternoster"**, *✆ (022) 752-2048 bzw. (083) 204-1051, https://stayinpaternoster.co.za.*

Essen und Trinken

Voorstrandt Restaurant, *Strandlooper Way, ✆ (022) 752-2038. Direkt am Strand. Frische Meeresfrüchte. Lustiger – allein schon wegen des täglichen Aushangs – geht es dagegen zu im* **Noisy Oyster** *zu (62 St. Augustine Rd., ✆ 022-752-2196), wo frische Zutaten der Region (nicht nur aus dem Meer) mit französischer Finesse zubereitet werden. Ausgefallen, experimentell (und teuer) ist die Küche im* **Wolfgat** *(10 Sampson St., Reservierung online: www.wolfgat.co.za) des Starkochs Kobus van der Merwe. Hier werden nicht nur die üblichen Zutaten verwendet, sondern auch mal Seegras und anderes. Das vornehmste Restaurant mit der besten Weinkarte findet sich im* **Abalone House** *(3 Kriedoring St., ✆ 022-752-2044 bzw. 014-004-0131). Open-Air-Strandrestaurant: die* **Seekombuis** *an der Straße zum Cape Columbine, ✆ (072) 258-9041. Die kleinen Restaurants an der Waterfront im Westen des Ortskerns, u. a.* **The Hungry Monk**, *✆ (022) 752-2069, lohnen auch einen Besuch. Für alle Restaurants gilt besonders an Sommerwochenenden: Reservieren, für das Wolfgat sogar Monate im Voraus!*

Paternoster Wine & Tasting Lounge, *54 Saint Augustine Rd., Kliprug, ✆ (061) 540-9530, https://paternosterwinelounge.co.za. Große, exquisite Weinauswahl und -verkostung.*

Camping

Direkt am Meer im Cape Columbine NR befindet sich der idyllisch gelegene **Tietiesbaai Campground**, *✆ (022) 752-2718. Wenige Kilometer südl. von Paternoster.*

Von Paternoster über St. Helena Bay und Lambert's Bay nach Clanwilliam

Die Straße führt zuerst nach **Stompneusbaai** mit seinen kleinen Fischfabriken. Ein Monument hier erinnert an Vasco da Gamas Landung. **Shelly Bay** und **Brittania Bay** dagegen wurden als Ferienhausdomizile mit Golfanlage, Villen und Geschäften aufgezogen. Der Ort St. Helena verwandelt sich immer mehr vom Fischerort zur Wochenendhaus-Kolonie. Die **St. Helena Bay** ist eines der weltbesten Fischgebiete, denn der kalte Benguela-Strom drückt nährstoffreiches

Wasser regelrecht in diese Bucht hinein. Das Überfischen des Reviers hat jedoch zu wirtschaftlichen Problemen bei den Fischern geführt. Im Ort ist die **West Point Processors Factory** (Fisch- und Dosenfabrik) der größte Arbeitgeber (Pilchard-Fischkonserven).

Nach dem Überqueren der Berg-River-Mündung passiert man **Velddrif**, dem der Fischerei- und Ferienort **Laaiplek** vorgelagert ist, bekannt für den *Bokkoms*, eine in Salz eingelegte und luftgetrocknete Meeräsche. Dieser wird in einigen Bistros an der hübschen Bokkomslaan serviert. An der Mündung des Berg River nisten oft Pelikane und Flamingos. Bootstouren in die vogelreichen Feuchtgebiete beginnen an der Bokkomslaan. Nahe der Hafeneinfahrt von Laaiplek gibt es das kleine **SA Fisheries Museum** (*neben dem Laaiplek Hotel, ✆ (022) 783-2531 bzw (082) 849-9251, www.safisheriesmuseum.co.za, Di–Fr 10–16, Sa 10–15 Uhr, s. u.*) sowie an der De Villiers Street zwei einfache, aber gute Fischrestaurants/-imbisse (**Die Vis Vlekhuis** und **Nossab Fisheries**, hier auch Fisch und Meeresfrüchte zum Grillen erhältlich).

Elands Bay/Elandsbaai

Die gut ausgebaute Straße nach Elands Bay (Elandsbaai) führt vorbei an dem Ferienort Dwarskersbos, danach an dem besonders im Sommer vogelreichen **Rocherpan Nature Reserve** (u. a. Flamingos, Kleine Haubentaucher, Löffelenten). Übernachtung ist möglich in Selbstversorger-Cottages (*www.capenature.co.za*). Schließlich windet sie sich um den Baboejensberg. Kurz vor dem verschlafenen Elands Bay beeindruckt der Blick auf das **Velorevlei** mit seiner Vogelwelt. Elands Bay ist besonders bei Fischern und Muschelsammlern bekannt. Ansonsten gilt dieser Küstenabschnitt aufgrund der günstigen Winde bei Surfern als beliebt und sicher. Sie hängen gerne in der **Witmosselpot Bar** ab, wo auch Muscheln, Prawns und andere Meeresfrüchte serviert werden. Die Lage des Ortes an einer felsigen Landzunge (Felszeichnungen in Baboon Cave, einem Überhang oberhalb des Hafens) und der bezaubernden Einmündung des Kruismans River sprechen für einen Übernachtungsstopp, ebenso wie die Gelegenheit, hier günstig frische Meeresfrüchte im Restaurant zu essen.

Hinter Elands Bay steht die parallel zur Eisenbahnlinie verlaufende Privatstraße der Sishen-Bahn nach Lambert's Bay dem öffentlichen Verkehr wieder zur Verfügung. Die längere, mit einem Schlenker durchs Landesinnere über Leipoldtville verbundene Strecke bietet ansonsten die Alternative. 4 km vor Lambert's Bay liegt das Strandrestaurant **Muisbosskerm** (s. Lambert's Bay).

Reisepraktische Informationen Laaiplek, Velddrif und Elands Bay

Information

Velddrif Tourism Bureau, *Voortrekker Rd. (Municipal Building), ✆ (022) 783-1137, https://velddrif.bergriviertourism.co.za.*

Unterkunft

Laaiplek/Velddrif

Riviera Hotel $–$$, *136 Voortrekker Rd., Velddrif, direkt an der Brücke, ✆ (022) 783-1137, www.eigevis.com. Das Hotel (Zimmer und Chalets) beeindruckt durch seine Lage direkt am Fluss und hat ein nettes Restaurant. Ansprechend ist auch das kleine, unkompli-*

zierte **Laaiplek Hotel** *$–$$, River Rd./Jameson St., ✆ (022) 783-1116, www.eigevis.com, mit Doppel- und Selbstversorgerzimmern. Zudem gibt es* **Campingmöglichkeiten** *im* **Stywelyne Holiday Resort** *(Perlemoen St., nahe Laaiplek Beach, ✆ (022) 783-0408 bzw. (083) 272-3852). Der Tipp lautet aber, weiter nach Norden zu fahren: 44 km nördlich von Velddrif, auf dem Weg nach Elands Bay an der R 27 liegt die feinere* **Draaihoek Lodge** *$$$, ✆ (022) 952-1170, www.draaihoek.com, wo man in schönen, reetgedeckten Cottages untergebracht wird. Restaurant, Pool im Garten.*

Elands Bay Hotel *$–$$, 1 Hunter St., am Strand, ✆ (022) 972-1640, www.elandsbayhotel.co.za. Kleines, aber sehr uriges Strandhotel mit 16 Zimmern (fünf mit Meerblick), Apartments, fünf Camping-Sites und Restaurant. Einige Backpacker-Unterkünfte. Direkt unterhalb des Hotels gibt es einen kleinen, sehr sauberen* **Campingplatz** *direkt am Strand (windig!), ✆ (022) 972-1745.*

Schöner, 5 km östlich von Elands Bay an der R 366 und wunderbar nahe dem vogelreichen Verlorenvlei gelegen ist die historische **Farm Vensterklip** *$$–$$$, ✆ (022) 972-1340, www.vensterklip.co.za. Selbstversorger-Hütten, Zimmer, Backpacker-Unterkünfte sowie Campingmöglichkeiten. Selbstversorger, B&B sowie Dinner/B&B (vorher anmelden).*

Essen und Trinken

An der Bokkomslaan, 3 km westl. der Velddrif Bridge (Laaiplek), bieten kleine Bistros und Cafés, wie z. B. das **Kleinvlei Bistro & Wine Stoep** *mit lokalen Leckereien, auch warmen Gerichte.*

Charlie`s Brewhouse, *1 Marina Centre, Port Owen Dr., Port Owen, Velddrif, ✆ (022) 783-0448. Selbst gebrautes Bier und ausgezeichnete Küche (Fisch, Pizza, Steaks, Salate etc.) – deutlich über dem üblichen Pub-Niveau!*

Elands Bay: *Auf der nördlichen Seite des Parkplatzes beim Elands Bay Hotel lockt das kleine* **Wit Mossel Pot Restaurant** *u. a. mit Muscheln im Sud!*

Lambert's Bay/Lambertsbaai

Das heutzutage lebendige Lambert's Bay, 1913 gegründet, ist nach Sir Robert Lambert benannt, einem der Commander der Marinestation in Kapstadt. In das einst verträumte Fischerdorf hielten schon früh sowohl die Fischindustrie als auch später, in bescheidenerem Rahmen, der Tourismus Einzug. Die kalten und nährstoffreichen Meeresströmungen vor der hiesigen Küste bieten ausgezeichnete Fangbedingungen. Besonders der Crayfish ist im ganzen Land bekannt. Das jährliche **Lambert's Bay Crayfish & Cultural Festival** (März/April) wurde wegen der Überfischung aber bis auf Weiteres ausgesetzt (s. auch S. 488).

Bird Island

Das lokale **Sandveld Museum** an der Church Street (*Mo–Fr 10.30–15.30 Uhr*) widmet sich überwiegend der Geschichte des Ortes, zudem noch den

Naturgegebenheiten des Umlands. Auch in dieser Gegend sind die Blumen im Frühjahr, wenn das ganze Umland blüht, ein besonderer Anziehungspunkt. Nicht versäumen sollte man einen Spaziergang zur **Bird Island**. Von einer Plattform gleich hinter dem Hafengelände aus kann man Komorane, Pinguine und Möwen beobachten. Bekannt ist die Insel aber vor allem als Brutplatz für den Seevogel Kaptölpel (*Morus Capensis*). In Lambert's Bay bietet sich, sobald der Fang wieder erlaubt ist, die Möglichkeit mit einem Crayfish-Boot hinauszufahren oder eine Crayfish-Fabrik zu besuchen. Nähere Infos dazu im Touristenbüro.

Blick auf Doring Bay

Abstecher nach Norden: Wer noch weiter die Küste genießen möchte, fährt mit einem Schlenker durchs Landesinnere über Lutzville zu den Freizeit- und Fischerörtchen **Doring Bay** (*Fryer's Cove Restaurant*) und **Strandfontein** (*einige Selbstversorgerunterkünfte und ein toll gelegener Caravanpark mit Cabins, Kommetjie Restaurant*), dessen Strand zu langen Spaziergängen einlädt. Am Ortsausgang beginnt eine Piste, die zum unberührten Sandstrand an der Mündung des Olifants River führt. Für die letzten Kilometer benötigt man ein Permit für das Fahrzeug, kann aber auch hinunterlaufen zu Strand und Flussmündung. Infos und Buchungen: *https://visitnwc.com*. **Papendorp** ist nicht weiter von Bedeutung, im nahen **Lutzville** jedoch gibt es die besuchenswerte Lutzville Vinyards Coop. Adressen zu diesen Orten siehe Seite 525.

Open-Air-Restaurants

Ein Höhepunkt an der West Coast ist ein reichhaltiges und mehrere Stunden dauerndes **Seafood-Mahl** in einem **Open-Air-Restaurant** (u. a. in Yzerfontein, Langebaan oder Lambert's Bay). Diese sind direkt am Strand gelegen, aus einfachen Holzstücken bzw. Sträuchern aufgebaut, mit Büschen als Raumteilern. Dort werden verschiedenste Delikatessen aus dem Meer auf dem Grill und in Potjies zubereitet. Man sitzt auf Felsen, auf Holbänken oder im Sand und isst teilweise mit Fingern. Für einen Pauschalpreis gibt es reichlich zu essen. Alkoholische Getränke sollte jeder selbst mitbringen, denn dafür haben die Restaurants entweder keine Lizenz oder verfügen nur über ein begrenztes Angebot. Geöffnet ist natürlich nur bei gutem Wetter bzw. in der klimatisch schönen und fangreichen Saison. Also: Vorher telefonisch erkundigen und reservieren.

Die empfohlene Route führt weiter nach Clanwilliam.

Reisepraktische Informationen Lambert's Bay

Information

Tourism Bureau, *5 Medical Centre, Main Rd., ✆ (027) 432-1000, www.lambertsbay.co.za oder https://capewestcoast.co.za. Ebenso zuständig für Elands Bay.*

Unterkunft

Lambert's Bay Hotel $$, *72 Voortrekker St., ✆ (027) 432-1126, http://lambertsbayhotel.co.za. Relativ modernes, aber nicht besonders aufregendes Hotel. Geräumige Zimmer, Restaurant und ein gutes Preis-Leistungs-Verhältnis. Vom Hotel aus werden Bootsfahrten und Fishing Trips organisiert.*

Schöner ist die **Groot Vlei Guestfarm $$–$$$**, *6 km südl. von Lambert's Bay an der R365, ✆ (022) 300-0070, www.grootvleiguestfarm.co.za. Hier kann man entweder auf der Farm oder ganz romantisch in einem Häuschen auf den Dünen nächtigen.*

Camping

Campingplätze gibt es einige im Umkreis, wobei der **Lambert's Bay Caravan Park** *(nördl., nahe Korporasie St., ✆ (027) 432-2238, www.cederbergmun.gov.za/resorts) durch seine Lage direkt am Strand und nahe zum Hafen wohl die beste Wahl ist.*

Essen und Trinken

Muisbosskerm, *✆ (027) 432-1017 bzw. (083) 270-9530, www.muisbosskerm.co.za. 4 km südl. von Lambert's Bay (an der Küstenstraße) befindet sich das erste Open-Air-Fischrestaurant Südafrikas in einer kraalähnlichen Umfriedung. Besonders an den Wochenenden reisen v. a. die Kapstädter eigens an, um sich an Fisch (gegrillt, gebacken, geräuchert, als Paella oder als Eintopf im Potjie zubereitet) satt zu essen. Nicht täglich geöffnet! Unbedingt reservieren und klären, ob es sinnvoll ist, Getränke mitzubringen. Früh erscheinen (mind. 30 Min. vor Beginn), denn das Ganze dauert „nur" 3 Std. Da man so viel essen kann, wie man mag, empfehlen sich kleine Pausen. Eine Übernachtung gleich gegenüber auf dem Campingplatz der* **Farm Malkoppan** *muss angemeldet werden: ✆ (083) 370-0400. Nur 2 km südlich des Strandrestaurants bietet die* **Grootvlei Guest Farm** *komfortable Unterkünfte unterschiedlicher Art (s. o.)*

Bosduifklip, *6 km östl. der Stadt an der Straße nach Clanwilliam, ✆ (084) 703-8311, www.facebook.com/Bosduifklip. Open Air, aber diesmal unter einem Felsen. Hier liegt der Schwerpunkt auf gegrillten und im Potjie zubereiteten Mahlzeiten (allemal Fisch und Meeresfrüchte, aber auch Rind, Lamm, Gemüse, Papp etc.). Unbedingt vorher reservieren.*

Wer gutes Seafood auf „ganz normale Weise" in einem Restaurant essen möchte, dem sei **Isabella's Restaurant** *(✆ 027-432-1177) direkt am Hafen empfohlen. Es beeindruckt besonders durch den Blick auf Hafen und Bird Island. Frischen Fisch und Meeresfrüchte gibt es auch im nahen* **Roestyd**, *8 Strand St., ✆ (022) 125-0123 oder (064) 806-9526.*

West Coast Crayfish Trail

Die **4- bis 6-tägige Küstenwanderung** *führt von Elands Bay nach Lambert's Bay, sowie nach einem Autotransport, von Doring Bay über Papendorp nach Ebenheaser. Dabei wird die Geschichte der Küstenregion, besonders die des Fischfangs erläutert. Zu erleben gibt es Feuchtgebiete, Flussmündungen, kleine Gebirge, Dünenlandschaften und natürlich Strand. Die Tagesetappen sind 7–18 km lang (auch kürzere Teiletappen bzw. 2-tägige Touren möglich). Das Gepäck wird mit einem Fahrzeug jeweils zum nächsten Ziel gebracht, übernachtet wird in rustikalen Hütten. Buchung: ✆ (083) 553-9107, www.south-north.co.za.*

Clanwilliam

Clanwilliam gehört zu den ältesten Städten Südafrikas. Bereits 1732 gab es eine Reihe von Farmen entlang des Olifants River. 1820, nachdem ein Magistratssitz eingerichtet worden war, versuchte man, englische und irische Siedlerfamilien als Gegengewicht zu den Buren anzusiedeln. Doch dies schlug fehl. Nur sechs Familien blieben in der Gegend. 1901 brannte die Stadt fast gänzlich nieder und nur ein kleiner Teil in der Parker Street überstand das Feuer. Heute ist das geschäftige Städtchen mit seinen etwa 8.000 Einwohnern ein regionales Zentrum für einen weiten Umkreis und bietet Geschäfte sowie touristische Einrichtungen aller Art.

Clanwilliam liegt in einem warmen, gut bewässerten Tal mit fruchtbaren Böden. In der Umgebung wächst u. a. der rote Busch, der den Rooibos-Tee liefert, welcher von hier aus in alle Welt exportiert wird. Die gesundheitsfördernden Eigenschaften des Getränks machte als erster Dr. Le Fras Nortier publik. Neben Tee gedeihen hier nahezu alle subtropischen Früchte, Gemüse sowie Weizen und Tabak. Im Ort gibt es die kleine **Strassberger's-Veldskoene-Schuhfabrik** samt Laden, die man besichtigen kann (*12 Ou Kaapse Weg, ✆ 027-482-1461/-1439, https://strassbergers.co.za*). Das **Museum** (*Main Rd., Mo–Fr 8–12.30, Sa bis 12 Uhr*) im Old Jail erläutert die lokale Geschichte und den Teeanbau. Im **House of Rooibos** (*Ecke Augsburg/Foster Sts.*) wird ein Film über den Anbau des weltweit so beliebten Tees gezeigt und Teeprodukte verkauft.

Rooibos-Tee

info

Nur wenige Dinge in Südafrika erregen wie der Rooibos-Tee Bewunderung und Spott zugleich. Auf vielen Farmen immer noch von Hand gesät und geerntet, zählt Rooibos zu den Fynbos-Pflanzen, die vorwiegend in den Bergregionen um Clanwilliam und Nieuwoudtville wachsen. Die Blätter des Tannin-freien und Vitamin-C-reichen Tees werden bei nur 70 °C aufgebrüht. Asiatische Sklaven erkannten bereits vor zwei Jahrhunderten seinen Wert. Man trinkt ihn mit Milch und Zucker oder einfach mit einer Scheibe Zitrone und einem Teelöffel Honig. Es gibt um die 100 „flavoured" bzw „blended" Rooibos-Tees, unterteilt in 7 „Clans": herbal, fruity, flower, spicy, sweet, natural und green.

Getrocknet wird Rooibos im Freien

Heute wird Rooibos nicht nur für Tee genutzt, sondern auch für kosmetische und medizinische Zwecke. 90% der Produktion werden exportiert, v. a. nach Deutschland, das allein 50 % des europäischen Imports aufnimmt.

2 ½-stündige **Touren auf einem Rooibos Tea Estate** (inkl. Erklärungen zum umliegenden Naturareal und Besichtigung der Verarbeitungsanlagen) bietet das **Elandsberg Eco Reserve**. Hier gibt es zudem zwei Selbstversorger-Apart-

info

ments. Von Clanwilliam 12 km nach Westen in Richtung Lambert's Bay, dann nach rechts abbiegen auf die Piste nach Swentgat. Nach 3 km geht es links ab zum Eco Reserve. ✆ (027) 482-2022, www.elandsberg.co.za, Anmeldung erforderlich.

Im **Rooibos Tea House** (Graafwaterweg (Ortseinfahrt R364)/Freesia Ave.) sowie im **House of Rooibos** (s. o.) in Clanwilliam erfährt man mehr über den Tee. Über 100 Sorten stehen hier zum Verkauf. Weitere Infos (Touren zu Plantagen, Unterkünfte auf Tee-Farmen, Geschichte, Teesorten etc.): ✆ (067) 088-6969, www.rooibos-route.co.za.

Ende August/Anfang September findet eine **Wild Flower Show** (*http://clanwilliam wildflowershow.co.za*) in der **Dutch Reformed Church** statt. Die Ausstellung von über 350 verschiedenen Blumen wird sehr geschätzt. Wildblumen blühen in der Regel zwischen Juli und September, aber die Saison im **Ramskop Nature Reserve**, direkt westlich von Clanwilliam, wo alle Blumen dieses Bezirks zu sehen sind, dauert länger.

Abgeschiedenheit in Öko-Lodge und Wildwasserfahrten

Die **Öko-Lodge Oudrif** liegt 50 km nördlich von Clanwilliam am Doring River. In dem abgelegenen Camp erlebt man so richtig das südafrikanische Outback und kann die Seele baumeln lassen, Spaziergänge durch drei Vegetationszonen unternehmen, San-Zeichnungen erkunden, in den ruhigen Flussbecken baden und sich einmal vor Augen führen, wie man umweltbewusst ein schönes Camp unterhalten kann. Es gibt geschmackvolle Sandsteinhütten (Strohschicht als Isolierung, Solarstrom). Unbedingt mind. zwei Nächte bleiben. Bill und Jeanine kennen Land und Natur gut und können beim gemeinsamen Abendessen viele Fragen beantworten. Eine Anfahrtsbeschreibung erhält man nach der Buchung. **Oudrif $$$–$$$$** (alle Mahlzeiten und ein Morning Walk inbegriffen), ✆ (027) 83381-0030, http://oudrif.co.za.
Weniger beschaulich, aber toll sind die **Wildwasserfahrten** auf dem Doring River (Juli–Mitte Sept.). Veranstalter sind u. a. **River Rafters** (✆ (021) 975-9727, www.riverrafters.co.za).

Blumenpracht nur bei Sonne

Die große Blumenvielfalt in der Region ist auf die Topografie zurückzuführen (fruchtbare Täler, Berge, Halbwüste sowie die Sanddünen nahe der Küste). Blumenfreunde sollten daran denken, dass die beste Zeit zur Blumenbetrachtung zwischen 11 und 16 Uhr ist. Bei bedecktem Wetter, Sturm und Kälte öffnen sich die Blüten gar nicht. Ansonsten drehen sie ihre Blüten zur Sonne.

Der **Clanwilliam Dam**, der das Wasser des Olifants River aufnimmt, ist ein beliebtes Erholungsgebiet (Schwimmen, Bootfahrten und Angeln).

Hinweis

Weder entlang der Strecke nach Wupperthal noch auf der durch die Cederberg Wilderness Area bis nach Prince Alfred Hamlet gibt es eine Tankstelle bzw. eine ernst zu nehmende „Proviantstation"!

info

Riel Dance

Der Riel Dance ist ein traditioneller Tanz der Khoi und San, der dank der Initiative des Bushman's Kloof Resort wieder zum Leben erweckt wurde. Getanzt wird im Sand, oft auch ums Feuer herum. Dabei geht es um den kulturellen Ausdruck und oft werden Tiere nachgemacht. In erster Linie aber kommen hierbei die Freude der Menschen an der Musik und dem Tanzen zum Ausdruck. Info: ✆ (021) 437-9278, https://bushmanskloof.co.za. Riel Dances finden zu unregelmäßigen Terminen hier, aber auch in anderen Unterkünften oder in Dörfern wie Wupperthal statt.

Abstecher in den Norden bzw. den Osten der Cederberge – bis Wupperthal

Die bis kurz hinter dem Wupperthal-Abzweig asphaltierte Strecke führt zuerst entlang der R 364 über den 922 m hohen **Pakhuis Pass** (Kliphuis-Campingplatz, ansprechend und schattig, verwaltet von Cape Nature). Schon der Blick von oben belohnt für den Ausflug. Östlich des Passes, wieder im Tal, passiert man die Farm **Traveller's Rest** (*$–$$, ✆ (082) 554-9303, www.travellersrest.co.za, 29 Cottages*). Wer hier nächtigt, kann sich im dazugehörigen Restaurant bekochen lassen (*bis 17 Uhr, vorher anmelden, später nur bei mehr als 10 Personen*). Gegenüber beginnt der **Sevilla Trail**, ein 4 km langer Wanderweg (hin u. zurück) zu San-Zeichnungen.

Luxuriöse Unterkunft

Ganz anders dagegen, ausgesprochen luxuriös, stellt sich das nahe **Bushman's Kloof Resort/Wilderness Reserve** dar: Die 7.500 ha große Wildfarm liegt am Fuße der Cederberge. Hier bekommt man zahlreiche, auf Führungen hervorragend erläuterte San-Zeichnungen zu sehen. Einige sollen über 10.000 Jahre alt sein. Übernachtet wird in eleganten Chalets bzw. im renovierten Herrenhaus der Farm. Auf dem Gelände gibt es zudem viele Pflanzen (750 Arten) zu entdecken, auch können Vögel (150 Arten) und einige andere, „Afrika-typische" Tiere (Zebras, Antilopen etc.) beobachtet werden. Die vom Aussterben bedrohte Karakal-Katze wurde hier wieder angesiedelt. Nach einem erlebnisreichen Tag kann man sich im Spa verwöhnen lassen.

Wildblumen und Obst

Wem das zu teuer ist, der fährt weiter und zweigt in Richtung Wupperthal ab (*zurzeit fast keine Unterkünfte, s. u.*). Kurz darauf lockt ein Ausblick auf kleine Berge und weit entfernte Plateaus. Kein Wunder, dass dieser Punkt „**View of Africa**" genannt wird. Einige Kilometer weiter fällt die Piste ins beeindruckende **Bidouw Valley** (Wildblumenblüte, Rooibos- sowie Obstanbau) ab, in dem sich Farmen auch als Unterkünfte anbieten. **Hinweis**: Die Piste entlang des Bidouw River nach Osten zur R 355 ist sehr rau und für die Durchquerung des Doring River (nur in der Trockenzeit möglich) weiter östlich benötigt man ein Geländefahrzeug – allemal ein Fahrzeug mit entsprechender Bodenfreiheit!

Nach einem weiteren Pass ist schließlich **Wupperthal** erreicht. Der kleine Ort wurde rund 100 Jahre bevor sich die Gemeinden im deutschen Wuppertal zur gleichnamigen Stadt zusammenschlossen gegründet. Baron Theobald von Wurmb und Johann Gottlieb, zwei Missionare der Rheinischen Mission, benannten sie nach der

Gegend am Fluss Wupper, aus der sie stammten. Als die beiden Missionare 1829 in die Cederberge kamen, fanden sie bereits eine christliche Gemeinde der Khoi-San vor. Nach Abschaffung der Sklaverei zogen in den 1830er-Jahren viele Familien hierher, um ein Handwerk zu erlernen. Die Rheinische Mission zog sich 1962 zurück. Da die Bewohner nicht der Dutch Reformed Church unterstellt werden wollten, entschieden sie sich 1965, sich der Herrenhuther (Moravian) Mission anzuschließen.

Bis 2018 lebten ca. 4.000 Familien in und um Wupperthal, Nachkommen von befreiten Sklaven und von Seeleuten sowie San. Ein **verheerendes Feuer** zerstörte jedoch Ende 2018 einen großen Teil des Ortes, viele Familien zogen weg und der Wiederaufbau wird sich noch über Jahre hinziehen. Viele der ehemals strohgedeckten Gebäude werden wohl nicht wiederaufgebaut und zahlreiche Familien haben angekündigt, nicht wiederkommen zu wollen. In der Umgebung wird Rooibos angebaut, der auch zur Herstellung von Seifen und Lotionen genutzt und in einem kleinen Shop im Ort verkauft wurde. Auch dieser brannte ab, soll aber wiederhergerichtet werden. In der von Johann Gottlieb Leipoldt (der von Beruf Schuster war) gegründeten Schuhmanufaktur, die nicht dem Feuer zum Opfer fiel, werden weiterhin die berühmten Feldschuhe (Veldskoens) in Handarbeit hergestellt und hier auch verkauft. Der Wiederaufbau war bei Redaktionsschluss noch im Gange.

Reisepraktische Informationen Clanwilliam und Wupperthal

Information

Olifants River Valley Tourism, *Old Goal Museum, Ecke Main Rd./Ou Kaapse Weg, Clanwillaim, ✆ (027) 482-2024, www.clanwilliam.info, https://capewestcoast.co.za.*
Wupperthal Tourism, *Church Square, ✆ (027) 492-3410, www.wupperthal.co.za. Bis auf Weiteres nicht besetzt (s. o.)*

Unterkunft

Bushman's Kloof Resort $$$$$, *✆ (027) 482-8200 oder (087) 743-2399, https://bushmanskloof.co.za (s. S. 519). Ankunft nach 17 Uhr vorher absprechen!*
Blommenberg House $$–$$$, *Lang St./Ecke Graafwaterweg, ✆ (027) 482-1851, https://blommenberg.co.za. Ansprechende, saubere Lodge. Gutes Frühstück, Innenhof mit Pool, sehr freundliche Gastgeber. Die 9 Zimmer sind etwas klein, verfügen aber über alles Nötige und sind zumeist zum Garten im Innenhof ausgerichtet, daher sehr ruhig. Zudem gibt es vier geräumigere Selbstversorger-Apartments.*
Clanwilliam Hotel $$–$$$, *Main St., Clanwilliam, ✆ (027) 482-2888, https://clanwilliamhotel.co.za. Nettes Kleinstadthotel, das über Jahrzehnte im Besitz der Familie Strassberger war, Eigentümer der Schuhfabrik im Ort. Von außen wirkt es etwas langweilig, aber das Hotel ist eine „kleine Institution". Zur Verfügung stehen 42 zumeist sehr geräumige und modern eingerichtete Zimmer. Am schönsten sind die Zimmer am Pool. Eine Mischung aus preisgünstigem Kleinstadthotel und ländlichem Charme. Restaurant im Haus.*
Selbstversorger-Unterkunft auf Farm: *Nett gelegen sind die Unterkünfte im Boskloof östl. von Clanwilliam, z. B. Boskloof Swemgat* $$, *✆ (021) 100-3686, (060) 354-2942, www.boskloofswemgat.co.za. Hütten am Fluss, Bademöglichkeiten, gute Wandergelegenheiten.*
Selbstversorger-Unterkünfte auf Farmen: *Nett gelegen sind etwa die Unterkünfte im Boskloof östl. von Clanwilliam, z. B.* **Boskloof Swemgat** $$, *✆ (021) 100-3686, (060)*

354-2942, www.boskloofswemgat.co.za, Hütten am Fluss, Bademöglichkeiten, gute Wandergelegenheiten. Tipp für eine Übernachtung auf einer Rooibos-/Zitrusfarm: **Skimmelberg Farm $$**, *südwestl. von Clanwilliam, ☽ (027) 482-1771, www.skimmelberg-getaway.co.za.*

Rooibos Farm

Tipp für den Besuch einer Rooibos-/Zitrusfarm: **Witelskloof Farm** (**Skimmelberg Buchu & Rooibos**), südwestl. von Clanwilliam, ☽ (027) 482-1771, https://skimmelberg.co.za. Hier wird nach ökologischem Prinzip Rooibos angebaut und verwertet.

Essen und Trinken

Die Auswahl ist für einen Ort wie Clanwilliam beschränkt. Empfehlenswert sind vor allem die Restaurants in den o. g. Hotels. Wer es unkompliziert mag und mit Bier, guter Pizza, Burgern und anderen Fleischgerichten zufrieden ist, dem sei der **De Kelder Pub & Grill** *(Graafwaterweg, über der Tankstelle, ☽ (022) 125-0443) empfohlen. Hier sitzt man im ersten Stock und kann von der offenen Terrasse aus den Sonnenuntergang genießen.*

Camping

Clanwilliam Dam Resort, *Ou Kaapse Weg, am Olifants River Dam, ☽ (027) 482-8012. Am einzig öffentlichen Zugang zum Stausee. Chalets und Caravanpark.*

Bulshoek Dam Holiday Resort, *Langkloof, 16 km nördl. von Clanwilliam an der R363, ☽ (072) 124-7747, www.bulshoekdamresort.co.za. Selbstversorger-Cottages (am Fluss und abgeschiedener in den Bergen), Apartments und Camping (auf einer Insel im Olifants River).*

Campingmöglichkeiten im Umkreis (Farmen, Cederberg W.A. etc.), Infos im Touristenamt.

Streckenhinweis

Um weiter in **Richtung Ceres** zu fahren, heißt es nun **umzukehren und auf gleicher Strecke nach Clanwilliam** zurückzufahren. Die direkte Verbindung zwischen Wupperthal und der Hauptpiste bei Matjiesrivier (**Strecke Algeria – Ceres**) ist nur mit einem Fahrzeug mit ausreichender Bodenfreiheit, bei Nässe sogar nur mit einem **Geländewagen** zu schaffen. Toll ist sie aber! Sie führt durch den von Cape Nature verwalteten, 60.000 ha großen **Rooi Cederberg Karoo Park**. In seinem Südteil gibt es an den Bergen Rock Pools, Wanderwege, Felszeichnungen sowie Zebras, Springbok und Bergleoparden zu erleben. Doch kommt man nur mithilfe einer Buchung in einer der Unterkünfte zu den interessanten Punkten.

Wer Einsamkeit liebt und hier nächtigen möchte, bucht sich z. B. bei **Rooi Cederberg Escapes** ein, direkt nördl. von Matjiesrivier, Steinhäuser, mind. 2 Nächte, Selbstversorger, ☽ (082) 215-0528, (023) 004-0265, https://rooicederberg.co.za. Einige Häuser liegen direkt an der Piste, andere (Bakkrans) abseits und ausgesprochen idyllisch. Wer für Letztere über keinen Geländewagen verfügt, wird nach Vereinbarung abgeholt und dorthin gebracht.

Von Clanwilliam mehr oder weniger direkt nach Kapstadt

 Tipp

Alternativ von Clanwilliam nach Citrusdal: Wer etwas Zeit hat, sollte nicht auf der N 7 die gut 50 km nach Citrusdal abreißen, sondern auf der Ostseite des Flusses/Damms die alte Hauptstraße – bekannt als **Bain's Old Road** – nehmen, die mehr Ausblicke garantiert. Die Schotterpiste ist gut, wenn auch rau, für die Strecke nach Citrusdal benötigt man so 45 Minuten mehr.

Citrusdal

Zentrum der Zitrusfrüchte

Als die erste Expedition das Gebiet des heutigen Citrusdal erreichte, erblickten ihre Teilnehmer im Tal eine Herde aus 300 Elefanten, die am Flussufer graste. Daraufhin erhielt der Fluss den Namen **Olifants River**. Aber erst 1916 wurde der Ort gegründet. Von April bis Oktober duftet es nach frisch gepflückten Orangen, Zitronen oder Klementinen. Über 100.000 Tonnen Zitrusfrüchte aus der Umgebung werden von hier zentral versendet, meist ins Ausland. Eine junge Frau schaffte es, in einer 46-Stunden-Woche 204.000 Orangen zu verpacken. Auf der **Hex River Farm** nördlich der Stadt steht der mit über 260 Jahren älteste Orangenbaum des Landes. Er trägt heute noch Früchte. In der Umgebung gibt es **warme Mineralquellen**, die besonders dem Resort The Baths (s. u.) Besucher beschert. Der Ort eignet sich als Ausgangspunkt für Exkursionen in die Cederberge und ist beliebt bei Mountainbikern und Kletterern.

Reisepraktische Informationen Citrusdal

Information

Tourism Office, *Die Sandveldhuisie, 89 Muller St., ✆ (066) 401-610, https://capewestcoast.co.za. Infos u. a. über Farmunterkünfte in der Umgebung.*

Unterkunft

Citrusdal Country Lodge $–$$, *66 Voortrekker Rd., ✆ (022) 921-2221, https://citrusdallodge.co.za. Sauberes und mit Liebe geführtes Kleinstadthotel. Neben Zimmern gibt es Selbstversorger-Cottages. Das* **Restaurant** *im Haus bietet eine gute Landküche.*

The Baths $$–$$$$, *16 km südl. von Citrusdal an ausgeschilderter Stichstraße, ✆ (022) 921-8026, https://thebaths.co.za. Resort an heißen Mineralquellen. Selbstversorger-Chalets und -apartments in viktorianischen Gebäuden. Ansprechend sind die Zimmer im Olson House (hier fließt das warme Mineralwasser direkt in die Badewanne). Der* **Campingplatz** *(25 Plätze) ist schattig, aber teilweise beengt. Es gibt drei Pools (mit 43 °C heißem, mit kaltem sowie mit Mineralwasser).* **Restaurant** *im Haus. Schöne Wanderwege in der Umgebung.*

Nahe einem Wasserfall und Rock Pools übernachtet man in gut ausgestatteten Selbstversorgerhütten (je 4–10 Betten) auf der idyllischen **Zitrusfarm Waterfall Farm** $$$–$$$$, *5 km östl. von Citrusdal an der R 303, ✆ (072) 691-8146.*

Cedar Escape $$, *25 km südl. von Citrusdal, vorbei an The Baths, ✆ (027) 681-3871, https://cedarescape.co.za. Hier wohnt man in kleinen, über Holzstege verbundenen Baum-*

holzhäusern. Sehr romantisch. Verpflegung mitbringen. Für Selbstversorger wird auch das alte **Farmhaus** *($) angeboten. Nahe dem Fluss. Kanuverleih, Camping. Ein Naturerlebnis!*

Camping

Das **Citrus Creek Resort** *im Ort bietet Campingplätze und kleine Chalets, ✆ (022) 921-3145, www.citruscreek.co.za. Weitere schöne Campingplätze befinden sich auf Farmen und an Gästehäusern in der weiteren Umgebung. Infos dazu im Tourist Office.*

Auf direktem Weg nach Kapstadt sind es noch 180 km. Nach Überquerung des Piekenierskloof Pass gelangt man ins **Swartland**. Erster größerer Ort hier ist **Piketberg**. Wer etwas Zeit hat, sollte einmal östlich des Ortes den Pass in Richtung Piketberg hinauffahren. Die Aussicht auf das Swartland, eine der Kornkammern Südafrikas, ist grandios. Im Tal, das sich hinter dem Pass versteckt, werden auf über 40 Farmen Äpfel und Birnen angebaut. Der Ort hier nennt sich **Piket-Bo-Berg** und ein paar Farmunterkünfte bieten sich hier mittlerweile an. 19 Kilometer südlich von Piketberg, am Abzweiger von der N7 nach Koringberg, lohnt ein Stopp am liebevoll hergerichteten **Rose Desert Farmstall**. Hier kann man speisen und lokale Erzeugnisse erstehen. Alternativ kann man noch vor Piketberg auf der R 365 oder bei Piketberg auf der R44 über das verschlafene Örtchen **Porterville** (Unterkünfte, Restaurants, kleine Künstlerszene), das Eldorado der Paraglider und Drachenflieger, in Richtung Kapstadt fahren. Die Flieger treffen sich hier gerne in „The Flyer's Lodge & Pub". Nördlich des Ortes lohnt ein Ausflug auf den Dasklip Pass, der Aussicht wegen. In **Moorreesburg** wurde eines von weltweit nur drei Weizenmuseen eingerichtet (**Wheat Industry Museum**, *Mission Church Building, Piketberg Rd., ✆ (022) 478-1133, Mo–Do 8–16.30, Fr 8–16 Uhr*). Im Städtchen sind zudem die größten Silos der südlichen Hemisphäre zu sehen.

Aussicht auf das Swartland

Abseits der N7, an der R311, liegt der kleine Ort **Riebeek West**. 3 km davor, nahe einem Zementwerk, steht die alte Hütte, in der 1870 Jan Christian Smuts, ehemaliger Premierminister (1919–1924, 1939–1948) geboren wurde. Bekanntester Spross der Weinfarm Allesverloren war D.F. Malan, Premier nach Smuts und Mitbegründer der Apartheidpolitik. Nette kleine Country Lodges, B&Bs, Bio-Delis, Galerien, Boutique-Restaurants, Pubs und Weingüter in und um Riebeek West und **Riebeek-Kasteel** locken immer mehr Wochenendurlauber an. Riebeek-Kasteel selbst ist ein Geheimtipp, der die Gelegenheit bietet, die letzten Stunden vor der Rückreise in der

Dorfidylle in Riebeek-Kasteel

Beschaulichkeit einer Kleinstadt zu verbringen. Zu empfehlen ist der Besuch der **Olivenfarm Kloovenburg** am Südwestausgang von Riebeek-Kasteel. Deren „*Extra Virgin Olive Oil*" ist international preisgekrönt! Und die gediegene Unterkunft in der Pastorie (s. u.) sucht ihresgleichen.

Reisepraktische Informationen Riebeek-Kasteel

Information

Riebeek Valley Tourism Office, *11 Plein St., Riebeek-Kasteel, ✆ (022) 001-0096, www.riebeekvalley.info, https://.capewestcoast.co.za.*

Unterkunft

Kloovenburg Guesthouse $$–$$$, *Kloovenburg Estate, R 46, südlich des Ortes, ✆ (022) 448-1635, https://kloovenburg.com. Das historische Pastorenhaus wurde liebevoll restauriert und bietet 4 bezaubernde Zimmer und eine luxuriöse Suite. Alles klassisch viktorianisch eingerichtet. Lounge und Pool. Es wird kein Frühstück serviert, doch gibt es dazu Gelegenheiten im Ort.*

The Royal $$–$$$$, *33 Main St., Riebeek-Kasteel, ✆ (022) 448-1378, https://royalinriebeek.com. Wunderschön restauriertes und elegant eingerichtetes Kleinstadthotel. Hervorragendes Restaurant und gemütlicher Pub im Hause.*

Tin Roof Taverna $–$$, *23 Hermon St., ✆ (082) 535-6050, https://riebeekkasteel.co.za. Liebevoll gestaltet mit Garten und Terrasse sowie einem Gastro-Pub (gutes Restaurant). 5 Zimmer liegen im modern ausgestatteten Gartenhaus, eines im Haupthaus. Ein echter Tipp!*

30 km vor Kapstadt beeindruckt der Blick über die Stadt, der mindestens genauso eindrucksvoll ist wie der von Bloubergstrand aus, wären da nicht die Stromleitungen. Alternative: Abbiegen nach Bloubergstrand.

Von Clanwilliam durch die Cederberg Wilderness Area und über Kagga Kamma sowie Tulbagh zurück nach Kapstadt

Man verlässt Clanwilliam in Richtung Süden entlang der Main Street. Die Straße wird zur Schotterpiste. Nach 8 km geht es links in Richtung Cederberg. Nach weiteren 20 km erreicht man **Algeria**, das Infozentrum der Cederberg Wilderness Area.

Cederberg Wilderness Area

Atemberaubende Cederberge

Das weitläufige Naturgebiet reicht vom Middelberg Pass bei Citrusdal bis zur nördlichen Begrenzung, dem Pakhuis Pass und umschließt 71.000 ha rauen Gebirges. 1973 wurde es als *Wilderness Area* proklamiert und 2004 als Teil des UNESCO-Weltnaturerbes *Cape Floral* anerkannt. Insgesamt umfasst das Areal 170.000 ha, davon steht jedoch nicht alles unter Naturschutz. Die Cederberge sind bekannt für ihre atemberaubende Landschaft, die Felsformationen sowie die seltene

Cederberg Wilderness Area
hier geht es nach Oudrif, Namaqualand/ Namibia
Lambert's Bay, Elandsberg Eco Reserve
R363
Pakhuisberg
Oudrif
Traveller's Rest
Engelsman's Grave
Calvinia
Sevilla Trail
Bushman's Kloof Resort
R364
Leipoldt's Grave
Pakhuis Pass
Kliphuis
Hope
Clanwilliam
Boskloof Swemgat
Clanwilliam Dam
Jan Dissels River
Biedouw Valley
Blockhouse
Heuningvlei
Kouberg Pass
Wupperthal
N7
Rondegatrivier
Groot Krakadouw 1745 m
Cederberg
Olifantsrivier
Skerpioensberg 1617 m
Jamaka
Middelberg Noord 1517 m
Dassiesboskloof
Nieuwoudt Pass
Bain's Old Road
Cedar Reserve
Sneeukop 1931 m
Crystal Pools
Eselbank
nur 4x4
Algeria
Protea Peak
Cáthedral Rocks
Rooi Cederberg Karoo Park
Moordenaarsgat River
Uitkyk
Uitkyk Pass
Suurvlak
Se Kop 1619 m
Hex River
Panorama Cave
Welbedacht
Tafelberg 1969 m
Bakkrans Reserve
Bakkrans
Driehoek
Wolfberg Arch
Sand Rivier
Wolfberg Cracks
Keurbosfontein
Middelberg
Maltese Cross
Sneeuberg 2027 m
Lot's Wife
Sanddrif
Dwarsrivier
Matjiesrivier
Dwarsrivierberg 1343 m
Cederberg Winery
Stadsal Caves
Disa Pool
Kromrivier
Citrusdal
Piekeniersklooft Pass
R303
Kapstadt The Baths
Ceres
Kagga Kamma/ Ceres/ Mt. Ceder
N
0 5 km
Asphaltstraßen
Schotterpisten
einfache Schotterpisten
(teilweise nur 4x4)
Wanderwege
Campingplätze+Hütten
Campingplatz
Übernachtung
© graphic

Clanwilliam-Zeder. Diese ist mit den Zypressen verwandt, jedoch nicht mit der Libanonzeder. Sie wächst in 1.000–1.400 m Höhe auf felsigem Boden. Ein attraktives Ziel für Wanderer.

Wanderziele

Die Cederbergkette gehört zu den geologischen Formationen der Table-Mountain-Gruppe und besteht hauptsächlich aus Sandstein. Die höchsten Berge sind der **Sneeuberg** (2.027 m) und der **Tafelberg** (1.969 m). Im Süden finden sich zudem auffällige Sandsteinformationen, zu denen man wandern kann. Zu ihnen zählen **Lot's Wife** und **Windows Rock** (1½ Std. hin und zurück), der **Wolfberg Arch** (bogenförmiger Fels) und die **Wolfberg Cracks** (Serie kleinerer Felsbögen) – die beiden letzteren sind vom Sanddrif Resort erreichbar (gesamt 8 Std. hin und zurück) – und das 20 m hohe **Maltese Cross** – ebenso erreichbar über das Sanddrif Resort bzw. die Farm Dwarsrivier (4–5 Std. hin und zurück). Eine – wenn auch anstrengende – Wanderung zu mindestens einem dieser Punkte ist erstrebenswert. Zuvor muss man sich bei **Cape Nature** (*www.capenature.co.za*) oder der **Forststation Algeria** anmelden (Permit) und den Zustand der Wege erfragen.

Für trittfeste Wanderer

Von der Forststation Algeria führt ein Pfad auf die Spitze der Bergkette, vorbei an einem Wasserfall und durch einen Zedernwald. Auf der Höhe gibt es zwei Hütten. Von hier aus führen zwei Pfade ins Zentrum der Gebirgswelt.

Für einige Trails geht das auch beim **Sanddrif Resort** (**Cederberg Wine Farm**) bzw. bei der Farm **Kromrivier**, die dafür Permits ausstellen können (s. u. und S. 516). Früh zu starten ist ratsam, denn mittags kann es extrem heiß werden und auf langen Touren sollte man es mittags geruhsam angehen. Die meisten Niederschläge fallen im Südwesten, sodass dort die Vegetation üppiger ist und in Richtung Citrusdal die Zitrusfruchtplantagen angesiedelt wurden, wenn auch nur mithilfe von zusätzlichen Bewässerungsmaßnahmen.

Erste Bewohner

San und später die **Khoi** bewohnten die Cederberge schon in früherer Zeit. Felsmalereien und Höhlen, u. a. die **Stadsaal Caves** östlich der Cederberg Wine Farm, zeugen von einer frühen Besiedlung. Europäische Siedler begannen zu Beginn des 18. Jh. Viehzucht zu betreiben. 1876 wurde ein Förster zur Überwachung der Cederberge eingesetzt. Ein französischer Abgeordneter gab der Forststation *Algeria* ihren Namen aufgrund der Ähnlichkeit mit dem Atlasgebirge in Algerien. Von 1903 bis 1973 erfolgte die Ausbeutung der Natur. Unzählige Bäume, zum großen Teil Zedern, Rooibos-Pflanzen und besonders Baumrinden (meist Buche) wurden abgeerntet. Farmer nutzten die Berge als Versorgungsmöglichkeit in Zeiten der Trockenheit. So wurden 7.200 junge Bäume als Telefonmasten zwischen Piketberg und Calvinia verwendet. Obwohl seit 1973 geschützt, sind die Cederberg-Zedern heute vom Aussterben bedroht.

Die Winter in den Bergen sind kalt und nass, in den höheren Lagen kann es zu Bodenfrost und Schnee kommen. Im Sommer ist es trocken und bis zu 40 °C heiß. Blitzeinschlag ist der häufigste Auslöser für Waldbrände, die durch den im Sommer auftretenden Süd-Ost-Wind noch verstärkt werden. Die **Vegetation** wird dominiert durch Berg-Fynbos, einschließlich der schönen roten Disa-Orchidee und der Nadelkissen-Protea. Sehr selten ist die Schneeprotea, die über der Schneegrenze, ab ca. 1.800 m, wächst. Die **Tierwelt** besteht aus Pavianen, Dassies und diversen Antilopen, z. B. Steinantilopen, Klippspringer und Kap-Greisböcken. Es gibt auch Wildschweine und Otter. Bergleoparden und Luchse sieht man dagegen selten. Weiterhin kommen hier mehr als 100 Vogelarten vor, darunter verschiedene Raubvögel sowie 16 Schlangenarten.

Zeichnungen der San

info

Tausende von Zeichnungen und Gravuren, die nahezu unscheinbar an Felswänden, in Ecken und Höhlen, in Flussläufen und Bergformationen im gesamten südlichen Afrika zu finden sind, geben Einblicke in die Entwicklung der San-Kultur. Die kleinen Kunstwerke beschreiben den wechselnden Lebensstil der Menschen vom späten Steinzeitalter, vor mehr als 20.000 Jahren, bis in die heutige Zeit. Mit den detaillierten Porträts haben die San eine unschätzbare Aufzeichnung ihrer Kultur hinterlassen, die infolge ihrer Verdrängung durch die Weißen und die Bantu-Völker zerstört wurde. Die ältesten San-Zeichnungen in Südafrika findet man in den Drakensbergen (Lesotho, KwaZulu-Natal). Die Zeichnungen in der Region in und um die Cederberge sind jüngeren Datums – meist bis zu 2.000 Jahre alt, seltener bis 10.000 Jahre. In der nördlichen Kapprovinz häufen sich dagegen nahe dem Gariep (Oranje) River eher Felsritzungen.

San-Zeichnungen bei Oudrif

Gezeichnet wurde nur von den **Medizinmännern**, die sich durch Marihuana („Dhagga"), Konzentration und durch manchmal 2–3 Tage dauernden Tanz in Trance versetzten. Während der Trance-Stadien wurden zunächst Punkte, dann Linien und später ganze Figuren gezeichnet bzw. geritzt. Als Farbe dienten Mischungen aus Tierblut, Pflanzen- und Tierfetten, die zermahlen und mit Wasser verflüssigt wurden. Als Pinsel dienten Vogelfedern, Knochen, Zweige oder Tierhaare. Das Alter der Zeichnungen lässt sich aufgrund der Struktur des Sandsteins oft nur schwer bestimmen.

Über die Bedeutung der Figuren gibt es nur Vermutungen. Tiermotive lassen Rückschlüsse auf die Fauna zu. Oft sind Elefanten dabei, seltener auch Raubkatzen und Giraffen. Antilopen fehlen eigentlich nie. In jüngeren Zeichnungen tauchen Nutztiere auf. Fast immer aber handelt es sich um größere Tiere. Vogelzeichnungen fehlen gänzlich.

Die eigentliche Kunst der Zeichnungen hat hier vor 1.500 Jahren abrupt ein Ende gefunden, als die Khoi-Viehhirten in das Gebiet um die Cederberge kamen und die San verdrängten. Daher werden die in schwarz gezeichneten Figuren (aus Holzkohle und Tierfett), die darstellen, wie die San weiße Menschen sahen (oft mit in die Hüften gestemmten Armen), nicht mehr zu den archäologischen Kunstwerken gezählt.

In der Wilderness Area gibt es zahlreiche **Wanderwege** und einfache Hütten. Über Cape Nature, an der Forststation Algeria und z. T. im Süden an ausgewählten Gästefarmen bzw. im Info-Büro in Clanwilliam erhält man Permits, Broschüren mit detaillierten Karten und Hilfe bei der Planung. Empfehlenswerte Wanderwege (außer den auf S. 507 und 514 genannten): **Truitjieskraal Trail** (Aussicht, Klettern, zw. Kromrivier und Matjiesrivier), **Disa Pool** (Baden, nahe Kromsrivier) und **Pakhuis Pass** nach Heuningvlei (Bergwanderung, 12 km hin und zurück).

Wer von Clanwilliam durch die Wilderness Area bis nach **Kagga Kamma** bzw. **Ceres** fahren möchte, muss aufgrund der zeitweise nur langsam zu befahrenden (für einen Mittelklassewagen gut zu bewältigenden) Schotterpiste mind. 3,5 Std. reine Fahrzeit einplanen. Die landschaftlich einmalige Strecke führt durch die Cederberge, über den am Aufstieg asphaltierten **Uitkyk Pass** und vorbei am **höchstgelegenen Weingut Südafrikas** (Cederberg, Farm Dwarsrivier). Hinter diesem passiert man die o. g. **Stadsaal Caves** und erreicht Matjiesrivier, eine Gehöftansiedlung, wo man nach rechts abbiegen muss (nach links führt hier die 4x4-Piste nach Wupperthal, s. S. 507, links und dann gleich geradeaus geht's zum Bakkrans Reserve mit seinen Steinhütten, s. S.). Eine andere Piste führt gut 3 km östlich der Cederberg Farm in südlicher Richtung zur großen **Farm Kromrivier** (*Chalets, Camping, Restaurant, Wanderwege, Brauerei*), der der beliebte **Cederberg Park** mit seinen historischen Funden, tollen Trails, Mountainbike-Strecken und Kletterpartien angeschlossen ist. Wenige Kilometer weiter nach Süden auf der Hauptpiste passiert man das besonders bei Bikern beliebte Pub-Restaurant **Cederberg Oasis**, das zudem über Zeltunterkünfte, einfache Hütten und einen Campingplatz verfügt.

Reisepraktische Informationen Cederberg Wilderness Area

Information

Algeria Forest Station (**Algeria Uitkyk Cottage**), *ca. 18 km von der N7, ✆ (021) 483-0190, www.capenature.co.za/accommodation/algeria-cottages.* **Permits** *sind für alle Wanderungen erforderlich. Einige der den Wanderwegen nächstgelegene Farmen stellen auch diese Permits aus, nur ist dort nicht immer jemand anwesend. Wegen häufiger Waldbrände sollte man sich vorher nach dem Zustand der jeweiligen Einrichtung erkundigen!*

Unterkunft/Camping

Im Park gibt es an der Forststation Algeria einen **Campingplatz** *und Unterkünfte in modernen* **Cottages**. *Der einfachere* **Campingplatz Kliphuis** *liegt im Norden am Pakhuis Pass und auch hier gibt es Cottages. In dessen Umfeld bieten außerdem ein paar Farmen Unterkünfte und Campinggelegenheiten an. Farmen wie* **Dwarsrivier** *mit dem dazugehörenden* **Sanddrif Resort** *(ca. 30 km südl. von Algeria, ✆ (027) 482-2827, www.cederbergwine.com, Weingut, Microbrewery) und* **Kromrivier** *(ca. 42 km südl. von Algeria, ✆ (027) 482-2807, https://cederbergpark.com, auch Microbrewery, Weinfarm) empfehlen sich durch sehr begehrte Selbstversorger-Häuschen, Backpackerunterkünfte, tolle Campingplätze sowie das Ausstellen von Permits für die Erkundung der nahen Wanderwege (um die Farm herum, Maltese Cross/Wolfberg Arch/Lot's Wife/Disa Pool) und des Observatory (nahe Dwarsrivier, Sternegucken meist samstags, www.cederbergobservatory.org.za). Essen muss meist mitgebracht werden. Das mittlerweile modern aufgezo-*

gene Kromrivier lockt dagagen mit einem Laden, einem Restaurant sowie dem Ausschank des hier gebrauten Bieres. Diese Farm kann man wirklich als kleines Resort bezeichnen.
Mount Ceder $$–$$$$, ✆ *(023) 004-0848, https://mountceder.co.za. 75 km südl. von Algeria bzw. 51 km nordöstl. von Op die Berg. Außerhalb der Wilderness Area, aber bezaubernd an einem Fluss, liegt die exklusivere Farmunterkunft mit geräumigen Selbstversorger-Cottages (2- bis 6-Betten) und luxuriöser Campingmöglichkeit (jeder Stellplatz mit eigener Sanitäranlage), Mahlzeiten vorher anmelden. Highlight hier, wenn auch teuer (*$$$$*), ist das* **Giants Camp**. *Hier wohnt man am Hang, nahezu in der Wildnis, auf einer Nachbarfarm. Und zwar in Zelten! Für Speis und Trank und die gesamte Organisation ist gesorgt. Toll und romantisch, auch für Kinder geeignet. Nur 13 km nördlich davon lockt die* **Cederberg Oasis** $–$$ *(www.cedergoasis.co.za) Biker, Camper, 4x4- und Outdoor-Freaks mit einfachen Zimmern, Zelten, Holzhütten und Pubfood an. Urig, Stimmung ausgesprochen speziell.*
Jamaka Organic Farm $–$$, ✆ *(027) 482-2801, (082) 410-6417, https://jamaka.co.za. Die Schaf-, Rooibos- und Obstfarm (organisch-biologischer Anbau) liegt im Tal 6 km nördlich von Algeria und ist sehr beliebt, weil sauber, schön und gut zu erreichen. Zwei schöne* **Campingplätze** *direkt am Fluss (Schatten),* **Selbstversorger-Hütten**, *Wanderwege, Pool etc. Ein echter Tipp! Rechtzeitig buchen! Anfahrt: 28 km nördl. von Citrusdal von der N7 in Richtung Cederberg/Algeria abbiegen, dann 18 km und links am Clanwilliam-Schild noch 5 km. Von Clanwilliam: 24 km südlich an der Piste nach Algeria.*
Weitere **Farmen in der Umgebung** *bieten ebenfalls Unterkunftsmöglichkeiten. Infos dazu in Algeria bzw. den Touristenämtern von Clanwilliam oder Citrusdal.*

Nach Kagga Kamma biegt man nach ca. 120 km (ab Clanwilliam) nach links in Richtung „Ceres Karoo, Swartrug Drv. Rd." ab und folgt der Beschilderung (weitere 35 km, ein weiterer Abzweig). Noch bevor man den letzten Abzweig in das **Kagga Kamma Nature Reserve** erreicht, passiert man mit dem **Klein Cedarberg Nature Reserve** einen Geheimtipp, der jedoch keine Tagesbesucher zulässt. Das 16.000 ha große Areal liegt einsam in der Landschaft, bietet Aktivitäten wie Rock Climbing, Wanderwege, Game Drives, Sterne schauen, moderne Skulpturen südafrikanischer Künstler und Ausblicke auf den Riet River Canyon. Man wohnt in einem von neun rustikalen, teilweise mit Holzöfen ausgestatteten, Steinhäusern. Frühstück und Abendessen inbegriffen. Alles kein Luxus, dafür eine Oase, um die Seele baumeln zu lassen. Kein Internet, bedingt Solarstrom, kein Handyempfang, (✆ *(082) 606-0801, www.kleincederberg.co.za*).

Kagga Kamma

Südöstlich der Cederberge, in der Swartruggens-Hochebene, breitet sich das **Naturreservat Kagga Kamma** aus. *Kagga Kamma* bedeutet bei den San „Place of Water". Das 22.000 ha große Gebiet wurde aus mehreren Farmen zusammengeführt und verfügt über einen erheblichen unterirdischen Wasservorrat, was bei einem Jahresniederschlag von nur knapp 300 mm von entscheidender Bedeutung ist. Der größte Teil ist jetzt ein Game Reserve. Hier leben u. a. Antilopen, Kudus, Elenantilopen, Stein-, Spring- und Spießböcke sowie Bergzebras, seltener sieht man Erdferkel, Schakale, Luchse und Kap-Füchse. Mit viel Glück taucht auch mal ein Leopard auf. (Greif-)Vögel gibt es ebenfalls in großer Zahl. Dazu bis zu 6.000 Jahre alte **Zeichnungen der San**!

Tolle Felsformationen in Kagga Kamma

Für den Besuch von Kagga Kamma sollte man mindestens zwei Übernachtungen einplanen, sodass man an möglichst vielen Aktivitäten, wie z. B. Game Drives, dem Besuch der San-Zeichnungen, Allrad- und Quad-Bike-Touren, Filmvorführungen, Sundowner in einem Canyon und am Abend Sternegucken durch ein Profi-Teleskop (nur an ca. 20 Tagen im Monat möglich!), teilnehmen kann. Relaxen am Pool und die Angebote des Spa zu nutzen gehört auch dazu! Für alle Programme muss man sich mindestens einen Tag im Voraus anmelden. Durch das Reservat führen Wanderwege und aufregende 4x4-Strecken.

Es ist ratsam, vor 16 Uhr anzureisen, um noch an Exkursionen teilnehmen zu können. Das Gate zum Reservat schließt oft schon um 18.30 Uhr (*Fr 21 Uhr*). Zu bedenken ist bei der Planung der zeitintensive Anfahrtsweg über die Pisten (*4 Std. von Clanwilliam, 3½ Std. von Kapstadt*). Warme und wetterfeste Kleidung nicht vergessen!

info

San

Die **San**, auch **Khoi-San** genannt, repräsentieren eine kleine Volksgruppe, die einmal große Teile des südlichen Afrika bewohnte. Die ersten weißen Siedler trafen auf die Jäger am südwestlichen Kap und nannten sie Bosjesmannen („Buschmänner"). Aufgrund ihrer relativ hellen Haut und der Augenfalten nahm man zuerst an, sie seien ursprünglich aus Asien eingewandert. Doch Studien lassen darauf schließen, dass sie tatsächlich aus Ost- und Südafrika stammen und schon vor über 20.000 Jahren hier lebten.

Die San sind verwandt mit den Bantu-Völkern Afrikas, am engsten jedoch mit den Khoi (oder Khoikhoi), die zur Kolonialzeit abwertend als „Hottentotten" bezeichnet wurden. Sowohl San als auch Khoi sprechen eine **Sprache mit vielen Klick-Lauten**. Man glaubt, San und Khoi haben dieselben Vorfahren, nur dass die Khoi vor etwa 2.000 Jahren zu Hirten, später auch zu Fischern wurden. Mit der Zeit entwickelten San und Khoi erhebliche Unterschiede in der Kultur. Obwohl alle San Jäger waren, haben auch sie nicht alle die gleiche Kultur. Heute gibt es **fünf unterschiedliche San-Sprachen**, sodass viele untereinander nur in Afrikaans kommunizieren können.

Da die San immer an abgeschiedenen Orten lebten, war lange nur sehr wenig über ihre Art zu leben und zu überleben bekannt. In der ersten Hälfte des 20. Jh. war die gesamte Ethnie nahezu ausgelöscht, denn ihre Lebensweise passte nicht zu jener der vordringenden Bantu-Völker um die Drakensberge, sodass sie dort, besonders von den Zulu und Xhosa bekriegt, vertrieben und viele auch getötet wurden. Später dann, weiter gen Karoo und Kalahari, passte ihre Lebensweise nicht in das Konzept der immer mehr Land fordernden weißen Siedler. Im 18. und 19. Jh. durften sie zeitweise einfach **verfolgt und ermordet** werden – ganz „legal". Es wurden sogar Belohnungen für jeden toten San vergeben (als Beweis galt ein abgeschnittenes Ohr). Ein Problem war, dass die San, anstatt wilde Tiere zu jagen, manchmal einfach das Vieh der Siedler schlachteten. Für sie war das kein Diebstahl, denn in ihrer Sichtweise gehören alle Lebewesen auf der Erde allen Menschen. Die San töteten nur so viele Tiere, wie sie selbst essen konnten.

info

Aufkeimendes Interesse an ihrer Kultur hat letztendlich – sozusagen in letzter Minute – dazu geführt, dass ihr Volk als eigenständiger Kulturkreis anerkannt wurde, als letzter aller Volksgruppen in Afrika. Heute leben knapp **50.000 San** hauptsächlich in der Kalahari. Die meisten leben in Botswana (ca. 25.000) und Namibia (ca. 15.000), weitere in Angola (ca. 4.000). Kleine Gruppen findet man auch in Sambia, Simbabwe und Südafrika (siehe auch S. 490, !Khwa ttu san Cultural Center).

Als **Jäger und Sammler** sind die San eines der wenigen heute noch existierenden Beispiele dafür, wie Menschen die längste Zeit gelebt haben: jagend und sammelnd, aber eben nur für den Eigenbedarf und ohne richtige Vorratswirtschaft. Da die San nicht mehr in isolierten Landstrichen leben können und nur noch wenige (<5 %) immer noch traditionell jagen, verlieren sie allerdings ihre überlieferte Kultur.

Reisepraktische Informationen Kagga Kamma

Information/Buchung

Kagga Kamma, *Buchung: ✆ (021) 872-4343, bzw. (023) 004-0077 (Lodge), www.kaggakamma.co.za. Tagesbesuche sind möglich (inkl. Lunch, einer Tour zu den San-Zeichnungen sowie einer Quad-Bike-Fahrt).* **Anfahrt**: *R303 (70 km südl. von Citrusdal bzw. 30 km nördl. von Prince Alfred Hamlet) abbiegen nach Osten. Von hier aus der Beschilderung folgen. Nach ca. 52 km und zwei weiteren Abzweigen erreicht man das Gate.*

Unterkunft

Reetgedeckte runde bzw. ovale **Chalets** *($$$–$$$$), von denen einige bis zu 8 Pers. beherbergen können; urigere, aber kleinere Felshäuser, die sich* **Cave Suites** *($$$–$$$$$) nennen (2 Pers.), zusätzlich zur eigentlichen Unterkunft kann man (wetterabhängig) zwei* **Open Air Suites** *($$$$$) (ein großes Doppelbett unter freiem Himmel, Dusche/Klo, abseits des Camps!) buchen. Die Open Air Suiten verfügen sogar über einen kleinen Pool und eine im Freien stehende Badewanne. Der Preistipp ist das* **Selbstversorger-Haus** *($$). Schöne* **Campingmöglichkeiten** *(1,5 km entfernt vom Camp sowie schlichte Einzelplätze verstreut über das Gebiet) gibt es auch.*

AfrikaBurn

Nach dem Vorbild des amerikanischen Mega-Wüsten-Festivals Burning Man haben die Südafrikaner seit 2007 ein solches Event in der Karoo initiiert. Mit Erfolg! Bis 2019 kamen jedes Jahr Ende April/Anfang Mai über 13.000 Menschen nach Stonehenge nahe dem Tankwa Karoo NP, um zu feiern, Kunst zu kreieren und wieder abzubrennen, Musik zu machen und selbstgebastelte „Desert Mutant Vehicles" vorzuführen. 2022 ist das Festival auf einem anderen Gelände, dem Farmland **Quaggafontein**, 30 km südöstlich von Stonehenge, zu neuem Leben erwacht. Rechtzeitig anmelden und Tickets ordern (*www.afrikaburn.org*)! Anfahrt: R355 (gut zu erreichen von Ceres oder die N1 bei Touws Rivier) in Richtung Norden. Etwa 22 km nördlich vom urigen und als Erfrischungsstopp allzeit beliebten Tankwa Padstal nach rechts abbiegen (u. a. angeschrieben: „Tankwa Karoo National Park"). Hier die Strecke nehmen in Richtung Quaggafontein. Nach ca. 33 Kilometer erreicht man den Eingang zum Festivalgelände.

Tankwa Karoo National Park

Tankwa Karoo National Park

1987 auf 271 km² gegründet, bedeckt der Tankwa Karoo NP (Tankwa = Khoi: „Durstland", „trockenes Flussbett") heute eine Fläche von 1.464 km². Khoi haben schon vor 2.000 Jahren den Landstrich für ihre Schafherden genutzt, später kamen Europäer, um ihre Viehherden grasen zu lassen. Doch für eine ständige Weidenutzung ist es einfach zu trocken, folglich kam es zu Überweidungen. Ein großer Teil des Parkgebiets gehört zu den trockensten Bereichen der Karoo (kaum 100 mm Niederschlag/Jahr). Die Temperaturschwankungen zwischen Winter (5,7 °C) und Sommer (38,9 °C) sind enorm. 20 Jahre hat es gedauert, bis sich die Vegetation von der landwirtschaftlichen Nutzung erholen konnte. Das **Roggeveld Plateau** im Osten erhält deutlich mehr Regen (600 mm/Jahr).

Diese Bandbreite macht den Park besonders für Botaniker interessant. Zudem gibt es einen **Stausee**, um den herum sich eine noch andere Botanik entwickeln konnte. So treffen im Tankwa Karoo NP verschiedenste **Pflanzenwelten** aufeinander, von Sukkulenten über Berg-Fynbos bis hin zu Zeugen der Capensis. Nach Regenfällen zwischen Juli und September überzieht eine wahre Blütenpracht den Park. Zu dieser Zeit sind an den Feuchtstellen viele Vögel zu beobachten. Andere Tiere wurden mittlerweile wieder angesiedelt, z. B. Berg-Zebras (in kleiner Zahl), Kudus, Elenantilopen, Spring- und Spießböcke sowie die Rote Kuhantilope. Auch der Schwarzadler ist wieder zu sehen.

Der Park ist kein typisches „Highlight", sondern wirklich etwas für Naturfreunde, die etwas Zeit mitbringen, die kleinen Details lieben und sich selbst versorgen können. Genächtigt wird entweder in den ehemaligen, liebevoll restaurierten Farmhäusern oder in den großen und gut ausgestatteten **Elandsberg Wilderness Cottages** (schöne Aussicht). Alle Unterkünfte liegen einsam. Es gibt in den meisten Unterkünften keinen Strom, außerdem kein Geschäft, keinen Geldautomaten, kein Restaurant und keinen Handyempfang im Park (WLAN und Kreditkartenzahlung in Roodewerf Reception)! Kurz: Den Charme des Parks macht das raue Ambiente in der einsamen Landschaft aus, nicht die Tierwelt. Tipp: Am Elandsberg kann man über 4 km zu einem Lookout Point hinaufwandern. Die tolle Aussicht belohnt für die Mühe!

Rauer Charme

Reisepraktische Informationen Tankwa Karoo National Park

Information

Das **Parkoffice** *liegt mitten im Park, ✆ (079) 922-1688, vor Ort: ✆ (027) 341-1927, www.sanparks.org. Ceres bis Roodewerf Parkoffice: 180 km, mind. 4 Std.* **Anfahrt**: *Die meistgenutzte Zufahrt erfolgt über die gut unterhaltene und landschaftlich schöne R355 (Piste). Möglich ist eine Anreise auch von Sutherland bzw. Middelpos (nächstes Geschäft). Hier sind die Pisten aber rauer, man sollte sich eine detaillierte Streckenbeschreibung einholen.*

Hinweis

Im Park gilt ein Fahrverbot zwischen 18 und 6.30 Uhr, im Sommer 19–5.30 Uhr. Ausnahme: freitags bei Ankunft bis 21 Uhr. **Mit vollem Tank anreisen**, Tankstellen gibt es in Middelpos, Sutherland, Clanwilliam, Ceres und Calvinia. Gates: immer offen. Vorsicht bitte: Diesen Park nicht mit dem Karoo National Park bei Beaufort West verwechseln!

Unterkunft

Am **Elandsberg** *stehen fünf reizvolle, geräumige und luxuriös eingerichtete* **Selbstversorger-Häuser** *($$). Die dicken Lehmziegelwände sorgen für kühle Temperaturen, der Ausblick ist toll. Jedes Haus hat einen eigenen kleinen Pool, aber keinen Strom! Das* **Tanqua Guesthouse** *($–$$), im Stil eines Forts, liegt am südlichen Rand des Parks und ist eher für Familien und Gruppen geeignet, da die Einheiten groß sind (zzt. auch nur Selbstversorger, Restaurant geplant). Ein Tipp sind die bezaubernd restaurierten, mit alten Möbeln eingerichteten, aber z. T. einsam gelegenen* **Farmhäuschen** *($$). Es gibt mehrere* **Campingmöglichkeiten***, aber nur zwei mit sanitären Einrichtungen (jeder Stellplatz mit eigenem WC und Kochnische).*
Die **Gannaga Lodge** *$$, ✆ (079) 922-1688 oder (087) 150-4645, https://gannagalodge.co.za, liegt abseits, aber richtig schön, im Nordosten des Parks, nahe der gleichnamigen Passhöhe. Sie wird privat geführt. Es gibt 10 Zimmer, z. T. in den alten Stallungen und im Farmhaus. Hier bekommen die Gäste nach Voranmeldung Mahlzeiten serviert.*

Ceres

Der kleine Ort **Prince Alfred Hamlet**, unterhalb des zu überquerenden **Gydo Pass**, wurde 1861 gegründet, nach dem zweiten Sohn von Queen Victoria benannt und stellt heute die nördliche Grenze des Obstanbaugebiets um Ceres dar. Für das 1849 gegründete und heute als Versorgungszentrum der Region bekannte **Ceres** musste die römische Göttin für Landwirtschaft und Fruchtbarkeit als Namensgeberin herhalten. Nach der Entdeckung der Diamanten 1869 profitierte Ceres davon, an der Hauptroute um die Hex River Mountains nach Kimberley und weiter nach Johannesburg zu liegen. Der Du Toits Pass existierte damals noch nicht. Ceres zählt heute mit seinen Randgemeinden 35.000 Einwohner.

Das Umland von Ceres gilt als das größte Gemüse- und Obstanbaugebiet in Südafrika. Frisches Obst wird sowohl lokal als auch international verkauft, ebenso daraus erzeugte Waren wie Säfte und Trockenobst. Mittlerweile werden sogar

Ceres-Weine hergestellt. Im **Ceres Transport Riders' Museum** können sich Besucher über die Geschichte der Stadt informieren.
Ceres Transport Riders' Museum, *8 Orange St., ✆ (023) 312-2045, https://ceresmuseum.co.za, Mo–Fr 8.30–17 Uhr, Sa/So nach Vereinbarung.*

Von Mitte November bis Ende Dezember ist **Cherry Picking Season** auf der Klondyke Cherry Farm. Dann kann man selbst auf der Farm die leckeren Kirschen pflücken.
Klondyke Cherry Farm, *12 km nach Osten auf R46, dann nach rechts abbiegen in die Bo-Swaarmoed Pass Rd. und noch 18 km fahren, ✆ (087) 550-0232, www.cherryfarm.co.za. Auch* **Selbstversorger-Häuser** *($–$$) für 4–8 Personen und Camping.*

Reisepraktische Informationen Ceres

Information

Ceres Tourism Bureau, *Ecke Voortrekker/Owen Sts., ✆ (023) 316-1287, www.ceres.org.za.*

Ceres Fruit Growers Factory Tours

Besichtigungen der riesigen **Obstverpackungsbetriebe** *sowie der* **Fruchtsaftfabrik** *können über das Touristenbüro gebucht werden. Meist Mo–Do 10 und 14 Uhr.*

Unterkünfte/Camping

Empfehlung: eher in Tulbagh oder Paarl übernachten.
Chantilly Guest House $–$$, *18 Alheit St., ✆ (083) 441-9532. Gästehaus im kapholländischen Stil. Toller Garten, Pool. B&B und Selbstversorger.*
Pine Forest Resort $–$$, *Carson St., ✆ (023) 316-1878. Einfaches Ferienresort. Selbstversorger-Chalets und einfachere Rondavel sowie* **Campingplatz**. *Großer Swimmingpool, Trampoline, Spielplatz, Ruderboote etc.*
Naturfreunden sei noch der Campingplatz im 36 km östlich gelegenen und 1.000 ha großen **Matroosberg Nature Reserve** *(✆ (023) 312-2282, https://matroosberg.com) ans Herz gelegt. Hier kann man wandern und im Winter kann es auf dem Berg sogar Schnee geben.*

Tulbagh

Auf dem Weg von Ceres nach Tulbagh stellt sich der **Mitchell's Pass** eher als Schlucht dar, denn die Passhöhe selbst befindet sich in Ceres. Unterhalb der Passstrecke bietet sich ein Stopp im **Harvest Table Bistro** (*im Winterberg Mountain Inn, vor Wolseley, ✆ 060-554-8297*) kurz hinter der Brücke an der R 43 nach Worcester an. Der Tipp hier sind die Pork Ribs, das Pulled Pork und der Baked Cheesecake.

Tulbagh ist repräsentativ für südafrikanische Orte aus dem 18. oder 19. Jh. Die ersten Siedler kamen bereits 1658 ins Tal. Die Stadt wurde 1743 von Holländern und Hugenotten um die **Oude Kerk** (heute Teil des Museumkomplexes) gegründet und kurze Zeit später nach Ryk Tulbagh, dem damaligen Gouverneur der Kapprovinz, benannt. Die meisten Gebäude mussten nach einem schweren Erdbeben (Richterskala: 6,5) 1969 wiederaufgebaut bzw. restauriert werden. Das **Earthquake Museum** in u. g. Touristeninfo erzählt mehr darüber. Allein in der

Church Street, der einzigen denkmalgeschützten Straße Südafrikas, stehen 32 wunderschöne Häuser im kapholländischen Stil. Ein Muss ist der Besuch des **De Oude Drostdy Museum** 3 km nördlich von Tulbagh (*Van der Stel/Winterhoek Rd. folgen*). Das 1806 von dem Architekten Louis Michel Thibault entworfene Gebäude diente zunächst als Sitz des Tulbagher Landrats, bevor dieser 1822 nach Worcester umzog. Nach dem Erdbeben wurde es wiederaufgebaut, 1974 zum *National Monument* erklärt und beherbergt heute ein kulturhistorisches Museum. Neben historischen Möbeln und Karten beeindruckt vor allem die Sammlung alter Grammophone. Als Sitz des gleichnamigen Weinguts werden natürlich auch Weinproben angeboten, wobei ein Blick in den alten Weinkeller möglich ist.

Kultur-historisches Museum

De Oude Drostdy Museum, *Winterhoek Rd., ✆ (067) 184-0041, Mo–Do 10–16 Uhr.*

Die Talsenke („Bowl"), in der Tulbagh liegt, ist umgeben vom Groot Winterhoek Mountain im Norden, den Witzenberg Mountains im Osten sowie den Obiqua Mountains im Westen. Ihre Spitzen messen über 1.500 m. Hier herrscht ein mediterranes Klima und die kühleren Winde aus dem offenen Südosten versprechen eine kühle Brise im ansonsten heißen Sommer. Diese Klimaverhältnisse und gute Böden erlauben es den hiesigen Winzern, **gute und differenzierte** Weine zu produzieren.

Die 10.000-Einwohner-Stadt empfiehlt sich als Basis für Wanderungen und die Erkundung der umliegenden Weingüter, fürs Andenkenshoppen sowie wegen des Farmer's Market und des gemütlichen Flairs. Tipp: das **Montpellier Wine Estate** (*2 Jonge Gezellen Rd., ✆ (082) 334-4334, www.montpellier.co.za*) mit seinem historischen Ambiente, dem unter hohen Bäumen „versteckten" Restaurant und einer bunten Auswahl an Unterkünften ($$–$$$), besonders das Cellar Loft Apartment, Manor House Loft Apartment oder Zimmer im Manor House.

Reisepraktische Informationen Tulbagh

Information

Tourist Office, *4 Church/Ecke Meiring St., ✆ (023) 230-1375, www.tulbaghtourism.co.za. Ist u. a. behilflich bei der Buchung von Unterkünften, so z. B. auf Weinfarmen.*

Unterkunft

The Tulbagh $$–$$$, *22 Van der Stel St., ✆ (023) 230-0071, https://tulbaghhotel.co.za. Im altenglischen Stil renoviertes Traditionshotel. 10 Zimmer, 3 Suiten. Hervorragendes Restaurant und Bar.*

Cape Dutch Quarters $$, *Rezeption: 33 Van der Stel St., ✆ (079) 051-2059, https://cdq.co.za. Hier werden Übernachtungen in den historischen Cottages, v. a. in der Church St., angeboten. Der Tipp für Tulbagh.*

De Oude Herberg $$, *6 Church St., ✆ (076) 631-1322, www.deoudeherberg.co.za. In einem historischen Cape-Dutch-Haus von 1850 untergebracht. 4 Zimmer, 2 davon im Haupthaus, 2 in einem Gartencottage. Dinner sollte vorher gebucht werden. Pool, schattiger Innenhof. Hier nächtigt man historisch und das zu einem fairen Preis.*

Witzenberg Guest Farm $$, *Boontjies River Turn Off, Wolseley, von der R 46 13 km südlich von Tulbagh nach links abbiegen, der Strecke 2,5 km folgen, dann nach links, ✆ (082) 922-8956, https://witzenbergguestfarm.co.za. 7 gut ausgestattete, familienfreundliche Selbstversorger-Häuschen für bis zu 4 bzw. 6 Personen auf einer echten Farm. Blick auf die Witzenberg Mountains.*

Camping

Fraaigelegen Farm, *von der R 46 13 km südlich von Tulbagh nach links abbiegen, dann noch ca. 4 km, am Fuß der Witzenberg Mountains, ✆ (071) 404-2766, www.fraaigelegenfarm.co.za. Wein- und Olivenfarm, wunderschöne Natur, Wanderwege, Vogelwelt. Einfach toll! Zudem 3 komfortable Selbstversorger-Cottages ($$).*

Essen und Trinken

Paddagang, *23 Church St., ✆ (072) 128-7356. Gute südafrikanische Küche und weinüberdachter Innenhof. Schöne Aussicht auf gepflegten Garten.*

Readers, *12 Church St., ✆ (023) 230-0087. Sehr gemütliches Restaurant in einem alten Cottage, mit Kunstgalerie. Spezialität: Lamm und Wildgerichte. Di geschl.*

Montpellier Wine Estate, *2 Jonge Gezellen Rd., knapp 3 km westlich des Ortskerns, ✆ (082) 334-4334, www.montpellier.co.za. Sehr schönes historisches Weingut mit romantischen Unterkünften verschiedenster Art ($$–$$$) und einem Outdoor-Restaurant unter großen, alten Bäumen. Leider nur 10–15.30 Uhr. Einfache Karte (Käseplatten und Kleinigkeiten, am Wochenende Pizzen), aber umso schönere Atmosphäre. Anschließend kann man durch den Park und den Wald spazieren oder sich in Baumschaukeln ausruhen.*

Streckenalternative

Als Alternative zur eher langweiligen direkten Rückfahrt nach Kapstadt entlang der R44/R46 kann man auch die wunderschöne Route über den Bain's Kloof Pass wählen (R46, R43 und dann R301, kaum länger, ca. 1 Std. mehr an Zeit) oder alternativ über Riebeek-Kasteel (R46/R45/N7). Zu Paarl, Stellenbosch, Worcester s. S. 314ff., zu Riebeek-Kasteel S. 511.

Abstecher ins Namaqualand und zum Richtersveld National Park

Für diejenigen, die noch ein paar Urlaubstage übrig haben, wäre das Namaqualand, besonders während der Frühlingsmonate, ein lohnendes Ziel. Für den Besuch des Richtersveld NP muss man aber mind. weitere 3 Tage einplanen. Seinen eigentlichen Reiz zeigt das **Namaqualand** vor allem im Frühling (Aug.–Okt.), wenn der Regen fällt. Dann erblühen einzelne Felder zu einem Meer von Blumen und eine Explosion der Farben setzt ein. Besonders verbreitet sind die gelb, ocker- oder orangefarben blühenden *Namaqua Daisies*, auch Kapmargerite genannt. Weiterhin gibt es die Gattungen *Cotula* (Laugenblume), *Arctotis* (Bärenohr) und *Ursinia*. Diese Pflanzen überdauern die langen Trockenperioden im Boden. Der Nebel vom Atlantik, wo der kalte Benguela-Meeresstrom für kühle Temperaturen sorgt, ist Garantie für
Kaltwüste die nötige Mindestfeuchte. Man kann diese Halbwüste also zu den Kaltwüsten zählen, zumindest die küstennahen Abschnitte. Zum Landesinneren nimmt die Niederschlagsmenge zu und erreicht an den Berghängen zwischen Springbok und Bitterfontein teilweise mehr als 250 mm/Jahr. Die Vegetation besteht hauptsächlich aus wasserspeichernden Sukkulenten, wie den urig-knorrigen Köcherbäumen.

Der Name leitet sich ab von den **Namaquas** (Plural von *Namas*). Sie stammen von den Khoi (die „Kleinen Namas") ab, die hier als erste fest siedelten und Weidetierhaltung einführten.

Wer sich auf die Piste begibt, muss so einige Tore öffnen – und auch wieder schließen

Entlang der Westküste nördlich von Hondeklipbaai bis hin nach Alexander Bay an der Grenze zu Namibia entwickelt sich nach Freigabe der Gebiete durch die Minengesellschaften der Tourismus allmählich. Orte wie Hondeklipbaai, Koignaas und Kleinzee bieten eine gewisse, wenn auch bescheidene Infrastruktur für Reisende, Port Nolloth ist schon weiter, Alexander Bay hinkt noch hinterher. Man kann das Reisen hier zurzeit als kalkulierbares Abenteuer ansehen, ohne jedoch Gefahr zu laufen, wirklich zu „stranden".

Das Namaqualand teilt sich in **vier große Einzelgebiete** auf, die alle einer eigenen geologischen Formation angehören:

- Im Nordwesten zwischen der Grenze zu Namibia, Port Nolloth und der N 7 das **Richtersveld**, eine Halbwüste, auch als Bergwüste bezeichnet.
- Entlang der N 7 von Springbok bis Bitterfontein mit Bergen bis zu 1.700 m und Niederschlägen von bis zu 300 mm befindet sich die **Namaqualand Klippkoppe**.
- **Knersvlakte** nennt man das Areal, das sich von Bitterfontein bis Vanrhynsdorp südlich der Klippkoppe anschließt und eher eine trostlose Halbwüste ist. Knersvlagte bedeutet auf Deutsch übrigens „Zähneknirsch-Ebene".
- Das **Sandveld** erstreckt sich als 20–30 km breiter Streifen an der Küste entlang. Im Landesinneren ist der Sand dunkelrot, an der Küste weiß. Diese Färbungen resultieren aus unterschiedlichen Niederschlagsmengen, der rote Sand hat mehr Niederschlag erhalten und ist somit oxidiert.

Namaqualand und Richtersveld NP in Kürze

Vredendal, Lutzville und Vanrhynsdorp

Vredendal ist ein belebtes Handels- und Agrarwirtschaftszentrum inmitten der Weinkulturen des Oliphant-River-Tals. Um die Stadt herum hat man die Möglichkeit, Weinkellereien zu besichtigen. Die **Stellar Winery** z. B. vertreibt unter Fairtrade-Bedingungen angebauten Wein. Die Farmarbeiter halten 26 % der Anteile an den Weinfarmen und 50 % an denen der Vertriebsorganisation. Die Winery erhielt als erster Produzent weltweit das Fairtrade-Etikett und war das erste Weingut in

Fairer Wein

Wrack bei Hondeklipbaai

Afrika, das organisch angebauten Wein verkauft hat. Der Hauptsitz befindet sich zwischen Klawer und Vredendal. Die **Lutzville Vinyards CoOp**, ein **Zusammenschluss von 51 Winzern**, im gleichnamigen Städtchen, liefert beste Weine, zumeist werden diese jedoch nur exportiert. Hier gibt es Wine Tastings und ein kleines Restaurant (bis 16 Uhr).

Stellar Winery, *Kys Halte, R362, Vredendal, https://sa.stellarorganics.co.za, https://germany.stellarorganics.co.za.*

Lutzville Vinyards CoOp, *R 363, südöstl. Ortsausgang von Lutzville, https://lutzvillevineyards.com.*

Vanrhynsdorp eignet sich für die Erkundung des südlichen Teils des Namaqualands. Lohnend ist ein Besuch in der **Kokerboom Nursery** (*Kokerboom Kwekery, ✆ (027) 219-1062 od. (076) 391-4700, www.kokerboom.co.za*) an der 74 Voortrekker Street. Sie gilt als die größte Sukkulentengärtnerei in Südafrika. Kleine Kunstgalerien, ein Heimatkundemuseum sowie ein Souvenirladen im alten Gefängnis (Old Jail) an der Hauptstraße empfehlen sich ebenfalls. Eine Piste führt südöstlich des Ortes als mindestens 3-stündige **Rundtour** um den **mächtig aufragenden Gifberg** (Pistenzustand erfragen). Dabei passiert man einen hohen Wasserfall, Rockpools und Felszeichnungen der San. Sie bezeichneten den Berg so, da sie hier die Pflanzen fanden, die das Gift für ihre Pfeile lieferte. Unterkünfte auf der Strecke bietet die **Gifberg Holiday Farm** (*Cottages, Camping, www.gifberg.co.za*). In der **Namaqua Lodge** (siehe S. 532) gibt es weitere Infos und von hier aus werden nach AnmeldungTouren durchgeführt.

Ein Abstecher führt den Van Rhyn's Pass hinauf (toller Ausblick bis hin zum Atlantik) auf die Ebene zum idyllischen Karoo-Dorf **Nieuwoudtville** (*Unterkünfte, Restaurants*), das sich gerne als „Bulb (= Blumenzwiebel) Capital of the World" bezeichnet. Auch dieser Ort ist bekannt für seine Rooibos-Tee-Produktion. Hier und in der Umgebung gibt es zudem neben dem **Hantam National Botanical Garden** (*✆ (027) 218-1200, www.sanbi.org/gardens/hantam*) ein Flower Reserve sowie 7 km nördlich an der Straße nach Louriesfontein die 100 m hohen Niewoudtville-Wasserfälle (nur im Frühling wasserführend). Noch weiter nördlich an dieser Straße, 22 km von Nieuwoudtville nach Westen abzweigend und der Strecke gute 7 km folgend, sieht man außerdem einen großen **Köcherbaum-Wald**. Wer zwei Nächte in Nieuwoudtville verweilt, kann einen Ausflug zum ca. 60 km weiter entfernten **Windmühlen-Museum** in Louriesfontein unternehmen.

Bitterfontein, Garies und Kamieskroon

Bitterfontein und **Kamieskroon** sind verschlafene Örtchen, denen man während der blumenlosen Zeit kaum Beachtung schenken sollte. Etwas aufgeweckter erscheint **Garies** (Touristeninformation samt Farmstall im alten Dorfladen, Unterkünfte), das zur Hauptblütezeit als Tor zum Namaqualand fungiert.

Tor zum Namaqualand

Östlich von Garies führen zwei Pisten (östl. der N 7 Richtung Doornkraal sowie über den Studer`s Pass) durch die Kamiesberge, über Karas bzw. Leliefontein im Halbkreis bis nach Kamieskroon oder weiter östlich über Gamoep auch nach Springbok, je nach

Routenwahl. Sie ist bekannt als **Kamieskroon Mountain Route** (*www.south-north.co.za/kamies_rt.html*). An den feuchteren Berghängen ist die Chance auf ein buntes Blütenmeer im Frühling sehr groß. Als besonders reizvoll gelten die Passhöhe südlich von Karas und das Areal östlich von Kamieskroon. Für die ca. 80 km langen Umwege muss man drei, eher vier Stunden einplanen. Eine Möglichkeit, an die Küste zu fahren, gibt es im weiteren Verlauf ebenfalls (Namaqualand Coastal Route).

Reizvolle Passhöhe

Westlich von Kamieskroon lockt besonders zur Blütezeit der über 1.000 km² große **Namaqua National Park** (schöne Unterkünfte, Anfahrt zum Parkoffice über Kamieskroon, 21 km von N7). Auf der 5 km langen **Skilpad Flower Route** sowie der bis zu 188 km langen **4x4-Caracal Eco Route** werden Flora, Fauna und Geologie des Namaqualands erläutert. Der Südteil des Parks erstreckt sich entlang der Küstendünen sowie der felsigen Buchten (grandios gelegene, wenn auch einfache Campingplätze). Hier gibt es auch Höhlen. Man erreicht ihn über das urige, abgelegene Hafenörtchen **Hondeklipbaai**, das nach einem Felsen benannt ist. Einst meinte man wohl, in ihm einen sitzenden Hund zu erkennen (die Nase und ein Ohr sind mittlerweile abgebrochen). Südlich des Örtchens liegen die rostigen Überreste des hier 1945 gestrandeten Frachters „Aristea" am Ufer. Im Süden gelangt man über Groenrivier in den Park. Hondeklipbaai, im 19. Jh. gegründet als Hafen für den Kupferabtransport, war in der zweiten Hälfte des 20. Jh. der zentrale Ort für die privat organisierten Diamantentaucher. Einige von ihren Nachfahren versuchen noch heute ihr Glück. Die meisten Parkstrecken sind nur mit einem Geländewagen zu befahren! Zu den Unterkünften gelangt man von Garies aus aber mit einem normalen Pkw – und das ist den Umweg bereits wert!

Küstendünen, felsige Buchten, Höhlen

Shipwreck Trail/Diamond Coast

Die als Diamond Coast bekannte Küstenstrecke südlich der etwas verschlafenen Minen- und Rentnersiedlung Kleinzee war lange Zeit durch die Minengesellschaften (Diamanten) gesperrt. Mittlerweile lohnt der Abbau bzw. das großangelegte Fördern von Diamanten nicht mehr und nur vereinzelte, kleine Unternehmen tauchen und schürfen weiter nach den Edelsteinen. Man kann heute, mit Permit und am besten mit Führung, auf dem 45 km lange **Shipwreck Trail** durch die Dünen und entlang eines Abschnitts der Küste zwischen Koingnaas im Süden und Kleinzee im Norden fahren (nur 4x4-Fahrzeuge), wobei man an drei gut sichtbaren Schiffswracks vorbeikommt. Über die Voranmeldung muss man sich unbedingt informieren. Noch ist eine Anmeldung 3 Tage vorher (samt Angaben zum Reisepass) erforderlich. Touren entlang des Shipwreck Trail werden angeboten von **Namaqua Coastal Expeditions** (*www.namaquacoastal.com*). Hierzu benötigt man trotzdem einen eigenen Geländewagen. Entlang der Strecke werden die Botanik und das Diamantenschürfen erläutert. Wer über keinen Geländewagen verfügt, sollte sich bei Richtersveld Challenge (✆ *(027) 718-1905*) bzw. in der Springbok Lodge in Springbok erkundigen. Die Dünenfahrt umgeht man, indem man ein Stück landeinwärts die knapp 70 km lange Asphaltstraße zwischen **Koingnaas** und **Kleinzee** wählt. Über die Details der Strecken in dieser Region und die angebotenen Touren sollte man sich jedoch genau und aktuell nochmals informieren. Dazu bieten sich die Informationsbüros in Garies und vor allem in der Springbok Lodge an. Das **Naries Namakwa Retreat** (beide S. 532) hilft ebenfalls bei der Organisation der Tour entlang der Küste. Hondeklipbaai und besonders Kleinzee verfügen mittlerweile über eine touristische Infrastruktur mit kleinen Restaurants, Imbissen und

Minenfirmen auf dem Rückzug

Unterkünften. Koingnaas jedoch nicht! Es ist interessant zu erleben, wie sich ein Ort wie Kleinzee, einst vollkommen von der Minengesellschaft geführt, heute, nach deren Rückzug zu berappeln versucht. Es gibt sie noch, die Tennisplätze, den Treff am Golfplatz, eine einfache Shoppingmall, kleine Restaurants und vor allem den optimistischen Geist der Bevölkerung. Man will es hier jetzt selbst schaffen!

Springbok und Umgebung

Kupferabbau

Springbok gilt mit seinen knapp 13.000 Einwohnern als die Hauptstadt des Namaqualands und ist umgeben von hohen Granitfelsen. Das erste Kupfer wurde hier bereits 1685 von Gouverneur Simon van der Stel entdeckt und abgebaut. Eigentlich suchte er damals das sagenumwobene Goldreich *Monomatapa*. Der Abbau des Kupfers im großen Stil lohnte sich erst ab 1852. Van der Stels erste Mine kann heute angeschaut werden, 3 km südlich von Carolusberg (Goegap Nature Reserve). Der Sohn eines Niederländers und einer Malaysin hat zu dieser Zeit auch naturwissenschaftliche Aufzeichnungen in der Region gemacht. Das kleine **Namakwaland Museum** in der alten Synagoge in Springbok spiegelt einen Teil der Stadtgeschichte wider. Noch tätige Kupferminen befinden sich mittlerweile in Nababeep und Okiep, nördlich von Springbok. In **Okiep** ist ein altes **Dampfpumpwerk** (Cornish Pump) zu besichtigen und in **Nababeep** das schlichte **Copper Company Museum**, in dem u. a. ehemalige Fördergeräte, historische Fotografien und eine alte Dampflok samt Zug ausgestellt sind. Übrigens wurden die ersten mit Kupfer beladenen Waggons wegen Wassermangels von Mauleseln an die Küste gezogen, und auch zu Dampfzugzeiten geschah dieses in der heißen Trockenzeit. Springbok verfügt über zahlreiche Unterkunftsmöglichkeiten und Restaurants.

Bunt blühen die Blumen im Südfrühling im Goegap Nature Reserve

Unscheinbar, aber herzlich: das Museum in Nababeep

Das **Goegap Nature Reserve** liegt 15 km östlich von Springbok. Das 16.000 ha große Gebiet ist ein Muss für jeden Pflanzenfreund (590 Pflanzenspezies). Im **Wild Flower Garden** sind alle im Namaqualand vorkommenden Sukkulenten zu bewundern. Während der Blumenblütezeit informiert ein Flower Information Office über die Standorte der Blumen. Ganzjährig wird im Info Centre die Entstehungsgeschichte der Namaqualand-Wüste erklärt. Im Park lässt sich auf Wanderwegen und abgesteckten Autostrecken (eine Reihe nur mit 4x4 befahrbar) die Vegetation bewundern. Die Tierwelt bietet verschiedene Antilopenarten, Klippspringer, Duiker, Hartmann-Bergzebras, Strauße sowie 94 Vogelarten. Selbstversorger können in adretten **Chalets** nächtigen, **Camper** auf je separaten und schön am Hang gelegenen Einzelplätzen.

Wer von Springbok wieder in Richtung Süden fährt, dem bietet sich die Piste über den **Messelpad Pass** bis nach Hondeklipbaai, dann über Wallekral zurück nach Garies an. Dabei durchquert man auch einen Teil des o. g. Namaqua National Park. Daher unbedingt vorher über den Zustand der Pisten erkundigen und fragen, ob aktuell ein Geländewagen erforderlich ist.

Alternative dazu: **Tagesausflug von Springbok** über die R355 (Spektakel Pass), dann nach Süden über Komaggas zum Messelpad Pass und zurück nach Springbok (160 km, großenteils Piste, ca. 4 Stunden).

Port Nolloth und Alexander Bay

Diamanten aus dem Meer

Port Nolloth wird von den Einheimischen gerne Port Jolly genannt, wegen der vielen Bars, die es zur Zeit der ersten Diamantensucher wohl gegeben hat. Es wurde 1855 gegründet und als Hafen für die Kupferexporte aus Springbok angelegt. Der Zufall wollte es, dass man hier nach dem Ersten Weltkrieg Diamanten fand. Heute werden die Diamanten zum großen Teil aus dem Wasser geholt. Während De Beers alle Schürfrechte direkt am Strand und im flacheren Wasser hat, gehen private Diamantentaucher weiter ins Wasser hinaus und pumpen den Meeresschlamm ab, um hinterher an Land die Diamanten herauszufiltern. Andere, meist illegale Einwanderer aus Lesotho versuchen ihr Glück im Hinterland, denn hier hat sich De Beers vorerst zurückgezogen. Port Nolloth kann weder mit Sehenswürdigkeiten noch mit einem ausladenden Strand oder warmem Klima aufwarten. Faszinierend sind dafür die hier herrschende Pionieratmosphäre und die McDougall`s Bay. Zudem gibt es ein paar ansprechende Selbstversorgerunterkünfte und ein sauberes Kleinstadthotel mit vernünftigem Restaurant.

Die **Küste zwischen Port Nolloth und Alexander Bay** ist komplett gesperrt. Hier wird weiterhin nach Diamanten gesucht. Schade, denn sie ist nicht nur bezaubernd, sondern beherbergt auch die zweitgrößte Robbenkolonie Südafrikas. Und Großes ist in Planung: ein weiterer Tiefseehafen, Buchu Harbor, von dem aus die Erze aus der Northern Cape Provinz exportiert werden sollen – auch zur Entlastung der Sishen Bahn und von Saldanha Bay. Doch bis dahin wird es wohl noch dauern.

Mündung des Oranje River

Alexander Bay, ein weiterer Diamantenort, wirkt unattraktiv, ist halb verlassen und liegt wild verstreut in der sandigen Landschaft. Seit De Beers abgewandert ist, gibt es kaum Jobs. Doch viele der ehemaligen Minenarbeiter sind geblieben, denn wo sollen sie sonst hin? Eine touristische Infrastruktur ist noch schwer auszumachen, doch seit die Minengesellschaften den Ort „freigegeben" haben, soll sich das ändern. Die vorgelagerte, nahezu unberührte Küstenregion und die Natur in den Feuchtgebieten um die Mündung des Oranje River versprechen einen Besuch besonderer Art, sind zurzeit aber nur schwer zu erreichen (nur 4x4 oder mindestens 2 km Fußmarsch zur Mündung). Übrigens gilt der Ort als der trockenste im Land, Niederschlag fällt nur an 11 Tagen im Jahr. In der Bucht tummeln sich bis zu 8.000 Seehunde und auch Zugvögel machen hier und in der verzweigten Flussmündung Rast. Unterkünfte gibt es nicht, dafür aber am Ortseingang eine Touristeninformation. Nächste Übernachtungsorte: Das einfache **Brandkos Resort & Campsite** (*27 km östl., direkt am Oranje River, sehr einfache Chalets, Camping,* ✆ *(076) 905-0317, https://brandkaros.yourwebsitespace.com/index.html*), Port Nolloth (84 km) oder Sendelingsdrif (92 km). Nach Oranjemund auf der anderen Flussseite, das zu Namibia gehört, führt eine Brücke nördlich des Ortes.

Richtersveld National Park

Die gute und breite Piste zum Richtersveld National Park führt nach Sendelingsdrif. In der ehemaligen Minensiedlung befindet sich heute das Parkhauptquartier samt Restcamp (Chalets und Camping) sowie der einzige Eingang zum Park. Dabei passiert man den **Köcherbaumwald Cornellskop**, unterhalb dessen sich ein über 40 m tiefes, natürliches Wasserloch („**Sinkhole**") befindet, das für die Namas große Bedeutung hat: Eine Schlange bewacht hier einen großen Diamantenschatz und ihr Gott Heitsi Eibib nennt das Loch seine Heimat.

Raue Landschaft

Von Sendlingsdrif verkehrt eine kleine Fähre hinüber nach Namibia. Der 1.625 km² große **Richtersveld National Park**, Teil des sog. Ai Ais/Richtersveld Transfrontier Park, der bis zum Fish River Canyon in Namibia reicht, weist eine typische Bergwüstenlandschaft auf. Nördlich ist er begrenzt durch den Gariep (Oranje) River. Für einen Besuch muss man sich anmelden (am besten schon von Europa aus), denn die Besucherzahl ist limitiert. Die Unterkunftsmöglichkeiten bestehen bis auf die Chalets am Eingang und zwei Wilderness Camps (einfache Hütten) nur aus einfachen, aber sehr schönen Campsites (kein Trinkwasser!). 2007 wurde der Park zum UNESCO-Welterbe ernannt. Die Vegetation ist durch das arid-heiße Klima (im Sommer bis zu 50° C) bestimmt. Köcherbäume sowie unzählige, z. T. sehr seltene Sukkulenten wachsen hier, z. B. der nur hier vorkommende „Halfmens". Er sieht aus wie ein langer Pilz mit einem kleinen, flachen Kopf und richtet sich immer nach der Sonne. Der Park ist durch verschiedene **Allradpisten** erschlossen. Der De-Hoop-Campingplatz liegt z. B.

direkt am Gariep (Oranje) River. Ausreichend Proviant, zweiter Reservereifen und Sonnenschutz verstehen sich von selbst. Von Tagesbesuchen wird abgeraten. Zudem wird man dazu ermutigt, nicht nur mit einem Fahrzeug einzureisen. Bleibt man liegen, wird es einsam…

Erst westlich, dann südlich und südöstlich vom Nationalpark führt eine raue **Piste über Eksteensfontein nach Osten bis nach Vioolsdrift**, dem Grenzort an der N7. Hier und im letzten Abschnitt, an dem die Piste am Oranje River entlangführt, gibt es einige Unterkunftsmöglichkeiten in Camps und Lodgen. Betreffs dieser 170 km langen Strecke zwischen Sendlingsdrif und Vioolsdrift sollte man sich aktuell über den Zustand informieren.

Grenzort an der N7

Reisepraktische Infos Namaqualand, Diamantenküste, Richtersveld NP

Information

Die besten Infos erhält man in **Garies** *(Farmstall/Shop an der Hauptstraße schräg gegenüber Tankstelle), im* **Touristenamt in Springbok** *sowie in der* **Springbok Lodge** *(s. u.).* **Flower Hotline**: ✆ *(079) 294-7260*

Namaqua National Park, ✆ *(027) 672-1948, www.sanparks.org/parks/namaqua.* **Skilpad Office**: *21 km westl. von Kamieskroon.* **Groen River Office**: *73 km westl. von Garies. Kein Shop, keine Tankstelle im Park.*

Diamantenküste/Shipwreck Trail, *Infos und Touren über Naries Retreat (s. u.), Diamond Coast – Forever Namaqualand,* ✆ *(027) 807-2999,* **Namaqua Coastal Expeditions** *(www.namaquacoastal.com) oder* **Richtersveld Challenge** *(*✆ *(027) 718-1905). Die geführten Touren sind mind. 3 Tage im Voraus zu buchen. Es gibt Vorschriften zum Einreichen von Reisepass-Informationen etc., darauf sollte man bei der Buchung achten.*

Namaqualand: *Eine sehr informative Website zum Gebiet ist www.namakwa4x4.com. Hier kann man zudem Routen erkunden, Unterkünfte buchen etc. Der Tipp besonders für das Richtersveld-Gebiet!*

Springbok/Namaqua Tourism Office, *Voortrekker St.,* ✆ *(027) 712-8035/6 sowie in der ehemaligen Synagoge (9 Sinagoge St.), www.experiencenortherncape.com.*

Alexander Bay: **Tourism Info Center**: *3 Klipspringer Ave., direkt am Ortseingang, www.alexanderbay.co.za, www.namakwa4x4.com.*

Richtersveld National Park, ✆ *(027) 831-1506/-1184, www.sanparks.org/parks/richtersveld. Unbedingt vorher anmelden, nur eine begrenzte Anzahl Besucher wird zugelassen. Nur mit Geländewagen.*

Hinweis: *Zwischen Vanrhynsdorp und Springbok gibt es nur wenige Restaurants/Cafés. Abendessen sollte man unbedingt vorbuchen, auch wenn mit einem Restaurant geworben wird!*

Weitere Infos, Unterkünfte und Speisen (von Süden nach Norden)

Melkboomsdrift $$–$$$, *R 363, zw. Vredendal u. Lutzville,* ✆ *(027) 217-2624, www.melkboomsdrift.co.za. Weinfarm am Olifants River. Gut ausgestattete Zimmer, Chalets und Selbstversorgerunterkünfte. Schöner Garten, Pool, Frühstück. Dinner auf Bestellung.*

Van Rhyn Guest House $–$$, *Van Riebeeck St., Vanrhynsdorp,* ✆ *(027) 219-1429, www.vanrhyngh.co.za. Ansprechendes Gästehaus im viktorianischen Stil mit 8 Zimmern, die in den umgebauten Stallungen untergebracht sind. Gute Küche (vorher anmelden).*

Gut ist auch die **Namaqua Lodge** $–$$ *(22 Voortrekker Rd., Vanrhynsdorp, ✆ (027) 219-1377, https://namaqualodge.co.za), denn neben einem guten Preis-Leistungs-Verhältnis bei den Zimmern gibt es ein ansprechendes Restaurant im Haus sowie Infos und Tourangebote (vorher anmelden). Beste Steaks und andere Fleischgerichte im Ort gibt es im* **Red Ox Steakhouse** *in der teureren* **Letsatsi Lifestyle Lodge** $$$–$$$$ *(Chalets etc., R27/Van Riebeeck Rd., ✆ (027) 219-2828, https://ncfamouslodges.com/letsatsi-lodge, westl. der N 7).*

Van Zijl Guesthouses $$, *Buchung über* **Smidswinkel Restaurant & Info Centre**, *Neethling St., Niewoudtville, ✆ (027) 218-1535, http://nieuwoudtville.co.za. Toll restaurierte, traditionelle Sandsteinhäuser (für Selbstversorger), die sich über den Ort verteilen.*

Das **Kommetjie Restaurant** *(2 Skulpies St., ✆ (079) 616-3121, https://kommetjie-restaurant.business.site) direkt am Meer in Strandfontein ist einer der Tipps für einfaches, aber leckeres Essen hier im Norden. Besonders die Fischgerichte erfreuen sich großer Beliebtheit. Im* **Strandfontein West Coast Info Centre** *(Loois Rd., ✆ (027) 201-3437) kann man sich über Unterkünfte informieren. Gute B&B bzw. Selbstversorgerunterkünfte in Doring Bay und Strandfontein vermittelt* **Strandfontein Fountain Beach Accommodation** $$ *(https://fountainbeachaccommodation.co.za. Der* **Campingplatz in Strandfontein** *ist gut geführt und nahe am Wasser. Ein besonderes Restaurant befindet sich in Doring Bay am Hafen:* **Fryer's Cove Vinyard/ The Jetty** *(✆ (076) 290-4372, tgl. bis 18 Uhr). Leckeres Seafood und Weine, deren Reben an der Ozeanküste von der salzhaltigen Brise profitieren.*

Der Tipp in Garies ist das bunte und verspielte **Sophia Guesthouse** $$ *(Main St., ✆ (082 347-6809, https://sophiaguesthouse.co.za). Dinner anmelden!*

Kamieskroon *Hotel* $–$$, *Kamieskroon, ✆ (027) 672-1614, www.kamieskroonhotel.com. 24 Selbstversorger-Units sowie einfaches Camping. Etwas besser erscheint die* **Kroon Lodge** $$, *1 Charlotta St., ✆ (027) 672 1019, www.kroonlodge.co.za. Nette Zimmer, die Luxury Units (*$$*) mit Küche, alle mit Kühlschrank und Grill.*

Im **Namaqua National Park** *(s. o.) gibt es Chalets/restaurierte Häuser und während der Blumensaison das klasse* **Namaqua Flowers Beach Camp**. *Zudem tolle, wenn auch einsame* **Campingplätze** *nahe am Meer (nur mit Geländewagen erreichbar). Alles nur für Selbstversorger, kein Shop oder Restaurant im Park!*

Naries Namakwa Retreat $$$–$$$$ *(✆ (021) 872-0398 od. (076) 238-2934, www.naries.co.za), ca. 28 km östl. von Springbok an der R 355 nach Kleinzee, tolle Unterkünfte im luxuriösen Manor House oder in Selbstversorger-Häusern. Auch Tourangebote.*

In **Kleinzee**: *Die touristische Infrastruktur fasst hier langsam Fuß. Der* **Kleinzee Caravan Park** *(9 Third Ave., ✆ (073) 547-4948) bietet neben Camping auch ein paar einfache Hütten an. Gleich nebenan werden zu unregelmäßigen Zeiten im urigen* **Crazy Crayfish Diner Burger**, *Sandwiches und auch mal Fish'n Chips samt eiskaltem Bier serviert. Das* **Kleinzee Restaurant, Rest Camp & Spa** *(287 First Ave., ✆(083) 533-8719) hat das reichhaltigste Speisenangebot im Ort (Burger, Steaks, Fish zudem deftiges Frühstück und süße Milkshakes). Das* **Toeka tot Nou** *(Servaas Daniel Maree, ✆(082) 496-4420) ist ein kleines Restaurant, in das früher die Minenarbeiter ihre Familien zum Essen „ausgeführt" haben. Weitere, mehr oder weniger einfache Unterkünfte bieten sich zum Übernachten an, so z. B. das* **Kleinzee Guesthouse** $$ *(No.3, 1st Ave., ✆ (083) 255-5745, https://kleinzeeguesthouse.co.za), das wohl beste Haus am Platz.*

Hondeklipbaaii: **Honne Pondokkies** $ *(✆ (083) 321-1600, https://honnepondokkies.co.za) vermietet einfache Zimmer/Hütten und etwas bessere reetgedeckte Holzhäuser für Selbstversorger. Campen kann man hier auch. Ansonsten empfehlen sich ein paar einzelne Ferienhäuser im Ort. Am besten essen kann man im* **DopEnKreef** *(✆ (083) 281-8327, Seafood, bekannt für seine Muschelsuppe).*

Springbok: **Springbok Lodge** $–$$, *37 Voortreker St., Springbok, ✆ (027) 712-1321, https://springboklodge.co.za. Günstiges Hotel mit bodenständigem Restaurant. Unterschiedliche Unterkünfte verteilt auf mehrere Häuser. Gutes Preis-Leistungs-Verhältnis. Im angeschlossenen* **Namaqualand-Souvenirshop** *gibt es gute Bücher und viele Infos über die Region. Mehrfach ausgezeichnet wurde* **Annie's Cottage B&B** $$, *4 King St., Springbok, ✆ (027) 712-1451, https://anniescottage.co.za. Bunte, teils leicht verschnörkelt eingerichtete Zimmer, schattiger Garten, Pool und gutes Frühstück. Bestes Restaurant im Ort ist ohne Zweifel* **Tauren's Steak Ranch** *(2 Hospitaal St., ✆ (027) 712-2717). Hier begeistern nicht nur die Steaks, sondern auch die Burger und Pizzen. Wenn auch relativ einfaches Ambiente, das wohl beste Restaurant im „hohen" Norden.*
Okiep Country Hotel $$, *Main St., Okiep, 8 km nördl. von Springbok, ✆ (027) 744-1000, www.okiep.co.za. Herausgeputztes Landhotel in Südafrikas ältester Minenstadt. Gut ausgestattete Zimmer. Restaurant und Pub im Hause. Der Besuch der Attraktionen sowie Flower-Touren (während der Saison: Aug./Sept.) können arrangiert werden.*
Port Nolloth: Bedrock Lodge $–$$, *2 Beach Rd., Port Nolloth, ✆ (027) 851-8865/-7176, www.bedrocklodge.co.za. Zimmer und hölzerne Häuser – teilweise wohnten hier Fischer und Taucher – nah am Wasser. Eine Alternative im Ort bieten die zwei Selbstversorger-Unterkünfte im* **Voetbaai Guesthouse** $$–$$$, *✆ (082) 578-3387, www.voetbaai.com. Gut, sauber und verlässlich ist das* **Hotel Scotia Inn** $$ *(Beach Rd., ✆ (027) 851-8353, www.scotiainnhotel.co.za), das über das beste Restaurant am Ort verfügt.*

Richtersveld National Park, *Kontaktdaten s. o. Es gibt* **Chalets in Sendelingsdrif** *am Haupteingang, aber kein Restaurant! Im Park kann man campieren, zudem einfache* **Selbstversorgerhäuser** *im Tatasberg und das Ganakouriep Wilderness Camp. Dafür muss man alles mitbringen, auch Trinkwasser! Schönster* **Campingplatz**: **De Hoop**, *direkt am Fluss. Wer im Park nächtigen möchte, muss vor 16 Uhr an der Rezeption eintreffen.*

Am **Oranje River westlich von Vioolsdrift**: *Hier empfiehlt sich die* **Oranje River Rafting Lodge** $$$ *(Plot 21 Vioolsdrift Settlement, 10 km westl. von Vioolsdrift, ✆ (027) 761-8777, https://orangeriverraftinglodge.co.za) mit einfachen, jedoch schicken Chalets und einem Campingplatz. Direkt am Oranje River gelegen, kann man hier auch Bootstouren (Rafting, halber Tag und länger) unternehmen. Also am besten zwei Nächte einplanen.*

Kanutouren auf dem Gariep (Orange) River

Die Kanutouren (1–6 Tage) im Voraus buchen, am besten bereits von Europa aus. Die zwei größten Anbieter für Kanutouren sind: **Felix Unite**, *✆ (087) 354-0578, www.felixunite.com;* **River Rafters**, *✆ (021) 975-9727, https://riverrafters.co.za.*

Anhang

Literatur

Karten/Reiseführer

- **Slingsby Maps** sind hochwertige, sehr detaillierte Touring- und Wanderkarten, u.a.: Cape Point, Cape Peninsula, Cape Winelands, Table Mountain, Fynbos Road, Garden Route, Cederberg, Overberg Whale Coast, Swartberg/Little Karoo, Baviaanskloof, Tankwa-Karoo. Erhältlich in Buchläden (u.a. Exclusive Books). https://shop.tracks4africa.co.za/product-category/slingsby.
- **Map Studio** ist ein bekannter südafrikanischer Kartenverlag, der Straßen- und Touristenkarten herausgibt, u. a.: Cape Town Street Map, Cape Town and Surrounding Attractions Road Map, Table Mountain and Cape Peninsula Adventures Road, Garden Route and Route 62 Road Map, Western Cape Road Map, Winelands of the Western Cape Road Map. Erhältlich in Buchläden. www.mapstudio.co.za.
- Iwanowski's Reisebuchverlag: **Südafrika**, Reiseführer mit Hintergrundinformationen über das gesamte Land; **101 Südafrika**, eine Auswahl der schönsten Reiseziele und Lodges in Südafrika; **Reisegast in Südafrika**, Kulturführer zu allen landeskundlichen Aspekten in Südafrika.
- Lundy, Mike: **Best Walks in the Cape Peninsula**. Random House Struik, SA. Kleines, handliches Buch mit einer Auswahl der vielen Wanderwege auf der Kaphalbinsel.

Geschichte / Biografien

- la Grange, Zelda: **Good Morning Mr. Mandela**. La Grange war von 1994 an Nelson Mandelas Sekretärin. Sie erzählt in dem Buch über gemeinsame Erfahrungen, Anekedoten, über Mandelas Verhältnis zu seiner Familie und die Schwierigkeiten, als Weiße in den Reihen der schwarzen Oberschicht anerkannt zu werden. Mandela, Nelson: **Der lange Weg zur Freiheit**. Nicht nur eine Autobiografie Mandelas, sondern auch eine Beschreibung südafrikanischer Verhältnisse während der Apartheid.
- Marx, Christoph: **Südafrika; Geschichte und Gegenwart; Ländergeschichte.** Die Geschichte und Völkerkunde des Landes, vom Ursprung der Menschheit bis heute. Schwerpunkt ist das 20. Jahrhundert.
- Tutu, Desmond: **Versöhnung**. Die Botschaften des Erzbischofs über Gerechtigkeit, Versöhnung und Miteinander berühren.

Flora und Fauna

- Carruthers, V.: **The Wildlife of Southern Africa: A Field Guide to the Animals and Plants of the Region** sowie Stuart, Chris u. Tilde: **Field Guide to the Mammal of Southern Africa;** die Klassiker unter den Tier- und Pflanzenführern. Gute Illustrationen. Z. T. auch auf Deutsch erhältlich (Fauna und Flora im Südlichen Afrika). Random House Struik, SA.
- Sinclair, I. u. a.: **Sasol Birds of Southern Africa** sowie Newman, K.: **Newman's Birds of Southern Africa**. Beide Random House Struik, SA. Ornithologische Führer, die Vögel zwischen dem Sambesi und der Antarktis beschreiben. Letzterer enthält einen Namensindex auf Deutsch.

Romane / Krimis

- Breytenbach, Breyten: **Mischlingsherz**. Hanser Verlag. Der Sohn einer Burenfamilie beschreibt seine Rückkehr in ein zweigeteiltes Land. Zurzeit leider nur gebraucht zu erhalten. Soll neu aufgelegt werden. Auf Englisch erhältlich: **Dog Heart – A Travel Memoir** (Human & Rousseau)
- Brink, André: **A Chain of Voices**. Minerva, UK. Der Roman (dt. **Die Nilpferdpeitsche**), der im 18. Jh. in der Kapprovinz spielt, schildert das Verhältnis einer Farmerfamilie zur Sklaverei. **Stein des Anstoßes** sind Erzählungen, die vor dem Ende der Apartheid entstanden sind. **Im Gegenteil** und **Zeit des Terrors** (**An Act of Terror**) sind Romane, die Brink nach dem Ende der Apartheid verfasste.
- Coetzee, J.M.: **Der Junge: Eine afrikanische Kindheit, Die Frühen Jahre, Eiserne Zeit, Im Herzen des Landes, Schande, Sommer des Lebens**. Fischer Verlag. In seinen z. T. autobiografischen Werken schreibt der Literaturnobelpreisträger von 2003 vor allem über die Empfindungen und Probleme von Weißen während und nach der Apartheidzeit.

- Galgut, Damon: **Das Versprechen**. Luchterhand Literaturverlag. Für diesen Roman über die Geschichte einer weißen Familie in Südafrika wurde Galgut 2021 der Booker Prize verliehen. Auf Deutsch sind von ihm u. a. außerdem erhältlich: **Der Betrüger**, **Der Gute Doktor**, **In Fremden Räumen**.
- Gordimer, Nadine: **Nicht zur Veröffentlichung** und **Eine Stadt der Toten, eine Stadt der Lebenden**. Fischer Verlag. Kurzgeschichten und Erzählungen der südafrikanischen Nobelpreisträgerin, die über das Leben der Südafrikaner wie niemand sonst schrieb. Weitere empfehlenswerte Bücher: **Die Geschichte meines Sohnes**, **Burgers Tochter**, **Fremdling unter Fremden**, **Ein Spiel der Natur** und **Der Besitzer**, **Niemand, der mit mir geht**, **Ein Mann von der Straße**, **Fang an zu leben** und **Keine Zeit wie diese**.
- La Guma, Alex: **A Walk in the Night**. Heinemann, GB. Kurzgeschichten aus dem „District Six" in Kapstadt, der von der Apartheid-Regierung niedergerissen wurde.
- Mda, Zakes: **Der Walrufer**. Unionsverlag. Mda, eine der wichtigen schwarzen Stimmen Südafrikas, erzählt die etwas groteske Dreiecksgeschichte zwischen einem Mann, einer Frau und einer Walkuh.
- Meyer, Deon: **Tod vor Morgengrauen**. Knaur. **Das Herz des Jägers**, **Der Atem des Jägers**, **Weißer Schatten**, **Dreizehn Stunden, Cobra, Rote Spur**, **Schwarz, weiß, tot** u. A.. Alle bei Aufbau Verlag. Spannende und preisgekrönte Krimis liefern schonungslose und tiefe Einblicke in die entlehnte Realität des heutigen Südafrika. Meyers Krimis sind aus dem Afrikaans übersetzt. **Der traurige Polizist** ist die Vorlage der TV-Serie **Cape Town**.
- Mhlophe, Gcina: **Love Child**. Auf Deutsch im Hammer Verlag. Märchen, Gedichte und Vorträge der bekannten Schriftstellerin, Erzählerin und Schauspielerin sind in diesem Buch zusammengefasst. Mhlophe erzählt von Erlebnissen während und nach der Apartheid.
- Nunn, Malla: **Ein schöner Ort zu sterben** und **Lass die Toten ruhen**, beide Aufbau Verlag. Im Argument Verlag erschienen: **Tal des Schweigens** und **Zeit der Finsternis**. Krimiserie, Hintergrund ist das Apartheid-beherrschte Südafrika während der 1950er-Jahre.
- Rowe, Michèle: **Kap der Lügen**. Knaur Verlag. Rowe, eigentlich Drehbuchautorin, zeichnet in dem Krimi um eine schwarze Polizistin in den Townships von Kapstadt ein eindrucksvolles Bild der noch immer gespaltenen und komplizierten Gesellschaft Südafrikas.
- Schreiner, Olive: **Story of an African Farm**. Oxford Univ. Press, GB. Die Geschichte zweier Frauen, deren Leben auf einer einsamen Karoo-Farm sich durch einen irischen Reisenden dramatisch ändert.

Stichwortverzeichnis

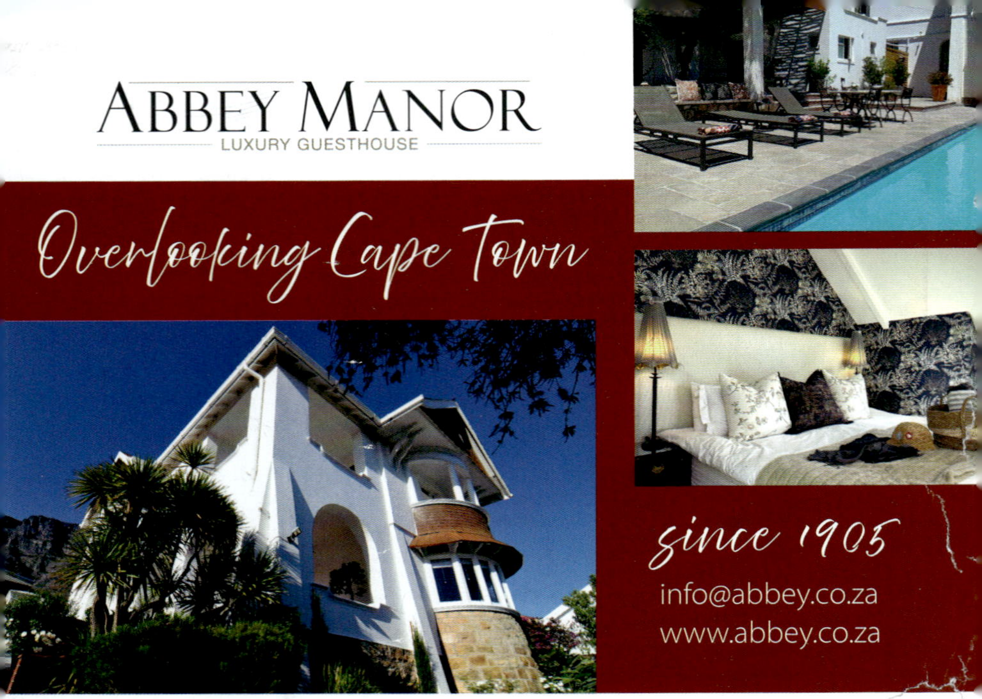
ABBEY MANOR
LUXURY GUESTHOUSE
Overlooking Cape Town
since 1905
info@abbey.co.za
www.abbey.co.za

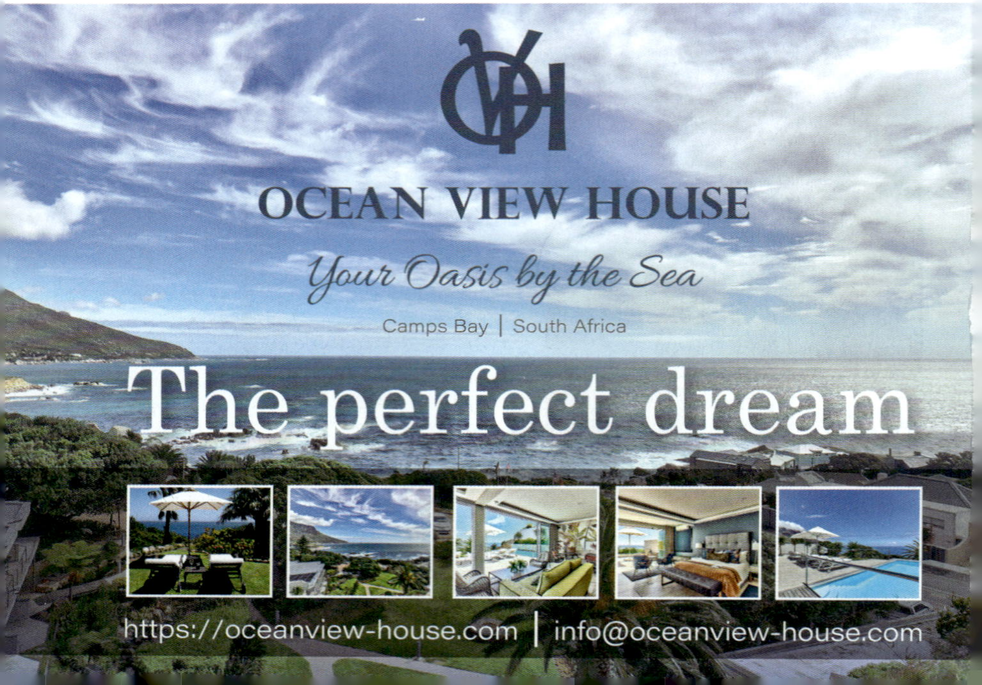
OCEAN VIEW HOUSE
Your Oasis by the Sea
Camps Bay | South Africa
The perfect dream
https://oceanview-house.com | info@oceanview-house.com